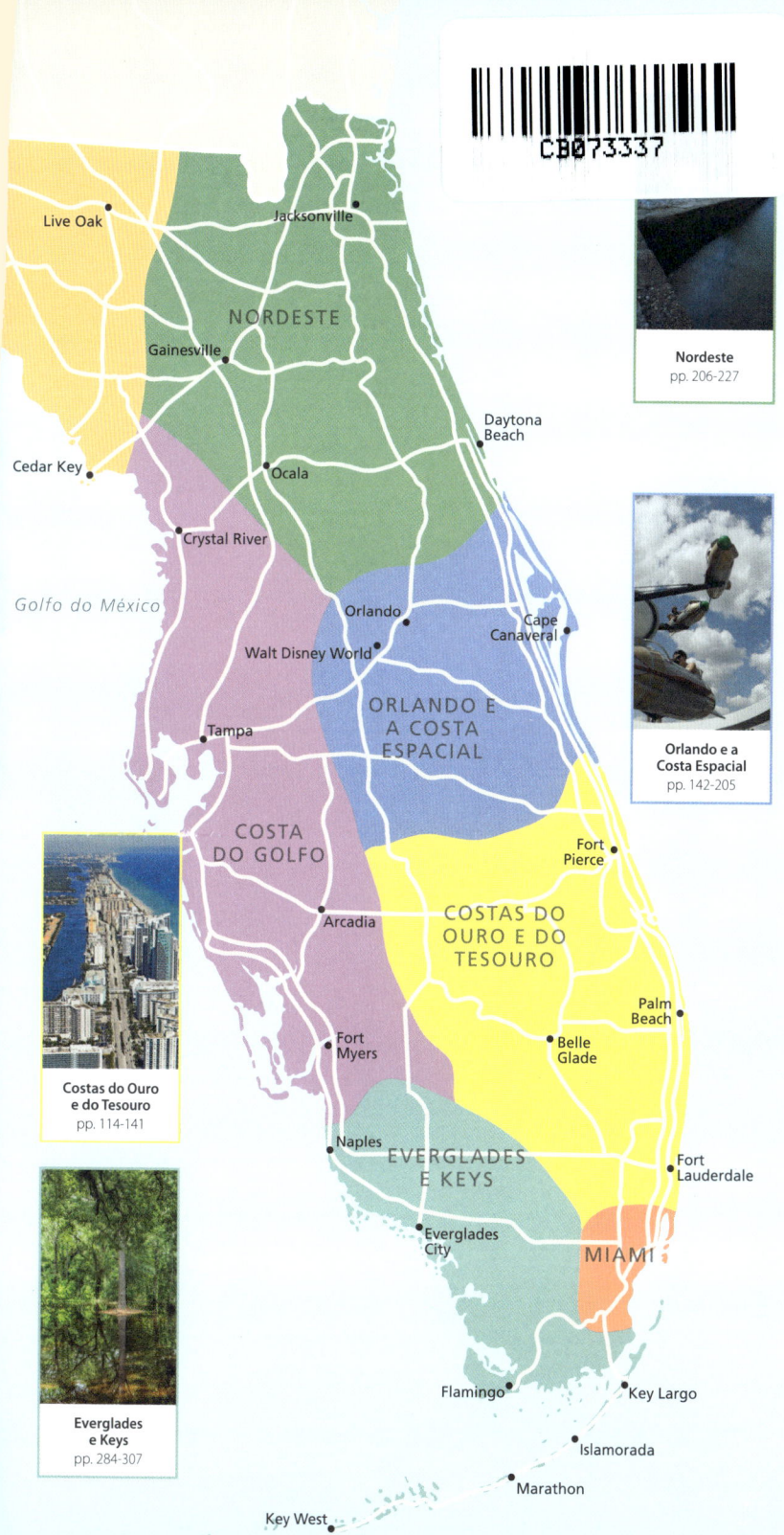

GUIA VISUAL - FOLHA DE S.PAULO

FLÓRIDA

www.dk.com

Título original: *Eyewitness Travel Guide – Florida*

Copyright © 1997, 2015 Dorling Kindersley Limited

Copyright © 2015 Publifolha Editora Ltda.

Publicado originalmente na Grã-Bretanha em 2001 pela Dorling Kindersley Limited, 80 Strand, Londres WC2R 0RL, Inglaterra, uma empresa da Penguin Random House.

4ª edição brasileira: 2015
ISBN 978-85-7914-039-6

Todos os direitos reservados. Nenhuma parte desta obra pode ser reproduzida, arquivada ou transmitida de nenhuma forma ou por nenhum meio sem a permissão expressa e por escrito da Publifolha Editora Ltda.

Proibida a comercialização fora do território brasileiro.

COORDENAÇÃO DO PROJETO
PUBLIFOLHA
Editor-assistente: Thiago Blumenthal
Coordenadora de produção gráfica: Soraia Pauli Scarpa
Assistente de produção gráfica: Mariana Metidieri

PRODUÇÃO EDITORIAL
PÁGINA VIVA
Edição: Ibraíma Dafonte Tavares
Tradução: Vera Caputo

PRODUÇÃO GRÁFICA
PÁGINA VIVA
Direção de arte: Priscylla Cabral
Assistência: Bianca Galante

Atualização da 4ª edição: Página Viva
Revisão: Shirley Gomes, Olívia Biel

DORLING KINDERSLEY
Diretora editorial: Emily Hatchwell
Editores de arte: Janice English, Robert Purnell
Editores: Freddy Hamilton, Jane Oliver, Naomi Peck, Andrew Szudekr
Diagramação: Jill Andrews, Frank Cawley, Dawn Davies-Cook, Eli Estaugh, Elly King, Simon Oon, Edmund White
Colaboradores: Ruth e Eric Bailey, Richard Cawthorne, David Dick, Guy Mansell, Fred Mawer, Emma Stanford, Plyllis Steinberg, Ian Williams
Fotografias: Max Alexander, Dave King, Stephen Whitehorne, Linda Whitwam
Ilustrações: Richard Bonson, Richard Draper, Chris Orr & Assocs., Pat Thorne, John Woodcock

Este livro segue as regras do Acordo Ortográfico da Língua Portuguesa (1990), em vigor desde 1º de janeiro de 2009.

Impresso na RR Donnelley Asia Printing Solutions Limited, China.

PUBLIFOLHA
Divisão de Publicações do Grupo Folha
Al. Barão de Limeira, 401, 6º andar
CEP 01202-900, São Paulo, SP
Tel: (11) 3224-2186/2187/2197
www.publifolha.com.br

Foi feito o possível para garantir que as informações deste livro fossem as mais atualizadas disponíveis até o momento da impressão. No entanto, alguns dados como telefones, preços, horários de funcionamento e informações de viagem estão sujeitos a mudanças. Os editores não podem se responsabilizar por qualquer consequência do uso deste guia, nem garantir a validade das informações contidas nos sites indicados.

Os leitores interessados em fazer sugestões ou comunicar eventuais correções podem escrever para a Publifolha, Al. Barão de Limeira, 401, 6º andar, CEP 01202-900, São Paulo, SP, ou enviar um e-mail para: atendimento@publifolha.com.br

Imagem da capa: Vista aérea de Miami Beach

◄ Hotéis art déco reformados em South Beach, Miami

Sumário

Como Usar Este Guia **6**

Vitral Tiffany de St. Augustine *(p. 217)*

Introdução à Flórida

Descubra a Flórida **10**

Flórida Dentro do Mapa **16**

Retrato da Flórida **22**

Flórida Mês a Mês **38**

A História da Flórida **42**

Andar de patins é um hábito nos balneários da Flórida

Golfinhos encantam o público no Sea World *(pp. 180-2)*

Miami Área por Área

Miami em Destaque **60**

Miami Beach **62**

Downtown e Little Havana **74**

Mulher olha o mar em uma praia de areias brancas da Flórida

Coral Gables e Coconut Grove **82**

Fora do Centro **92**

Compras em Miami **98**

Diversão em Miami **100**

Guia de Ruas de Miami **104**

Flórida Área por Área

Flórida em Destaque **112**

Costas do Ouro e do Tesouro **114**

Orlando e a Costa Espacial **142**

Nordeste **206**

Panhandle **228**

Costa do Golfo **250**

Everglades e Keys **284**

Indicações ao Turista

Onde Ficar **310**

Onde Comer e Beber **326**

Compras **350**

Diversão **358**

Esportes e Atividades ao Ar Livre **362**

Casamentos **366**

Manual de Sobrevivência

Informações Úteis **370**

Informação de Viagem **378**

Índice Geral **388**

Agradecimentos **404**

Frases **407**

Turistas assistem ao pôr do sol em Key West *(p. 300)*

Villa Vizcaya, Miami

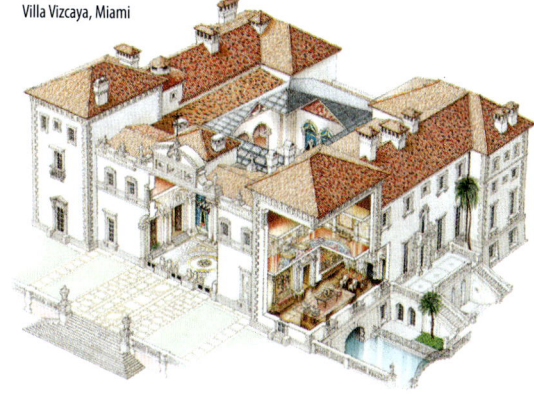

COMO USAR ESTE GUIA

Este guia vai ajudá-lo a aproveitar ao máximo a sua viagem à Flórida. Ele traz recomendações especiais e também informações práticas detalhadas. *Introdução à Flórida* mapeia todo o estado e insere a Flórida em um conceito histórico e cultural. *Miami* e outros seis capítulos regionais descrevem todas as atrações importantes, com mapas, fotos e ilustrações. Os tópicos vão da arquitetura à culinária e ao esporte. Os hotéis e restaurantes recomentados estão em *Indicações ao Turista*, e o *Manual de Sobrevivência* traz dicas desde transporte até segurança.

Miami Área por Área

Miami está dividida em três áreas de interesse, cada uma com seu próprio capítulo, que traz uma lista das atrações descritas. Um quarto capítulo, *Fora do Centro*, cobre as atrações periféricas. Todas elas estão numeradas e indicadas no *Mapa da Área*. As descrições seguem a ordem numérica do mapa, para facilitar a localização.

As páginas relativas a Miami têm marcador vermelho.

1 Mapa da Área
Para facilitar, as atrações são numeradas e localizadas no mapa. Elas também estão no Guia de Ruas de Miami, nas pp. 104-9.

Localize-se mostra onde você está em relação às demais áreas do centro da cidade.

Principais Atrações lista as atrações do capítulo por categoria: museus e galerias, ruas e bairros, edifícios históricos, por exemplo.

2 O Mapa Rua a Rua
mostra uma vista aérea das principais áreas de cada capítulo.

O percurso sugerido marca em vermelho os passeios a pé.

As estrelas indicam as atrações imperdíveis.

3 Informação Detalhada
As atrações de Miami são descritas uma a uma, com endereços, horários de funcionamento e outras informações úteis. A legenda dos símbolos encontra-se no final do guia.

COMO USAR ESTE GUIA | 7

Flórida Área Por Área

Com Miami à parte, a Flórida foi dividida em seis regiões, todas com seu respectivo capítulo. As cidades e as atrações mais interessantes de cada área estão numeradas e indicadas no *Mapa Regional*.

1 Introdução
Descreve a paisagem, a história e as características de cada região, mostrando como se desenvolveu ao longo dos séculos e o que tem a oferecer hoje.

Cada área da Flórida pode ser identificada rapidamente por um código de cores, mostrado no início do guia.

2 Mapa Regional
Mostra a malha viária e dá um panorama de toda a região. Os pontos de interesse estão numerados, e há dicas úteis de como se locomover de carro ou transporte público.

3 Informação Detalhada
As cidades e as atrações são todas descritas individualmente e listadas em ordem, de acordo com a numeração do Mapa Regional. Para cada cidade, há informações detalhadas sobre os edifícios e as atrações importantes.

A seção Prepare-se inclui todas as informações necessárias para planejar a visita às principais atrações.

4 Destaques da Flórida
Essas atrações especiais são descritas em duas ou mais páginas, que mostram em detalhe o interior dos edifícios históricos; os museus têm mapas com códigos de cores; e os principais parques temáticos são percorridos em vistas aéreas.

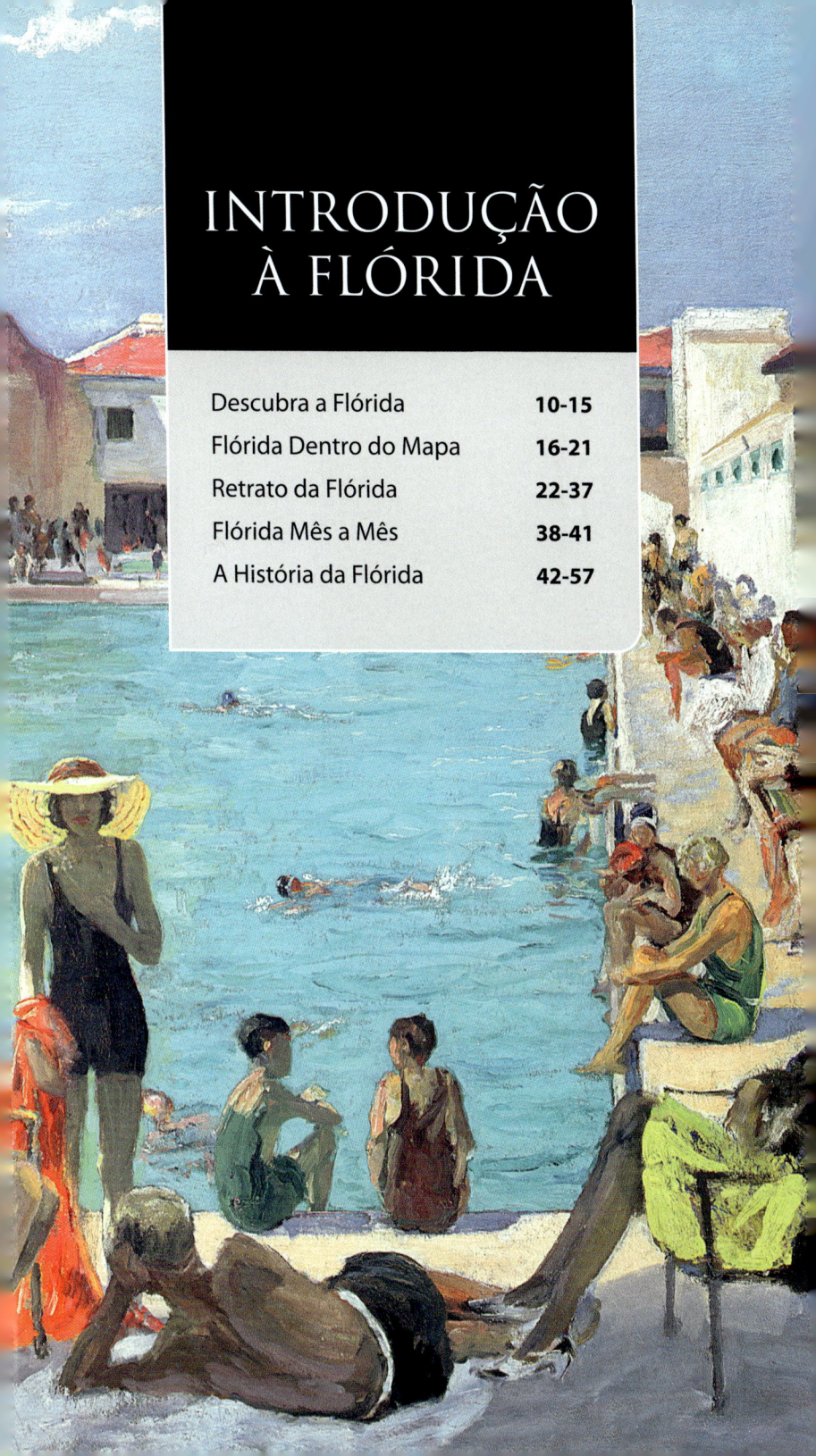

INTRODUÇÃO À FLÓRIDA

Descubra a Flórida	**10-15**
Flórida Dentro do Mapa	**16-21**
Retrato da Flórida	**22-37**
Flórida Mês a Mês	**38-41**
A História da Flórida	**42-57**

DESCUBRA A FLÓRIDA

A Flórida abrange dois fusos horários, e leva mais de doze horas para ir de carro de Key West para Pensacola. Esses itinerários selecionam o que há de melhor nesse estado repleto de atrações e atividades divertidas. Eles se concentram em áreas de fácil acesso aéreo a partir das cidades de Miami e Orlando e evitam deslocamentos muito longos. Uma visita de dois dias a Miami apresenta essa cidade vibrante, ao passo que uma semana de viagem por Miami, Florida Keys e os Everglades permite uma imersão no lado tropical da Flórida. É fácil emendar um roteiro de cinco dias por Orlando e pela Costa Espacial com uma ida planejada aos parques temáticos ou com uma nova rota para explorar algum destino famoso. Vale a pena passar duas semanas nas regiões central e norte da Flórida devido às atrações naturais e culturais. Inspire-se nestas sugestões em sua próxima aventura.

Daytona International Speedway
Passe um dia cheio de adrenalina com eventos que variam de Superbike e Motocross às corridas velozes da Nascar.

2 Semanas nas Regiões Central e Norte

- Aprecie as vistas do alto do **Bok Tower Gardens**, o ponto mais elevado na península da Flórida.
- Conheça o legado do magnata circense John Ringling em **Sarasota**.
- Veja sereias fazendo acrobacias na água no **Weeki Wachee**.
- Banhe-se em fontes límpidas na **Ocala National Forest**.
- Conheça o mundo das corridas no **Daytona International Speedway**.
- Descubra os vestígios de uma fazenda dos anos 1790 na **Fort George Island**.

1 Semana no Sul da Flórida

- Passeie por caminhos sombreados nos jardins tropicais de **Miami**.
- Dirija na linda Overseas Highway rumo a **Key West**.
- Mergulhe e nade nos recifes de coral de **Florida Keys**.
- Admire as vastas paisagens dos **Everglades** e do **Big Cypress Swamp**.
- Conheça a história da Flórida pelo olhar dos **seminoles** e dos **miccosukees**.
- Ande por entre ciprestes antigos no **Corkscrew Swamp Sanctuary**.

Legenda
— Regiões Central e Norte da Flórida
— Sul da Flórida
— Orlando e a Costa Espacial

◀ *Winter in Florida*, de sir John Lavery (1856-1941)

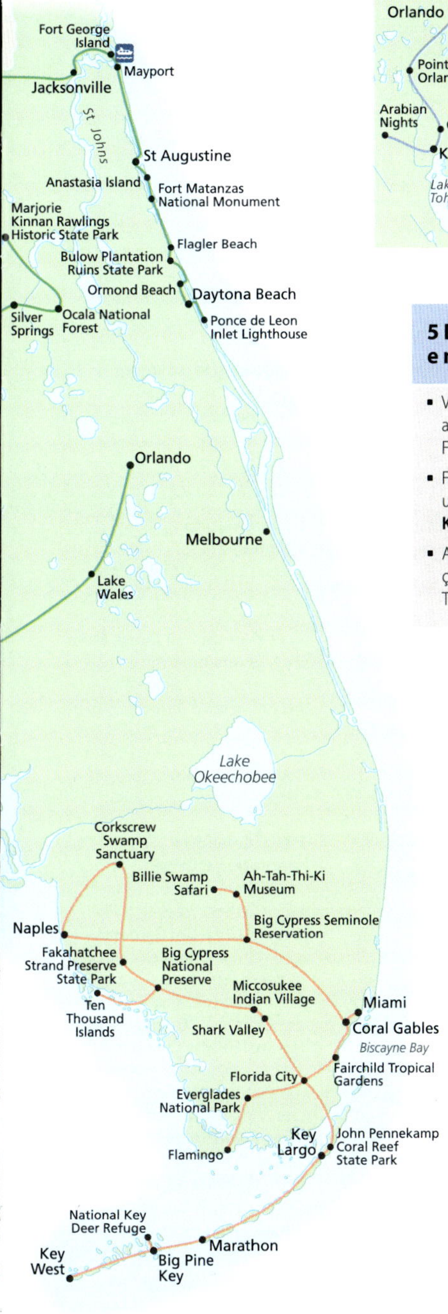

DESCUBRA A FLÓRIDA | 11

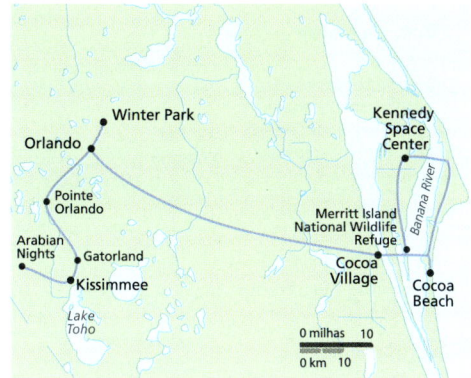

5 Dias em Orlando e na Costa Espacial

- Visite **Cocoa Beach**, a meca do surfe na Flórida.
- Fique frente a frente com uma nave espacial no **Kennedy Space Center**.
- Aprecie a melhor coleção do mundo de vitrais Tiffany no **Winter Park**.
- Surpreenda-se com o maior roseiral da Flórida nos **Leu Gardens**, em Orlando.
- Fotografe aves coloridas nativas que se reproduzem em **Gatorland**.

Key Largo
Faça um passeio de barco para mergulhar em meio aos abundantes seres marinhos e às cores caleidoscópicas do recife de coral em Key Largo.

2 Dias em Miami

Os fortes laços da Flórida com a América Latina são evidentes nessa vasta metrópole, que tem uma cena cultural vibrante.

- **Chegada** O Miami International Airport fica 19km a oeste de Miami Beach.
- **Transporte** No aeroporto, pegue um táxi ou o expresso Metrobus 150 Airport Flyer para Miami Beach.
- **Reservas** É melhor reservar acomodação em Miami, sobretudo na área servida pelo metrô.

1º Dia
Manhã Veja o sol nascer do outro lado do oceano, quando **Miami Beach** ainda está silenciosa, depois vá ao **Bayside Marketplace** (p. 78), no centro, de onde saem muitos barcos para passeios pela **Biscayne Bay** (p. 79). Um cruzeiro de 90 minutos mostra as mansões dos ricos e famosos e proporciona belas vistas de Miami. A volta de 10 minutos no Metro-Mover (p. 77) dá uma ideia geral da arquitetura da área central, mas você também pode andar nas ruas e admirar os edifícios.

Tarde Conheça a história do desenvolvimento de Miami no **Miami-Dade Cultural Center** (p. 78), então relaxe e observe o movimento na **South Beach** (p. 70). À noite, vá a algum dos clubes famosos, como o do Marlin Hotel (p. 69).

2º Dia
Manhã Desfrute a praia, depois percorra a **Ocean Drive** (pp. 64-7) entre as ruas 6th e 13th para ver a maior concentração mundial de edifícios art déco com motivo tropical – a Miami Design Preservation League oferece um passeio a pé (p. 68). Confira as lojas no **Lincoln Road Mall** (p. 68) e descanse em um café.

Tarde Com mais de 80 mil obras de arte históricas expostas, o **Wolfsonian Museum** (p. 71) é um passeio de horas. Miami tem um dos maiores contingentes de sobreviventes do Holocausto do mundo, e o legado judeu na cidade é bem documentado no **Florida Jewish Museum** (p. 71) e no **Holocaust Memorial** (p. 72).

5 Dias em Orlando e na Costa Espacial

Os parques temáticos da Disney e os Universal Studios atraem gente do mundo inteiro para Orlando, mas essa região interessante oferece várias outras atrações e atividades para todas as faixas etárias.

- **Chegada** Pelo Orlando International Airport.
- **Transporte** Alugue um carro para explorar Orlando e a Costa Espacial.

1º Dia: Cocoa e Cocoa Beach
De Orlando, siga para o belo povoado histórico de **Cocoa Village** (p. 199). Andando por lá, você verá muitas lojas ecléticas e locais históricos como a **Porcher House** (p. 199). Almoce em um dos cafés e depois atravesse a ponte para **Cocoa Beach** (p. 199), a meca do surfe na Flórida. Visite a famosa Ron Jon's Surf Shop (p. 199), que aluga equipamentos e oferece aulas de surfe. Encerre o dia relaxando na praia, cujo trecho mais bonito é o **Lori Wilson Park**.

2º Dia: KSC e Merritt Island
O polo do programa espacial dos EUA é o **Kennedy Space Center** (pp. 200-3). Passe pela Early Space Exploration (p. 203) e veja as tecnologias usadas em viagens espaciais. Entre também no IMAX Theater (p. 202) e na Space Shuttle Atlantis (p. 201); a Shuttle Launch Experience (p. 201) simula a potência de um lançamento de foguete. Após almoçar com um astronauta (p. 200), faça o passeio de ônibus KSC (p. 201) e entenda o futuro dos EUA no espaço (pp. 208-9). Encerre seguindo a Black Point Wildlife Drive através do **Merritt Island National Wildlife Refuge** (p. 198) e observe os animais.

> **Para esticar a viagem...**
> Passe um dia em **New Smyrna Beach** – conheça o centro histórico e caminhe pelos parques da costa.

3º Dia: Orlando e Winter Park
Chegue cedo ao **Winter Park** (p. 193) para ver a melhor coleção mundial de vitrais Tiffany no **Charles Hosmer Morse Museum of American Art** (p. 193). Almoce em um café na movimentada **Park Avenue** (p. 193) e depois faça o Scenic Boat Ride (p. 193). Encerre o dia no **Cornell Fine Arts Museum** (p. 193), no Rollins College.

4º Dia: Orlando e International Drive
Desfrute a manhã com um passeio pelo maior roseiral da Flórida nos **Harry P. Leu Gardens** (p. 188). Vá ao **Orlando Science Center** (p. 193) e volte para o centro até o **Lake Eola** (p. 192) para almoçar. No **Orange County Regional History Center** (p. 192), veja dioramas sobre a história da área e encerre o dia em algum restaurante na International Drive, em **Pointe Orlando** (p. 194). Caso esteja com a família, vá à divertida **Wonderworks** (p. 194).

> **Para esticar a viagem...**
> Passe dois dias de alegria no **Sea World** e na **Aquatica** (pp. 180-2).

A nave espacial Atlantis, desativada, está exposta no Kennedy Space Center

Sede da prefeitura de Coral Gables, na Miracle Mile

5º Dia: Kissimmee

Aligatores e crocodilos são as atrações da **Gatorland** (p. 195), onde também há tirolesa por cima de lagos com répteis e um viveiro de aves coloridas. Siga para o **lago Toho** (p. 196) e aprecie suas belas margens no Kissimmee Lakefront Park. Se puder, pare em **Old Town** (p. 195) e divirta-se com sua família. Encerre a noite com um jantar e um show no **Arabian Nights** (p. 195).

1 Semana no Sul da Flórida

- **Chegada** E partida pelo Miami International Airport.
- **Transporte** Alugue um carro para viajar nessa parte da Flórida.

1º Dia: Tropical Miami-Dade

É fácil entrar no clima tropical do sul da Flórida a caminho de **Coconut Grove** (p. 88), um bairro arborizado de frente para a Biscayne Bay. Uma visita à **Barnacle** (p. 88) mostra como era a vida dos pioneiros em uma floresta tropical. Siga para o sul até **Coral Gables** (pp. 83-5) e passe o resto do dia nos belos **Fairchild Tropical Gardens** (p. 96). Relaxe à noite em Coconut Grove.

2º Dia: Everglades Main Park Road

Equipado com água, protetor solar, repelente de insetos e lanches, entre no **Everglades National Park** (pp. 290-5) pela Main Park Road, em um belo percurso de 63km. Pare no **Ernest Coe Visitor Center** (p. 291) para uma introdução aos Everglades e seus hábitats. No **Royal Palm Hammock** (p. 294), percorra a curta **Anhinga Trail** (p. 291) e admire a fauna local. Na Pinelands Trail (p. 294), observe caracóis coloridos nas árvores. A vista que se tem do **Pa-hay-okee Overlook** (p. 295) vale uma parada; depois, continue pela passarela no bosque com mangues do **West Lake** (p. 295). Em **Flamingo** (p. 295), é possível ver peixes-boi e crocodilos perto da marina. Na volta, caminhe pela **Mahogany Hammock Boardwalk** (p. 291) através de uma das ilhas arborizadas dos Everglades.

3º Dia: Key Largo, Big Pine Key e Key West

Dirija pela Overseas Highway (US 1) rumo à Florida Keys. Em **Key Largo** (p. 296), vá ao **John Pennekamp Coral Reef State Park** (pp. 296-7) e embarque em um passeio de barco de no mínimo 3 horas até o recife de coral. Após o almoço, continue pela US 1 rumo a Key West e faça uma rápida parada no **National Key Deer Refuge** (p. 301), em Blue Hole, excelente ponto para observar cervos. Siga para **Key West** (pp. 302-7), onde você pode caminhar na Duval Street (p. 302) e ver o poente na Mallory Square (p. 304).

> **Para esticar a viagem...**
> Reserve dois dias em Key West (pp. 302-7) para explorar as inúmeras atrações da ilha.

4º Dia: Key West, Marathon e Key Largo

Visite o **Fort Zachary Taylor Historic State Park** (p. 302) de manhã, depois pegue o Conch Train (p. 304) para um panorama narrado da cidade. Entre no **Wrecker's Museum** (p. 306), que enfoca a longa história marítima de Keys. Ao voltar para o norte pela Overseas Highway, faça uma pausa no **Crane Point Hammock** (p. 300), em Marathon, onde está a casa mais antiga da região, e admire as vistas da Florida Bay. Passe a noite na praia em **Key Largo** (p. 296).

5º Dia: Everglades e Big Cypress

De Key Largo, continue para o norte até a panorâmica **Tamiami Trail** (p. 285), que corta os Everglades. Em **Shark Valley** (p. 291), pegue um bonde ou pedale pela estrada, parando na torre de observação. Prove delícias indígenas, como pão frito, na **Miccosukee Indian Village** (p. 289), por perto. Dirija até a **Big Cypress National Preserve** (pp. 288-9) e entre no Oasis Visitor Center (p. 289) para aprender sobre esse mosaico incomum de ecossistemas.

6º Dia: Everglades, Big Cypress e Naples

De manhã, vá ao **Gulf Coast Visitor Center** (p. 291) e pegue um barco para ver o lado oeste do Everglades National Park nas **Ten Thousand Islands** (p. 290). No sentido norte, você passa pelo **Fakahatchee Strand Preserve State Park** (p. 289), uma área rica em biodiversidade, a caminho do **Corkscrew Swamp Sanctuary** (p. 289), com ciprestes antigos. Passe a noite na boêmia **Naples** (p. 288).

> **Para esticar a viagem...**
> Continue para o norte na Tamiami Trail e passe dias em **Fort Myers** (pp. 280-1) e na **Sanibel Island** (pp. 282-3).

7º Dia: Naples, Big Cypress e Coral Gables

Rume para o leste cruzando o Big Cypress Swamp na Alligator Alley (rodovia I-75) até a **Big Cypress Seminole Reservation** (p. 289), onde se encontra o **Ah-Tah-Thi-Ki Museum** (p. 289), de cultura *seminole*. No **Billie Swamp Safari** (p. 289), passeie em veículos especiais ou em airboats. Por fim, vá à cosmopolita **Coral Gables** (pp. 83-5).

2 Semanas nas Regiões Central e Norte

- **Chegada** Pelo Orlando International Airport.
- **Transporte** Alugue um carro para explorar a Flórida.

1º Dia: De Orlando para Bradenton
De Orlando, siga pela Scenic Highway 17 para o sul até Lake Wales. Passe várias horas apreciando as vistas e a beleza dos **Bok Tower Gardens** (p. 197). Vá para o sudoeste e visite a antiga **Gamble Plantation** (p. 270) a caminho da **Anna Maria Island** (p. 271).

> **Para esticar a viagem...**
> Passe um dia na **Legoland** (p. 197), que abriga também os belíssimos e históricos **Cypress Gardens**.

2º Dia: Bradenton e Sarasota
Acorde cedo para passear pelo **De Soto National Memorial** (p. 271). Siga para Sarasota e reserve a maior parte do dia para conhecer o amplo **Ringling Museum** (pp. 274-7). Dê uma olhada nas vitrines da Main Street, no **centro de Sarasota** (p. 272), e depois atravesse a ponte para jantar no **St. Armands Circle** (p. 273).

3º Dia: Tampa e Ybor City
O **Florida Aquarium** (p. 266) é um dos maiores do país, com um átrio tropical no topo do edifício e galerias marinhas nos diversos andares abaixo. O aquário é ligado à histórica **Ybor City** (pp. 264-5) pelo TECO Line Streetcar System (p. 262). Conheça mais sobre as origens cubanas da área no **Ybor City State Museum** (p. 265) e planeje seu jantar em um dos restaurantes da cidade.

> **Para esticar a viagem...**
> Passe dois dias em Tampa para visitar os **Busch Gardens** (pp. 268-9) e o **Lowry Park Zoo** (p. 266).

4º Dia: St. Petersburg e Clearwater Beach
Muito agradável para explorar a pé, **St. Petersburg** (p. 258) abriga o **Salvador Dalí Museum** (pp. 260-1) e o **Museum of Fine Arts** (p. 259), atrações culturais da notável cena artística da área central. Para um gostinho dos trópicos, caminhe pelos **Sunken Gardens** (p. 259) e continue rumo ao litoral para relaxar em uma praia do **Sand Key Park** (p. 257), nas proximidades. Passe a noite em um dos motéis da **Clearwater Beach** (p. 256).

5º Dia: Dunedin e Tarpon Springs
Fundada por um escocês, **Dunedin** (p. 255) tem ritmo calmo de interior e é um destino agradável para ver antiguidades e arte. A cidade é cortada pela **Pinellas Trail** (p. 255). Alugue uma bicicleta para seguir rumo ao norte pela trilha ou continue dirigindo até o **Honeymoon Island State Park** (p. 255), um dos melhores lugares da Flórida para avistar águias-pescadoras. A Pinellas Trail também é ligada a **Tarpon Springs** (p. 255), destino final do dia.

6º Dia: Nature Coast
Continue subindo a costa do Golfo na US 19 rumo ao **Weeki Wachee Springs** (pp. 254-5), onde há "sereias de verdade". No **Homosassa Springs Wildlife State Park** (p. 254), pode-se apreciar a fauna nativa da Flórida, sobretudo o peixe-boi. Passe a noite em **Crystal River** (p. 254) – no final da Fort Island Trail, na qual

Flamingos no Homosassa Springs Wildlife State Park

os carros passam por um charco de água salgada e vão parar em uma ilha no golfo do México, tem-se um dos poentes mais belos da região.

> **Para esticar a viagem...**
> Mergulhe com peixes-boi (no inverno) no **Crystal River National Wildlife Refuge** (p. 255).

7º Dia: Ocala
Conhecida por suas fazendas de criação de cavalos – muitas das quais são visíveis da SR 40 –, **Ocala** (p. 226) também é um polo de atividades recreativas ao ar livre. Visite **Silver Springs** (p. 225) e passeie de barco ou caiaque no rio cristalino, cercado por matas da planície inundada. O Black Bear Scenic Byway leva à **Ocala National Forest** (p. 225), onde as Juniper Springs apresentam dois belos afluentes ligados por canais transparentes.

Paisagem de St. Petersburg, com a marina na frente

Veja informações úteis para a viagem nas pp. 370-87

8º Dia: Gainesville

Cercada por atrações naturais e culturais, Gainesville gira em torno da University of Florida. Em Cross Creek, o **Marjorie Kinnan Rawlings Historic State Park** (p. 226) mostra como era a vida na Flórida nos anos 1940. Saindo de lá, continue até **Micanopy** (p. 226) para explorar esse antigo entreposto comercial fundado em 1821. Admire por algum tempo as antiguidades e artes que dominam a pitoresca área central e reserve o resto do dia para observar a vida animal no **Paynes Prairie Preserve State Park** (p. 227).

9º Dia: Gainesville e o Suwannee River

Comece a manhã com uma visita ao **Florida Museum of Natural History** (p. 227) e conheça melhor os hábitats naturais da Flórida. Faça uma viagem calma para o norte pela US 41 passando por cidadezinhas históricas até White Springs. Nessa localidade encontra-se o **Stephen Foster Folk Culture Center State Park** (p. 248), onde a cultura popular é mantida ao longo do rio Suwannee.

> **Para esticar a viagem...**
> Passe dois dias na região de Panhandle para visitar a capital estadual, **Tallahassee** (p. 246), onde a fazenda de algodão Goodwood Plantation (p. 247) e o **Tallahassee Museum of History and Natural Science** (p. 247) abordam a história da origem da Flórida.

10º Dia: Jacksonville

Ao longo da margem do rio St. Johns, o **Cummer Museum of Art and Gardens** (p. 213) é uma mescla perfeita de espaços culturais e naturais. Siga a Heckscher Drive até a Fort George Island, onde se encontra a **Kingsley Plantation** (p. 211), que abriga a casa de fazenda mais antiga da Flórida. Pegue a Mayport Ferry para cruzar o rio St. Johns rumo a **Mayport** (p. 213) e mergulhar nas ondas do **Kathryn Abbey Hanna Park** (p. 213) antes do jantar.

A extensa Daytona Beach

11º Dia: St. Augustine

Dirija para o sul pela A1A, ao longo da costa, apreciando a paisagem até **St. Augustine** (pp. 214-7) e explore o **Fort Mose Historic State Park** (p. 217), local do primeiro povoado africano livre na América do Norte. Continue rumo à movimentada **St. Georges Street** (pp. 216-7) e explore-a a pé. Os primórdios da cidade estão bem ilustrados no **Colonial Spanish Quarter** (p. 216), e o **Lightner Museum** (p. 217) tem muitas coleções fascinantes. Passeie por lojas, galerias e pontos históricos até o início da noite, para então relaxar em um pub na parte antiga da cidade.

12º Dia: St. Augustine

Visite o **Castillo de San Marcos** (pp. 218-9) antes de seguir caminho de carro, cruzando a Bridge of Lions, para a Anastasia Island. O **St. Augustine Alligator Farm Zoological Park** (p. 217) é o zoológico mais antigo da Flórida. Do outro lado da rua está o **St. Augustine Lighthouse** (p. 217), a estrutura de tijolos mais antiga da cidade. Suba os 219 degraus até o topo para apreciar a vista formidável.

13º Dia: Scenic A1A

Saia de St. Augustine pela Flórida A1A rumo ao sul e pare para visitar o **Fort Matanzas Nacional Monument** (p. 220) – local de uma antiga fortaleza de coquina. No **Washington Oaks Gardens State Park** (p. 220), não deixe de ver a singular praia de coquina na parte litorânea do parque. Continuando ao longo da rota, o pitoresco centro de **Flagler Beach** (p. 220), no alto de penhascos acima do mar, é uma parada agradável a caminho do **Bulow Plantation Ruins State Park** (p. 220). Volte à A1A para o sul e percorra o paisagístico "Loop". Encerre o dia na **Ormond Beach** (p. 220).

14º Dia: Daytona Beach

A visita ao **Daytona International Speedway** (p. 222), de corridas automobilísticas, é imperdível, assim como uma ida ao **Museum of Arts and Sciences** (p. 221), que tem um acervo de arte cubana. Despeça-se do litoral da Flórida no **Ponce de Leon Inlet Lighthouse** (p. 222).

Jardins complementam a beleza natural do Washington Oaks Gardens State National Park

Flórida Dentro do Mapa

A Flórida tem por volta de 14 milhões de habitantes, é o estado mais ao sul da parte continental dos EUA e se projeta em direção ao Caribe entre o oceano Atlântico e o golfo do México. A península da Flórida mede 690km de norte a sul, e o estado todo ocupa uma área de 151.714km², quase do tamanho da Inglaterra. A capital do estado é Tallahassee, uma cidade relativamente pequena do Panhandle – a estreita faixa de terra que se estende a oeste no golfo do México. As principais portas de entrada da Flórida, porém, são Miami e Orlando.

Legenda dos símbolos *na orelha da contracapa*

Mapa Rodoviário da Flórida

Tabela de Distâncias

Miami											
141 / **227**	**Fort Myers**										
331 / **533**	230 / **370**	**Gainesville**									
345 / **555**	285 / **459**	62 / **100**	**Jacksonville**								
155 / **249**	270 / **434**	474 / **763**	493 / **793**	**Key West**							
228 / **367**	153 / **246**	109 / **175**	134 / **216**	371 / **597**	**Orlando**						
64 / **103**	124 / **200**	269 / **433**	274 / **441**	219 / **352**	166 / **267**	**Palm Beach**					
555 / **893**	448 / **721**	236 / **380**	260 / **418**	698 / **1123**	334 / **537**	493 / **793**	**Panama City**				
649 / **1044**	541 / **871**	330 / **531**	354 / **570**	792 / **1274**	428 / **689**	587 / **944**	103 / **166**	**Pensacola**			
308 / **496**	251 / **404**	73 / **118**	39 / **63**	461 / **742**	96 / **154**	238 / **383**	293 / **471**	387 / **623**	**St. Augustine**		
251 / **404**	110 / **177**	143 / **230**	209 / **336**	379 / **610**	105 / **169**	200 / **322**	342 / **550**	435 / **700**	198 / **319**	**St. Petersburg**	
214 / **344**	71 / **114**	179 / **288**	240 / **386**	344 / **553**	132 / **212**	174 / **280**	378 / **608**	471 / **758**	228 / **367**	39 / **63**	**Sarasota**
463 / **745**	356 / **573**	144 / **232**	163 / **262**	606 / **975**	242 / **389**	401 / **645**	97 / **156**	191 / **307**	195 / **314**	250 / **402**	286 / **460**	**Tallahassee**
245 / **394**	123 / **198**	128 / **206**	190 / **306**	387 / **623**	85 / **137**	192 / **309**	331 / **533**	425 / **684**	179 / **288**	20 / **32**	53 / **85**	239 / **383**	**Tampa**

10 = Em milhas
10 = Em quilômetros

Legenda dos símbolos *na orelha da contracapa*

FLÓRIDA DENTRO DO MAPA | 19

Miami

A metrópole conhecida como Miami, ou Grande Miami, chama-se mais precisamente Miami-Dade County. Ela ocupa 5.180km² e abrange muitos distritos e cidades. Este livro divide Miami em três grandes áreas turísticas: Miami Beach, com o balneário de South Beach; Downtown e Little Havana, áreas tradicionalmente mais urbanas; e os bairros arborizados de Coral Gables e Coconut Grove.

Coral Gables: o bairro residencial mais cobiçado envolve uma série de canais

Legenda dos símbolos *na orelha da contracapa*

FLÓRIDA DENTRO DO MAPA | **21**

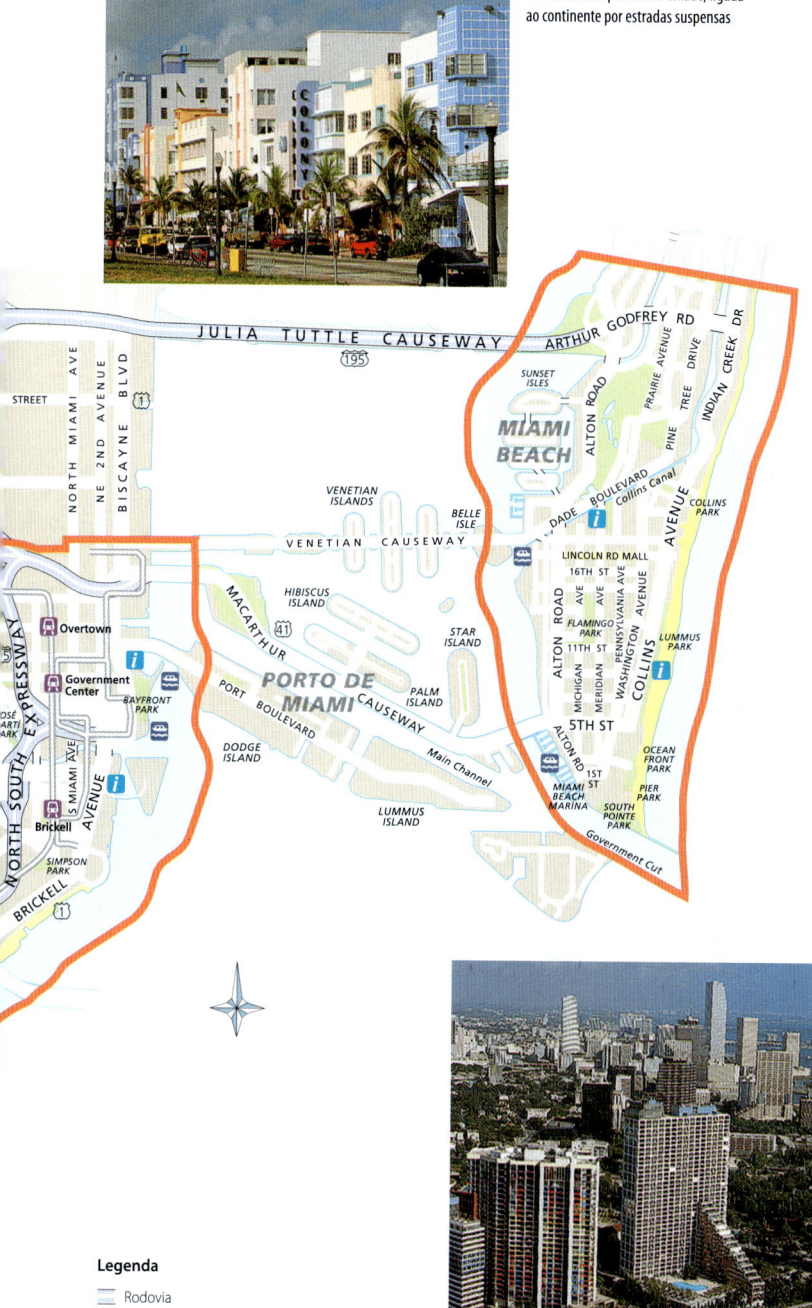

Miami Beach: quase uma cidade, ligada ao continente por estradas suspensas

Downtown: o centro visual e comercial da metrópole tem altos prédios às margens do rio Miami

Legenda

- Rodovia
- Linha de Metrorail

RETRATO DA FLÓRIDA

Para a maioria dos 40 milhões de turistas que visitam a Flórida anualmente, suas imagens típicas – sol, mar, praias e o Mickey Mouse – são razões suficientes para embarcar no próximo voo. O "estado do sol" merece a reputação de destino preferido das famílias, mas a Flórida tem cultura, paisagem e características muito mais ricas do que sugere esse estereótipo.

É fácil ignorar o que existe além do litoral da Flórida, repleto de praias que agradam a qualquer visitante, do que deseja apenas relaxar ao que prefere aproveitar as possibilidades oferecidas para a prática de esportes. Mas vale a pena guardar o bronzeador e a toalha para explorar seu interior.

As densas florestas, as colinas do norte e a profusão de buganvílias e azaleias da primavera desmentem o mito de que a paisagem da Flórida é plana e monótona. Onde quer que se esteja, é sempre pequena a distância entre a civilização e as áreas selvagens, como os Everglades e sua extraordinária diversidade de plantas e animais, onde os aligatores e as cobras são lembranças vivas de um lugar que era inóspito há pouco mais de cem anos. O estado se desenvolveu apenas recentemente (seus bairros históricos datam do início dos anos 1900), mas está na Flórida a cidade mais antiga do país: St. Augustine, um raro tesouro de edifícios bem preservados que dão uma boa ideia de como era a vida no século XVIII.

Mas tanto em relação ao clima como à cultura, o estado da Flórida é uma ponte entre a temperada América do Norte e os tropicais América Latina e Caribe. Ao norte, as estradas são delimitadas por majestosos carvalhos e as pessoas falam com um sotaque sulino; ao sul, as palmeiras fazem sombra e os moradores de Miami tanto podem falar espanhol quanto inglês.

Paisagem intocada perto de Flamingo, no Everglades National Park

◀ Areia branca e águas quentes cor de esmeralda em Panama City Beach

Morador pesca no píer de Naples, nas águas do golfo do México

População e Sociedade

O estado "onde todos vêm de algum outro lugar", a Flórida sempre abrigou uma grande mistura de culturas. Os índios *seminole*, que chegaram no século XVII, são o grupo que está há mais tempo no local. Eles vivem principalmente em reservas, mas podem ser vistos na beira das estradas de algumas áreas do sul, vendendo seu artesanato colorido. Os melhores candidatos ao título de "verdadeiros habitantes da Flórida" são os fazendeiros *crackers*, cujos ancestrais instalaram-se na região na década de 1800; a palavra "*cracker*" talvez tenha origem no som do estalo de suas chicotadas no gado ou no do milho sendo moído. Você só encontrará um *cracker* se for para o interior; no litoral, mais rico e muito mais populoso, concentram-se os que vieram dos estados mais ao norte.

Os próprios norte-americanos só começaram a descobrir a Flórida na Segunda Guerra Mundial. Era o vigésimo estado mais populoso dos EUA na década de 1950, mas atualmente já ocupa o quarto lugar.

Cubanos de Miami jogam dominó

Os aposentados foram os que se mudaram em maior número para o sul, onde o clima e o lazer (além dos baixos impostos) eram fortes atrativos após uma vida inteira de trabalho. Eles aproveitam ao máximo as oportunidades recreativas e culturais que a Flórida tem a oferecer. É comum ver pessoas idosas jogando golfe, pescando ou simplesmente passeando nos modernos shopping centers do estado. Apesar de

Banca de roupas feitas pelos índios seminole

comunidades muito ricas, como Palm Beach, se encaixarem na imagem conservadora que se tem da Flórida, a realidade é bem diferente. Um número cada vez maior de recém-chegados são jovens que buscam nessa terra de oportunidades um lugar para se divertir e aproveitar a vida. A nova geração ajudou a transformar o balneário de South Beach, onde belos corpos desfilam diante dos hotéis art déco, num dos mais badalados do país.

Atração refrescante em um parque aquático da Flórida

São muitos os imigrantes da América Latina, e a comunidade cubana de Miami é bastante grande. O som da salsa e do merengue se espalha pelas ruas da cidade, e animadas festas preenchem todo o calendário. A diversidade étnica é celebrada na culinária local: além das genuínas recriações caribenhas e de outros pratos étnicos, você provará sabores excitantes e inovadores que emergiram de um amálgama cultural entre as várias culinárias.

Laranja, o principal produto da Flórida

Economia e Turismo

No que diz respeito à economia, a Flórida destaca-se diante dos outros estados da nação. A sua principal fonte de renda vem do cultivo de frutas cítricas, legumes, verduras e cana-de-açúcar e da produção de carne bovina. As frutas se dão melhor no centro-sul do estado, onde há pomares a perder de vista. A indústria de tecnologia também é importante, ao passo que a proximidade de Miami com a América Latina e o Caribe criou uma rota natural de comércio para os Estados Unidos. O clima quente também promove eventos lucrativos: os treinos de beisebol da primavera atraem equipes e torcedores, e a indústria da moda traz modelos e *glamour* a Miami.

Mas é o turismo que enche os cofres do estado. O Walt Disney World® Resort domina o setor, mas a Flórida também sabe tirar proveito de suas belas praias, dos cruzeiros para as Bahamas e para o Caribe e das belezas naturais. Após um crescimento descontrolado, o estado aprendeu a proteger suas reservas naturais. Há grandes áreas ocupadas por fábricas, condomínios e plantações de cana-de-açúcar, mas industriais e agricultores estão trabalhando de forma mais responsável, e o uso da água é rigorosamente controlado. Os tesouros naturais, que vão dos pântanos aos pumas remanescentes, estão muito bem protegidos para a posteridade.

Os flamingos dos parques são um símbolo popular

A Paisagem da Flórida

O terreno da Flórida é bastante plano, e o ponto mais elevado do estado está apenas a 105m acima do nível do mar. As raras colinas do Panhandle oferecem uma das mais belas paisagens rurais do estado, dominado por pradarias e pântanos e pontuado por florestas e milhares de lagos. Grandes porções da paisagem natural tiveram que ceder ao desenvolvimento urbano e à agricultura, que é a principal fonte de renda do estado, perdendo apenas para o turismo. Mas ainda é possível encontrar áreas surpreendentemente selvagens e despovoadas.

Os wetlands (alagados) são charcos cobertos por árvores, como este, de ciprestes, ou mais abertos, com herbáceas.

As praias ocupam mais de 1.600km da costa da Flórida. Ao contrário da areia escura da costa do Atlântico, a fina areia de quartzo do Panhandle é tão branca que, segundo a lenda, na Segunda Guerra era vendida como açúcar por comerciantes inescrupulosos.

Ilhas de barreira, formadas pela areia arrastada pela corrente, rodeiam a costa da Flórida.

Os Sinks da Flórida

Muitos dos 30 mil lagos da Flórida eram, inicialmente, cavidades, ou *sinks*. Esse fenômeno curioso, que ocorre principalmente no norte e centro, é resultado da erosão natural do calcário que forma os leitos rochosos de grande parte do estado. A maioria das cavidades é formada aos poucos, à medida que o solo vai afundando. Outras surgem de repente, em geral após chuvas fortes, quando uma caverna subterrânea desmorona sob o peso do solo. O maior *sink* já registrado surgiu no Winter Park, em 1981. Ele engoliu seis carros e uma casa e abriu uma cratera com 90m de diâmetro. Não é possível prever o surgimento dos *sinks*, e muitos proprietários fazem seguro contra eles.

Especialistas inspecionam um *sink* em uma estrada

Legenda

- Principais áreas urbanas
- Principais áreas de pântano
- Principais áreas de floresta
- - - Intracoastal Waterway
- Gado
- Peixes e frutos do mar
- Frutas cítricas
- Cana-de-açúcar
- Tabaco
- Amendoim

RETRATO DA FLÓRIDA | 27

A Intracoastal Waterway é um canal natural dragado, cuja parte principal, na costa leste, é a continuação de uma rota que começa mais ao norte, em Maryland; algumas partes da Flórida foram dragadas na década de 1880. É uma popular rota de navegação *(p. 364)*.

O gado era embarcado na Flórida para o mercado de Cuba na época dos espanhóis. Hoje a Flórida fica atrás apenas do Kentucky na criação de gado de corte entre os estados do sudeste, e a atividade se concentra na criação de gado *brahman*, uma raça mais robusta, originária da Índia. As principais fazendas do estado localizam-se ao longo do rio Kissimmee, e a cidade de mesmo nome é conhecida como "capital das vacas da Flórida" *(p. 195)*.

Florestas, principalmente de pinheiros, cobrem 50% do solo do estado, mas mais da metade é cultivada para uso comercial.

A Flórida produz mais de 70% das frutas cítricas consumidas nos Estados Unidos. As laranjas são cultivadas principalmente para a produção de sucos, pelos quais o estado é famoso.

A cana-de-açúcar prospera no rico solo ao sul do lago Okeechobee *(p. 132)*. Onde antes os imigrantes do Caribe cortavam a cana-de-açúcar com facões, hoje a indústria é em grande parte mecanizada.

As Keys são uma cadeia de ilhas de coral fossilizado, muitas delas minúsculas e desabitadas.

O crescimento urbano é a consequência inevitável do fluxo constante de imigrantes de outros estados e do exterior, bem como do movimento generalizado da zona rural para as áreas urbanas. A costa sudeste do estado é quase totalmente tomada por edifícios – como se vê em Delray Beach, que se estende pela Intracoastal Waterway, na Costa do Ouro.

Vida Selvagem e Hábitats Naturais

A variedade de hábitats e vida selvagem da Flórida se deve, em parte, ao encontro do Norte temperado com o Sul subtropical. Outros fatores são a umidade, o solo arenoso, as baixas altitudes e a proximidade do mar. Algumas plantas e animais sobrevivem em diversos ambientes, outras não. Na Flórida, a presença de aves é maior no inverno, quando as espécies migratórias chegam do norte.

Um *hammock*, bosque tropical típico do sul da Flórida

Áreas Costeiras

A costa da Flórida tem uma vida selvagem muito rica, apesar das condições severas. À parte as aves aquáticas, os animais se escondem durante o dia. Alguns se enterram na areia; outros só saem à noite. Marismas e lagoas salgadas, protegidas do oceano por dunas, são um hábitat especialmente rico.

As lagoas salgadas são terrenos férteis para peixes e mariscos.

Os límulos saem do mar em grandes grupos, geralmente na primavera, e se reúnem na praia para se reproduzir.

Oceano

Os arbustos nas dunas "ressecam" e se curvam devido ao vento que sopra do mar.

Leito de calcário

Argila, areia e conchas

A águia norte-americana, em risco de extinção, é encontrada por todo o estado; tem envergadura de 2m.

As dunas, modeladas por ventos e ondas, se movem sempre, mas se fixam por raízes de "aveias do mar" e outras plantas.

A baga-da-praia, que cresce principalmente nas dunas do sudeste, deve o nome à sua fruta parecida com cachos de uva.

Bosques de Pinheiros

Esses bosques de pinheiros encobrem várias plantas e arbustos. Interrompidos por pântanos e outros hábitats, eles cobrem quase a metade da Flórida. Incêndios periódicos os fazem prosperar, e as plantas e animais precisam se adaptar para sobreviver a essas condições.

O *saw palmetto* e arbustos como a murta crescem bem nos bosques abertos.

O pinheiro é a árvore mais comum nos bosques.

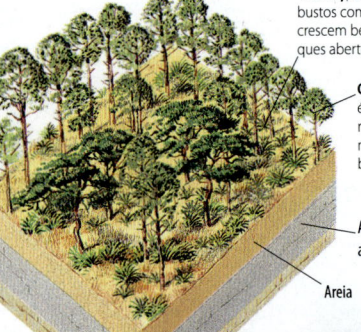

Argila e areia

Areia

O cervo-de-cauda-branca é um animal solitário. Os da Flórida são menores do que os que vivem em estados mais ao norte dos EUA.

O pica-pau-de-barriga-vermelha faz ninhos nos troncos secos e os usa por vários anos.

A cascavel-anã se camufla bem para se confundir com a grama e a vegetação rasteira.

RETRATO DA FLÓRIDA | 29

Pântanos

Muitos pântanos já foram drenados para dar lugar à agricultura e às construções, mas eles ainda estão por toda a Flórida. Geralmente são dominados por ciprestes, que se adaptam bem às condições de alta umidade e necessitam de pouco solo para crescer. O cipreste-anão é a espécie mais comum; o cipreste-calvo, de maior porte, tornou-se mais raro.

A íbis-branca se alimenta nos pântanos e alagados. E faz ninho no alto das árvores ou entre os juncos.

Turfa

O lince-vermelho tem cauda curta e pelo manchado.

Os ciprestes costumam formar uma "cúpula". As árvores próximas da água são menores que as do centro.

Cladium jamaicense

Essas raízes fornecem oxigênio à planta, que de outra forma morreria no solo úmido.

Água e matéria orgânica

Os lagartos anólis são verdes, mas ficam marrons dependendo da temperatura do corpo e do nível de estresse.

As ninfeias são flores aquáticas espetaculares. A folha grande serve de descanso para os sapos.

Florestas de Madeira de Lei

Esse é um dos hábitats mais verdes do estado. As florestas de madeira de lei são chamadas de *hammocks*. Diferentemente dos *hammocks* do sul da Flórida, os do norte são marcados pelo esplêndido carvalho, que se junta a espécies como a nogueira-americana e a magnólia.

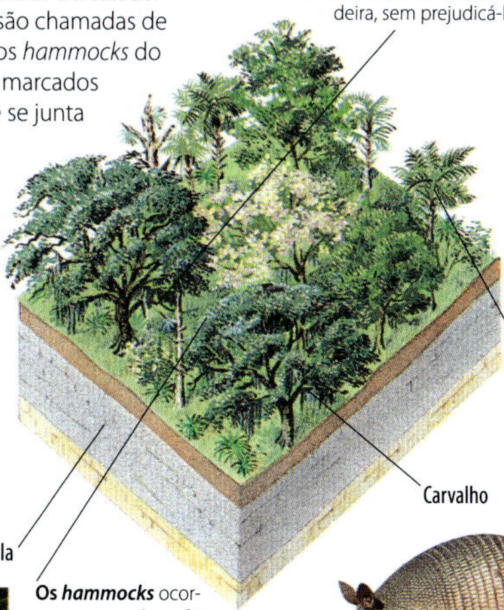

A barba-de-velho, como outras plantas aéreas, cresce na planta hospedeira, sem prejudicá-la.

O peru selvagem tem plumagem e "barba" coloridas.

A magnólia é uma das plantas conhecidas há mais tempo e caracterizada pelas flores vistosas e perfumadas.

Palmeira sabal

Carvalho

Areia e argila

Os *hammocks* ocorrem, em geral, em faixas estreitas ao longo dos rios.

As sarigueias americanas são ágeis escaladoras, com patas e cauda adaptadas para agarrar ramos finos.

O tatu-de-nove-faixas é mais noturno. Quando ameaçado, enrola-se, e a dura "armadura" protege o corpo mole de predadores como o lince-vermelho.

Furacões da Flórida

Um furacão é um ciclone tropical com ventos de velocidade de pelo menos 119km/h. Um entre dez furacões que se formam no norte do Atlântico atingem a Flórida, o que significa uma grande tempestade a cada dois anos, em média. A temporada de furacões vai de 1º de junho a 30 de novembro, mas a maior ocorrência é de agosto a outubro. A escala de furacões Saffir-Simpson, que mede os ventos e a alta esperada da maré, classifica os furacões em cinco categorias; a quinta é a pior, com ventos superiores a 249km/h. Os nomes dos furacões seguem uma lista oficial em ordem alfabética, que se reinicia a cada seis anos. Originalmente, eram usados só nomes de mulheres, mas desde 1979 são usados nomes de homens e mulheres alternadamente.

Monumento ao furacão de 1935 *(p. 298)*

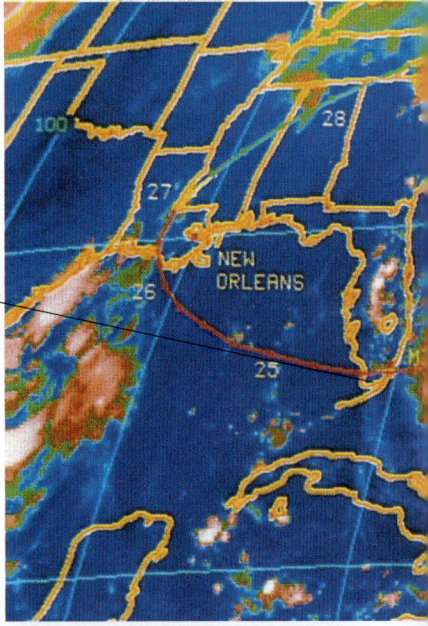

As áreas da Flórida com maior probabilidade de serem atingidas por um furacão são a costa sudeste, incluindo as Keys, a costa oeste dos Everglades e o oeste do Panhandle.

A Vida de um Furacão

A formação de um furacão é influenciada por diversos fatores – principalmente calor e ventos. Primeiro, o sol aquece a superfície do oceano a ponto de haver evaporação da água. O vapor de água sobe e se condensa em nuvens, que giram em razão da rotação da Terra. O furacão avança e pode ser seguido por satélite. No continente, a tempestade perde força porque está longe de sua fonte de energia, o oceano aquecido.

Um barco arrastado pela força do furacão em Rickenbacker Causeway, Miami

Prédio de apartamentos cuja fachada foi arrancada pelos fortes ventos do Andrew

Furacão Andrew

Em 24 de agosto de 1992, o furacão Andrew devastou o sul da Flórida. Ele chegou a 4 na escala Saffir-Simpson, menos que o furacão de 1935 que atingiu as Keys, mas até ocorrer o Katrina, em 2005, esse era o desastre natural que havia causado os maiores prejuízos, da ordem de US$35 bilhões. Entretanto, apenas quinze pessoas morreram na Flórida (23 no país) em consequência do furacão Andrew.

Acampamento montado para abrigar 250 mil pessoas desalojadas pelo furacão Andrew

O Olho
Circundado por fortes ventos, o olho, ou centro, da tempestade é uma região calma. Depois da passagem do olho, os ventos voltam com força total.

Monitoramento de Furacões

Com satélites, modelos de computador e radares, o National Hurricane Center de Miami pode detectar um furacão muito antes de ele atingir a Flórida. Informações mais detalhadas, porém, são obtidas por pilotos conhecidos como Hurricane Hunters (Caçadores de Furacão), que voam dentro e fora do furacão, coletando dados. Os danos causados por um furacão são minimizados com a previsão de sua ocorrência: televisão e rádio mantêm o público informado, e todos podem seguir a rota da tempestade.

Árvores atingidas por fortes ventos

1 Alerta de Furacões O *hurricane watch* (alerta de furacões) é a primeira indicação de que um furacão está para atingir a Flórida. Isso significa que uma tempestade pode chegar em 36 a 48 horas. O *hurricane warning* anuncia que a tempestade pode chegar em 24 horas. Os aeroportos fecham.

Bandeira de alerta de furacão

Um furacão típico tem 480km de largura e pode elevar-se a 15.250-18.300m acima do nível do mar. Ele se desloca a uma velocidade de 15-70km/h.

Muitos furacões, como o Andrew, se formam na África e vão para oeste pelo Atlântico.

2 Evacuação Antes que o furacão chegue, as autoridades responsáveis divulgam orientações através dos meios de comunicação. Quem mora em prédios altos, trailers e em baixadas está mais vulnerável. Placas com o símbolo do furacão indicam as rotas mais seguras. A Cruz Vermelha oferece abrigo a quem não tem onde se alojar.

Sinal de evacuação

Formação da Tempestade

Os estragos e as mortes causadas por um furacão não resultam das chuvas e dos ventos, mas das inundações causadas pela tempestade. A parede de água é empurrada pela força dos ventos perto do olho da tempestade e atinge a costa; as ondas podem chegar a mais de 6m de altura e 80km de extensão.

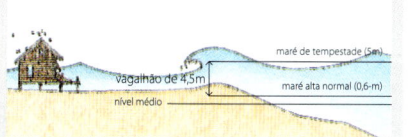

3 Sinal de Trégua Depois que o furacão se dissipa ou sai da área, a população recebe o sinal de trégua para que volte para casa. Mas o perigo continua depois da tempestade em razão dos cabos elétricos derrubados e das inundações.

Naufrágios e Resgates

As águas da costa da Flórida escondem milhares de naufrágios acumulados há séculos. Alguns barcos afundavam no mar durante as tempestades, outros eram atirados contra os recifes das ilhas Keys. Os navios resgatados, indicados no mapa, tiveram grande parte da carga recuperada. Os navios espanhóis e seus tesouros são os mais cobiçados entre os resgatadores, e eram o alvo preferido dos piratas. Nos museus da Flórida, os objetos de uso diário e os tesouros dão uma ideia do modo de vida e da riqueza dos espanhóis.

Faróis
Desde 1800, faróis como o de Júpiter ajudam os navios a manter o curso.

O *Atocha*
O mais famoso navio espanhol naufragado na Flórida, que foi a pique em 1622, foi localizado por Mel Fisher *(p. 118)* em 1985, após dezesseis anos de busca. Seu tesouro, estimado em US$300 milhões, incluía moedas, barras de ouro e joias.

As ilhas Keys eram a área ideal para os "caçadores de naufrágio" *(p. 307)*, que resgatavam e vendiam a carga dos navios afundados nos recifes próximos.

Resgate de Tesouros
O resgate de tesouros sempre exigiu planejamento. Esse documento de 1623 mostra a técnica criada pelos espanhóis para resgatá-los nas ilhas Keys.

Do México

Havana

Havana, capital de Cuba, era o principal ponto de encontro das esquadras espanholas que retornavam para casa.

MÉXICO

Da América do Sul

Navios espanhóis que partiam do Novo Mundo usavam a corrente do Golfo e os ventos alísios de perto da Flórida para acelerar a viagem pelo Atlântico.

Legenda
- Navio resgatado
- Navio não resgatado
- Rota de navegação

Caçadores de Tesouros

Mel Fisher precisou de mais de cem audiências na justiça para ganhar o direito sobre os tesouros do Atocha. A lei federal determina que o navio naufragado até 5km da costa pertence ao estado em cujas águas foi encontrado, mas não deixa claro o que fazer com os que estão além desse limite. Quem encontra moedas na praia com detector de metal pode ficar com elas, mas a Flórida exige uma licença para tirar qualquer coisa de um barco que esteja em seu território.

Caçador de tesouros na praia

Onde Ver Tesouros Espanhóis na Flórida

McLarty Treasure Museum
p. 118
Mel Fisher Maritime Museum
p. 306
Mel Fisher's Treasure Museum
p. 118
Museum of Man in the Sea
p. 242
St. Lucie County Historical Museum
p. 119

A esquadra espanhola que afundou nesse ponto em 1715 *(p. 118)* ainda está sendo resgatada. Amadores percorrem as praias em busca de moedas, que às vezes aparecem.

Para a Espanha

Navios Espanhóis
As caravelas e os galeões que levavam os tesouros para a Espanha comportavam uma tripulação de 200 pessoas. As arcas de ouro e prata eram guardadas em um compartimento no deque inferior.

Barba Negra
Famoso pela crueldade e também pelo hábito de atear fogo a cordas presas ao seu chapéu, para intimidar as vítimas, Barba Negra atacava os navios espanhóis no início do século XVIII. Ele foi morto pela marinha britânica em 1718.

BAHAMAS

CUBA

Hispaniola e a vizinha Tortuga eram os alvos favoritos dos piratas franceses e ingleses, que dali iniciavam ataques aos navios espanhóis.

TORTUGA

MAR DO CARIBE

HISPANIOLA

A Arquitetura da Flórida

As construções da Flórida refletem a maneira como o estado foi ocupado. Os pioneiros construíram casas simples, mas as aspirações cresceram com a era das ferrovias. Interessados em atrair pessoas para o Sul, os empreendedores imitavam estilos familiares aos dos moradores do Norte. Essa tendência, somada à velocidade da colonização, impediu a Flórida de desenvolver um estilo próprio. Mas o estado possui construções peculiares, inspiradas na necessidade de se adaptar ao clima quente.

Os altos edifícios no centro de Jacksonville

O Estilo Regional da Flórida

No início do século XIX, os pioneiros construíram casas cujo estilo era determinado principalmente pelo clima e pela localização: os elementos comuns mais fáceis de identificar são os recursos para aumentar a ventilação natural. Eram usados materiais da região, principalmente a madeira. Não restaram muitas casas *crackers*, que levam o nome dos que as construíam e nelas moravam *(p. 24)*, mas esse estilo regional sempre influenciou toda a arquitetura da Flórida.

Uma *chickee*, a casa simples dos indígenas da Flórida

A chaminé de tijolos substituiu a original, que era feita de barro e gravetos.

Uma passagem, ou corredor, era acrescentada se, como esta, a casa original fosse ampliada.

O telhado, aqui feito de cipreste, era geralmente elevado.

A McMullen Log House, feita com troncos de pinheiro em 1852, é uma típica casa *cracker*. Está preservada em Pinellas County Heritage Village *(p. 256)*.

Beirais salientes fazem sombra na varanda e nas janelas.

O Período dos Adornos

A partir da década de 1880, a ferrovia e o turismo trouxeram as riquezas e as novas ideias de outros estados. O caso de amor com o estilo *revival* mediterrâneo começou e pode ser visto nos hotéis de tijolos de Flagler, em St. Augustine. A madeira ainda era o material preferido, mas usada mais como decoração – principalmente em Key West. Fernandina Beach *(p. 210)* e Mount Dora *(p. 224)* concentram as casas vitorianas.

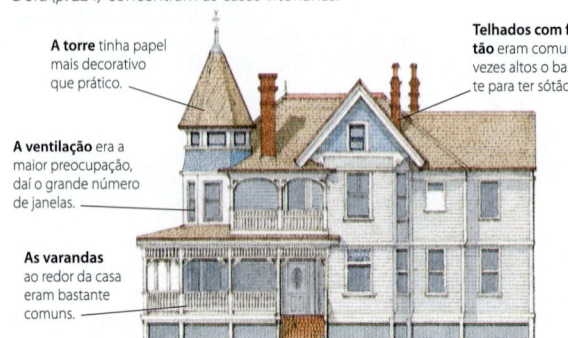

A torre tinha papel mais decorativo que prático.

Telhados com frontão eram comuns, às vezes altos o bastante para ter sótão.

A ventilação era a maior preocupação, daí o grande número de janelas.

As varandas ao redor da casa eram bastante comuns.

Torre mourisca, Tampa Bay Hotel

A McCreary House (c.1900), casa em estilo rainha Ana situada em Pensacola, mostra o refinamento do estilo regional do período vitoriano *(p. 235)*.

A Fantasia dos Anos de Expansão

Os edifícios famosos do período entre 1920 e 1950 pretendiam inspirar imagens românticas de locais distantes. Cada um obedecia a um tema, criando ilhas de estilos arquitetônicos, do Mourisco ao Art Déco, como os de South Beach, em Miami *(pp. 64-9)*. Mas o mediterrâneo *revival* predominava. Seus expoentes foram Addison Mizner, em Palm Beach *(pp. 122-9)*, e George Merrick, em Coral Gables *(pp. 84-7)*.

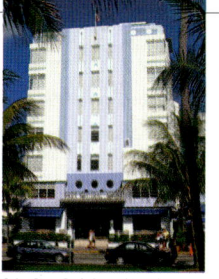

O Art Deco Park Central Hotel na Ocean Drive, em Miami

Telhas de terracota evocam as cores do Mediterrâneo.

A ornamentação em pedra, terracota e outros materiais costuma se concentrar ao redor de portas e janelas.

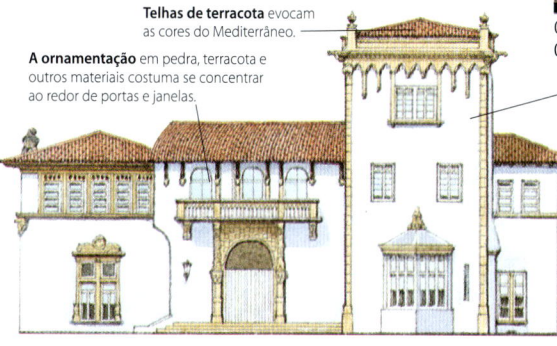

Sacadas, torreões e telhados irregulares são característicos.

As mansões de Palm Beach são em estilo *revival* espanhol. Esta, de 1929, no South Ocean Boulevard, é de Julius Jacobs, um dos projetistas de Mizner.

Arquitetura do Pós-Guerra

As construções mais modernas da Flórida são centros de compras ou edifícios públicos, como teatros e estádios esportivos, que em geral impressionam tanto pelo tamanho quanto pelo design. Uma curiosidade são as novas cidades de Seaside e Disney's Celebration *(p. 160)*, que surgiram da nostalgia de um país por cidades pequenas e como reação à natureza impessoal das cidades modernas.

O Van Wezel Performing Arts Hall, em Sarasota *(p. 272)*

Grandes janelas de correr permitem a entrada abundante de luz e da brisa do mar.

Seaside, um premiado exemplo de planejamento urbano no Panhandle, tem casas com paliçadas e outras características pseudo-vitorianas *(p. 240)*.

A varanda do andar superior é um local de sombra para sentar e apreciar a vista do oceano.

A madeira, característica da arquitetura regional, é o material preferido em Seaside.

As Highways

No século XX, o grande afluxo de visitantes e migrantes que se dirigiam para o sul pelas rodovias da Flórida deu origem a edifícios típicos de estrada. Ao lado de bancos e restaurantes drive-in há edifícios com a forma de casquinha de sorvete e aligatores, para chamar a atenção do motorista que passa em velocidade. O exotismo, da mesma maneira que as placas de néon coloridas, interrompem a monotonia dos hotéis e fast-foods.

Placas de néon na International Drive, Orlando

Eventos Esportivos da Flórida

A Flórida oferece muitas opções de lazer esportivo. Eventos emocionantes, que vão dos jogos de futebol, beisebol e basquete às corridas de cavalos, de cães e de carros, são assistidos em todas as partes do estado. Todos esses esportes, e mais o *jai alai*, são os mais populares em Miami, onde acontece a maioria dos jogos *(p. 100)*. Os dias ensolarados da Flórida convidam à prática de tênis, golfe e esportes aquáticos o ano todo *(pp. 362-5)*. Futebol, basquete e hóquei são os esportes de inverno.

Jogo de futebol universitário no EverBank Field em Jacksonville

Futebol

A Flórida tem atualmente três times na National Football League (NFL): os Miami Dolphins, os Tampa Bay Buccaneers e os Jacksonville Jaguars. Os Miami Dolphins são membros da NFL há muito mais tempo que os Buccaneers e os Jaguars, já participaram de cinco Super Bowls e foram duas vezes campeões. A temporada vai de setembro a dezembro *(p. 100)*.

A Flórida é o estado que tem mais jogos entre times universitários de futebol. Os melhores times são: os Seminoles, de Tallahassee; os Hurricanes, de Miami; e os Gators, de Gainesville. Eles costumam alcançar boas classificações em campeonatos nacionais e têm forte rivalidade entre si.

Perto do Ano-Novo acontecem jogos importantes, como o Citrus Bowl, em Orlando, o Orange Bowl Classic, em Miami, e o anual Gator Bowl, em Jacksonville.

Beisebol

Criado em 1993, os Florida Marlins foram a primeira equipe profissional do estado. Apesar de terem ingressado há relativamente pouco tempo na National League, os Marlins venceram dois campeonatos da World Series. O segundo time da Flórida a se tornar profissional foi o Tampa Bay Rays, baseado no estádio Tropicana Field, em St. Petersburg *(p. 258)*. A temporada de beisebol vai de abril a outubro.

Oito equipes importantes fazem seus treinos de primavera na Flórida. Em março, os times disputam partidas amistosas nas cidades da chamada **Grapefruit League**. Esses jogos acontecem durante a semana e atraem multidões de fãs até de outros estados. Para informar-se sobre datas e ingressos, procure os estádios com antecedência. A Florida Sports Foundation *(p. 365)* oferece uma relação dos times, das cidades e dos telefones disponíveis.

Grapefruit League: Quem Joga Onde

Atlanta Braves
Walt Disney World.
Tel (407) 939-4263.

Baltimore Orioles
Sarasota. **Tel** (941) 954-4101, (800) 745-3000.

Boston Red Sox
Fort Myers. **Tel** (617) 482-4769.

Houston Astros
Kissimmee.
Tel (321) 697-3200.

Minnesota Twins
Fort Myers.
Tel (800) 338-9467.

New York Yankees
Tampa.
Tel (813) 879-2244.

Philadelphia Phillies
Clearwater.
Tel (727) 467-4457.

St. Louis Cardinals
Jupiter.
Tel (561) 775-1818.

Tampa Bay Rays
Port Charlotte. **Tel** (727) 825-3250.
A relação completa pode ser obtida na Florida Sports Foundation *(p. 365)*.
w **flasports.com**

Corrida de Cavalos e de Cães

O segundo maior rebanho de puros-sangues dos EUA está concentrado em Ocala *(p. 226)*, na Flórida. Há corridas de janeiro a abril no Gulfstream Park, em Hallandale, onde também é realizado o milionário Florida Derby, em março

O time de beisebol New York Yankees em treino de primavera em Tampa

ou na primeira quinzena de abril. A famosa Breeder's Cup é realizada no Gulfstream. De maio a dezembro, as corridas são transferidas para o Calder Race Course, em Miami. O Summit of Speed, em julho, e o Festival of the Sun, em outubro, são dois dias de páreos em Calder, com bolsas de apostas de mais de 1 milhão de dólares. Há corridas de puros-sangues no Tampa Bay Downs, em Tampa, de dezembro a maio. Já na pista de corrida do Pompano Park, em Pompano Beach, correm puros-sangues o ano todo.

As corridas de cães são populares na Flórida, e há diversas pistas em todo o estado.

Corrida de cavalos no Gulfstream Park, na Flórida

Hóquei

Embora o hóquei costume ser considerado um esporte de inverno, a Flórida tem dois times na National Hockey League. Os Florida Panthers jogam no BB&T Center, em Sunrise, e o Tampa Bay Lightning, os campeões da Stanley Cup em 2004, jogam no Tampa Bay Times Forum. Milhares de moradores do estado assistem a esses jogos. A temporada vai de outubro a abril.

Jai Alai

O *jai alai* praticado na Flórida é uma espécie de jogo de pelota, originário da Europa e virtualmente único nos EUA

Jai alai, segundo seus fãs, é o jogo mais antigo e mais rápido do mundo

(p. 141). A quadra tem três paredões, e os jogadores usam uma cesta curva para pegar e atirar a bola, que pode atingir uma velocidade de 240km/h. A parede dos fundos é de granito, para absorver a rebatida.

Os jogos são disputados por oito times de um ou dois jogadores. Quando faz o primeiro ponto, o jogador fica para enfrentar o próximo time, até completar sete pontos. Uma noite geralmente consiste de catorze jogos.

O *jai alai* é jogado o ano todo em estádios fechados, chamados *frontons*. Uma das atrações é a possibilidade de fazer apostas, e milhões apostam anualmente.

Corrida Motorizada

Corridas de carros e de motos são acontecimentos na Flórida. A temporada começa em fevereiro com duas corridas muito concorridas no Daytona International Speedway (p. 222), uma das pistas mais rápidas do mundo: a Rolex 24, que dura um dia e uma noite, e a Daytona 500, que é o ponto alto da National Associa-

Daytona 500, realizada desde 1959

tion of Stock Car Auto Racing (NASCAR). Há outras corridas igualmente importantes em Homestead, Pensacola e Sebring. Motores envenenados chegam a Gainesville em março para o Gatornationals, a maior prova de rachas. O motociclismo também está presente no campeonato anual Daytona 200.

Basquete

Tanto o basquete profissional quanto o universitário têm legiões de fãs na Flórida. O Miami Heat, sediado na American Airlines Arena, e o Orlando Magic, que tem quadra no Amway Center, são os dois times do estado na emocionante NBA. A temporada vai de outubro a abril.

Jogador do Orlando

Golfe e Tênis

São muitos os torneios de tênis da Flórida, berço do campeão de golfe Jack Nicklaus. As principais competições são o Bay Hill Invitational, em Orlando, e o PGA Tournament Players Championship, em Ponte Vedra Beach, perto de Jacksonville; ambos são realizados no fim de março.

O tênis também é apreciado. O Crandon Park, de Key Biscayne's Crandon Tennis Center, é famoso pelo Sony Ericsson Open, em março, que atrai multidões.

FLÓRIDA MÊS A MÊS

Com seu clima quente, a Flórida atrai visitantes o ano todo, mas a diferença de clima entre o norte e o sul faz com que haja duas temporadas turísticas. No sul da Flórida (Orlando inclusive), a época mais agitada é de outubro a abril, quando os turistas procuram o inverno ameno. A maioria parte antes da chegada do verão, que pode ser bem quente. Os parques temáticos de Orlando também atraem famílias inteiras nas férias escolares, mas no verão o Panhandle recebe multidões. Os preços na alta estação podem dobrar em relação aos cobrados no resto do ano. Seja qual for a época de sua visita, sempre haverá algum tipo de festival, mas além dos feriados nacionais *(p. 41)*, poucos abrangem a Flórida inteira. Para outras informações, procure um centro de informação turística.

Primavera

No fim de fevereiro, os universitários invadem a Flórida para as férias de primavera. Eles vêm de todo o país aos milhares. Nas seis semanas seguintes, os balneários da Flórida lotam e as acomodações desaparecem, principalmente em Daytona Beach, Panama City Beach, Fort Lauderdale e Miami.

Os treinos de beisebol *(p. 36)* são outra atração nessa época. Ao norte, as azaleias floridas e os cornisos são uma festa para os olhos.

Daytona Beach lotada de turistas nas férias de primavera

Março
Sanibel Shell Fair *(1ª semana)*. Colecionadores de conchas e artistas chegam à Sanibel Island *(pp. 282-3)*.
Florida Strawberry Festival *(1ª semana)*, em Plant City, perto de Tampa. Muito morango e música country.
Carnaval Miami *(início mar)*, Miami. Dez dias de festas latinas com desfiles, esportes, comida e música. A festa de rua da Calle Ocho é a maior do mundo.
Corrida de motos "Bike Week" *(início mar)*, Daytona Beach *(pp. 222-3)*. Motociclistas chegam de todo o país em motos antigas e novas.
Festival of the States *(início mar)*, St. Petersburg. Três semanas de paradas, bailes, jazz e queima de fogos.
Winter Park Art Festival *(meados de mar)*. A maior feira de arte e artesanato de Orlando no Winter Park.
St. Augustine Arts and Crafts Festival *(último fim de semana)*. Artistas e artesãos exibem seus trabalhos em pontos históricos.
Antique Boat Festival *(1ª fim semana)*, Mount Dora *(p. 224)*. Barcos antigos disputam corrida no lago, e os turistas visitam exposições pela cidade.
Springtime Tallahassee *(fim mar, início abr)*. O maior festival do Sul, com paradas, corridas de balões, boa comida e música ao vivo.

Abril
Páscoa *(mar/abr)*. Celebra as cerimônias matinais no Castillo de San Marcos *(pp. 218-9)* e oferece passeios de carruagem em St. Augustine.
Conch Republic Celebration *(meados abr-começo mai)*, Key West. Uma semana de festas em homenagem aos fundadores da cidade.

Maio
SunFest *(1ª fim de semana)*, West Palm Beach. Eventos culturais e esportivos.
Pensacola Crawfish Festival *(1ª sem mai)*. Desfrute a lagosta cozida e o jacaré frito ao som da música das bandas Cajun.
Isle of Eight Flags Shrimp Festival *(1ª fim de sem)*, Fernandina Beach. Camarões e frutos do mar.
Florida Folk Festival *(fim mai)*. Famoso festival de três dias com violinos e música.
Jacksonville Jazz Festival *(meados-fim de mai)*. Exposições de arte e artesanato juntamente com três dias de jazz.

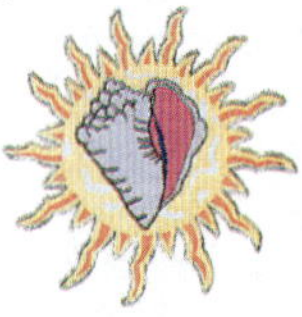

Emblema da Conch Republic

Calle Ocho, em Little Havana, centro da festa Carnival Miami (p. 40)

Média Diária de Horas de Sol

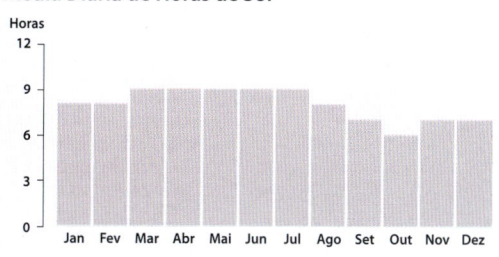

Dias de Sol
O gráfico fornece dados de toda a Flórida. A costa oeste, perto de St. Petersburg, com 361 dias de sol por ano, em média, é mais ensolarada que todos os outros lugares, mas o céu azul está presente em toda parte. Até no sul da Flórida, nos meses mais úmidos de verão, as nuvens se dispersam rapidamente.

Menino veste as cores da pátria em uma celebração de 4 de Julho

Orlando International Fringe Festival *(fim mai)*. Dez dias de comédia, drama, dança, mímica e musicais.

Verão
À medida que o verão avança, a temperatura e a umidade são aliviadas pela brisa do Atlântico e pelas tempestades que caem quase todas as tardes. A temporada de furacões ambém se aproxima (pp. 30-1). Quem viaja com orçamento apertado pode aproveitar as tarifas de baixa estação nos hotéis do sul.

O principal feriado de verão é o Dia da Independência (4 de julho), celebrado com desfiles, fogos, churrascos e pessoas se refrescando no mar.

Junho
Fiesta of Five Flags *(início jun)*, Pensacola. Duas semanas de desfiles, maratonas, torneios de pesca e reconstituição do desembarque na praia de Tristan de Luna em 1559.

Monticello Watermelon Festival *(meados jun)*, Monticello (p. 247). A colheita é comemorada como no interior, com churrascos e quadrilhas.

Downtown Venice Street Craft Festival *(meados jun)*. A calma e romântica Venice enfeita as ruas do centro para esse bazar de artesanato.

Silver Spurs Rodeo *(jun, fev)*, Osceola Heritage Park, Kissimmee (p. 195). É o mais antigo rodeio do estado, agora em uma arena coberta com ar-condicionado.

Julho
America's Birthday Bash *(4 de julho)*, Miami. Grande queima de fogos à meia-noite, precedida de piqueniques e diversão para a família, na maior festa do Dia da Independência do sul da Flórida.

Hemingway Days Festival *(meados jul)*, Key West. A cidade vive uma semana de autógrafos, concurso de contos, montagens teatrais e uma divertida competição de sósias de Hemingway.

Agosto
Goombay Festival *(1º fim de semana jun)*, Coconut Grove, Miami (p. 88). Festa típica das Bahamas, com desfiles, boa comida e música caribenha.

Key West Lobsterfest *(início ago)*, Key West. Música ao vivo, bebidas e lagosta fresca nessa festa de fim de verão, que se completa com o pôr do sol na Duval Street Crawl.

Boca Festival Days *(início ago)*, Boca Raton. A festa tem feira de artesanato, apresentação de quartetos musicais e um concurso de castelos de areia.

Annual Wausau Possum Festival *(1º sáb)*, Wausau. Cidade ao norte de Panama City, homenageia o marsupial com atividades como subir no pau-de-sebo e assar broas de milho, e oferece pratos à base de gambá, a quem quiser.

Competidores do concurso de sósias do Hemingway Days Festival

Média Mensal de Chuva

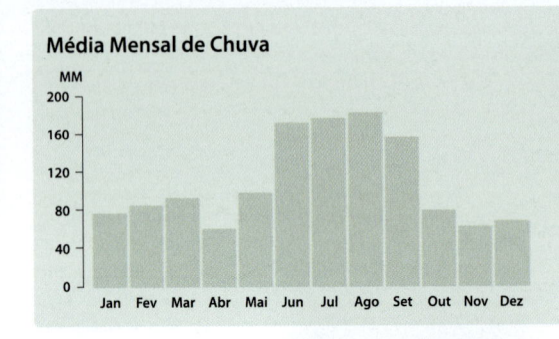

Média Mensal de Chuva

O gráfico fornece dados do estado inteiro. A divisão climática norte-sul indica que, por exemplo, outubro é o mês mais seco no Panhandle, mas o mais úmido nas Keys. A regra é que o sul da Flórida é mais úmido que o norte no verão (quando chuvas rápidas e finas são comuns), e no inverno ocorre o contrário.

Outono

A temperatura começa baixa, e, apesar de possíveis tempestades, o tempo é bom. Os meses de outono costumam ser calmos: as praias, os pontos turísticos e as estradas têm pouco movimento.

O Dia de Ação de Graças, na quarta quinta-feira de novembro, é o grande destaque do outono para muitos, quando as famílias se reúnem para comer peru e torta de abóbora. Em seguida, vem o maior dia de compras do ano a Black Friday, quando o comércio começa a contagem regressiva para o Natal.

Setembro
St. Augustine's Founding Anniversary *(sáb mais próximo do dia 8)*. Reconstituição da época do desembarque espanhol, em 1565, realizada perto do primeiro local em que os colonizadores aportaram com seus navios.

Artesanato em exposição no Fort Lauderdale Boat Show

Outubro
Miami Broward One *(2º dom)*. Nove dias de festa nas ruas do bairro latino de Miami *(pp. 80-1)*.
Destin Fishing Rodeo *(mês todo)*. A "Vila de Pescadores mais Sortuda do Mundo" recebe milhares de pescadores para esse campeonato de pesca que inclui um festival de frutos do mar.
Boggy Bayou Mullet Festival *(meados out)*, Valparaiso e Niceville. Essas cidades irmãs, perto de Fort Walton Beach, celebram a pesca local com comida, artes e diversão.
Fort Lauderdale Boat Show *(fim out)*. O maior espetáculo de barcos do mundo atrai os fãs do iatismo a quatro pontos diferentes da cidade.
Fantasy Fest *(última semana)*, Key West. Uma semana de Halloween, com festas gay, bailes de máscaras e animados desfiles de rua.
Johns Pass Seafood Festival *(último fim de semana)*, Madeira Beach. Esse festival atrai quem gosta de frutos do mar a Johns Pass Village *(p. 256)*.
Guavaween *(último sáb)*, Tampa. Esse cômico desfile de Halloween zomba do dia a dia e da história da cidade, em especial da tentativa de cultivar goiabas.

Novembro
Florida Seafood Festival *(1º fim de semana)*. Bênção dos barcos pesqueiros, redes de pesca e concursos de abrir e comer ostras no mais antigo festival de frutos do mar de Apalachicola.
Orange Bowl Festival *(início nov-fim de fev)*, Miami. Festival de jovens com mais de vinte atividades esportivas e eventos culturais.
Festival of the Masters *(2º fim de semana)*, Walt Disney World®. Artistas de todo o país exibem seus trabalhos em Downtown Disney *(p. 176)*.
Miami Book Fair International *(meados nov)*. Editores, autores e loucos por livros se reúnem no centro de Miami.
Medieval Fair *(3 primeiros fins de semana)*, Sarasota. Celebra a Idade Média com comidas e festas.

Foliões fantasiados nas ruas de Key West, no Fantasy Fest

Temperatura Média Mensal

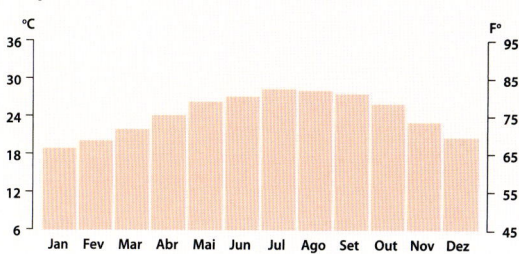

Temperatura
Este gráfico fornece a temperatura média em Miami e Jacksonville. O nível superior corresponde a Miami. Ao norte, mesmo no inverno, as noites são moderadamente frias; é muito raro nevar, mas é muito frio para nadar. No sul da Flórida, as altas temperaturas do verão são exacerbadas pela intensa umidade.

Inverno

Os meses de inverno são cheios de entusiasmo pela proximidade do Natal e do Ano-Novo. A invasão de turistas do norte se intensifica, e as celebridades também chegam, seja para descansar, seja para se apresentar na temporada mais agitada do estado. Multidões se multiplicam no Walt Disney World®, e o Magic Kingdom® está no auge.

Dezembro
Winterfest Boat Parade *(início dez)*, Fort Lauderdale. Barcos iluminados navegam pela Intracoastal Waterway à noite.
St. Augustine Grand Illumination *(início dez)*, Desfile iluminado por velas, passando pela cidade velha e desfile de barcos em frente ao Castillo de San Marcos.

Falsa invasão de piratas no Gasparilla Festival, em Tampa

Papai Noel na Intracoastal Waterway, no Natal da Flórida

Janeiro
Las Olas Art Fair *(início jan)*, Fort Lauderdale. Las Olas Boulevard é o ponto focal dessa festa de rua com arte, comida e música.
Orange Bowl *(1º jan)*, Miami. O grande jogo de futebol pós-temporada *(p. 100)*.
Greek Epiphany Day *(6 jan)*, Tarpon Springs. Cerimônias, festas e música na Catedral Ortodoxa Grega *(p. 255)*.
Art Deco Weekend *(meados jan)*, Miami Beach. Festa de rua no bonito bairro art déco *(pp. 64-72)*.
Winter Equestrian Festival *(jan-mar)*, Wellington. Sete grandes eventos equestres durante o inverno.
Gasparilla Festival *(fim jan)*, Tampa. Festa tempestuosa, com desfile de barcos e pessoas fantasiadas em memória dos piratas que atacavam a costa *(p. 267)*.

Fevereiro
Speed Weeks *(3 primeiras semanas)*, Daytona Beach. Essas corridas culminam na Daytona 500, no último domingo *(pp. 222-3)*.
Coconut Grove Arts Festival *(meados fev)*, Miami *(p. 88)*. Um dos maiores espetáculos de arte de vanguarda do país.
Florida State Fair *(meados fev)*, Tampa. Grande festa com desfiles carnavalescos, milho verde, artistas famosos e até lutas de aligatores.
Miami Film Festival *(fim fev-início mar)*. Exibição de uma grande variedade de filmes, durante dez dias *(p. 359)*.
Swamp Cabbage Festival *(último fim de semana)*, La Belle, a leste de Fort Myers. Festa com rodeios e danças. É possível experimentar saborosos pratos feitos com o palmito local.

Feriados
Ano-Novo (1º jan)
Dia de Martin Luther King (3ª seg jan)
Dia dos Presidentes (3ª seg fev)
Memorial Day (última seg mai)
Dia da Independência (4 jul)
Labor Day (1ª seg set)
Dia de Colombo (2ª seg out)
Election Day (1ª ter nov)
Dia dos Veteranos (11 nov)
Dia de Ação de Graças (4ª qui nov)
Natal (25 dez)

RAIL ~ STEAMER ~ AIR ~ HIGHWAY
ALL LEAD TO MIAMI

MIAMI
IN THE TROPICAL ZONE of **FLORIDA** WHERE WINTER IS TURNED TO SUMMER

World's Greatest Playground
The Land of Opportunity

A HISTÓRIA DA FLÓRIDA

À primeira vista, a Flórida parece um estado com pouca história, mas por trás da modernidade há um longo e rico passado, moldado por muitas nacionalidades e culturas.

Até o século XVI, a Flórida abrigava uma grande população indígena. Suas tribos tinham complexos sistemas políticos e religiosos e alto grau de organização social. Entretanto, quando Ponce de León aportou em La Florida, em 1513, os nativos foram logo dizimados pelos espanhóis com guerras e doenças.

Primeiro, foram os franceses que criaram problemas para os espanhóis, mas a ameaça real ao controle deles só veio mais tarde. Em 1742 os colonos ingleses da Geórgia os derrotaram e, em 1763, ganharam o direito sobre o território através do Tratado de Paris. Quando a área foi devolvida à Espanha, em 1783, seguiram-se muitas disputas de fronteira e a Guerra de 1812; Andrew Jackson tomou Pensacola dos britânicos em 1819, e a ocupação oficial dos EUA se deu em 1821. As tentativas norte-americanas de expulsar os seminoles da Flórida causaram conflitos por mais de 65 anos. Após essas guerras veio a Guerra Civil, ao fim da qual, em 1865, o estado estava em ruínas. Mas a Flórida se recuperou. Empreendedores como Henry Flagler construíram ferrovias e hotéis de luxo que atraíram os turistas ricos do norte. O turismo floresceu no início do século XX, e em 1950 já era a principal atividade do estado.

A agricultura se expandiu, e os imigrantes chegaram. A recessão dos anos 1920 e 1930 foi apenas um hiato no crescimento do estado, e entre 1940 e 1990 a população aumentou seis vezes.

Hoje a Flórida conta com uma grande comunidade hispânica e forte presença cubana e de outros grupos. As desigualdades econômicas causam problemas sociais, e a incessante reurbanização do estado ameaça o meio ambiente. Mas a Flórida continua crescendo.

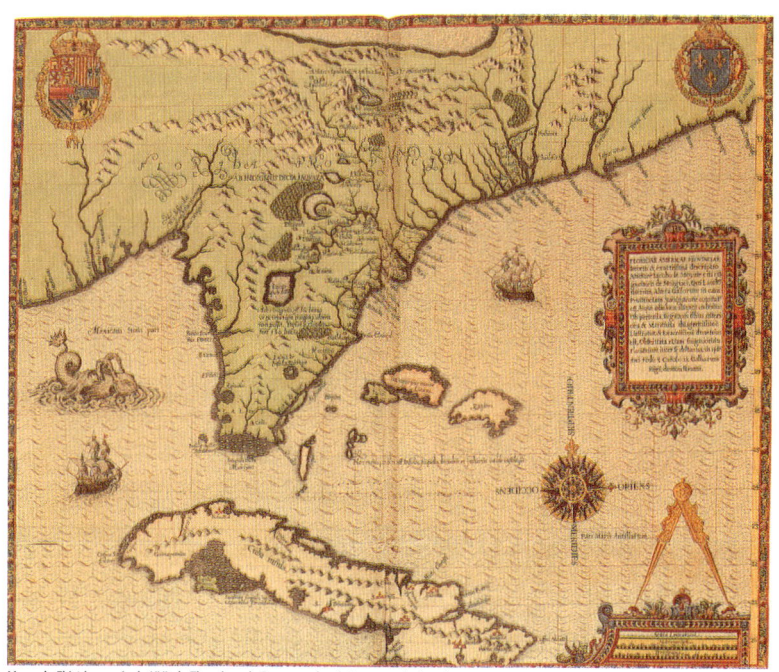

Mapa da Flórida no século XVI, de Theodore de Brys, um dos únicos que ainda existem

◀ Antigo cartão-postal da Flórida, popular destino de férias nos anos 1920

A Flórida Pré-Histórica

A Flórida pertencia a uma cadeia vulcânica que formava as ilhas do Caribe. A cadeia sofreu erosão durante milhões de anos e submergiu. Quando a terra veio à tona, a Flórida se ligou à América do Norte. O homem chegou depois da última Era do Gelo e formou tribos distintas. Algumas passaram de sociedades nômades caçadoras-coletoras a povoamentos fixos ao longo dos rios e da generosa costa do estado. Um alto grau de organização política e religiosa era comum a muitos grupos por volta do ano 1000, manifestada especialmente na construção de montículos funerários e religiosos.

Primeiros Contatos Tribais
— Áreas em contato

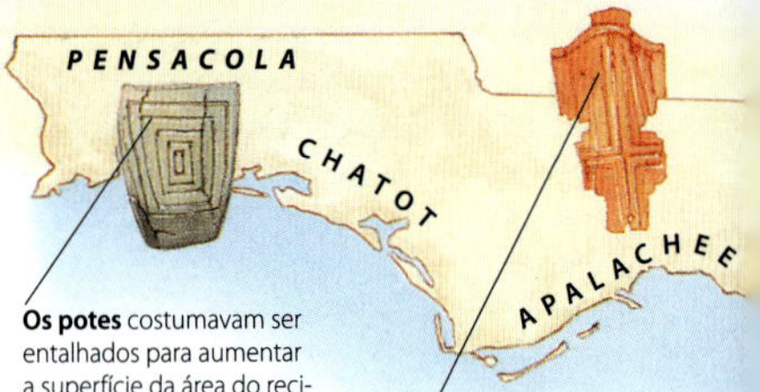

Vaso de Efígie Humana
Essa urna funerária de cerâmica pintada é de 400-600 d.C. Esses recipientes em geral eram enfeitados e representavam aves e animais. Eram feitos "orifícios" nos potes para permitir que a alma da cerâmica acompanhasse a do morto.

PENSACOLA · CHATOT · APALACHEE

Os potes costumavam ser entalhados para aumentar a superfície da área do recipiente e a sua resistência ao calor. Além disso, ficavam mais bonitos.

Os cocares eram feitos com placas de cobre batido que vinham de tão longe quanto os Grandes Lagos.

O Segredo de Marco Island

Em 1896 uma descoberta inusitada foi feita em Marco Island (p. 288). Artefatos dos índios *calusa* feitos de material orgânico perecível foram encontrados em perfeito estado numa região pantanosa. Mas, ao ser retirados do lodo do mangue, eles se desfizeram. Hoje restam apenas uma ou duas dessas peças, entre elas entalhes e máscaras.

Objeto *calusa* de madeira

As Tribos Pré-Históricas

A agricultura e os sítios de sepultamento, comuns a outros grupos que viviam no sudeste dos EUA, eram associados aos timucuas e a outras tribos do norte da Flórida. As tribos do sul, como os calusas e os tequestas, deixaram um legado de esculturas de madeira e resíduos de uma dieta de peixes e frutos do mar.

Tigela Queimada
De 800 d.C., essa tigela de cerâmica era usada em cerimônias. Os desenhos ajudaram a identificar os autores.

---

c. 10.000 Artefatos de pedra paleoíndios são feitos pela primeira vez pelos habitantes da Flórida

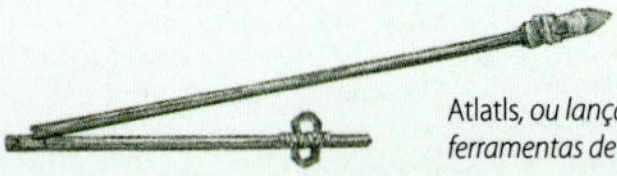

Atlatls, ou lanças; parte do arsenal de ferramentas de depois de 6000 a.C.

| 10.000 a.C. | 9000 a.C. | 8000 a.C. | 7000 a.C. | 6000 a.C. | 5000 a.C. |

Esqueleto de um mastodonte, animal da Era do Gelo que vivia na Flórida

c. 7500 A temperatura sobe e as pessoas começam a caçar animais menores e incluir legumes na dieta

c. 5000 Os primeiros povoados semipermanentes se estabelecem ao longo do rio St. Johns

A HISTÓRIA DA FLÓRIDA | **45**

Índia *timucua*
Os primeiros desenhos dos índios da Flórida mostram que eles eram muito tatuados, usavam enfeites de madeira nas orelhas e joias feitas de conchas. As roupas eram poucas.

Cachimbo de Argila
Os antigos habitantes da Flórida usavam um tabaco muito forte em seus rituais. Bebido em infusão, mascado ou fumado em cachimbo de argila ou pedra, sempre produzia alucinações.

Onde Ver a Flórida Pré-Histórica

Em todo o estado, museus exibem objetos relacionados à pré-história da Flórida. O melhor é o Natural History Museum de Gainesville *(p. 227)*. Os sítios religiosos de Crystal River e Fort Walton Beach possuem museus anexos – Crystal River *(p. 254)* fica em um lugar particularmente bonito.

O complexo indígena de Crystal River tem montículos religiosos bem preservados.

Cabeça de pássaro de cerâmica de 1600 anos encontrada no túmulo de um sacerdote.

O totem de uma coruja com chifres foi retirado do rio St. Johns. Feito de pinheiro, data de cerca de 1350 d.C.

TIMUCUA

OCALE

AIS

Esse pingente de concha foi encontrado em um montouro. O tipo de entalhe sugere uma ligação com o Caribe.

TOCOBAGA

Os potes exibiam motivos decorativos encontrados em todo o sudeste dos EUA.

HOBE
JEAGA

MAYAIMI

TEQUESTA

Deuses de Cobre
Esse peitoral de cobre de cerca de 1300 d.C. encontrado no norte da Flórida se parece muito com um da Geórgia. A Flórida não tem reservas de cobre; a presença desses objetos indicaria que eram comercializados como artigos de luxo.

CALUSA

As máscaras de Marco Island eram de madeira esculpida e muito coloridas.

MATECUMBE

c. 1000 O norte da Flórida vive a mudança da economia baseada na caça e na coleta para a agricultura. As comunidades desenvolvem sociedades mais complexas e criam montículos funerários

c. 1000 Criam-se sistemas políticos e práticas sagradas, e são construídos sítios religiosos. Aumenta o contato com tribos de fora da Flórida

4000 a.C	3000 a.C	2000 a.C	1000 a.C	1 d.C.	1000 d.C.

c. 3000 Daqui para a frente, a Flórida passa a ter clima semelhante ao de hoje

c. 2000 Surge o primeiro objeto de cerâmica crua da Flórida

Estrutura de templo no alto de um sítio de sepultamento

c. 800 Primeiros sinais de cultivo de milho no norte da Flórida

A Flórida Espanhola

Depois que Juan Ponce de León avistou a Flórida pela primeira vez, em 1513, vários conquistadores espanhóis tentaram sem sucesso encontrar ouro e colonizar a região. Os franceses fundaram o primeiro forte em 1564, que logo foi destruído pelos espanhóis: a corrente do Golfo levava os navios que vinham de outras colônias do Novo Mundo pela costa da Flórida, e era vital que La Florida não caísse em mãos inimigas. Os espanhóis introduziram o cristianismo, cavalos e gado. As doenças europeias, além da brutalidade dos conquistadores, dizimaram as populações indígenas. Para expulsar os espanhóis, a Grã-Bretanha atacou várias vezes a Flórida na década de 1700.

Rotas Marítimas Espanholas
— Rotas marítimas

A coluna de Ribault *(p. 211)* marcava o interesse da França pelo norte da Flórida.

Juan Ponce de León
Em busca de ouro, Ponce de León encontrou o que chamou de *Pascua Florida*, por causa da Festa das Flores (Páscoa).

O milho era o alimento básico dos índios da Flórida.

Fort Mose

Os escravos que fugiam das duras condições das Carolinas, que eram britânicas, iam para a Flórida, onde, como em outras colônias espanholas, tinham alguns direitos. A Espanha, que via vantagens em ajudar os inimigos da Grã-Bretanha, criou em 1738 o Fort Mose, perto de St. Augustine *(p. 216-7)*, para os fugitivos. O forte tinha milícias e negócios próprios, e foi a primeira comunidade negra independente da América do Norte.

Miliciano negro das colônias espanholas

O Primeiro Povoado

O huguenote René de Laudonnière fundou La Caroline, o primeiro povoado europeu bem-sucedido na Flórida, em 1564. Outro francês, Le Moyne, pintou os índios recebendo os colonizadores.

1513 Ponce de León descobre a Flórida. Tenta fundar uma colônia espanhola oito anos depois, mas fracassa

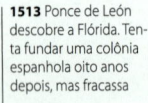

Assinatura de Hernando de Soto

1622 Os navios espanhóis *Atocha* e *Santa Margarita* são afundados por um furacão

c.1609 Publicação de *Uma história da conquista da Flórida*, de Garcilasso Inca del Vega

| 1520 | 1540 | 1560 | 1580 | 1600 | 1620 |

1528 Pánfilo de Narváez aporta na baía de Tampa em busca do Eldorado, a terra do ouro

1539 Hernando de Soto chega à baía de Tampa com 600 homens e morre três anos depois às margens do rio Mississippi

1566 Os jesuítas chegam à Flórida

1565 Pedro Menéndez de Avilés derrota os franceses e funda San Agustín (St. Augustine)

Parte do *Atocha*

A HISTÓRIA DA FLÓRIDA | 47

Hernando de Soto
De Soto foi o mais cruel dos conquistadores. À procura de ouro, massacrou muitos índios; apenas um terço de sua tripulação sobreviveu.

Onde Ver a Flórida Espanhola

O De Soto National Memorial está no ponto em que De Soto pisou em St. Petersburg *(p. 271)*. Há uma reconstrução do Fort Caroline *(p. 211)* ao lado de Jacksonville. Mas o melhor lugar para ver o legado espanhol é St. Augustine *(pp. 214-5)*, no imponente Castillo de San Marcos *(pp. 218-9)*.

Enfeite de Cabelo de Ouro e Prata
Os artefatos indígenas de metais preciosos alimentavam o mito do Eldorado. Os metais vinham, de fato, dos navios naufragados.

Nuestra Senora de la Leche é o santuário fundado por Avilés em St. Augustine, em 1565.

René de Laudonnière verifica as oferendas dos índios.

Sir Francis Drake
O poder da Espanha nas colônias do Novo Mundo preocupava os britânicos. Em 1856 o pirata inglês Drake incendiou St. Augustine.

Athore, chefe dos *timucuas*, mostra ao colonizador francês a sua tribo cultuando a coluna de Ribault

Codice Osune
Esse desenho do século XVI representa a expedição de Tristán de Luna à Flórida. Em 1559 o furacão que destruiu seu acampamento em Pensacola Bay pôs fim à sua tentativa de colonização.

1670 O Tratado de Madri define as possessões espanholas no Novo Mundo

A bandeira do pirata Barba Negra

1718 Barba Negra, o terror da costa leste da Flórida, é morto na Carolina do Norte

1740 Os britânicos da Geórgia cercam o Castillo de San Marcos

1763 Sob o Tratado de Paris, a Grã-Bretanha fica com a Flórida e devolve Cuba à Espanha

| 1640 | 1660 | 1680 | 1700 | 1720 | 1740 | 1760 |

1687 Os oito escravos fugitivos das fazendas britânicas das Carolinas chegam à Flórida

1693 A Espanha funda Pensacola, que é colonizada cinco anos depois

1702 Os britânicos arrasam St. Augustine

Castillo de San Marcos, em St. Augustine

1756 O Castillo de San Marcos é concluído

A Luta pela Flórida

A abundância de couro e peles e a chance de expandir o sistema de latifúndios atraíram os britânicos à Flórida. Assumindo o poder em 1763, eles dividiram a colônia ao meio. Subsidiada pela Grã-Bretanha, a Flórida manteve-se leal na Revolução Americana. Mas a Espanha reconquistou o Oeste da Flórida em 1781, e o Leste foi devolvido dois anos depois. Os escravos que fugiram para a Flórida criaram problemas entre Espanha e EUA. Os conflitos se intensificaram com os ataques dos índios no norte e com a aliança deles com os escravos fugitivos. O general Andrew Jackson invadiu a Flórida espanhola, tomou Pensacola, ocupou o Oeste do estado e provocou a Primeira Guerra dos Seminoles.

Flórida Britânica 1764-83
- Leste da Flórida
- Oeste da Flórida

Fort George era a principal fortaleza britânica em Pensacola.

O tambor marcava o ritmo da marcha rumo à batalha.

O Sistema de Castas
Com poucas mulheres espanholas na colônia, os homens se casavam com as negras e as índias. Daí surgiu um sistema de castas, com os de sangue espanhol puro no alto.

Braseiro
Servia para aquecer no inverno e espantar mosquitos no verão, no norte da Flórida.

A Conquista de Pensacola
Em 1781, após um mês de cerco, o espanhol Bernardo de Gálvez derrotou os britânicos e tomou Pensacola para a Espanha. Sua vitória reforçou a exigência de independência por parte das colônias americanas.

1776 A independência desfalca as reservas britânicas, e os legalistas britânicos começam a abandonar a Flórida

1783 Sob o II Tratado de Paris, a Grã-Bretanha reconhece a independência americana, ganha as Bahamas e Gibraltar e devolve a Flórida à Espanha, que começa a colonizá-la

1785-1821 Disputas pelas fronteiras hispano-americanas

1781 Com Gálvez, os espanhóis chegam a Pensacola e capturam o Oeste da Flórida

1782 O Congresso dos EUA escolhe a águia como símbolo da nova república

Soldado britânico da Revolução Americana

Emblema dos EUA

General Jackson
O ambicioso soldado Andrew Jackson comandou vários ataques à Flórida e acabou por conquistá-la. Por isso tornou-se o candidato natural a primeiro governador do estado em 1821; mais tarde, foi o sétimo presidente dos EUA.

Onde Ver as Marcas da Luta
A Kingsley Plantation *(p. 211)*, perto de Jacksonville, abriga a casa de fazenda mais antiga do estado. O histórico Seville District *(p. 234)* de Pensacola foi criado pelos britânicos durante a ocupação, e em St. Augustine *(pp. 214-7)* há vários edifícios dessa época; entre eles, a British Government House e a casa Ximenez-Fatio, do segundo período do governo espanhol.

Ilustrações de William Bartram
Em 1765 William Bartram era o botânico real dos EUA. Ele documentou a vida selvagem e dos povos indígenas da Flórida.

A Kingsley Plantation ocupa uma bonita área na foz do rio St. Johns.

Bernardo de Gálvez,
o governador da Louisiana, feriu-se em ação na batalha de Pensacola, aos 27 anos de idade.

Charge Política
Essa charge mostra o cavalo América derrubando o cavaleiro. Os legalistas britânicos, desanimados com a perda das colônias em 1783, preferiram sair da Flórida.

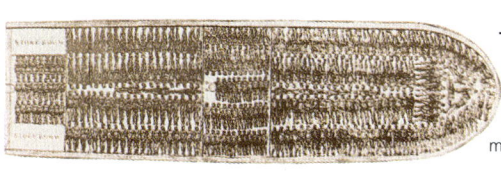

Tráfico de Escravos
A escravidão alimentou o sistema de latifúndios. A viagem da África aos EUA levava meses, e, amontoados nos porões dos navios, muitos escravos morriam no caminho.

1800 A Espanha cede aos franceses os territórios da Louisiana

1803 Os EUA compram a Louisiana e avançam para o leste, estabelecendo a atual fronteira oeste da Flórida

1808 O Congresso aprova a lei que bane o comércio de escravos, mas ela é ignorada

Grilhões de escravos

1817 Primeira Guerra dos Seminoles

| 1795 | 1800 | 1805 | 1810 | 1815 |

1795 A Espanha cede aos EUA o território ao norte do paralelo 31

Bandeira dos Patriotas do Leste

1812 Americanos capturam a Amelia Island e exigem que os EUA anexem o leste da Flórida. A tentantiva falha, mas gera o sentimento de que a Flórida pertence aos EUA

1819 Para saldar a dívida de US$5 milhões da Espanha com os EUA, todos os territórios a leste do Mississippi são cedidos aos EUA

A Flórida Antes da Guerra

Com a anexação da Flórida, em 1821, a colonização norte-americana se intensificou e o sistema de latifúndios se estabeleceu ao norte do estado. Como os colonizadores queriam terras férteis, o governo federal tentou deslocar os índios para oeste do Mississippi, provocando conflitos que culminaram com a Segunda e a Terceira Guerras dos Seminoles. Quando Abraham Lincoln, contrário à escravidão, tornou-se presidente em 1860, a Flórida foi o terceiro estado a se separar da União. Na Guerra Civil que se seguiu, o papel da Flórida era fornecer sal e carne aos Confederados.

Terras Indígenas 1823-32
Reserva indígena

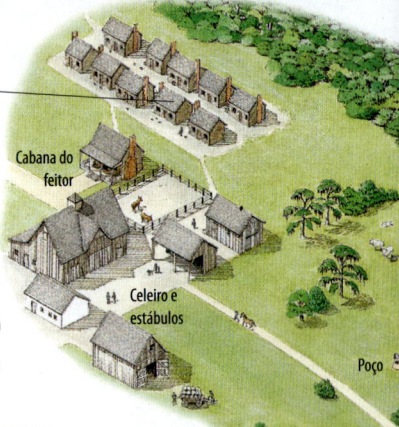

As cabanas dos escravos ficavam frequentemente longe da casa principal.

Cabana do feitor

Osceola
O importante líder indígena Osceola recusou-se a sair da Flórida com sua tribo. Em 1835, foi deflagrada a Segunda Guerra dos Seminoles, e muitas plantações foram destruídas.

Celeiro e estábulos

Poço

A Cabana do Pai Tomás

Em 1852 Harriet Beecher Stowe, uma religiosa que passou seus últimos anos na Flórida, publicou um romance que ajudou a mudar a face dos EUA. *A cabana do pai Tomás* conta a história de um escravo que salva uma criança branca e é vendido a um senhor sádico, que o açoita até a morte. O sucesso ajudou a promover a causa abolicionista. Na Guerra Civil, o presidente Lincoln disse, brincando, que Stowe era "a senhora que iniciou essa guerra".

Cartaz de *A cabana do pai Tomás*

Algodão
O produto mais rentável dos latifúndios era o algodão. Sua cultura exigia cuidados intensos e extenuantes, especialmente para retirá-lo da planta espinhosa.

1821 Jackson torna-se governador do território da Flórida

1823 Tratado de Moultrie Creek exige que os Seminoles troquem o norte pelo centro da Flórida

1832 Sob o Tratado de Payne's Creek, quinze chefes *seminoles* cedem suas terras na Flórida para os EUA e aceitam ir para o Oeste

1835 Começa a Segunda Guerra dos Seminoles

Vagão puxado a cavalo

1820 — **1825** — **1830** — **1835** — **1840**

Osceola não assina o tratado de 1832

c.1824 A aldeia indígena de Talasi é escolhida para a capital do novo estado e passa a chamar-se Tallahassee

1832 O naturalista JJ Audubon visita Key West

1829 O general Jackson torna-se presidente dos EUA

1842 Termina a Segunda Guerra dos Seminoles

1836 A primeira ferrovia da Flórida entra em operação

A HISTÓRIA DA FLÓRIDA | 51

Barcos a Vapor
Na Guerra Civil e na Guerra dos Seminoles, os barcos a vapor serviam para transportar tropas e suprimentos.

Chefe Billy Bowlegs
Em 1855, alguns sobreviventes saquearam terras indígenas. O chefe Billy Bowlegs retaliou, começando a Terceira Guerra dos Seminoles. Ele se rendeu em 1858, mas outros índios se esconderam no interior dos Everglades.

A Goodwood House foi construída em estilo grandioso, que condizia com sua riqueza e sua importância para a comunidade.

Onde Ver a Flórida Antes da Guerra

A Gamble Plantation (p. 270) mostra o estilo de vida dos ricos proprietários de latifúndio. Na Bulow Plantation (p. 220) e em Indian Key (p. 298) há ruínas das comunidades destruídas pelos *seminole*. O Museum of Science and History (p. 212) de Jacksonville contém artefatos da Guerra Civil e alguns barcos a vapor do exército dos EUA. Em Key West, a East Martello Tower (p. 304), o Fort Zachary (p. 306) e o Fort Clinch (p. 210), a nordeste, são fortes do século XIX.

A East Martello Tower foi construída pelas forças da União para defender a costa de Key West.

Lavanderia
Latrina
Casa de hóspedes
Casa no rio

A cozinha ficava separada da casa por causa do risco de incêndio.

Batalha de Olustee
Em fevereiro de 1864, forças da União, incluindo dois regimentos de negros, foram derrotadas pelas tropas confederadas a nordeste. Seis horas de lutas deixaram 2 mil feridos e 300 mortos.

A Vida no Latifúndio
Latifúndios como o Goodwood (p. 247), aqui representado, eram quase autossuficientes. Eles tinham leis próprias, e alguns abrigavam mais de 200 escravos, que cultivavam algodão, milho e outros produtos.

1845 Em 4 de julho a Flórida se torna o 27º estado dos Estados Unidos da América. O Capitólio em Tallahassee é terminado

1848 John Gorrie inventa a máquina de fazer gelo

1855 Começa a Terceira Guerra dos Seminoles; três anos depois, 163 índios se rendem (entre eles Billy Bowlegs) e são obrigados a mudar-se da Flórida

1861 Guerra Civil

1865 O exército do norte é derrotado na Batalha da Natural Bridge. A Guerra Civil termina no mesmo ano

| 1845 | 1850 | 1855 | 1860 | 1865 |

Primeiro selo da Flórida

1852 Harriet Beecher Stowe publica o épico *A cabana do pai Tomás*

1860s Mercadores escoceses fundam Dunedin na costa oeste da Flórida

Bônus da Guerra Civil

O Período Áureo da Flórida

Após a Guerra Civil, a Flórida estava economicamente devastada, mas o bom clima e a pequena população atraíam investimentos. Os barões das ferrovias Henry Flagler e Henry Plant ampliaram as linhas para as costas leste e oeste nas décadas de 1880 e 1890, e o turismo passou a estimular a economia. A base agrícola diversificada protegeu a Flórida da depressão dos anos 1890, que arrasou outros estados produtores de algodão. Novas fortunas e belas mansões foram construídas. Os negros tiveram menos sorte; além de perderem o direito ao voto, a violência da Ku Klux Klan cresceu, e a segregação era a norma.

Expansão das Ferrovias
— Ferrovias em 1860
— Ferrovias em 1890
— Overseas Railroad em 1912

Os rótulos de charutos eram pequenas obras de arte, com belos cenários. A indústria do charuto decolou na Flórida no final do século XIX.

Turismo em Barco a Vapor
Antes do advento das ferrovias, os turistas viajavam pelo interior da Flórida em barcos a vapor. Eles percorriam rios com belas paisagens, como o Oklawaha e o St. Johns.

Jacob Summerlin
Após a Guerra Civil, Jacob Summerlin, o "rei dos *crackers*" (p. 24), fez fortuna vendendo carne à Cuba espanhola. Seu gado descendia, ironicamente, dos animais que foram introduzidos na Flórida pelos conquistadores.

Hotéis de Luxo
Plant e Flagler construíram ricos palácios para os turistas abonados que lotavam os trens para fugir do inverno do norte. Os turistas do norte passavam o inverno local em grande estilo, em cidades como Tampa e St. Augustine.

1869 Nomeado o primeiro secretário de Estado negro da Flórida

Número circense dos Ringling Brothers

1885 Vincente Ybor transfere sua fábrica de charutos para Tampa

1870s Mais de cem negros são mortos pela Ku Klux Klan em Jackson County

1892 Nas eleições, só 11% dos negros têm direito a voto

| 1870 | 1875 | 1880 | 1885 | 1890 |

1870 Barcos a vapor levam turistas e cargas para o interior da Flórida

1884 Os irmãos Ringling fundam o circo itinerante

1891 O cubano José Martí faz um discurso em Tampa para obter apoio para seu movimento de independência

1886 Flagler começa a construir a Florida East Coast Railroad

1868 Direito de voto a todos os homens com mais de 21 anos, incluindo os negros

A HISTÓRIA DA FLÓRIDA | 53

Viagem de Trem
Os ricos tinham vagões particulares. O de Henry Flagler está hoje na sua antiga casa de Palm Beach *(p. 128)*.

Onde Ver o Período Áureo

St. Augustine *(pp. 214-7)* exibe várias obras de Flagler, como o Lightner Museum. O Tampa Bay Hotel é hoje o Henry B. Plant Museum *(p. 262)*, e Fernandina tem belos exemplos de arquitetura de barcos a vapor *(p. 210)*. Pigeon Key *(p. 300)* tem o canteiro de obras da Overseas Railroad de Flager.

Guerra Hispano-Americana
Quando os EUA uniram-se a Cuba para combater a Espanha, em 1898, a Flórida estava no auge. Milhares de soldados chegaram de Tampa, Miami e Key West, e os recursos do Tesouro sustentavam o esforço de guerra.

O Tampa Bay Hotel, construído por Henry Plant em 1891, funcionou até 1932. Tinha 511 quartos, e na Guerra Hispano-americana foi ocupado pelos oficiais.

Flagler College, em St. Augustine, era o magnífico Ponce de León Hotel, de Henry Flagler.

Cadeira de Balanço Dourada
Representativa dos excessos decorativos do século XIX, essa cadeira de balanço do Lightner Museum *(p. 217)* é toda de arabescos e cisnes.

O rio Hillsborough e a baía de Tampa fizeram de Tampa um dos três principais portos do Golfo por volta de 1900.

O Nascimento de uma Nação
Ao ser lançado, em 1915, esse épico causou uma onda de violência da Ku Klux Klan.

1895 Pomares de frutas cítricas são afetados pela Grande Geada. Julia Tuttle envia flores de laranjeira a Flagler em Palm Beach para convencê-lo a continuar a ferrovia até Miami

1905 A University of Florida é fundada em Gainesville

Passeio pelas areias de Daytona Beach

1918 Lei Seca começa na Flórida

| 1895 | 1900 | 1905 | 1910 | 1915 |

Flor de laranjeira

1898 Teddy Roosevelt e seus Rough Riders chegam a Tampa a caminho da Guerra Hispano-americana em Cuba

1903 Alexander Winton estabelece o recorde de velocidade de 109km/h nas areias de Daytona Beach

1912 Flagler avança até Key West

1915 Dragagem duplica Miami Beach

1916 Algodoais da Flórida são arrasados pela praga

Boom, Falência e Recuperação

Como em todo o país, a Flórida teve fases de desenvolvimento e depressão na primeira metade do século XX. Atraídos pela valorização das terras nos anos 1920, os moradores do Norte começaram a chegar, muitos deles como "turista de trailer" em seus Fords Bigode. Em 1926, três anos antes da crise de Wall Street, as terras se desvalorizaram, o que arruinou muita gente. Mas a Flórida se recuperou antes do resto do país com o aumento do turismo e projetos federais. Desempregados do Norte chegavam em busca de trabalho. Durante e após a Segunda Guerra, a Flórida prosperou. Na década de 1950 foi beneficiada pelo lançamento do programa espacial da NASA.

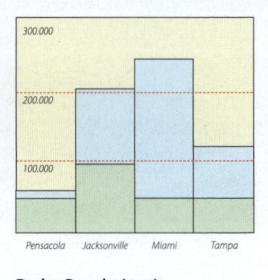

Dados Populacionais
- 1920
- 1950

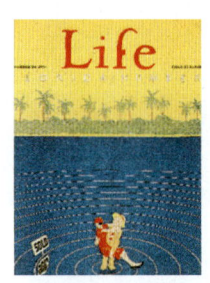

Valorização das Terras
No auge dessa fase, as melhores terras valiam US$26 mil por hectare. Muitos nortistas faliram por investir em pântanos distantes do litoral.

Furacão de 1926
Um furacão com ventos capazes de "endireitar uma estrada curva" atingiu o sul da Flórida e destruiu 5 mil casas.

O Sonho Americano
Os invernos quentes e a ascensão econômica da Flórida atraíram os moradores do Norte. Muitos vieram apenas para visitar, mas retornaram para ficar, e os imigrantes estrangeiros também deram preferência ao estado. Era a terra das oportunidades, com rápido crescimento urbano e uma indústria com bons empregos, até para os jovens.

1928 A Tamiami Trail entre Tampa e Miami é inaugurada oficialmente

1929 A Pan American World Airways faz o primeiro voo comercial entre Miami e Havana

1931 Ernest Hemingway compra casa em Key West

1935 Furacão destrói a Overseas Railroad

| 1920 | 1925 | 1930 | 1935 | 1940 |

1926 O preço das terras despenca, dois bancos quebram, um furacão atinge o sul e os Everglades e devasta Miami

1931 As apostas são legalizadas, e o hipódromo do Hialeah Park é inaugurado

Corrida de cavalos no Hialeah Park

1939 O gângster Al Capone se aposenta e vai morar em Palm Island, em Miami

A HISTÓRIA DA FLÓRIDA | 55

Turistas de Trailer
No inverno, esse novo tipo de turista carregava o carro e vinha para o sul. Estacionava nos parques de trailer, dividindo comida enlatada e tomando sol.

Onde Ver a Fase de Desenvolvimento

Não perca a Wolfsonian Foundation *(p. 71)* e os prédios art déco de Miami Beach *(pp. 64-70)*. Visite também o legado de Mizner em Palm Beach *(pp. 122-7)*. A escola de Frank Lloyd Wright, em Lakeland *(p. 270)*, é interessante, bem como a casa de Henry Ford, em Fort Myers *(p. 280)*.

Zora Neale Hurston
Zora escreveu sobre a vida rural dos negros. Seu livro mais famoso, *Seus olhos viam Deus*, foi escrito em 1937.

Miami Beach tem um incrível conjunto de edifícios art déco restaurados.

O New Deal
O New Deal ofereceu empréstimos aos fazendeiros e ajudou a Flórida a sair da Grande Depressão. Escritores e fotógrafos documentaram os efeitos dessa política.

Segunda Guerra
A Flórida foi campo de treinamento de tropas de 1941 a 1945. A guerra desestimulou o turismo, mas ajudou a economia.

Frutas Cítricas
A Flórida era o maior produtor de cítricos do país e ajudou-o a superar a Depressão dos anos 1930.

1947 Presidente Truman inaugura o Everglades National Park

Carro de corrida na Daytona 200

1954 Aberto o primeiro trecho da ponte Sunshine Skyway, na baía de Tampa

1959 Lee Perry vence a primeira Daytona 200 na Daytona Speedway

| 1945 | 1950 | 1955 | 1960 |

1945 Em dezembro, o desaparecimento do Voo 19 dá início ao mito do Triângulo das Bermudas

1958 O primeiro satélite da Terra, *Explorer I*, é lançado da Flórida depois que a NASA se instalou em cabo Canaveral para desenvolver seus programas espaciais.

1942 Em fevereiro, submarino alemão torpedeia petroleiro na costa da Flórida, na frente dos banhistas

Logo da NASA

Dos Anos 1960 em Diante

A Flórida prospera desde os anos 1960. O turismo se expandiu em níveis sem precedentes, e surgiram hotéis para todos os bolsos. Parques temáticos como Walt Disney World® e o Kennedy Space Center, que abriga o programa espacial da NASA, alcançaram fama internacional e arrastam multidões de visitantes ao "estado do sol". A população aumentou com a chegada dos imigrantes de outros estados e países. A Flórida abriga hoje muitos grupos étnicos. O rápido crescimento da comunidade hispânica inclui a maior população cubana fora de Cuba. E muitos asiáticos também também vivem na Flórida. Os efeitos negativos do desenvolvimento incentivaram iniciativas de proteção aos recursos naturais, e a preservação é hoje uma preocupação.

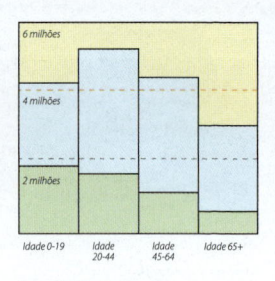

População do Estado
1960 | 2010

O Êxodo Cubano
Mais de 300 mil cubanos vieram para a Flórida desde que Fidel Castro assumiu o governo de Cuba, em 1959. Os primeiros chegaram nos "voos da liberdade", mas outros enfrentaram o mar em jangadas.

Martin Luther King
O movimento pelos direitos civis chegou à Flórida nos anos 1960. O líder do movimento, Martin Luther King, foi preso na marcha de St. Augustine, em 1964.

SpaceX Dragon
Em 2012, a SpaceX se tornou a primeira companhia comercial do mundo a fazer uma entrega de mercadoria na Estação Espacial Internacional (ISS) e, hoje, em acordo com a NASA, está desenvolvendo um veículo para voos tripulados.

1964 Martin Luther King é preso em St. Augustine

1969 A Apollo II é lançada de cabo Canaveral. Buzz Aldrin e Neil Armstrong são os primeiros homens a caminhar na Lua

1973 O condado Dade é oficialmente bilíngue, com placas em inglês e espanhol

1980 125.000 cubanos chegam à Flórida no êxodo de Mariel, iniciado por Fidel Castro, com duração de cinco meses

1986 Explode o ônibus espacial *Challenger*, com sete pessoas a bordo

1962 Crise dos mísseis cubanos

1961 Alan Shepherd é o primeiro norte-americano no espaço

Alan Shepherd, astronauta da NASA

1971 O Magic Kingdom®, a primeira obra de Walt Disney, é inaugurada em Orlando ao custo de US$700 milhões

1977 Neva em Miami em janeiro

1981 Viagem inaugural do ônibus espacial

1982 Key West se autodeclara Conch Republic por uma semana

1990 O general Noriega, ex-governante do Panamá, é preso por tráfico de drogas em Miami

A HISTÓRIA DA FLÓRIDA | 57

Preservação
Uma forma de os moradores apoiarem o movimento ecológico é comprar uma placa de carro especial. O dinheiro vai para a causa escolhida.

Miami na TV
Miami é famosa pelos crimes e pela violência, representados na série de TV *Miami Vice*, dos anos 1980, e na mais recente *CSI: Miami*.

Onde Ver a Flórida Moderna

A Flórida tem excelente arquitetura moderna, dos arranha-céus do centro de Miami *(pp. 74-9)* e Jacksonville *(p. 212)* ao Florida Aquarium, em Tampa *(p. 266)*. Para um enfoque mais nostálgico da arquitetura moderna, visite Seaside, no Panhandle *(p. 240)*.

Naturalização
Ser cidadão norte-americano é o sonho de muitos imigrantes. Milhares deles juram lealdade ao país em cerimônias coletivas.

Os modernos arranha-céus de Downtown Miami são uma vista típica e impressionante.

O foguete **SpaceX Falcon 9** lança em órbita a cápsula Dragon a partir do cabo Canaveral.

Idosos da Flórida
Quase 20% da população da Flórida tem mais de 65 anos. Os aposentados são atraídos ao estado pelos baixos impostos e pela vida ao ar livre.

Cruzeiros pelo Caribe
O turismo é um grande negócio na Flórida, e os cruzeiros em modernos navios são uma opção de férias muito popular.

1992 O furacão Andrew devasta o sul da Flórida

1993 Criada a Task Force on Tourist Safe

1994 Chega outra leva de cubanos à Flórida

2000 George W. Bush vence controvertidas eleições presidenciais

George W. Bush

2002 Jimmy Carter é o primeiro presidente a visitar Cuba desde o início do embargo

2003 O ônibus espacial *Columbia* explode ao entrar na atmosfera terrestre, matando a tripulação

2004 Uma das piores temporadas de furacões causa mais US$40 bilhões de prejuízo

2011 Após 30 anos, o programa de ônibus espaciais da NASA é finalizado com a missão *Atlantis*

2012 Primeira companhia comercial espacial, a SpaceX entrega carga na Estação Espacial Internacional (ISS) por meio do veículo Dragon

2000 | 2010 | 2020

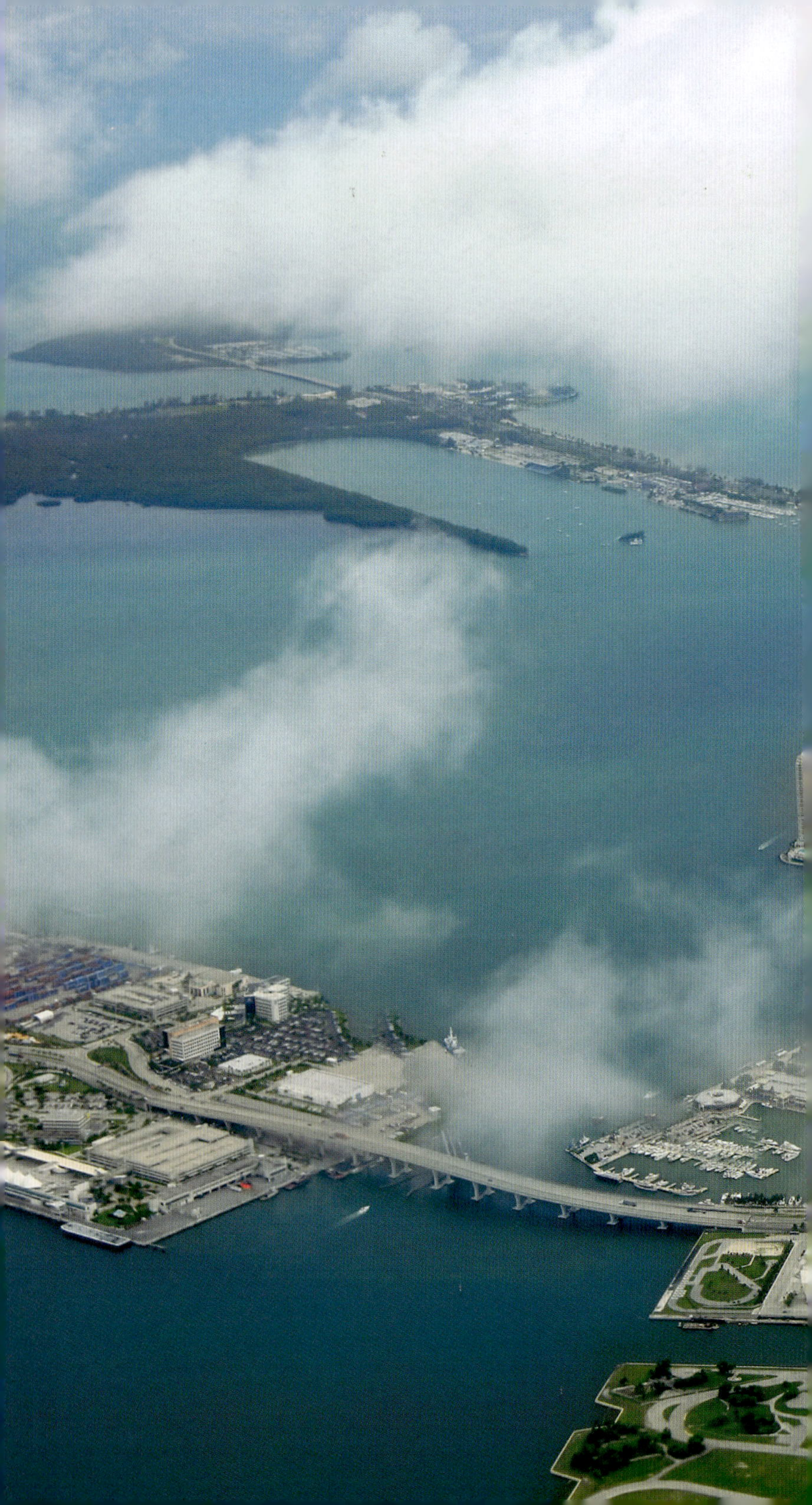

MIAMI ÁREA POR ÁREA

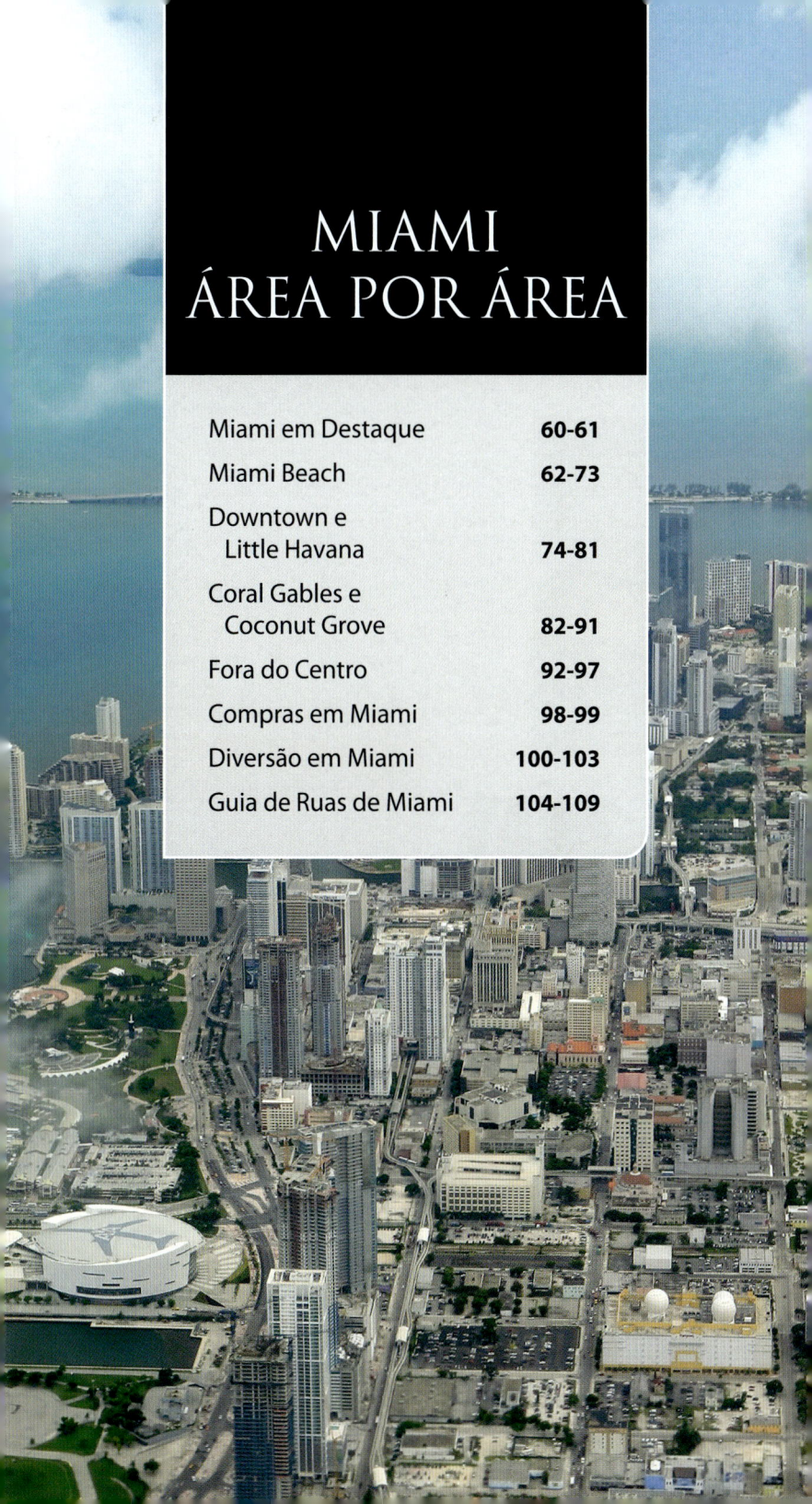

Miami em Destaque	**60-61**
Miami Beach	**62-73**
Downtown e Little Havana	**74-81**
Coral Gables e Coconut Grove	**82-91**
Fora do Centro	**92-97**
Compras em Miami	**98-99**
Diversão em Miami	**100-103**
Guia de Ruas de Miami	**104-109**

Miami em Destaque

Miami é chamada de Cidade Mágica. Há apenas um século era um entreposto comercial e hoje ocupa uma área de 5.200km² e tem 2 milhões de habitantes. Os visitantes costumam associar Miami à ensolarada South Beach, às suas belas praias e às culturas latina e caribenha que permeiam seu dia a dia. A Grande Miami abriga mais de 2 milhões de residentes e recebe perto de 9 milhões a cada ano. Mas, como em toda área urbana, é importante observar as normas de segurança.

Little Havana, o reduto original da comunidade cubana, é o bairro mais acolhedor de Miami. As ruas reservam muita diversão, jogos de dominó e cafés animados *(pp. 80-1).*

The Biltmore Hotel, o símbolo de Coral Gables, é uma exclusiva "minicidade" criada nos anos 1920, durante o boom imobiliário. Histórias de hóspedes famosos e crimes cometidos pela Máfia dão charme ao hotel de luxo *(pp. 84-7).*

As International Villages reúnem exemplos de arquitetura de vários países em meio às ruas arborizadas de Coral Gables. Um passeio por ali revelará a essência de um dos mais belos subúrbios de Miami *(pp. 84-5).*

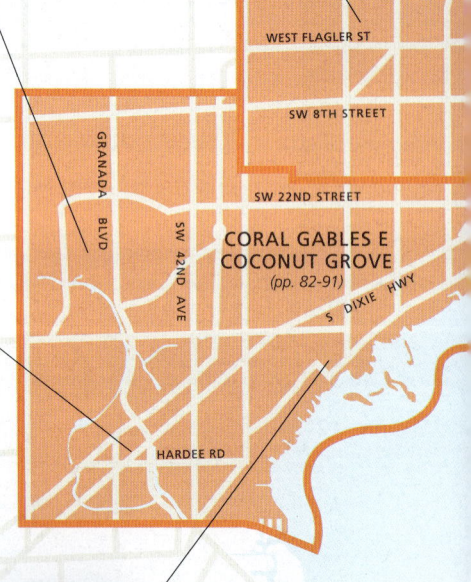

Coconut Grove Village é uma área pequena e simpática onde o forte é a diversão. Faça um passeio agradável ou compras durante o dia e à noite entre em um dos restaurantes ou bares *(p. 88).*

◀ O centro de Miami visto de cima

MIAMI EM DESTAQUE | 61

Downtown Miami é o centro comercial da cidade. Seu encanto se deve à bela arquitetura dos edifícios, como a do Southeast Financial Center, e à forte presença hispânica nas ruas *(pp. 76-9)*.

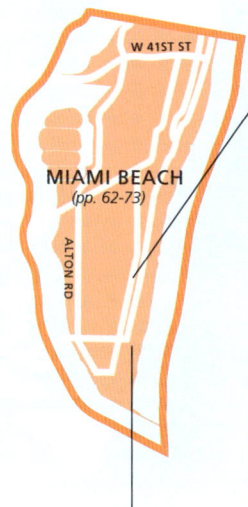

MIAMI BEACH
(pp. 62-73)

DOWNTOWN E LITTLE HAVANA
(pp. 74-81)

O Art Deco District, situado em South Beach, tem belas construções dos anos 1930, com características decorativas típicas da Flórida *(pp. 64-71)*.

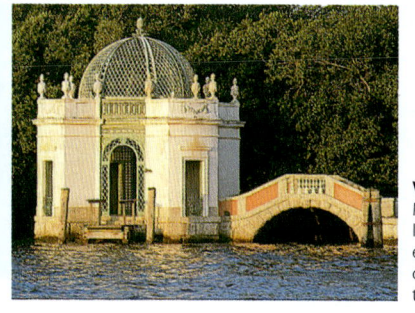

South Beach é para quem quer observar ou participar dos jogos e da diversão local. Durante o dia, você pode aproveitar as suas fabulosas praias *(pp. 68-70)*.

Vizcaya é uma das principais atrações de Miami. A mansão italiana do início do século XX tem os quartos decorados em vários estilos, e seus jardins exibem estátuas e construções pitorescas, como essa romântica casa de chá *(pp. 90-1)*.

COLONY
COLONY
THEATRE
RHYTHM FOUNDATION
PRESENTS "NATACHA ATLAS IN CONCERT"
SAT JULY 31 8 PM

MIAMI BEACH

Hoje chamada de Riviera Americana, há apenas um século Miami Beach não passava de um banco de areia em que só se chegava de barco. Foi a construção de uma ponte ligando-a ao continente, em 1913, que permitiu que investidores como o milionário Carl Fisher começassem a construir na ilha. O balneário criado do nada deslanchou na década de 1920, tornando-se um espetacular destino de inverno. O furacão devastador de 1926 e a quebra da Bolsa de 1929 marcaram o fim do crescimento rápido, mas Miami Beach voltou a florescer na década de 1930, e centenas de edifícios art déco foram construídos. Um novo período de declínio se repetiria depois da Segunda Guerra. Hoje Miami Beach está em ascensão outra vez. Em consequência de uma intensa campanha de preservação, South Beach (o sul de Miami Beach) ganhou vida nova. Ostenta a maior concentração de edifícios art déco, cujo forte colorido impressiona tanto quanto sua população de corpos sarados, modelos e *drag queens*. Tudo acontece em South Beach, que oscila entre a elegância e a boemia – daí ela ser conhecida como SoBe, a exemplo do SoHo de Nova York. Os hotéis art déco de Ocean Drive são as atrações favoritas, mas há muito mais diversão, de lojas a museus. A parte norte de SoBe atrai menos gente, mas as duas áreas têm em comum praias belíssimas que se estendem por muitos quilômetros.

Principais Atrações

Museus e Galerias
3. Jewish Museum of Florida
5. The Wolfsonian Museum-FIU
9. Bass Museum of Art

Ruas e Bairros
1. Ocean Drive
4. Avenidas Collins e Washington
6. Española Way
7. Lincoln Road Mall
10. Central Miami Beach

Praias
2. A Praia

Monumentos
8. Holocaust Memorial

Veja Guia de Ruas, mapa 2

◀ O mais famoso edifício em estilo art déco de Miami, o Colony Theater   **Legenda dos símbolos** *na orelha da contracapa*

Art Déco na Ocean Drive

A melhor parte de South Beach é o bairro art déco, com cerca de 800 edifícios bem preservados, situados na Ocean Drive. Esse conjunto fantástico ilustra a interpretação exclusiva de Miami do estilo art déco, que conquistou o mundo nas décadas de 1920 e 1930. A versão da Flórida, também chamada de Déco Tropical, é alegre e vistosa. São bastante comuns os motivos como flamingos e o sol flamejante, e o litoral de South Beach inspirou obras que lembram mais um transatlântico do que um edifício. Usando materiais baratos, os arquitetos conseguiram tornar elegantes hotéis que antes eram muito modestos. Os melhores edifícios da Ocean Drive são mostrados aqui e nas pp. 66-7.

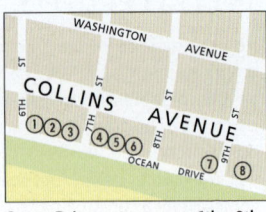

Ocean Drive: entre as ruas 6th e 9th

Branco, azul e cinza eram as cores mais usadas nas décadas de 1930 e 1940, porque lembram a vegetação tropical de Miami e o mar.

As janelas quase sempre acompanham as esquinas.

① **O Park Central** (1937) é de Henry Hohauser, o arquiteto mais famoso de Miami. As janelas têm gravuras em água-forte.

Vista da Ocean Drive

Beiradas angulares exemplificam a influência do Cubismo.

Janelas amplas permitem entrar muita luz e a refrescante circulação da brisa marinha.

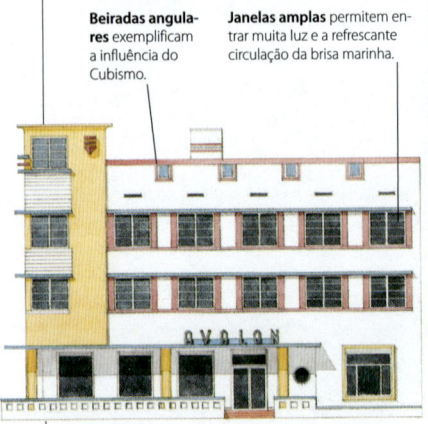

Flamingo gravado em água-forte nas portas do Beacon.

④ **Avalon** (1941) O Avalon é um belo exemplo da tendência *streamline moderne*, caracterizada pela ausência de adornos, a assimetria e a ênfase nas linhas horizontais em vez das verticais.

⑤ **Beacon** (1936) A tradicional decoração abstrata acima das janelas do andar térreo do Beacon é realçada pela combinação de cores contemporânea, um exemplo do *deco dazzle (p. 71)* de Leonard Horowitz.

Art Déco: de Paris para Miami

O estilo art déco surgiu com a Exposition Internationale des Arts Décoratifs et Industriels Modernes de 1925, em Paris. O tradicional Art Déco combinava todo tipo de influências, das formas floreadas do Art Nouveau às imagens egípcias e os padrões geométricos do Cubismo. Nos EUA dos anos 1930, os prédios art déco refletiam a tecnologia como o caminho do futuro, misturando características da Era das Máquinas e da ficção científica. O Art Déco evoluiu para o estilo chamado *streamline moderne*, que dominou a Ocean Drive. Poucos são os prédios de South Beach que se atêm a um só estilo; todos misturam detalhes do Art Déco clássico com motivos *streamline* e tropicais, que tornam única a arquitetura dessa avenida.

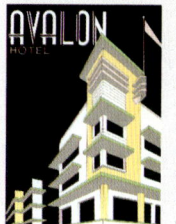

Cartão-postal Avalon Hotel, art déco

O Berkeley Shore, atrás da Ocean Drive, na Collins Avenue, tem aspectos do *streamline moderne*, como esse balaústre em degraus.

As cores visavam acentuar a verticalidade.

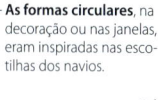

As formas circulares, na decoração ou nas janelas, eram inspiradas nas escotilhas dos navios.

O lobby do Majestic tem elevadores com portas de bronze.

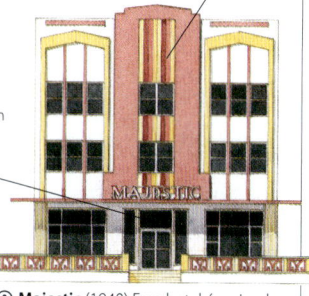

Frisos em baixo-relevo são elementos recorrentes nas fachadas da Ocean Drive.

② **Imperial** (1939) O design do Imperial imita o do vizinho Park Central, um pouco anterior.

③ **Majestic** (1940) Esse hotel é assinado por Albert Anis, o mesmo arquiteto dos vizinhos Avalon e Waldorf.

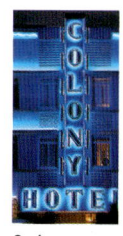

Faixas paralelas são típicas do *streamline moderne*.

As superfícies planas acima das janelas são como "sobrancelhas" protetoras contra o sol intenso de Miami.

Esse farol ornamental é um dos melhores exemplos da "arquitetura litorânea" da Ocean Drive.

O néon costumava ser usado para destacar as placas dos hotéis e os detalhes arquitetônicos durante a noite.

Janelas escotilhas

⑥ **Colony** (1935) Um dos mais belos hotéis de Henry Hohauser, o Colony tem o néon mais famoso da Ocean Drive e um interessante mural.

⑦ **Waldorf Towers** (1937) A influência marítima no design do Waldorf e outros hotéis originou o termo *nautical moderne* (náutico moderno).

Art Déco na Ocean Drive

São três os principais estilos art déco em South Beach: o tradicional; o *streamline moderne*, mais futurista; e o *revival* mediterrâneo, que é uma derivação das arquiteturas francesa, italiana e espanhola. A presença incomum do estilo *revival* mediterrâneo na Ocean Drive é mais evidente entre as ruas 9th e 13th. Nesse local você também encontrará alguns dos mais clássicos edifícios art déco de South Beach.

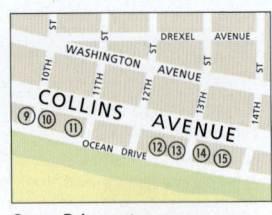

Ocean Drive: entre as ruas 9th e 13th

Faixas coloridas, ou paralelas, dão ideia de velocidade e movimento.

A torre central lembra tanto a chaminé dos navios quanto os totens dos índios americanos.

A beirada gradeada do teto imita a balaustrada dos navios.

As janelas com arcos e pórtico com colunas evocam a arquitetura mediterrânea.

⑧ **Breakwater** (1939)
O Breakwater, de Anton Skislewicz, é um hotel em estilo *streamline moderne*, com faixas paralelas e notável torre central. Uma reforma multimilionária está trazendo de volta seu esplendor original.

⑨ **Edison** (1935)
Hohauser *(p. 64)* experimentou aqui o *revival* mediterrâneo, embora tenha sido precedido pelo arquiteto do vizinho Adrian.

A placa do hotel Leslie é simples como o seu edifício, em contraste com o vizinho Carlyle, mais luxuoso.

Janelas de canto

O teto plano é a norma na Ocean Drive, mas sempre quebrado por uma torre ou outra projeção vertical.

⑫ **Leslie** (1937)
O clássico amarelo desse hotel art déco se destaca contra os tons mais pálidos agora populares em South Beach.

⑬ **Carlyle** (1941)
Com três andares e três colunas verticais, o Carlyle aplica as clássicas divisões do Art Déco conhecidas como "sagradas três". A maioria dos hotéis da Ocean Drive tem três andares.

MIAMI BEACH | **67**

Uma salamandra de estuque acima da entrada do Abbey Hotel, na 21st Street, dá um toque alegre e colorido à fachada do edifício.

A Preservação de South Beach

A campanha para salvar a arquitetura art déco de South Beach começou em 1976, quando Barbara Capitman (1920-90) criou a Miami Design Preservation League. Grande parte da área estava condenada a desaparecer com a chegada dos arranha-céus. Três anos depois, uma área de 2,5km² de South Beach foi a primeira do século XX a ser tombada pelo National Register of Historic Places. Nos anos 1980 e 1990 ainda houve conflitos com os construtores, mas as vigílias da população ajudaram a salvar alguns prédios.

Barbara Capitman em 1981

Os sulcos verticais são frequentes na Ocean Drive.

A superfície plana protege as janelas.

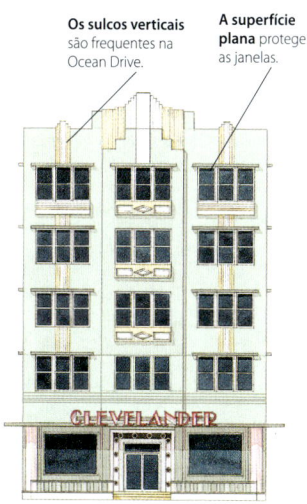

Telhas de terracota

O concreto reforçado era o material de construção mais comum na Ocean Drive. E as paredes eram revestidas de estuque.

O balcão é obrigatório nos hotéis da Ocean Drive.

⑩ Clevelander (1938)
Albert Anis, o arquiteto desse hotel, usou materiais clássicos do Art Déco, como blocos de vidro, no bar - um dos melhores de South Beach.

⑪ Adrian (1934)
Com suas cores suaves e inspiração mediterrânea, o Adrian se destaca entre os edifícios vizinhos.

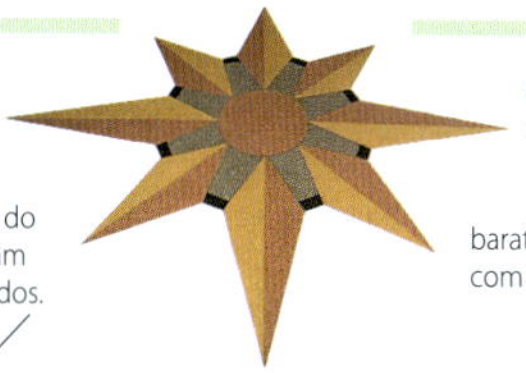

O piso do *terrazzo* do bar mistura fragmentos de pedra com mármore mais barato: um bom efeito com custo baixo.

O friso lembra os desenhos abstratos dos astecas.

Os cantos do edifício eram arredondados.

⑭ Cardozo (1939)
Projeto tardio de Hohauser e um dos hotéis preferidos de Barbara Capitman. Nessa obra-prima *streamline*, os detalhes do Art Déco tradicional foram substituídos pelas laterais curvas e outras expressões do Modernismo.

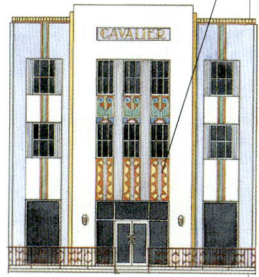

⑮ Cavalier (1936)
Com suas quinas acentuadas, esse tradicional hotel art déco contrasta com o vizinho Cardozo, construído depois.

Rua a Rua: South Beach

O bairro art déco, em South Beach, que se estende da rua 6th à 23rd, entre a Lenox Avenue e a Ocean Drive, atrai um número cada vez maior de visitantes. Impulsionada pelo interesse de celebridades como a cantora Gloria Estefan e o ator Michael Caine, a área se transformou em um dos lugares mais famosos do país. Para muitos, os edifícios art déco são um mero cenário para esse paraíso hedonista em que os dias servem para dormir, ficar na praia ou para longas horas de exercícios nos ginásios, e as noites, para dançar até de madrugada. Mas, se você prefere as atrações sociais e arquitetônicas, o roteiro que damos aqui serve tanto para o dia quanto para a noite, quando as luzes de néon realçam a atmosfera festiva.

O Old City Hall, em estilo mediterrâneo da década de 1920, deixou de ser a prefeitura da cidade em 1977, mas ainda é um marco de South Beach.

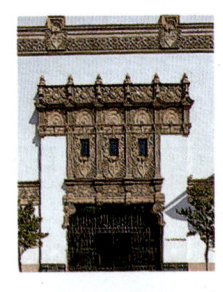

❺ Wolfsonian Museum-FIU
Com um notável relevo em estilo barroco espanhol na entrada principal, o Wolfsonian abriga uma excelente coleção de peças de arte e decoração.

11th Street Diner *(p. 329)*

O Essex House Hotel, de Henry Hohauser *(p. 64)*, exibe características típicas do Art Déco, como a entrada arredondada. O saguão merece ser visitado.

O News Café é um local disputado em South Beach *(p. 329)*, aberto 24 horas e sempre cheio de gente. As mesas na calçada permitem observar o movimento.

PASSEIOS ART DÉCO

A Miami Design Preservation League oferece um passeio a pé guiado de 90 minutos saindo do Art Deco Welcome Center (1001 Ocean Drive) seg, ter, qua, sex, sáb e dom 10h30, qui 18h30; audio tours diariamente; além da Art Deco Weekend *(p. 41)*. Para outras informações ligue para o Art Deco Welcome Center, (305) 763-8026. **w** mdpl.org

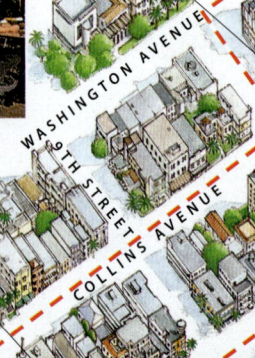

0 metros 75
0 jardas 75

Patrulha da praia

Art Deco Welcome Center

Legenda
— Percurso sugerido

Veja hotéis e restaurantes dessa região nas pp. 314-25 e 329-49

MIAMI BEACH | **69**

★ **Bares e Clubes de South Beach**
A visita a South Beach só será completa se você conhecer seus bares e clubes elegantes como o Marlin Hotel, na Collins Avenue.

Localize-se
Guia de Ruas 2

❶ ★ **Ocean Drive**
A Ocean Drive é a grande atração de South Beach, pelos inúmeros hotéis de classe e o colorido desfile de patinadores e muita gente bonita.

O Netherland Hotel (1935), em uma parte mais tranquila da Ocean Drive, é decorado com estuque colorido. Hoje é um condomínio.

O Cardozo Hotel, um exemplo de arquitetura art déco na Ocean Drive, marcou um novo período de restaurações em South Beach ao ser reinaugurado em 1982. Hoje pertence a Gloria Estefan.

O Amsterdam Palace é uma das raras residências da Ocean Drive *(p. 70)*.

Lummus Park

❷ ★ **A Praia**
A areia se estende por 16km da costa. As características mudam conforme o lugar: a praia mais larga e mais animada é em South Beach.

South Beach

A Ocean Drive tem os prédios art déco mais famosos de South Beach. Outras maravilhas a serem descobertas estão nas avenidas Collins e Washington, e também mais a oeste, em tranquilas ruas residenciais como a Lenox Avenue, onde há portas com flamingos gravados em água-forte e outras características do estilo. É melhor andar a pé em South Beach, ou SoBe, porque não é fácil estacionar. Se preferir, alugue patins ou uma bicicleta no próprio local.

Amsterdam Palace, um dos únicos da Ocean Drive que não são Art Déco

❶ Ocean Drive

Mapa 2 F3, F4. 150 Miami Beach Airport Flyer, M (113), S (119), C (103), 120 Beach MAX. 1001 Ocean Drive, (305) 672-2014; Art Deco Welcome Center, (305) 763-8026. mdpl.org

Sentar-se em um bar ou café à beira-mar é, sem dúvida, a melhor maneira de sentir Ocean Drive. É uma passarela com um desfile constante de gente bronzeada e bem vestida; até os garis com seus capacetes e uniformes brancos e os policiais de bermudas apertadas transitando em suas bicicletas chamam a atenção. Mas uma exploração mais ativa não vai muito além de um passeio a pé apreciando os excelentes exemplos de design art déco.

Em estilo *revival* mediterrâneo de 1930, o Amsterdam Palace, no nº 1114, hoje funciona como uma loja – foi comprado pelo falecido estilista Gianni Versace em 1993 por US$3,7 milhões. Atrás do Art Deco Welcome Center, a Beach Patrol Station é em clássico estilo *nautical moderne (p. 65)*, com balaustrada de navio e janelas tipo escotilha; ainda é a base dos salva-vidas locais.

Há pouco mais para se ver ao sul da 6th Street, mas da extremidade de South Pointe Park dá para ver os navios de cruzeiro entrando em Government Cut *(p. 79)*.

❷ A Praia

Mapa 2. M (113), S (119), C (103), 120 Beach MAX, 150 Miami Beach Airport Flyer, A (101).

A areia da praia de Miami Beach foi trazida de fora há algumas décadas, e continua sendo completada para conter a erosão da costa. As praias são largas e belas, e atraem muita gente.

Até a 5th Street, a praia é basicamente frequentada por surfistas. Mais adiante, ela se transforma em uma extensão de SoBe, com os coloridos postos dos salva-vidas e banhistas de corpos perfeitos. Ao lado situa-se o Lummus Park, onde ainda é possível encontrar judeus idosos conversando em iídiche. Perto da 12st Street, a frequência da praia torna-se predominantemente gay.

Posto de salva-vidas em South Beach; as cores e o estilo combinam com a Ocean Drive

Veja hotéis e restaurantes dessa região nas pp. 314-25 e 329-49

Jewish Museum of Florida

301 Washington Ave. **Mapa** 2 E4. **Tel** (305) 672-5044. C (103), 120 Beach MAX, 150 Miami Beach Airport Flyer, 123 South Beach Local, M (113). 10h-17h ter-dom. feriados nacionais e judaicos.
w jewishmuseum.com

Esse museu ocupa a primeira sinagoga construída em Miami Beach, em 1936. Quando chegou a primeira leva de judeus, na década de 1930, eles enfrentaram forte antissemitismo – os hotéis locais exibiam placas de "Não aceitamos cachorros nem judeus". Hoje, eles constituem uma parte vital da comunidade de Miami Beach.

A antiga sinagoga em ruínas foi reformada e reaberta em 1995 como museu e centro de pesquisa sobre os judeus na Flórida. O prédio exibe vitrais coloridos e outras características Art Déco que o tornam tão notável quanto as exposições exibidas ali.

A inconfundível torre do Delano Hotel na Collins Avenue

Avenidas Collins e Washington

Mapa 2. C (103), M (113), S (119), 120 Beach MAX, 150 Miami Beach Airport Flyer, 123 South Beach Local 1920 Meridian Avenue (Miami Beach Visitor Center), (305) 672-1270.
w miamibeachchamber.com

Essas ruas não são tão bem cuidadas quanto a Ocean Drive: as lojas vendem roupas de segunda e tatuagens, e a atmosfera é mais latina. No entanto, algumas das casas noturnas mais badaladas de South Beach (p. 102) estão na região, assim como prédios art déco mais modestos que merecem ser vistos. O Marlin Hotel, no nº 1200 da Collins Avenue, é um dos melhores exemplos do estilo *streamline*. Ele pertencia a Christopher Blackwell, fundador da Island Records e proprietário de vários edifícios famosos da Ocean Drive. Atrás dele, no nº 1300 da Washington Avenue, o Miami Beach Post Office é uma das melhores criações art déco de SoBe; o mural interno representa a chegada de Ponce de León (p. 46) e o confronto com os nativos.

Subindo pela Collins Avenue, depois da Lincoln Road os edifícios são mais interessantes do que propriamente bonitos. Os grandes hotéis dos anos 1940 como o Delano e o Ritz Plaza exibem feições art déco, especialmente nas torres inspiradas em fantasias futuristas dos quadrinhos *Buck Rogers* e *Flash Gordon*. O interior não Déco do luxuoso Delano Hotel (p. 315), em South Beach, merece ser visto, com seus drapeados brancos e móveis originais de Gaudí, Dalí e Man Ray.

Mais Cores em South Beach

Os edifícios art déco em geral eram discretos, predominantemente brancos com alguns detalhes coloridos; eles só eram pintados na frente, porque o dinheiro andava curto demais na década de 1930 para se ter algo mais que uma fachada colorida. Nos anos 1980, o designer Leonard Horowitz criou o "Deco dazzle" e pintou uns 150 prédios. Embora alguns desaprovem essa reinvenção de South Beach, outros alegam que os detalhes art déco estão melhores do que nunca.

Retoques nas cores do Cardozo Hotel, na Ocean Drive

The Wolfsonian Museum – Florida International University

1001 Washington Ave. **Mapa** 2 E3. **Tel** (305) 531-1001. C (103), 120 Beach MAX, 150 Miami Beach Airport Flyer, 123 South Beach Local. 12h-18h qui-ter.
w wolfsonian.org

Esse belíssimo edifício da década de 1920 (p. 68) pertencia à Washington Storage Company, o local em que os milionários de Miami guardavam seus bens quando viajavam para o norte. Hoje, abriga uma soberba coleção de artes clássicas e decorativas do período entre 1885 e 1945, principalmente da América do Norte e Europa. Entre as 80 mil peças do museu há livros, cartazes, móveis e esculturas, concentrando-se na importância social, política e estética do design da época.

Chaleira elétrica (1909) no Wolfsonian

Española Way, a arborizada rua de comércio em estilo mediterrâneo

❻ Española Way

Mapa 2 E2. 🚌 C (103), 123 South Beach Local.

Situada entre as avenidas Washington e Drexel, Española Way é um pequeno conjunto de casas em estilo *revival* Mediterrâneo, cujos arcos ornamentais, capitéis e balcões enriquecem fachadas de estuque cor de salmão. Construída em 1922-5, teria inspirado Addison Mizner na criação da Worth Avenue em Palm Beach *(pp. 122-3)*.

Española Way seria originalmente uma colônia de artistas, mas acabou se tornando uma famosa zona de prostíbulos. Nas últimas duas décadas, porém, seu objetivo inicial foi retomado nas dezenas de lojas e galerias de arte de vanguarda *(p. 99)*.

❼ Lincoln Road Mall

Mapa 2 E2. 🚌 A (101), 120 Beach MAX, 150 Miami Beach Airport Flyer, 123 South Beach Local, S (119), M (113), L (112), C (103). **Tel** (305) 538-7887. ⏰ 11h-22h seg-qua, 11h-23h qui-dom. ⛔ Ação de Graças, 25 dez, 1º jan. ♿

Um dos pontos culturais mais badalados de South Beach já passou por muitos altos e baixos. O empreendedor Carl Fisher *(p. 63)* imaginou o lugar como a "Quinta Avenida do Sul", quando a planejou na década de 1920, e suas lojas se tornaram o ponto alto da moda. Quarenta anos depois, Morris Lapidus (projetista do Fontainebleau Hotel) transformou a rua em um dos primeiros calçadões de comércio do país, mas nem isso evitou a decadência da Lincoln Road na década de 1970; os pavilhões de concreto introduzidos por Lapidus não resistiram.

A revitalização da rua começou com a chegada do ArtCenter South Florida, em 1984. Situado entre as avenidas Lenox e Meridian, tem três áreas de exibições e dezenas de estúdios e galerias independentes *(p. 99)*, além de programas educacionais. Os visitantes, porém, acham a arte do local ousada demais para levá-la para casa.

As galerias costumam abrir à noite; é quando a rua de compras também ganha vida com a chegada dos frequentadores do restaurado Lincoln Theatre, em estilo art déco, e o Colony Theatre *(p. 100)*. Quem busca uma alternativa mais tranquila na Ocean Drive pode percorrer os restaurantes e cafés como o Van Dyke, no nº 846, a versão do News Café *(p. 68)* na Lincoln Road. À noite, o Sterling Building, no nº 927, em estilo *streamline moderne*, é um belo visual: de suas paredes de vidro emana uma extraordinária luz azulada.

❽ Holocaust Memorial

1933-45 Meridian Ave. **Mapa** 2 E1. **Tel** (305) 538-1663. 🚌 A (101), L (112), M (113), S (119), 123 South Beach Local. ⏰ 9h-21h diariam. ♿

Miami Beach concentra o maior número de sobreviventes do Holocausto em todo o mundo, por isso é a sede do impressionante memorial de Kenneth Treister, inaugurado em 1990. A peça central é uma enorme mão de bronze com os dedos apontando para o alto, representando o último gesto de um moribundo. O monumento gravado com um número de Auschwitz é revestido com cem estátuas de bronze em tamanho natural: são homens, mulheres e crianças nos estertores de um sofrimento insuportável. Ao redor da praça há uma passagem com os nomes dos campos de concentração na Europa, a história do Holocausto e os nomes de milhares de vítimas.

O Holocaust Memorial

Frequentadores do Van Dyke Café, na calçada do Lincoln Road Mall

Veja hotéis e restaurantes dessa região nas pp. 314-25 e 329-49

MIAMI BEACH | 73

Coroação da Virgem (c.1492), de Domenico Ghirlandaio

❾ Bass Museum of Art

2121 Park Ave. **Mapa** 2 F1. **Tel** (305) 673-7530. C (103), S (119), L (112), M (113), 120 Beach MAX, 150 Miami Beach Airport Flyer, 123 South Beach Local. 12h-17h qua-dom. seg, ter e feriados.
w bassmuseum.org

Esse edifício art déco com influência maia foi construído em 1930 para ser uma biblioteca e centro de artes. Tornou-se reconhecido como museu em 1964, quando os filantropos John e Johanna Bass doaram sua própria coleção de arte composta, sobretudo, de pinturas, esculturas e tecidos europeus do período entre os séculos XV a XVII.

O espaço da galeria exibe tanto mostras permanentes quanto exposições temporárias, as primeiras com mais de 2.800 peças entre esculturas, artes gráficas e fotografias. Entre os destaques estão obras renascentistas, pinturas das escolas norte-europeias e tapeçarias flamengas do século XVI. Há também exibições de arquitetura contemporânea.

Fotos de Moda em Miami Beach

Graças a uma combinação de edifícios art déco, palmeiras, praias e clima quente, South Beach é um dos locais preferidos em todo o mundo para se fazer fotos de moda. Cerca de 1.500 modelos vivem na área, sem falar dos milhares de jovens esperançosos que vão para lá na alta temporada e ficam desfilando entre os bares e a praia.

A temporada vai de outubro a março, quando começa a fazer frio na Europa e no norte dos EUA e não é mais possível fotografar ao ar livre.

Caminhe por SoBe de manhã cedo para ver as equipes de diretores, fotógrafos, maquiadores, assistentes e, certamente, as belas modelos. A Ocean Drive é o local mais disputado para fotos, mas é possível encontrar esse pessoal trabalhando também nas ruas mais tranquilas.

Uma fotógrafa e sua equipe clicam uma modelo em Miami Beach

❿ Central Miami Beach

Mapa 2 F1. C (103), M (113), S (119), J (110), L (112), 120 Beach MAX, 150 Miami Beach Airport Flyer.

Miami Beach ao norte da 23rd Street é às vezes chamada de Central Miami Beach; são poucas as atrações entre os inúmeros prédios de apartamentos dos anos 1950 e 1960 que se erguem entre o oceano e a movimentada Collins Avenue. A calçada que começa na 23rd e vai até a 46th Street acompanha a praia estreita, frequentada principalmente por famílias. A principal atração da área é o **Fontainebleau Hotel**.

Concluído em 1954, o curvilíneo Fontainebleau é o máximo que o arquiteto Morris Lapidus (1902-2001) conseguiu se aproximar de um "castelo" francês moderno, encomendado pelo cliente. O antigo esplendor do hotel ainda impressiona, em especial a piscina com queda-d'água e o saguão com gravatas-borboletas nos azulejos, que é a assinatura de Lapidus. Na década de 1960, o hotel foi cenário de *Goldfinger*, mais um filme de James Bond.

Entre os hóspedes figuraram Frank Sinatra, Elvis Presley, Bob Hope, Sammy Davis Jr. e Lucille Ball. Hoje seu saguão continua sendo um excelente lugar para ver as celebridades em Central Miami Beach.

Em Bayside Marketplace *(p. 78)* você pode escolher um dos vários barcos de cruzeiro disponíveis. Esses passeios permitem que se tenha uma visão melhor das mansões milionárias de Biscayne Bay *(p. 19)*. Não existem, porém, water taxis em Miami ou em Miami Beach.

Vista da piscina do Fontainebleau Hotel, em Central Miami Beach

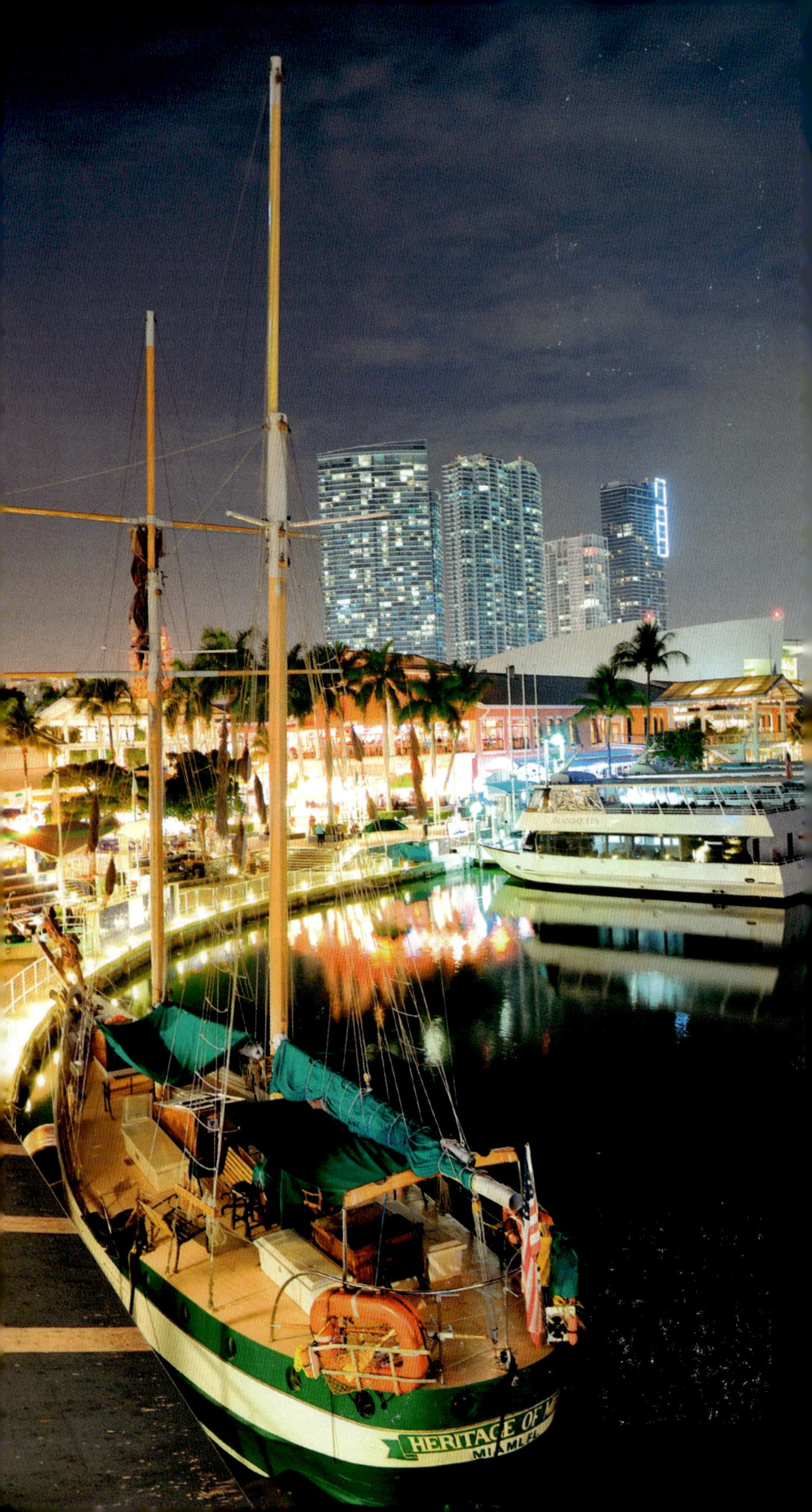
HERITAGE OF
MIAMI, FL

DOWNTOWN E LITTLE HAVANA

A expansão de Miami foi impulsionada com a chegada da Florida East Coast Railroad em 1896. Até então a cidade se concentrava em 2,5km² às margens do rio Miami, onde hoje está Downtown. Os ricos industriais do Norte fundaram bancos e instituições e ergueram residências de inverno ao longo da Brickell Avenue. Hoje, esse é o centro financeiro de Miami, que cresceu com a forte expansão do setor bancário na década de 1980. Os edifícios futuristas de Downtown, à noite envolvidos por luzes de néon, atestam sua condição de importante centro financeiro e comercial.

Terminada a Segunda Guerra Mundial, Miami era pouco mais que um lugar de veraneio. Foi principalmente a chegada dos exilados cubanos, a partir de 1959 *(p. 56)*, que ajudou a cidade a se tornar uma metrópole. A migração cubana deixou marcas nas ruas de Downtown e na outra margem do rio, em Little Havana. O idioma, o tipo físico, os nomes de lojas e a comida fazem desses bairros uma cidade mais latina com traços norte-americanos do que o contrário.

Downtown e Little Havana oferecem excelentes clima e atrações. Downtown tem o Miami-Dade Cultural Center – com um dos melhores museus históricos da Flórida –, o Perez Art Museum Miami, na Biscayne Bay, e o shopping center Bayside Marketplace, que é também ponto de partida para passeios de barco pela Biscayne Bay.

Principais Atrações

Museus e Galerias
❶ Miami-Dade Cultural Center
❸ Perez Art Museum Miami

Edifícios Históricos
❷ US Federal Courthouse

Arquitetura Moderna
❻ Brickell Avenue

Arredores
❼ Little Havana

Lojas e Restaurantes
❹ Bayside Marketplace

Passeios de Barco
❺ Port Miami Boat Trips

Veja Guia de Ruas, mapas 2 e 3

◀ O Bayside Marketplace, em Downtown, à noite

Legenda dos símbolos *na orelha da contracapa*

Rua a Rua: Downtown

A paisagem urbana de Downtown é fantástica. Melhor ainda a distância, especialmente à noite, embora de perto a arquitetura impressione. Os trilhos elevados do Metromover dão uma boa visão geral, mas é melhor caminhar pelas ruas para explorar o bonito interior de alguns prédios públicos de Downtown.

O bairro comercial que se esconde entre os arranha-céus é surpreendentemente pequeno, com suas joalherias e lojas de eletrônicos, tudo a preços reduzidos. O movimento nas ruas é intenso: os cafés oferecem café cubano e os ambulantes vendem laranjas descascadas, ao estilo caribenho. A Flagler Street é o melhor lugar para sentir o clima hispânico. Vibrante, abriga um crescente número de lojas, restaurantes e condomínios, mas fique atento a seus pertences.

O *skyline* de Downtown é um monumento à explosão do setor bancário nos anos 1980. A partir do MacArthur Causeway tem-se a melhor vista.

❶ US Federal Courthouse
Esse detalhe do mural interno da sala do tribunal representa a transformação de Miami de região desabitada em uma cidade moderna.

A Dade County Courthouse tem um mosaico no teto do saguão com essa versão anterior do timbre oficial da Flórida, completado com montanhas.

0 m — 150
0 jardas — 150

Legenda
— Percurso sugerido

❷ ★ Miami-Dade Cultural Center
Esse grande complexo, com pátio central e fontes em estilo mediterrâneo, abriga o único museu de Downtown.

Veja hotéis e restaurantes dessa região nas pp. 314-25 e 329-49

DOWNTOWN E LITTLE HAVANA | 77

A Gesu Church é a paróquia católica mais antiga de Miami, construída em 1922. Chamam a atenção os vitrais feitos em Munique, na Alemanha.

Localize-se
Guia de Ruas 4

O Alfred I. DuPont Building (1938) é a sede do Florida National Bank e conserva várias peças originais, como o bonito elevador com portas de bronze, decoradas com palmeiras e flamingos.

Para a Freedom Tower

Para Bayside Marketplace

O Ingraham Building (1927) mistura estilos neoclássico com *revival* renascentista. O saguão tem o teto decorado com folhas douradas e a insígnia do prédio em bronze e água-forte.

Southeast Financial Center

★ **Bank of America Tower**
Esse edifício imponente se destaca por estar sempre mudando a sua iluminação noturna. Construído em 1983, era conhecido como Centrust Tower, mas hoje leva o nome de seu principal dono.

O Metromover, inaugurado em 1986, é um bonde sem motorista que percorre um circuito de 7km ao redor de Downtowm *(p. 386)*. Gratuito, o passeio leva 10 minutos e dá uma visão geral da região, um tanto rápida, mas que vale a pena.

Downtown

Os imponentes prédios do início do século XX, espalhados entre outros modernos, evocam a prosperidade daquela época, quando os estilos *revival* mediterrâneo e neoclássico eram os preferidos. Um bom exemplo deste último é a Freedom Tower (1925) em Biscayne Boulevard, inspirada na Giralda de Sevilha. Antiga sede do extinto *Miami News*, o prédio teve sua função e seu nome modificados nos anos 1960, quando se tornou um centro de recepção dos cubanos refugiados do regime de Castro *(p. 56)*. Há poucos prédios art déco no centro, como o da Macy's (antigamente Burdines), em Flagler Street *(p. 98)*.

❶ Miami-Dade Cultural Center

101 West Flagler St. **Mapa** 4 E1. Metrorail (Government Center). 2, 3, 66, 77, todos os ônibus para o Government Center. **Tel** (305) 375-1492. 10h-17h seg-qua, sex, sáb, 12h-17h dom.
w historymiami.org

Criado em homenagem ao arquiteto Philip Johnson em 1982, o Miami-Dade Cultural Center é galeria de arte, museu e biblioteca.

O HistoryMiami dedica-se à Miami anterior a 1945. Há montagens informativas sobre a colonização espanhola e a cultura *seminole*, entre outros, mas são as fotos antigas que revelam o passado da cidade: das dificuldades enfrentadas pelos pioneiros à alegria que caracterizou os anos 1920.

❷ US Federal Courthouse

301 N Miami Ave. **Mapa** 4 E1. **Tel** (305) 523-5100. Wilkie D. Ferguson. Metrorail (Historic Overtown/Lyric Theatre). 6, todos para o centro. 8h-17h seg-sex. fer.

Nesse imponente edifício neoclássico, concluído em 1931, foram realizados vários julgamentos famosos, como o de José Padilla - que em 2007 foi considerado culpado por apoiar o terrorismo. Apesar do agradável pátio em estilo mediterrâneo, a maior atração (ao menos para os visitantes) é o painel intitulado *Leis para o progresso da Flórida (p. 76)*, no andar superior. É uma obra de Denman Fink, que tem um trabalho famoso em Coral Gables *(p. 86)*. O acesso do público ao tribunal é restrito, principalmente em julgamentos importantes.

❸ Pérez Art Museum Miami

1075 Biscayne Blvd. **Mapa** 4 F1. **Tel** (305) 375-3000. College/Bayside. 10h-17h ter-dom. Ação de Graças, 25 dez.
w pamm.org

Com obras de arte internacionais dos séculos XX e XXI, o Pérez Art Museum Miami (PAMM) foi inaugurado em dezembro de 2013, quando o Miami Art Museum alcançou o limite de espaço no Miami-Dade Cultural Center. Instalado em um edifício impressionante projetado pelos arquitetos suíços Herzog e de Meuron, diante da Biscayne Bay, o museu traz o nome de seu mecenas, o empreendedor imobiliário Jorge Pérez.

Na impressionante instalação permanente For Those in Peril on the Sea, de Hew Locke, diversas embarcações penduradas no teto representam a história de Miami como polo de inúmeras ondas de imigração.

❹ Bayside Marketplace

401 Biscayne Blvd. **Mapa** 4 F1. **Tel** (305) 577-3344. College/Bayside. 3, 11, C (103), S (119), 95, 93 Biscayne MAX, 120 Beach MAX. 10h-22h seg-qui, 10h-23h sex e sáb, 11h-21h dom. Ação de Graças, Natal.

Certamente o lugar mais procurado pelos turistas em Downtown (e o melhor para estacionar na região), Bayside Marketplace é um ótimo centro de lazer. O shopping fica em Miamarina, onde ficam atracados muitos barcos, alguns particulares, outros oferecendo passeios por Biscayne Bay.

Com muitos bares e restaurantes – entre eles o famoso Hard Rock Café, com a tradicional guitarra saindo pelo telhado –, Bayside tem boa comida e boas compras. A praça de alimentação no primeiro andar não faz *haute cuisine*, mas excelentes refeições rápidas. As bandas tocam na calçada à beira-mar.

O vizinho Bayfront Park chega a ser austero se comparado a Bayside. Tem no centro a Tocha da Amizade em homenagem ao presidente John F. Kennedy, rodeada por brasões dos países da América Central e do Sul; uma placa oferecida pela comunidade cubana agradece aos EUA por recebê-la.

Barcos ancorados em Miamarina, no Bayside Marketplace

Veja hotéis e restaurantes dessa região nas pp. 314-25 e 329-49

❺ Port Miami Boat Trips

Bayside Marketplace. **Mapa** 4 F1. Ⓜ College/Bayside. 🚌 3, 16, A (101), C (103), S (119), 11, 120 Beach MAX, 93 Biscayne MAX. **Island Queen Cruises:** (305) 379-5119. **Duck Tours:** (786) 673-2217. **Bayside Marketplace Tour Boats:** (305) 577-3344.

O porto de cruzeiros mais movimentado do mundo e um conjunto de ilhas particulares exclusivas formam Biscayne Bay entre Downtown e Miami Beach. Quem passa de carro pela MacArthur Causeway só tem um rápido vislumbre da área, mas os cruzeiros que saem de Bayside Marketplace oferecem vistas melhores e momentos mais agradáveis. Os passeios pelas Estates of the Rich and Famous (Propriedades dos Ricos e Famosos), oferecidos pela Island Queen Cruises e outras, são frequentes e duram uns 90 minutos.

O percurso passa pelo porto situado nas ilhas Dodge e Lummus. O porto rende mais de US$18 bilhões ao ano aos cofres públicos, conduzindo em média quatro milhões de passageiros. Os navios imensos parecem mais impressionantes quando estão ancorados ou se deslocando perto do porto (em geral nos fins de semana).

Perto da extremidade leste de MacArthur Causeway vê-se a esquadra de lanchas velozes da Guarda Costeira dos EUA. Na frente está a ilha Fisher, separada de South Beach por Government Cut, um profundo canal aberto em 1905. De praia frequentada pelos negros nos anos 1920, a ilha Fisher acabou se tornando um exclusivo reduto residencial, com casas caríssimas. Mais ao norte, os barcos contornam as ilhas artificiais de Star, Palm e Hibiscus, feitas na segunda década do século XX. Mansões de vários estilos se escondem sob a vegetação tropical, como as de Frank Sinatra e Al Capone. Hoje, outras celebridades como Julio Iglesias continuam morando no local.

Os barcos que saem do Bayside Marketplace também fazem cruzeiros noturnos, excursões de pesca em alto-mar e até passeios em navios de cruzeiro. Um dos melhores é oferecido pela Duck Tours que tem veículos anfíbios que saem várias vezes ao dia de South Beach e atravessam Biscayne Bay para ver de perto as mansões.

A bela fachada moderna do Pérez Art Museum Miami

Placa de barco de passeio em Port Miami

Uma das mansões vistas nos passeios de barco por Port Miami

❻ Brickell Avenue

Mapa 4 E2-E4. Ⓜ várias estações. 🚆 Metrorail (Brickell e Government Center). 🚌 6, 8, 48, B (102), 207, 208, 95, 500 Midnight Owl. 🛈 Greater Miami Beaches Convention and Visitors Bureau, 701 Brickell Ave, Suite 2700, (305) 539-3000. 🌐 miamiandbeaches.com

No começo do século XX, as mansões da Brickell Avenue lhe valeram o apelido de Millionaires' Row. Hoje, seu trecho norte é a versão arborizada de Miami da Wall Street de Nova York, com grandes edifícios envidraçados que refletem o céu. Ao sul da curva na Southwest 15th Road surgem os incríveis edifícios residenciais que ilustravam os créditos da série *Miami Vice*. Criados no início da década de 1980 pelo escritório iconoclasta de arquitetos pós-modernistas chamado Arquitectonica, os prédios e os condomínios impressionam.

O mais notável é o Atlantis (nº 2025), que tem no alto da fachada uma abertura com uma palmeira e uma Jacuzzi. O "bloco" extraído aparece como um cubo exatamente do mesmo tamanho nos andares inferiores. O Arquitectonica também desenhou o Palace, no nº 1541, e o Imperial, no nº 1627. Descrita como "arquitetura a 55 mph" (mais apreciada quando vista de um carro em velocidade), essas residências exclusivas e os arranha-céus de escritórios foram projetados para ser admirados de longe.

❼ Little Havana

Mapa 3 C2. 🚌 207 e 208 Little Havana Connections. **El Titan de Bronze Cigar Mfg.:** 1071 W. 8th St. **Tel** (305) 860-1412. ⏰ 9h-17h seg-sex, 8h-16h sáb. ⊙ dom e feriados.
El Aguila Vidente (A Águia Vidente): 1122 SW 8th St. **Mapa** 3 C2. **Tel** (305) 854-4086. ⏰ 10h30-17h30 seg-sáb. ⊙ dom, feriados.

Os cubanos estão por toda a Grande Miami, mas, como o nome sugere, se concentram nos 9km² que constituem Little Havana, desde que começaram a chegar de Cuba na década de 1960 *(p. 56)*. Outros grupos latinos também se instalaram na área.

Aproveita-se mais Little Havana andando pelas ruas, onde o dia a dia é vibrante. A salsa é ouvida em todas as lojas; as *bodegas* (cantinas) vendem pratos cubanos como *moros y cristianos* e os idosos bebericam nos bares um café cubano.

A principal rua de comércio e o centro de Little Havana é a Southwest 8th Street, a chamada **Calle Ocho**. Esse trecho agitado entre as avenidas 11th e 17th deve ser percorrido a pé, embora seja mais fácil explorar outros pontos de interesse de carro.

O espírito das fábricas de charuto de Havana é recriado na **El Titan de Bronze**, de gerência familiar, na Calle Ocho. Todos os charutos são feitos por mestres "nível 9".

Você pode ver os enroladores de charuto trabalhando. As folhas são cultivadas na Nicarágua, supostamente a partir de sementes de tabaco cubano, reconhecidas mundialmente como as melhores. Os fumantes, especialmente não cubanos, compram ali vários tipos de charutos em caixas *(p. 99)*.

Também na 8th Street podem ser encontradas várias *botánicas* e lojas dedicadas à prática da *santería*, religião afro-cubana. Entre as mercadorias à venda estão ervas, poções e imagens de santos em cerâmica.

Na Southwest 13th Avenue, ao sul da Calle Ocho, está o **Cuban Memorial Boulevard**, o coração nacionalista do bairro. A chama acesa do Memorial da Brigada 2506 lembra os cubanos mortos na baía dos Porcos em 1961. Todo ano no dia 17 de abril pessoas se reúnem no local para relembrar a tentativa desastrosa de derrubar o regime de Fidel Castro. Outros memoriais homenageiam heróis cubanos como Antonio Maceo e José Martí, que lutaram contra o colonialismo espanhol em Cuba no século XIX *(pp. 52-3)*. Também na Calle Ocho, entre as avenidas 12th e 17th, celebridades latinas mais recentes como Julio Iglesias são homenageadas na versão da Calçada da Fama de Hollywood de Little Havana.

Na esquina da 15th Avenue, os velhos cubanos jogam dominó no pequeno **Máximo Gómez Park**, também conhecido como Domino Park. Segundo uma lista de regras, o jogador pode ser expulso do parque se cuspir no chão, gritar ou disser palavrões.

Ao norte da Calle Ocho, na West Flagler Street com Southwest 17th Avenue, na **Plaza de la Cubanidad** existe um mapa de Cuba esculpido em bronze. As poéticas palavras de José Martí ali inscritas podem ser traduzidas como "as palmeiras são namoradas que esperam". Atrás, bandeiras e faixas identificam a sede do Alpha 66, um grupo anticastrista radical de Miami, cujos seguidores praticavam exercícios militares nos Everglades.

Bem mais a oeste, no nº 3260 da Calle Ocho, está o **Woodlawn Cemetery**. Você pode perguntar pela localização do túmulo do soldado desconhecido em luta pela liberdade, na quadra 31, com as bandeiras cubana e dos EUA hasteadas. E também visitar o túmulo de Gerardo Machado, o ditador cubano na década de 1930.

Termine o seu passeio por Little Havana fazendo um lanche ou saboreando uma refeição completa no restaurante **Versailles** *(p. 331)*. Esse é um ponto de referência cultural e culinário da comunidade cubana de Miami, que desde 1971 tem servido tanto aos nostálgicos exilados quanto aos turistas.

Garçonete do Versailles

A chama eterna em homenagem à invasão da baía dos Porcos

Cubanos jogam dominó no Máximo Gómez Park

Veja hotéis e restaurantes dessa região nas pp. 314-25 e 329-49

A Comunidade Cubana de Miami

A comunidade cubana de Miami demonstra uma união incomum, seja pela paixão por sua terra natal, seja pelo ódio a Fidel Castro e seu regime ditatorial. Os exilados, como se autodenominam, vêm de todas as faixas sociais. Os primeiros imigrantes eram em sua maioria profissionais bem-sucedidos (e de direita), que hoje estão no comando de algumas das maiores empresas de Miami e moram nos subúrbios elegantes e caros da cidade. Os chamados *marielitos*, que chegaram em 1980 *(p. 56)*, pertenciam principalmente à classe trabalhadora, como muitos outros que ainda continuam chegando. A segunda geração de cubanos, como a da popstar Gloria Estefan, já tem carreiras bem-sucedidas. Hoje esses profissionais são chamados de *yucas (young, up-and-coming cuban-americans)*. A presença cubana em Miami está em toda parte, da comida à língua falada nas ruas, seja em Little Havana ou em Coral Gables.

Imagens da Velha Cuba
Os murais, como esse do balneário cubano de Varadero, simbolizam a saudade e o amor pela terra natal que todas as gerações de cubanos sentem. Eles esperam um dia poder voltar à ilha.

Atos Políticos
Os cubanos de Miami acompanham tudo o que acontece em seu país. É comum saírem às ruas empunhando bandeiras para protestar contra o regime de Fidel ou a política dos EUA para Cuba.

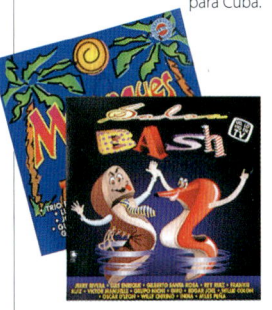

Discos de salsa gravados pelos cubanos em Miami

Cultura Cubana em Miami
Os cubanos trouxeram para Miami a música, a religião e seu modo próprio de viver. Declaram-se católicos, mas muitos são adeptos da santería, uma fusão incomum de crenças católicas e cultos animistas introduzidos pelos escravos africanos em Cuba no período colonial.

Um balcão de café no estilo cubano, onde os fregueses comem, tomam café e conversam

Loja de artigos religiosos, ou *botánica*, vende objetos da *santería* em Little Havana

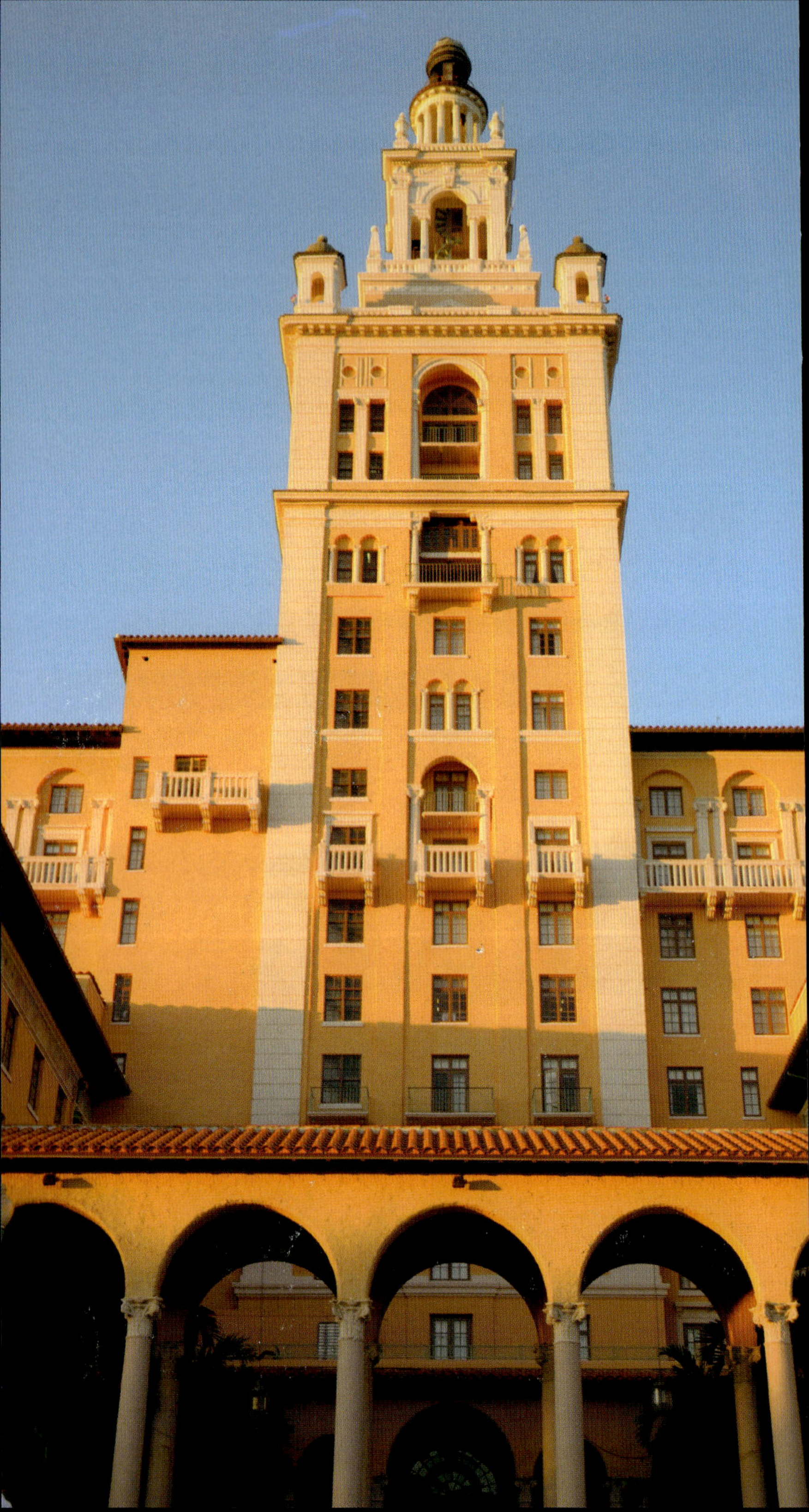

CORAL GABLES E COCONUT GROVE

Coral Gables, uma das regiões mais ricas do país, não é só uma cidade dentro da Grande Miami, mas se comporta como tal. Chamada de Cidade Beleza, suas casas elegantes ficam em largas avenidas sombreadas por grandes árvores. De costas para os canais, muitas delas possuem lanchas. A regulamentação garante que as novas construções sigam o vocabulário criado por George Merrick, que planejou Coral Gables na década de 1920 *(p. 86)*. Além de explorar o legado de Merrick, você pode visitar algumas das lojas mais elegantes de Miami.

Coconut Grove é uma comunidade mais antiga. O local só tinha piratas *(p. 307)* até meados de 1800, quando Ralph Monroe *(p. 88)* convenceu alguns amigos a abrir um hotel, onde trabalhavam os nativos das Bahamas e era frequentado por intelectuais amigos de Monroe. Desde então, a região é marcada pela mistura, com casas finas perto da chamada Black Coconut Grove. Restaurantes e lojas com preços razoáveis lotam à noite, fazendo de Coconut Grove o bairro mais animado de Miami depois de South Beach.

Principais Atrações

Museus e Galerias
- ❻ Lowe Art Museum
- ⓫ Miami Museum of Science and Planetarium

Ruas e Arredores
- ❶ Miracle Mile
- ❼ Coconut Grove Village

Edifícios Históricos
- ❷ Coral Gables City Hall
- ❸ Coral Gables Merrick House

- ❹ Venetian Pool
- ❺ Biltmore Hotel
- ❽ Barnacle
- ⓬ *Vizcaya Museum and Gardens pp. 86-7*

Igrejas
- ❿ Ermita de la Caridad

Marinas
- ❾ Dinner Key

Veja também o mapa das pp. 84-5

◀ O histórico Biltmore Hotel, em Coral Gables

Legenda dos símbolos *na orelha da contracapa*

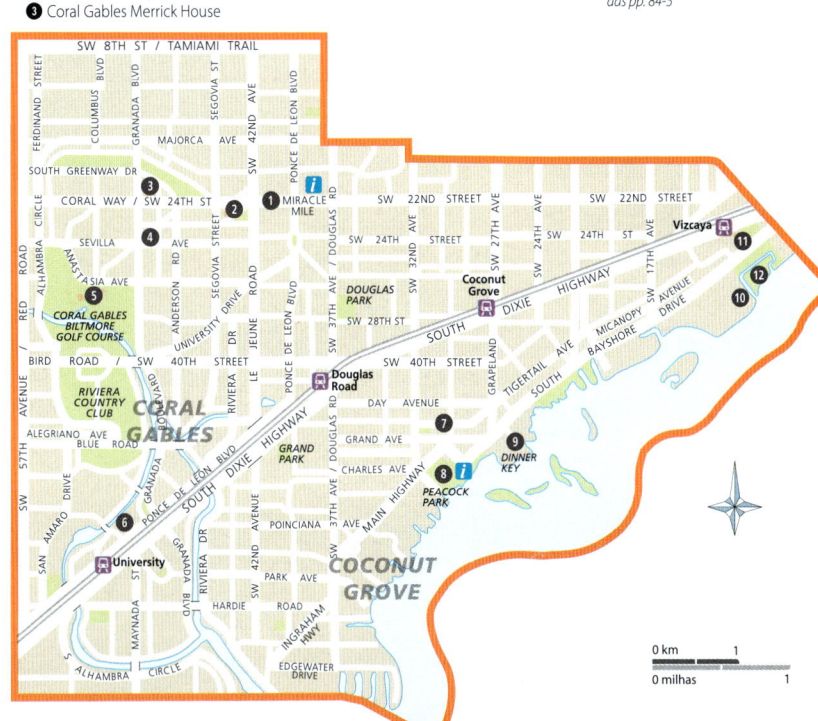

Passeio por Coral Gables

Esse passeio de carro percorre as arborizadas alamedas de Coral Gables, que interligam os marcos da cidade planejada por George Merrick nos anos 1920 *(pp. 86-7)*. Além dos famosos edifícios públicos, como o Biltmore Hotel, o trajeto inclui dois dos quatro portais originais e seis *villages* ao estilo Disney criadas por Merrick.

Dá para visitar todas as atrações em um único dia. Embora planejada, Coral Gables é uma cidade confusa e você pode se perder. As placas de rua, com nomes de lugares da Espanha que Merrick teria tirado do dicionário, são difíceis de identificar, gravadas em pedras brancas sobre a grama.

③ **Alhambra Water Tower**
Construída em 1925, é um trabalho de Denman Fink *(p. 86)*.

⑥ **A Venetian Pool** é uma bonita piscina pública em meio a edifícios em estilo veneziano.

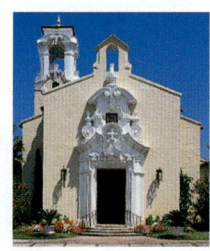

⑦ **Coral Gables Congregational Church**
A primeira igreja de Coral Gables foi construída em estilo barroco espanhol e tem torre e portal elaborados.

⑩ **O Lowe Art Museum** tem uma excelente coleção que inclui arte europeia e indígena norte-americana.

⑧ **Biltmore Hotel**
Um dos mais belos hotéis do país, o Biltmore foi todo restaurado e recuperou o esplendor dos anos 1920.

⑪ **French City Village**
Essa é uma das sete *villages* construídas para quebrar o estilo mediterrâneo predominante na cidade.

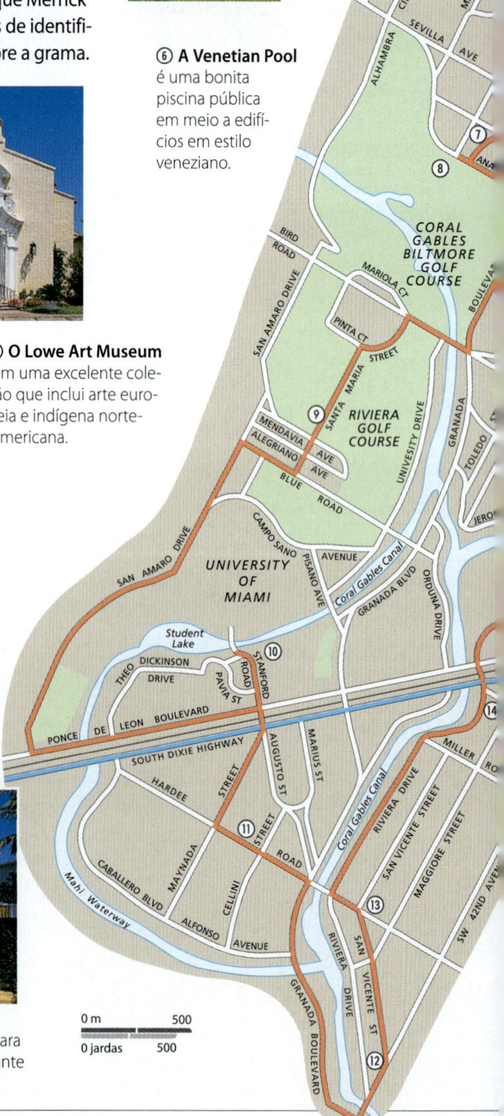

Veja hotéis e restaurantes dessa região nas pp. 314-25 e 329-49

CORAL GABLES E COCONUT GROVE | 85

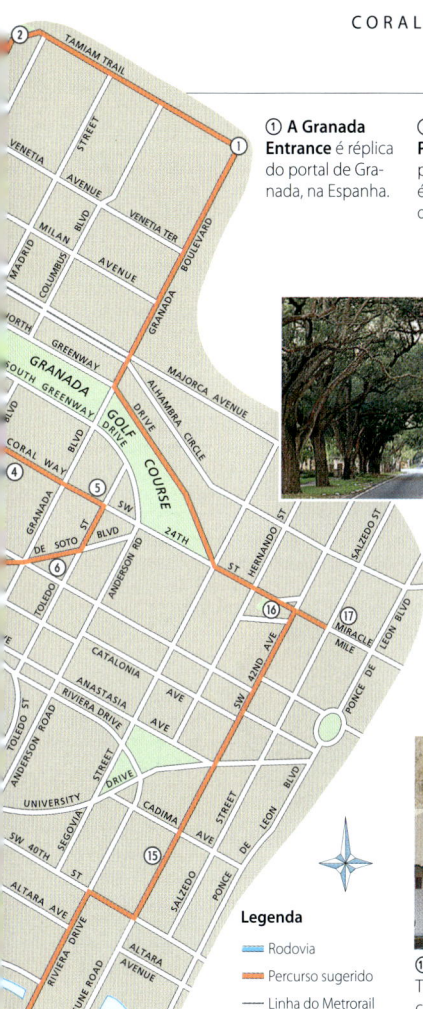

① **A Granada Entrance** é réplica do portal de Granada, na Espanha.

② **A Country Club Prado Entrance**, com pilares ornamentais, é o mais imponente dos portais da cidade.

Localize-se
Veja Guia de Ruas, mapa 5

④ **Coral Way**
Grandes carvalhos e casas em estilo espanhol em uma das ruas mais charmosas de Coral Gables.

⑤ **A Coral Gables Merrick House**, uma das casas em que morou George Merrick, é hoje um museu.

⑯ **O Coral Gables City Hall** tem interior decorado com murais pintados nas décadas de 1920 e 1950.

⑰ **Miracle Mile**
Tradicionais lojas de noivas, de moda e joalherias caracterizam a rua de compras mais importante do bairro.

Legenda
- Rodovia
- Percurso sugerido
- Linha do Metrorail
- Outra estrada

Dicas para o Passeio

Extensão: 23km (14 milhas).
Partida: Qualquer lugar, mas é melhor fazer o percurso no sentido anti-horário.
Paradas: Há bons restaurantes fora de Miracle Mile, e você pode tomar um chá estilo inglês em Biltmore se reservar com 24 horas de antecedência. Outra opção é lanchar na Venetian Pool.
Quando ir: Quarta-feira e domingo são os melhores dias por causa dos horários da Coral Gables Merrick House, do Lowe Art Museum e dos passeios pelo Biltmore (pp. 86-7). Evite horários de pico (7h-9h30, 16h30-19h30).

Barco particular ancorado em um canal de Coral Gables

Destaques

① Granada Entrance
② Country Club Prado Entrance
③ Alhambra Water Tower
④ Coral Way
⑤ Coral Gables Merrick House
⑥ Venetian Pool
⑦ Coral Gables Congregational Church
⑧ Biltmore Hotel
⑨ Colonial Village
⑩ Lowe Art Museum
⑪ French City Village
⑫ Dutch South African Village
⑬ French Country Village
⑭ Chinese Village
⑮ French Normandy Village
⑯ Coral Gables City Hall
⑰ Miracle Mile

Rotunda com galeria no interior do Colonnade Building, na Miracle Mile

❶ Miracle Mile

Coral Way entre as ruas Douglas e Le Jeune. **Mapa** 5 C1. Metrorail (Douglas Rd, Vizcaya). 37, 42 (ambos de Douglas Rd), 24 (de Vizcaya).

Em 1940, um incorporador tentou valorizar a principal rua de compras de Coral Gables chamando-a de Miracle Mile (a "milha" seria a soma dos dois lados da rua). Toldos coloridos enfeitam as lojas formais como a sua clientela (*p. 98*). Os preços altos e a concorrência dos shoppings situados fora da cidade explicam o pouco movimento.

O Colonnade Building, no nº 169, foi erguido em 1926 por George Merrick como central de vendas de seus negócios imobiliários. A rotunda é hoje saguão do Colonnade Hotel. O Caffe Abbracci (*p. 331*) oferece comida Italiana e a oportunidade de encontrar alguma celebridade. Perto, na Salzedo Street com a Aragon Avenue, o Old Police and Fire Station Building, de 1939, exibe um par de esculturas de bombeiros.

❷ Coral Gables City Hall

405 Biltmore Way. **Mapa** 5 C1 **Tel** (305) 446-6800. Metrorail (Douglas Rd). 24, 42, 56. 8h-17h seg-sex. feriados. **coralgables.com**

Construído em 1928, o Coral Gables City Hall é um exemplo perfeito do estilo renascentista espanhol, o preferido de Merrick e seus colegas. A fachada circular tem um brasão em estilo espanhol, que foi desenhado para a nova cidade de Coral Gables por Denman Fink, tio de George Merrick. Fink também foi responsável pelo mural das quatro estações que decora o domo do campanário: o inverno é representado por um velho, as demais estações por mulheres jovens. Sobre as escadas, o painel que ilustra o início de Coral Gables, *Marcos dos anos 1920*, é um trabalho de John St. John feito nos anos 1950. O artista envelheceu o painel fumando e soltando fumaça sobre a tinta fresca.

Brasão do Coral Gables City Hall

❸ Coral Gables Merrick House

907 Coral Way. **Mapa** 5 B1. **Tel** (305) 460-5361. 24, 42. 13h-16h qua e dom.

Não deixe de visitar a casa da família Merrick para conhecer as origens comparativamente modestas do criador de Coral Gables. Os horários de funcionamento são limitados.

Quando o reverendo Solomon Merrick trouxe a família da Nova Inglaterra para a Flórida, em 1899, acomodou-se em uma cabana de madeira ao sul de Miami, na época em plena expansão. Depois a família ampliou a casa e chamou-a de Coral Gables, pensando que o calcário local, usado na construção, fosse coral, pois continha vestígios marinhos fossilizados.

Hoje é um museu, cuja ênfase é na família Merrick, particularmente em George, o famoso filho de Solomon. Alguns móveis pertenceram aos Merricks, e há retratos de família e quadros pintados pela mãe e pelo tio de George. O terreno perdeu área, mas o pequeno jardim tem muitas plantas e árvores tropicais.

A Cidade dos Sonhos de George Merrick

O sonho de George Merrick era construir uma cidade. Com a ajuda de Denman Fink como conselheiro artístico, Frank Button como paisagista e Phineas Paist como diretor de arquitetura, ele planejou a sua ilha da fantasia. A arquitetura teria características hispânicas e italianas, ou, segundo Merrick, seria "uma combinação do melhor de cada estilo, com um toque de leveza para combinar com o clima da Flórida". O sonho gerou a maior aventura imobiliária dos anos 1920 e custou US$100 milhões. Cerca de US$3 milhões eram gastos por ano em publicidade, com cartazes mostrando imagens idílicas do lugar enquanto o projeto ainda estava na prancheta. O furacão de 1926 (*p. 54*) e a crise de Wall Street deixaram a cidade incompleta. O que restou dela, somado às imitações posteriores, comprovam a imaginação de Merrick.

Retrato de George Merrick exposto em sua casa

Venetian Pool, engenhosa criação dos anos 1920 a partir de uma pedreira de rochas de coral

❹ Venetian Pool

2701 De Soto Blvd. **Mapa** 5 B2.
Tel (305) 460-5356. Metrorail (Douglas Rd, Vizcaya). 42 (de Douglas Rd), 24 (de Vizcaya). meados jun-meados ago: 11h-19h30 seg-sex; abr-mai e set-out: 11h-17h30; nov-mar: 10h-16h30; ano todo: 10h-16h30 sáb e dom. seg set-mai, Ação de Graças, 24-25 dez, 1º jan.
w venetianpool.com

Talvez essa seja mesmo a mais bela piscina do mundo. Foi cavada em uma pedreira de rochas de coral em 1923, por Denman Fink e Phineas Paist. Torres e galerias de estuque rosa, mastros venezianos, uma ponte de pedras, grutas e quedas-d'água cercam as águas límpidas alimentadas por fontes naturais. A piscina foi um dos pontos sociais mais em moda em Coral Gables: veja na recepção as fotos dos eventos realizados no local na década de 1920.

❺ Biltmore Hotel

1200 Anastasia Ave. **Mapa** 5 A2.
Tel (305) 445-1926. Metrorail (Douglas Rd). 40 (de Douglas Rd), 24, 57. só dom.
w biltmorehotel.com

O edifício de maior destaque em Coral Gables foi concluído em 1926. Em sua fase áurea, recebia celebridades como Al Capone (que possuía ali um bar clandestino, ou *speakeasy*), Judy Garland e os duques de Windsor. Os hóspedes caçavam raposa na vasta propriedade (hoje um capo de golfe) e passeavam de gôndola pelos canais. O Biltmore foi hospital militar na Segunda Guerra Mundial, quando seus pisos de mármore foram cobertos com linóleo, e depois hospital dos veteranos até 1968. Após uma restauração de US$55 milhões em 1986, o hotel decretou falência em 1990, mas reabriu as portas dois anos depois.

Uma réplica com 96m de altura da torre Giralda da Catedral de Sevilha, que também serviu de modelo para a Freedom Tower em Miami (p. 78), ergue-se na imponente fachada do hotel. Interiormente, grossos pilares alinham-se no luxuoso saguão, e do terraço logo atrás vê-se a maior piscina de hotel dos EUA, onde o famoso instrutor de natação, Johnny Weismuller, que fez Tarzan no cinema, estabeleceu um recorde mundial na década de 1930.

Peça do Lowe Art Museum

❻ Lowe Art Museum

1301 Stanford Drive.
Mapa 5 A5. **Tel** (305) 284-3535. Metrorail (University). 48, 56. 10h-16h ter-sáb, 12h-16h dom. seg, feriados.
w lowemuseum.org

Esse museu que se situa bem no meio do campus da University of Miami foi fundado em 1925 graças a uma doação de US$5 milhões feita por George Merrick. Entre as 8 mil peças em exibição permanente no Lowe, há bons trabalhos renascentistas e barrocos, e uma das melhores coleções de arte indígena norte-americana. Tem ainda peças egípcias, trabalhos europeus do século XVII e contemporâneos, coleções americanas, artefatos afro-cubanos e *memorabilia* histórica. Também estão bem representadas a arte antiga da América Latina e da Ásia e fotografias do século XX.

A fachada sul do Biltmore Hotel, o marco mais famoso de Coral Gables

❼ Coconut Grove Village

Mapa 6 E4, F4. 🚇 Metrorail (Coconut Grove, Douglas Rd). 🚌 48, 249 Coconut Grove Circulator.

Famoso reduto hippie dos anos 1960, o centro de Coconut Grove apresente, hoje, um clima bem diferente. Jovens casais bem vestidos bebendo vinho ou comendo sob luminárias antigas são um retrato desse lugar, que também é conhecido como *"the village"*. Apenas um curioso encantador de serpentes e algumas lojas New Age fazem lembrar aquele estilo de vida alternativo do passado. Visite Grove à noite ou nos fins de semana, quando está em seus melhores momentos.

O centro nervoso do *village* é a confluência da Grand Avenue com McFarlane Avenue e Main Highway, onde se encontra o Johnny Rockets, uma ótima lanchonete estilo anos 1950, e o **CocoWalk**. Esse shopping ao ar livre *(p. 98)* concentra todo o movimento de Coconut Grove. Seu pátio é cheio de cafés e bancas de suvenires, e sempre há uma banda tocando nos andares superiores. Tem também restaurantes *(p. 329-41)*, cinema e casa noturna.

Perto, a leste da Grand Avenue, um shopping elegante chamado **Streets of Mayfair**

O shopping a céu aberto CocoWalk, no Coconut Grove Village

(p. 98) merece ser visitado, seja pelo conjunto de azulejos espanhóis, cascatas e plantas, seja pelas lojas. Mas o clima mais descontraído de Coconut Grove esconde-se nas ruas próximas da Commodore Plaza e da Fuller Street.

Para fazer um passeio diferente, percorra as barracas de comida do **Farmers' Market**, aos sábados, na McDonald Street e Grand Avenue. Mais à frente estão as casas simples da comunidade bahamense local. Nessa área acontece o animado Goombay Festival de Coconut Grove, no primeiro fim de semana de junho *(p. 39)*.

Mais cinco minutos a pé ao sul da Main Highway o levarão a uma área mais rica de mansões ocultadas por primaveras, palmeiras e hibiscos. No nº 3.400 da Devon Road está a **Plymouth Congregational Church**, que deve ter sido construída não muito antes de 1916. Costuma ficar fechada, mas a fachada de heras e o pôr do sol são as principais atrações.

Monroe, criador do Barnacle, retratado por Lewis Benton em 1931

❽ Barnacle

3485 Main Highway, Coconut Grove. **Mapa** 6 E4. **Tel** (305) 442-6866. 🚌 37 (com uma caminhada curta), 48, 249 Coconut Grove Circulator. 🕘 9h-17h sex-seg. ⓧ ter, 1º jan, Ação de Graças, 25 dez. 🌐 **floridastateparks.org/thebarnacle**

Escondida da Main Highway sob as árvores tropicais, a Barnacle é a residência mais antiga de Dade County. Pertenceu a Ralph Monroe, que ganhava a vida construindo e resgatando embarcações naufragadas *(p. 307)*. Botânico e fotógrafo, ele era também um ambientalista convicto que acreditava na importância da autossuficiência.

Miami: Ficção e Realidade

Nos anos 1980, a imagem que as pessoas tinham de Miami era a de capital dos crimes e das drogas. A popular série de TV *Miami Vice* *(p. 57)* contribuiu muito para essa reputação, glamourizando tanto a cidade quanto a violência. Os melhores livros publicados sobre Miami nos anos 1990 também exaltavam esse lado mais marginal. Seus autores policiais mais famosos eram Edna Buchanan, que ganhou o prêmio Pulitzer por suas matérias no *Miami Herald*, e Carl Hiaasen, colunista do mesmo jornal. Por mais mirabolantes que sejam suas tramas (fiscais de obras praticando vudu e apresentadores de TV submetendo-se a cirurgias plásticas no ar), Hiaasen diz que tira suas ideias das páginas do *Herald's*. *Striptease* foi o seu primeiro romance transformado em filme.

Best-sellers de Hiaasen

Veja hotéis e restaurantes dessa região nas pp. 314-25 e 329-49

CORAL GABLES E COCONUT GROVE | **89**

Quando a casa foi construída, em 1891, era apenas um bangalô feito com madeiras recuperadas de naufrágios, dispostas de forma a permitir a circulação do ar (algo essencial antes dos aparelhos de ar-condicionado). Em 1908, Monroe ampliou a casa e acrescentou mais um andar para acomodar a família.

Nos dois andares da casa os visitantes podem percorrer os ambientes com objetos da família e aparelhos domésticos, como uma antiga geladeira. A visita de uma hora também inclui a casa de barcos de Monroe, com todas as ferramentas e bancadas. Ao lado, vê-se o trilho que Monroe usava para tirar os barcos da água.

O Planetarium exibe estrelas e espetáculos de laser

atualmente casas de barcos. Passeie por entre os iates ancorados na marina mais famosa de Miami e veja como algumas pessoas passam seu tempo livre.

❾ Dinner Key

S Bayshore Drive. **Mapa** 6 F4. Metrorail (Coconut Grove). 22, 249 Coconut Grove Circulator (ambos de Coconut Grove), 48.

Nos anos 1930, a Pan American Airways transformou Dinner Key na principal base de hidroaviões dos EUA. Dali partiu o voo de volta ao mundo de Amelia Earhart em 1937. No local ainda está o terminal de aviões em estilo *streamline moderne* (p. 65), que hoje abriga a Miami City Hall; os hangares onde os hidroaviões ficavam ancorados são

Detalhe art déco na fachada de Miami City Hall

❿ Ermita de la Caridad

3609 S Miami Ave. **Mapa** 3 C5. **Tel** (305) 854-2404. Metrorail (Vizcaya). 12, 48. 12h-20h (missas em espanhol: 15h diariam; vigília: 15h dom).

Essa pitoresca igreja em forma de cone, construída em 1966, é um lugar especial para os exilados cubanos de Miami, por ser dedicada à sua padroeira, a Virgem da Caridade. Um mural sobre o altar (voltado para Cuba) ilustra a história da Igreja Católica em Cuba, mostrando a Virgem e seu santuário na ilha. (A igreja é difícil de ser encontrada: depois do Mercy Hospital, siga para o norte.)

⓫ Miami Museum of Science and Planetarium

3280 S Miami Ave. **Mapa** 3 C5. **Tel** (305) 646-4200. 12, 17, 24 (todos de Vizcaya), 48, 500 Midnight Owl. 12. 10h-18h diariam. Ação de Graças, 25 dez. **miamisci.org**

O complexo tem exposições interativas permanentes e itinerantes, para todas as idades, sobre temas que vão da astronomia à zoologia.

O Wildlife Center do museu tem mamíferos e répteis, e também abriga o Falcon Batchelor Bird of Prey Center, que se dedica ao resgate, à reabilitação e à soltura de aves de rapina feridas.

O Planetarium tem shows de laser em toda primeira sexta-feira do mês e uma programação informativa multimídia sobre os corpos celestes. Outro complexo está em construção no Museum Park, em Downtown; deve ser inaugurado em 2015.

A Ermita de la Caridad, em Biscayne Bay, atrai muitos fiéis cubanos

⑫ Vizcaya Museum and Gardens

A maior mansão da Flórida foi concluída em 1916 como retiro de inverno do industrial James Deering. A ideia inicial era reproduzir uma propriedade italiana do século XVI, mas que tivesse sido alterada pelas gerações seguintes. O resultado é Vizcaya, cujos ambientes misturam vários estilos, do renascentista ao neoclássico, mobiliados com peças trazidas por Deering da Europa. Os jardins clássicos combinam paisagismo italiano e francês com plantas tropicais da Flórida.

Deering perguntava a seu ambicioso arquiteto se seria mesmo necessário "ser tão grandiosa", temendo que a manutenção de Vizcaya lhe saísse muito cara. Após sua morte, em 1925, a suspeita se confirmou; em 1952 a casa foi comprada pelo condado de Miami-Dade e aberta ao público.

★ **O Banheiro de Deering**
Essa elaborada sala de banho tem paredes de mármore, placas de prata e um forro em dossel que lembra uma tenda do exército de Napoleão.

Polichinelo
A estátua inglesa do século XVIII que está no íntimo Theater Garden é uma das esculturas europeias que existem na mansão.

LEGENDA

① **A East Loggia**, para recepções informais, tem a réplica de uma caravela, o tema favorito de Deering.

② **A sala de jantar** lembra um salão de banquete renascentista, com tapeçarias e mesa de refeições do século XVI.

③ **Cata-vento**

④ **O pátio**, hoje protegido com vidro, era totalmente descoberto.

⑤ **O telhado** é revestido com telhas cilíndricas trazidas de Cuba.

⑥ **A sala de estar** é um espaço renascentista com uma atração curiosa: um órgão feito especialmente para Vizcaya.

⑦ **A piscina** avança sob a casa, e o acesso era feito por uma escada interna.

★ **Sala de Música**
Essa sala em estilo rococó é a mais bonita da casa. A iluminação vem de um lustre de flores de vidro colorido.

Veja hotéis e restaurantes dessa região nas pp. 314-25 e 329-49

CORAL GABLES E COCONUT GROVE | **91**

★ Jardins
Jardins formais como esses de Vizcaya são raros na Flórida. Em The Mount tem-se uma linda vista, da simétrica Center Island até o terraço sul da mansão.

PREPARE-SE

Informações Práticas
3251 S Miami Ave. **Mapa** 3 C5.
Tel (305) 250-9133. 9h30-16h30 seg, qua-dom. ter, Ação de Graças, 25 dez. limitado.
w vizcayamuseum.org

Transporte
Metrorail (Vizcaya) 12, 17, 18, 24 (todos de Vizcaya), 48 (de Coconut Grove).

Entrada

Cathay Bedroom
Com destaque para a luxuosa cama de dossel, o Cathay Bedroom é decorado com *chinoiserie,* muito usada na Europa do século XVIII.

Sala de Deering
A decoração do teto dessa sala neoclássica exibe um cavalo-marinho, outro tema recorrente em Vizcaya.

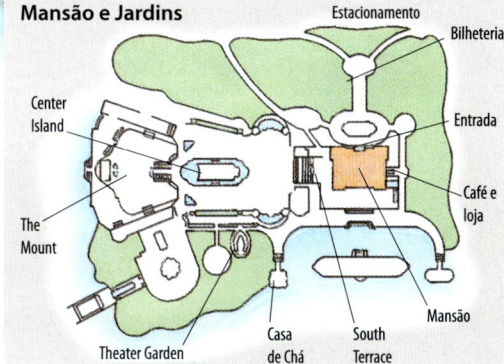

Mansão e Jardins

Estacionamento
Bilheteria
Center Island
Entrada
Café e loja
The Mount
Mansão
Theater Garden
Casa de Chá
South Terrace

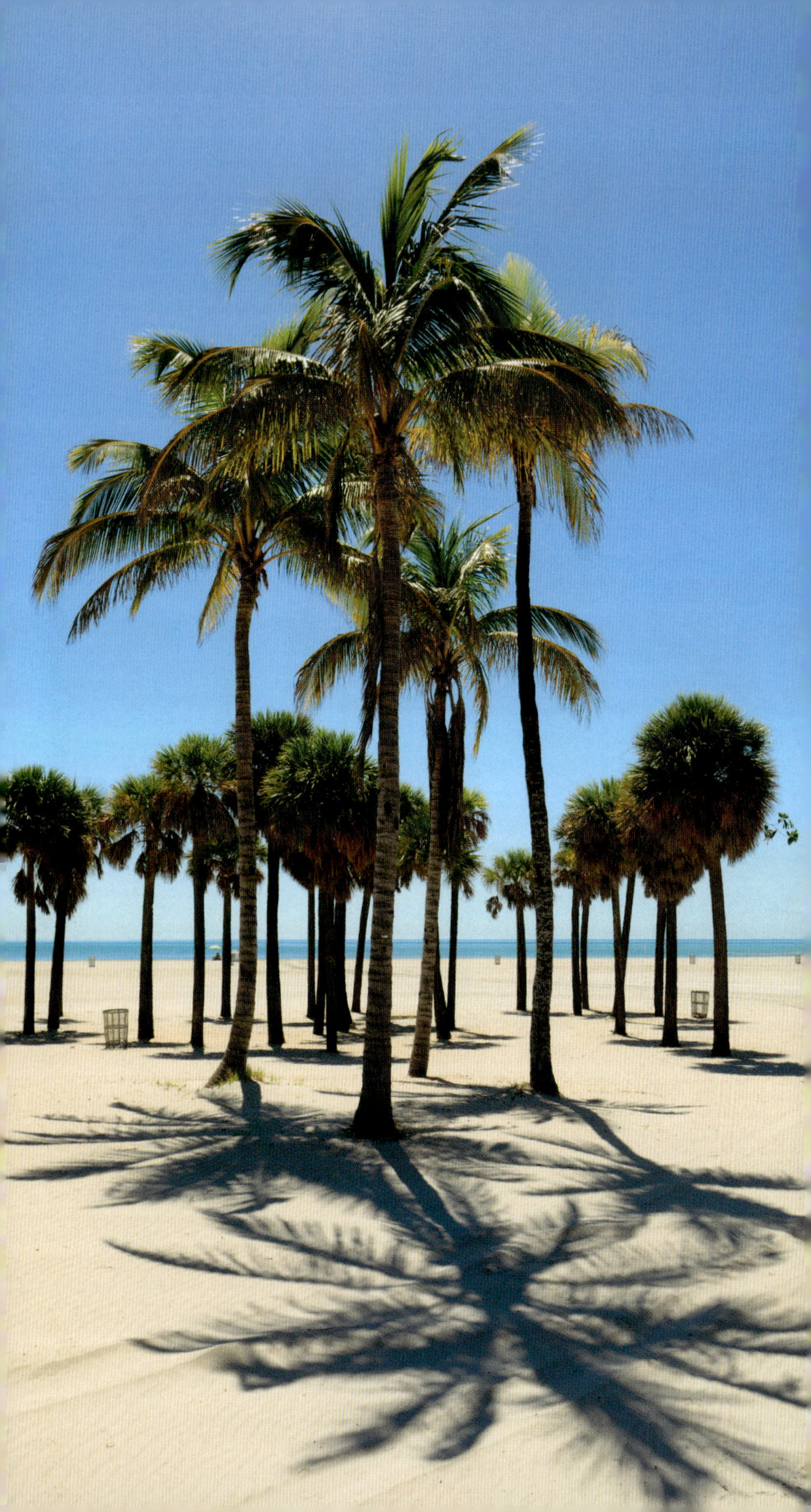

FORA DO CENTRO

As áreas ao norte de Miami Beach e Downtown e ao sul de Coral Gables têm menos atrações, mas merecem ser exploradas pelas belas praias e atrações para toda a família, além de alguns pontos curiosos.

Parte do norte de Miami é muito pobre e considerada perigosa, particularmente Liberty City e Overtown. Evite essas regiões e siga as dicas de segurança da p. 372. Tenha cuidado, também, quando dirigir em Hialeah ou visitar Opa-Locka ou Little Haiti – são bairros simpáticos, mas que só interessam aos mais aventureiros.

Nos subúrbios monótonos ao sul de Miami, não descritos aqui, veem-se extensas plantações de frutas cítricas e viveiros. Essas planícies foram atingidas pelo furacão Andrew em 1992 (p. 30) e exibem marcas da devastação. As atrações dessa área, principalmente zoológicos, parques e jardins, dão um panorama de flora e fauna tropicais, bem como a possibilidade de conhecer abundante vida marinha.

Principais Atrações

Edifícios Históricos
❷ Ancient Spanish Monastery
⓮ Coral Castle

Museus e Galerias
❿ Wings Over Miami
⓫ Gold Coast Railroad Museum

Parques, Jardins e Zoológicos
❺ Miami Seaquarium
❼ Fairchild Tropical Botanic Garden
❽ Charles Deering Estate
❾ Jungle Island
⓬ Zoo Miami
⓭ Monkey Jungle

Praias
❶ North Beaches
❻ Key Biscayne

Arredores
❸ Opa-Locka
❹ Little Haiti

Legenda
Principais áreas de interesse
Área urbana
Autoestrada
Rodovia
Estrada secundária
Ferrovia

◀ Palmeiras e céu azul em Crandon Park Beach, Key Biscayne

Legenda dos símbolos *na orelha da contracapa*

❶ North Beaches

Collins Avenue. G (107), H (108), E (105), S (119), 120 Beach MAX.

As ilhas de barreira ao norte de Miami Beach são ocupadas, principalmente, por áreas residenciais exclusivas e luxuosas e balneários sem nenhum atrativo, situados ao longo da Collins Avenue. Turistas menos avisados muitas vezes acabam indo para lá quando preferiam estar em South Beach. Mas as acomodações são baratas, e as praias são bonitas.

Uma praia mais tranquila entre as ruas 79th e 87th separa Miami Beach de **Surfside**, uma comunidade despretensiosa de turistas franco-canadenses. Na 96th Street, Surfside funde-se com **Bal Harbour**, um reduto elegante com alguns hotéis vistosos e o shopping center mais caro da região (p. 98). Ao norte encontra-se o agradável **Haulover Park**, com uma marina na enseada e dunas de areia na frente do mar.

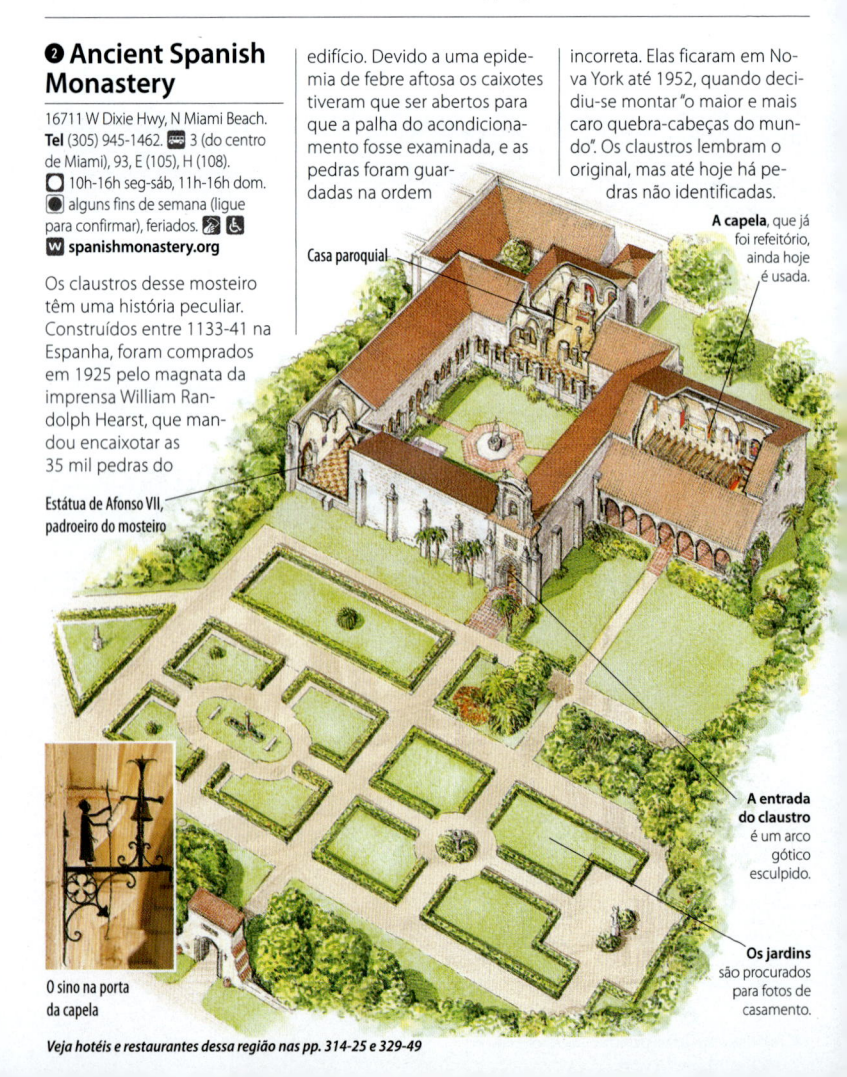

Praia do Haulover Park, protegida pelo olhar atento do salva-vidas

❷ Ancient Spanish Monastery

16711 W Dixie Hwy, N Miami Beach. **Tel** (305) 945-1462. 3 (do centro de Miami), 93, E (105), H (108). 10h-16h seg-sáb, 11h-16h dom. alguns fins de semana (ligue para confirmar), feriados.
w spanishmonastery.org

Os claustros desse mosteiro têm uma história peculiar. Construídos entre 1133-41 na Espanha, foram comprados em 1925 pelo magnata da imprensa William Randolph Hearst, que mandou encaixotar as 35 mil pedras do edifício. Devido a uma epidemia de febre aftosa os caixotes tiveram que ser abertos para que a palha do acondicionamento fosse examinada, e as pedras foram guardadas na ordem incorreta. Elas ficaram em Nova York até 1952, quando decidiu-se montar "o maior e mais caro quebra-cabeças do mundo". Os claustros lembram o original, mas até hoje há pedras não identificadas.

Estátua de Afonso VII, padroeiro do mosteiro

Casa paroquial

A capela, que já foi refeitório, ainda hoje é usada.

A entrada do claustro é um arco gótico esculpido.

Os jardins são procurados para fotos de casamento.

O sino na porta da capela

Veja hotéis e restaurantes dessa região nas pp. 314-25 e 329-49

❸ Opa-Locka

Esquina da NW 27th Ave e NW 135th St, 16km (10 milhas) a NO de Downtown. 32, 135, 42, 27, 297 Orange MAX.

Chamada de "A Bagdá de Dade County", Opa-Locka é fruto da imaginação do aviador Glenn Curtiss. Inspirado em *As mil e uma noites*, ele financiou a construção de uns 90 edifícios mouriscos no auge dos anos 1920 *(pp. 54-5)* e criou um mundo da fantasia.

Hoje, Opa-Locka é uma área decadente, onde não se deve ir muito além da prefeitura (nos bulevares Opa-Locka e Sharasad). O edifício cor-de-rosa com minaretes, cúpulas e arcos em forma de fechadura é o melhor exemplo da arquitetura mourisca que ainda resta. Além dele, a fantasia de Opa-Locka sobrevive em hotéis, restaurantes e lojas com nomes como Ali Baba Appliances e ruas com nomes de califas e sultões.

O domo em estilo árabe da prefeitura, em Opa-Locka

❹ Little Haiti

Das ruas 46th à 79th, L de I-95. 2 e 202 Little Haiti Connection.

Desde a década de 1980 os refugiados haitianos se instalam nessa parte de Miami. É uma comunidade muito pobre, mas colorida, e bastante segura se você ficar nas ruas principais, que são a 54th Street e a NE 2nd Avenue.

O **Caribbean Marketplace**, na NE 2nd Avenue a uma 60th Street, tem algumas bancas de artesanato, mas as lojas ao redor, pintadas de cores fortes, são mais interessantes. Algumas tocam música haitiana muito alto; outras vendem artigos religiosos *(botánicas)* e ervas medicinais *(p. 81)*; outras servem comida caribenha com um tipo de banana.

Muro de uma loja de artigos religiosos *(botánica)* em Little Haiti

❺ Miami Seaquarium

4400 Rickenbacker Cswy, Virginia Key. **Tel** (305) 361-5705. Metrorail (Brickell). B da estação Brickell. 9h30-18h diariam. miamiseaquarium.com

Se você já conhece o Sea World® de Orlando *(pp. 180-1)*, talvez não faça questão de visitar o Seaquarium de Miami, mas os shows dos leões-marinhos, dos golfinhos e da orca são diversão garantida. A atração "Nade com os Golfinhos" atrai multidões duas vezes ao dia. Mas quem pretende entrar na água precisa saber inglês ou estar acompanhado de alguém que saiba. Outras atrações são os tubarões, as áreas de observação dos peixes-boi, um pântano cheio de pelicanos e um aquário de peixes tropicais com corais, peixes e muitas outras espécies de vida marinha.

❻ Key Biscayne

11km (7 milhas) a SE de Downtown. B (102). Bill Baggs Cape Florida State Park: **Tel** (305) 361-5811. diariam. floridastateparks.org

A vista de Downtown a partir do Rickenbacker Causeway, que liga o continente a Virginia Key e Key Biscayne, é uma das melhores de Miami. Além da paisagem, Key Biscayne tem as mais belas praias da cidade. A melhor é, sem dúvida, **Crandon Park**, na parte superior da ilha, com 5km de extensão, palmeiras e bancos de areia. Tem ainda uma área reservada para piqueniques na frente do mar que acomoda 2 mil pessoas. No extremo sul da ilha, o **Bill Baggs Cape Florida State Park** tem uma praia menor ligada às áreas de piquenique por passarelas de madeira sobre as dunas. O farol perto da ponta, de 1825, é a construção mais antiga de South Florida.

Minishoppings e prédios de apartamentos se sucedem no Crandon Boulevard entre os dois parques, além de um campo de golfe e quadras de tênis abertas ao público.

Golfinhos do Atlântico, as estrelas do Seaquarium de Miami

❼ Fairchild Tropical Botanic Garden

10901 Old Cutler Rd. **Tel** (305) 667-1651. 57, 136 (ambos com caminhada). amanhecer-anoitecer (escritório: 8h-17h). 25 dez. **fairchildgarden.org**
Matheson Hammock Park: **Tel** (305) 665-5475. 6h-anoitecer diariam. **miamidade.gov/parks**

Esse imenso e belo jardim tropical, formado em 1938, é também o principal instituto de pesquisas botânicas. Em torno de vários lagos artificiais encontra-se uma das maiores coleções de palmeira do mundo (550 das 2.500 espécies conhecidas) e também inúmeras cicadáceas – parentes das palmeiras e samambaias, com raros cones vermelhos gigantes. Há outras plantas maravilhosas, como a curiosa *sausage tree*.

No passeio de bonde que dura quarenta minutos, os guias descrevem as plantas usadas na fabricação de remédios e perfumes (as flores da árvore *ylang-ylang*, por exemplo, são usadas no Chanel nº 5). Reserve umas duas horas para caminhar sozinho.

Ao lado do Fairchild Tropical Botanic Garden está o Matheson Hammock Park, com trilhas para ciclismo e caminhadas entre as áreas alagadas, mas a maior atração é a Atoll Pool, uma piscina de água salgada rodeada por areia e palmeiras, ao lado de Biscayne Bay. Tem ainda a marina com uma escola de navegação, e um excelente restaurante à beira-mar.

❽ Charles Deering Estate

16701 SW 72nd Ave. **Tel** (305) 235-1668. 10h-17h diariam. Dia de Ação de Graças e 25 dez. **miamidade.gov/parks**

Enquanto seu irmão James preferia Vizcaya *(pp. 90-1)*, Charles Deering escolheu Biscayne Bay para sediar seu refúgio de inverno, o qual frequentou entre 1916 e 1927. A propriedade de 162ha, com uma mansão em estilo *revival* mediterrâneo, foi comprada pelo governo em 1985 e hoje oferece acesso público a Biscayne Bay.

Entre as construções da propriedade, há uma pousada do século XIX chamada Richmond Cottage, que na época era o hotel mais ao sul do território americano. Mas a principal atração é mesmo o terreno, com áreas alagadas e florestas de pinheiros, uma marisma (pântano de água salgada) e um *hammock* de mata virgem considerado o maior da costa tropical dos EUA. Há um grande trecho com vestígios de fósseis, acampamentos para jovens, programas de conservação e passeios de canoa nos fins de semana.

A Charles Deering Estate oferece passeios ecológicos e acesso à Biscayne Bay

❾ Jungle Island

1111 Parrot Jungle Trail, Watson Island. **Tel** (305) 400-7000. C (103), M (113), S (119), 120 Beach MAX. 10h-18h diariam. **jungleisland.com**

Mais de 1.100 pássaros habitam esse belo e bem conservado jardim tropical. Alguns estão em gaiolas, outros voam livremente, outros são adestrados para andar de skate no concorrido Trained Bird Show. Você também pode alimentar os peixes e flamingos e ver as cobras de muito perto.

Há ainda um Education Center, que oferece atividades interessantes para crianças e adultos, como acampamentos de verão e viagens pelo campo.

Os lagos tranquilos do Fairchild Tropical Garden, rodeados de palmeiras

Veja hotéis e restaurantes dessa região nas pp. 314-25 e 329-49

O tigre-de-bengala na frente da réplica de um templo, em Zoo Miami

❿ Wings Over Miami

14710 SW 128th St, ao lado do Tamiami Airport. **Tel** (305) 233-5197. 136, 137 (ambos com caminhada). 10h-17h qua-dom. feriados. wingsovermiami.com

Esse museu dedica-se à preservação de aeronaves antigas. Em seus hangares há uma excelente coleção de aeronaves bem conservadas que ainda funcionam, como o AT6D Texan "Old Timer" de 1943, um Douglas B-23 Dragon e um jato britânico Provost, além de outras peças, como uma metralhadora giratória.

Esses aviões voam nas celebrações do Memorial Day. Em janeiro ou fevereiro, juntam-se aos bombardeiros B-17 e B-24 no evento Wings of Freedom (Asas da Liberdade).

⓫ Gold Coast Railroad Museum

12450 SW 152nd St, Miami. **Tel** (305) 253-0063. Metrorail (Dadeland North) depois Zoo Bus. 252. 10h-16h seg-sex, 11h-16h sáb-dom. goldcoast-railroad.org

Situado perto do Zoo Miami, esse museu incomum é visita obrigatória para quem gosta de trens. Entre as atrações estão o vagão presidencial "Ferdinand Magellan", dois vagões da California Zephyr e três locomotivas a vapor da Florida East Coast Railway. Tem também trenzinhos com bitola estreita para as crianças andarem nos fins de semana.

⓬ Zoo Miami

12400 SW 152nd St, Miami. **Tel** (305) 251-0400. Metrorail (Dadeland North) depois Zoo Bus. 9h30-17h30 diariam. miamimetrozoo.com

Esse imenso zoológico é um dos melhores do país. Os animais são mantidos em espaçosos ambientes adaptados, separados dos visitantes por valas. As atrações são os gorilas, os ursos da Malásia e os tigres-de-bengala. O Petting Zoo faz sucesso entre as crianças, e o Wildlife Show exibe a agilidade dos grandes felinos.

Faça o passeio de vinte minutos de trem para uma visão geral, depois visite o que quiser; ou tome o trem na Station 4 e volte andando.

⓭ Monkey Jungle

14805 SW 216th St, Miami. **Tel** (305) 235-1611. Metrorail (Dadeland South) depois ônibus 31, 38 (ou Busway Flyer nas horas de pico) para Cutler Ridge Mall, depois táxi. 9h30-17h diariam. monkeyjungle.com

O macaco Java, o primata mais ativo de Monkey Jungle

Essa interessante atração que ainda é administrada pela mesma família que a fundou em 1933, tem como aspecto mais curioso o fato de os visitantes ficarem em jaulas enquanto os animais circulam livremente. Enquanto você passeia por uma área protegida por grades, vê os macacos Java escalando sobre a sua cabeça e observa os macacos sul-americanos em uma floresta tropical recriada. Outros primatas como os gorilas e gibões ficam em jaulas.

Durante o dia há demonstrações frequentes das habilidades dos macacos, chimpanzés e outras espécies.

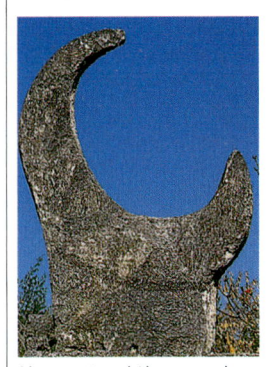

A lua crescente esculpida em uma pedra no Coral Castle

⓮ Coral Castle

28655 S Dixie Hwy, Homestead. **Tel** (305) 248-6345. Metrorail (Dadeland South) depois ônibus Busway Max. 38, 70. 7h-24h diariam. 25 dez. coralcastle.com

Entre 1920 e 1940, Edward Leedskalnin construiu sozinho essa série de esculturas gigantescas em rochas de coral, com ferramentas feitas com peças de automóveis. Ele esculpiu a maioria das pedras em Florida City, a 16km (10 milhas) de distância, e as trouxe sozinho para o local que estão hoje. Algumas, como o telescópio, representam a paixão de seu criador pela astrologia. Outras, como a mesa em forma de coração, lembram uma garota que não quis se casar com o artista.

COMPRAS EM MIAMI

O comércio de Miami é reflexo da própria cidade, por alternar-se entre o superchique e o pitoresco. Dividida em zonas, a cidade tem vários bairros bons para compras. Quem se dedica a essa atividade prefere ficar nos shopping centers, que são os preferidos dos visitantes da América Latina e Caribe. Os shoppings que oferecem diversão *(p. 350)* ficam abertos até as 23h, mas as lojas funcionam em horário normal. Se você prefere algo diferente, vá para Coconut Grove ou South Beach, onde as lojas atendem a um público alternativo. Nessa área se encontram roupas de couro, skates, trabalhos de cartolina, entre outros, sem falar nas lembrancinhas divertidas. Em Coconut Grove as lojas ficam abertas até tarde, principalmente nos fins de semana. As lojas de South Beach fecham no horário normal, mas a maioria delas não abre as portas antes das 11h ou do meio-dia.

Onde Comprar

South Beach oferece boas compras, mas as lojas de Coconut Grove são mais descontraídas. Além das inúmeras lojas concentradas em uma pequena área, há mais dois shopping centers *(p. 88)*: o **CocoWalk** tem dezenas de joalherias e lojas de roupas e presentes complementadas por cafés e restaurantes; e as lojas da **Streets of Mayfair** têm preços assustadores, mas as vitrines merecem ser admiradas.

Bayside Marketplace *(p. 78)* tem lojas de todo tipo e presentes e roupas para todos os gostos. Em Downtown você encontra eletrônicos e bijuterias a preços baixos, e também a loja de departamentos **Macy's**, fundada em 1898.

Coral Gables tem lojas sofisticadas ao longo da Miracle Mile *(p. 86)* e importantes galerias de arte. O **Village of Merrick Park** acrescentou uma dimensão maior à região com suas lojas de luxo que oferecem serviços de concierge.

Os mais exigentes preferem os shopping centers de Miami. **Bal Harbour Shops** é um shopping sedutor em um jardim tropical que abriga um número crescente de lojas com produtos de luxo para os ricos e famosos. O **Aventura Mall**, no norte de Miami, tem mais de 200 lojas e quatro lojas de departamentos, entre elas a Macy's.

Moda e Joias

Há de tudo em Miami, de marcas exclusivas a pontas de estoque. Em Bal Harbour Shops, joalherias e marcas como Tiffany & Co., Gucci e Cartier convivem ao lado de lojas como J. W. Cooper, de produtos Western. Mas a **Loehmann's**, situada na vizinha Aventura, tem roupas de grife com bons descontos. Há boas ofertas nas cem lojas de ponta de estoque do Fashion District, em Downtown, na 5th Avenue entre as ruas 24th e 29th. O **Seybold Building**, também em Downtown, tem ouro, diamantes e relógios com desconto.

Em South Beach, as lojas da Lincoln Road e da Washington Avenue trabalham principalmente com couro e acessórios *disco dolly*, mas há outras mais elegantes. As butiques da Miracle Mile em Coral Gables são mais sofisticadas: a **J. Bolado**, que vende roupas sob medida, é um bom exemplo.

Presentes e Suvenires

O mercado de Bayside é um bom lugar para comprar presentes, com lojas como a **Caribbean Life** e a **Disney Store**, e várias outras *self-service* que vendem de sapatilhas a gravatas e muitos outros itens. Em Coconut Grove, além das inúmeras lojas de camisetas e óculos de sol, há outras que vendem de tudo, de produtos

Vitrine típica de uma butique de South Beach

Warner Brothers Studios Store, no Bayside Marketplace

COMPRAS EM MIAMI | 99

Enrolador de charutos

orientais a preservativos. No norte de Miami, visite a **Edwin Watts Golf Shop**, onde você encontrará tudo para golfe, até mesmo descontos nas taxas de uso de campo.

A **Macy's** não é indicada para comprar suvenires, mas é possível encontrar algo diferente, como alguns artigos autênticos do naufrágio do *Atocha* recuperados por Mel Fisher (p. 32).

A **Intermix** é uma butique sofisticada e cara que tem tudo o que há de mais sexy em Miami Beach.

South Beach talvez seja o melhor lugar para comprar presentes. O **Art Deco Welcome Center**, na Ocean Drive tem boas opções de camisetas, pôsteres, miniaturas dos prédios da Ocean Drive e algumas peças art déco genuínas. A loja também tem uma boa seleção de livros sobre o assunto.

Turistas e moradores da cidade podem comprar charutos feitos à mão na conhecida **El Titan de Bronze**, em Little Havana (p. 80). A marca favorita do público é **La Palina**, que celebra o papel das mulheres na industria de charutos. **Macabi Cigars** e **El Credito Cigar Factory** também têm uma excelente seleção deles.

Um bom lugar para comprar presentes comestíveis, como as geleias e os molhos da Flórida, é o **Epicure**, em South Beach, um supermercado fino que não é voltado para turistas.

Algumas bancas de artesanato podem ser encontradas em Española Way (p. 72) nos fins de semana, mas em geral Miami não tem um bom artesanato. As artes clássicas são uma opção melhor. A Española Way tem algumas galerias de arte moderna, mas os clássicos de melhor qualidade se concentram na Lincoln Road. A maior parte das galerias, como o South Florida Art Center (p. 72), exibe pinturas, esculturas, cerâmicas e móveis em estilos mais provocativos ou Pop Art. As galerias de Coral Gables oferecem um tipo de arte bem mais tradicional.

Livros e Música

Books & Books, em Coral Gables, é a livraria preferida por todos, com prateleiras repletas e uma boa seleção de títulos sobre arte e viagens. Se você procura livros sobre a Flórida, não deixe de visitar a loja Indies Company, no HistoryMiami (p. 78), cujo estoque de livros abrange todos os assuntos imagináveis sobre o estado. Os pontos de venda de livrarias como a Barnes & Noble estão presentes em todos os shopping centers.

Réplica de hotel art déco

Uncle Sam's Music é uma loja independente de Miami Beach que vem oferecendo o que há de mais recente desde 1984.

AGENDA

Shopping Centers e Lojas de Departamentos

Aventura Mall
Biscayne Blvd at 195th St.
Tel (305) 935-1110.

Bal Harbour Shops
9700 Collins Ave.
Tel (305) 866-0311.

Bayside Marketplace
401 Biscayne Blvd. **Mapa** 4 F1. **Tel** (305) 577-3344.

CocoWalk
3015 Grand Ave.
Mapa 6 E4.
Tel (305) 444-0777.

Macy's
22 E Flagler St.
Mapa 4 E1.
Tel (305) 577-1500.

Streets of Mayfair
2911 Grand Ave.
Mapa 6 F4.
Tel (305) 448-1700.

Village of Merrick Park
358 San Lorenzo Ave.
Mapa 3 C3.
Tel (305) 529-0200.

Moda e Joias

J. Bolado
314 Miracle Mile.
Mapa 5 C1.
Tel (305) 448-5905.

Loehmann's
18701 Biscayne Blvd.
Tel (305) 932-4207.

Seybold Building
36 NE 1st St. **Mapa** 4 E1.
Tel (305) 374-7922.

Presentes e Suvenires

Art Deco Welcome Center
1001 Ocean Drive. **Mapa** 2 F3. **Tel** (305) 672-2014.

Caribbean Life
Bayside Marketplace.
Mapa 4 F1.
Tel (305) 416-9695.

Disney Store
Bayside Marketplace.
Mapa 4 F1.
Tel (305) 371-7621.

Edwin Watts Golf Shop
15100 N. Biscayne Blvd.
Tel (305) 944-2925.

El Crédito Cigar Factory
1106 SW 8th St. **Mapa** 3 B2. **Tel** (305) 858-4162.

El Titan de Bronze
1071 SW 8th St. **Mapa** 3 B2. **Tel** (305) 860-1412.

Epicure
1656 Alton Rd. **Mapa** 2 D2. **Tel** (305) 672-1861.

Intermix
634 Collins Avenue.
Mapa 2 E4.
Tel (305) 531-5950.

Macabi Cigars
3475 SW 8th St. **Mapa** 2 E4. **Tel** (305) 446-2606.

Livros e Música

Books & Books
265 Aragon Ave. **Mapa** 5 C1. **Tel** (305) 442-4408.

Uncle Sam's Music
1141 Washington Ave.
Mapa 4 E3.
Tel (305) 532-0973.

DIVERSÃO EM MIAMI

A frota de limusines estacionada na frente das casas noturnas mais frequentadas não deixa dúvidas de que South Beach (SoBe) é um dos lugares mais badalados do planeta. Para muitos, a chance de agitar com classe é uma das principais atrações da cidade. A maioria procura as casas noturnas, que surpreendem pela descontração, mas são excelentes para ouvir música ao vivo. Mas se você não estiver interessado em celebridades nem em dançar, Miami oferece uma grande variedade de eventos culturais e esportivos.

A cidade que já foi considerada um deserto cultural, tem hoje uma cena artística das mais vibrantes. O inverno é a estação mais movimentada; é quando Miami atrai os famosos internacionais. Com sorte, a sua visita poderá coincidir com um dos grandes festivais locais. A maneira mais fácil de comprar ingressos para eventos culturais e esportivos é através da Ticketmaster *(p. 361)*.

Informações

As duas fontes básicas de informações são a seção de fim de semana da edição de sexta-feira do *Miami Herald* e o mais completo e gratuito *New Times*, que é publicado às quartas-feiras.

As melhores dicas sobre os lugares mais badalados do momento estão no site **NightGuide Miami**. A vibrante cena noturna gay é descrita em detalhes em várias revistas que são distribuídas gratuitamente em toda a cidade.

Teatros

As grandes companhias se apresentam no **Carnival Center for the Performing Arts**, que consiste da Ziff Ballet Opera House e do Knight Concert Hall; no **Miami/Dade County Auditorium**; no **Jackie Gleason Theater** em South Beach; e no **Gusman Center for the Performing Arts** em Downtown, que é um cinema da década de 1920 com interior mourisco. A Broadway Series (de nov a abr) da Ziff Ballet Opera House é a principal atração teatral de Miami. Alguns dos lugares mais respeitados para a estreia de shows de artistas consagrados são o **MTC playground** theater em Miami Shores, o **Gable Stage** e a **Actors' Playhouse**, em Coral Gables.

O **Miami City Ballet** exibe trabalhos clássicos e contemporâneos, sempre no Jackie Gleason Theater; às vezes é possível assistir aos ensaios na sede da companhia, na Liberty Avenue. Ainda em South Beach, o Ballet Flamenco La Rosa, um dos grupos de dança da **Performing Arts Network**, merece ser assistido; eles se apresentam no **Colony Theatre**.

A famosa orquestra clássica de Miami, a New World Symphony, conduzida por Michael Tilson Thomas, conta com alguns dos melhores músicos do país. Ela se apresenta no **New World Symphony Theater** de outubro a maio. A Concert Association of Florida *(p. 359)* organiza os melhores concertos.

Carnival Center for the Performing Arts

Espectadores na Gulfstream Park Racetrack

Esportes

Miami possui uma grande variedade de atrações esportivas para o público. O time de futebol Miami Dolphins joga no **Sun Life Stadium**, enquanto o de basquete Florida Marlins joga no **Marlins Stadium** sob um teto retrátil. Os Hurricanes da University of Miami são a melhor equipe de futebol universitário da Flórida, e atraem multidões. O popular time de basquete Miami Heat joga na **American Airlines Arena**.

Para um toque hispânico, assista a uma partida de jai alai *(p. 37)*. O melhor lugar para essa versão típica do jogo de pelota é o **Miami Jai Alai Fronton**, onde as apostas são obrigatórias, como também o são no **Gulfstream Park Racetrack**, no **Calder Race Course** e no **Flagler Dog Track**.

Música Latina

O **Mango's Tropical Café** da Ocean Drive, em South Beach, toca música latina em alto

A plateia com 2.400 lugares do Ziff Ballet Opera House

volume, e as moças e os rapazes que trabalham no local costumam dançar sobre o balcão do bar. É muito turístico e bastante animado. Também em South Beach, **Tapas & Tintos** é excelente para se tomar alguns drinques e fazer uma refeição leve aos sábados, assistindo a um flamenco ao vivo.

Hoy Como Ayer é uma casa noturna agitada e enfumaçada na Calle Ocho, bem no coração de Little Havana. Repleto com todo tipo de objeto que recorde Cuba, o local promete longas noites de mambo, rumba e cha-cha-cha a cargo de músicos cubanos. Em algumas noites há bandas ao vivo, em outras, DJs que tocam música afro-cubana e latina, funk e jazz.

Mas se você não é bom dançarino, poderá tomar aulas gratuitas com os melhores de Miami. Os instrutores ficam à disposição às quintas-feiras no **Café Mystique**, e às sextas e aos sábados no **Bongo's Cuban**, na American Airlines Arena.

Música ao Vivo

A maioria dos bares da Ocean Drive tem música ao vivo, em geral latina, jazz, reggae e salsa. Algumas quadras adiante, o **Jazid** toca jazz, blues e funk ao vivo, tem bandas latinas no andar inferior e um DJ para fusion e trance no andar superior. No Lincoln Road Mall fica o **Upstairs at the Van Dyke Café**. A casa se parece com um clássico *speakeasy* e toca basicamente jazz.

Ao sul de Downtown está o **Tobacco Road**, o clube mais antigo de Miami, que toca de rock a jazz latino todas as noites. A banda da casa, Iko Iko, faz um som de inspiração sulista que já lhes rendeu um contrato com a gravadora de Jimmy Buffet.

Em Coral Gables está o **The Globe Café & Bar**, com apresentação de jazz ao vivo nas noites de sábado.

Bares

Para um toque especial de sofisticação vá ao **The Bar at 1220**, no Tides Hotel. Prove um Posicle Martini na happy-hour. Se você gosta de uma partida de sinuca, vá ao **Felt** em SoBe, que tem coquetéis especiais todas as noites. O **Marlin Bar** tem bons coquetéis e música variada, e não fica longe.

Um dos preferidos das celebridades é o **Skybar**, que tem três áreas independentes na cobertura e é um dos locais mais glamourosos de SoBe. Rente ao chão, o cintilante **Rose Bar** serve martínis caríssimos, e o bar da piscina do **Raleigh Hotel** oferece uma lendária *soirée* aos domingos. No outro extremo, os bares da piscina do **Clevelander** parecem estar sempre em clima de férias estudantis.

Fora de SoBe, experimente o **Noir Bar**. Sexta-feira, das 18h às 21h, os coquetéis são especiais. O local tem ótimos *hors d'oeuvres* e uma bonita vista.

Um dos quatro bares do Clevelander, na Ocean Drive

A elegante casa noturna Mansion, no Opium Garden Complex *(p. 102)*, em South Beach

Casas Noturnas

Há muito tempo, Miami tem a reputação de oferecer as noites mais animadas, e não sem motivo. A maioria dos locais mais quentes apresenta longas filas de pessoas dispostas a tudo para se divertir. Para entrar, aposte todas as fichas a seu favor vestindo-se para impressionar. Os homens que pretendem passar pelo porteiro têm mais chance de obter permissão se estiverem acompanhados de moças. Os clubes preferem manter a proporção de frequentadores pendendo em favor das mulheres. Então você já sabe!

A Grande Miami tem três áreas animadíssimas quando a noite cai: a supermoderna South Beach; Downtown, que está passando por uma espécie de Renascimento; e a mais discreta Coconut Grove, onde estão as melhores ofertas de restaurantes.

Em SoBe, os bares da Ocean Drive e ruas vizinhas ficam cheios durante todo o dia, mas as casas noturnas ficam realmente agitadas só depois da meia-noite. Não é raro ver pessoas saindo de uma delas quando o dia está amanhecendo. O requintadíssimo **Penrod's Complex** abriga o Nikki Beach e Pearl, um restaurante e lounge que recebe com frequência top models e celebridades. Não deixe de ir a uma de suas festas aos domingos, que começam ao meio-dia e avançam pela madrugada. Uma quadra adiante está o **Opium Group**, que compreende o Cameo, o Louis Bar e a escura casa noturna **Mansion Nightclub**, atraindo regularmente celebridades de primeira linha. É quase impossível entrar às sextas e aos sábados, mas, se você conseguir, estará entre as pessoas mais badaladas de South Beach.

Algumas quadras adiante na rua, o **SoBe Live** fervilha com hip hop, R&B e reggae, e dá chance de esbarrar em celebridades. Se você está atrás de ritmos latinos, o Mango's Tropical Café tem bandas ao vivo e DJs tocando salsa, merengue e animadas canções populares em diversas salas de dança. A diversão ao vivo também inclui dançarinos e dançarinas de coreografias latinas no bar.

O **Club Deep** na Washington Avenue atrai mais os fãs do hip-hop do que clubbers, mas traz inúmeros rappers para comandar os seus eventos especiais. Mais acima, perto do Delano, você encontra o **Mynt Lounge**, que se autodenomina o clube mais quente de SoBe. Famoso pela exclusividade, não é fácil conseguir entrar. Coquetéis sofisticados e DJs são os chamarizes nas áreas do **Skybar** no Shore Club: O Red Room, com decoração opulenta em escarlate e dourado; a bela área do jardim de tema marroquino; e o Sand Bar na praia. Caminhando um pouco para o sul na Collins você chega a **The Florida Room** na Delano South Beach, um lounge moderno com piano de cauda Lucite evoca o glamour clássico do sul da Flórida.

Rivalizando com SoBe, Downtown Miami está se transformando rapidamente em um polo de vida noturna agitado. Nela se encontra o novíssimo clube **Nocturnal**, de US$12 milhões, onde se aplicou o conceito de três-clubes-em-um, ou seja, cada andar tem um estilo completamente diferente.

Três quadras adiante, o **Area 51** reúne cinco clubes em um único prédio. Se diz o maior complexo de *nightclubs* do mundo. Da mesma maneira que o Area 51, que se vende como o melhor e o maior lugar para apresentações ao vivo, de bandas e DJs, há outros clubes, como o Allure (antigo The Nile), com tema egípcio, o Discotekka, que é só para gays, e o Whiskey, com um grande lounge e talvez o mais descontraído de todos. Por fim, há o Adrenalin, que é o mais barulhento do complexo. Atrai jovens universitários e tem um box de vidro com chuveiro que pode ser usado por eles.

O Area 51 abre de quinta a domingo; os frequentadores sempre encontrarão um som adequado ao seu estado de espírito. Todos os clubes apresentam música ao vivo e DJs, alternadamente. Você paga uma vez só e pode circular por todo o complexo.

Na área mais refinada de Coconut Grove, o ponto dominante é o **Oxygen Lounge**, que é restaurante durante o dia e clube-lounge à noite – restaurantes que se transformam em lounges depois das 22h são cada vez mais comuns também em SoBe. Já o **B.E.D. Miami** tem camas em vez de sofás. Condizente com o ambiente luxuosamente ocioso, ali os eventos noturnos tendem a ser bem mais tranquilos e relaxantes. Não é preciso dizer que essa elegante casa noturna exige reservas.

O **Tantra** é um popular e sofisticado restaurante e clube cujo tema é o Oriente Médio e que tem piso de grama natural. Três quadras adiante, o **Sushi Samba** tem as Wasabi Tuesdays, ou terças-feiras de sushi, saquê e caraoquê.

Muitos clubes têm noites gays, outros anunciam-se como exclusivamente gays. Mas a maioria deles atrai um público misto. O **Twist**, com terraço em estilo Key West, é um popular bar gay, também com pista de dança e esportes. Aos sábados, o **Club Space** reúne um grande público gay em seu ambiente escuro, mas as sextas-feiras são abertas para todo tipo de frequentador.

Festivais

Se você tiver sorte, a sua visita poderá coincidir com um dos coloridos e animados festivais que acontecem na cidade *(pp. 38-40)*.

Os dois maiores e mais conhecidos são bem diferentes entre si, mas igualmente populares: o Winter Music Festival em março, quando milhares de DJs e clubbers se reúnem em South Beach, e o South Beach Food & Wine Festival em maio, onde se tem a chance de conhecer chefs famosos.

Ambos atraem muita gente à concentrada área de SoBe, por isso é muito mais difícil entrar nos clubes já muito cheios. Mas há mais chance de avistar as celebridades nesses festivais.

AGENDA

Informações

Night Guide Miami
miami.nightguide.com

Teatros

Actors' Playhouse
280 Miracle Mile.
Mapa 5 C1.
Tel (305) 444-9293.

Adrienne Arsht Center for the Performing Arts
1300 Biscayne Blvd.
Mapa 4 F1.
Tel (305) 949-6722.

Colony Theatre
1040 Lincoln Rd.
Mapa 2 D2.
Tel (305) 674-1026.

Gable Stage
1200 Anastasia Ave,
Coral Gables.
Mapa 5 A2.
Tel (305) 445-1119.

Gusman Center for the Performing Arts
174 E Flagler St.
Mapa 4 E1.
Tel (305) 374-2444.

Jackie Gleason Theater
1700 Washington Ave.
Mapa 2 E2.
Tel (305) 673-7300.

Miami City Ballet
2200 Liberty Ave.
Mapa 2 E2.
Tel (305) 929-7010.

Miami/Dade County Auditorium
2901 W Flagler St.
Tel (305) 547-5414.

MTCplayground
9806 NE 2nd Ave.
Mapa 4 E1.
Tel (305) 751-9550.

New World Symphony Theater
541 Lincoln Rd.
Mapa 2 E2.
Tel (305) 673-3330.

Performing Arts Network
555 17th St.
Mapa 2 E2.
Tel (305) 899-7730.

Esportes

American Airlines Arena
721 NW 1st Ave.
Tel (786) 777-1000.

Calder Race Course
21001 NW 27th Ave.
Tel (305) 625-1311.

Flagler Dog Track
1401 NW 38th Court.
Tel (305) 649-3000.

Gulfstream Park Racetrack
901 S Federal Hwy.
Tel (954) 454-7000.

Marlins Stadium
1400 NW 4th St.
Tel (305) 626-7378.

Miami Jai Alai Fronton
3500 NW 37th Ave.
Tel (305) 633-6400.

Sun Life Stadium
2269 NW Dan Marino Blvd.
Tel (305) 623-6100.

Música Latina

Bongo's Cuban Café
601 Biscayne Blvd.
Tel (786) 777-2100.

Café Mystique
7250 NW 11th St.
Tel (305) 262-9500.

Hoy Como Ayer
2212 SW 8th St.
Tel (305) 541-2631

Mango's Tropical Café
900 Ocean Drive.
Mapa 2 E5.
Tel (305) 673-4422.

Tapas & Tintos
448 Española Way.
Mapa 2 E2.
Tel (305) 538-8272.

Música ao Vivo

The Globe Café & Bar
377 Alhambra Circle,
Coral Gables.
Mapa 5 C1.
Tel (305) 445-3555.

Jazid
1342 Washington Ave.
Mapa 2 E2.
Tel (305) 673-9372.

Tobacco Road
626 S Miami Ave.
Mapa 4 E2.
Tel (305) 374-1198.

Upstairs at the Van Dyke Café
846 Lincoln Rd.
Mapa 2 E2.
Tel (305) 534-3600.

Bares

The Bar at 1220
The Tides Hotel, 1220 Ocean Drive.
Mapa 2 F3.
Tel (305) 604-5070.

The Clevelander
1020 Ocean Drive.
Mapa 2 F3.
Tel (786) 276-1414.

Felt
1242 Washington Ave.
Mapa 2 E3.
Tel (305) 531-2114.

Marlin Bar
1200 Collins Ave.
Mapa 2 E3.
Tel (305) 604-3595.

Noir Bar
Conrad Miami Hotel,
1395 Brickell Ave.
Mapa 4 E2.
Tel (305) 503-6560.

Raleigh Hotel
1775 Collins Ave.
Mapa 2 F1.
Tel (305) 534-6300.

Rose Bar
The Delano Hotel,
1685 Collins Ave.
Mapa 2 F1.
Tel (305) 672-2000.

Skybar
The Shore Club Hotel,
1901 Collins Ave.
Mapa 2 F1.
Tel (305) 695-3100.

Casas Noturnas

Area 51
950 NE 2nd Ave.
Tel (305) 358-5655.

B.E.D. Miami
929 Washington Ave.
Mapa 2 E2.
Tel (305) 532-9070.

Club Deep
621 Washington Ave.
Mapa 2 E4.
Tel (305) 532-1509.

Club Space
142 NE 11th St.
Tel (305) 375-0001.

The Florida Room
Delano South Beach, 1685 Collins Ave.
Mapa 2 E2.
Tel (305) 674-6152.

Mansion Nightclub
1235 Washington Ave.
Mapa 2 E3.
Tel (305) 695-8411.

Mynt Lounge
1921 Collins Ave.
Mapa 2 F1.
Tel (786) 276-6132.

Nocturnal
50 NE 11th St.
Tel (305) 576-6996.

Opium Group
136 Collins Ave.
Mapa 2 E5.
Tel (305) 531-7181.

Oxygen Lounge
2911 Grand Ave,
Coconut Grove.
Mapa 6 F4.
Tel (305) 476-0202.

Penrod's Complex
1 Ocean Drive.
Mapa 2 E5.
Tel (305) 538-1111.

Skybar
The Shore Club Hotel,
1901 Collins Ave.
Mapa 2 F1.
Tel (305) 695-3100.

SoBe Live
1203 Washington Ave.
Mapa 2 E3.
Tel (305) 695-2820.

Sushi Samba
600 Lincoln Rd.
Mapa 2 E2.
Tel (305) 673-5337.

Tantra
1445 Pennsylvania Ave.
Mapa 2 E3.
Tel (305) 672-4765.

Twist
1057 Washington Ave.
Mapa 2 E3.
Tel (305) 538-9478.

GUIA DE RUAS DE MIAMI

As referências ao *Guia de Ruas de Miami* que aparecem em todas as atrações, lojas e locais de diversão remetem às páginas seguintes. O mapa principal abaixo mostra a área da cidade que é abrangida, com os três maiores bairros de interesse destacados em rosa. Todas as atrações mencionadas no texto estão localizadas, e também informações úteis como paradas de trem, ônibus e metrô, centros de informação turística e de correio; há uma lista completa na legenda. Também estão aqui os hotéis *(pp. 314-25)*, restaurantes *(pp. 329-49)*, bares e cafés *(p. 348-9)* citados na seção *Indicações ao Turista*.

Legenda

- Atração principal
- Outro local de interesse
- Estação Metrorail
- Estação Metromover
- Water taxi
- Estacionamento
- Informação turística
- Posto policial
- Igreja
- Sinagoga
- Mesquita
- Campo de golfe
- Linha do Metrorail
- Rodovia
- Rua para pedestres

Escala dos mapas

0 m — 500
0 jardas — 500

2
D
E
F
1
2
3
4
5
W 25TH STREET
W 23RD ST
Sunset Lake
WEST 24TH STREET
WEST 23RD STREET
BAY AVE
LAKE AVE
SUNSET
WEST 22ND ST
WEST 21ST ST
BAY AVE
DR
LAKE AV
NORTH BAY ROAD
W 21ST ST
ALTON ROAD
BAYSHORE MUNICIPAL GOLF COURSE
MERIDIAN AVENUE
NORTH
23RD ST
PRAIRIE AVENUE
PINE TREE DRIVE
Lake Pancoast
24TH TER
24TH ST
FLAMINGO DRIVE
L PANCOAST DRIVE
25TH ST
24TH ST
PROMENADE DRIVE
23RD ST
WASHINGTON COURT
22ND ST
AVENUE
Bass Museum of Art
21ST ST
PARK
20TH
LIBERTY ST
MIAMI BEACH DRIVE
COLLINS AVENUE
COLLINS PARK
MICHIGAN AVENUE
Holocaust Memorial
CONVENTION CENTER DRIVE
Miami Beach Convention Center
WASHINGTON AVENUE
20TH STREET
19TH STREET
19TH STREET
19TH STREET
DADE BOULEVARD
AVENUE
ROAD
AVENUE
18TH STREET
18TH STREET
18TH STREET
ISLAND VIEW PARK
PURDY
BAY
WEST
Prefeitura
Jackie Gleason Theater
AVENUE
ÁGIO)
17TH STREET
New World Symphony Theatre
Delano Hotel
LINCOLN COURT
AVENUE
ROAD
AVENUE
AVENUE
AVENUE
JAMES
LINCOLN ROAD MALL
LINCOLN ROAD
ROAD
Colony Theater
South Florida Art Center
WEST
LINCOLN TERRACE
16TH STREET
16TH STREET
BAY
15TH TER
ALTON
LENOX
MICHIGAN
JEFFERSON
AVENUE
AVENUE
AVENUE
15TH STREET
15TH STREET
FLAMINGO
ESPANOLA WAY
WAY
14TH COURT
14TH TER
14TH PLACE
AVENUE
OCEAN DRIVE
14TH STREET
14TH ST
AVENUE
13TH TER
MERIDIAN
EUCLID
Correio
MONAD TER
13TH STREET
13TH ST
Cardozo Hotel
FLAMINGO PARK
DREXEL
WASHINGTON
Marlin Hotel
Amsterdam Palace
12TH STREET
PENNSYLVANIA
12TH ST
MEMORIAL FIELD
Antiga Prefeitura
11TH ST
AVENUE
Clevelander Hotel
11TH STREET
LUMMUS PARK
10TH STREET
Wolfsonian Foundation
10TH ST
ROAD
Art Deco Welcome Center
9TH STREET
SOUTH BEACH
9TH ST
AVENUE
8TH STREET
COLLINS
8TH ST
News Café
WEST
ALTON
7TH STREET
7TH ST
AVENUE
AVENUE
AVENUE
AVENUE
South Shore Hospital
6TH STREET
AVENUE
6TH ST
Park Central Hotel
DRIVE
5TH STREET
AVENUE
Oceano Atlântico
LENOX
4TH
MICHIGAN
JEFFERSON
STREET
EUCLID
4TH STREET
OCEAN
US Coast Guard Base
ALTON
3RD STREET
MERIDIAN
Jewish Museum of Florida
3RD STREET
Miami Beach Marina
ROAD
2ND STREET
WASHINGTON
2ND STREET
AVENUE
OCEAN FRONT PARK
1ST STREET
1ST STREET
COLLINS
PIER PARK
COMMERCE STREET
Joe's Stone Crab Restaurant
BISCAYNE STREET
HARLEY STREET
SOUTH POINTE DRIVE
SOUTH POINTE PARK

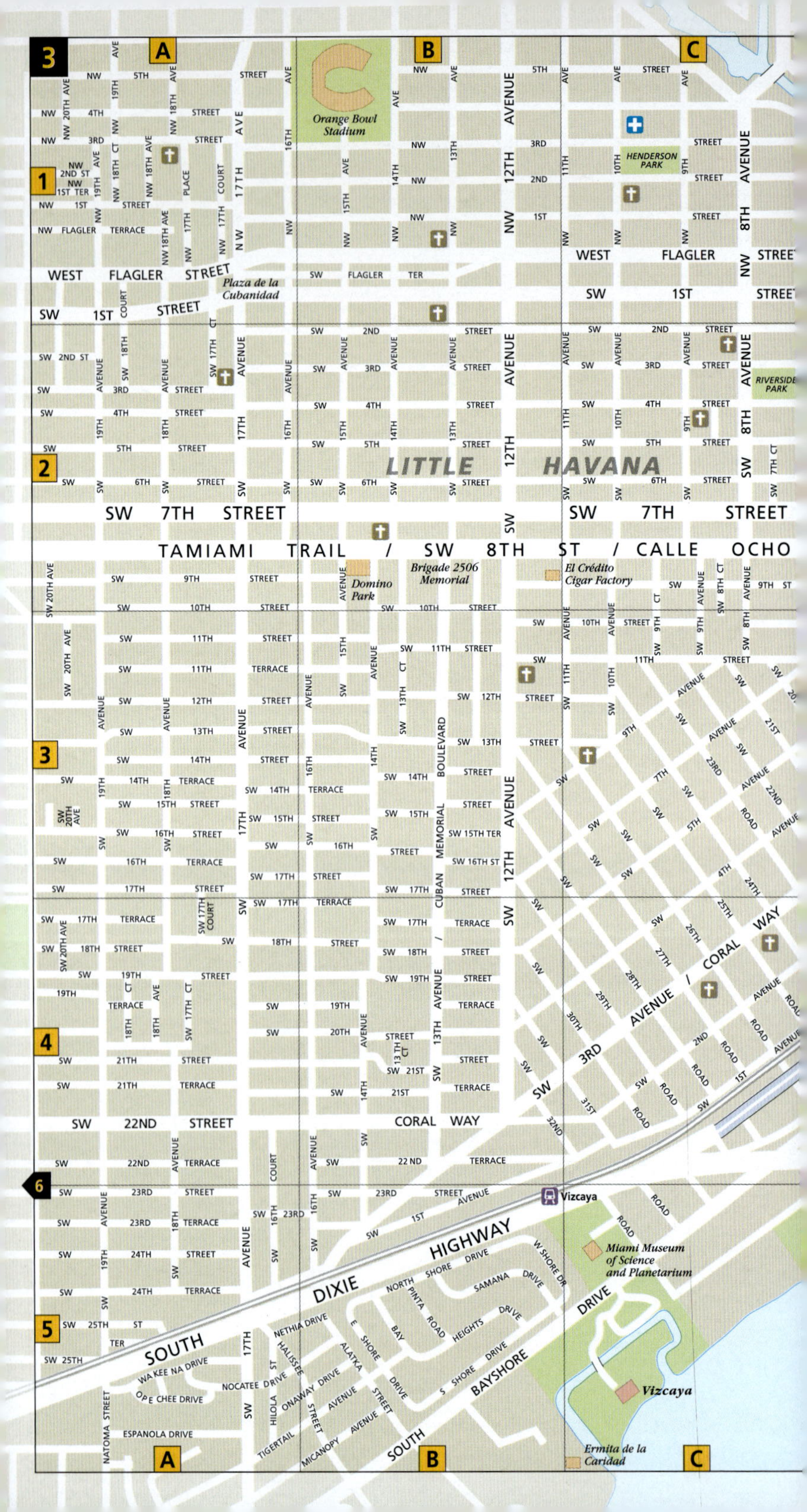
3
A
B
C
1
2
3
4
5
6
Orange Bowl Stadium
Henderson Park
Riverside Park
West Flagler Street
SW 1st Street
Plaza de la Cubanidad
SW Flagler Ter
NW 12th Avenue
NW 8th Avenue
NW 17th Ave
Little Havana
SW 7th Street
Tamiami Trail / SW 8th St / Calle Ocho
Domino Park
Brigade 2506 Memorial
El Crédito Cigar Factory
SW 12th Avenue
Cuban Memorial Boulevard / 13th Avenue
SW 17th Avenue
SW 8th Avenue
SW 22nd Street
Coral Way
Coral Way / SW 3rd Avenue
South Dixie Highway
Vizcaya
Miami Museum of Science and Planetarium
Vizcaya
South Bayshore Drive
Ermita de la Caridad
W Shore Dr
North Shore Drive
Samana Drive
Pinta Road
Bay Heights Drive
S Shore Drive
Nethia Drive
Halissee St
Alatka Street
E Shore Drive
Nocatee Drive
Onaway Drive
Hilola Street
Tigertail Avenue
Micanopy Avenue
Wa Kee Na Drive
Ope Chee Drive
Natoma Street
Espanola Drive

D
E
F
4
1
2
3
4
5
DOWN TOWN
Miamarina
Bayside Marketplace
Hard Rock Café
Bayside Amphitheatre
BAYFRONT PARK
College North
Arena/State Plaza
Federal Courthouse
College/ Bayside
Government Center
1st Street
Miami-Dade Cultural Center
Dade County Courthouse
DuPont Building
EAST FLAGLER STREET
Macy's
Miami Ave
Wachovia Financial Center
Bayfront
CHOPIN PLAZA
Bank of America Tower
3rd Street
Knight Center
Inter-Continental Hotel
River Walk
LUMMUS PARK
Miami River
JOSÉ MARTÍ PARK
Brickell Point
CLAUGHTON ISLAND
5th Street
BRICKELL PARK
Greater Miami Convention and Visitor's Center
SW 7TH STREET
8th Street
Brickell
10th Street
BRICKELL AVENUE
SW 13TH STREET
Financial District
SIMPSON PARK
Point View
The Imperial
The Palace
The Atlantis
3RD AVENUE/CORAL WAY
NORTH - SOUTH EXPRESSWAY
SOUTH MIAMI AVENUE
SOUTH BAYSHORE DRIVE
BISCAYNE BLVD
RICKENBACKER CAUSEWAY (TOLL)
LICE WAINWRIGHT ARK

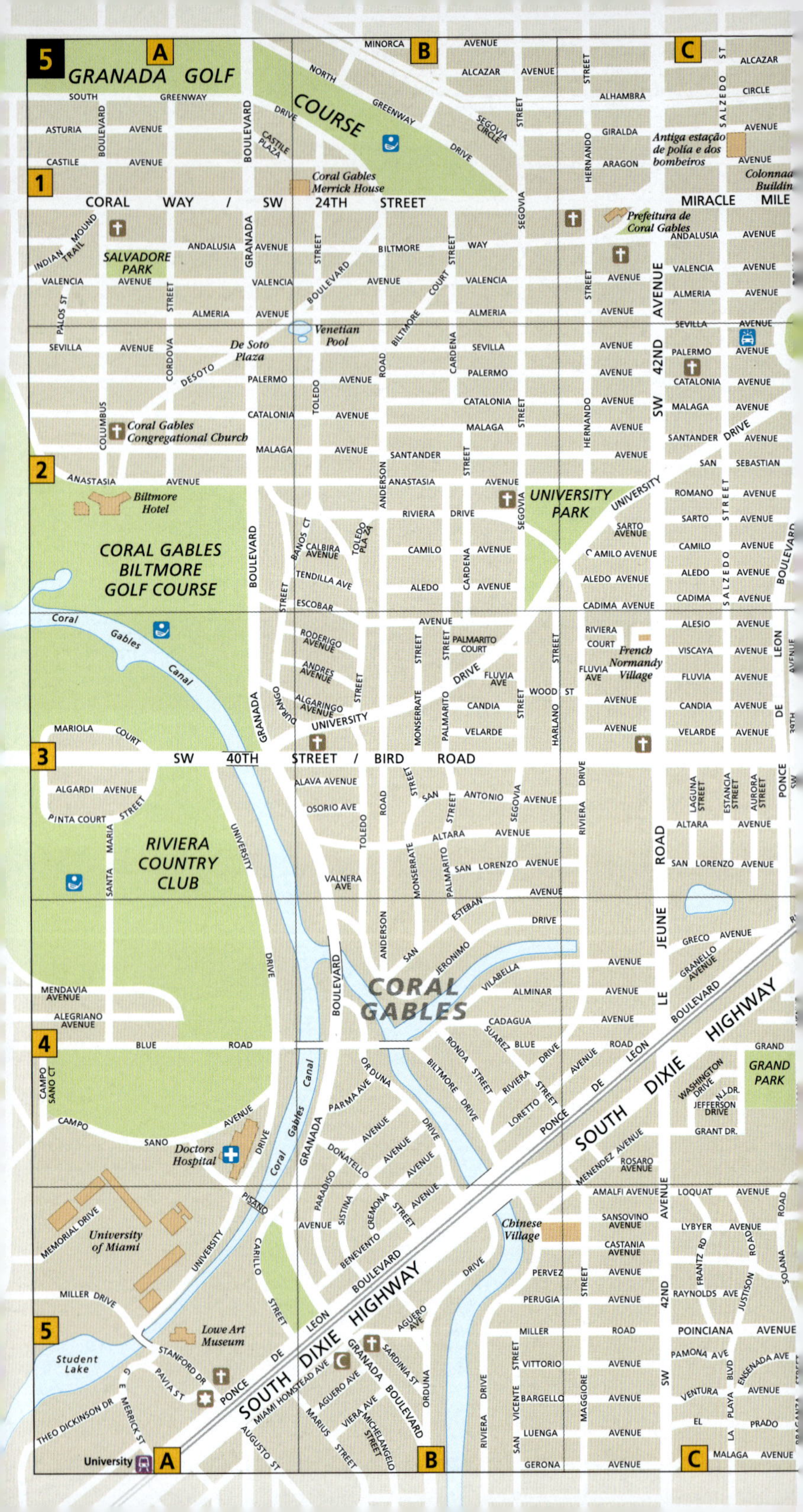
5
A
B
C
GRANADA GOLF COURSE
CORAL WAY / SW 24TH STREET
MIRACLE MILE
Coral Gables Merrick House
Antiga estação de polía e dos bombeiros
Colonnade Building
Prefeitura de Coral Gables
SALVADORE PARK
Venetian Pool
De Soto Plaza
Coral Gables Congregational Church
Biltmore Hotel
CORAL GABLES BILTMORE GOLF COURSE
UNIVERSITY PARK
French Normandy Village
Coral Gables Canal
SW 40TH STREET / BIRD ROAD
RIVIERA COUNTRY CLUB
CORAL GABLES
GRAND PARK
SOUTH DIXIE HIGHWAY
Doctors Hospital
University of Miami
Lowe Art Museum
Student Lake
Chinese Village
University
SW 42ND AVENUE
LE JEUNE ROAD
BLUE ROAD
MILLER ROAD
PONCE DE LEON BOULEVARD
1
2
3
4
5

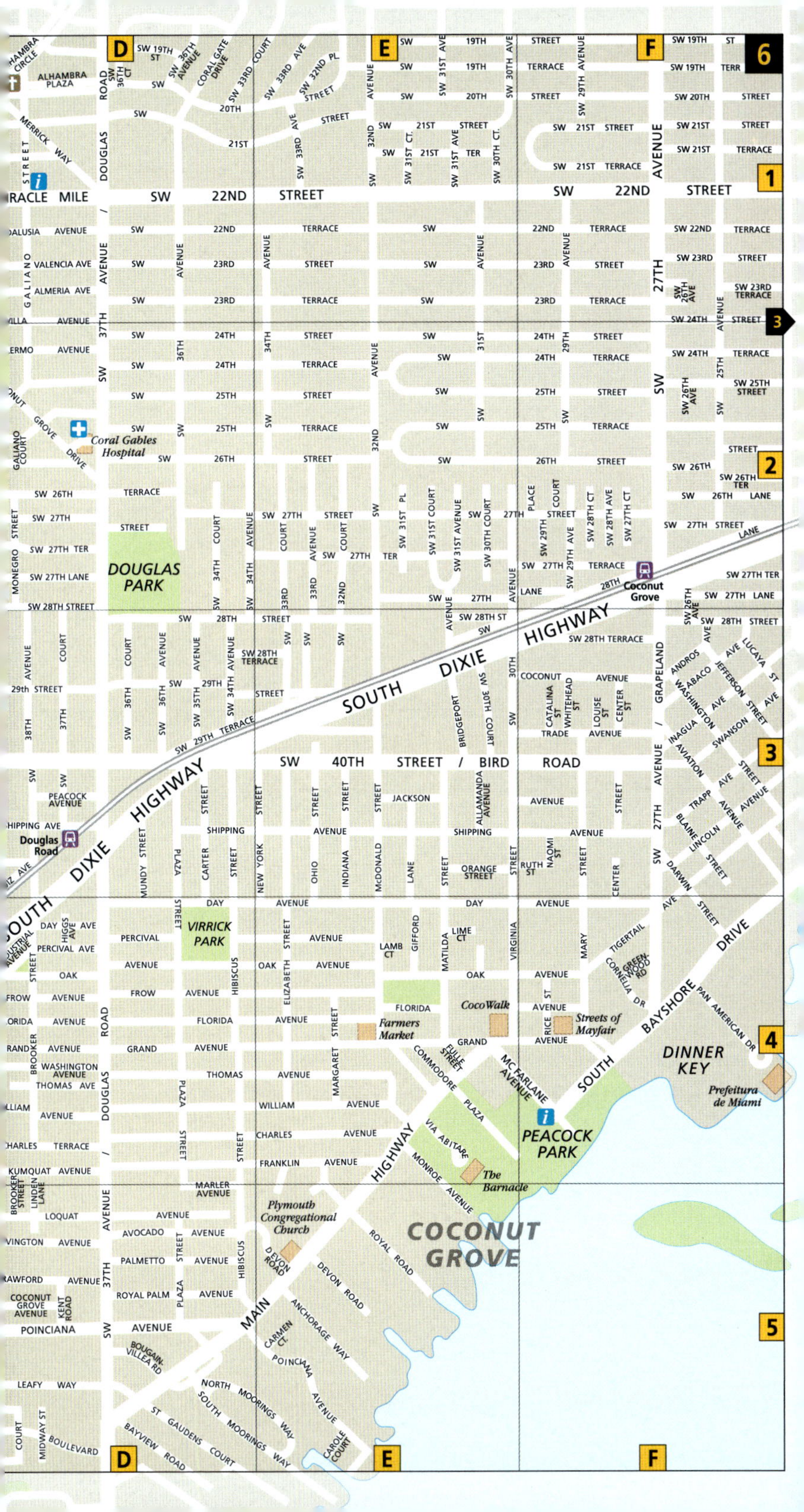

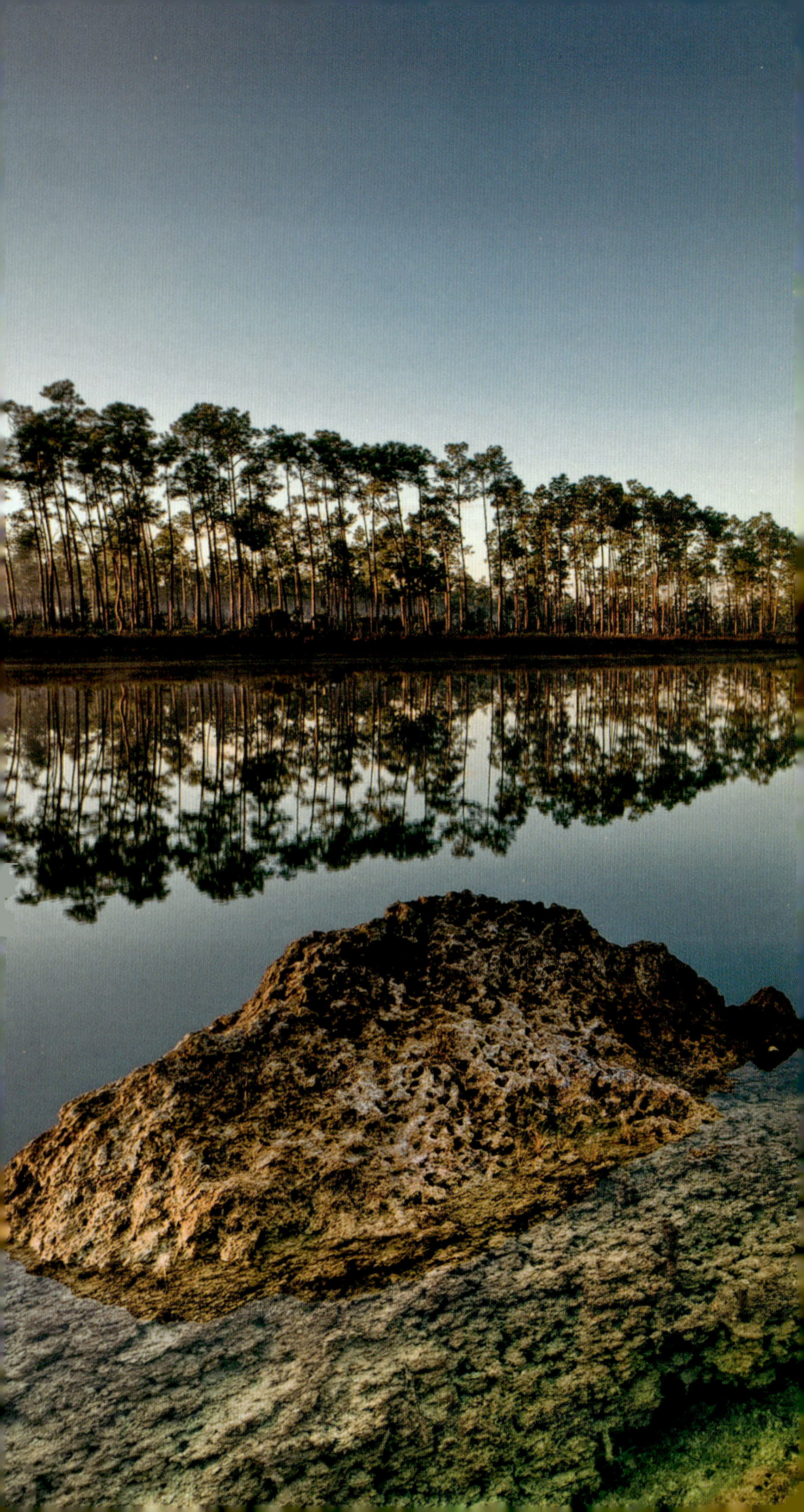

FLÓRIDA ÁREA POR ÁREA

Flórida em Destaque	**112-113**
Costas do Ouro e do Tesouro	**114-141**
Orlando e a Costa Espacial	**142-205**
Nordeste	**206-227**
Panhandle	**228-249**
Costa do Golfo	**250-283**
Everglades e Keys	**284-307**

Flórida em Destaque

Além do Walt Disney World, a Flórida é famosa por suas praias; elas são tantas que, certamente, você encontrará uma do seu gosto. As atrações turísticas, desde os modernos museus às cidades históricas, estão todas ao longo da costa. A principal qualidade da Flórida é o fácil acesso ao seu interior. Vale a pena sair do agito à beira-mar para explorar algumas das belezas naturais do estado e sentir todo o sabor da Flórida.

A canoagem é comum no Panhandle, onde rios como o Suwannee são ladeados por densa vegetação *(p. 248)*.

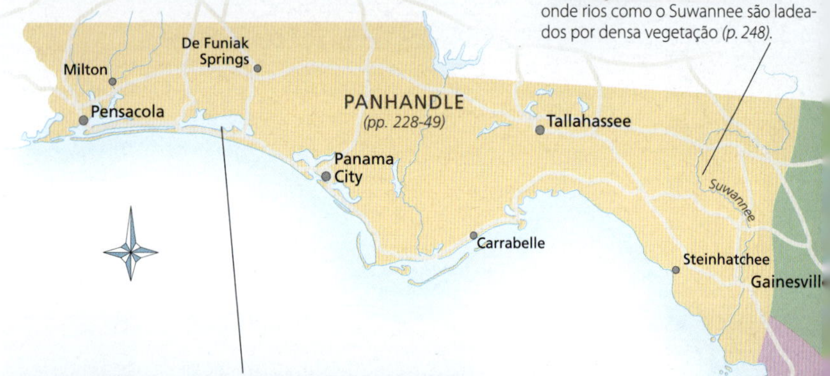

As praias do Panhandle têm a areia mais fina da Flórida e são banhadas pelas águas quentes do golfo do México. Balneários como Panama City Beach lotam no verão *(pp. 240-1)*.

Os Busch Gardens combinam vida selvagem com montanha-russa e outras atrações; são a principal diversão para a família fora de Orlando *(pp. 268-9)*.

O **Ringling Museum of Art** tem um dos maiores e mais importantes acervos do estado e um bonito pátio repleto de cópias de estátuas clássicas, como esta, *Lygia e o touro* *(pp. 274-7)*.

◀ Amanhecer no Long Pine Key Lake, no Everglades National Park

FLÓRIDA EM DESTAQUE | 113

O Castillo de San Marcos é um forte espanhol do século XVII situado na antiga cidade de St. Augustine. O bom estado em que está se deve ao projeto e às paredes de 6m de espessura *(pp. 218-9)*.

Os parques temáticos de Orlando são a principal atração da Flórida longe da costa. Neles, entramos em um mundo de fantasia criado pelo homem, com um número infinito de shows e atrações. O mais famoso é o Walt Disney World *(pp. 146-61)*, mas os Universal Studios *(pp. 184-9)*, mostrados aqui, e o SeaWorld *(pp. 180-1)* também atraem multidões.

A Costa do Ouro tem mansões luxuosas. Em Palm Beach você pode visitar a casa da década de 1920 de Henry Flagler e admirar-se com as mansões e os iates da Intracoastal Waterway *(pp. 122-9)*.

O Everglades National Park, uma extensão de pradarias, pântanos e manguezais repletos de vida selvagem, é a Flórida em seu estado mais puro. Fica muito perto de Miami *(pp. 290-1)*.

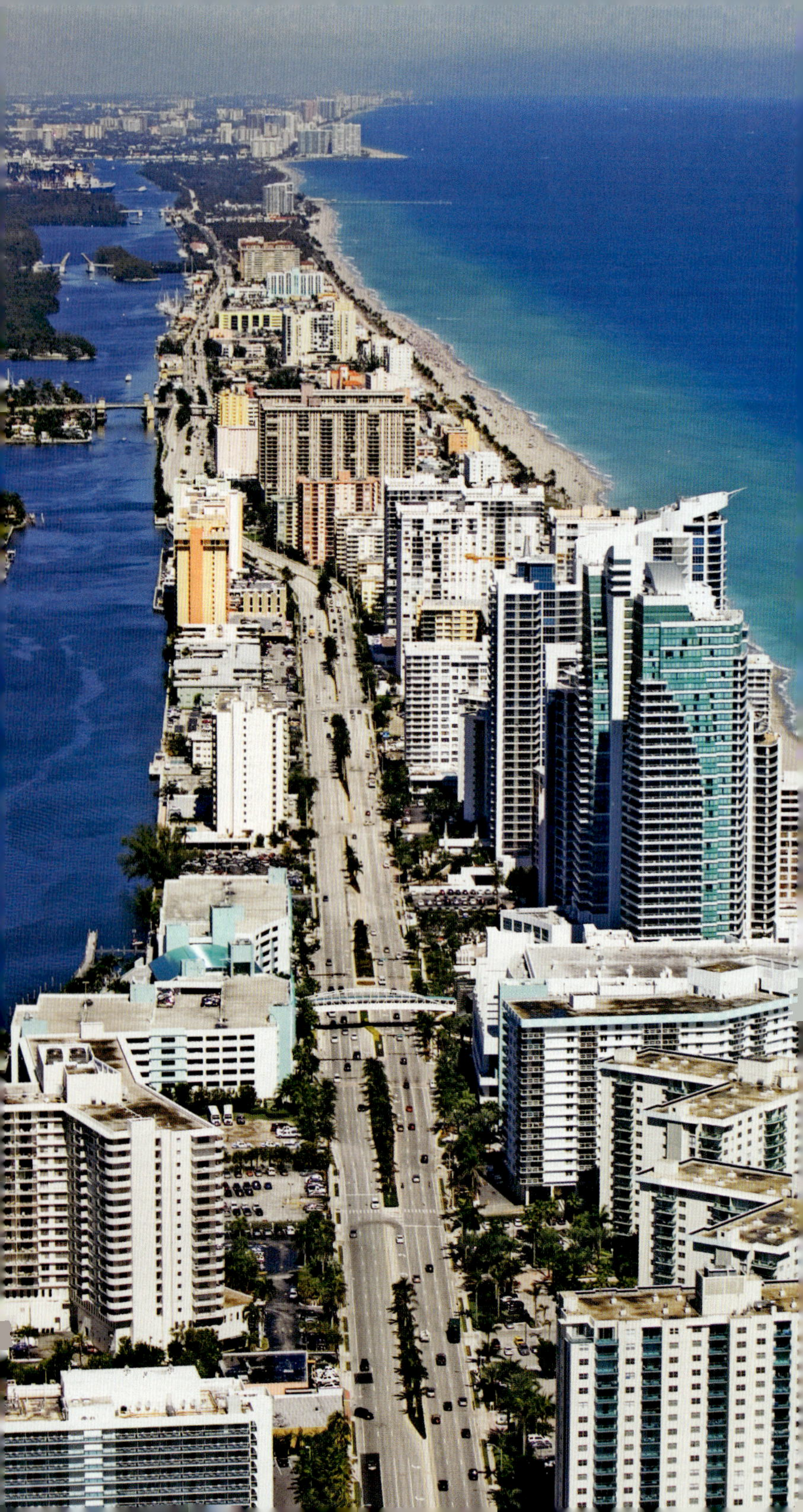

COSTAS DO OURO E DO TESOURO

As Costas do Ouro e do Tesouro, cujo nome se deve aos despojos dos galeões espanhóis naufragados em suas águas, são hoje duas das mais ricas regiões do estado. A promessa de um inverno ensolarado seduz milhões de pessoas em férias.

As férias se concentram nas estreitas ilhas de barreira, que ficam espremidas ao longo da costa, entre belas praias e a Intracoastal Waterway *(p. 27)*. A Costa do Tesouro, que se estende de Sebastian Inlet até Jupiter Inlet, é relativamente selvagem, com grandes extensões de praias desabitadas e comunidades ricas, porém isoladas e escondidas.

A Costa do Ouro, encaixada entre o Atlântico e os Everglades, tem 97km de extensão desde o norte de West Palm Beach até Miami. Até ser rasgada pela East Coast Railroad de Flagler, em fins do século XIX, essa parte da Flórida era um deserto povoado por índios e alguns poucos colonizadores. Hoje, com exceção dos campos de golfe e dos raros parques, é toda construída. A Costa do Ouro divide-se em dois condados. Os ricos do condado de Palm Beach, que em geral fizeram fortuna em outros lugares, ostentam um estilo de vida privilegiado em mansões milionárias e em gramados de críquete e polo. Os balneários de Palm Beach e Boca Raton mostram como eles gastam seu tempo e dinheiro. O condado de Broward, sinônimo de Grande Fort Lauderdale, é uma metrópole. A sua inevitável urbanização é suavizada por canais e praias, que, como os vários balneários locais, são bem mais descontraídos do que os do vizinho condado de Palm Beach.

O oceano Atlântico visto do alto do Farol de Jupiter Inlet

◀ Vista aérea de Fort Lauderdale

116 | FLÓRIDA ÁREA POR ÁREA

Como Explorar as Costas do Ouro e do Tesouro

Os visitantes só vão às Costas do Ouro e do Tesouro para passar as férias na praia. Ao norte de Palm Beach você vai encontrar um litoral intacto e quase vazio, enquanto ao sul há condomínios, praias lotadas e muita companhia. Os parques costeiros, repletos de pássaros, dão indícios de como era a terra em seu estado virgem. Não há muitas atrações culturais, mas não se deve perder o Norton Museum of Art, em West Palm Beach, e a exclusiva cidade de Palm Beach. Os mais ativos podem jogar golfe, fazer compras e pescar – a excelente pescaria no lago Okeechobee justifica uma ida ao interior. Em toda a costa, os quartos de hotel são muito disputados e dobram de preço de dezembro a abril; no verão os visitantes encontram preços bem mais baixos.

A antiga prefeitura de Boca Raton, um trabalho de Addison Mizner (p. 124)

Principais Atrações

1. Sebastian Inlet
2. Mel Fisher's Treasure Museum
3. Vero Beach
4. Fort Pierce
5. Hutchinson Island
6. Stuart
7. Jupiter Island
8. Jupiter
9. Juno Beach
10. *Palm Beach pp. 122-9*
11. West Palm Beach
12. Lion Country Safari
13. Lago Okeechobee
14. Lake Worth
15. Delray Beach
16. Loxahatchee National Wildlife Refuge
17. Morikami Museum and Japanese Gardens
18. Butterfly World
19. Boca Raton
20. *Fort Lauderdale pp. 136-9*
21. Dania
22. Hollywood
23. Davie
24. Flamingo Gardens

Legenda

- Rodovia
- Estrada principal
- Estrada secundária
- Estrada vicinal
- Percurso com paisagem
- Ferrovia

Veja hotéis e restaurantes dessa região nas pp. 314-25 e 329-49

COSTAS DO OURO E DO TESOURO | 117

Lojas e carros de luxo na exclusiva Palm Beach

Como Chegar

Ter carro é essencial, porque o transporte público ou é limitado ou não existe. Os trens da Amtrak ajudam a chegar, mas não a circular pela área, mas a Tri-Rail *(p. 384)* tem linhas que param nas cidades e nos aeroportos entre Miami e West Palm Beach. Três principais *highways* (rodovias) percorrem toda a costa. Pegue a I-95, que é rápida e tem várias pistas para qualquer distância. Evite a US 1 onde for possível: ela é lenta e atravessa a área urbana de todas as cidades de médio porte. A Route A1A é ainda mais lenta, mas é muito menos congestionada e oferece vistas pitorescas. Evite viajar pelas principais estradas da Costa do Ouro e atravessar o centro das cidades da Costa do Tesouro nos horários de pico, entre 7h30-9h30 e 16h30-19h.

A praia de Fort Lauderdale oferece muitos esportes aquáticos

Legenda dos símbolos *na orelha da contracapa*

❶ Sebastian Inlet

Mapa rodoviário F3.
Indian River Co. 🚌 Sebastian.
ℹ️ 700 Main St, (772) 589-5969.
🌐 sebastianchamber.com

Em Sebastian Inlet, as águas do Atlântico misturam-se às águas salobras da porção do rio Indian River da Intracoastal Waterway *(p. 27)*. O **Sebastian Inlet State Park,** que compreende esse canal e seus 5km (3 milhas) de praias intocadas, é um dos parques estaduais mais populares da Flórida.

A enseada tranquila ao norte do estreito é ideal para nadar, sem as ondas que fazem das praias ao sul (na ilha Orchid) um dos melhores pontos para surfe na costa leste da Flórida. Nos fins de semana acontecem competições e há barcos para alugar. O parque também atrai pescadores: eles estacionam seus barcos na entrada do estreito ou disputam espaço nos dois molhes que se projetam no Atlântico e nas águas límpidas do rio Indian.

No extremo sul do parque, o **McLarty Treasure Museum** conta em detalhes a história da perda da Frota de Prata Espanhola, em 1715. Em 31 de julho um furacão atirou onze galeões contra os recifes próximos da costa, entre Sebastian Inlet e Fort Pierce, afundando-os. Os navios que vinham de Havana voltavam a Espanha pelas águas quentes do Golfo, carregados com os espólios das colônias do Novo Mundo. Um terço da tripulação perdeu a vida, e os sobreviventes montaram acampamento onde hoje está o McLarty Treasure Museum.

Imediatamente após a tragédia, cerca de 80% da carga foi recuperada pelos sobreviventes, ajudados pelos índios *ais*. Os navios ficaram no fundo do mar até 1928, quando um deles foi encontrado. O resgate foi retomado no começo da década de 1960, e desde então tesouros milionários já foram recuperados. Entre os achados em exibição há muitas moedas de ouro e de prata, mas a maior parte são objetos de uso doméstico.

Placa espanhola, McLarty Museum

🏛 Sebastian Inlet State Park
9700 S A1A, Melbourne Beach.
Tel (321) 984-4852. ⏰ diariam. 🅿️ ♿ 🌐 floridastateparks.com

🏛 McLarty Treasure Museum
13180 N Highway A1A. **Tel** (772) 589-2147. ⏰ 10h-16h diariam. 🅿️ ♿

❷ Mel Fisher's Treasure Museum

Mapa rodoviário F3. Indian River Co.
Tel (772) 589-9875. 🚌 Sebastian.
⏰ 10h-17h seg-sáb (dom a partir 12h). ⚫ Páscoa, Set, Ação de Graças, 25 dez, 1º jan. 🅿️ ♿
🌐 melfishers.com

As melhores histórias de caça ao tesouro são apresentadas nesse museu. Famoso como "O Maior Caçador de Tesouros do Mundo", Mel Fisher morreu em 1998, mas a sua equipe de mergulhadores continua existindo.

O museu abriga tesouros de vários naufrágios, incluindo a frota de 1715 (que a equipe vem resgatando há décadas) e o Atocha *(p. 33)*. São joias, uma barra de ouro, que desafia qualquer um a erguê-la, e objetos de uso diário. Na Bounty Room é possível comprar autênticos reales espanhóis e cópias de joias históricas. Veja também o Mel Fisher Maritime Museum na p. 306.

Mel Fisher, caçador de tesouros e fundador do museu

❸ Vero Beach

Mapa rodoviário F3.
Indian River Co. 🚗 18.000. 🚌
ℹ️ 1216 21st St, (772) 567-3491.
🌐 indianriverchamber.com

A principal cidade do condado de Indian River, Vero Beach, especialmente seu balneário em ilha Orchid, é um lugar encantador. Frondosos carvalhos sombreiam as ruas residenciais e os prédios não podem ter mais que quatro andares. As belas casas da Ocean Drive abrigam galerias, lojas e antiquários.

O **Vero Beach Museum of Art** no Riverside Park da ilha Orchid organiza exposições interessantes, mas a cidade é famosa pelas praias e por seus dois hotéis. O Driftwood Resort localiza-se no coração de Vero Beach, de frente para o mar, e existe desde 1935 como casa de praia. Construída por um morador excêntrico com madeira de demolição e encontrada à deriva, foi decorada com uma incrível variedade de bricabraques que ainda podem ser vistos. Em Wabasso Beach, 11km (7 milhas) ao norte, uma das

Surfistas em Sebastian Inlet, na Costa do Ouro

Veja hotéis e restaurantes dessa região nas pp. 314-25 e 329-49

COSTAS DO OURO E DO TESOURO | 119

mais belas praias de conchas da Orchid Island, está o Vero Beach Resort, primeiro hotel Disney situado fora de Orlando.

O Indian River Citrus Museum, no continente, é dedicado ao principal produto agrícola da região, a laranja. O local abriga tudo o que se refere à indústria cítrica, como fotos antigas, equipamento de colheita e etiquetas da marca.

Vero Beach Museum of Art
3001 Riverside Park Drive.
Tel (772) 231-0707. 1º jan, Ação de Graças, 25 dez.
w verobeachmuseum.com

Indian River Citrus Museum
2140 14th Ave. **Tel** (772) 770-2263. 10h-16h ter-sex. feriados.
w veroheritage.com

❹ Fort Pierce

Mapa rodoviário F3. St. Lucie Co. 39.500. 2300 Virginia Ave, (772) 462-1535.
w visitstluciefla.com

Fort Pierce, que tem o nome de um posto militar da Segunda Guerra dos Seminoles *(pp. 50-1)*, não é um lugar turístico. Sua principal atração são as ilhas de barreira, que podem ser alcançadas por dois caminhos que cruzam a Intracoastal Waterway.

Siga o North Beach Causeway para chegar à ilha North Hutchinson. No extremo sul está o **Fort Pierce Inlet State Park**, que tem a melhor praia local, costeada por dunas e muito procurada por surfistas.

O Driftwood Resort de Vero Beach, feito com madeira de demolição

Ao norte, onde havia uma escola de treinamento da Segunda Guerra, está o **UDT-SEAL Museum**. De 1943 a 1946, mais de três mil mergulhadores da Equipe de Demolição Submarina (UDT) aprenderam a desarmar minas submarinas e defender a praia. Lá pelos anos 1960, eles se tornaram uma tropa de elite conhecida como SEAL (Comando de Terra, Mar e Ar). O museu explica o papel desses mergulhadores na Segunda Guerra e nas guerras da Coreia, do Vietnã e nas guerras atuais. Do lado de fora estão os veículos do SEAL: submarinos parecidos com torpedos que transportam pessoas, em vez de bombas e explosivos.

A menos de 1km está a ilha Jack Island, hoje uma península sobre o rio Indian. Essa reserva de mangue possui aves em abundância e tem uma trilha curta que leva a uma torre de observação. O **St. Lucie County Historical Museum** situa-se no caminho que liga Fort Pierce à ilha Hutchinson. O acervo mistura achados dos naufrágios de 1715 na Galleon Room, um acampamento *seminole* e um armazém do começo do século XX reconstruídos. Você também pode conhecer uma casa *cracker (p. 34)* que fica ao lado do museu.

Fort Pierce Inlet State Park
905 Shorewinds Drive, N Hutchinson Island. **Tel** (772) 468-3985. restrito.

UDT-SEAL Museum
3300 N Highway A1A. **Tel** (772) 595-5845. jan-abr: diariam; mai-dez: ter-dom. feriados.
w navysealmuseum.com

St. Lucie County Historical Museum
414 Seaway Drive. **Tel** (772) 462-1795. 10h-16h ter-sáb (dom a partir de 12h). feriados. restrito.
w stlucieco.gov

Indústria Cítrica do Rio Indian

As frutas cítricas foram trazidas à Flórida pelos espanhóis no século XVI: cada navio que deixava a Espanha deveria trazer cem sementes para plantar nas novas colônias. As condições locais eram ideais para o cultivo, e as plantas se desenvolveram particularmente ao longo do rio Indian entre Daytona e West Palm Beach, que veio a se tornar a maior região produtora de cítricos do estado. Em 1931, os fazendeiros criaram a liga do rio Indian para impedir que frutas cultivadas fora dali fossem chamadas de "Indian River." Um terço da safra de cítricos do estado e 75% da de grapefruit são produzidos na região. A fabricação de suco consome a maioria das laranjas, que são doces e suculentas devido ao clima quente, ao tipo de solo e às chuvas.

Uma etiqueta de 1937 da Flórida central com o nome Indian River

Gilbert's Bar House of Refuge Museum, na costa atlântica da ilha Hutchinson

❺ Hutchinson Island

Mapa rodoviário F3. St. Lucie Co/Martin Co. 🚗 5.000. 🛈 1900 Ricou Jensen Beach, (772) 334-3444. 🌐 jensenbeachchamber.org

Com mais de 32km de extensão, essa ilha tem as praias mais belas. Ao sul, os banhistas procuram a Sea Turtle Beach e o vizinho Jensen Beach Park, próximo à confluência das estradas 707 e A1A. A Stuart Beach, no início do caminho que atravessa o rio Indian para Stuart, também tem boa frequência.

Ao lado de Stuart Beach está o **Elliott Museum**, criado em 1961 em homenagem ao inventor Sterling Elliott. Algumas de suas engenhocas estão expostas no local. Uma reforma completa em 2013 proporcionou ao museu uma abordagem com foco em arte, história, tecnologia e inovações.

Seguindo mais de 1km para o sul, chega-se ao **Gilbert's Bar House of Refuge Museum**. Criado em 1875, é um dos dez abrigos desse tipo ao longo da costa leste, fundados pelo Serviço de Salva-Vidas (antecessores da Guarda Costeira) para socorrer as vítimas de naufrágio. Os quartos rústicos na casa de madeira mostram como era difícil a vida desses guardas, que passavam um ano no local. Do lado de fora há uma réplica de um *surf boat* dos anos 1840, usado em missões de resgate. Mais adiante há uma **Bathtub Beach**, a melhor da ilha. A piscina natural formada por recifes de coral é um ponto seguro e popular para banho.

🏛 Elliott Museum
825 NE Ocean Blvd. **Tel** (772) 225-1961. 🕙 10h-17h diariam. ⬤ 1º jan, Páscoa, 4 jul, Ação de Graças, 25 dez.

🏛 Gilbert's Bar House of Refuge Museum
301 SE MacArthur Blvd. **Tel** (772) 225-1875. 🕙 10h-16h seg-sáb (dom a partir de 13h). ⬤ Páscoa, Ação de Graças, 25 dez, 1º jan.

❻ Stuart

Mapa rodoviário F3. Martin Co. 🚗 17.000. 🛈 1650 S Kanner Highway, (772) 287-1088. 🌐 goodnature.org

A partir da ilha Hutchinson, o bonito caminho salpicado de ilhas que atravessa o rio Indian é uma excelente introdução à maior cidade do condado de Martin. Contornada por belas casas à beira-rio e condomínios residenciais com campos de golfe, Stuart tem uma área central encantadora, que não é cortada pelas movimentadas rodovias costeiras. Ao sul da Roosevelt Bridge, na Flagler Avenue e Osceola Street, há um caminho à beira-rio com belos edifícios de tijolo e estuque dos anos 1920 e galerias de arte. À noite, bares e restaurantes tocam música ao vivo.

O corvídeo da Flórida, que vive nos pinheiros da Jupiter Island

❼ Jupiter Island

Mapa rodoviário F4. Martin Co. 🚗 200. 🛈 800 N US 1, (561) 746-7111. 🌐 jupiterfl.org

Grande parte dessa ilha longa e estreita é tomada por ricas residências, mas também há excelentes praias públicas.

Indo para o norte da Jupiter Island, o **Hobe Sound National Wildlife Refuge** acena com mais de 5km (3 milhas) de praias, mangues e dunas magníficas. A outra metade do parque, a faixa de pinheiros anões que acompanha a Intracoastal Waterway, é o paraíso das aves, entre elas o corvídeo da Flórida. Há um centro ecológico na confluência da US 1 com a A1A.

Pouco mais ao sul, a **Blowing Rocks Preserve** tem uma bela praia. Quando chove muito, buracos nas escarpas de arenito esguicham água para o alto – daí o nome da reserva.

🌳 Hobe Sound National Wildlife Refuge
13640 SE Federal Hwy. **Tel** (772) 546-6141. 🏖 para a praia. 🕙 diariam. Nature Center: **Tel** (772) 546-2067. 🕙 seg-sex. ⬤ feriados.

O colorido Riverwalk Café, na St. Lucie Street, centro de Stuart

Veja hotéis e restaurantes dessa região nas pp. 314-25 e 329-49

Arredores

Batizado com o nome de um homem que naufragou no local em 1696, o **Jonathan Dickinson State Park** compreende hábitats tão diversos quanto mangues, pinheirais e uma faixa do rio Loxahatchee coberta por ciprestes. Além de trilhas de caminhadas e cavalgadas, ele oferece aluguel de canoas e passeios de barco pelo rio; peixes-boi, aligatores, águias-pescadoras e garças podem ser observadas no parque.

Vista do Jupiter Inlet Lighthouse a partir do Jupiter Beach Park

Jonathan Dickinson State Park
16450 SE Federal Hwy. **Tel** (772) 546-2771. diariam. restrito.

❽ Jupiter

Mapa rodoviário F4. Palm Beach Co. 35.000. 800 N US 1, (561) 746-7111. **w** jupiterfl.org

A fama dessa cidadezinha se deve às suas praias e aos campos de treino dos Miami Marlins e dos St. Louis Cardinals. A **John D. MacArthur Beach** em Singer Island é uma das melhores do estado *(p. 131).* O **Loxahatchee River Historical Society and Museum** tem peças sobre os habitantes originais da área, os índios *hobes*, e os colonizadores ingleses no século XVIII.

Loxahatchee River Historical Society and Museum
805 N US 1. **Tel** (561) 747-6639. 10h-17h ter-sex, 12h-17h sáb e dom. feriados.

John D. MacArthur State Park
Singer Island (atravesse a Intracoastal Waterway no Blue Heron Blvd e siga para o norte na Ocean Blvd). diariam.

Arredores

Não muito longe, no lado sul de Jupiter Inlet, localiza-se o bonito **Jupiter Beach Park**. Ele tem fácil acesso e uma praia excelente de areias escuras, com salva-vidas; é também a preferida dos pelicanos e do peixe-sapo. Tem instalações para piquenique, mesas, brinquedos para as crianças, salas de repouso e molhe de pescaria. Tem também uma bonita vista do **Jupiter Inlet Lighthouse**, farol de 1860, a construção mais antiga do condado. O antigo armazém de óleo é hoje um pequeno museu. Além do Farol, aos domingos é possível visitar o Dubois House Museum, de 1896, administrado pela Loxahatchee Historical Society e mobiliado no estilo pioneiro da virada do século. Perto está o grande **Carlin Park,** administrado pelo Parks and Recreation Department of Palm Beach County. O parque tem campos de jogos, áreas de piquenique, quadras de tênis, quartos e praia protegida.

Jupiter Inlet Lighthouse
Beach Rd com US 1. **Tel** (561) 747-8380. 10h-16h sáb-qua. feriados.

Carlin Park
400 South State Road A1A. **Tel** (561) 966-6600. diariam. Salva-vidas a postos 9h-17h20.

❾ Juno Beach

Mapa rodoviário F4. Palm Beach Co. 2.700. 1555 Palm Beach Lakes Blvd, Suite 800, (561) 471-3995.

As areias de Juno Beach, uma pequena localidade que avança até Jupiter Inlet, são as preferidas para a desova das tartarugas-cabeçudas. Situado no Loggerhead Park, entre a US 1 e a Route A1A, o **Loggerhead Marinelife Center** é um centro de conservação oceânica e hospital onde tartarugas machucadas, cortadas por hélices de barcos ou presas em linhas de pesca se recuperam em tanques. Um caminho vai até a praia, onde os animais desovam no verão. É preciso reservar com antecedência.

Loggerhead Marinelife Center
14200 US 1. **Tel** (561) 627-8280. 10h-16h seg-sáb, 12h-15h dom. 25 dez. **w** marinelife.org

---

Tartarugas Marinhas da Flórida

O centro da costa leste da Flórida é a principal área de desova das tartarugas marinhas dos EUA. De maio a setembro, as fêmeas sobem às praias à noite e botam em média cem ovos na areia. Dois meses depois, os filhotes rompem a casca e correm para o mar, também à noite. As tartarugas marinhas, entre as quais se incluem a espécie mais comum da Flórida, a tartaruga-cabeçuda, correm risco de extinção porque ficam desorientadas pelas luzes dos prédios.

A maneira correta de ver a desova das tartarugas é participar de uma excursão noturna. Ligue para a Câmara de Comércio local, como a de Juno Beach, para mais detalhes.

Um filhote de tartaruga-cabeçuda chega ao mar pela primeira vez

⑩ Palm Beach

Há muito tempo que Palm Beach é uma ilha da fantasia. Henry Flagler, o empreendedor pioneiro do sul da Flórida *(p. 129)*, criou esse playground de inverno para milionários, no fim do século XIX. Na década de 1920, o arquiteto Addison Mizner *(p. 124)* deu novo impulso ao balneário, transformando a aparência de Palm Beach com as mansões em estilo espanhol encomendadas por seus moradores sazonais.

Nos anos 1960, a cidade praticamente fechava no verão: até os faróis de trânsito eram desativados. Hoje Palm Beach funciona o ano inteiro, mas ainda é essencialmente um balneário de inverno. Na cidade, que aparenta ser a mais rica dos EUA, os visitantes têm a oportunidade de observar os membros do *beau monde* passando horas em lojas e restaurantes exclusivos ou frequentando clubes *privées* e bailes beneficentes.

A entrada da Via Roma dá uma boa ideia dos arredores

A elegante Worth Avenue, paraíso das compras dos milionários

Worth Avenue

Para ter uma ideia do estilo de vida de Palm Beach, não deixe de passear pela Worth Avenue. Enquanto os patrões se divertem comprando um vestido Armani ou uma antiguidade russa, os motoristas mantêm o ar-condicionado ligado nos Rolls Royces. Estendendo-se por quatro quadras, de Lake Worth até a Atlantic Ocean, é a rua mais famosa da cidade.

A Worth Avenue, e também a arquitetura de Addison Mizner, entraram na moda com a construção do exclusivo Everglades Club, no extremo oeste, em 1918. Ele é resultado da colaboração entre Mizner e Paris Singer, o herdeiro das máquinas de costura, que trouxe o arquiteto para a Flórida. A ideia inicial era que fosse um hospital de oficiais da Primeira Guerra, mas jamais abrigou um único paciente e tornou-se o ponto de encontro social da cidade. Hoje suas galerias e pátios em estilo espanhol ainda são um sofisticado e exclusivo refúgio para os sócios.

Do outro lado da rua, em contraste com a fachada relativamente simples do clube, estão a Via Mizner e a Via Parigi, com lojas coloridas e restaurantes. Essas vielas interligadas só para pedestres foram criadas por Mizner na década de 1920 e são a atração estética da Worth Avenue. Inspiradas nas ruelas das cidades espanholas, são uma profusão de arcos, degraus azulejados e irregulares, buganvíleas, fontes e belos pátios. Na entrada das vielas estão a torre do escritório e a casa que Mizner construiu para si. O primeiro andar da torre, onde ficavam expostas as suas cerâmicas, foi a primeira unidade comercial da avenida.

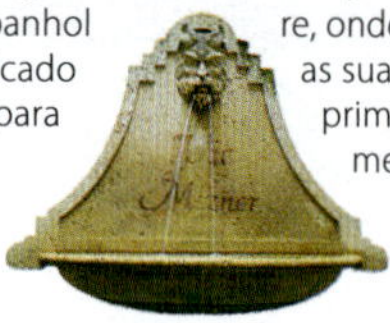

Fonte da Via Mizner

Ligando os dois prédios há uma calçada que também é a entrada da área de compras da Via Mizner. As outras vielas da Worth Avenue são mais modernas, mas seguem o mesmo estilo, com flores e vitrines atraentes. Não deixe de visitar a Via Roma nem os pátios que interligam a Via de Lela e Via Flora.

A Worth Avenue em 1939, fotografada por Bert Morgan

Veja hotéis e restaurantes dessa região nas pp. 314-25 e 329-49

Compras na Worth Avenue

Símbolo de Palm Beach, a Worth Avenue e as ruas próximas abrigam cerca de 250 lojas de roupas requintadas, galerias de arte e antiquários. As fachadas, que vão da estética espanhola que é o estilo de Mizner ao Art Déco, resultam em uma mistura agradável e eclética. As vitrines artísticas da rua de compras mais famosa da Flórida ficam ainda melhores quando iluminadas à noite. Algumas ostentam símbolos irônicos de riqueza, como uma falsa torrada com caviar ou o manequim de um mordomo. Em 1979, um Rolls Royce com uma lâmina de escavadeira adaptada iniciou simbolicamente as obras do 150 Worth, o shopping center ao ar livre a leste da Worth Avenue. Um tipo de exibição que a distingue de outras famosas áreas comerciais.

Lojas Exclusivas da Worth Avenue
A Worth Avenue é uma incrível mistura de joalherias, que incluem as especializadas em imitações de qualidade, casas de roupas prêt-à-porter elegantes, lojas de presentes finos, butiques de estilistas famosos e luxuosas lojas de departamentos.

A Cartier é a última palavra em presentes e suvenires. São joias finas, canetas e, é claro, os famosos relógios.

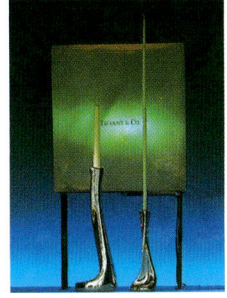

Tiffany & Co. é um dos nomes mais famosos da Worth Avenue. Famosa pelas joias (como as criações exclusivas de Paloma Picasso) e pratarias, tem também perfumes e artigos de couro.

A Saks Fifth Avenue, no elegante shopping Esplanade, tem dois andares de artigos de luxo, de lingerie a roupa masculina de grife.

Betteridge, Greenleaf and Crosby, joalheiros especialistas de Palm Beach desde 1896.

A butique Giorgio's oferece roupas luxuosas feitas à mão, além de bolsas, sapatos e acessórios de couro de aligátor e avestruz e móveis de escritório em couro de aligátor e madeira.

Richter's of Palm Beach são especialistas em joias raras e fornecedores de gemas únicas.

Como Explorar Palm Beach

O espírito e a imaginação de Addison Mizner estão impregnados por toda Palm Beach. Além dos edifícios que ele próprio desenhou, sua influência aparece em muitos outros. A arquitetura de Mizner, descrita por um biógrafo como "um estilo bastardo-espanhol-mourisco-românico-gótico-renascentista-machista-comercial-dane-se-o-preço" lançou muitas ideias para serem trabalhadas. Palm Beach tem criações esplêndidas de homens como Marion Wyeth, Maurice Fatio e Howard Major, todos ativos na década de 1920, e imitações mais recentes. Olhar as mansões dos ricos e famosos nos "subúrbios" exclusivos é atividade obrigatória em Palm Beach.

Como Explorar Palm Beach

Diante da opulência da Worth Avenue, nas ruas residenciais ao norte a atmosfera é mais contida. Na arborizada Cocoanut Row há residências luxuosas, mas na South County Road, que corre paralelamente, a influência de Mizner é evidente, por exemplo, na eclética arquitetura da Prefeitura construída em 1926 e restaurada com perfeição. Nas proximidades está o atraente Mizner Memorial Park, que tem no centro uma fonte e uma piscina estreita cercadas por palmeiras, e a Phipps Plaza, um espaço fechado, tranquilo e arborizado que contém bonitos edifícios com peitoris azulejados e portões com flores. Foi Mizner quem desenhou a bonita casa no nº 264. Também digna de nota é a cabana tropical de Howard Major (1939), com delicadas influências chinesas.

Se tiver tempo, não deixe de caminhar pelas ruas a oeste da South County Road, onde se misturam as casas no estilo Mizner e bangalôs do início do século XX com jardins arborizados. A rua mais imponente dessa área é a Royal Palm Way. Suas palmeiras enfileiradas enfeitam o acesso à Royal Palm Bridge, de onde se avistam os luxuosos iates no lago Worth, especialmente em dezembro, quando todos eles estão decorados com luzes coloridas para o desfile anual de barcos.

Fonte Mizner Memorial

Painel sobre o teatro na biblioteca da Society of the Four Arts

Society of the Four Arts

2 Four Arts Plaza. **Tel** (561) 655-7226. Galeria: ○ 10h-17h seg-sáb, 14h-17h dom (dez-abr). ● dom (mai-out), feriados. Jardins: 10h-17h diariam. Biblioteca: ○ 10h-16h45 seg-sex, 10h-12h45 sáb. ● sáb (mai-out), dom, feriados.

Fundada em 1936, a Society of the Four Arts tem duas bibliotecas, área de exposições e um auditório para palestras, concertos e filmes.

Originalmente, a galeria e o auditório faziam parte de um clube privado criado por Mizner, mas a biblioteca em estilo italiano de Maurice Fatio impressiona muito mais. Os murais em suas galerias representam a arte, a música, o teatro e a literatura. Tem um gramado com esculturas modernas.

A Fantasia Espanhola de Mizner

Addison Mizner (1872-1933) saiu de Nova York em 1918 para convalescer de um acidente em Palm Beach. Arquiteto por profissão, logo começou a desenhar casas que mudaram a face de Palm Beach e, essencialmente, de toda a Flórida (p. 35). Adaptando o desenho de antigos edifícios espanhóis ao novo ambiente, Mizner criou um novo estilo arquitetônico. Ele incorporou galerias e escadas externas para acomodar as altas temperaturas da região, e mandou cobrir as paredes com leite condensado, depois esfregá-las com palha de aço para ganharem um aspecto envelhecido.

Addison Mizner ficou milionário não só pela sua visão arquitetônica, mas pela habilidade de aproximar-se das pessoas certas. Mais tarde ele voltou a atenção para Boca Raton (pp. 134-5), mas foi abatido pelo colapso do setor imobiliário na década de 1920, e no final da sua vida teve que recorrer aos amigos para poder pagar as contas.

Via Mizner (p. 122), clássico de trabalho de Mizner

Addison Mizner nos anos 1920

Veja hotéis e restaurantes dessa região nas pp. 314-25 e 329-49

PALM BEACH | 125

🏛 Hibel Museum of Art
5353 Parkside Drive, Jupiter.
Tel (561) 622-5560. 11h-16h ter-sex (ligue antes). feriados.
w hibelmuseum.org

As obras típicas de Edna Hibel, artista que nasceu em Boston em 1917 e ainda vive nos arredores da Singer Island *(p. 131)*, são retratos românticos de mães e filhos do mundo todo. Ela pinta em qualquer superfície, seja madeira, seda, cristal ou porcelana.

O museu, fundado em 1977, tem mais de 1.500 criações da artista.

Brittany e filho (1994), de Edna Hibel (óleo, gesso e ouro sobre seda)

🏛 The Breakers
1 South County Rd. **Tel** (561) 655-6611. qua à tarde.
w thebreakers.com

Situada no meio do mais antigo campo de golfe da Flórida, essa estrutura em estilo renascentista italiano é o terceiro hotel que ocupa o mesmo lugar: o primeiro Breakers, construído em 1896, pegou fogo em 1903. Seu substituto também foi destruído por um incêndio em 1925, causado pelo modelador de cabelo de uma hóspede. O atual Breakers foi erguido em menos de um ano. O hotel é o centro da vida social da cidade, oferecendo noites de gala em seus magníficos salões.

O mais luxuoso hotel de Palm Beach recebe também quem não é hóspede: sinta-se à vontade para asssistir a uma partida de críquete, tomar um milk-shake no bar, andar pela recepção (com o teto pintado à mão) e pelos luxuosos banheiros.

Também é possível fazer uma visita guiada. No lado sul do hotel há três mansões de madeira do século XIX, remanescentes da **Breakers Row**. De frente para o mar, elas eram reservadas para os ricos visitantes de Palm Beach que vinham passar o inverno.

Fachada do Breakers Hotel, projetada pelo estúdio nova-iorquino Schultze and Weaver

🏛 Bairros de Palm Beach
A alta sociedade de Palm Beach normalmente se esconde atrás de grades altas, em mansões milionárias. Algumas delas foram construídas por Addison Mizner e seus imitadores na década de 1920, mas desde então centenas de outras proliferaram, em vários estilos arquitetônicos, do neoclássico ao art déco.

Algumas podem ser vistas de uma elevação ao longo do South Ocean Boulevard apelidada de Mansion Row. A mais distante é a residência georgiana de nº 126 que pertence a Estée Lauder. A nº 720, construída por Mizner em 1919, pertenceu durante um tempo a John Lennon. Oito quadras além, Mar-a-Lago (nº 1100) é a residência mais luxuosa de Palm Beach, com 58 quartos, 33 banheiros e três abrigos antiaéreos. Construída por Joseph Urban e Marion Wyeth em 1927, foi comprada em 1985 por Donald Trump, que a transformou em um exclusivo clube privado.

As casas situadas nos bairros ao norte são mais escondidas. A North County Road passa pela maior propriedade de Palm Beach no nº 513. Mais adiante, o nº 1095 do North Ocean Boulevard foi a residência de inverno da família Kennedy até 1995.

Bisbilhotar a vida alheia é uma prática desencorajada pelo limite de velocidade de 40km/h (25mph) - o que faz do ciclismo uma opção interessante. É fácil alugar bicicletas *(p. 127)*, e há várias ciclovias. A mais bonita é a Lake Trail, com 5km (3 milhas) de extensão, onde os moradores também se exercitam. Partindo da Worth Avenue e chegando até quase a extremidade norte da ilha, ela contorna o lago Worth e passa por trás das mansões; o trecho mais bonito fica ao norte da Dunbar Road.

Mar-a-Lago, a residência mais extravagante de Palm Beach

Passeio por Palm Beach

Cercado pelas importantes vias públicas de South County Road e Cocoanut Row, esse passeio liga as principais atrações de Palm Beach central, entre elas a incrível casa de Henry Flagler, Whitehall. O trecho ao longo de Lake Drive South faz parte da ciclovia de Palm Beach, que dá a volta em Lake Worth e se estende até os bairros *(p. 121)*. Embora concebido para ser feito de carro, algumas partes (ou tudo) podem ser feitas de bicicleta, a pé e até de skate. Essas alternativas evitam problemas com os zelosos guardas de trânsito de Palm Beach que patrulham as ruas em carros de golfe.

① **Flagler Museum**
A antiga residência de inverno de Flagler, Whitehall, foi aberta ao público em 1959. Está toda restaurada e ainda conserva os móveis originais.

② **Sea Gull Cottage**
De 1886, é o prédio mais antigo de Palm Beach. Foi a primeira casa de inverno de Flagler.

③ **Royal Poinciana Chapel** Flagler a construiu em 1896 para seus convidados.

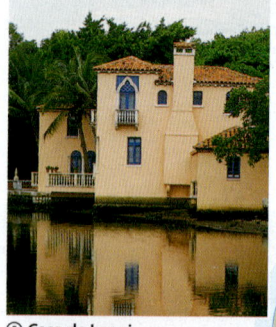

⑤ **Casa de Leoni**
No nº 450 da Worth Avenue está uma das mais belas obras de Mizner, que tende para o estilo gótico veneziano.

Legenda

— Percurso do passeio

⑦ **Public Beach**
Apesar do nome, a cidade tem uma praia sem atrativos, mas é grátis e aberta a todos.

⑧ **Prefeitura** foi desenhada em 1926 e é um marco famoso de Palm Beach.

PALM BEACH | **127**

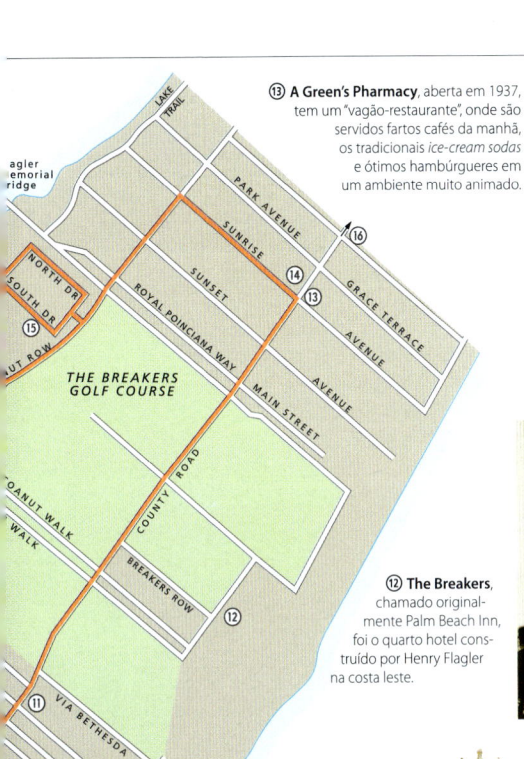

⑬ **A Green's Pharmacy**, aberta em 1937, tem um "vagão-restaurante", onde são servidos fartos cafés da manhã, os tradicionais *ice-cream sodas* e ótimos hambúrgueres em um ambiente muito animado.

PREPARE-SE

Informações Práticas
Mapa rodoviário F4. Palm Beach Co. 10.000 45 Cocoanut Row, (561) 655-3282. Artigras (fev).

Transporte
5km (3 milhas) a O. Amtrak e Tri-Rail, 201 S Tamarind Ave, West Palm Beach, (800) 872-7245. 201 S Tamarind Ave, West Palm Beach, (800) 231-2222. 41, 42 de West Palm Beach.

⑫ **The Breakers**, chamado originalmente Palm Beach Inn, foi o quarto hotel construído por Henry Flagler na costa leste.

⑮ **Old Royal Poinciana Hotel** Esse hotel de madeira com 2 mil quartos era refúgio de inverno dos milionários. Pegou fogo em 1935, e só restou a cúpula da estufa.

⑪ **Bethesda-by-the-Sea Church**, em estilo *revival* gótico, tem pátio com claustros e agradáveis jardins nos fundos.

⑭ **St. Edward's Church** Terminada em 1927, a St. Edward foi construída em estilo *revival* espanhol, com campanário e entrada de pedra artificial em estilo barroco.

⑩ **A Phipps Plaza** tem alguns edifícios atraentes e originais, alguns em estilos mediterrâneo e sudoeste espanhol.

Dicas para o Passeio

Extensão: 7km (4,5 milhas).
Partida: Qualquer lugar. O passeio é melhor em sentido horário porque a Worth Avenue tem mão única, no sentido leste-oeste. A Palm Beach Bicycle Trail Shop, 223 Sunrise Ave, tel (561) 659-4583 (abre diariamente), é um bom ponto de partida para quem aluga bicicleta ou patins.
Estacionamento: Use moedas de 25 cents nos parquímetros. Você pode estacionar de graça por uma hora, mas não ultrapasse o limite de tempo.

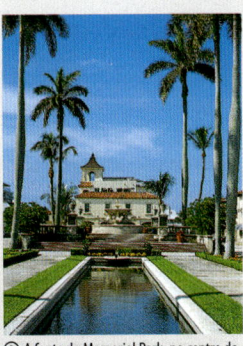

⑨ A fonte do Memorial Park, no centro de Palm Beach

Destaques

① Flagler Museum *(pp. 128-9)*
② Sea Gull Cottage
③ Royal Poinciana Chapel
④ Society of Four Arts *(p. 124)*
⑤ Casa de Leoni
⑥ Worth Avenue *(p. 112)*
⑦ Public Beach
⑧ Town Hall *(p. 124)*
⑨ Memorial Park *(p. 124)*
⑩ Phipps Plaza *(p. 124)*
⑪ Bethesda-by-the-Sea Church
⑫ The Breakers *(p. 125)*
⑬ Green's Pharmacy
⑭ St. Edward's Church
⑮ Old Royal Poinciana Hotel
⑯ Hibel Museum of Art *(p. 125)*

Flagler Museum

Essa mansão conhecida como Whitehall era considerada "mais bela que os palácios europeus" quando Henry Flagler a construiu em 1902, como presente de casamento para sua mulher, Mary Lily Kenan. Era a residência de inverno dos Flaglers, que iam para a Flórida todos os anos em seu vagão privativo *(p. 53)*. O Vagão 91 está exposto no Flagler Kenan Pavilion, cuja construção, no extremo sul do terreno, se inspirou em uma mansão do período áureo das ferrovias.

Em 1925, doze anos após a morte de Flagler, uma torre de dez andares foi erguida nos fundos da edificação, e Whitehall passou a abrigar um hotel. Jean Flagler Matthews comprou a mansão de seu avô em 1959 e, após restaurá-la, transformou-a em museu.

Salão de Baile
De todos os bailes que aconteceram nesse salão, o *Bal Poudré* em 1903 foi o mais suntuoso.

← Flagler Kenan Pavilion

★ **Banheiro Principal**
Além de banheira, vaso e uma ducha espetacular, o banheiro privativo de Flaglers tem uma pia dupla feita de ônix.

LEGENDA

① **O quarto principal** é em seda adamascada, cópia fiel do tecido em estilo rococó original.

② **Sala de bilhar**

③ **O Quarto das Rosas Amarelas** com móveis e papel de parede combinando, era uma novidade.

④ **O pórtico leste** se apoia em maciças colunas estriadas. Nos degraus da frente há urnas enormes.

⑤ **Sala de desenho**

⑥ **A escadaria** que sai do Hall de Mármore é feita de mármores variados e decorada com grades de bronze trabalhado.

Biblioteca
Repleta de livros encadernados e detalhes decorativos, essa sala de madeira vermelha é muito aconchegante.

Veja hotéis e restaurantes dessa região nas pp. 314-25 e 329-49

PALM BEACH | **129**

Sala de Desenho
Essa sala em estilo Luís XVI exibe um piano e paredes cinza à moda francesa – decoração comum no século XIX.

PREPARE-SE

Informações Práticas
Cocoanut Row com Whitehall Way. **Tel** (561) 655-2833. 10h-17h ter-sáb, 12h-17h dom. Ação de Graças, 25 dez, 1º jan. normalmente disponível.

★ **Hall de Mármore**
Essa imponente entrada de mármore tem teto pintado, cadeiras douradas e telas, como esse retrato de Jean Flagler Matthews.

★ **Quarto Colonial**
No início dos anos 1900, Whitehall recebeu muitos hóspedes. Os ricos e famosos se hospedavam nesse quarto, decorado em tons de creme e vermelho.

Entrada principal

A Palm Beach de Flagler

Quando o navio espanhol *Providencia* naufragou, em 1878, sua carga de coco se espalhou pela praia perto de Lake Worth e logo criou raízes. Henry Flagler, que tinha planos de desenvolver a costa leste da Flórida *(pp. 52-3)*, avistou a praia cercada por palmeiras por volta de 1890. Encantou-se com o lugar e imediatamente comprou as terras. Em 1894, ele inaugurou o Old Royal Poinciana Hotel *(p. 127)*, que impulsionou o exclusivo balneário de Palm Beach.

Henry Flagler e sua terceira mulher, Mary Lily, em 1910

As águas tranquilas do lago Worth, em West Palm Beach, refletem os altos edifícios de suas margens

⓫ West Palm Beach

Mapa rodoviário F4. Palm Beach Co. 78.000. Amtrak e Tri-Rail. 1555 Palm Beach Lakes Blvd, (561) 233-3000. palmbeachfl.com

No fim do século XIX, Henry Flagler (*p. 129*) resolveu transferir as feias casas dos trabalhadores e os serviços gerais de Palm Beach para o continente, longe da vista dos turistas. E com isso criou West Palm Beach, que desde então é o centro comercial do condado de Palm Beach.

Com o passar dos anos, a cidade conseguiu desenvolver uma identidade própria, mas ainda está muito atrás da sua vizinha infinitamente mais glamourosa (e muito menor).

No animado Downtown Waterfront Commons, na Clematis Street, visitantes podem apreciar o pitoresco lago Worth e o extenso calendário de eventos do local. Northwood Village também merece uma visita, com restaurantes étnicos, brechós, antiquários e butiques interessantes. Esse bairro eclético ao norte de Downtown West Palm Beach tem um rico legado cultural.

West Palm Beach não é o melhor lugar para passar as férias todas, mas tem as paisagens do lago Worth e algumas atrações que merecem ser visitadas – em especial o excelente Norton Museum of Art, classificado como o melhor museu do sudeste norte-americano pelo *New York Times*.

Temporada de Polo e Hipismo

A comunidade de Wellington, no centro-oeste das Palm Beaches, é um dos três centros mundiais de polo e hipismo. O International Polo Club Palm Beach reúne os melhores jogadores de polo do mundo e é o epicentro social da elite da região de janeiro a abril. O clube também tem uma escola de polo para crianças e adultos. O Palm Beach International Equestrian Center sedia competições equestres que atraem milhares de espectadores, seguidas de uma vida noturna vibrante. Para informação sobre datas, ligue para os clubes de Wellington, (561) 204-5687; Boca Raton, (561) 994-1876 ou Lake Worth, (561) 965-2057.

Contato direto no jogo de polo, a diversão preferida em Palm Beach

🏛 South Florida Science Museum

4801 Dreher Trail N. **Tel** (561) 832-1988. diariam, dom à tarde. Ação de Graças, 25 dez. sfsm.org

Como muitos outros da Flórida, esse museu também é voltado para as crianças. As exposições interativas ensinam temas como luz, som, cores e tempo. Você pode criar as suas próprias nuvens e até tocar em um minitornado. A melhor hora para visitar é sexta-feira à noite, quando se pode olhar através de um telescópio gigante no observatório e assistir a um show de laser no planetário Aldrin.

🏛 Norton Museum of Art

1451 South Olive Ave. **Tel** (561) 832-5196. 10h-17h ter-sáb (até 21h qui), 11h-17h dom. seg, feriados. norton.org

Esse museu abriga o que talvez possa ser considerado o melhor acervo de arte do estado, e também organiza importantes exposições itinerantes. O museu começou em 1941 com a doação de cem telas que pertenciam a Ralph Norton, um magnata do aço de Chicago que se aposentou e veio morar em West Palm Beach. Seu gosto bastante eclético se reflete nas obras de arte em exposição.

A coleção se concentra em três campos principais. No primeiro estão as obras dos impressionistas e pós-impressionistas franceses, com pinturas de Cézanne, Braque, Picasso, Matisse e Gauguin, cujo comovente trabalho *Agonia no jardim* é a tela mais famosa do museu. *Bruma noturna* (1945), de Jackson Pollock, é o orgulho do acervo de importantes obras norte-americanas do século XX; essa galeria também tem obras de Winslow Homer, Georgia O'Keeffe, Edward Hopper e Andy Warhol.

A terceira e principal coleção compreende uma gama magnífica de artefatos da China, incluindo-se jades tumulares de cerca de 1500 a.C. e figuras de animais e cortesãos da dinastia Tang (séculos IV-XI d.C.). Além das finas esculturas budistas, também são exibidas esculturas mais modernas de artistas como Brancusi, Degas e Rodin.

Agonia no jardim, de Paul Gauguin (1889)

A rara pantera-da-flórida no Palm Beach Zoo

Palm Beach Zoo no Dreher Park

1301 Summit Blvd. **Tel** (561) 547-9453. diariam. Ação de Graças. palmbeachzoo.org

Esse pequeno zoológico faz tanto sucesso entre as crianças quanto o South Florida Science Museum. Das cem ou mais espécies, a mais interessante é a quase extinta pantera-da-Flórida e as tartarugas gigantes, que vivem mais de 200 anos. Nas planícies sul-americanas recriadas você pode ver lhamas, emas e antas do alto de uma plataforma, andar por uma trilha de tábuas na densa vegetação e atravessar um lago repleto de pelicanos.

Arredores

Uma alternativa mais agradável do que permanecer em West Palm Beach (e muito mais barata do que Palm Beach) é se hospedar em **Singer Island** ou em **Palm Beach Shores**. Ambas são comunidades tranquilas e relaxadas, com uma praia esplêndida, mas cercada por altos prédios de apartamentos.

Nesses locais, as atividades mais praticadas são andar de barco e pescar. Palm Beach Shores tem barcos de pesca para alugar e cruzeiros ao redor do lago Worth. O *Manatee Queen* é o catamarã *(p. 360)* que faz passeios pelas mansões da Intracoastal Waterway.

Ao norte de Singer Island está o **John D. MacArthur Beach State Park**, onde uma impressionante passarela de tábuas serpenteia pelo estreito do lago Worth até um *hammock* e uma linda praia. Os folhetos distribuídos no centro ecológico identificam plantas e pássaros, e no verão caminhadas noturnas guiadas mostram o local de desova das tartarugas-cabeçudas *(p. 121)*. O shopping center **The Gardens**, em Palm Beach Gardens, tem elevador panorâmico, corredores perfumados e umas 200 lojas.

John D. MacArthur Beach State Park

A1A, 2 miles (3 km) N de Riviera Bridge. **Tel** (561) 624-6950. diariam; Nature Center: macarthurbeach.org

The Gardens Mall

3101 PGA Blvd. **Tel** (561) 622-2115. diariam. Dom de Páscoa, Ação de Graças, 25 dez.

⓬ Lion Country Safari

Mapa rodoviário F4. Palm Beach Co. 2003 Lion Country Safari Rd, Loxahatchee. **Tel** (561) 793-1084. West Palm Beach. West Palm Beach. diariam. lioncountrysafari.com

A 32km (20 milhas) de West Palm Beach, saindo da US 441 para o interior, esse parque é o preferido das famílias.

O passeio é feito em duas etapas: na primeira, você entra de carro em uma área fechada de 200 hectares para ver de perto leões, girafas, rinocerontes e outros animais. (Se o carro for conversível, você pode alugar um veículo com capota.) A segunda é o zoológico e o parque de diversões. Além de aviário, área de filhotes e ilhas habitadas por macacos, tem brinquedos, barcos e um parque de dinossauros de plástico. E tem também área de camping. O parque lota nos fins de semana.

Antílopes descansam à sombra no Lion Country Safari

Um pescador ao entardecer no lago Okeechobee

⓭ Lago Okeechobee

Mapa rodoviário E4, F4. Palm Trans para Pahokee, (561) 841-4200.
115 E Main St, Pahokee, (561) 924-5579. **w** pahokee.com
Roland Martin: 920 E Del Monte Ave, Clewiston. **Tel** (800) 473-6766.
w rolandmartinmarina.com

O Okeechobee, cujo nome significa "a grande água" na língua dos *seminoles*, é o segundo maior lago de água doce dos EUA, com 1.942km^2 de área. O Big O, como é chamado, tem peixes em abundância, particularmente o achigã. Roland Martin e todas as outras marinas oferecem barcos, varas, iscas, comida para piquenique e barco fretado com guia. **Clewiston** tem as melhores instalações, com três marinas e bons hotéis.

Mas se você não é pescador, seu tempo na Flórida poderá ser mais bem aproveitado em outro lugar. As praias abrigam muitas espécies de aves, mas o lago é muito grande para ser considerado apenas uma bela paisagem. O alto dique que o circunda protege a região das inundações, mas impede a vista da estrada. **Pahokee** é um dos poucos locais com fácil acesso ao lago. O mais belo pôr do sol da Flórida ocorre depois da costa do Golfo.

As comunidades ao sul do lago dependem do açúcar para viver. Metade dos canaviais do país cresce nas planícies de Belle Glade e Clewiston ("A Cidade Mais Doce dos EUA"), onde a terra fértil é escura como chocolate.

O governo federal tem planos de transformar novamente em pântano 40.500 hectares dos canaviais ao sul do lago Okeechobee, para limpar e aumentar a água dos Everglades. Essa ideia não agrada muito aos moradores.

"Bem-vindo a Belle Glade. Seu solo é sua fortuna"

⓮ Lake Worth

Mapa rodoviário F4. Palm Beach Co. 30.000. 807 Lucerne Ave, (561) 582-4401. **w** lwchamber.com

Lake Worth é uma comunidade civilizada e despretensiosa. No lado que é ilha de barreira, a praia é bonita e pública; no continente, os antiquários prevalecem nas avenidas Lake e Lucerne, que ficam no coração da tranquila área central. Ali, você verá um teatro art déco que foi transformado em um espaço empolgante para exposições de arte, clubes com música ao vivo, cafés, galerias de arte, antiquários, lojas e restaurantes. A comunidade empenhou-se muito para manter seu caráter tradicional da Flórida, com regras que protegem a cidade contra empreendimentos megalomaníacos. O lazer inclui andar de barco em água-doce e salgada, um campo de golfe, um píer para pesca, um anfiteatro à beira das águas, parques e equipamentos esportivos.

⓯ Delray Beach

Mapa rodoviário F4. Palm Beach Co. 50.000. Amtrak e Tri-Rail. 64 SE 5th Ave, (561) 278-0424. Pilgrim Belle: **Tel** (561) 243-0686.
w delraybeach.com

O lugar mais bonito entre Palm Beach e Boca Raton, Delray Beach tem ares de sofisticação, mas não é esnobe. A cidade recebeu recentemente um prêmio nacional de "determinação cívica" e o título de "a cidade pequena mais divertida do país".

A praia longa e tranquila tem acesso direto e boas instalações, e entre novembro e abril a Pilgrim Belle Cruises oferece cruzeiros diários pela Intracoastal Waterway. Os barcos pesqueiros também fazem passeios.

O centro de Delray fica no interior, na Atlantic Avenue – uma rua simpática, iluminada por lampiões antigos e ladeada por prédios, cafés elegantes, antiquários e galerias de arte. Ao lado está a Old School Square, com bonitos edifícios dos anos 1920. Perto daí, o **Cason Cottage** foi todo restaurado exatamente como era originalmente, por volta de 1915.

Cason Cottage
5 NE 1st St. **Tel** (561) 274-9578.
hora marcada. feriados.

Tranquila cena de primavera à beira-mar em Delray Beach

Veja hotéis e restaurantes dessa região nas pp. 314-25 e 329-49

⑯ Loxahatchee National Wildlife Refuge

Mapa rodoviário F4. Palm Beach Co. 10216 Lee Rd. **Tel** (561) 732-3684. Delray Beach. Boynton Beach. Refuge: diariam. 25 dez. Visitor Center: nov-abr: diariam; mai-out: qua-dom. 25 dez. **fws.gov/loxahatchee/**

Esse refúgio de 572km², que abriga a maior parte do que restou ao norte dos Everglades, tem abundância de vida selvagem. A melhor hora para visitar é de preferência no inverno, no começo ou no fim do dia, quando as aves migratórias vivem temporariamente no local.

O centro de visitantes, na saída da Route 441, a leste do refúgio e 16km (10 milhas) a oeste de Delray Beach, tem boas informações sobre a ecologia dos Everglades; ali também começam duas trilhas memoráveis. A Cypress Swamp Boardwalk, com 1km de extensão, penetra em um mundo mágico de goiabeiras, árvores-de-cera e muitas epífitas *(p. 294)* sob a copa das árvores. A Marsh Trail é mais longa e passa ao lado do pântano, onde o nível das águas é controlado de modo a criar o ambiente ideal para as aves aquáticas. Nas noites de inverno, é o paraíso dos observadores de pássaros, em meio à algazarra de garças, mergulhões, íbis, anhingas e outros. Tem também tartarugas e aligatores.

Com canoa própria é possível fazer a trilha de 9km. Há também um extenso programa de caminhadas guiadas.

A garça-azul encontrada no refúgio de Loxahatchee

O quarto de um estudante, em estilo japonês, no Morikami Museum

⑰ Morikami Museum and Japanese Gardens

Mapa rodoviário F4. Palm Beach Co. 4000 Morikami Park Rd, **Tel** (561) 495-0233. Delray Beach. Delray Beach. 10h-17h ter-dom. feriados. **morikami.org**

O único museu da cidade dedicado à cultura japonesa ocupa um terreno doado por um fazendeiro chamado George Morikami; ele veio com o grupo de pioneiros japoneses que criou a Yamato Colony (antigo nome do Japão) no extremo norte de Boca Raton, em 1905. Com a ajuda financeira de uma empresa de Henry Flagler *(pp. 128-9)*, eles pretendiam cultivar arroz, chá e seda. Mas o projeto não deslanchou, e a colônia aos poucos se esvaziou na década de 1920.

As exposições na mansão Yamato-kan, situada em uma pequena ilha do lago, contam a história dos colonos e percorrem a cultura japonesa do passado e do presente. Tem reconstruções interessantes de um banheiro, o quarto de um estudante e restaurantes de enguias e saquês. Seis jardins históricos cercam a mansão, e caminhos levam a uma serena floresta de pinheiros.

A casa do outro lado do lago tem exposições com temas japoneses, um café com comida japonesa e uma casa de chá tradicional que oferece a cerimônia do chá uma vez por ano. Há também aulas de origami.

⑱ Butterfly World

Mapa rodoviário F4. Broward Co. 3600 W Sample Rd, Coconut Creek. (954) 977-4400. Deerfield Beach (Amtrak e Tri-Rail). Pompano Beach. diariam. Páscoa, Ação de Graças, 25 dez. **butterflyworld.com**

No interior de um gigantesco viveiro contornado por flores tropicais, revoam milhares de borboletas de todas as partes do mundo, muitas vezes pousando nos ombros e na cabeça dos visitantes.

Por receberem a energia da luz solar, as borboletas são mais ativas nos dias quentes e ensolarados, portanto, lembre-se disso ao planejar a sua visita. Há estantes de larvas eclodindo e uma fascinante coleção de insetos, como as borboletas-azuis metalizadas e besouros e gafanhotos do tamanho da mão de um adulto. Do lado de fora, você pode caminhar por longos e belos jardins.

A borboleta-azul, no Butterfly World

⑲ Boca Raton

Em 1925 Boca Raton anunciava-se como "o maior balneário do mundo". Embora o projeto de Addison Mizner (p. 124) não tenha se materializado enquanto ele ainda vivia, a cidade é hoje uma das mais ricas da Flórida. Ela abriga sedes empresariais e corporações de alta tecnologia e foi considerada o melhor lugar da Flórida para se viver em uma pesquisa nacional feita com executivos. O que os atrai são os clubes de campo, os shopping centers luxuosos, os belos parques à beira-mar, sem falar das casas inspiradas, e mesmo construídas, por Mizner.

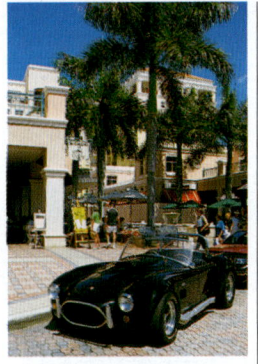

O Mizner Park, um dos shopping centers de Boca

Jovem musicista se apresenta no Lynn University Conservatory

Como Explorar Boca Raton

Depois de dar início ao desenvolvimento de Palm Beach, Addison Mizner voltou-se para um pacato povoado ao sul, onde se cultivava abacaxi. Mas em vez da cidade planejada que ele sonhou, apenas alguns edifícios estavam terminados quando a bolha imobiliária da Flórida estourou (p. 54). Boca, como é conhecida hoje, continuou sendo pouco mais que um povoado até o fim da década de 1940.

Centralizava o sonho de Mizner o superluxuoso Cloister Inn, construído em 1926 com detalhes espanhóis, a sua marca registrada. Ele se ergue a leste do Camino Real, que deveria ser a principal via da cidade, que tinha no meio um canal para gôndolas. Hoje, o hotel faz parte do ampliado e exclusivo **Boca Raton Resort and Club** (p. 316). Quem não é hóspede pode visitá-lo em passeios semanais organizados pela Boca Raton Historical Society, que funciona na prefeitura, em Palmetto Park Road. Alguns quartos têm detalhes alusivos à história local.

Na frente, em um estilo que imita os trabalhos de Mizner, está o shopping center ao ar livre **Mizner Park.** Talvez seja o que melhor ilustra o estilo refinado da cidade. Ainda bem próximo do estilo de Mizner é o vizinho **Royal Palm Place**, conhecido como Pink Plaza, com lojas elegantes em pátios protegidos.

O verde e histórico bairro de **Old Floresta**, pouco mais de 1km a oeste da prefeitura, tem 29 casas em estilo mediterrâneo construídas por Mizner para os diretores de sua empresa. É um lugar agradável de se caminhar.

🏛 Boca Raton Museum of Art

501 Plaza Real, Mizner Park. **Tel** (561) 392-2500. ⏰ ter-dom. 🚫 feriados. 🅿 ♿ 🅦 bocamuseum.org

Bem localizado no interior do bonito Mizner Park, no centro de Boca Raton, esse museu tem um espaço de 4.088m² com exposições internacionais e uma boa coleção de arte contemporânea.

🏛 Lynn University Conservatory of Music

3601 N Military Trail. **Tel** (561) 237-9000. 🅦 lynn.edu/music

O conservatório musical da Lynn University reúne um grupo seleto de talentosos estudantes de música de todo o mundo que querem ser solistas ou tocar em conjuntos de câmara ou orquestras. Muitos alcançam fama mundial. Como centro de celebração da música, o conservatório recebe milhares de amantes da música que assistem a cerca de cem apresentações de alunos e artistas convidados, além de aulas e palestras durante o ano todo.

🏛 Sports Immortals Museum

6830 N Federal Hwy. **Tel** (561) 997-2575. ⏰ 10h-18h seg-sáb. 🚫 dom, 1º jan, 25 dez. 🅿 ♿ 🅦 sportsimmortals.com

Entre os 10 mil itens esportivos desse museu estão o bastão de beisebol de Babe Ruth e os roupões do boxeador Mohammad Ali. Um raro cartão, brinde de maços de cigarros, vale US$1

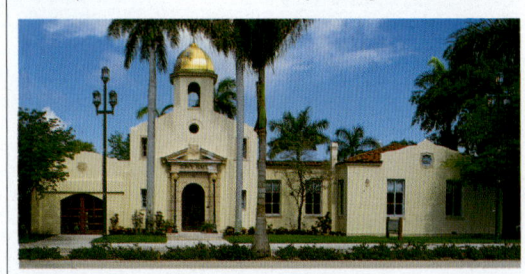

A bonita prefeitura de Boca, de Addison Mizner, construída em 1927

Veja hotéis e restaurantes dessa região nas pp. 314-25 e 329-49

COSTAS DO OURO E DO TESOURO | 135

Deerfield Beach, tranquilo balneário litorâneo perto de Boca Raton

PREPARE-SE

Informações Práticas
Mapa rodov. F4. Palm Beach Co. 80.000. 1555 Palm Beach Lakes Blvd, (561) 233-3000. Boca Raton Historical Society: **Tel** (561) 395 6766 para passeios. Meet Me Downtown (mar); Boca Festival (ago); Holiday Boat Parade (dez).

Transporte
Tri-Rail, Yamato Rd, (800) 874-7245. 1300 W. Hillsboro Blvd, Deerfield Beach (800) 872-7245.

milhão: o cartão foi recolhido porque o jogador de beisebol retratado não queria associar sua imagem ao fumo.

Praias

Ao norte do estreito de Boca Raton há uma praia longa e deserta contornada por dunas, cujo acesso é pelos parques à beira-mar. Mais ao norte está o **Spanish River Park**, que é muito bonito e tem áreas para piquenique com pinheiros e palmeiras. Outro lugar também muito bonito é a lagoa na Intracoastal Waterway, perto da torre do observatório. No **Red Reef Park** você pode caminhar sobre uma passarela de tábuas no alto das dunas e nadar com snorkel em um recife artificial (pp. 362-3). Por ser muito caro estacionar no local, nunca tem muita gente.

Gumbo Limbo Nature Center

1801 North Ocean Blvd. **Tel** (561) 338-1473. diariam. 25 dez. gumbolimbo.org

Esse importante e respeitado centro educativo fica perto da Intracoastal, dentro do Red Reef Park. A passarela de tábuas serpenteia através de mangues e hammocks até chegar a uma torre, com vistas panorâmicas sensacionais.

Arredores

Os grandes empreendimentos continuam para o sul ao longo da Route A1A. **Deerfield Beach** é a comunidade mais convidativa da área, graças ao píer de pesca e à praia de areia fina repleta de conchas, contornada por um passeio com palmeiras. Mais 8km (5 milhas) ao sul, **Pompano** está ligada para sempre ao título de "capital mundial do peixe-espada", confirmado pelas fotos expostas em seu píer.

Centro de Boca Raton

① Old Floresta
② Boca Raton Museum of Art
③ Town Hall
④ Lynn University Conservatory of Music
⑤ Mizner Park
⑥ Boca Raton Resort and Club
⑦ Red Reef Park
⑧ Gumbo Limbo Nature Center
⑨ Spanish River Park

Legenda dos símbolos na orelha da contracapa

⓴ Fort Lauderdale

Na Segunda Guerra dos Seminoles (p. 50), o Fort Lauderdale nada mais era que três fortes. Por volta de 1900, tornou-se um movimentado entreposto comercial no rio New, que atravessa toda a cidade.

Hoje o Grande Fort Lauderdale é um importante centro cultural e empresarial, um balneário de praia muito frequentado e um gigantesco porto. Mas ainda são os canais (p. 139) que definem sua personalidade.

Big Bird with Child, de Appel, Museum of Art

Como Explorar o Centro de Fort Lauderdale

O centro de Fort Lauderdale, com seus edifícios modernos e envidraçados, representa a face empresarial da cidade. A **Riverwalk** acompanha 2,4km (1,5 milha) do New River em sua margem norte e interliga a maioria dos marcos históricos e instituições culturais da cidade. O calçadão começa perto da Stranahan House, construída ao lado do primeiro posto comercial, atravessa um trecho de parque e termina no Broward Center for the Performing Arts (p. 358).

A Old Fort Lauderdale estende-se ao longo da Southwest 2nd Avenue. Exibe um bonito grupo de edifícios do início dos anos 1900, administrados pela Fort Lauderdale Historical Society, que tem sua sede no Fort Lauderdale Historical Museum. A King-Cromartie House, de 1907, está hoje na margem sul do rio, para onde foi transportada em 1971. A mobília modesta reflete o estilo de vida frugal dos colonizadores da Flórida. Atrás da casa há uma réplica da primeira escola da cidade, fundada em 1899. Os cafés e restaurantes que ocupam os antigos prédios de tijolinho ao longo da vizinha Southwest 2nd Street ficam lotados na hora do almoço e no fim da tarde.

O passeio em ônibus elétrico é uma boa maneira de se conhecer o centro. O trajeto liga o centro de Fort Lauderdale à praia, passando pelas principais atrações.

🏛 Fort Lauderdale History Center

231 SW 2nd Ave.
Tel (954) 463-4431.
◯ ter-dom.
● 1º jan, 4 jul, 25 dez.

O New River Inn em Old Fort Lauderdale foi construído em concreto em 1905. Hoje é um museu com exposições fascinantes que mapeiam a história da área e a evolução da cidade até os anos 1940. Um pequeno cinema exibe filmes mudos da década de 1920, o auge da indústria de filmes na Flórida.

A arborizada Riverwalk, na margem norte do New River

Veja hotéis e restaurantes dessa região nas pp. 314-25 e 329-49

Principais Atrações

① Museum of Discovery and Science
② Broward Center for the Performing Arts
③ Fort Lauderdale History Center
④ Museum of Art
⑤ Stranahan House
⑥ International Swimming Hall of Fame
⑦ Bonnet House
⑧ Hugh Taylor Birch State Park

Museum of Art

1 E Las Olas Blvd. **Tel** (954) 525-5500. 11h-18h ter-dom. seg, feriados. **moafl.org**

Esse excelente museu, instalado em um impressionante edifício pós-moderno, é famoso pela grande coleção da chamada CoBrA art. CoBrA são as iniciais de Copenhague, Bruxelas e Amsterdã, as cidades em que um grupo de pintores expressionistas trabalhou entre 1948-51. O museu tem obras de Karel Appel, Pierre Alechinsky e Asger Jorn, os líderes do movimento. A William Glackens Wing exibe obras do impressionista norte-americano de mesmo nome.

Museum of Discovery and Science

401 SW 2nd St. **Tel** (954) 467-6637. diariamo ano todo. **mods.org**

Esse é um dos museus que recebem o maior número de visitantes no estado, e o melhor do gênero em toda a Flórida. Nele, animais que vão de tartarugas a cobras e morcegos são exibidos em recriações de "ecossistemas" típicos da Flórida. Também é possível fazer um passeio simulado a Marte. No cinema AutoNation® IMAX®, filmes são projetados em telões com 18m de altura. É também um dos únicos a exibir filmes em três dimensões, para os quais é preciso óculos especiais e fones de ouvido com som 360 graus. Esses filmes são exibidos à noite, durante os fins de semana. O EcoDiscovery Center, o mais recente anexo do museu, oferece vasto conjunto de exposições interativas, incluindo um hábitat de leão-marinho ao ar livre.

Stranahan House

335 SE 6th Ave. **Tel** (954) 524-4736. qua-dom. feriados; jul-ago: horários variados. restrito. **stranahanhouse.org**

PREPARE-SE

Informações Práticas
Mapa rodoviário F4. Broward Co. 150.000. 100 East Broward Blvd, (954) 765-4466. Passeios de ônibus: **Tel** (954) 429-3100. Winter Fest Boat Parade (dez).

Transporte
8km (5 milhas) ao S. 200 SW 21st Terrace, (800) 872-7245. 515 NE 3rd St, (800) 231-2222. 1850 Eller Dr., (954) 523-3404.

A única casa que restou da cidade original foi feita com madeiras de pinheiro e carvalho pelo pioneiro Frank Stranahan, em 1901. Tornou-se o centro da comunidade de Fort Lauderdale, servindo como posto comercial, local de reuniões, correio e banco. Além da mobília, há fotos de Stranahan negociando com os *seminoles (p. 289)*. Produtos como couro de aligátor, pele de lontra e penas de garça – em moda na época – eram trazidos dos Everglades por canoas.

Las Olas Boulevard

Apesar do trânsito intenso, o trecho do Las Olas Boulevard entre as avenidas 6th e 11th é o mais pitoresco e agitado de Fort Lauderdale. Lojas clássicas, casuais e elegantes alternam-se com bares e restaurantes nessa avenida, onde é possível comprar desde um casaco de peles até arte do Haiti. Um novo sistema de travessia tornou a rua mais acessível aos pedestres.

Se você não pretende fazer compras, visite o local à noite, quando as mesas nas calçadas ficam todas ocupadas, e as palmeiras são enfeitadas com luzes.

No sentido da praia, o bulevar atravessa ilhas onde dá para ver de perto o luxuoso estilo de vida que se leva em Fort Lauderdale *(pp. 138-9)*.

Stranahan House, no New River, a residência mais antiga de Broward

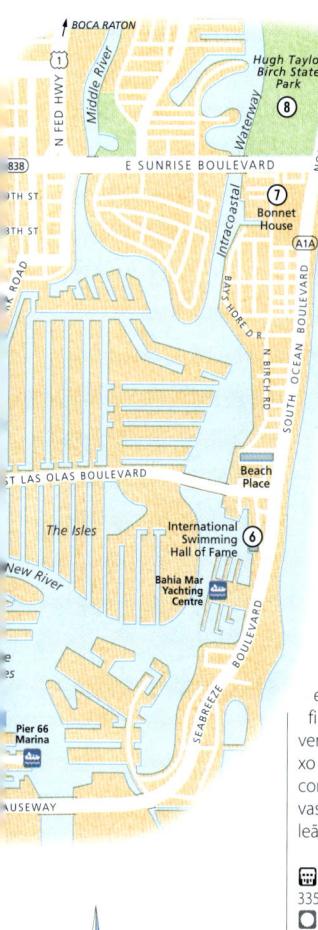

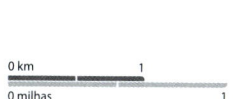

Legenda dos símbolos *na orelha da contracapa*

Como Explorar Fort Lauderdale: Fora do Centro

Mesmo que você não perceba as placas anunciando "Bem-vindo a Fort Lauderdale, a Capital Mundial de Iatismo", não levará muito tempo para descobrir qual é o principal interesse da cidade. Tanto para turistas quanto para moradores, as atrações de Fort Lauderdale são, principalmente, suas belas praias e os canais que se ramificam no New River, a alma da cidade.

Ciclistas e pedestres dividem o sombreado calçadão à beira-mar

A Praia
Até meados da década de 1980, quando começaram a ser afastados pelas autoridades, os estudantes chegavam aos milhares a Fort Lauderdale nas férias de primavera. Hoje, a imagem da cidade é outra; sua bela praia continua sendo a mais procurada da Costa do Ouro, principalmente no fim do Las Olas Boulevard, onde os patinadores passeiam pelos bares e lojas que restaram de uma época mais decadente da "Strip."

Em outro trecho à beira-mar, Fort Lauderdale se parece mais com o balneário familiar pretendido; South Beach Park tem a melhor praia.

Pausa no treinamento, na piscina do Swimming Hall of Fame

International Swimming Hall of Fame
1 Hall of Fame Drive. **Tel** (954) 462-6536. diariam.
Se você tem curiosidade de saber mais sobre a história dos esportes aquáticos de Oman ou a evolução dos saltos ornamentais, eis o lugar. Esse museu detalhado exibe desde antigas roupas de banho feitas de lã até divertidos manequins de estrelas como Johnny "Tarzan" Weismuller, dono de 57 recordes mundiais de natação.

Bonnet House Museum and Gardens
900 N Birch Rd. **Tel** (954) 563-5393. obrigatório, 10h-16h ter-sáb (dom a partir de 11h). feriados.
w bonnethouse.org

Essa casa estranhamente mobiliada, próxima ao mar, é a mais pitoresca de Fort Lauderdale. Ela está em um idílico jardim tropical, onde antes cresciam ninféias, que dão o nome à casa. O artista Frederic Bartlett construiu sua moradia de inverno em estilo casa de fazenda em 1920, e há trabalhos seus, especialmente murais, por toda parte. No terreno, encontram-se cisnes e macacos, além de uma das maiores coleções de orquídeas do sudeste dos EUA.

Sawgrass Mills Mall
12801 W Sunrise Blvd. **Tel** (954) 846-2300. 10h-21h30 seg-sáb, 11h-20h dom. 25 dez.
w sawgrassmillsmall.com

O maior shopping de lojas de fábrica e uma das maiores atrações turísticas da Flórida depois de Disneyworld, em Orlando. São 300 lojas, além de cinemas, restaurantes e uma casa da Barbie em tamanho real – a Barbie Dream House Experience.

Hugh Taylor Birch State Park
3109 E Sunrise Blvd. **Tel** (954) 564-4521. diariam.
Um dos raros oásis preservados da Costa do Ouro, esses 73 hectares fazem parte da ilha de barreira de 5km que o advogado de Chicago Hugh Taylor Birch comprou em 1894. Alugue canoas no lago, ande pela trilha que atravessa um *hammock* e exercite-se em uma bela estrada circular.

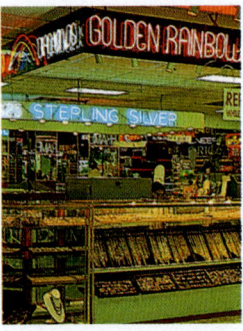

Joalherias e luzes de néon no Swap Shop de Fort Lauderdale

Arredores
Para uma boa pechincha, vá ao **Swap Shop of Fort Lauderdale**, que ocupa 30 hectares. O lugar é a versão norte-americana de um bazar oriental, com corredores inteiros dedicados às joias, aos óculos de sol e a outras bugigangas. Os 12 milhões de visitantes anuais também são atraídos pelas frutas e verduras frescas e pelo viveiro de plantas. O estacionamento se transforma em cinema drive-in no período noturno.

Swap Shop of Fort Lauderdale
3291 W Sunrise Blvd. **Tel** (954) 791-7927. diariam.

Veja hotéis e restaurantes dessa região nas pp. 314-25 e 329-49

FORT LAUDERDALE | 139

O Jungle Queen, o barco de passeio mais famoso de Fort Lauderdale

Os Canais

Ao redor da foz do New River existem dezenas de canais retos e paralelos. Essa área é conhecida como **The Isles**, pelas inúmeras penínsulas estreitas que foram criadas pela lama extraída dos canais cavados nos anos 1920. Esse é o lugar da cidade em que todos gostariam de morar: atrás da densa vegetação e dos iates luxuosos há mansões milionárias. Seus moradores, como Wayne Huzienga, ex-proprietário do império Blockbuster Video e atual dono do time de futebol Miami Dolphins, são todos ricos empresários.

Há muitas ilhas na Intracoastal Waterway, que também cruza **Port Everglades**. Esse é o segundo maior porto de navios de cruzeiro do mundo, depois de Miami, e também é destino de navios cargueiros, petroleiros, cabos de guerra e submarinos.

A melhor forma de apreciar a vista das mansões, dos iates e do porto é fazer um passeio de barco. Há embarcações de todos os tipos. O **Jungle Queen** é um maravilhoso barco antigo que sobe o New River até uma ilha particular que reproduz uma aldeia indígena; os passeios diurnos duram três horas, e os noturnos incluem shows e churrasco.

Water taxi no New River

Outra opção são os passeios com 90 minutos feitos pelo navio **Carrie B**, que saem de Riverwalk, passam por várias mansões, circulam pelo porto e por fim visitam as águas quentes despejadas por uma usina elétrica que concentram um grande número de peixes-boi *(p. 254)*.

Water Taxis, que funcionam como ônibus aquáticos, sobem o New River até o centro e vão a qualquer lugar entre o norte do porto e Oakland Park Boulevard. Eles seguem várias rotas e passam nos pontos de parada a cada 15-30 minutos. Os bilhetes dão direito a viagens ilimitadas por um dia inteiro e podem ser comprados a bordo, on-line (water taxi.com) e em recepções de hotéis.

Pode-se alugar barcos no Bahia Mar Yachting Center e na Pier 66 Marina.

Por fim, um catamarã, o Bahamas Express, comandado pela empresa espanhola Baleària, viaja diariamente à velocidade de 32 nós entre Port Everglades e as Bahamas (Bimini e Grand Bahama Island).

Endereços Úteis

Carrie B
Las Olas Boulevard at SE 5th Avenue.
Tel (954) 768-9920.

Bahamas Express
Port Everglades Terminal 1.
Tel (954) 278-3791.
W ferryexpress.com

Jungle Queen
Bahia Mar Yachting Center, A1A, Fort Lauderdale Beach.
Tel (954) 462-5596.

Water Taxi
413 SW 3rd Ave.
Tel (954) 467-6677.
W watertaxi.com

Os canais de Fort Lauderdale, com luxuosos iates e mansões

Estátua de peixe-espada do IGFA – Fishing Hall of Fame and Museum

㉑ Dania

Mapa rodoviário F4. Broward Co. 13.000. Hollywood. Hollywood. *i* Dania, (954) 926-2323. **w** greaterdania.org

Dania funde-se com a aglomeração urbana ao longo da costa. Alguns moradores só vão a Dania para assistir a uma partida de *jai alai*, mas a outra grande atração é o **John U. Lloyd Beach State Park.** Esse trecho virgem da ilha de barreira contrasta com o vizinho Port Everglades *(p. 139)*. Na extremidade norte do parque você pode ver os navios chegando e partindo; ao sul está uma das praias mais lindas da Costa do Ouro, com 3km (2 milhas) de areia contornados por pinheiros. Alugue um barco para explorar a bela enseada circundada por mangues que penetram até o meio do parque.

O **IGFA (International Game Fishing Association) Fishing Hall of Fame and Museum** agrada a todas as idades com sete galerias de animais marinhos, sala de descobertas para crianças, exposição virtual de pesca e uma área pantanosa.

Ao norte da US 1 há uma série de 150 antiquários. Apesar de estarem localizados em uma rodovia bastante movimentada, eles merecem ser visitados.

🏠 John U. Lloyd Beach State Park
6503 N Ocean Drive. **Tel** (954) 923-2833. 🕒 diariam.

🏛 IGFA Fishing Hall of Fame and Museum
300 Gulf Stream Way, Dania Beach. **Tel** (954) 927-2628. 🕒 10h-18h diariam. ⓧ Ação de Graças, 25 dez. **w** igfa.org

㉒ Hollywood

Mapa rodoviário F4. Broward Co. 126.000. Amtrak e Tri-Rail. *i* 330 N Federal Hwy, (954) 923-4000. **w** hollywoodchamber.org

Fundado por um californiano na década de 1920, esse balneário grande e despretensioso é o preferido da maioria dos 300 mil franco-canadenses que migram para a Grande Fort Lauderdale nos meses de inverno.

O desenvolvimento de Hollywood se concentrou no histórico bairro das artes, ao redor de Young Circle. A área tem muitos restaurantes e o **Art and Culture Center of Hollywood**, com exposições de arte, cinema, música e apresentações de dança. O **Anne Kolb Nature Center** tem um píer de pesca com cinco níveis de observação, duas trilhas naturais, um anfiteatro ao ar livre e área de exposições.

🏛 Art and Culture Center of Hollywood
1650 Harrison Street. **Tel** (954) 921-3274. 🕒 10h-17h seg-sáb, 12h-16h dom. **w** artandculturecenter.org

🏛 Anne Kolb Nature Center
751 Sheridian. **Tel** (954) 926-2480. **w** broward.org/Parks/WestLakePark/Pages/AnneKolbNatureCenter.aspx

Arredores
Na interseção das Routes 7/441 e 848/Stirling, a oeste do balneário de Hollywood, está a **Seminole Indian Hollywood Reservation.** Com 194 hectares, é a menor reserva indígena da Flórida. Assim como outras do estado, essa também é autônoma *(p. 289)*. Os cartazes anunciando fumo barato ao longo da estrada são sinal de que, nesse local, o cigarro é isento de impostos estaduais. O Seminole Vila Okalee oferece lutas de jacaré, visitas guiadas e mostras de artesanato. Do outro lado da rua fica o

Banhistas se bronzeiam nas areias brancas de Hollywood

Veja hotéis e restaurantes dessa região nas pp. 314-25 e 329-49

COSTAS DO OURO E DO TESOURO | 141

Interior do grande Seminole Hard Rock Hotel and Casino

Seminole Casino in Hollywood, que funciona 24 horas. Como as leis estaduais do jogo também não se aplicam às reservas, o soturno salão de bingo concentra 1.400 jogadores disputando prêmios de cinco dígitos em dinheiro. A principal atração é o **Seminole Hard Rock Hotel and Casino**. Esse hotel e balneário abriga um grande cassino, piscina com ambientação tropical, a Hard Rock Live (arena de entretenimento) e o Seminole Paradise (centro de compras).

Seminole Okalee Indian Village
3551 N State Rd 7. **Tel** (954) 797-5551. diariam. 25 dez.

Seminole Casino in Hollywood
4150 N State Rd 7. **Tel** (954) 961-3220. 24 horas. 25 dez.
semtribe.com

Seminole Hard Rock Hotel and Casino
1 Seminole Way. **Tel** (866) 502-7529, (924) 327-7625. 24 horas.
seminolehardrock hollywood.com

❷ Davie

Mapa rodoviário F4. Broward Co. 70.000. Fort Lauderdale. Fort Lauderdale. 4185 Davie Rd, (954) 581-0790. davie-coopercity.org

Entre a Orange Drive e Davie Road, e rodeada por padoques e estábulos, a estranha cidade de Davie aderiu ao tema Velho Oeste. Os cactos crescem ao redor da cabana de madeira onde funciona a prefeitura, e o McDonald's local tem até um curral nos fundos. Entre no Grif's Western Wear, o supermercado do nº 6211 da South West 45th Street, para comprar selas, chapéus e botas de caubói. Mas você só vai sentir o verdadeiro espírito da cidade vendo um caubói domar um potro chucro, montar um touro e derrubar um bezerro a laço nos rodeios da **Bergeron Rodeo Grounds**, sede da Davie Rodeo Association. A arena também abriga shows e circo, além de apresentações de monster truck e airboat. Os eventos ocorrem nas noites de quarta-feira a partir das 19h30 (mas ligue para confirmar); mensalmente há rodeios profissionais.

Bergeron Rodeo Grounds
6591 Orange Drive. **Tel** (954) 475-9787. davie-fl.gov

Chapéus à venda na Grif's Western Wear, em Davie

❷ Flamingo Gardens

Mapa rodoviário F4. Broward Co. 3750 South Flamingo Rd, Davie. **Tel** (954) 473-2955. Fort Lauderdale. Fort Lauderdale. diariam. Seg (jun-out), Ação de Graças, 25 dez. flamingogardens.org

Esses belos jardins foram plantados em 1927 no refúgio de fim de semana da família Wrays de citricultores. Você pode visitar a bonita casa de 1930, mobiliada no estilo da época, mas os jardins são a grande atração. Um bonde percorre os bosques de frutas cítricas, carvalhos, figueiras-da-índia e outras plantas exóticas.

Os jardins abrigam muitas aves da Flórida, entre elas a águia de cabeça branca *(p. 28)* e flamingos. Espécies de patos, gaivotas, pombos e pernaltas, como o colhereiro *(p. 293)*, habitam um imenso viveiro dividido em hábitats, como bosques de ciprestes e mangues. Todas as tardes acontecem os shows Wildlife Encounter.

Jai Alai, Um Esporte Alegre

Esse curioso jogo teve origem há 300 anos no País Basco (*"jai alai"* significa "festival alegre" em catalão) e chegou aos EUA no início dos anos 1900, através de Cuba. A Flórida possui oito das dez arenas do país, chamadas *"frontons"*.

Você pode assistir a uma partida de *jai alai* gastando pouco (se não apostar). O programa explica tanto a marcação de pontos quanto a complexidade do sistema de apostas mútuas, onde quem aposta no vencedor divide o total arrecadado. A torcida grita e comemora, porque muita gente aposta. Os jogos acontecem em Dania cinco vezes por semana: ligue (954) 927-2841 para detalhes. As regras do jogo estão explicadas na p. 37.

Jogador de *jai alai* pronto para bater

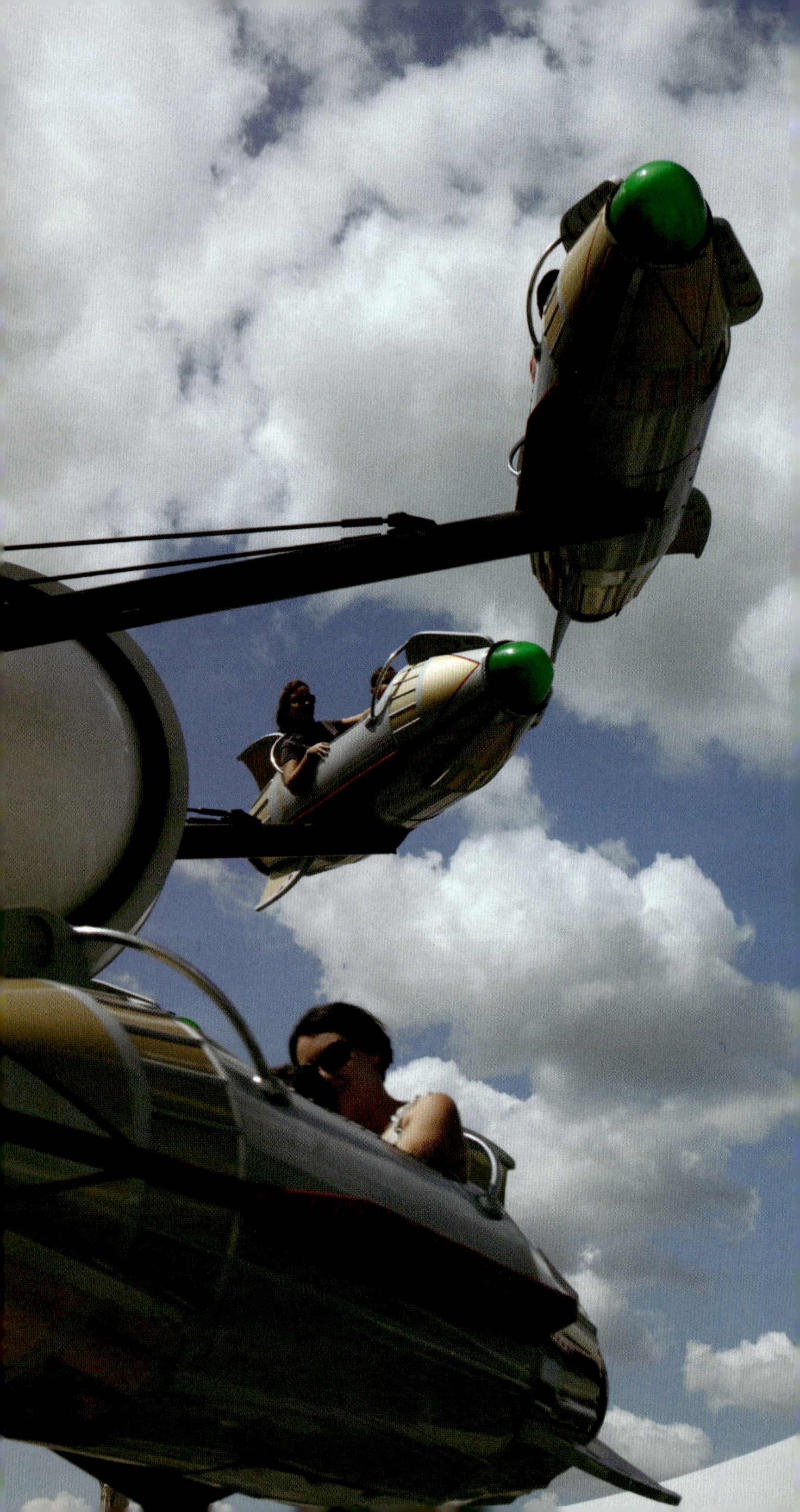

ORLANDO E A COSTA ESPACIAL

Com diversão de toda espécie, de montanhas-russas a exibições de baleias orcas e o famoso rato orelhudo, Orlando é a terra da fantasia voltada para toda a família e o maior parque de diversões do mundo, atraindo 34 milhões de visitantes ao ano.

Orlando era um posto do exército, o Fort Gatlin, erguido durante as Guerras dos Seminoles *(pp. 50-1)*. Mais tarde o forte recebeu o nome do soldado Orlando Reeves, morto por uma flecha *seminole* em 1835. A cidade se desenvolveu, mas, durante a primeira metade do século XX, Orlando e cidades vizinhas como Kissimmee não passavam de lugarejos pacatos que sobreviviam da criação de gado e do cultivo de cítricos.

Nos anos 1960, porém, tudo mudou. Primeiro foram as oportunidades de trabalho criadas pelo programa espacial de cabo Canaveral. Depois o Walt Disney World® começou a tomar forma: seu primeiro parque temático, o Magic Kingdom® (Reino da Magia), foi inaugurado em 1971. Desde então, 500 milhões de visitantes viajaram para o que a própria Disney modestamente chama de o destino de férias mais popular do mundo. Seu sucesso provocou a explosão da indústria da diversão na Grande Orlando, e começaram a surgir as atrações, ansiosas por faturar no mercado cativo. À parte as dezenas de lagos, a região é pouco atraente: a Grande Orlando espalha-se desajeitadamente pelas planícies cultivadas. Ao longo da Costa Espacial, as comunidades do continente pouco têm a oferecer. Contudo, as ilhas de barreira do rio Indian abrigam 116km (72 milhas) de belas praias, e há duas enormes reservas naturais com milhares de aves. Em meio a tudo isso, numa área preservada de mangues e em total harmonia com a natureza, está o Kennedy Space Center, de onde os foguetes eram lançados para a Lua ou para orbitar a Terra.

A extensa e intocada várzea da Merritt Island, na Costa Espacial

◀ Diversão no Astro Orbiter, em Tomorrowland, Walt Disney World®

144 | FLÓRIDA ÁREA POR ÁREA

Como Explorar Orlando e a Costa Espacial

O motivo de tanta gente passar as férias em Orlando são seus grandes parques temáticos, principalmente o Walt Disney World®, o SeaWorld® e os Universal Studios®. Nos parques e em torno deles, na International Drive e em Kissimmee, há mais de 115 mil quartos de hotel, mais do que em Nova York. Se estiver com tempo disponível, visite o tranquilo Bok Tower Gardens ou, mais adiante na estrada, o divertido LEGOLAND®. À noite, experimente a agitação do complexo de diversão do Universal's CityWalk®. As lojas diversificadas e os cafés nas calçadas do subúrbio de Orlando, Winter Park, são boa opção para os que procuram algo mais sofisticado. A 80km (50 milhas) de distância, a Costa Espacial é um passeio de um dia a partir de Orlando, onde há praias desertas e selvagens e o animado paraíso do surfe, Cocoa Beach.

Legenda

- Rodovia
- Estrada principal
- Estrada secundária
- Estrada rural
- Percurso com paisagem
- Ferrovia

A baleia orca é a principal atração do SeaWorld®

Legenda dos símbolos *na orelha da contracapa*

ORLANDO E A COSTA ESPACIAL | 145

Foguetes do início da exploração espacial, no Kennedy Space Center

Como Chegar

Se você for além dos parques temáticos, alugue um carro. Com uma extensa rede de rodovias, é fácil e agradável dirigir: do Walt Disney World®, o centro de Orlando fica a meia hora no sentido norte; e o LEGOLAND® fica a uma hora na direção sul. Se você for passar as férias todas na Disney, as opções de transporte estão na página 147. Muitos hotéis têm ônibus grátis para os parques, e os ônibus Lynx (p. 387) cobrem a maioria dos destinos turísticos da Grande Orlando. A Costa Espacial fica uma hora a leste de Orlando pela Route 528 (Bee Line Expressway). A I-95 é a principal estrada norte-sul pela costa; a Route A1A liga as praias e as ilhas de barreira.

Principais Atrações

1. Walt Disney World® Resort pp. 146-79
2. SeaWorld® e Discovery Cove® pp. 180-3
3. Universal Orlando® pp. 184-9
4. Wet 'n Wild® pp. 190-1
5. Orlando
6. Winter Park
7. International Drive
8. Gatorland
9. Kissimmee
10. Lago Toho
11. Disney Wilderness Preserve
12. Fantasy of Flight
13. LEGOLAND®
14. Bok Tower Gardens
15. Yeehaw Junction
16. American Police Hall of Fame
17. Canaveral National Seashore and Merritt Island
18. Kennedy Space Center pp. 200-5
19. U.S. Astronaut Hall of Fame
20. Valiant Air Command Warbird Air Museum
21. Cocoa
22. Cocoa Beach

Veja hotéis e restaurantes dessa região nas pp. 314-25 e 329-49

❶ Walt Disney World® Resort

Solte a sua imaginação no maior centro de diversões do mundo, onde há de tudo para todos, independentemente da idade. Planeje passar ao menos um dia em cada um dos "big four" ("quatro grandes") da Disney: Magic Kingdom®, Epcot®, Disney's Hollywood Studios® e Disney's Animal Kingdom®. Não perca a chance de banhar-se nos dois parques aquáticos, Blizzard Beach e Typhoon Lagoon. Ou, se preferir, sue a camisa no complexo Disney's Wide World of Sports, jogando golfe, percorrendo trilhas, nadando em piscinas e lagos, praticando canoagem e esqui aquático e muito mais. Com mais de 30 resorts na propriedade, você pode descansar no hotel e voltar aos parques para o espetáculo pirotécnico de encerramento ou assistir a um show em Downtown Disney.

Magic Kingdom®
Sete terras de fantasia e aventura circundam o belo castelo da Cinderela.

Principais Atrações
① Magic Kingdom® *pp. 150-1*
② Epcot® *pp. 156-61*
③ Disney's Hollywood Studios® *pp. 166-9*
④ Disney's Animal Kingdom® *pp. 170-1*
⑤ Blizzard Beach *p. 172*
⑥ Typhoon Lagoon *p. 173*
⑦ Fort Wilderness Resort e Campground *p. 175*
⑧ Downtown Disney® *pp. 176-7*

Disney's Animal Kingdom®
Sinta a emoção de estar frente a frente com animais selvagens, participar de um safári africano, descer corredeiras, caminhar e divertir-se nos brinquedos.

Blizzard Beach
Nesse parque aquático com 27 hectares muito bem aproveitados são oferecidos brinquedos emocionantes e divertidos escorregadores aquáticos.

Legenda
— Monotrilho
= Rodovia interestadual

Legenda dos símbolos *na orelha da contracapa*

WALT DISNEY WORLD® RESORT | **147**

Epcot®
Viaje pelos continentes, seja lançado em um foguete para Marte, embarque em uma aventura submarina e dê uma espiada no futuro das descobertas e nas invenções notáveis.

Disney's Hollywood Studios®
Não há o que se compare aos espetáculos do Disney's Hollywood Studios, onde pessoas de todas as idades mergulham no brilho e na magia de Hollywood.

Como Chegar
Um sistema de transporte extenso e eficiente atende 200 mil visitantes em média por dia. O transporte do Walt Disney World® está centralizado no Ticket and Transportation Center (TTC). Monotrilhos, ferryboats e ônibus funcionam diariamente. Além disso, os hotéis próximos ao balneário oferecem ônibus grátis para os parques. Mais detalhes na página 178.

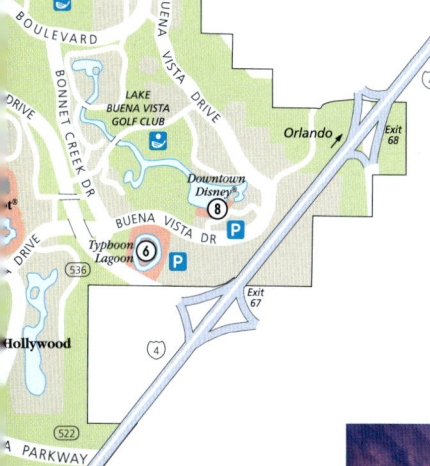

Downtown Disney®
Restaurantes temáticos, casas noturnas, espetáculos e o maior ponto de vendas dos produtos Disney. Tudo isso e muito mais é encontrado nesse luxuoso templo do consumo.

Legenda
Principais atrações

Veja hotéis e restaurantes dessa região nas pp. 314-25 e 349

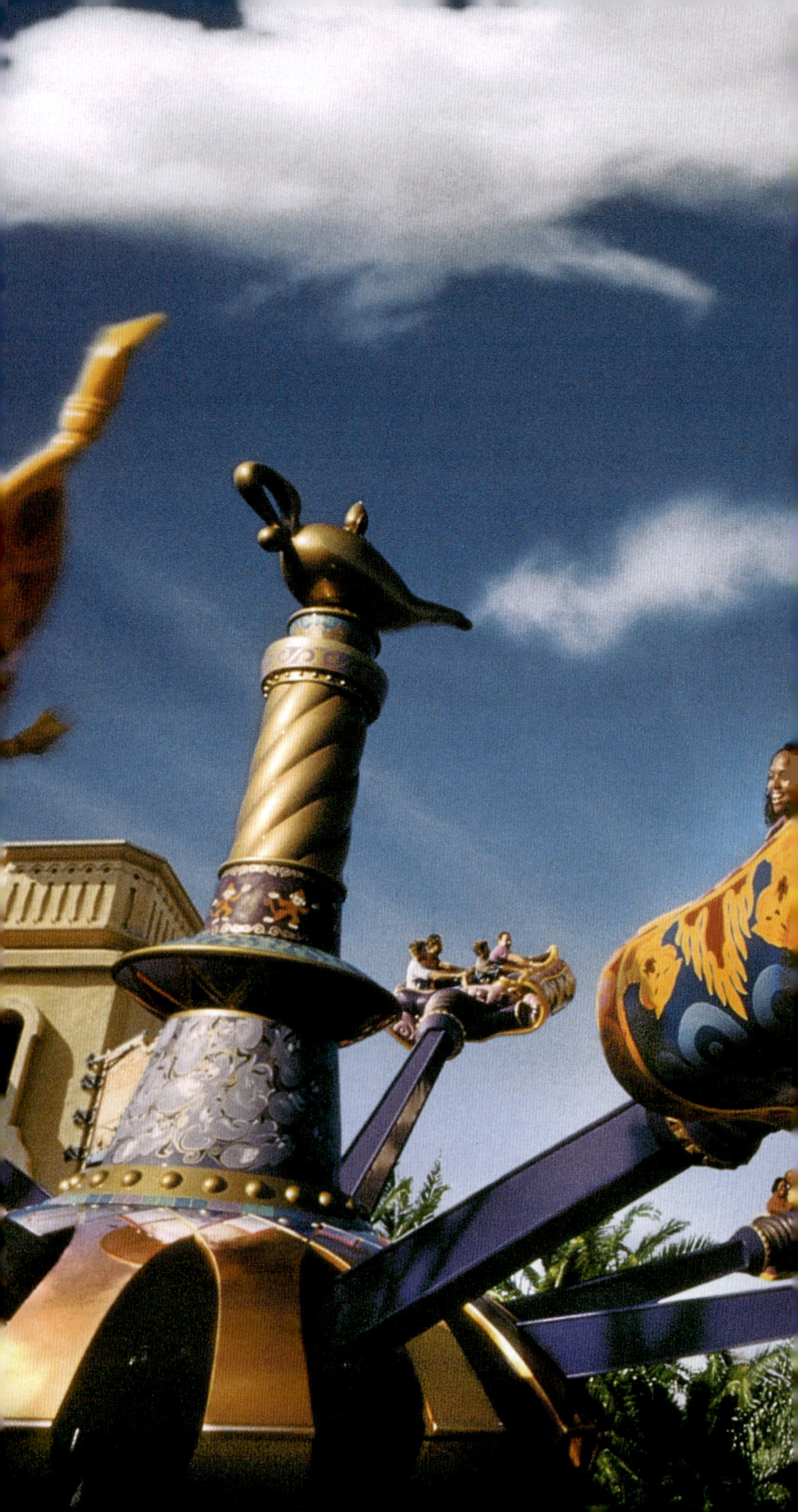

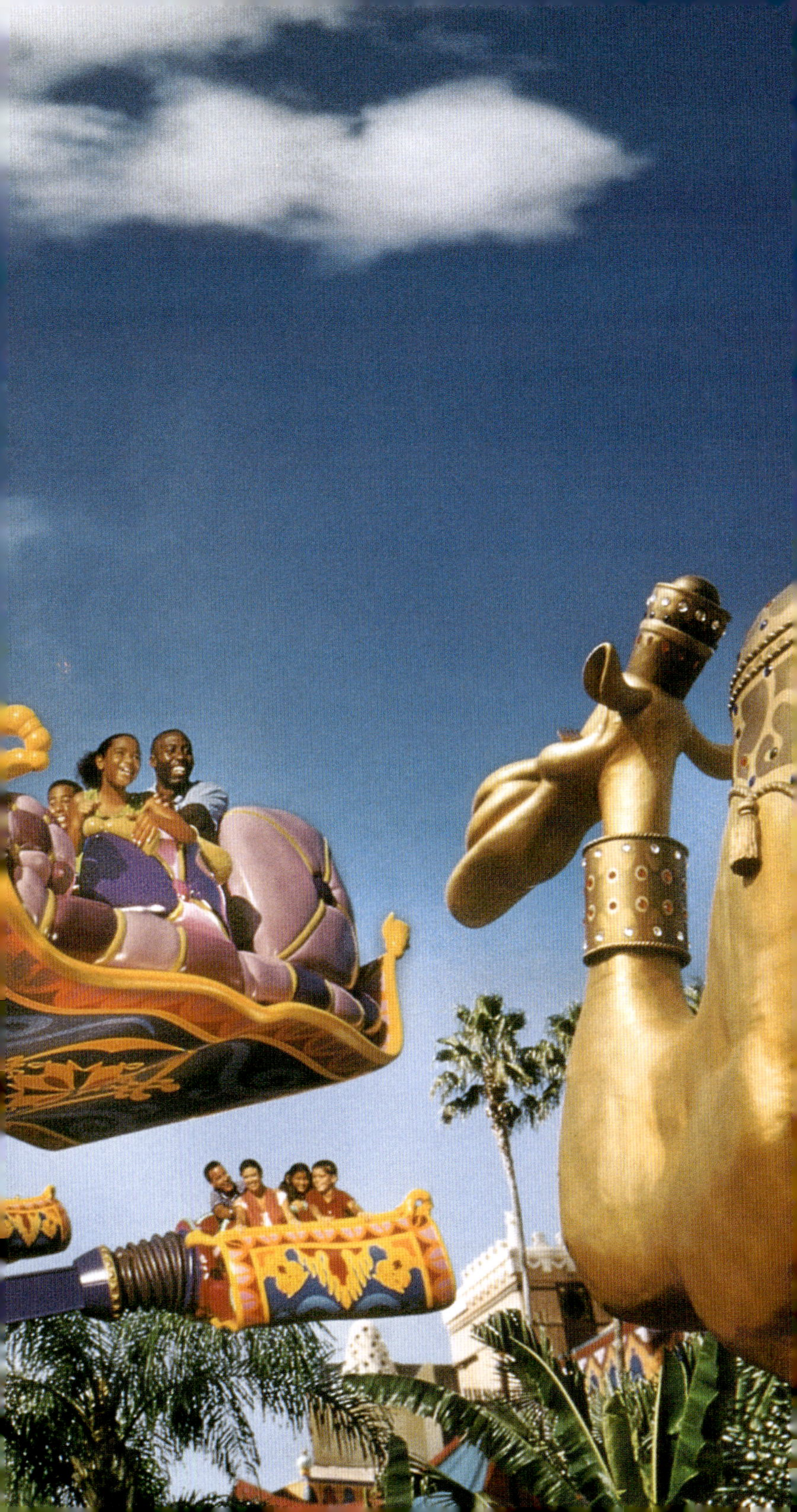

Magic Kingdom®

Com a mesma aparência na Califórnia, no Japão e na França, o Magic Kingdom® é essencialmente um parque temático da Disney. Personagens de quadrinhos e visões nostálgicas do passado (particularmente dos Estados Unidos) e de hoje preenchem seus 44,5 hectares com diversão pura. O parque consiste em sete "territórios", que evocam uma época ou um tema, como Wild West, Colonial America e Tomorrowland. Todos têm em comum desfiles belíssimos, música e os principais personagens da Disney recepcionando os visitantes.

O castelo da Fantasyland®

Como Explorar o Parque

Quem se hospeda nos hotéis da Disney tem a vantagem das Extra Magic Hours, ou seja, um tempo a mais no parque antes e depois dos horários regulares.

Se você for hóspede, procure chegar às catracas 1h30 antes do horário oficial de abertura. Dessa maneira você poderá visitar Fantasyland® e Tomorrowland® por uma hora, até o parque abrir. Na entrada você receberá um mapa detalhado sobre os sete territórios, os brinquedos, a programação de shows e o horário dos desfiles. O painel luminoso da Main Street® também dá essas informações e o tempo de espera em cada atração. Garanta logo cedo seus bilhetes FastPass para as atrações mais disputadas. Insira o ingresso na máquina FastPass e espere que ela gere um bilhete com a hora da visita. Circular pelo parque é relativamente simples, porque todos os territórios partem do mesmo ponto, o castelo da Cinderela.

As principais atrações estão em lados opostos do parque, portanto é preciso andar bastante para evitar as filas. Mas há novos meios de se locomover pelo parque. Pela Main Street® trafegam veículos que contam a história do transporte, dos bondes puxados a cavalo aos carros motorizados, e um trem a vapor circunda o parque, com paradas em Main Street®, Fantasyland e Frontierland®.

Onde Comer e Beber

Os sanduíches dominam o cenário da alimentação, mas há refeições mais razoáveis na Be Our Guest, no castelo da Fera; outras opções são a Liberty Tree Tavern ou o Crystal Palace, mais tranquilos. A Cinderella's Royal Table, no castelo, tem ambiente a caráter e comida tolerável.

Main Street, USA®

Essa é a versão da Disney de uma romântica cidade americana do começo do século. Ao entrar na Main Street®, você passa por baixo da Main Street Station, onde poderá tomar o trem que circula pelo parque. Os trens saem a cada 10 minutos. Na parte de baixo da estação há armários com chaves para guardar bolsas e malas por uma pequena taxa. Ao chegar à praça, na prefeitura, à esquerda você poderá se informar sobre os shows ou algum evento especial que esteja acontecendo. A Main Street® é uma magnífica mistura de cores, formas e músicas, tudo muito detalhado. O Town Square Exposition Hall, à direita da praça, resolverá o problema de quem quer assistir a um filme, mas as melhores lojas estão, é claro, ao longo da Main Street.

À noite, essa área se enche de magia, quando milhares de luzes iluminam as calçadas impecavelmente limpas. É também um excelente lugar para ver a Main Street Electrical Parade, um cintilante desfile com música, apresentações ao vivo e carros alegóricos.

Adventureland®

Vegetação luxuriante, batidas de tambores e edifícios coloniais evocam imagens da África e do Caribe. Cruzando uma ponte de madeira a partir do eixo central, a Adventureland é uma combinação emocionante e divertida de vários ambientes exóticos e tropicais.

Jungle Cruise é um passeio de barco que passa por um grande número de ambientes animados, representativos da África, da Índia e da América do Sul. É um dos mais procurados, principalmente pela diversão proporcionada pelo humor contagiante do "barqueiro".

Dicas

- Se você entrar antes no parque, prepare-se para esperar o horário oficial de abertura na barreira de corda, ao lado de Peter Pan e "It's a small world", de 15 a 20 minutos.
- Para visitar primeiro a Splash Mountain®, pegue o trem na Main Street® antes do parque abrir. Se o parque estiver aberto, o trem parará na Frontierland® uns 7 minutos depois. A estação fica ao lado da Splash Mountain® e do Big Thunder.
- Para diminuir o número de pessoas nas atrações antes de fechar, as cordas serão retiradas, de modo que, vistas de fora, as filas de espera pareçam longas.
- O melhor lugar para assistir aos desfiles é na Frontierland®, mas nos horários de pico você deve encontrar um lugar cerca de 45 minutos antes.
- Os desfiles diurnos começam na área da Splash Mountain® e vão até a Town Square; à noite eles seguem na direção oposta.

◀ Turistas no tapete voador de Alladin, na Adventureland

Visita de 1 Dia

Se você pretende mesmo percorrer o Magic Kingdom® em um dia, saiba que não é fácil, principalmente no verão. Comece cedo e siga as dicas abaixo para um maior proveito, evitando ao máximo os horários de grande movimento.

1. Passando as catracas, vá para o centro. Se o parque já estiver aberto, entre à direita e vá para a **Space Mountain®**. Se algumas áreas do centro estiverem fechadas com cordas, espere na frente da Tomorrowland, e, quando soltarem a corda, entre na Space Mountain®. Quem prefere emoções menos fortes deve ir para o **Buzz Lightyear's Space Ranger Spin**.
2. Depois da Space Mountain vá para **Fantasyland®**, passando pela Tomorrowland (fique à esquerda do speedway e vire à esquerda nas Mad Hatter's Teacups), e experimente os vários brinquedos das **Adventures of Winnie the Pooh**.
3. Depois do Winnie, entre à esquerda no **Peter Pan's Flight** para provar também o **"it's a small world"**.
4. Na saída, pegue a esquerda e vá para a Liberty Square visitar a **Haunted Mansion®**, à direita.
5. Saia da Haunted Mansion à direita e siga até a **Splash Mountain®**. Se o tempo de espera for superior a meia hora, compre um FastPass, e à direita cruze para a **Big Thunder Mountain Railroad**.
6. Saia da Big Thunder e atravesse a ponte que dá direto nos **Pirates of the Caribbean®**. Divirta-se.
7. Volte para a Splash Mountain, brinque e faça o caminho de volta para **Jungle Cruise**. Se o horário permitir, fique, senão veja o **Enchanted Tiki Room**.
8. Vá almoçar. Coma algo leve em algum restaurante fast-food.
9. Depois do almoço, vá andando para a **Swiss Family Treehouse**, na Adventureland®.
10. Cruze o centro até a Tomorrowland e compre um FastPass para o **Buzz Lightyear**.
11. Visite o **Monsters, Inc. Laugh Floor Comedy Club** e a **Stitch's Great Escape!**, e escolha entre o **Astro Orbiter** ou o **Carousel of Progress**.
12. Volte para brincar no Buzz Lightyear.
13. Cruze o centro até a **Frontierland®** e encontre um bom lugar para assistir ao **desfile da tarde**.
14. Agora você terá visto e brincado nas principais atrações do Magic Kingdom®. É hora de descansar um pouco antes da **Main Street Electrical Parade**. Se o parque fechar cedo, assista ao desfile na Town Square. Se abrir tarde, é melhor assistir da Main Street®, do lado da Tomorrowland®, e quando o desfile terminar, você poderá voltar facilmente às atrações de Tomorrowland® e Fantasyland®.
15. Por fim, encontre um banco no parque para assistir **à queima de fogos** confortavelmente.

O **Enchanted Tiki Room**, além de ser uma atração animada e surpreendente, revela-se uma maneira agradável de passar uns 15 minutos longe do calor escaldante da Flórida. O espetáculo musical conta com pássaros tropicais animados, flores coloridas e deuses Tiki, da cultura havaiana.

O **Pirates of the Caribbean®** é uma atração extremamente divertida e minuciosa, que conduz os visitantes por celas subterrâneas caindo aos pedaços, exibe um combate de galeões do século XVI e representa cenas de bebedeira e mutilação. Embora muitas pessoas digam que os efeitos Audio-Animatronics® apresentados no local não são tão bons quanto os da versão da Disneyland Paris, ainda assim eles são muito bem realizados, e a atração é uma das mais concorridas de todo o parque.

Na saída, encontram-se algumas das lojas mais interessantes do parque, que oferecem fantástica variedade de acessórios essenciais da Disneyland.

Frontierland®

Inspirada no Faroeste de Hollywood, esse "território" tem passarelas suspensas e entrepostos comerciais. **The Frontierland Shootin' Arcade** é reminiscente tanto do Velho Oeste quanto das feiras rurais do passado, enquanto a **Country Bear Jamboree** é um espetáculo de animais com áudio e animação que as crianças adoram e um refúgio para os dias muito quentes.

Na frente da Big Thunder Mountain há uma plataforma de desembarque onde você toma a jangada para a Tom Sawyer's Island. O forte, as pontes suspensas, as cachoeiras e os túneis realizam o sonho de aventura de todas as crianças.

Uma viagem fascinante, tanto pela concepção quanto pela execução, em um trem descontrolado, a **Big Thunder Mountain Railroad** é uma das atrações mais antigas do parque. Comparada à montanha-russa, é uma experiência relativamente tranquila, embora nos últimos vagões ela seja muito mais emocionante do que nos da frente. Como as filas de espera são sempre muito longas, chegue cedo e visite primeiro essa atração.

Shows e Desfiles

Não deixe de assistir a pelo menos um desses eventos. Se shows como o da Mickey's PhilharMagic Orchestra, os filmes animados em 3-D e o Enchanted Tiki Room já são, por si sós, maravilhosos, os desfiles são incomparáveis. Plataformas gigantescas com atores e bailarinos fazem um percurso entre a Frontierland® e a Town Square, na Main Street®. Sempre há algum desfile à tarde e, no pico da temporada de férias, dois desfiles noturnos, a chamada Main Street Electrical Parade, em geral às 20h30 e às 22h30. Também à noite, o voo da fada Sininho, de *Peter Pan*, dá início à queima de fogos e a um show de música durante o qual o Castelo da Cinderela fica todo iluminado.

Veja hotéis e restaurantes dessa região nas pp. 314-25 e 329-49

Uma atração imperdível que promete molhar você muito mais do que na verdade molha é a montanha-russa **Splash Mountain®**. É o que a Disney sabe fazer de melhor, integrando à perfeição música, efeitos especiais e personagens incrivelmente bem acabados. Tudo isso combinado aos milhares de gotinhas que antecedem o grande mergulho fazem dessa descida pelo canal a melhor do mundo. Como todos querem repetir a experiência, as filas são sempre longas desde a abertura até o fechamento.

Liberty Square

O menor território de todos, a Liberty Square é ambientada em estilo pós-colonial norte-americano e existe três atrações: **Liberty Square Riverboat**, **Hall of Presidents** e **The Haunted Mansion®**. Mais divertida do que assustadora, exceto talvez para crianças pequenas, The Haunted Mansion® raramente tem filas longas e é um retiro refrescante, sobretudo em tardes quentes de verão. A mansão assombrada tem um cemitério, paredes e pisos cheios de surpresas, e lápides que emitem canções alegres quando você passa por elas. Fique atento quando seu transporte espectral deixar a mansão para trás, pois um caronista transparente se sentará a seu lado.

Para uma dose de realidade, embarque no Liberty Square Riverboat, uma réplica de barco a vapor com roda propulsora, e faça um passeio lento em torno da Tom Sawyer's Island, ficando de olho nas aves tropicais que surgem no trajeto. Embarque no Liberty Square Riverboat, um falso barco a vapor, para cruzar o país do século XIX; refugie-se da multidão e do calor no Hall of Presidents, assistindo a uma apresentação em Audio-Animatronics®, que exibe os 44 presidentes americanos, inclusive o Presidente Barack Obama. Antes que eles apareçam, há a exibição de um filme que mostra a história da América.

Compras

Há lojas por toda parte no Magic Kingdom®, vendendo todo tipo de roupas, confeitos (exceto gomas de mascar!) e material promocional. Todos os territórios têm lojas próprias, com produtos sobre o tema em questão e sobre o brinquedo mais próximo (tudo sobre pirataria pode ser comprado perto dos Pirates of the Caribbean®, por exemplo). Mas as melhores lojas estão em Downtown Disney®, que concentra a maior oferta de produtos Disney de todo o mundo.

Fantasyland®

Dominado pelas altas torres do castelo da Cinderela, esse território é o centro do Magic Kingdom®. Uma grande ampliação dobrou o tamanho da Fantasyland® e adicionou dois castelos ao cenário: o da Fera e o do Príncipe Eric. A área do circo evoca Dumbo, o clássico da Disney, com atrações como **The Barnstormer**, na qual o Pateta faz acrobacias. Mas o destaque da nova Fantasyland® é o passeio pela **Seven Dwarves Mine** (Mina dos Sete Anões).

As deliciosas atrações provocam emoção e encantamento até nos mais insensíveis. Mas esse território costuma ser o preferido das crianças. **Prince Charming Regal Carousel** (um carrossel autêntico de 1917) emociona também os adultos com seu galope mágico. **Peter Pan's Flight**, merecidamente muito mais popular, combina a sensação de voar com o prazer da música e do movimento em perfeita coordenação.

Do outro lado encontra-se o **"it's a small world"**, que se constitui em um passeio pela água através de vários quadros animados, mas com uma melodia de fundo um tanto persistente: se você não tomar cuidado, terá dificuldade em tirá-la da cabeça pelo resto do dia.

The Many Adventures of Winnie the Pooh incorpora as últimas tecnologias nos brinquedos, na iluminação e nos efeitos sonoros 360 graus, produzindo uma atração que faz jus ao FastPass.

Mickey's PhilharMagic é um excelente desenho animado em 3-D e uma das mais recentes atrações da Fantasyland®.

No calor do verão, as filas longas para alguns brinquedos destinados a crianças pequenas podem estressar todos os envolvidos. Tente alternar entre atrações ao ar livre, como o Dumbo e o carrossel, e atrações cobertas como "it's a small world" e a Mickey's PhilharMagic, cujas filas internas dão a chance de se refrescar.

Tomorrowland®

Há alguns anos a Disney reformou as fachadas e revitalizou a Tomorrowland® com novas atrações. Se isso resultou em algo melhor, é uma questão de opinião, mas ainda há muita coisa que agrada. A **Space Mountain®** é o brinquedo mais veloz, onde você faz curvas fechadas em alta velocidade e despenca na escuridão, iluminada apenas por corpos celestes. A sensação de viajar pelo espaço é excelente, mas o brinquedo, embora mais vibrante que a Big Thunder Mountain, não é o preferido de quem não dispensa fortes emoções.

Adultos e crianças encontram diversão inesperada no **Cosmic Ray's Starlight Café**. Um alienígena gigante, "Sonny Eclipse", entretém o público em um bar com piano enquanto dançarinos convidam a plateia a participar. É um bom lugar para fugir do calor ou da chuva. Há três áreas de alimentação com diferentes menus.

Controlando com facilidade filas imensas, o **Walt Disney's Carousel of Progress** é uma atração em que o auditório

Veja hotéis e restaurantes dessa região nas pp. 314-25 e 329-49

gira ao redor de um palco central. O Carossel do Progresso mostra a vida doméstica em várias épocas e, embora um tanto estranho, é um dos favoritos, principalmente tarde da noite.

No **Monsters, Inc. Laugh Floor Comedy Club** você conhecerá o poder da gargalhada em um aventura interativa, ao medir forças com o herói de um olho só, Mike Wazowski, e seus dois amigos engraçados.

A **Tomorrowland® Transit Authority** usa mecanismos de indução linear e oferece 10 minutos de silêncio e tranquilidade. Esse passeio pela Tomorrowland® propicia as melhores vistas do parque e a chance de descansar um pouco das longas caminhadas. Nunca muito cheio, passa por dentro da Space Mountain® e também de várias outras atrações.

Uma das grandes atrações da Tomorrowland® é o **Buzz Lightyear's Space Ranger Spin**, onde você faz uma adorável viagem com os personagens de *Toy Story* em um carro equipado com canhão de laser, placar eletrônico e um controle que permite girar o carro rapidamente para acertar o alvo. É um dos melhores brinquedos do parque.

Esse é um dos poucos brinquedos que fazem as crianças esquecerem os pais, tamanho o fascínio que elas sentem ao atirar nos alvos com fachos vermelhos de laser e inúmeros efeitos sonoros e marcar uma infinidade de pontos.

Dicas

- As filas nas atrações ficam mais curtas durante desfiles.
- Assista à queima de fogos do alto da Main Street® (perto do centro) e depois aproveite os brinquedos até o último desfile da noite, quando estão mais vazios.
- Tome o trem que percorre o Magic Kingdom® para ter uma visão geral.
- Assegure um lugar no terraço do Cosmic Ray's para ter uma visão perfeita da queima de fogos e do castelo da Cinderela.
- Se possível, leve as crianças para almoçar e se refrescar no período mais quente do dia.
- Se seus filhos são pequenos, alugue um carrinho quando entrar no parque.

Lista de Brinquedos e Shows

Esta tabela foi criada para ajudá-lo a planejar a sua visita ao Magic Kingdom®. Os brinquedos e shows estão listados em ordem alfabética por território.

		TEMPO DE ESPERA	LIMITE DE ALTURA/ IDADE	HORÁRIO MAIS CONCORRIDO	FASTPASS	EMBARQUE	PODE PROVOCAR ENJOO	CLASSIFICAÇÃO
ADVENTURELAND®								
B	Jungle Cruise	●		11h-17h		❷		▼
B	Pirates of the Carribbean®	○		12h-16h		❶		◆
S	Enchanted Tiki Room	○				❶		▼
B	Magic Carpet of Aladdin	○				❶		▼
FRONTIERLAND®								
B	Big Thunder Mountain Railroad	●	1,02m	10h-19h	➡	❶	✓	★
B	Splash Mountain®	●	1,02m	10h-19h	➡	❶		★
S	Country Bear Jamboree	○				❶		▼
S	Frontierland Shootin' Arcade	◐				❶		◆
LIBERTY SQUARE								
B	Hall of Presidents	○				❶		▼
B	Haunted Mansion®	◐				❶		◆
B	Liberty Square Riverboat	○				❶		▼
FANTASYLAND®								
B	Dumbo the Flying Elephant	◐		9h-19h		❸		▼
B	It's a Small World	○				❶		▼
B	The Many Adventures of Winnie the Pooh	●		10h-18h	➡	❸		★
B	Peter Pan's Flight	●		9h-21h	➡	❸		★
B	The Barnstormer	◐	89cm	9h-19h		❷		▼
B	Mad Tea Party	○				❶	✓	▼
TOMORROWLAND®								
B	Buzz Lightyear's Space Ranger Spin	◐		10h-18h	➡	❶		◆
B	Space Mountain®	●	1,2m	9h-19h	➡	❷		★
S	Cosmic Ray's Starlight Café	○						▼
S	Monsters, Inc. Laugh Floor Comedy Club	◐						▼
B	Tomorrowland® Transit Authority	○				❶		▼

Legenda: brinquedo – B; show – S; tempo de espera: pequeno – ○ médio – ◐ grande – ●; classificação: bom – ▼ excelente – ◆ extraordinário – ★; tempo de embarque: rápido – ❶ médio – ❷ lento – ❸

MISSION
SPACE
presented by
hp
INTERNATIONAL SPACE TRAINING CENTER
FLIGHT TRAINING

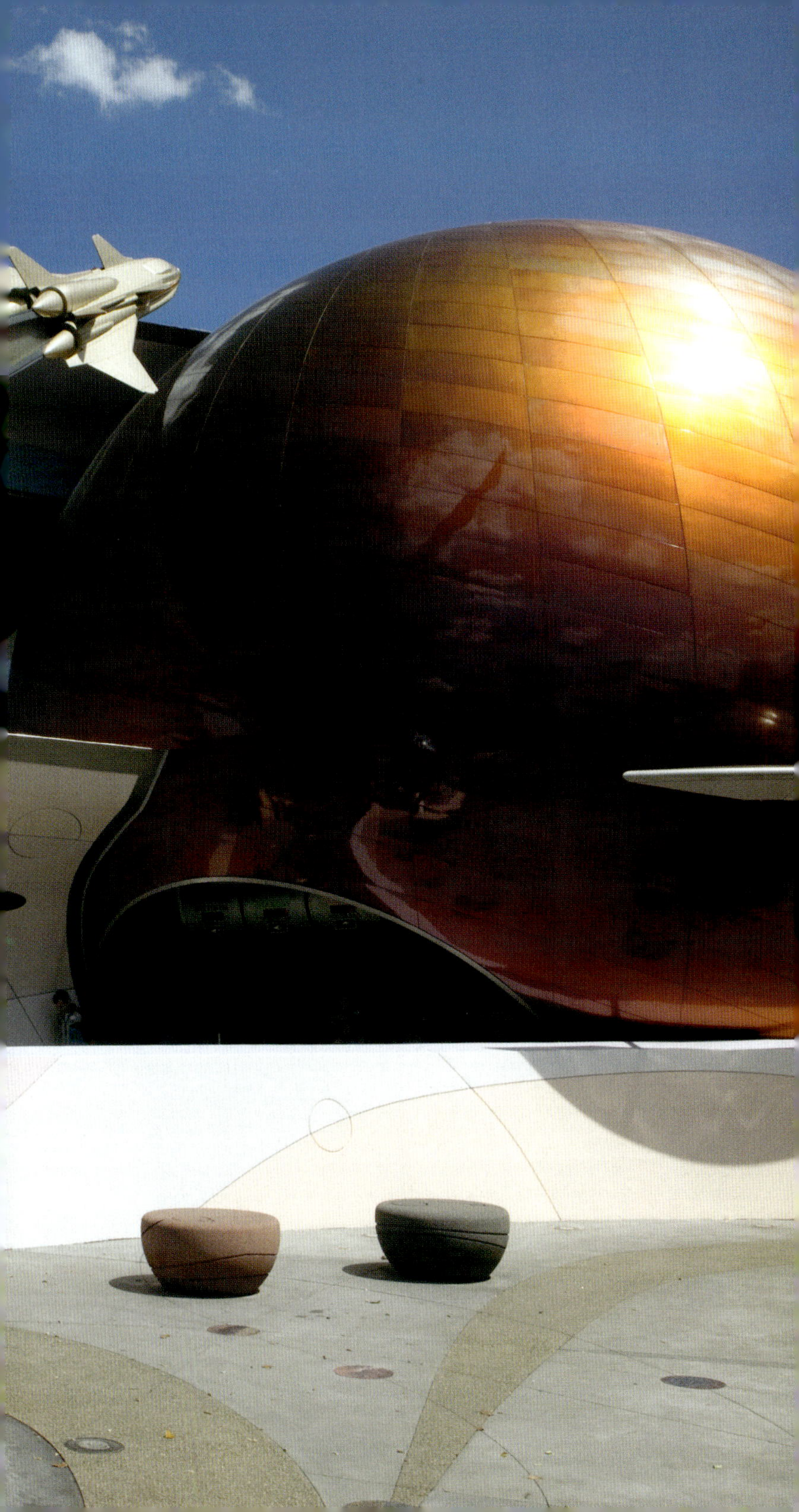

Epcot®

Epcot é a sigla em inglês de Experimental Prototype Community of Tomorrow, uma comunidade de alta tecnologia sonhada por Walt Disney. Mas em vez de representar uma visão utópica do futuro, após a inauguração em 1982, a ideia original passou por várias mudanças, e Epcot é hoje um centro educacional e uma feira mundial permanente.

O parque abrange 102 hectares de área e é dividido em duas metades: o Future World, que dá ênfase à diversão e à educação, e o World Showcase, que representa a arte, a cultura e as especialidades culinárias de vários países do globo.

Dicas

- Os visitantes com preferência de entrada são admitidos imediatamente em determinadas atrações, por isso aproxime-se das catracas uns quinze minutos antes de elas serem liberadas.
- O Test Track e o Mission: SPACE® são excepcionalmente populares, mas não confiáveis. Isso se traduz em longas filas desde cedo. Passe primeiro por eles e na saída compre um FastPass para voltar a brincar mais tarde.
- Os barcos que cruzam regularmente a World Showcase Lagoon têm ar-condicionado e são um alívio para o calor.
- As pessoas chegam cedo ao Epcot e vão direto para o Spaceship Earth, por isso as filas são tão longas. Mas à tarde você consegue entrar sem esperar quase nada.

O pavilhão da França no World Showcase

Como Explorar o Parque

O Epcot® tem duas vezes e meia o tamanho do Magic Kingdom®, por isso são necessários ao menos dois dias para ver todo o parque. Como o World Showcase só começa a funcionar às 11h, o Future World lota muito mais cedo. Mas a entrada pelo "portão dos fundos", ou International Gateway, é liberada às 9h, e os visitantes podem tomar café da manhã na Les Halles Boulangerie and Patisserie, no pavilhão francês do World Showcase. Chegar cedo é a chave para uma visita agradável. Se você tiver preferência de entrada, apresente-se 1h40 antes do horário de abertura oficial.

Embora o Future World tenha poucos brinquedos, dois deles, o Test Track e o Mission: SPACE® atraem muita gente. Para chegar até eles, vire à esquerda no grande edifício Innoventions East. Tente imaginar o Future World como um relógio; se os ponteiros marcarem 6h, Mission: SPACE® estará em 9h e Test Track em 11h – o que equivale a andar desde a entrada do Magic Kingdom® até a Splash Mountain®.

Para sair da área Mission: SPACE®/Test Track, volte pelo mesmo caminho, passe pelo Innoventions East e imediatamente cruze o Innoventions West, saindo na frente do Soarin' e do The Seas com Nemo & Friends. Se você estiver mais interessado em conhecer as arquiteturas do mundo e em comer em um dos muitos restaurantes do Epcot®, talvez seja mais agradável entrar no parque pelo International Gateway. Estacione no Disney's Boardwalk e caminhe até lá, ou pegue o barco e desça na entrada entre a França e a Inglaterra.

O World Showcase agrada muito mais aos adultos do que às crianças, mas os Kidcot Fun Spots oferecem atividades educacionais e interativas e por isso é mais vantajoso comprar um "passaporte" para cada criança, para que cada uma carimbe o seu. Há brinquedos menos interessantes, em geral passeios de barcos, em alguns pavilhões, e outros exibem filmes. Alguns oferecem ótima comida e aceitam reservas antecipadas feitas

IlluminNations: Reflexos da Terra

O que você não pode perder no Epcot é o espetáculo noturno IlluMiNations. Realizado próximo ao horário de fechamento do parque, na World Showcase Lagoon, é um emocionante espetáculo de son et lumière, com laser e chafarizes que se movem de acordo com a música típica dos onze países representados. Os melhores lugares para assistir ao show são a varanda da Cantina de San Angel, no México; o balcão do restaurante do Japão; e a ponte International Gateway, na Inglaterra.

◀ A entrada interplanetária do brinquedo Mission: SPACE®, no Epcot®

por intermédio do hotel. O transporte não é muito eficiente (é mais rápido chegar andando), por isso usar sapatos confortáveis é fundamental. Como não há muita sombra, lembre-se de usar chapéu.

Future World

O primeiro lugar a que os visitantes chegam ao passar pelas catracas é o Future World, que compreende uma série de grandes edifícios modernos aos quais se tem acesso passando pelos Innoventions East e West. Alguns prédios têm uma única atração, enquanto em outros é possível percorrer várias exposições, quase todas interativas, e brincar em brinquedos menores dentro do pavilhão principal. Essas atrações são patrocinadas pelos fabricantes, como se pode ver pelas marcas.

Broches Comemorativos

Muitos pais viram suas preces atendidas quando a Disney percebeu que os bótons produzidos para eventos especiais eram comercializados por um preço muito superior ao que valiam. Num momento de inspiração, foram criadas as Pin Stations, que são pequenas bancas espalhadas pelo parque para vender as centenas de modelos de bótons produzidos pela Disney. Eles custam entre US$6 e US$15 cada.

Depois, foram criados os geniais Pin Traders, que são funcionários que negociam com os visitantes a troca de bótons através de regras muito simples, que costumam ser quebradas em favor deles. Isso despertou a imaginação das crianças e adolescentes, que passam horas agradáveis procurando os modelos que não possuem e tentando trocá-los por outros. A ideia deu tão certo que a Disney quer que continue. Dependendo do seu pacote de hospedagem, você pode ser presenteado com um conjunto de bótons ao chegar e começar o troca-troca.

Spaceship Earth

Instalada em uma imensa esfera geodésica de 7.500 toneladas, essa atração constantemente lotada conduz o visitante por painéis magnificamente executados e cenas animadas representativas do progresso da humanidade no campo da tecnologia. Narrada pela atriz Judi Dench, a história formidável do desenvolvimento humano cobre um arco temporal que abrange desde as primeiras palavras do homem pré-histórico até a era cibernética do século XXI. Quase tão interessante quanto a própria visita é o fascinante domo que engenhosamente absorve a água da chuva e a devolve à World Showcase Lagoon.

AS 10 MELHORES

① **Test Track**

② **Mission: Space®**

③ **Rock 'n' Roller Coaster® Starring Aerosmith**

④ **The Seas with Nemo**

⑤ **Soarin'**

⑥ **Ellen's Energy Adventure**

⑦ **Maelstrom**

⑧ **Reflections of China**

⑨ **Impressions de France**

⑩ **Illuminations**

Innoventions

Juntos, os edifícios East e West formam uma exposição interativa de engenhocas ultramodernas, as quais, graças a um acordo com os fabricantes de produtos eletrônicos, são constantemente atualizadas. Mas é preciso tempo para criar as Innoventions, e muitos jogos já foram transferidos para Downtown Disney. O resultado é que os temas atuais interessam mais aos adultos.

Vista aérea da World Showcase Epcot®

Veja hotéis e restaurantes dessa região nas pp. 314-25 e 329-49

Epcot®: Mission: SPACE®

A mais impressionante atração do Epcot®, Mission: SPACE® leva os visitantes a uma viagem no espaço que culmina com a aterrissagem em Marte. Essa popular aventura é o que há de mais moderno em simuladores de emoções, que combina giro em alta velocidade – para simular a força gravitacional – e um roteiro visual interativo em 3-D. O resultado é um hipnotizante e convincente lançamento de foguete seguido de uma viagem a Marte em alta velocidade, incluindo também uma viagem à Lua. Também são impressionantes as recriações realistas de um lançamento e uma aterrissagem de foguete malsucedida. A atração da Disney mais avançada tecnologicamente é fruto da imaginação de Walt Disney, mas baseada em fatos e teorias científicas fornecidas por astronautas e engenheiros.

International Space Training Center

A história contada pelo International Space Training Center (ISTC) se passa em 2036. Nessa data futura da exploração espacial, muitos países se uniram para treinar uma nova geração de exploradores. Os participantes da Mission: SPACE® são candidatos a astronautas em sua primeira missão de treinamento.

O ISTC ocupa um edifício metálico, com paredes curvas e aparência futurista, típico da era espacial.

Externamente, a fachada em aço curvo tem no centro um pátio chamado **Planetary Plaza**. Ao entrar no pátio, os visitantes se veem em um mundo do futuro. Há imensas réplicas da Terra, de Júpiter e da Lua na Planetary Plaza, e nas paredes estão gravadas citações de personagens históricos sobre as viagens e a exploração espacial. Na Lua, as placas de bronze indicam os locais dos pousos norte-americanos e soviéticos, tripulados ou não, nos anos 1960 e 1970.

No interior, o ISTC é dividido em várias áreas, cada uma correspondendo aos diversos níveis de treinamento. Há quatro plataformas de lançamento com dez cápsulas cada uma; e cada cápsula comporta quatro pessoas.

Treinamento

Antes de embarcar, os aspirantes a explorador devem seguir uma série de procedimentos preparatórios sobre a sua "missão". Esse treinamento e as sessões informativas contribuem para que o tempo de espera para o show pareça mais curto, porque mantêm as pessoas ocupadas até o momento da viagem propriamente dita: a ambientação é realista, quase militar, algo raro nos parques da Disney. No **ISTC Astronaut Recruiting Center**, os exploradores recebem instruções sobre o treinamento e conhecem um modelo do X-2 Trainer, a espaçonave futurista em que embarcarão para a sua viagem.

A segunda estação da missão é o **Space Simulation Lab**, que simula uma estação orbital em giro lento a 10m de altura e contém oficinas de trabalho, salas de exercício, cubículos para dormir e áreas de refeição para as equipes espaciais. Um dos destaques da estação é a exibição de um autêntico *lunar rover* (veículo lunar) da era Apollo, emprestado pelo Smithsonian National Air and Space Museum, que descreve a primeira exploração da Lua feita pelo homem.

Os participantes entram na agitada **Training Operations Room**, a sala que oferece sessões de treinamento em tempo real. Grandes monitores exibem ao vivo as sessões de treinamento que estão acontecendo no ISTC.

No **Team Dispatch**, um encarregado recebe os participantes, que são divididos em equipes de quatro pessoas e enviados ao **Ready Room**, onde cada membro da equipe recebe uma função: comandante, piloto, navegador e engenheiro. Durante o voo, cada membro cumpre as tarefas associadas à sua função. Agora, os exploradores vão co-

Réplicas de planetas estrategicamente colocadas na fachada metálica do edifício da Mission: SPACE®

Veja hotéis e restaurantes dessa região nas pp. 314-25 e 329-49

nhecer a cápsula de comunicação Capcom, que guiará o astronauta durante o voo. No **Pre-flight Corridor**, eles recebem as instruções finais sobre a missão. Um membro fardado da equipe de voo acompanha os tripulantes até a cápsula, que é o X-2 Space Shuttle.

Voo e Aterrissagem

A equipe embarca na cápsula de treinamento X-2 e cada um dos membros é instalado diante de "janelas" individuais próximas entre si.

Terminada a contagem regressiva, inicia-se o lançamento propriamene dito: os motores começam a roncar, a fumaça sai dos canos propulsores e a cápsula balança, provocando sensações nos participantes semelhantes às que os astronautas sentem durante um lançamento real.

Os vidros dessas janelas são, na verdade, telas planas de vídeo que usam uma tela de LCD e cartuchos de vídeo eletrônicos com imagens fornecidas pelos satélites que

Dicas

- Essa foi a primeira atração criada para o sistema FastPass da Disney. Evite as longas filas de espera usando o Fastpass, oferecido na entrada do Mission: SPACE®. Dois horários serão afixados. Se a espera for muito longa, os visitantes podem obter um bilhete FastPass com horário de retorno determinado.
- Leia todas as placas de alerta na entrada da Mission: SPACE® e só participe da brincadeira se tiver certeza de que vai aguentar.
- A altura mínima para ir ao brinquedo é 1,10m.
- Toda a experiência Mission: SPACE®, desde o show inicial até o Advance Training Lab, pode durar de 45 minutos a mais de uma hora. A viagem a Marte dura aproximadamente quatro minutos desde o momento em que a porta da cápsula se fecha até ela ser aberta novamente.

gravitam na órbita de Marte. Essas imagens projetadas na tela, bem como os planetas Terra e Marte que os participantes veem pelas janelas, reforçam a ilusão de estarem realmente viajando pelo espaço.

A equipe de viajantes espaciais precisa trabalhar em conjunto nas funções de piloto, comandante, navegador e engenheiro para vencer os desafios apresentados e cumprir a sua missão em Marte.

Durante o voo, eles recebem as instruções do Capcom específicas para cada função, que consistem em apertar botões para que a cápsula obedeça de forma muito convincente. De repente, voltas e reviravoltas bruscas quase arrancam participantes da cadeira, exigindo deles hábeis manobras com os joysticks. Além da emocionante "estilingada" em volta da Lua, outras emoções são experimentar brevemente a "ausência de peso" e desviar de asteroides a caminho de Marte.

A viagem de quatro minutos termina com a aterrissagem em Marte, acompanhada de ótimos efeitos sonoros que saem dos alto-falantes estereofônicos instalados atrás das cápsulas espaciais. Os astronautas Buzz Aldrin e Rhea Seddon já experimentaram o passeio e atestam a semelhança com uma viagem espacial.

As forças gravitacionais que agem durante a Mission: SPACE® são menos intensas que o de uma montanha-russa, mas duram muito mais. Vale experimentar.

Advance Training Lab

Depois da viagem, os visitantes vão andar pelo Advance Training Lab, uma área de atividades interativas onde é possível testar suas habilidades em jogos com temas espaciais para todas as idades. Você pode explorar essa área mesmo que não queira experimentar os jogos. Não há limite mínimo de peso.

No **Space Race**, duas equipes disputam uma corrida para saber qual delas vai cumprir uma

PREPARE-SE

Informações Práticas
Future World, entre Test Track e Wonders of Life. **Tel** (407) 934-7639. ◯ 9h-21h diariam.

missão bem-sucedida em Marte e voltar à Terra. Equipes de até 60 pessoas devem trabalhar em grupo para vencer os inúmeros desafios e dificuldades em sua missão. O **Expedition: Mars** é outro divertido experimento no Advance Traning Lab. Nesse sofisticado videogame, a missão do jogador é localizar quatro astronautas encalhados em Marte. O **Space Base** é voltado para os pequenos astronautas. É uma excelente área de brinquedos interativos onde as crianças escalam, escorregam, se arrastam, exploram e gastam energia. Você também pode enviar postais do quiosque **Postcards from Space** no Advanced Traning Lab. Ali, os visitantes podem gravar um vídeo de si mesmos em um dos vários cenários espaciais, para ter uma lembrança de sua passagem pela Mission: SPACE®, e também enviá-lo por e-mail aos amigos.

À frente do Advance Training Lab está a **Mission: SPACE® Cargo Bay**, que são 139m² de lojas. Um Mickey Mouse astronauta em 3-D recebe os visitantes; mais adiante surge um mural de 3,6m com personagens da Disney em Marte, vestindo roupas espaciais. Ali vendem-se suvenires de todo tipo, dos baratos aos caros, para você se lembrar da sua "experiência espacial".

Cuidado

Essa experiência não é para todos, principalmente quem se sente mal ou incomodado em espaços apertados, com som alto ou giros. É muito forte para crianças pequenas; também deve ser evitada por mulheres grávidas e pessoas com pressão alta e problemas cardíacos. Lembre que não é possível voltar atrás depois de iniciado o lançamento.

Future World (Cont.)

Ellen's Energy Adventure
O filme apresentado por Ellen DeGeneres tem técnicas de animação incríveis e é razoavelmente divertido. O cinema todo gira antes de se dividir em partes móveis e independentes, cada uma com capacidade para mais de cem pessoas, que levam você a uma paisagem pré-histórica, habitada por convincentes criaturas pré-diluvianas.

The Seas with Nemo & Friends
A tecnologia dessa atração é, por si só, um espetáculo, mas o principal motivo para visitá-la é o Sea Base Alpha, o projeto de pesquisa mais ambicioso do Epcot®. Uma apresentação antes do espetáculo prepara para uma viagem ao fundo do mar: você embarca em um *clamobile* e percorre um belíssimo cenário de recifes de coral. Depois conhecerá de perto personagens como Dory, Bruce, Marlin e Squirt, que vivem em um imenso aquário com mais de 65 espécies de animais marinhos.

Turtle Talk with Crush é uma experiência revolucionária dentro de uma animação em tempo real.

Visitantes podem fazer diversos passeios nos bastidores do tanque de água salgada em The Seas. Dolphins in Depth dá chance de ver os treinadores de golfinhos e os funcionários alimentando os animais. O auge é um encontro de perto com um dos diversos golfinhos no aquário gigantesco. Outras atrações são a Epcot Dive Quest, que leva os visitantes abaixo da linha d'água para ver parte das 6 mil criaturas marinhas do aquário, incluindo tartarugas, anjos-do-mar, arraias e tubarões, e o Seas Aqua Tour, na qual se usa snorkel na superfície.

Test Track
É um dos brinquedos mais populares do Epcot®, diante do qual se formam rapidamente longas filas antes mesmo de o parque abrir. O Test Track é a mais sofisticada tecnologia em brinquedos de parque. Ele utiliza um simulador que se move sobre trilhos a 110km/h. Basicamente, são seis passageiros em um carro esportivo que está sendo testado para entrar em produção. Você tem que testar freios, subir montanhas, fazer curvas fechadas e quase colidir, mas o clímax é o teste de alta velocidade em uma pista oval, que corre por fora do pavilhão do Test Track. A tecnologia é tão sofisticada que o brinquedo fica ligado 24 horas por dia, porque leva muito tempo para colocá-lo em movimento. Entretanto, o sistema para com frequência, quase sempre porque o avançado sistema de segurança faz o brinquedo parar imediatamente. Em certos dias as filas são tão longas que, à noite, você pode esperar de uma hora e meia a duas horas por quatro minutos de emoção. Mas o brinquedo é tão emocionante que você vai querer repetir a viagem várias vezes. As máquinas de FastPass situadas do lado de fora do parque costumam ficar sem bilhetes já na hora do almoço.

The Imagination! Pavilion
O Imagination! Pavilion abriga a atração Journey into Your Imagination with Figment e o Imageworks Lab.

Phineas and Ferb: Agent P's World Showcase Adventure é um jogo interativo, baseado nos desenhos animados da Disney, que conduz os visitantes por cada um dos pavilhões do World Showcase à procura de pistas que ajudem a destruir os planos maléficos do dr. Doofenshmirtz. O **Journey into Imagination with Figment** é uma viagem divertida (porém longa e complicada) em busca de ideias no mundo das artes e da ciência.

Dicas
- O Test Track é muito concorrido. Para evitar longas filas, brinque nele primeiro. Quando sair, compre o FastPass para outra volta.
- Se ocorrer uma parada durante o seu passeio, ao desembarcar pergunte ao funcionário se você pode ir novamente já na próxima viagem.
- Como o Test Track funciona continuamente, até quando o parque está fechado, você pode fazer mais uma viagem minutos antes de fechar.
- O show Ellen's Energy Adventure é muito demorado (45 minutos). Aproveite para vê-lo nos horários mais quentes ou enquanto espera a bilheteria do FastPass abrir.
- Embora as filas para o Ellen's Energy Adventure sejam bastante longas, entram 600 espectadores a cada dezessete minutos; portanto, o tempo de espera não é longo.
- The Land é o pavilhão preferido dos fazendeiros. Ele abriga o brinquedo do Soarin', que agrada a todos, menos às crianças pequenas. Melhor para elas é o Seas with Nemo & Friends, que apresenta os personagens do filme Procurando Nemo, além de um aquário com mais de 6 mil espécies do mar.

Celebration
Construída no terreno alagadiço ao lado do Walt Disney World, Celebration é uma cidade nova com valores velhos. Inspirando-se nas ruas românticas de Charleston, na Carolina do Sul, a Disney tentou recriar a saudável atmosfera de cidade pequena que os mais velhos costumam evocar. Os moradores viveriam em um mundo semelhante ao retratado em latas de biscoito, com vizinhos gentis e mercearias.

Os primeiros moradores começaram a chegar em 1996, de um total previsto de 20 mil habitantes. Hoje, mais de 11 mil residentes aproveitam as ruas que dão preferência a pedestres, arquitetura nostálgica (assinada por arquitetos famosos) e um hospital que trata tanto da "saúde" quanto da doença. Os moradores não se incomodam com as rígidas regras de Celebration, que estabelecem, por exemplo, que as cortinas devem ser brancas ou em tom cru e que a arborização das ruas deve ser aprovada pela Disney. Em outros aspectos, porém, Celebration é como qualquer outra cidade: pode ser visitada por quem quiser conhecê-la.

Veja hotéis e restaurantes dessa região nas pp. 314-25 e 329-49

O **Imageworks Lab** é um playground interativo de jogos sensoriais e demonstrações audiovisuais.

The Land

Ecologia e preservação são os principais temas das três atrações que circundam um restaurante fast-food. Por isso elas costumam ficar cheias nos horários de refeição. Os personagens do Rei Leão estão em **The Circle of Life**, um hino à preservação ambiental em filme e animação, enquanto **Living with the Land** é uma viagem ao passado, ao presente e ao futuro de uma fazenda norte-americana. O passeio passa pelas famosas plantações hidropônicas da Disney, cujos produtos frescos abastecem os restaurantes locais. Mas a principal atração é o emocionante brinquedo **Soarin'**, no qual o passageiro é erguido do chão por uma asa-delta simulada para "voar" sobre os belos cenários da Califórnia, como a ponte Golden Gate e o Parque Nacional Yosemite.

Visita de 1 Dia

1. Chegue 1h40 antes do horário de abertura nos dias em que o parque abre mais cedo e uma hora antes em dias normais.
2. Vá direto para o Test Track e a Mission: SPACE®, brinque, garanta os ingressos FastPass para voltar mais tarde e volte para o lado oposto do Future World até o Journey into Imagination with Figment, ou Imageworks.
3. Depois volte para a entrada e brinque no Spaceship Earth.
4. Desse ponto, vá para o Land Pavilion e pegue um FastPass para o Soarin'.
5. Siga para a Ellen's Energy Adventure.
6. Vá para World Showcase e espere liberar a entrada à esquerda.
7. Siga à esquerda, contornando a lagoa, e visite o México. Brinque no Gran Fiesta Tour.
8. Continue à esquerda da lagoa e vá para a Noruega. Brinque no Maelstrom.
9. Vá comer e visite a China (cinema), a França (cinema) e o Canadá (cinema).
10. Retorne ao Future World e visite o pavilhão The Land. Experimente todas as atrações.
11. Saia do pavilhão The Land pela esquerda e vá para The Seas with Nemo & Friends. Conheça as duas atrações.
12. Saia dos Living Seas à direita, veja os Innoventions East e West.

Agora vá para o hotel, volte às 19h e encontre um lugar para assistir ao espetáculo IllumiNations.

Lista de Brinquedos e Shows

Esta tabela foi criada para ajudá-lo a planejar sua visita ao Epcot®. Brinquedos e shows do Future World e do World Showcase estão em ordem alfabética.

		TEMPO DE ESPERA	LIMITE DE ALTURA/IDADE	HORÁRIO MAIS CONCORRIDO	FASTPASS	PODE PROVOCAR ENJOO	CLASSIFICAÇÃO
FUTURE WORLD							
S	The Circle of Life	○		12h-14h			▼
B	Soarin'	●	1,02m	O dia todo	➡	✓	★
S	Living with the Land	●		12h-14h			◆
B	Mission: Space®	●	1,3m	9h-17h	➡	✓	◆
B	Spaceship Earth	◐		9h-12h			★
B	Test Track	●	1,1m	O dia todo	➡	✓	★
S	Ellen's Energy Adventure	◐		10h-13h			◆
S	The Seas with Nemo & Friends / Turtle Talk with Crush	○		11h-15h			◆
S	Phineas and Ferb: Agent P's World Showcase Adventure	○					▼
S	Journey into Imagination with Figment	◐					▼
WORLD SHOWCASE							
B	Gran Fiesta Tour	○		12h-15h			▼
S	Impressions De France	○					▼
B	Maelstrom	●		11h-17h			▼
S	The American Adventure	○					◆
S	O Canada	○					◆
S	Reflections of China	○					★
S	Japan Drummers						▼
S	Germany Biergarten Oompah Band						▼

Legenda: brinquedo – B; show – S; tempo de espera: pequeno – ○ médio – ◐ grande – ●; classificação: bom – ▼ excelente – ◆ extraordinário – ★

World Showcase

Os templos, as igrejas, os prédios públicos e os castelos desses onze pavilhões, ou países, às vezes são réplicas de construções genuínas; outras, meramente em estilo típico. Mas o World Showcase é muito mais que os diversos estilos arquitetônicos. Cada pavilhão é atendido por pessoas do país que repre-sentam, tem bons produtos para vender e excelente comida típica.

Em horários determinados (publicados no guia), artistas nativos apresentam shows ao vivo em palcos montados na frente dos pavilhões: os melhores são os acrobatas da China e as estranhas e cômicas estátuas vivas da Itália. Apenas dois pavilhões têm brinquedos; os outros apresentam uma introdução à história, à cultura e à geografia do país em telões. E alguns têm galerias de arte, que não atraem muita gente.

Os ferryboats que atravessam a World Showcase Lagoon ligam o Canadá ao Morrocos e o México à Alemanha, embora seja relativamente fácil e rápido caminhar a pé pelo World Showcase.

México

Uma pirâmide maia esconde a mais grata surpresa do World Showcase. Bancas vendem sombreros, ponchos e animais de papel machê (piñatas), e músicos enchem uma praça banhada pelo pôr do sol. Ao fundo, o estrondo de um vulcão. O passeio de barco **Gran Fiesta Tour** conta a história dos Tres Caballeros, passando em Audio-Animatronics® o passado e o presente do México, e o restaurante de fast-food do lado de fora é o melhor lugar para se ver o fantástico IlluminNations.

Noruega

A arquitetura desse local inclui réplicas de uma igreja medieval de madeira e o Castelo Akershus (fortaleza do século XIV no porto de Oslo), ambos situados em uma praça calçada com pedras.

Pode-se comprar trolls (figuras míticas da Escandinávia), suéteres e outros produtos típicos, mas o melhor mesmo é o **Maelstrom**, uma viagem de barco rápida, mas deliciosa, por fiordes, pelo país dos trolls e pelas plataformas de petróleo do mar do Norte, até parar em um porto de pesca. E, por fim, um filme sobre a Noruega.

China

Nesse pavilhão, o destaque é a réplica, na metade do tamanho natural, do símbolo de Pequim, que é o Templo Celestial. Esse ambiente tranquilo contrasta com a atmosfera mais agitada de alguns pavilhões vizinhos.

A diversão fica por conta do **Reflections of China**, um filme em Circle-Vision (passado simultaneamente em nove telas, que envolvem a plateia), que explora ao máximo os fabulosos e pouco conhecidos cenários da China antiga. A plateia assiste ao filme em pé. O grande mercado desse pavilhão vende produtos chineses como lanternas, sedas pintadas e chás.

Alemanha

O país mais animado do World Showcase mistura edifícios com frontões e torres na praça central, a St. Georgsplatz. Eles foram baseados em edifícios que existem por toda a Alemanha, como o salão do mercador, na cidade de Freiburg, e um castelo do Reno. Tente fazer a sua visita coincidir com o horário do carrilhão, que toca de hora em hora no glockenspiel, situado na praça. Às vezes ouve-se um acordeão, e as lojas são repletas de produtos típicos, como as bonitas bonecas de madeira. Mas você não pode deixar de comer para sentir o verdadeiro sabor da Alemanha.

Itália

No coração do pequeno pavilhão da Itália está Veneza, onde as gôndolas ficam amarradas na água em coloridos postes de madeira, e há ótimas versões do alto campanário de tijolo situado ao lado do Palácio do Doge (século XIV), na Praça São Marcos; até o mármore parece autêntico. Os edifícios do pátio de trás têm estilo veronês e florentino, e a estátua de Netuno é uma réplica da original de Bernini.

A arquitetura é a grande atração, mas também se pode comer em um dos bons restaurantes ou andar pelas lojas para comprar pasta, amaretti, vinho e outros produtos italianos.

The American Adventure

O pavilhão norte-americano é o centro do World Showcase, mas não tem o mesmo charme que os dos demais países. Mas os norte-americanos se comovem muito com o show **The American Adventure**, que acontece no grande edifício em estilo georgiano. Para os estrangeiros, ele pode dar uma ideia interessante da alma norte-americana. O

World Showcase: Os Bastidores

Para quem espera mais que uma visão superficial do Walt Disney World®, esses passeios pelos bastidores vão agradar. No World Showcase, os passeios Hidden Treasures duram duas horas e permitem ver de perto a arquitetura e as tradições dos países exibidos no parque, enquanto os passeios Gardens of the World explicam a criação dos jardins do World Showcase; você ainda ouve dicas de como criar um pouco da magia da Disney em sua casa. Esses passeios custam cerca de US$25 por pessoa. Com US$249 e sete horas livres, pode-se comprar o Backstage Magic tour, que inclui os três parques temáticos. Faz sucesso a visita à famosa malha de túneis sob o Magic Kingdom®. Para outras informações sobre os passeios, ligue para (407) WDW-TOUR/(407) 939-8687.

Veja hotéis e restaurantes dessa região nas pp. 314-25 e 329-49

show é claramente patriótico, mas diverte fazendo refletir sobre a história dos Estados Unidos até os dias de hoje. São quadros ao vivo e excelentes figuras em Audio-Animatronics®, especialmente as de Mark Twain e de Benjamin Franklin, o estadista do século XVIII.

Japão

Esse lugar contido e formal tem um jardim japonês, um castelo samurai e um pagode onde músicos tocam imensos tambores cerimoniais três vezes ao dia; é inspirado em um templo de Nara do século VII, cujos cinco pavimentos representam a terra, a água, o fogo, o vento e o céu.

A loja Mitsukoshi, cópia do salão cerimonial do Palácio Imperial de Kyoto, vende quimonos, mensageiros dos ventos, bonsais e a chance de colher uma pérola em uma ostra. Mas só os restaurantes são realmente animados.

Marrocos

A atração do Marrocos são os azulejos esmaltados, as portas em forma de fechadura, as muralhas rosadas das fortalezas e as ruelas sinuosas da *medina* (cidade velha), onde se entra por uma cópia do portão que abre a cidade de Fez. A participação de artistas nativos dá autenticidade ao show.

No Marrocos está o melhor artesanato do World Showcase. As ruelas conduzem a um animado mercado onde se vendem tapetes, artigos de latão e couro e xales. No restaurante Marrakesh há cuscuz e dança do ventre.

França

O jeito gaulês está em todas as coisas do pavilhão da França, da arquitetura (com réplica da Torre Eiffel em escala de 1:10, mansões da Belle Époque e uma rua de um vilarejo rural) às lojas elegantes (perfumes, vinhos e boinas). A culinária francesa pode ser degustada em alguns restaurantes, e uma pâtisserie vende bolos e croissants.

Um filme intitulado **Impressions de France** é a principal diversão. Exibido em cinco telas lado a lado, faz um passeio rápido pelas regiões mais belas do país ao som de música clássica francesa.

Reino Unido

O *pub* The Rose and Crown é o foco desse pavilhão. Ele serve pratos tradicionais ingleses como patês da Cornualha, *fish and chips* (peixe com fritas) e até a cerveja *bitter*, servida gelada para agradar ao paladar norte-americano. Jardins circundam o *pub*, e há edifícios de estilos arquitetônicos históricos, como o castelo inspirado em Hampton Court, a imitação de um terraço Regency e uma cabana com telhado de palha.

Não há muito para fazer nesse pavilhão, senão passear pelas lojas que vendem desde chás e porcelanas a suéteres, gravatas em padrão escocês, ursos de pelúcia e soldadinhos de chumbo. Mas o terraço do Rose and Crown dá vista para o IllumiNations.

Canadá

Uma cabana de madeira, totens com 9m de altura, uma réplica do vitoriano Château Laurier Hotel, em Ottawa, um desfiladeiro rochoso e jardins ornamentais compõem esse grande e sóbrio pavilhão.

Toda a diversidade do país, particularmente as paisagens grandiosas, ficam ainda melhores no filme em Circle-Vision **O Canadá!** (embora o da China seja ainda melhor). A plateia acompanha em pé, no meio do cinema, o filme que se passa em nove telas.

As lojas do Canadá vendem objetos feitos pelos índios e esquimós, e também várias especialidades comestíveis e vinho.

Onde Comer e Beber

Comer bem é fundamental para visitar Epcot® e o World Showcase. Em alguns pavilhões deste último há bons fast-foods, mas os melhores restaurantes (inclusive os listados aqui) exigem reserva, a menos que indicados abaixo. Ligue (407) 939-3463 assim que souber quando estará no Epcot®. Faça a reserva no início do dia através dos monitores de TV do WorldKey Information Satellite *(p. 152)*. A maioria dos restaurantes serve almoço e jantar; tente os horários de menor movimento, entre as 11h e as 16h. O almoço custa cerca de dois terços do jantar, e sempre há cardápio para as crianças, mesmo nos lugares mais sofisticados.

Os recomendados do World Showcase são:
México: o San Angel Inn serve boa comida mexicana, embora cara. É o local mais romântico do Epcot.
Noruega: o restaurante Akershus serve um *koldtbord* (bufê) de pratos noruegueses de bom preço em um ambiente de castelo.
Alemanha: o Biergarten tem atmosfera de cervejaria, com bufê barato e farto e música animada.
Itália: L'Originale Alfredo di Roma Ristorante é popular e agradavelmente caótico, e serve pratos sofisticados.
Japão: você pode comer no Teppan Yaki Dining Rooms, assistindo às peripécias do cozinheiro, ou no bar Tempura Kiku, que serve sushi e tempura (não faz reservas).
França: há três restaurantes excelentes: o sofisticado Bistro de Paris (só jantar); Les Chefs de France, o restaurante mais elegante do Epcot, com a *haute cuisine* de famosos chefs franceses; e a Chefs de France Steakhouse, que tem um terraço, não faz reserva e serve carnes, escargots e crepes.

Os recomendados do Future World são:
The Land: o Garden Grill, giratório, tem floresta tropical, planície e deserto, e os personagens da Disney garantem a diversão.
The Seas with Nemo & Friends: no caro Coral Reef você come e olha os peixes do aquário do pavilhão.

Entrada para o cenário de *Querida, encolhi as crianças* nos Disney's Hollywood Studios®

HONEY I SH
PLAY SET

K THE KIDS
VENTURE

Disney's Hollywood Studios®

Os Disney's Hollywood Studios® existem desde 1989 como uma estrutura completa para produções de cinema e TV. Em 2004 o setor de animação foi fechado, e as instalações ficaram abandonadas. Apesar disso, o parque continua sendo um famoso destino turístico, homenageando Hollywood com shows sofisticados e brinquedos inspirados em filmes da Disney e da Metro-Goldwyn-Mayer, a MGM, e em programas de TV. Passeios famosos como a Tower of Terror e o Star Tours e shows como Fantasmic! e Voyage of The Little Mermaid levaram a popularidade do parque às alturas, e suas divertidas experiências interativas, todas educativas, agradam a jovens e adultos.

O Sorcerer's Hat, no Disney's Hollywood Studios®

Como Explorar o Parque

Esse parque não está configurado como os demais parques temáticos, embora o Hollywood Boulevard seja uma espécie de "Main Street", que levava os visitantes para todas as atrações. Nos últimos anos, a Disney aumentou a quantidade delas, oferecendo algumas das melhores em Orlando. A programação muda com frequência, e as ruas podem ser fechadas durante a visita de uma celebridade ou uma filmagem. Como isso costuma acontecer no inverno, não deixe de se informar sobre os horários e locais dos eventos no Guest Services, que é o centro de informações situado à esquerda da entrada principal do parque.

Como em todos os parques temáticos, a dica é chegar cedo para evitar filas. Lembre-se de que as atrações mais intensas não são recomendadas para as crianças.

Lá pelas 15h30, os Disney's Hollywood Studios têm o seu desfile. O amplo espaço aberto do parque expõe os visitantes ao sol escaldante enquanto eles esperam pela parada, que tem como tema os últimos desenhos animados da Disney.

À noite tem o **Fantasmic!**. Essa atração é exibida uma vez ao dia na baixa temporada e duas vezes ao dia nos períodos de pico. Tem capacidade para 10 mil pessoas sentadas, mas procure chegar ao menos duas horas antes do início para pegar um bom lugar.

Hollywood Boulevard

Edifícios em estilo art déco e uma réplica do Mann's Chinese Theater disputam entre si uma imagem que Hollywood nunca teve. Nesse local você pode tirar uma foto sua e talvez veja funcionários disfarçados de repórter ou policial perseguindo celebridades. É também no Boulevard que eles vão atraí-lo para o Indiana Jones™ Epic Stunt Spectacular, o espetáculo de ação protagonizado pelos dublês dos filmes de Indiana Jones. Mas as melhores atrações estão na direção oposta.

Mais ou menos na metade, o Sunset Boulevard dobra à direita e leva aos dois maiores sucessos do parque, a Twilight Zone Tower of Terror™ e a Rock 'n' Roller Coaster® Starring Aerosmith.

Na confluência dos bulevares Hollywood e Sunset há mais uma banca em que os colecionadores de bótons podem cercar os funcionários do parque para obrigá-los a fazer trocas. Na parte alta do Hollywood Boulevard está a Central Plaza, dominada pela réplica do Mann's Chinese Theater e um enorme pavilhão com o formato do chapéu que Mickey usava em *O aprendiz de feiticeiro*, onde você pode conhecer **The Great Movie Ride**. Esse é um dos poucos lugares em que as filas não correspondem à boa qualidade da atração. Veículos grandes com capacidade para 60 pessoas percorrem silenciosamente os maiores cenários de filmes já construídos em um parque da Disney. Como sempre, os cenários mais realistas se combinam com sequências de ação na vida real, para que o seu passeio termine da forma mais agradável e no mais alto astral.

Sunset Boulevard

Tal como o Hollywood Boulevard, o Sunset Boulevard também é uma versão romantizada da famosa rua de Hollywood nos anos 1940. Cinemas e fachadas de lojas (algumas reais, outras falsas)

Dicas

- As atrações mais procuradas são a Twilight Zone Tower of Terror™ e a Rock 'n' Roller Coaster; chegue cedo para evitar as longas filas.
- O melhor lugar para assistir aos desfiles da tarde é do banco mais próximo do balcão de pipocas e refrigerantes, em frente ao Sounds Dangerous. Mas também nesse local você terá que ser o primeiro a chegar.
- Durante os desfiles, as atrações ficam mais vazias, mas é impossível chegar até elas se você não estiver do mesmo lado que elas estão.
- Na sala dos aquecedores da Twilight Zone Tower of Terror™, escolha qualquer entrada para os elevadores – não importa que outros não o façam. Você poderá se sentar e terá a melhor vista.

Veja hotéis e restaurantes dessa região nas pp. 314-25 e 329-49

AS 10 MELHORES

① **Fantasmic!**

② **Twilight Zone Tower of Terror™**

③ **Rock 'n' Roller Coaster® Starring Aerosmith**

④ **Muppet Vision 3-D**

⑤ **Star Tours**

⑥ **Great Movie Ride**

⑦ **Voyage of the Little Mermaid**

⑧ **Indiana Jones™ Epic Stunt Spectacular**

⑨ **Studios Backlot Tour**

⑩ **The Magic of Disney Animation**

foram recriados com a típica atenção aos detalhes. No fim da rua está o Hollywood Tower Hotel. Esse hotel em ruínas, com iluminação teatral, é a **Twilight Zone Tower of Terror™**, a diversão mais assustadora de Orlando, na qual você fica preso em um elevador de serviço para uma viagem inspirada pelo programa de TV da década de 1950, *The Twilight Zone*™. A área que antecede o show é uma biblioteca para a qual você é conduzido por um melancólico lanterninha. Dali você entra no que parece ser a sala do *boiler* do hotel e segue para os elevadores – que têm bancos de tábua e uma aparência assustadora. As portas do elevador às vezes se abrem para que você veja os corredores assombrados, mas é difícil pensar em outra coisa que não seja a queda de treze andares que todos sabem que acontecerá, mas não quando. Ao chegar ao 13º andar, o elevador inclina-se horizontalmente em relação ao hotel e começa a cair. São sete quedas, nas quais você é jogado para cima para novamente despencar.

É uma verdadeira obra-prima de imaginação e tecnologia. A única queda original evoluiu para sete; na primeira, motores poderosos puxam o elevador para baixo com mais velocidade do que se estivesse em queda livre.

Você terá uma rápida visão do parque, e também dos arredores (uma tradição da Disney) antes de iniciar a descida assustadora. Essa atração não é para todos, mas é muito procurada por quem gosta de emoções fortes e pelos incautos que chegam pela primeira vez.

Mais barulhenta que qualquer outra coisa, a montanha-russa **Rock 'n' Roller Coaster® Starring Aerosmith** acelera de 0 a 95km/h em 2,8 segundos no escuro. O pré-show, que não é nada convincente, liga um show gravado da banda Aerosmith ao brinquedo. Então a fila segue para duas portas. Se você prefere sentar-se na frente, pegue a rampa inferior. Cheia de guinadas, reviravoltas e quedas vertiginosas, a Rock 'n' Roller Coaster também usa uma trilha sonora sincronizada e muito alta para jogar você em um vazio iluminado com néon.

No Sunset Boulevard também está o **Theater of the Stars**, que exibe espetáculos ao vivo em horários determinados e coordena ação e animação com excelentes trilhas sonoras.

Os espetáculos mudam periodicamente. O espetáculo *A bela e a fera – ao vivo no palco* apresenta-se nesse teatro há sete anos. No Sunset Boulevard também há uma entrada para o maravilhoso espetáculo **Fantasmic!**

The Rock 'n' Roller Coaster® Starring Aerosmith, na Sunset Boulevard

Fantasmic!

Esse é o espetáculo da Disney's Hollywood Studios que costuma receber os mais entusiasmados elogios. É considerado, nada mais nada menos, que o melhor do gênero em toda a Flórida. Com música, laser, fontes luminosas e um elenco de mais de cem atores e dançarinos, o Fantasmic! consegue coordenar com precisão surpreendente uma coreografia de música, iluminação e fogos de artifício. Ambientada em uma ilha no meio do lago, a história é uma alegoria sobre a eterna batalha entre o bem e o mal. Barcos iluminados, jangadas voadoras e um lago que arde em chamas são algumas das atrações desse espetáculo que reúne 10 mil pessoas por show.

Como sempre atrai muita gente, para pegar um bom lugar tente chegar ao menos duas horas antes do início do show. Mesmo nas épocas mais tranquilas, lota 30 minutos antes de começar. Apesar do transtorno, é um espetáculo que você jamais se perdoará por não ter visto.

Pátio de Animação

A ideia que deu origem ao Animation Courtyard não era apenas dar aos visitantes uma visão mais profunda da história e do processo de animação, mas que eles conhecessem os novos desenhos animados da Disney que estavam sendo feitos. Com o fechamento da unidade de animação em janeiro de 2004, essa área do parque é hoje menos procurada, mas ainda merece ser visitada.

Magic of Disney Animation é uma visita guiada por um artista da Disney e desenhos animados que exploram a rica história da Disney. O artista faz rápidas apresentações ao vivo e o "passeio" termina com a plateia, crianças em sua maioria, sentada diante de mesas, criando com o artista o seu próprio personagem Disney.

O show **Voyage of The Little Mermaid** é apresentado pelos personagens de *A pequena sereia*, ao vivo e em Audio-Animatronics®. Raios laser e efeitos de água criam a sensação de uma gruta submarina. O show agrada a todas as idades, mas algumas crianças se assustam com a tempestade de raios. O **Disney Junior – Live on Stage!** também é voltado para os pequenos, com personagens do Disney Junior cantando e dançando.

Mickey Avenue

A Mickey Avenue liga o Animation Courtyard ao Disney's Hollywood Studios Backlot Tour. Os palcos sonoros que se distribuem ao longo da avenida hoje são os locais da **Journey into Narnia: Prince Caspian**. Ali, você entra no filme *As crônicas de Nárnia* e circula a pé por quinze minutos. E poderá ver até o Mickey Mouse dando autógrafos.

Ao lado está o **Walt Disney: One Man's Dream**. Embora pareça publicidade, é difícil não admirar a visão de Disney e o risco que ele correu. Talvez ele próprio se chocasse com as dimensões que sua empresa tem hoje, e dissesse: "Tudo isso começou com um rato".

Embora seja uma boa diversão, a meia hora do passeio **Disney Hollywood Studios® Backlot Tour** ganha destaque quando há uma filmagem real. O bonde leva você para conhecer os departamentos de figurino, câmera, objetos de cena e iluminação, e as residências que são cenários externos de programas de TV. A melhor parte é o Catastrophe CTodoson, onde o bonde para no meio de uma inundação e de explosões.

A parte do passeio que é feita a pé é mais informativa. Com participação da plateia, exibe alguns efeitos especiais usados em filmes; as cenas de batalha no mar são recriadas com miniaturas de navios em um tanque de água. Você ainda visita três palcos sonoros, e, se der sorte, poderá ver a filmagem de um programa de TV, um comercial ou mesmo um filme.

Streets of America

Nessa área, ruas de Nova York, São Francisco, Chicago e outras cidades são recriadas em cenários, as fachadas apoiadas em vigas. A parede de tijolos de uma lavanderia chinesa e o Empire State Building (pintado em uma perspectiva improvável para parecer mais alto) dão autenticidade à cidade. As ruas, que já foram fechadas para visitantes, hoje permitem que eles circulem livremente – mesmo que o cenário ainda seja usado em filmagens.

Toy Story Pizza Planet é uma falsa arcada que imita o bar preferido de Andy. É repleto de videogames.

Se seus filhos são pequenos, leve-os ao criativo playground de **Honey, I Shrunk the Kids Movie Set Adventure,** com folhas de grama de 9m, o escorregador feito com rolo de filme e uma formiga do tamanho de um pônei. Os túneis, os escorregadores e outros objetos de cena mantêm as crianças ocupadas por horas. Por ser pequena, a área de brincar está sempre cheia, por isso chegue cedo.

Em **Muppet™ Vision 3-D**, uma ótima comédia em 3-D (estrelada pelos Muppets), trombones, carros e pedras voam da tela na sua direção; são tão realistas que as crianças tentam pegá-los com as mãos.

Os personagens em Audio Animatronics e os efeitos especiais, como os buracos feitos pelas balas de canhão nas paredes do cinema, são a quarta dimensão.

Onde Comer e Beber

Vale a pena se dar ao trabalho de fazer uma reserva nos três restaurantes dos Disney's Hollywood Studios®, não tanto pela comida, mas pelo ambiente. Você pode reservar uma mesa ligando para (407) 939-3463/WDW-DINE, diretamente no balcão da Dining Reservation Booth, no cruzamento dos bulevares Hollywood e Sunset, ou nos próprios restaurantes.

O refinado e caro Hollywood Brown Derby é uma cópia do Original Brown Derby em Hollywood, ponto de encontro dos artistas na década de 1930, desde as caricaturas de celebridades nas paredes até as especialidades da casa como a Cobb Salad e o bolo de grapefruit. As crianças preferem o Sci-Fi Dine-In Theater Restaurant, um drive-in dos anos 1950 onde os fregueses se sentam em miniCadillacs ao ar livre e assistem a filmes de ficção científica, mastigando pipocas e hambúrgueres. No Prime Time Café dos anos 1950, você é servido por garçonetes maternais em cozinhas dos anos 1950, e a TV, sintonizada em programas da época; a comida é caseira.

O melhor lugar para comer sem reserva é a cafeteria art déco Hollywood & Vine. O cardápio variado inclui massas, saladas, frutos do mar, costelas e carnes assadas.

Veja hotéis e restaurantes dessa região nas pp. 314-25 e 329-49

WALT DISNEY WORLD® RESORT | 169

Echo Lake

O interesse do lago está em três shows e um brinquedo emocionante, o Star Tours, mas as crianças também gostam de ver o grande dinossauro verde. Os shows revelam alguns truques que são utilizados em filmes e programas de TV.

Pessoas escolhidas da plateia fazem o som, ou o "Foley" (os efeitos sonoros utilizados em Hollywood) em **Sounds Dangerous Starring Drew Carey**. Elas acrescentam os trovões, os raios e outros sons em um curta-metragem, que depois é apresentado para o resto da plateia. O show é narrado pelo famoso comediante Drew Carey, que representa um policial detetive disfarçado.

Nas proximidades está a **Academy of Television Arts & Sciences Hall of Fame**, onde são exibidos sósias de muitos astros da televisão, homenageados por suas realizações, na frente ou atrás da câmera. Rodeando o lago Echo há muitos locais para comer que imitam cenários de filmes.

O roteiro do sensacional passeio **Star Tours** tem como base os espisódios de *Star Wars*. Sua espaçonave, um simulador de voo similar aos usados para treinar astronautas, toma o caminho errado e tem que desviar dos meteoros e travar uma batalha intergaláctica. O que se vê na tela não poderia ser mais real, porque os movimentos da "nave" são sincronizados com a ação. O show sobre as proezas de **Indiana Jones™ Epic Stunt Spectacular!** recria cenas conhecidas dos filmes de Indiana Jones, proporcionando ação e façanhas de arrepiar a plateia. Dublês desafiam a morte saltando de um edifício para o outro, para fugir de projéteis e explosões súbitas.

A parte mais educativa envolve o diretor de acrobacias e os dublês demonstrando como são feitas algumas sequências de ação. Procure chegar cedo se quiser participar como extra de um show.

Compras

As melhores lojas estão no Hollywood Boulevard; elas ficam abertas até meia hora depois que o parque fecha. A Mickey's of Hollywood é a que tem a maior variedade e quantidade de produtos Disney. A Celebrity 5 & 10 tem suvenires de filmes a preços razoáveis, como claquetes e Oscars®, livros e pôsteres. Muito mais cara é a Sid Cahuenga's One-Of-A-Kind, que tem filmes raros e objetos de TV, fotos autênticas autografadas (de Boris Karloff e Greta Garbo, por exemplo) e roupas de artistas famosos. Os "cels" (desenhos) em edição limitada da Animation Gallery, no Animation Courtyard, farão um buraco ainda maior no seu bolso; ali também tem bons pôsteres de Disney e livros.

Lista de Brinquedos, Passeios e Shows

Esta tabela vai ajudá-lo a planejar sua visita aos Disney's HollywoodStudios®. As atrações estão em ordem aleatória em cada área.

		TEMPO DE ESPERA	LIMITE DE ALTURA/ IDADE	MELHOR HORA DE CHEGAR/BRINCAR	FASTPASS	PODE CAUSAR ENJOO	CLASSIFICAÇÃO
HOLLYWOOD BOULEVARD							
B	Great Movie Ride	○		Todos			★
SUNSET BOULEVARD							
S	Fantasmic	●		Todos			◆
B	Rock 'n' Roller Coaster® Starring Aerosmith	●	1,2m	➤11	➡	✔	◆
B	Twilight Zone Tower of Terror™	●	1,1m	➤11	➡	✔	★
ANIMATION COURTYARD							
P	Magic of Disney Animation	◐		Todos			◆
S	Disney Junior – Live on Stage!	◐		Todos			▼
S	Voyage of the Little Mermaid	●		Todos	➡		◆
MICKEY AVENUE							
P	Disney's Hollywood Studios Backlot Tour	◐		Todos			★
P	Journey into Narnia: Prince Caspian	◐		Todos	➡		▼
STREETS OF AMERICA							
S	Muppet™ Vision 3-D	●		Todos			★
ECHO LAKE							
S	Indiana Jones™ Epic Stunt Spectacular!	●		Todos			◆
S	Sounds Dangerous Starring Drew Carey	◐		Todos			▼
B	Star Tours	◐	1,1m	➤11	➡	✔	★

Legenda: brinquedo: B; show: S; passeio: P; tempo de espera: pequeno – ○ médio – ◐ grande – ●; classificação: bom – ▼ excelente – ◆ extraordinário – ★; melhor horário: todos – antes das 11h – ➤11

Disney's Animal Kingdom®

O maior dos parques temáticos, o Disney's Animal Kingdom® é cinco vezes maior que o Magic Kingdom®. A sua singularidade é que ele abriga mais de 1.700 animais de 250 espécies, por isso as visitas nunca são iguais. O parque é vagamente baseado no real, no mítico e no extinto, e o acesso a algumas áreas só é possível através de excursões do tipo safári.

Como Explorar o Parque

O parque se divide em sete mundos: The Oasis, Discovery Island®, DinoLand U.S.A.®, Camp Minnie-Mickey®, África, Ásia®, e Rafiki's Planet Watch®. O deslocamento pelo parque também acontece de modo diferente dos outros parques. Quando se atravessa as catracas, entra-se no **Oasis**, uma área com muitas folhagens de onde partem vários caminhos para o ponto central do parque, a Safari Village. O Oasis esconde muitas surpresas, mas a maioria passa desapercebida dos mais apressados. O tempo que se perde esperando nos hábitats será recompensado. Para quem busca fortes emoções, o parque tem algumas das mais tradicionais, com "brinquedos" excelentes e muito disputados.

Veículo colorido do Animal Kingdom

posto de primeiros socorros estão voltados para a Tree of Life.

Sob os galhos da árvore estão pontes que ligam outros mundos, e no interior do tronco acontece o show **It's Tough to be a Bug®**. Essa representação teatral em 3-D é sensacional e altamente recomendada.

Discovery Island

Quando você entra na área aberta da aldeia, se vê diante da **Tree of Life** (Árvore da Vida), uma estrutura de catorze andares que é um ponto de referência do parque. Ela parece oscilar sobre as fachadas coloridas das lojas e os inúmeros poços e jardins, cada um abrigando uma espécie de animal selvagem. As principais lojas, o berçário e o

Camp Minnie-Mickey

Planejado principalmente para que os visitantes conheçam os personagens Disney, esse mundo abriga algumas das montagens teatrais do parque. As filas para as **Camp Minnie-Mickey Gree-ting Trails** (no fim das quais as crianças vão se encontrar com os personagens) costumam ser longas e às vezes se misturam com as filas de espera para os shows.

Os animais circulam livremente nos Kilimanjaro Safaris®

Um show muito concorrido é o **Festival of the Lion King,** que, como nenhum outro, convida à participação. É excepcionalmente bem coreografado e tem belos figurinos, e hoje se apresenta em um auditório com ar-condicionado, ideal no verão. **Pocahontas and Her Forest Friends** não tem o mesmo pique que o Festival of the Lion King, mas agrada muito às meninas. A música é agradável, mas no geral é um tanto açucarado. O teatro é pequeno, e as filas também são longas.

O desfile diário que percorre o parque, chamado **Mickey's Jammin' Jungle Parade**, dá vida a uma coleção de imagens abstratas de animais que têm forma de bonecos enormes com fantasias divertidas. Os elaborados táxis jinriquixás colocam alguns visitantes no meio do desfile, enquanto os "animais" interagem com eles, convidando-os a cantar.

África

Passando pela aldeia de Harambe, a África é o maior dos mundos. A arquitetura imita uma aldeia queniana com construções simples e dilapidadas e postes telegráficos oscilantes.

Os **Kilimanjaro Safaris®** são a atração mais concorrida do parque, embora seja mais tranquila à tarde. Os visitantes viajam na carroceria de caminhões que percorrem uma réplica fiel da paisagem da África ocidental. No trajeto de vinte minutos por uma estrada esburacada e enlameada, cruzando pontes instáveis, você tem a chance de ver animais africanos como hipopótamos, rinocerontes e elefantes circulando livremente. Não é difícil que um deles se aproxime do caminhão para cheirá-lo! Pela oportunidade de ver os gorilas de perto, os safáris da **Pangani Forest Exploration Trail®** costumam ficar congestionados.

Veja hotéis e restaurantes dessa região nas pp. 314-25 e pp. 329-49

O movimento diminui no final da tarde, quando dá para observar os animais com tranquilidade. O trem Wildlife Express leva você ao **Rafiki's Planet Watch®**, passando por Conservation Station® e o Habitat Habit, ambos programas educativos, e a Affection Section, uma área de filhotes.

Ásia

Dentre outras coisas, esse mundo tem gibões, aves exóticas e tigres, todos eles circulando livremente em recriações de ruínas indianas pós-coloniais. As **Kali River Rapids®** deixam você todo ensopado. Essa rápida correideira passa por belos e detalhados ambientes do parque, que você pode acabar perdendo ao ser atingido pela próxima onda.

Tapires, dragões de Komodo e morcegos gigantes podem ser vistos na **Maharaja Jungle Trek®**, que tem como ponto alto os magníficos tigres-de-bengala que circulam livremente pelas ruínas do palácio. Através de suas paredes envidraçadas é possível ficar muito perto deles.

Nos **Flights of Wonder** os pássaros executam manobras complexas, demonstrando suas técnicas naturais de sobrevivência em ambientes selvagens.

A **Expedition Everest – Legend of the Forbidden Moun-tain™** é uma aventura em um trem de alta velocidade que atravessa os terrenos acidentados e as encostas geladas dos Himalaias.

DinoLand U.S.A.®

Esse mundo dá oportunidade de observar os dinossauros ao vivo. Na popular atração **DINOSAUR**, os visitantes embarcam em um simulador de movimento que salta e pinoteia para escapar dos dinossauros carnívoros. Trata-se de um brinquedo emocionante, principalmente no escuro: as crianças maiores adoram. Para toda a família, experimente **Finding Nemo – The Musical**, no Theater in the Wild, e a **Primeval Whirl®** ou a **TriceraTop Spin**, a montanha-russa com carros giratórios. Ou ainda o **The Boneyard®**, onde as crianças podem desenterrar ossos de dinossauro.

PRINCIPAIS ATRAÇÕES

① Kilimanjaro Safaris®

② Festival of the Lion King

③ It's Tough to Be a Bug®

④ Kali River Rapids®

⑤ Dinosaur

⑥ Finding Nemo – the Musical

⑦ Flights of Wonder

⑧ Primeval Whirl®

⑨ Triceratop Spin

⑩ Expedition Everest – Legend of the Forbidden Mountain™

Lista de Brinquedos, Shows e Passeios

Essa tabela vai ajudá-lo a planejar sua visita ao Animal Kingdom®. As atrações estão em ordem alfabética por área.

		TEMPO DE ESPERA	LIMITE DE ALTURA/IDADE	HORÁRIOS MAIS CONCORRIDOS	FASTPASS	PODE PROVOCAR ENJOO	AVALIAÇÃO
DISCOVERY ISLAND®							
S	It's Tough to Be a Bug®	○		Todos	➡		◆
DinoLand U.S.A.®							
B	Dinosaur	◗	1m	Todos	➡	✔	▼
B	Primeval Whirl®	●	1,2m	➤11	➡	✔	◆
B	Triceratop Spin	●		➤11		✔	★
S	Finding Nemo – the Musical	◗		Todos			◆
ÁFRICA							
B	Kilimanjaro Safaris®	●		Todos	➡	✔	★
P	Pangani Forest Exploration Trail®	●		Todos			◆
ÁSIA							
B	Kali River Rapids®	◗	0,97m	Todos	➡	✔	★
S	Flights of Wonder	◗		Todos			★
P	Expedition Everest – Legend of the Forbidden Mountain™	●	1,1m	➤11	➡	✔	▼
CAMP MINNIE-MICKEY							
S	Camp Minnie-mickey Greeting Trails	●		Todos			◆
S	Festival of the Lion King	◗		Todos			★
S	Mickey's Jammin' Jungle Parade	○		À tarde			▼

Legenda: brinquedo: B; show: S; passeio: P; tempo de espera: pequeno – ○ médio – ◗ grande – ●; classificação: bom – ▼ excelente – ◆ extraordinário – ★; melhor horário: todos – antes das 11h – ➤11

Parques Aquáticos

O Walt Disney World® engloba os dois melhores e o segundo maior parque aquático do mundo. O terceiro parque aquático – e o primeiro a ser construído no Walt Disney World® – está fechado. Apesar de não serem os mais populares entre os grandes parques temáticos do balneário, atraem um grande número de visitantes, especialmente nos meses de verão.
A Typhoon Lagoon não tem um tema definido, e sim temas piratas/náuticos que incluem emocionantes escorregadores de água, corredeiras sinuosas e rios tranquilos. Além de oferecer mergulhos com snorkel para observar tubarões e outros peixes de verdade, é um parque aquático normal, mas no estilo Disney. Por outro lado, a Disney's Blizzard Beach é um maravilhoso "balneário molhado de esqui", que insere o visitante em um país das maravilhas invernal, substituindo calhas e escorregadores por esquis e tobogãs. Essa ótima ideia é uma área coberta de "neve", mas com a água deliciosamente aquecida o ano todo.

A descida do Mount Gushmore, na Blizzard Beach

Blizzard Beach

Diz-se que durante uma tempestade de inverno fortíssima, todo um setor da Disney foi soterrado por uma grande quantidade de neve. No mesmo instante, os engenheiros arregaçaram as mangas e bolaram a primeira estação de esqui da Flórida, com teleféricos, pistas de tobogãs e declives de tirar o fôlego. Quando a neve começou a derreter e o pessoal da Disney achou que tudo estava perdido, eles avistaram um aligátor descendo a montanha de esqui. Foi então que eles reinventaram o parque aquático/de inverno Blizzard Beach, usando as altas encostas para construir escorregadores, as descidas íngremes para criar a mais longa calha do mundo e cavaram desfiladeiros para que os fãs do tubo remassem em seu interior.

O ponto central de Blizzard Beach é o **Summit Plummet**, uma montanha com 36m de altura, de onde os mais corajosos se lançam a uma velocidade superior a 96km/h. Os adolescentes adoram, mas é muito intenso para as crianças menores: é preciso ter uma altura mínima de 1,20m para experimentar. O Slusher Gusher e o Toboggan Racer são escorregadores de água similares, embora menos assustadores. Além disso, há as calhas do Snow Stormers e o escorregador de corrida Downhill Double Dipper, que são os favoritos de toda a família. Voltado a crianças maiores, adolescentes e adultos, o Downhill Double Dipper consiste em dois corredores competindo no tubo de um escorregador aquático. Deslize pelas calhas paralelas até a base do Mount Gushmore.

A emoção continua nas corredeiras das **Teamboat Springs**, que é uma longa descida contra fortes ondas que dura muito mais do que você gostaria, mas fica querendo mais. As Runoff Rapids são outra viagem veloz em águas turbulentas, mas no interior de um tubo.

Se tiver tempo, não deixe de tomar o teleférico para o **Mount Gushmore**, onde é possível fazer escaladas e caminhadas. Ou então flutuar suavemente por todo o parque, passando pelo Cross Country Creek, ou acompanhando suavemente as tranquilas Cool Runners. Com pouco mais de 4.000m², a Melt-Away Bay não é um lugar comum para o nado, pois tem ondas boas até para surfe e uma praia grande de areia com cadeiras nas quais se pode relaxar e tomar sol.

As crianças maiores vão adorar o treinamento de patrulha da neve do Blizzard Beach Ski Patrol Training Camp, e para os pequenos há o Tike's Peak.

Um visitante desce quase verticalmente o Summit Plummet

Dicas

- Blizzard Beach e Typhoon Lagoon têm estacionamentos próprios e gratuitos; o Winter Summerland divide espaço com o Blizzard Beach. Você não precisa esperar o transporte da Disney se tiver carro, pode ir direto para os parques e estacionar.

Typhoon Lagoon

Esse parque aquático tem menos atrações criadas pelo homem e mais emoções naturais, mas também inclui alguns favoritos dos parques aquáticos. A Typhoon Lagoon revela-se em beleza natural e vida marinha, e tem a maior piscina de ondas do mundo, com 18.406m³. A atração do parque é um navio naufragado, o *Miss Tilly*, que foi apanhado por uma forte tempestade e encalhou no pico do **Mount Mayday**, um paraíso tropical.

No alto do Mayday os visitantes encontrarão três corredeiras de intensidades diferentes, as emocionantes Gang Plank Falls, as altas e turbulentas Mayday Falls e as tranquilas Keelhaul Falls.

Também no Mount Mayday estão o conjunto de escorregadores conhecido como Humunga-Kowabunga. Divertidas mas apavorantes, as quedas têm cerca de 15m e nelas se atinge a velocidade de 48km/h. As Storm Slides são três calhas que descem por dentro da montanha em curvas e guinadas, mas são menos intensas. A Crush 'n' Gusher tem jatos de água que empurram os mais destemidos em perigosas corredeiras que fazem curvas fechadas no interior das cavernas, desafiando a força da gravidade. Mais relaxante é a poderosa **Wave Pool** com ondas de 1,8m de altura que se alternam com períodos de calma. Outra atração tranquila na Typhoon Lagoon faz imenso sucesso entre os adultos: é o sinuoso, relaxante e incrivelmente belo **Castaway Creek**, onde você esquece os problemas, enfrentando fortes cachoeiras e atravessando grutas e florestas no interior de um tubo. As crianças adoram o playground aquático Ketchakiddee Creek, e para os pequenos há piscinas de ondas menores. Merece destaque também o **Shark Reef**, que permite ao visitante observar peixes tropicais e pequenos tubarões na segurança de um "cargueiro emborcado" ou usar snorkel e máscara para ficar cara-a-cara com eles. É seguro e oferece vistas realmente adoráveis do colorido mundo submarino.

A Wave Pool, com o *Miss Tilly* ao fundo

No Shark Reef os mergulhadores se aproximam dos peixes

Winter Summerland

Embora o Fantasia Gardens, na Buena Vista Drive, seja o primeiro parque temático de minigolfe da Disney, só o Winter Summerland dá continuidade aos temas dos vizinhos parques aquáticos Blizzard Beach e Typhoon Lagoon, mas com viés natalino, nos dois excelentes campos de golfe de dezoito buracos – os campos Winter e Summer. Segundo a história, os campos foram criados pelas renas do Papai Noel, que se dividiam em dois grupos: as que tinham saudade do polo Norte e as que preferiam o calor da Flórida.

Os dois campos apresentam muitos elementos interativos e são bastante difíceis. O mais popular costuma ser o Winter Course, que é considerado um pouco mais fácil e tem "neve" e muitos elementos de lazer. Os dois campos têm alguns buracos idênticos, mas a neve dá lugar à areia no Summer. O Summer Course tem pranchas de surfe, jatos de água e outros obstáculos tropicais, como um Papai Noel dormindo na areia. Ambos os campos se encontram nos dois últimos buracos, onde há um hotel de madeira imitando uma cabana.

Veja hotéis e restaurantes dessa região nas pp. 314-25 e 329-49

Disney Cruise Line®

Com uma linha de cruzeiro com quatro navios grandes e bonitos, destinos exclusivos e pacotes com tudo incluso, em 1998 o Walt Disney World® estendeu os itinerários para os mares do Caribe, Mediterrâneo e Pacífico, oferecendo também cruzeiros transatlânticos. Além das concorridas viagens de três e quatro dias, existem itinerários estendidos que levam os passageiros a outros portos e ilhas em cruzeiros de maior duração. A Cruise Line® da Disney tem alguns incentivos que nenhuma outra linha de cruzeiro possui: além da reputação impecável quanto à qualidade e ao conforto, oferece passeios que incluem estadia no Walt Disney World® como parte do pacote.

Navio da Disney Cruise Line® ancorado no porto

Um navio da Disney Cruise Line® em Castaway Cay

Navios e Destinos

Os quatro navios de cruzeiro da Disney, o **Disney Magic®**, o **Disney Wonder®**, o **Disney Dream®** e o **Disney Fantasy®** têm acomodações 25% maiores que a maioria dos navios de cruzeiro. O interior desses navios reflete a elegância das embarcações europeias antigas, com temas art déco no *Magic®* e art nouveau no *Wonder®*. Os dois têm cinema, restaurantes, spas e salas de ginástica, entre outras coisas. O *Dream®* e o *Fantasy®* têm decoração clássica do início do século XX. **Castaway Cay**, a ilha particular da Disney, é o ponto final dos cruzeiros Disney do Caribe e é praticamente uma extensão tropical dos hotéis e resorts do Walt Disney World®. As praias vazias oferecem mergulho com snorkel, passeios de bicicleta, em barcos com fundo de vidro, esportes aquáticos e muito mais. Além disso, sempre têm muita coisa para as crianças fazerem a bordo e em terra. Tanto que você pouco verá seus filhos durante a viagem.

Elegante jantar no restaurante Palo à bordo do navio

Cruzeiros Breves (Três a Quatro Dias)

O itinerário dos cruzeiros mais curtos é sempre o mesmo. Você chega de ônibus no porto Canaveral, faz o check-in e embarca para Nassau, nas Bahamas, chegando no dia seguinte. No outro dia você chega em Castaway Cay; o navio sai à noite para retornar a Canaveral, onde chega às 9h da manhã seguinte. O cruzeiro de quatro dias fica mais um dia no mar com uma possível parada em Freeport, nas Bahamas, antes de retornar ao porto Canaveral.

Cruzeiros Longos (Sete a Dez Dias)

A Disney oferece viagens tanto para o leste quanto para o oeste do Caribe em seus cruzeiros mais longos, incluindo paradas em St. Maarten e St. Thomas, além de Castaway Cay, no cruzeiro do leste, ou Grand Cayman e Cozumel e mais Castaway Cay, no cruzeiro do oeste. Há planos para acrescentar outros cruzeiros de sete dias e também de dez dias que incluam paradas em Antigua, San Juan, St. Lucia e Key West.

Dicas

- Lembre-se que o preço fechado não inclui gorjetas para faxineiros, recepcionistas, ajudantes e chefe de limpeza. Também são cobrados à parte os refrigerantes servidos na piscina e bebidas alcoólicas. É cobrada uma taxa de US$10 por pessoa nos restaurantes especializados só para adultos. Passeios em terra também custam caro – são acrescentados as taxas portuárias e os impostos locais.
- Não deixe de programar com antecedência os passeios em terra para não ficar numa fila para se increver em um deles, quando já estiver no navio. Você pode se inscrever on-line (p. 179) para esses passeios.

Veja hotéis e restaurantes dessa região nas pp. 314-25 e 329-49

Fort Wilderness Resort and Campground

Um acampamento poderia parecer deslocado dentro da filosofia de puro luxo das acomodações da Walt Disney World®, mas o Fort Wilderness, inaugurado em 1971, também representa uma das metas de Walt Disney: promover a valorização da natureza e dos ambientes ao ar livre. Localizado em Bay Lake, no resort do Magic Kingdom®, são mais de 750 campings arborizados e 400 cabanas que oferecem vários níveis de "rusticidade". Não há muitos animais selvagens nessa área, mas há conforto e diversão em abundância. O centro de Fort Wilderness é no Pioneer Hall, com vários restaurantes e um show que é bastante concorrido, o Hoop-Dee-Do Musical Revue *(p. 177)*. O transporte para o Magic Kingdom® é feito por barco, e há ônibus para todos os parques temáticos.

Passeio a cavalo no Fort Wilderness Resort e Campground

Um trailer no Fort Wilderness Resort e Campground

Acomodações e Áreas Comuns

Os campings de Fort Wilderness são pequenos mas razoavelmente isolados, com eletricidade e água encanada por todo lado. As cabanas têm todos os confortos domésticos em pequenos espaços.

Há quinze "estações de conforto" com ar-condicionado espalhadas pela área de camping, com lavanderia, duchas, telefones e até máquinas de gelo, funcionando 24 horas. Os dois "entrepostos" vendem frutas e verduras e alugam equipamento de recreação.

Recreação

Há muita coisa para ocupar os visitantes em Fort Wilderness Resort. Além de duas piscinas aquecidas, o **Tri-Circle D Ranch** oferece passeios guiados em cavalos e pôneis. Há outras instalações recreativas como quadras de tênis, vôlei e basquete, bicicletas e barcos de aluguel, pesca e trilha de exercício, passeios noturnos em carroção, jogo de malha com pá e ferradura, passeios de carruagem, um zoológico de filhotes e videogame. Você ainda pode esquiar, voar de asa-delta e praticar *wakeboard*. O equipamento pode ser alugado. É necessário fazer reserva para os passeios guiados a cavalo e para pescar.

O Fort Wilderness tem ainda o programa **Campfire** com roda de canto e cinema ao ar livre. Aberto para todos os hóspedes da Disney, não só para os residentes de Fort Wilderness, o programa inclui uma hora de cantoria com marshmallows assados no fogo e os típicos *smores* americanos: bolachas cobertas com marshmallow derretido e chocolate. Oferecida em parte pelos esquilos Chip 'n' Dale, a cantoria acaba na projeção de um desenho animado da Disney. Outra atração é o **Electrical Water Pageant** *(p. 177)*, no Fort Wilderness Resort, às 21h45. Um farto bufê de café da manhã é servido no Pioneer Hall.

Os Esportes do Walt Disney World®

Além do Fort Wilderness, todos os balneários da Disney têm instalações para esportes e condicionamento físico, mas só para residentes. Em 1997, foi inaugurado o complexo **Disney's Wide World of Sports®**, um campo de treino e atletismo só para jogos amistosos, treino Olímpico e outras atividades recreativas. Se essa experiência é principalmente passiva, não se pode dizer o mesmo do que até hoje é a experiência mais "mão-na-massa" da Disney: na **The Richard Petty Driving Experience** os visitantes treinam e pilotam carros de corrida do tipo NASCAR, a uma velocidade superior 161km/h. Diferentemente das outras experiências da Disney, você tem controle total do carro. Eles são equipados com motores de 600 cavalos para que a emoção seja real. Como não poderia deixar de ser, as instruções de segurança são essenciais nesse esporte.

Downtown Disney®

Lojas, boa comida, belos shows e concertos são oferecidos em Downtown Disney®, de forma que os visitantes têm muito que fazer no Walt Disney World® Resort quando os parques temáticos fecham. Entre as atrações estão o Marketplace, um adorável shopping center com lojas e restaurantes, e West Side, com lojas, restaurantes e casas de espetáculo. A Pleasure Island já foi uma área de casas noturnas e shows agitados, mas vem se transformando em uma experiência mais familiar para fazer compras e comer fora. Em Downtown Disney® o visitante estaciona de graça e não paga ingresso, mas algumas atrações, como DisneyQuest®, o "parque temático interativo" de cinco andares, cobram ingresso de quem não tem Ultimate Park Hopper e Premium Annual (p. 178). Há ônibus toda hora para os hotéis resort da propriedade. Downtown Disney® tem ainda uma atração icônica própria, um balão gigante que leva os viajantes a 122m de altura para admirar a paisagem do Walt Disney World® Resort e dos arredores de Orlando.

Aérophile, é amarrado: não há perigo de ele voar para longe. Os passageiros passam cerca de 10 minutos admirando a espetacular paisagem em 360 graus do Walt Disney World® Resort e, dependendo do clima, a vista alcança até 16km. O balão é o maior a gás do mundo e possui uma gôndola que suporta 29 pessoas mais o piloto.

Quando as condições do tempo permitem, os voos começam às 9h e encerram às 24h. Acesso para portadores de deficiência. O preço do passeio é de US$18 para adultos e US$12 para crianças (entre 3-9 anos).

West Side

Cada loja, restaurante ou negócio em West Side de Downtown Disney® é uma experiência única, uma ótima oportunidade para se divertir à noite. Entre as lojas imperdíveis estão a popular **Candy Cauldron**, a **Dino Store**, onde os clientes podem montar um dinossauro de pelúcia no Build-A-Dino® Workshop®, e a **Ghirardello Ice Cream Shop**, com guloseimas da famosa fábrica de chocolates de São Francisco. Há também o moderníssimo **AMC 24 Theatres**.

Os restaurantes com serviço completo incluem o concorrido **Bongos Cuban Café**, com comida cubana e latina, além de pista de dança e música ao vivo; o **Wolfgang Puck's Café**, com entradas gourmet; o restaurante **House of Blues**, com culinária do sul dos EUA; e o **Planet Hollywood**, que serve comida americana e tem recordações

Queima de fogos em Pleasure Island, na Downtown Disney®

Pleasure Island

Por mais de vinte anos, Pleasure Island ficou conhecida por suas casas noturnas, shows ao vivo e noites com queimas de fogos. Hoje, repleta de lojas e restaurantes, está passando por um processo de revitalização com conclusão prevista para 2016. A **Fuego by Sosa Cigars** combina um elegante lounge com uma loja de charutos e acessórios. A **Orlando Harley-Davidson** oferece uma grande variedade de utensílios, lembranças e itens de coleção para homens, mulheres e crianças. Há duas motocicletas Harley-Davidson à disposição para os visitantes, e você pode comprar um livro de receitas da Harley-Davidson. A **Curl** é uma moderna loja de artigos de surfe, que oferece a seus clientes uma grande coleção de roupas e acessórios, além de skates e pranchas de surfe. Há muitas outras lojas na área. Entre as opções de jantar estão o animado **Raglan Road Irish Pub**, o **T Rex Café**, bom para as crianças, o elegante **Fulton's Crab House** ou o casual **Italian at Portobello**.

Characters in Flight

Os visitantes podem passear pelos céus de Downtown Disney® em um iluminado balão, com pinturas feitas à mão de silhuetas de vários personagens "voadores" da Disney, como Mary Poppins, Aladdin e Dumbo. O balão gigante, operado por

O brilho noturno de West Side, em Downtown Disney®

Veja hotéis e restaurantes dessa região nas pp. 314-25 e 329-49

WALT DISNEY WORLD® RESORT | 177

Pirates of the Caribbean: Battle for Buccaneer Gold, no DisneyQuest®

de filmes na decoração. Há lanches rápidos no **Wetzel's Pretzels**, com pretzels quentes e sorvetes Häagen-Dazs, e no andar de baixo do Wolfgang Puck's Café, que serve pizzas de forno a lenha e saladas. O West Side tem três atrações especiais que exigem ingressos separados: a sala de concertos House of Blues (que faz parte de uma cadeia nacional e atrai importantes apresentações musicais), o show La Nouba™, do **Cirque du Soleil**®, e uma casa de brinquedos eletrônicos chamada **DisneyQuest**®.

Além dos shows normais com artistas nacionais, com um palco lateral para apresentações menores, a House of Blues oferece um Sunday Gospel Brunch, que apresenta cantores de gospel com sua característica música religiosa americana. O Cirque du Soleil, uma produção teatral baseada num circo, é tão concorrido que está sempre esgotado. O show fabuloso tem, simultaneamente, 64 artistas no palco, executando proezas variadas. As reservas são obrigatórias. DisneyQuest é muito popular entre adolescentes e crianças pequenas, e apresenta jogos eletrônicos supermodernos, experiências de realidade virtual e outras "interatividades" de computador e em 3-D, junto com grande variedade de jogos eletrônicos tradicionais, como Skee-ball, Mario Kart e Pac-Man. Entre as melhores diversões estão os "brinquedos" em realidade virtual (que requer o uso de capacete com visor especial), a exemplo de **Aladdin's Magic Carpet Ride**, **Ride the Comix** e **Invasion!**, junto com brincadeiras que precisam de dois atiradores, como **Pirates of the Caribbean: Battle for Buccaneer Gold**.

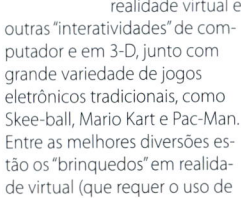

O espetáculo La Nouba™, do Cirque du Soleil®

Marketplace

Shopping center a céu aberto, com lojas excelentes e uma boa variedade de restaurantes, o Marketplace propicia uma caminhada relaxante, quando você não está com hora marcada. Entre as atrações, principalmente para crianças, há o **LEGO Imagination Center**, com fotos de maravilhosas construções com LEGO, desde uma nave espacial até um dragão num tanque ao lado da loja. Também para crianças, há as lojas **Once Upon a Toy** e **Disney's Days of Christmas**.

Adultos e crianças ficarão impressionados com o tamanho do empório **World of Disney**, a maior loja do mundo com todos os suvenires da marca. Entre os restaurantes há o colorido **Rainforest Café**, **Fulton's Crab House**, com excelentes frutos do mar e ambientação de barco fluvial, e o **Ghirardelli's Soda Fountain & Chocolate Shop**, com clima de lanchonete de bebidas maltadas. Petiscos são encontrados no restaurante flutuante **Cap'n Jack's** e nas lojas das cadeias **McDonald's**, **Wolfgang Puck Express** e **Earl of Sandwich**.

Eventos à Noite

Além das atrações de Downtown Disney® há outras excelentes distrações noturnas, como **jantares com shows** e o **Electrical Water Pageant**. Assiste-se melhor ao Electrical Water Pageant da praia sem obstruções de Fort Wilderness. Trata-se de um desfile flutuante que serpenteia pelos resorts do parque, como o da Polinésia e o Contemporâneo. As crianças adoram essa fascinante animação elétrica de vinte minutos, que tem golfinhos pulando da água, baleias e até um dragão que cospe fogo. Desde 1971 costuma servir de ato de abertura ou encerramento para os fogos do Magic Kingdom e do Epcot. Os dois dinner shows de longa duração, Hoop-Dee-Doo Musical Revue e Disney's Spirit of Aloha, ainda são agradáveis e seguram os visitantes nos parques temáticos. O primeiro é uma ótima comédia western no Pioneer Hall de Fort Wilderness; o segundo apresenta músicas, danças e comidas da Polinésia. Outro show, o Mickey's Backyard BBQ, oferece diversão country.

O fantástico dragão de LEGO no Marketplace

Informações Úteis

Ocupando uma grande área de 121km² e repleto de atrações, o Walt Disney World® Resort oferece diversão para toda a família durante uma semana, no mínimo. Quem não tem férias longas deve planejar com cuidado para aproveitar ao máximo a visita a essa terra de sonhos. As informações dadas aqui têm a intenção de ajudá-lo nessa tarefa.

Quando Visitar

As épocas mais movimentadas do ano são no Natal, da última semana de fevereiro até a Páscoa e de junho a agosto. Nesses períodos os parques atingem sua capacidade máxima: cerca de 90 mil pessoas por dia só no Magic Kingdom®. Todos os brinquedos estarão funcionando e os parques ficam abertos por períodos mais longos. Na baixa temporada, 10 mil pessoas por dia visitam o Magic Kingdom®, só um parque aquático estará funcionando e algumas atrações estarão em manutenção. Outro fator é o tempo. Em julho e agosto, nas tardes quentes e úmidas costuma chover torrencialmente. De outubro a março, porém, a temperatura e a umidade são mais confortáveis e permitem uma programação mais completa.

Dias de Maior Movimento

Todos os parques temáticos lotam em determinados dias. Eles são: Magic Kingdom® – segunda, quinta e sábado; Epcot® – terça, sexta e sábado; Disney's Hollywood Studios® – quarta e domingo. Mas depois de uma tempestade os parques aquáticos ficam vazios, até nos períodos de pico.

Horários de Funcionamento

Quando os parques estão lotados, os horários são mais elásticos, em geral das 9h às 22h/23h ou 24h. Em épocas de menor movimento, abrem às 9h e fecham entre 18h e 20h. Ligue para confirmar. Os parques abrem até 30 minutos mais cedo para quem tem passe e para os hóspedes dos hotéis e resorts WDW.

Duração da Visita

Para aproveitar bem o Walt Disney World®, reserve dois dias inteiros tanto para o Magic Kingdom® quanto para Epcot® – ou um dia e meio, reservando meio dia para um parque aquático e um dia para Disney-Hollywood Studios® e Animal Kingdom®. Reserve três noites para as queimas de fogos do Fantasmic!, IlluminNations e Wishes.

O Melhor Período

Para evitar as multidões e o calor:
• Chegue o mais cedo possível e visite primeiro as atrações mais concorridas.
• Faça uma pausa no início da tarde, quando está mais quente e os parques estão cheios.
• Volte aos parques à noite, quando refrescar, para ver os desfiles e os fogos de artifício.

Ingressos e Tipos de Passe

Há vários tipos de passe. Você pode comprar ingressos de um dia ou de um parque, mas, se for ficar mais de três dias, o melhor é o **Park Hopper Pass**. Ele permite passar um dia em cada parque temático num período de quatro ou cinco dias. Para a maioria, um passe de vários dias é suficiente.

O **Park Hopper Plus** oferece acesso ilimitado aos parques temáticos e à Pleasure Island em qualquer dos cinco, seis ou sete dias.

Um dos melhores passes é o **Ultimate Park Hopper Pass**, que é exclusivo para os hóspedes dos hotéis Disney. Oferece entrada ilimitada aos parques temáticos, à Pleasure Island, aos parques aquáticos e aos complexos esportivos. Os preços dependem da duração da hospedagem.

Quem não está nos hotéis Disney e vai ficar mais que dez dias deve adquirir o **Annual Pass** ou o **Premium Annual Pass**, que custam um pouco mais que o Park Hopper de sete dias. Há Annual Passes separados para os parques aquáticos, DisneyQuest® e Pleasure Island e ingressos com desconto para crianças entre três e nove anos de idade.

Os passes são vendidos nas lojas Disney, no aeroporto, no Centro de Informação Turística da I-Drive e nos sites oficiais da Disney. E podem ser incluídos nos pacotes de viagem.

Como Circular

Um amplo e eficiente sistema de transporte atende a 200 mil passageiros em média por dia. Mesmo que você se hospede fora do Walt Disney World® Resort, muitos hotéis vizinhos oferecem ônibus grátis para os parques temáticos, mas isso deve ser confirmado no ato da reserva.

O sistema de transporte para o Walt Disney World® está concentrado no **Ticket and Transportation Center (TTC)**. Há dois serviços de monotrilho ligados ao Magic Kingdom®. Um terceiro monotrilho conecta o TTC a Epcot®. Os ferryboats partem do TTC para o Magic Kingdom® atravessando a Seven Seas Lagoon.

Os ferryboats ligam o Magic Kingdom® e Epcot® aos balneários das respectivas áreas, e os ônibus ligam tudo em Walt Disney World®, incluindo conexões diretas para o Magic Kingdom®. Quem tem ingressos pode usar todo o sistema de transporte de graça.

Embora o transporte da Disney seja eficiente, talvez você prefira alugar um carro para explorar toda a área sem inconvenientes. Os parques temáticos estão distantes e, especialmente para as atrações em que se pode nadar, como Blizzard Beach e Typhoon Lagoon, o transporte da Disney nem sempre é a melhor opção. As crianças molhadas e cansadas de nadar talvez não estejam dispostas a esperar pelo ônibus.

As Filas

As filas são menores no início e no final do dia, durante os desfiles e os horários de refeição. As filas para as atrações movem-se devagar, mas o tempo de espera raramente é maior que a duração do show. O **FastPass** permite fazer reserva em 25 das atrações mais populares sem ter que esperar na fila. Os parques da Disney lotam já na primeira hora de funcionamento. Até então, você pode andar pelos brinquedos para os quais terá que entrar na fila mais tarde.

Portadores de Deficiência

É possível emprestar uma cadeira de rodas na entrada do parque, e há entradas especiais para que o visitante deficiente entre nos brinquedos sem pegar fila. Mas os funcionários não têm permissão para erguer o visitante ou ajudar a erguê-lo por razões de segurança.

Crianças Pequenas

Como o Walt Disney World® é cansativo para as crianças, procure fazer uma programação de acordo com a idade delas. Se seus filhos têm menos que cinco anos, concentre-se no Magic Kingdom®.

O tempo de espera e as longas distâncias que são percorridas nos parques temáticos irão cansá-las rapidamente, por isso é uma boa ideia alugar um carrinho nas entradas dos parques. Os carrinhos são personalizados no ato do aluguel, mas se acaso você o perder ao sair de um brinquedo, poderá substituí-lo com o recibo do aluguel. Há Baby Care Centers para troca e alimentação em todos os parques.

Um sistema chamado *switching off* permite que os pais curtam um brinquedo uma vez enquanto outros pais olham seu filho – sem ter que entrar na fila outra vez.

Encontro com Mickey

Para os pequenos, o momento mais excitante em WDW Resort é o encontro com os personagens Disney. Eles estão em todos os parques temáticos, mas são encontrados também nos restaurantes, em geral no café da manhã. Os parques temáticos também oferecem "jantar com o personagem", mas é preciso fazer reserva com muita antecedência.

Segurança

Os ótimos índices de segurança do balneário e a excelente força de segurança significam que os problemas são raros e resolvidos prontamente. Os funcionários abordam jovens desacompanhados e os levam aos centros de crianças perdidas. As bolsas dos visitantes são inspecionadas.

Onde Ficar e Onde Comer

Hospedar-se nos hotéis e nos complexos de casas da Disney exige um padrão muito alto. Mesmo os mais baratos são mais caros que os hotéis fora de Walt Disney World. Mas, além da qualidade Disney, o seu dinheiro também pode comprar:
• Ingresso antecipado para os parques temáticos (até uma hora antes).
• Entrada garantida nos parques temáticos mesmo que estejam lotados.
• A entrega de compras feitas em qualquer loja em Walt Disney World® Resort.

Para comer em um restaurante de Walt Disney World®, especialmente no Epcot, faça um Priority Seating – a reserva de mesa equivalente ao FastPass.

Outras informações nas páginas 142-47 e 150-57.

Estacionamento

Quem vai ao Magic Kingdom® estaciona no TTC e faz a pé ou de bonde o resto do caminho; Epcot®, Disney's Hollywood Studios® e Animal Kingdom® têm seus próprios estacionamentos. Quem reside do balneário Disney estaciona de graça – os demais pagam, mas só uma vez por dia, não importa quanto movimentem o carro. Os estacionamentos são grandes, por isso guarde o nome e a seção onde estacionou.

AGENDA

Geral

Informações sobre acomodação/Reservas
Tel (407) 939-6244.

Reserva de restaurantes (inclusive Dinner Shows)
Tel (407) 939-3463.
7h-23h sáb e dom.

Disney Tours
Tel (407) 939-8687.

Reserva de Golfe
Tel (407) 939-4653.

Informações gerais
Tel (407) 939-6244.
w disneyworld.disney.go.com/wdw

Parques Temáticos e Atrações

Blizzard Beach
Tel (407) 560-3400.

Disney Cruise Line®
Tel (800) 939-2784.
w disneytravelagents.com

Disney's Animal Kingdom®
Tel (407) 938-3000.

Disney's Hollywood Studios®
Tel (407) 824-4321.

Disney's Wide World of Sports®
Tel (407) 939-4263.

Downtown Disney®
Tel (407) 828-3800.

Epcot®
Tel (407) 934-7639.

Fort Wilderness Resort & Campground
Tel (407) 824-2900.

Magic Kingdom®
Tel (407) 934-7639.

The Richard Petty Driving Experience
Tel (407) 939-0130.

Typhoon Lagoon
Tel (407) 939-6244.

❷ SeaWorld® e Discovery Cove®

Em escala e sofisticação, esse é o parque de aventura da vida marinha mais popular do mundo e foi inaugurado em 1973. Além de promover programas educacionais, de pesquisa e conservação, também oferece muita diversão. No SeaWorld®, o equivalente ao ratinho da Disney é Shamu, que na verdade são várias orcas. Esse parque aquático sem igual apresenta lagoas refrescantes, cachoeiras, praias e paisagens tropicais luxuriantes com montanhas-russas velozes. A Discovery Cove®, um parque completo, dá aos visitantes a oportunidade de nadar com golfinhos, arraias e outros animais marinhos.

Emocionante passeio na Kraken, a premiada montanha-russa do SeaWorld®

Como Explorar

O SeaWorld® lota menos que os outros parques temáticos de Orlando. Tudo ali é tão grande que encontrar lugar para sentar e assistir aos shows nunca é problema. Mas para pegar um bom lugar é preciso chegar quinze minutos antes de o show começar. Lembre-se que, se você se sentar muito na frente, pode se molhar. Graças ao ritmo mais tranquilo do SeaWorld®, o melhor horário para visitá-lo é depois das 15h, quando é mais fresco e há menos gente. Os shows são programados de tal forma que é quase impossível sair de um a tempo de assistir a outro. O motivo é reduzir o número de pessoas, mas é possível conseguir lugar no show Clyde and Seamore (Sea Lion and Otter) saindo do show do Shamu quatro minutos antes (enquanto os atores fazem os agradecimentos). Nos períodos de pico, chegue mais cedo para o show Sea Lion and Otter, que é apresentado em um ginásio pequeno, e assista a Wild Arctic, Shark Encounter, Journey to Atlantis e Kraken no começo do dia, porque à tarde é mais cheio.

As crianças adoram conhecer os atores ainda com os trajes usados nos papéis de Shamu and Crew – a baleia orca acompanhada de um pinguim, um pelicano, um golfinho e uma lontra. Normalmente, eles estarão perto da saída do SeaWorld® na hora do fechamento. Para uma vista aérea do parque, suba em seis minutos os 122m da Sky Tower. Se tiver algum problema ou dúvida, procure o Guest Relations, perto do portão de saída.

Shamu, o mascote oficial do parque

Atrações

Três hábitats meticulosamente ambientados, incluindo dois em que é permitido alimentar e tocar os animais marinhos, fazem parte do **Key West at SeaWorld®**. A Dolphin Cove, uma piscina com ondas no estilo de uma praia do Caribe, dá uma visão submarina dos golfinhos e a chance de tocá-los e até alimentá-los. Também é possível tocar magníficas arraias, das quais há cerca de 200 na Stingray Lagoon; o contato é melhor do que parece. Em Turtle Point vivem as tartarugas marinhas que estavam muito feridas

AS 10 MELHORES

① Kraken

② Shark Encounter

③ Journey to Atlantis

④ Wild Arctic

⑤ Antarctica: Empire of the Penguin

⑥ One Ocean

⑦ Clyde and Seamore Take Pirate Island

⑧ Key West at Seaworld

⑨ Blue Horizons

⑩ Manta

Encontro com tubarões no Key West at SeaWorld

Veja hotéis e restaurantes dessa região nas pp. 314-25 e 329-49

para sobreviver em seu ambiente natural.

Pacific Point Preserve reproduz a escarpada costa norte do Pacífico como uma grande piscina de pedra. No local, você pode observar focas comuns, focas peludas da América do Sul e leões-marinhos da Califórnia (os barulhentos) aquecendo-se ao sol e nadando com graciosidade.

Os outros animais marinhos de SeaWorld são vistos atrás dos vidros. O **Manatee Rescue**, considerada a melhor exposição zoológica do país pela *American Zoological Association*, oferece uma visão submarina do peixe-boi, um herbívoro triste e deselegante *(p. 254)*. A exibição tem cunho educativo e inclui um filme.

Antarctica: Empire of the Penguin oferece simuladores com dois níveis de exploração – a Wild Expedition e a Mild Expedition, cujos movimentos têm diferentes graus de intensidade. Ambas as expedições seguem as aventuras fictícias do pinguim Puck. Uma visita à colônia glacial permite ver de perto 250 pinguins das espécies adélia, gentoo, imperador e de penacho-amarelo.

Considerada a maior coleção do mundo de animais marinhos perigosos, o **Shark Encounter** é muito popular. Moreias e barracudas são aperitivos para o prato principal, que é o grande número de tubarões. Você pode vê-los nadando ao caminhar pelo longo túnel de acrílico do aquário em que eles vivem; e vê-los ainda mais de perto no interativo **Sharks Deep Dive**. Nesse programa, o visitante nada com snorkel ou mergulho com tubo de oxigênio dentro de uma gaiola protetora, que é inserida na água com mais de 50 espécies de tubarão. A roupa de mergulho é fornecida, e os participantes devem ter mais de 10 anos de idade.

Para captar com perfeição a essência de um paraíso aquático, a **Aquatica** verte mais de 3 milhões de galões de água em lagunas, rios e brinquedos empolgantes. A flora vibrante representa destinos exóticos do mundo inteiro.

Wild Arctic é uma atração de alta tecnologia que simula o voo de um helicóptero sob tempestades e avalanches, com morsas, baleias beluga e ursos-polares.

A'Lure, The Call Of The Ocean

A'Lure, The Call of the Ocean é uma adição de sucesso à impressionante coleção de shows aquáticos do SeaWorld®. Efeitos especiais espetaculares são usados para contar a história das misteriosas sereias dos mares que durante séculos atraíam pescadores para suas tocas submarinas, por meio de seus poderes hipnóticos e beleza extraordinária. Atores atléticos e acrobacias que desafiam a gravidade dão um toque mágico a essa lenda cativante.

Os incríveis golfinhos acrobáticos

Dicas

- O SeaWorld® permite que os visitantes alimentem vários animais, mas restringe o tipo e a quantidade de comida, que deve ser comprada no local. Informe-se nos centros de atendimento ao visitante logo na entrada do parque quanto aos horários e a disponibilidade de alimento.
- Organize seu tempo para quatro shows principais: One Ocean, A'Lure, Sea Lion and Otter e Blue Horizons.
- Proteja a câmera dentro de um saco plástico se você se sentar nas doze primeiras fileiras para assistir aos shows One Ocean e Blue Horizons: os respingos de água salgada podem prejudicá-la.
- O Journey to Atlantis vai molhar você da cabeça aos pés, por isso deixe para assisti-lo na parte mais quente do dia.

O Lado Sério do Seaworld®

As palavras de ordem da organização sem fins lucrativos Hubbs SeaWorld® Research Institute são pesquisa, resgate e reabilitação. O SeaWorld® já ajudou milhares de baleias, golfinhos e peixes-boi em dificuldade. Os animais são cuidados e, se necessário, operados no centro de reabilitação do parque. Os que se recuperam são levados de volta ao seu ambiente. O SeaWorld® organiza vários passeios, que permitem ver esse trabalho. O Sharks!, por exemplo, exibe os bastidores do Shark Encounter. Informe-se no Guest Relations na entrada do parque.

Uma tartaruga-verde reabilitada no SeaWorld®

PREPARE-SE

Informações Práticas
Mapa rodoviário E2. Orange Co. 7007 SeaWorld Drive, intersecção da I-4 e Bee Line Expressway.
Tel (407) 351-3600.
W seaworld.com

Transporte
8, 42 de Orlando.
9h-19h diariam; até 23h no verão.

Dolphin Cove, onde todos podem tocar e alimentar os golfinhos

Você chega à Base Station Wild Arctic, a estação de base criada em torno de um antigo navio de exploração, e vê os animais que vivem ali: ursos polares, morsas e baleias beluga. No SeaWorld®, o **Journey to Atlantis**, um escorregador de água com detalhes mitológicos, e o **Kraken**, o vencedor do concurso anual de montanhas-russas de Orlando, são os campeões de bilheteria.

A Discovery Cove®, ao lado do SeaWorld®, é um parque onde só se entra com reserva (p. 183) e merece uma visita de um dia.

Shows e Passeios

A produção **One Ocean** apresenta toda a família de majestosas orcas do SeaWorld® executando uma incrível coreografia musical embalada por poderoso sistema de som. O elaborado cenário de três andares abrange uma imensa cauda de baleia, telões panorâmicos de LED e centenas de alto-falantes que disseminam os sons. As orcas interagem com treinadores e o público, em meio a fontes, imagens subaquáticas e luzes coloridas – um espetáculo realmente sensacional que encanta gente de todas as idades. Caso não se importe em ficar molhado, sente-se na zona mais próxima das orcas. Essa celebração multisensorial à vida submarina dura pouco mais de vinte minutos e é enriquecida por uma trilha contemporânea original orquestrada, composta por três canções diferentes.

Blue Horizons é um espetáculo teatral que apresenta graciosos golfinhos e falsas orcas, um arco-íris de pássaros exóticos e todo um elenco de mergulhadores e acrobatas com elaborados figurinos. A fértil imaginação de uma menininha é o estímulo para uma aventura emocional que permite experimentar tanto o poder do mar quanto a elegância do voo. O show é repleto de ação, tanto em cima quanto embaixo d'água, e os artistas são acrobatas exímios.

O show **Clyde and Seamore Take Pirate Island**, que é apresentado no Sea Lion and Otter Stadium, tem leões-marinhos (Clyde e Seamore), lontras e morsas em uma hilariante aventura em alto mar de pilhagens e navios piratas.

Odyssea é um circo não tradicional com números acrobáticos de trapézio, divertidas esquetes e efeitos especiais fantásticos em um cenário cujo tema é o mundo submarino de fantasia. Durante meia hora você é transportado da superfície para as profundezas do oceano. No caminho, encontra uma paisagem gelada da Antártida com personagens pinguins, um contorcionista dentro de uma concha gigante e enormes lombrigas que executam uma dança animada. Esse show promete encantar a plateia de todas as idades. **Pets Ahoy** exibe talentosos gatos, pássaros, cães e porcos, a maioria resgatada de abrigos de animais.

O **Adventure Express Tour** oferece exclusivos passeios guiados pelo parque, lugares reservados, alimentação de animais e acesso especial para as atrações.

Leões-marinhos se aquecem nas pedras em Pacific Point Preserve

Onde Comer, Beber e Comprar

Um acréscimo recente, a Waterfront at SeaWorld™ é uma área de alimentação, diversão e compras espalhada por 2 hectares. Os visitantes têm nove opções de restaurantes, desde os que que oferecem serviço completo até uma cafeteria. Entre eles está o The Seafire Inn, que serve frituras e apresenta o show Makahiki Luau; o *pub* Sandbar, que oferece sushi e martínis; e o Spice Mill, com cardápio internacional. O restaurante Dine with Shamu, localizado no Shamu Stadium, serve seus clientes ao lado das orcas, e no Sharks Underwater Grill os clientes comem a uma pequena distância dos tubarões. As lojas em The Waterfront incluem a Allura's Treasure Trove, onde as crianças desenham suas bonecas de porcelana, e Under The Sun, que tem de tudo e várias peças de coleção.

Veja hotéis e restaurantes dessa região nas pp. 314-25 e 329-49

Como Explorar a Discovery Cove®

Situada na frente do SeaWorld®, a Discovery Cove® é uma verdadeira revolução nos parques temáticos da Flórida. Com capacidade para apenas mil visitantes por dia (o estacionamento limita-se a 500 carros) e o preço do ingresso capaz de assustar até um ganhador da loteria, o parque oferece experiências simplesmente inesquecíveis, sendo a mais alardeada a oportunidade de nadar com os golfinhos (abrir mão dessa experiência pode reduzir à metade o preço da visita). Outra atração famosa é o passeio subaquático por um recife de corais, em meio a cardumes de peixes e arraias. A Discovery Cove® é extremamente popular e o sonho de muita gente, por isso reserve seus ingressos com bastante antecedência.

Dicas

- Não passe filtro solar antes da visita: o ingresso da Discovery Cove® já inclui um filtro "inofensivo" para os peixes, o único permitido.
- Você não precisa saber nadar bem para brincar com os golfinhos, apenas sentir-se confortável dentro da água. Você receberá um colete salva-vidas que deverá usar o tempo todo que estiver na água.
- A água em que estão os golfinhos é mais fria que o resto; se você sentir muito frio, pode pedir um macacão de mergulho especial.
- Pelo menos uma pessoa do grupo deve usar relógio para controlar o tempo que vocês passam com os golfinhos. É muito fácil perder a hora de sair.
- Tire fotos do passeio para evitar os altos preços cobrados pelos fotógrafos locais.

Nadar com golfinhos é o ponto alto da visita à Discovery Cove®

Como Explorar

A Discovery Cove® é um ambiente muito verde com cabanas cobertas de palha na praia e cachoeiras. O parque, intimista e belo, faz o visitante se sentir como se estivesse em uma ilha particular. A qualidade dos serviços oferecidos rivaliza com a dos melhores hotéis.

O preço do pacote (US$279 mais taxas por pessoa, sem descontos para as crianças) inclui os golfinhos (menores de 6 anos não participam), estacionamento e equipamento, um snorkel, uma refeição e entrada ilimitada por sete dias no SeaWorld ou Busch Gardens Tampa Bay. Exige reserva. A entrada do parque é pela recepção do "hotel", onde um guia pessoal lhe entrega uma identidade com foto e explica o passeio. Há armários com chaves e toalhas, e um atendimento com a qualidade de um *concierge*.

Atrações

No interior do parque existem cinco áreas principais: o Coral Reef, o Aviary, a Ray Lagoon, o Tropical River e a Dolphin Lagoon. Coral Reef tem muitas grutas e um navio naufragado; você pode nadar ao lado de perigosos tubarões, que são mantidos atrás de uma grossa parede transparente de plexiglass. Nos "rios" que circundam o parque, o visitante encontra o aviário, onde os pássaros podem ser alimentados com ração fornecida pelos funcionários; na Ray Lagoon você usa snorkel para nadar com arraias que chegam a 1,5m de comprimento. Na Dolphin Lagoon, após quinze minutos de instruções, você brinca e nada por 30 minutos com os inteligentes golfinhos. Embora não se possa usar câmera, é possível fotografar da praia. Você tem ainda cachoeiras, piscinas para banho e pequenos nichos por todo o parque que fazem a conexão com as praias.

Há apenas um restaurante no parque, que é self-service, mas de altíssimo padrão. Você pode levar sua câmera fotográfica, mas pede-se aos visitantes que removam anéis, relógios, correntes e quaisquer objetos que possam assustar os animais. Há instalações para deficientes e cadeiras de rodas especiais para circular em ambientes externos, com pneus mais largos para facilitar a locomoção na areia.

Vista aérea da Discovery Cove®

❸ Universal Orlando®

Antes um centro de produção de filmes que competia com as outras atrações da área, Universal Orlando® engloba hoje dois grandes parques temáticos, uma cidade e complexo de lazer e quatro resorts. Juntos, Universal Studios Florida®, Universal Islands of Adventure® e Universal CityWalk® são razões suficientes para passar algum tempo longe da Disney. Nas saídas 75A e 75B da I4, a Universal tem um estacionamento de vários andares; os visitantes seguem pela Universal CityWalk® através de uma série de passarelas móveis até uma bifurcação que os leva para um dos dois parques.

O Universal Globe na entrada do Universal Studios Park®

Como Explorar

Os períodos de maior movimento nos Universal Studios Orlando® são os mesmos do Walt Disney World® (p. 178).

Quando os parques ficam abertos até tarde, dois dias inteiros são suficientes para conhecê-los. Se fecham mais cedo – a única desvantagem para visitá-los fora da temporada – serão necessários três ou quatro dias. Se você tiver tempo, opte pelos pacotes de vários dias que a Universal oferece, que incluem ingressos a preços vantajosos nos parques e em CityWalk® e muitos outros descontos especiais.

As filas na Universal costumam ser mais longas e lentas que as de Walt Disney World®: especialmente desde a abertura do parque do Harry Potter no Islands of Adventure®. Você talvez tenha que esperar até duas horas para experimentar um brinquedo. Nos períodos de pico, evite filas chegando cedo (os portões abrem uma hora antes do horário oficial) e passe pelas atrações mais concorridas o mais cedo possível (p. 185), antes que elas fiquem muito cheias. Se você não conseguir passar por todas, deixe o resto para pouco antes de o parque fechar. Talvez você não pegue longas filas para ver os shows, mas na alta temporada chegue quinze minutos antes para pegar lugar. Esses shows não divulgam horário e acontecem o tempo todo; é raro ter esperar muito mais que a duração do próprio show. As filas para as atrações mais próximas dos grandes shows aumentam consideravelmente quando terminam as apresentações. Outra maneira de evitar filas é comprar o Universal Express Pass, que permite fazer reservas antecipadas.

A maioria dos brinquedos é muito intensa para crianças pequenas; alguns têm restrições de peso mínimo. As atrações voltadas para os menores são Despicable Me Minion Mayhem, Flight of the Hippogriff, E.T. Adventure, Pteranodon Flyers, Woody Woodpecker's Nuthouse Coaster®, Animal Actors on Location℠ e Seuss and Jurassic Park Islands in Islands of Adventure®.

Em dias de maior movimento, vale a pena investir no VIP Tour de oito horas. O pacote inclui entrada prioritária em, no mínimo, um dos parques, permite andar pelos bastidores e dá acesso às instalações de produção e ao estúdio de som.

Se você se hospedar nos balneários da Universal, pode usar a sua chave para outras coisas além de entrar no quarto. Ela é um passe expresso que dá prioridade para entrar em muitas atrações e serve como cartão de crédito dentro do parque.

Filmagens

Nada garante que você assistirá a uma filmagem no dia de sua visita aos Universal Studios Florida®, mas há grandes chances de que as câmeras estejam gravando algum programa (no interior do parque).

Especialmente entre setembro e dezembro, é bem provável que você faça parte da plateia de um programa de TV. Ligue antes para saber que programas serão gravados durante a sua visita: (407) 224-4233. Os ingressos para os shows são vendidos por ordem de chegada, no dia da gravação, no Studio Audience Center, perto dos Guest Services. Assim que chegar ao parque, vá direto garantir os seus ingressos.

Quadro de horário das gravações

O arco imponente da entrada dos Universal Studios Florida®

Veja hotéis e restaurantes dessa região nas pp. 314-25 e 329-49

Personagens de *Meu malvado favorito* posam para fotos na atração Minion Mayhem

Universal Studios Florida®

A entrada dos Universal Studios Florida® é conhecida como **Front Lot**, porque reproduz a entrada de um estúdio de Hollywood dos anos 1940. O quadro de horários perto das catracas, que dá todos os detalhes dos programas que serão filmados, está sempre atualizado.

Uma vez dentro do parque, a Plaza of the Stars tem várias lojas *(p. 187)*, mas não perca tempo: vá logo para as principais atrações antes que as filas fiquem quilométricas.

Production Central é o setor menos bonito do parque. Os mapas localizam os principais estúdios de som, mas esses só podem ser visitados por quem possui um VIP Tour.

Despicable Me leva ao império high-tech de Gru, um dos supervilões de animação. Após se transformar nos malignos Minions, os visitantes entram em uma aventura digital em 3-D, com personagens do filme – Gru e suas filhas de criação Agnes, Edith e Margo –, e descem até o laboratório secreto de Gru, onde participam de uma festa dançante inspirada nos Minions.

Shrek 4-D™ é a mais nova atração a ser inaugurada nos Universal Studios. Esse brinquedo divertido inclui um filme de treze minutos em 3-D dublado por Cameron Diaz, Eddie Murphy, John Lithgow e Mike Myers, que é tanto uma continuação do original *Shrek* quanto uma ponte para o próximo filme da série, *Shrek 2*. Os óculos "OgreVision" permitem ver, ouvir e quase sentir a ação na poltrona.

Production Central possui ainda lojas e restaurantes, com destaque para a Universal Studios® Store.

New York

Essa área tem mais de 60 fachadas: algumas são réplicas de prédios reais, outras, reproduções dos que só apareceram nas telas. São recortes do Guggenheim Museum e da New York Public Library que criam uma ilusão de profundidade e distância. Também está lá a Macy's, a famosa loja de departamentos, bem como o Louie's Italian Restaurant, onde foi filmada uma cena antológica de *O poderoso chefão*. As fachadas, os armazéns e até as pedras arredondadas passaram por um processo de envelhecimento chamado "*distressing*".

Siga para a Delancey Street, onde Jake e Elwood fazem um *pout-pourri* dos maiores sucessos dos **Blues Brothers** (*Os irmãos caras-de-pau*), num show ao vivo de vinte minutos.

O último brinquedo de realidade virtual inaugurado nos Universal Studios é o avançado **Revenge of The Mummy – The Ride®**. Essa atração assustadora se baseia nos populares filmes *A múmia* e usa a engenharia de montanha-russa de alta velocidade e robótica da era espacial para lançar os mais corajosos em ambientes egípcios, corredores e catacumbas. A atração conta com uma terrível múmia animada, apavorante e assustadora.

Twister...Ride It Out® leva os visitantes para dentro de um filme de ação sobre caçadores de tempestades em busca de um ciclone. Enfrente ventos ferozes, rugidos ensurdecedores e a intensidade da Mãe Natureza em fúria. Dentro de um complexo enorme, os mestres de efeitos especiais da Universal construíram um ciclone simulado que devasta tudo que encontra no caminho. Veja-o despedaçando janelas, outdoors e atirando caminhões como se fossem brinquedos, enquanto você fica a 6m de distância do funil de vento.

PREPARE-SE

Informações Práticas
Mapa rodoviário E2. Orange Co. 1000 Universal Studios Plaza, saídas 29 ou 30B na I-4. **Tel** (407) 363-8000. horário mínimo 9h-18h diariam; horário noturno no verão e feriados. universalorlando.com

Transporte
21, 37, 40 de Orlando.

O pôster de Shrek 4-D encanta a plateia

Enfrentando a força de um tornado simulado em Twister...Ride It Out

186 | FLÓRIDA ÁREA POR ÁREA

Hollywood Boulevard, exemplo dos belos cenários do parque

Hollywood

Hollywood Boulevard e Rodeo Drive são as ruas mais bonitas dos Universal Studios. Desprezando a verdadeira geografia, elas prestam um tributo à época áurea de Hollywood, entre as décadas de 1920 e 1950.

O Brown Derby era um restaurante em forma de chapéu que reunia astros e estrelas; a versão da Universal é uma divertida chapelaria. A Schwab's Pharmacy, onde os esperançosos ficavam bebendo sodas de canudinho à espera de ser descobertos, ganhou vida própria na sorveteria à moda antiga. Veja também a Hollywood Walk of Fame, a calçada que tem gravados os nomes de astros e estrelas, tal como a do Hollywood Boulevard.

Transformers™: The Ride-3-D é a atração máxima para quem busca adrenalina. Telões especiais de 18m levam a plateia com óculos 3-D à guerra contra os Decepticons ao longo de uma pista de 610m.

A maior atração de Hollywood é o **Terminator 2®: 3-D**. Trata-se de um brinquedo incrível que usa sofisticada tecnologia em filmes 3-D e robótica, além de dublês ao vivo que envolvem a plateia nas cenas de ação do astro de *O exterminador do futuro*, Arnold Schwarzenegger.

Men in Black™ – Alien Attack™

Lucy – A Tribute^{SM} exibe objetos pessoais da rainha da comédia, Lucille Ball, uma das grandes estrelas dos palcos e da TV. Esse tributo inclui o set de filmagem de *I Love Lucy* e um cômodo de sua casa em Beverly Hills, recriado meticulosamente. São roteiros, clipes e figurinos do programa de TV, e até um jogo interativo no qual os fãs podem testar seu conhecimento sobre Lucy.

O **Universal Horror Make-Up Show** é uma viagem por trás dos bastidores, que mostra a habilidade dos maquiadores e como o cinema usa a maquiagem para criar monstros horríveis e efeitos assustadores.

Woody Woodpecker's Kid Zone

Todo mundo deveria embarcar na encantadora aventura **ET Adventure®**, baseada no filme de 1982 de Steven Spielberg. Você sobrevoa uma cintilante paisagem urbana ao viajar para o planeta do ET em uma bicicleta voadora.

Em **Animal Actors on Location**^{SM}, animais semelhantes fazem papéis de superastros caninos como Lassie e Beethoven.

A Day in the Park with Barney™ é um dos preferidos das crianças. No parque vive Barney, o adorável *Tyrannosaurus rex* do desenho de TV campeão de audiência.

Fievel's Playland^{SM} é inspirado no desenho animado *Um conto americano* e *Fievel vai para o oeste: um conto americano 2*. Fievel é um rato, e os brinquedos do parque, em forma de chapéu de caubói, botas, óculos e xícara de chá, são imensos – como os do filme, vistos pelo astro roedor.

Woody Woodpecker's Nuthouse Coaster® é uma introdução moderada e segura ao mundo dos brinquedos de parque para as crianças pequenas. **Curious George Goes to Town**^{SM} tem muita água para espalhar e muitas bolhas de espuma.

World Expo

Inspirada nos Jogos Olímpicos de Los Angeles, de 1984, e na

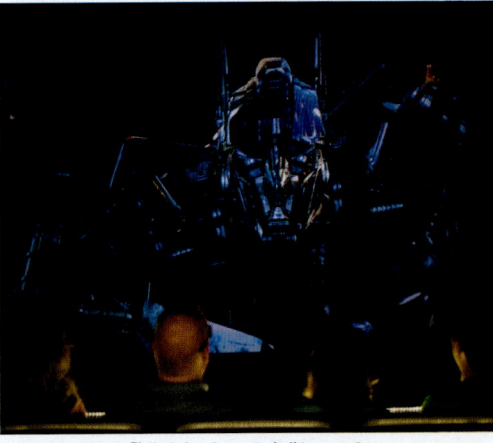

Universal's Transformers™: The Ride-3-D, atração de última geração

Veja hotéis e restaurantes dessa região nas pp. 314-25 e 329-49

Expo '86, de Vancouver, a World Expo tem duas grandes atrações. **Men in Black™ – Alien Attack™**, baseado nos filmes *Homens de preto*, é um brinquedo que vicia, no qual os visitantes se juntam a Will Smith num simulador para combater alienígenas. Cada pessoa tem uma arma de laser e ganha pontos ao acertar determinados alienígenas. A pontuação reflete a capacidade da equipe para destruí-los.

The Simpson's Ride™ transporta o público para Springfield, a cidade onde vivem os Simpsons. Essa é a principal atração de uma nova área da World Expo, onde é possível tomar um drinque no Moe's, comer um sanduíche no Krusty Burger ou pedir donuts no Lard Lad. A popular dupla de alienígenas, Kang e Kodos, é o tema da atração Kang and Kodos' Twirl 'n' Hurl, na qual os visitantes dão um giro intergaláctico.

Optimus Prime, personagem de Transformers™, no Universal Orlando Resort

San Francisco

Boa parte dessa área se baseia em São Francisco, principalmente no bairro Fisherman's Wharf. A lanchonete Chez Alcatraz parece uma cabine de passagem para passeios à Ilha de Alcatraz. A principal atração é **Disaster! A Major Motion Picture Ride Starring...You!**, Os visitantes são convidados a ajudar um estúdio que está supostamente indo à falência. Para tanto, devem atuar como figurantes em cenas especiais, além de tomar parte na produção de um filme chamado *Mutha Nature*. Essa atração conta com a mais avançada tecnologia de realidade virtual, além da participação especial do ator Dwayne Johnson, "The Rock", que já atuou em grandes filmes como *O retorno da múmia*. A grande sequência final do filme conta ainda com um simulador de terremotos. Também nessa área, **Beetlejuice's Graveyard Revue™** é um concerto de rock ao vivo. **The Wizarding World of Harry Potter™ – Diagon Alley™** reproduz a Londres de Harry Potter. Conectado pelo trem Hogwarts Express™ à aldeia de Hogsmeade™ e à Hogwarts™ School of Witchcraft and Wizardry na área das Islands of Adventure®, o Diagon Alley™ abriga lojas, restaurantes e, como destaque, o banco Gringotts.

Placa do Beetlejuice

Uma atração muito popular é a **Fear Factor Live**, a primeira em parques temáticos baseada num *reality show* da televisão. O recrutamento do elenco ocorre 75 minutos antes de o programa começar.

Encontro com as Estrelas

Atores com fantasias incríveis passeiam pelas ruas, como os Caça-Fantasmas, Jake e Elwood de *Os irmãos cara-de-pau*, Frankenstein, os Flintstones e lendas do cinema como Marilyn Monroe e Irmãos Marx. Todos eles costumam se concentrar no Front Lot.

Todos os dias na alta estação, e duas vezes por semana na baixa, você pode comer com eles no Character Breakfast, uma hora antes de o parque abrir. Reservas obrigatórias: (407) 224-4012.

Atriz representa a estrela Marilyn Monroe

Onde Comer, Beber e Comprar

Em geral se come bem nos parques temáticos da Universal Orlando. O Hard Rock Café é o maior do mundo, mas há muitas outras opções. Faça reserva para o Lombard's Seafood Grille, especialista em peixes, e no Universal Studios Classic Monsters Café, que serve cozinha californiana e italiana e tem um bufê com bom custo-benefício. O Mel's Drive-In é o melhor lugar para fast food e shakes; a boa comida dos anos 1950 é encontrada logo na saída do filme de 1973, *American Graffiti*.

A maioria das lojas fica aberta após o horário oficial de fechamento, e nelas você encontra suvenires temáticos para comprar. No Front Lot fica a Universal Studios Store, que tem desde falsos Oscars a luvas de forno com o logo da Universal, e a On Location, onde uma foto autografada do seu astro favorito pode custar centenas de dólares. A maioria das atrações tem loja própria.

Como Explorar as Islands of Adventure®

Um dos parques temáticos com a tecnologia mais avançada do mundo, as Islands of Adventure® exigem ao menos um dia de visita. As ilhas temáticas são: Jurassic Park, com o Discovery Center®; The Wizarding World of Harry Potter™, com o Dragon Challenge Coaster™, e o brinquedo mais concorrido do parque: Harry Potter and the Forbidden Journey™. A Marvel Super Hero Island® apresenta o Homem-Aranha, o Incrível Hulk, o Capitão América e o Dr. Doom. Os pequenos adoram a Seuss Landing Island™; o Cat in the Hat traz personagens de Dr. Seuss, e Popeye, Brutus e Olívia Palito estão na Toon Lagoon Island.

AS 5 MELHORES

① **Harry Potter and the Forbidden Journey™**

② **The Amazing Adventures of Spiderman®**

③ **The Incredible Hulk Coaster®**

④ **Popeye and Bluto's Bilge-rat Barges®**

⑤ **The Jurassic Park River Adventure®**

Viagem emocionante no Jurassic Park River Adventure®

Como Explorar

O único sistema de transporte do parque são os pequenos barcos que cruzam o lago. Um dia é suficiente para conhecer todas as atrações, desde que você chegue bem cedo. Como em outros parques temáticos, uma programação bem feita é essencial para tirar o máximo proveito da sua visita.

As Ilhas

Na entrada do parque está o farol Pharos, que toca um sino a intervalos de minutos. A primeira ilha que você encontra no sentido horário é a **Marvel Super Hero Island®**, cujo tema é inspirado nos personagens fixos dos quadrinhos do Super-Homem. A Incredible Hulk Coaster®, provavelmente a melhor montanha-russa da Flórida, é um demônio verde que atinge 40km/h em dois segundos, vira você de ponta-cabeça a 35m do chão e mergulha duas vezes abaixo do nível do chão. Storm Force Accelatron® é uma versão igualmente veloz e ainda mais intensa do brinquedo Disney's Mad Hatter's Tea Party, mas o giro muito rápido pode provocar enjoo. O Dr. Doom's Fearfall®, embora intimide quem vê de fora, é um brinquedo divertido no qual você fica preso nos assentos ao redor de um pilar, é catapultado no ar e despenca de uma altura de 46m. Ao lado do Dr. Doom está The Amazing Adventures of Spiderman®, um brinquedo complexo que integra filmes 3-D, movimento simulado e efeitos especiais.

Na **Toon Lagoon**, onde os personagens de desenhos se tornam reais, há dois brinquedos de água e turbulências programadas na Toon Lagoon Beach Bash. Do outro lado está o Popeye and Bluto's Bilge-Rat Barges®, uma descida de correnteza que inclui um encontro com um polvo gigante; acima, Me Ship, the Olive℠ é um playground para as crianças pequenas, que sobem nos brinquedos e atiram água em quem está nos barcos abaixo. O vizinho Dudley Do-Right's Ripsaw Falls® é um escorregador de água livremente baseado nos cartoons Rocky and Bullwinkle™. Combina um agradável passeio com uma excelente queda final, onde você parece submergir.

Jurassic Park®, baseado nos filmes homônimos, tem muita vegetação e alguma sombra. A Jurassic Park River Adventure® é uma aventura muito bem bolada no Jurassic Park®, onde você encontra hadrossauros, estegossauros e outros, antes que alguns *velociraptors* escapem "acidentalmente" de suas jaulas e a aventura comece. A brincadeira termina em uma queda de 26m de altura em um lago, que não vai deixá-lo muito molhado. Camp Jurassic® é um playground para pré-adolescentes, que podem explorar minas de âmbar, subir em ninhos de dinossauro e brincar até cansar em um playground pré-histórico. Nas proximidades ficam os Pteranodon Flyers, um tipo de "teleférico" que leva dois visitantes a bordo de uma cadeirinha sobre a Jurassic Park® Island em um passeio de 80 segundos. O Discovery Center® abriga uma exposição interativa de história natural em que o visitante pode ver os resultados da mistura de DNA de várias espécies, inclusive os seus.

The Wizarding World of Harry Potter™ leva os visitantes às locações icônicas de Hogwarts™ e Hogsmeade™, e tem duas das atrações mais populares do parque: Harry Potter and the Forbidden Journey™, uma viagem mágica que começa em Hogwarts™ e

Veja hotéis e restaurantes dessa região nas pp. 314-25 e 329-49

termina com uma eletrizante aventura aérea, e Dragon Challenge™, um par de montanhas-russas de alta velocidade. A terceira atração, Flight of the Hippogriff™, é mais adequada para famílias, pois passa pela plantação de abóboras e pela cabana de Hagrid.

Entre os vários shows de palco destaca-se o The Eighth Voyage of Sinbad® Stunt Show, com dublês, chamas e explosões que fazem a alegria dos fãs da série de TV Hércules e Xena, a Princesa Guerreira. Poseidon's Fury é um espetáculo igualmente impressionante em que a batalha entre Poseidon e Zeus se desenrola entre efeitos especiais extraordinários.

Seuss Landing™ tem como base os fantásticos livros infantis do Dr. Seuss, e agrada especialmente aos pequenos e a quem conhece essas histórias tão populares. If I Ran The Zoo™ é outro playground para crianças. Conheça algumas das criaturas mais estranhas do planeta nessa área interativa para os fãs do Dr. Seuss de todas as idades. Caro-Suess-el™ é um carrossel que, em de vez de cavalos, tem personagens conhecidos do Dr. Seuss. No brinquedo One Fish Two Fish Red Fish Blue Fish™, o seu grande desafio é fisgar um peixe enquanto desvia dos jatos de água. Para quem não tem nenhuma experiência com Seuss, The Cat in the Hat™ é uma viagem um tanto frenética em um sofá giratório, com uma confusa mistura de personagens parecidos com gatos.

A montanha-russa Harry Potter™ Flight of the Hippogriff

Universal CityWalk®

Um complexo de lazer de 12 hectares, com restaurantes, casas noturnas, lojas e cinemas, o Universal CityWalk® permite que o visitante permaneça por muito mais tempo no parque, depois que os outros fecham. Essa porta de entrada para todo o lazer que a Universal tem a oferecer, CityWalk® é inspirada pelos inúmeros inovadores da cultura popular norte-americana, como Bob Marley, Thelonius Monk e a Motown.

O Complexo

CityWalk® é principalmente para adultos, mas quem aprecia música e dança populares também estará muito bem servido. O complexo funciona das 11h às 2h; não se paga nada para entrar, mas cada casa cobra um pequeno couvert. O passe All-Club dá direito a assistir também a um filme.

CityWalk® oferece uma grande variedade de restaurantes, desde o Emeril's® Restaurant Orlando (o chef premiado da TV) ao famoso Hard Rock Café® Orlando. Para os fãs do esporte, o NASCAR Sports Grille℠ e o NBA City Restaurant oferecem conquistas atléticas, enquanto o Bubba Gump Shrimp Co™ é mais nostálgico. Bob Marley – A Tribute to Freedom é uma réplica perfeita da casa do músico famoso. O complexo também abriga várias casas noturnas e o clube de dança groove℠, que costuma apresentar ao vivo os melhores artistas da atualidade.

O CityWalk tem ainda lojas especializadas e cinemas de última geração; os palcos ao ar livre exibem concertos, festivais de arte, demonstrações de culinária, aparições de celebridades e artistas de rua. As margens do belo lago do complexo são um lugar bonito e pitoresco para se tomar um drinque no fim da tarde ou dar um passeio romântico ao luar.

O Hard Rock Café e outras casas noturnas do Universal CityWalk®

◉ Wet 'n Wild®

Inaugurado em 1977, o Wet 'n Wild é uma das grandes atrações da Flórida Central. Seus brinquedos são de arrepiar, com tobogãs, balsas, escorregadores, corredeiras ou tubos para um ou mais passageiros que atingem alta velocidade. Há atividades para crianças pequenas, com versões em miniatura das atrações mais concorridas para adultos, no Kids' Park. Muitas atividades para a família e o clima de festa na praia aumentam o encanto do Wet 'n Wild. Várias lojinhas oferecem fast-food, e os visitantes também podem trazer seus cestos de piquenique.

Wakezone
De joelhos em uma prancha e segurando um cabo, deslize por 800m no lago, no qual também se pode praticar wakeskate.

Black Hole™: The Next generation
Agarre-se com fé à borda desse bote para dois, impulsionado por um jato de água através de 150m de tubos sinuosos imersos na total escuridão.

The Flyer
Botes para quatro pessoas descem de uma altura de 12m, rasgando 137m de curvas e retas alucinantes nesse hilariante brinquedo aquático.

Mach 5
As pessoas descem por essas calhas sobre uma camada de espuma. Nas curvas fechadas, procure se manter o mais próximo da parede. Você pode escolher uma das três calhas diferentes para descer.

LEGENDA

① **Surf Lagoon**, uma piscina de 1.580m², tem ondas de 1,2m de altura e uma cachoeira.

② **Lazy River®** é um curso de água circular de 1,6km onde você nada e navega entre palmeiras, laranjeiras e cachoeiras. Uma adorável recriação da antiga Flórida.

Veja hotéis e restaurantes dessa região nas pp. 314-25 e 329-49

ORLANDO E A COSTA ESPACIAL | 191

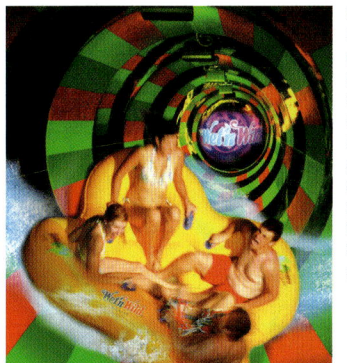

Brain Wash™
Esse é um dos brinquedos mais radicais do Wet'n Wild®. Os visitantes fazem uma viagem por um túnel escuro que chega a um funil vertical de seis andares repleto de luzes e sons, do qual os visitantes são lançados para fora no final.

PREPARE-SE

Informações Práticas
6200 International Dr, Universal Blvd, saída I-4 na Exit 74A, menos de 3km (2 milhas) de Universal Orlando e SeaWorld. **Tel** (800) 992-9453, (407) 351-1800. ◯ 10h-17h diariam. Ligue antes, o horário muda conforme as estações do ano. (grátis para crianças com menos de 3 anos; à tarde, descontos).
w **wetnwildorlando.com**

Transporte
38 de Downtown Orlando.

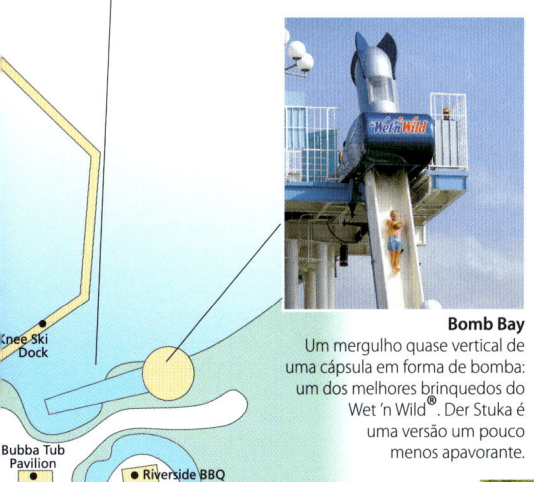

Bomb Bay
Um mergulho quase vertical de uma cápsula em forma de bomba: um dos melhores brinquedos do Wet 'n Wild®. Der Stuka é uma versão um pouco menos apavorante.

Dicas

- O piso dos brinquedos e dos caminhos fica muito quente. Use calçado que não escorregue.
- Os brinquedos de alta velocidade podem deixar você sem roupa.
- Os brinquedos exigem uma altura mínima de 91cm para as crianças andarem sozinhas.
- O sol da Flórida é muito forte; use bloqueador solar e assegure-se de que as crianças estão protegidas.

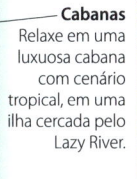

Cabanas
Relaxe em uma luxuosa cabana com cenário tropical, em uma ilha cercada pelo Lazy River.

Bubba Tub®
Um bote para cinco pessoas que espalha água pra todo lado é um dos preferidos da família ao descer um escorregador com três grandes quedas.

The Storm
Nessa atração você mergulha verticalmente em um tubo inclinado em meio à neblina, trovões e, à noite, efeitos de luzes, e cai dentro de uma grande tigela, que gira e joga você em uma piscina.

O Sun Trust Center se destaca no centro de Orlando

❺ Orlando

Mapa rodoviário E2. Orange Co. 🚘 200.000. ✈ 🚍 🚌 ℹ 6700 Forum Drive, (407) 363-5800. **w** orlando.org

Até a década de 1950, Orlando era apenas uma pequena e pacata cidade provinciana. Mas a proximidade do cabo Canaveral e dos parques temáticos ajudaram a mudar isso.

Downtown, o centro que os altos edifícios envidraçados indicam como um bairro comercial em expansão, chama a atenção à noite, quando turistas e moradores enchem bares e restaurantes da Orange Avenue, a rua principal de Orlando.

Durante o dia, passeie pelo parque ao redor de **Lake Eola**, três quadras a leste da Orange Avenue, onde você terá uma ideia da história relativamente recente de Orlando. Do lago pode-se observar o contraste dos grandes edifícios com algumas poucas casas antigas. Se preferir, vá ao **Orange County Regional History Center**, no Central Blvd.

Nas áreas residenciais e tranquilas ao norte do Downtown, há vários parques e museus. Se você tiver pouco tempo, o Winter Park deverá ser a sua prioridade.

🏛 Orange County Regional History Center

65 E Central Blvd. **Tel** (407) 836-8500. ⏰ diariam. ⏺ feriados. **w** thehistorycenter.org

Instalado no prédio do tribunal de 1927, reúne em três andares 12 mil anos de história da região central da Flórida. Veja o diorama da cratera causada na década de 1980 por um *sink* que engoliu edifícios e carros no Winter Park.

🌳 Loch Haven Park

N Mills Ave na Rollins St. Orlando Museum of Art: **Tel** (407) 896-4231. ⏰ 10h-16h ter-sex, 12h-16h sáb e dom. ⏺ feriados. 🚻 ♿ **w** omart.org
Orlando Shakespeare Theater: **Tel** (407) 447-1700.

Em Loch Haven Park, 3km (2 milhas) ao norte do centro, há três pequenos museus. O mais bem considerado é o **Orlando Museum of Art**, com suas três coleções permanentes: artefatos pré-colombianos, com figuras de animais de Nazca, no Peru; arte africana; e pinturas norte-americanas dos séculos XIX e XX. No parque está o **Orlando Shakespeare Theater**, que abriga o Margeson Theater com 350 poltronas e o menor Gold Man Theater. Clássicos são apresentados ao longo do ano (www.orlandoshakes.org).

🌳 Harry P. Leu Gardens

1920 N Forest Ave. **Tel** (407) 246-2620. ⏰ diariam. ⏺ 25 dez. 🚻 ♿ **w** leugardens.org

O Harry P. Leu Gardens são 200 mil m² de belos jardins para se passear. Há partes planejadas como o jardim das rosas, que é o maior da Flórida, e também florestas com carvalhos e ciprestes entremeados por trepadeiras; no inverno, as camélias desabrocham. O belo relógio de flores foi inspirado em um modelo similar que fica em Edimburgo, Escócia. Você pode visitar também a casa do início do século XX **Leu House** que o empresário Harry P. Leu doou à cidade de Orlando em 1961.

🎭 Enzian Theater

1300 S Orlando Ave, Maitland. **Tel** (407) 629-0054 (informações sobre shows). ⏰ diariam. 🚻 ♿ **w** enzian.org

Sede do reconhecido Home Florida Film Festival, esse cinema alternativo, sem fins lucrativos, é uma das menores atrações predominantes no centro de Orlando. Em meio aos salgueiros-chorões e circundado por varandas, é famoso por promover filmes independentes e estrangeiros, e por dedicar um raro espaço a filmes com distribuição própria.

🏛 Maitland Art Center

231 W Packwood Ave, 9km (6 milhas) ao N de Downtown. **Tel** (407) 539-2181. ⏰ diariam. ⏺ feriados. Doações voluntárias. ♿ restrito. **w** maitlandartcenter.org

Esse centro de arte localizado no arborizado bairro de Maitland ocupa os estúdios e os aposentos que foram desenhados nos anos 1930 pelo artista André Smith para receber e hospedar seus amigos no inverno. Entre pátios e jardins, há belas construções decoradas com motivos maias e astecas. Os estúdios ainda são usados, e às vezes há exposições de arte e artesanato norte-americano contemporâneo.

Fonte no centro do jardim de rosas dos Harry P. Leu Gardens

Veja hotéis e restaurantes dessa região nas pp. 314-25 e 329-49

Orlando Science Center

777 East Princeton St. **Tel** (407) 514-2000 ou (888) OSC 4FUN. 9h-17h ter-qui (até 21h sex e sáb), 12h-17h dom.
osc.org

O objetivo desse centro é criar um ambiente estimulante para o aprendizado das ciências experimentais. Isso se dá através de uma grande variedade de interessantes exposições interativas de última geração. Nos 19.200 m² do andar térreo encontram-se atrações fascinantes como Dr. Phillips Cine-Dome, que, além de envolver as pessoas em imagens e filmes sensacionais, é também um planetário. A exposição DinoDigs é uma coleção de fósseis de dinossauros e uma das preferidas das crianças. Outra é a ShowBiz Science, que revela alguns efeitos e truques usados pelo cinema. A Body Zone permite explorar o funcionamento interno do corpo humano.

O museu original foi inaugurado em 1960 em Loch Haven Park e se chamava Central Florida Museum. Só em 1984 ele passou a se chamar Orlando Science Center. O atual prédio é seis vezes maior que o anterior e foi aberto ao público em fevereiro de 1997.

● Winter Park

Mapa rodoviário E2. Orange Co. 25.000. 150 N New York Ave, (407) 644-8281. Scenic Boat Tour: **Tel** (407) 644-4056.
winterpark.org

Vizinha da grande Orlando, essa cidade refinada desenvolveu-se nos anos 1880, quando os nortistas abonados foram para o sul e começaram a construir nesse local as suas residências de inverno. Um aroma de café e perfumes caros emana das lojas elegantes que se sucedem na rua principal, a Park Avenue; mais adiante, os sócios do clube de campo disputam em seus uniformes brancos uma partida de críquete.

Ao norte da Park Avenue, o **Charles Hosmer Morse Museum of American Art** abriga a melhor coleção do mundo de trabalhos de Louis Comfort Tiffany (1848-1933). São exibidos com classe e elegância soberbos exemplos de suas criações art nouveau: joias, abajures de mesa e muitos vitrais, entre eles o *Quatro estações* (1899). Este, como seus outros vitrais, é uma desconcertante fusão de vidro, folhas de ouro, chumbo, esmalte, tinta e cobre. A Tiffany Chapel também é deslumbrante. Tiffany criou-a para a World's Columbian Exposition de 1893, em Chicago, e por quase um século ela ficou fechada ao

Detalhe do vitral de Tiffany Quatro estações

Entrada da Knowles Memorial Chapel, no Rollins College

público. As galerias exibem peças do mesmo período de astros como o arquiteto Frank Lloyd Wright.

Ao sul da Park Avenue está o **Rollins College**, com um belo campus arborizado e prédios em estilo espanhol construídos na década de 1930. Preste atenção à Knowles Memorial Chapel, cuja porta de entrada exibe um relevo que representa o encontro entre os índios *seminoles* e os conquistadores espanhóis.

O **Cornell Fine Arts Museum** da escola tem 6 mil obras de arte, entre elas uma coleção de pinturas renascentistas italianas, que são as mais antigas da Flórida.

Para ver as casas dos milionários de Winter Park, faça o passeio narrado **Scenic Boat Tour**. Entre 10h e 16h, os barcos partem de hora em hora do lado leste do Morse Boulevard, atravessam os lagos e percorrem os canais de conexão em cujas margens crescem hibiscos, bambuzais e mamoeiros. Os lagos são cercados por carvalhos, ciprestes e grandes mansões com amplos gramados bem cuidados.

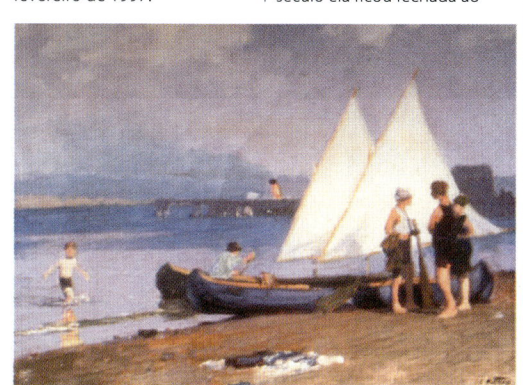

Charles Hosmer Morse Museum of American Art

445 Park Ave N. **Tel** (407) 645-5311. ter-dom. feriados.
morsemuseum.org

Cornell Fine Arts Museum

1000 Holt Ave. **Tel** (407) 646-2526.
rollins.edu/cfam

The Conference, de Potthast, Orlando Museum of Art, Loch Haven Park

Uma das descidas mais suaves do Wet 'n Wild® de International Drive

❼ International Drive

Mapa rodoviário E2. Orange Co. 🚍 Orlando. 🚌 Orlando. 🛈 Visitor Center, 8723 International Drive. **Tel** (407) 363-5872. **w** orlandoinfo.com

Bem perto do Walt Disney World® e com os Universal Studios® e o SeaWorld® de cada lado, a International Drive só está nesse local por causa dos parques temáticos. A I Drive, como é conhecida, é uma faixa de 5km de restaurantes, hotéis, lojas e teatros. Quando anoitece, transforma-se em uma faixa de néon porque tudo fica aberto até tarde.

A maior e mais popular atração da I Drive é o **Wet 'n Wild®** (pp. 190-1), considerado o primeiro parque aquático do mundo quando inaugurou em 1977. Ao contrário dos parques aquáticos da Disney (pp. 172-3), mais adequados às famílias com filhos pequenos, o Wet 'n Wild® se distingue por seus brinquedos eletrizantes, que nem sempre são adequados para toda a família, embora haja outros mais suaves para os menos intrépidos. Repleto de objetos fantásticos, ilusões e filmes sobre estranhas proezas, a **Ripley's Believe It or Not!** é outra boa atração de I Drive. Ela pertence à ampla cadeia mundial de museus que surgiram no chamado Odditorium da Feira Mundial de Chicago de 1933. Foi criada pelo famoso radialista e cartunista norte-americano, Robert Ripley, que percorreu o mundo em busca do estranho e do maravilhoso. Você não pode perder o Ripley's Believe It or Not! de Orlando, instalado em um prédio que parece estar caindo em um dos misteriosos *"sinks"* da Flórida (p. 26). **Wonder Works** é uma diversão interativa para toda a família com terremoto simulado e jogos de tabuleiro a lazer. **Pointe Orlando** é um shopping center ultramoderno a céu aberto, com restaurantes, clubes noturnos e lojas sofisticadas, além de atrações como um cinema IMAX®, o B. B. King's Blues Club e o Improv Comedy Club.

Bem ao lado está **Titanic – The Experience**, a primeira atração permanente do tipo no mundo, com objetos, filme e réplicas em tamanho natural dos salões e da imponente escadaria do navio. O Official Visitor Information Center (o centro de informação turística) de Orlando distribui cupons de descontos para hotéis, restaurantes e as atrações mais populares dos arredores de Orlando; não deixe de visitá-lo se quiser economizar um bom dinheiro (p. 370).

À venda em Gatorland

🏊 Wet 'n Wild®
6200 I-Drive. **Tel** (407) 351-9453.
⭕ diariam. 🅿 ♿
w wetnwildorlando.com

🛍 Pointe Orlando
9101 I-Drive. **Tel** (407) 248-2838.
⭕ 12h-22h seg-sáb, 12h-20h dom.
♿ **w** pointeorlando.com

🏛 Ripley's Believe It or Not!
8201 I-Drive. **Tel** (407) 363-4418.
⭕ diariam. 🅿 ♿
w ripleysorlando.com

Wonder Works
9067 I-Drive. **Tel** (407) 351-8800.
⭕ diariam. 🅿 ♿
w wonderworksonline.com

❽ Gatorland

Mapa rodoviário E3. Orange Co. 14501 S Orange Blossom Trail, Orlando. **Tel** (407) 855-5496. 🚍 Orlando. 🚌 Orlando. ⭕ diariam. 🅿 ♿ **w** gatorland.com

Uma imensa fazenda, em atividade desde os anos 1950, cria aligatores para extração de couro e carne. Os cercados para reprodução, o berçário dos filhotes e os poços abrigam milhares desses animais, desde filhotes que cabem na palma da mão até monstros com 4m de comprimento. Os animais podem ser vistos de uma passarela ou uma torre na beira de um pântano com ciprestes. As outras atrações de Gatorland são mais

A imperdível casa torta do Ripley's Believe It or Not!

Veja hotéis e reataurantes dessa região nas pp. 314-25 e 329-49

ORLANDO E A COSTA ESPACIAL | 195

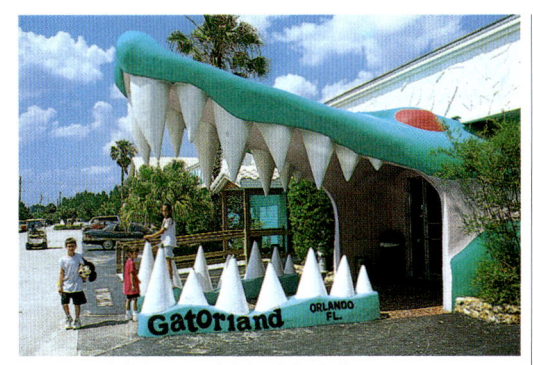

Imensas presas de aligátor na entrada da fazenda Gatorland

deprimentes: animais engaiolados, uma briga de aligatores, e o Gator Jumparoo, no qual os animais saltam da água para pegar pedaços de galinha, e a manipulação de serpentes venenosas da Flórida.

Outras atrações do parque incluem um aviário, tirolesa e um pequeno zoológico.

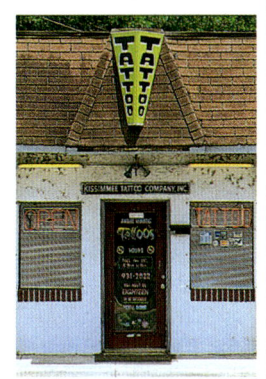

Uma das lojas típicas da cidade velha de Kissimmee

❾ Kissimmee

Mapa rodoviário E3. Osceola Co. 41.000. 1925 E Irlo Bronson Memorial Hwy. **Tel** (407) 847-5000. Old Town: 5770 W Irlo Bronson Mem. Hwy. **Tel** (407) 396-4888.
w floridakiss.com

Até o começo de 1900, as vacas andavam livremente pelas ruas dessa cidade pecuarista. Hoje, o único gado que se vê ali é o que aparece nos dois rodeios anuais que acontecem em **Silver Spurs Arena** de Kissimmee (p. 39). Kissimmee significa "Lugar do Céu" na língua dos índios *calusas (p. 44)*, mas a maioria das pessoas vai ao local pelos hotéis baratos e tão próximos do Walt Disney World®. Eles estão ao longo da movimentada US 192, entre restaurantes de redes e incontáveis anúncios de atrações, shopping centers e jantares com shows. Estes, aliás, são o principal trunfo de Kissimmee quando anoitece.

Depois de passar o dia em um parque temático, talvez seja preferível visitar a **Old Town** de Kissimmee. Essa recriação de uma rua do início do século XX tem lojas que oferecem leitura da mente, tatuagens, linho irlandês, velas e muito mais. Tem também uma casa meio assombrada e uma pequena feira de ferramentas antigas.

O **Warbird Adventures**, no aeroporto de Kissimmee, permite que o visitante voe em um Advanced T-6 Navy Trainer da Segunda Guerra Mundial ou, então, em um clássico helicóptero MASH.

Seja numa emocionante aventura acrobática, seja num tranquilo voo panorâmico, você terá permissão de assumir os controles e aprender a voar em uma dessas históricas máquinas com um instrutor experiente.

Silver Spurs Arena
Osceola Heritage Park. **Tel** (321) 697-3495. para shows.
w silverspursrodeo.com

Warbird Adventures
N. Hoagland Blvd. **Tel** (407) 870-7366. seg.-sáb. 25 dez.
w warbirdadventures.com

Jantar Com Show

Para divertir a família toda, vá a um *dinner show (p. 359)*. Orlando oferece uma dúzia deles, sem contar dois shows da Disney, ao longo da I Drive ou na US 192 perto de Kissimmee. Os ingressos custam US$40-50 por adulto e US$20-25 por criança, mas são aceitos os cupons de desconto do Orlando Visitor Center. Os melhores são:

Capone's Dinner Show:
Bar clandestino da Chicago de 1931, com mafiosos e comida italiana. **Tel** (407) 397-2378.
w alcapones.com

Arabian Nights: Festival equestre em uma gigantesca arena interna. **Tel** (407) 239-9223.
w arabian-nights.com

Pirate's Dinner Adventure:
O show se passa ao redor de um navio pirata, com corridas de barco e acrobacias.
Tel (407) 248-0590. **w** piratesdinneradventure.com

Sleuth's Mystery Dinner:
Oito shows, todos com uma morte suspeita e diversas reviravoltas. **Tel** (407) 363-1985.
w sleuths.com

Medieval Times: Cavaleiros medievais travam combates em um show sensacional.
Tel (407) 396-1518.
w medievaltimes.com

Outta Control Magic Comedy Dinner Show:
Espetáculo eletrizante de mágica e comédia, acompanhado de diversos pratos.
Tel (407) 351-8800.

Cavaleiro prepara-se para o confronto no Medieval Times

❿ Lago Toho

Mapa rodoviário E3. Osceola Co. 5km (3 milhas) ao S de Kissimmee. 🚂 Kissimmee. 🚌 Kissimmee. ⛴ de Big Toho Marina no Lakeshore Blvd, downtown Kissimmee.

Nas cabeceiras dos Everglades e a aproximadamente 32km (20 milhas) do centro de Orlando, o lago Tohopekaliga (ou Toho, como é chamado pelos moradores) abriga uma incrível variedade de animais exóticos. A Makinson Island, no meio do lago, é uma reserva natural particular onde são encontrados casuares e lhamas. As águias fazem seus ninhos à beira do lago, assim como outras aves, como águias-pescadoras e garças. Quase um terço dos 9.200 hectares do lago são cobertos por papiros e gramíneas altas. Pescadores do mundo todo se reúnem para competir nos eventos de três dias no lago Toho, que é um dos melhores locais da Flórida para a pesca de percas.

Se você não gosta de eventos organizados, pesque com um guia local, faça um passeio de barco pelo lago e pelo rio Kissimmee, ou simplesmente passe uma tarde calma em um piquenique.

O sol da tarde refletido no lago Tohopekaliga

⓫ Disney Wilderness Preserve

Mapa rodoviário E3. 2700 Scrub Jay Trail, 18km (12 milhas) a SO de Kissimmee. **Tel** (407) 935-0002. 🚂 Kissimmee. 🚌 Kissimmee. ⏰ 9h-17h diariam. ⏰ sáb-dom jun-set. 13h30 dom. **W** tnc.org

A reserva natural mais preservada de Orlando é um lugar tranquilo, para você se afastar do movimento. Aberto ao público em 1992, os 4.900 hectares da reserva abrigam lagos serenos e pântanos que são um verdadeiro paraíso de plantas nativas e animais.

A reserva é margeada por um dos últimos lagos não explorados da Flórida. Mais de cem espécies diferentes de animais vivem no local, entre elas aves típicas da Flórida.

Se comparada às outras atrações da Disney, essa não tem brinquedos nem grandes emoções, mas ainda há muito para fazer.

Você pode caminhar pelas trilhas que levam às praias do lago Russell. A caminhada mais curta é uma trilha "explicativa" de 1,2km, onde você aprende muito sobre a natureza pelo caminho. As trilhas mais longas não são totalmente sombreadas, por isso leve muita água e filtro solar nos meses mais quentes.

Você pode fazer um passeio de *buggy off-road*, que começa com um vídeo de vinte minutos sobre a reserva, antes que o guia o leve para as áreas alagadas.

⓬ Fantasy of Flight

Mapa rodoviário E3. Polk Co. 1400 Broadway Blvd SE, Polk City. **Tel** (863) 984-3500. 🚂 Winter Haven. 🚌 Winter Haven. ⏰ diariam. ⏰ Ação de Graças, 25 dez. **W** fantasyofflight.com

A Fantasy of Flight (Fantasia do Voo) supera as outras atrações ligadas à aviação da Flórida ao proporcionar reais sensações

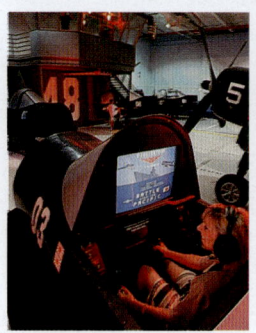

Piloto amador em combate simulado no Fantasy of Flight

de voo. Você percorre uma série de exibições animadas para embarcar em um B-17, a Fortaleza Voadora da Segunda Guerra Mundial, e entrar em uma trincheira da Primeira Guerra em meio a um ataque aéreo.

Por alguns dólares a mais você pode pilotar o simulador de um caça da Segunda Guerra Mundial em uma perseguição sobre o Pacífico. Na cabine de comando, você recebe instruções personalizadas e conselhos da torre sobre a decolagem, a aterrissagem e a presença de aviões inimigos. O hangar que abriga a maior coleção do mundo de aeroplanos antigos inclui o primeiro avião de passageiros muito usado nos EUA, o Ford Tri-Motor 1929, que aparece no filme *Indiana Jones no templo da perdição*, e o Roadair 1, misto de carro e avião que só voou uma vez em 1959.

Outras atrações são conhecer dois imensos comparti-

Lake Russell, um dos muitos lagos da Disney Wilderness Preserve

Veja hotéis e restaurantes dessa região nas pp. 314-25 e 329-49

ORLANDO E A COSTA ESPACIAL | 197

mentos de carga ou visitar a Restoration Shop (Loja de Restauro), onde especialistas reconstroem as máquinas. Também dá para pilotar um avião em show aéreo individual ou voar pelo céu.

The Dragon, que entra no Enchanted Castle, LEGOLAND®

⓭ LEGOLAND®

Mapa rodoviário E3. One Legoland Way, Winter Haven. **Tel** (877) 350-5346. Winter Haven. 10h-17h diariam. ter e qua fora de temporada. **florida.legoland.com**

Passe um dia animado e instrutivo nesse belo cenário às margens do Lake Eloise. A LEGOLAND® Florida, o quinto e maior de todos os parques da Lego, é outro parque temático maravilhoso e adequado para famílias na Flórida. Com localização prática, fica na cidade de Winter Haven, a apenas 45 minutos do Walt Disney World® e de Tampa. Construído no local dos antigos Cypress Gardens, preserva minuciosamente as plantas nativas e espécies exóticas originais, incluindo a figueira-brava de Bengala plantada em 1939, ano de inauguração dos jardins.

O parque abrange dez zonas diferentes, o que assegura uma experiência empolgante para todos os membros da família. **The Beginning** apresenta uma plataforma giratória de 30m de altura com uma vista de 360° do parque inteiro, seguido de perto pela **Fun Town**, com um carrossel de dois andares e um cinema 4D. A **Castle Hill** revive a época medieval e a **Miniland USA** apresenta oito réplicas em miniatura de marcos famosos dos EUA. A **Land of Adventure** é para fãs de adrenalina e tem um dinossauro da LEGO® em tamanho natural e montanhas-russas estonteantes, ao passo que **XTreme** agrada visitantes mais destemidos, com a LEGO Technic® Test Track Coaster e a Aquazone® Wave Racers. A **LEGO® City** e a **Imagination Zone** têm uma cidade inteira em miniatura e modelos interativos, e crianças menores vão adorar a **DUPLO® Village** e a **Pirate's Cove**.

⓮ Bok Tower Gardens

Mapa rodoviário E3. Polk Co. 1151 Tower Blvd, Lake Wales. **Tel** (863) 676-1408. Winter Haven. Lake Wales. diariam. **boktowergardens.org**

O holandês Edward W. Bok veio para os EUA em 1870, aos seis anos de idade, e logo se tornou um importante editor. Pouco antes de morrer, em 1930, ele presenteou o público com 52 mil hectares de belos jardins "em gratidão pelo sucesso alcançado".

Hoje, o santuário que ocupa 100 hectares no ponto mais alto da Flórida peninsular – 91m acima do nível do mar – se concentra ao redor da Singing Tower, a torre que abriga em sua base o túmulo de Bok. Não é possível subir no alto da torre, mas assista ao concerto de carrilhão de 45 minutos, diariamente às 15h.

A bela Singing Tower, de mármore rosa, no Historic Bok Sanctuary

⓯ Yeehaw Junction

Mapa rodoviário E3. Osceola Co. Desert Inn, 5570 South Kenansville Road, Yeehaw Junction 34972. **Tel** (407) 436-1054. diariam. **desertinnrestaurant.com**

Yeehaw Junction era um poço de água muito conhecido pelos madeireiros e vaqueiros que conduziam o gado do centro do estado para as reservas e fazendas da costa. Localizado na confluência de Florida's Turnpike e a bonita Highway 441, o **Desert Inn** é um bom lugar para parar. O restaurante serve hambúrguer de carne de aligátor e tartaruga, tem uma loja de presentes e uma grande área ao ar livre para festas e churrascos.

A construção dos anos 1880, incluída no Registro Nacional de Locais Históricos, é um excelente exemplo da história de Cracker Country para os turistas que chegam de ônibus e fãs dos festivais de música country.

Carro de polícia dos anos 1930, American Hall of Fame

⓰ American Police Hall of Fame

6350 Horizon Drive, Titusville. **Tel** (321) 264-0911. Titusville. 10h-18h diariam. Ação de Graças, 25 dez. **aphf.org**

Os visitantes ficam comovidos diante do grande memorial de mármore do Hall of Fame, que tem gravados os nomes de 5 mil policiais norte-americanos mortos no cumprimento do dever. Mas algumas das exibições, embora interessantes, são sanguinolentas e sensacionalistas. O manequim do *RoboCop*, as soqueiras de metal e as armas disfarçadas de batom e guarda-chuva são inofensivos. Mas talvez alguém se interesse em se amarrar em uma cadeira elétrica ou inspecionar a câmara de gás.

⓱ Canaveral National Seashore and Merritt Island

Mapa rodoviário F2. Brevard Co. 🚍 Titusville. **W nps.gov/cana**

Essas reservas naturais vizinhas na Costa Espacial possuem uma fauna variada e grande diversidade de hábitats, como estuários de água salgada, mangues, florestas de pinheiros e *hammocks*. Essa abundância se deve ao encontro dos climas temperado e subtropical. É comum encontrar aligatores e espécies ameaçadas de extinção como o peixe-boi, mas o maior impacto visual é provocado pelas aves.

Em geral, os visitantes vão direto para a praia. O **Canaveral National Seashore** incorpora a maior ilha de barreira selvagem da Flórida – são 39km (24 milhas) de praias com dunas, lontras marinhas e uvas do mar. A Route A1A dá acesso à Apollo Beach, no lado norte, e chega-se à Playalinda Beach pelo sul, pela Route 402; não há conexão entre as duas. As praias são ótimas para se bronzear, mas não para banho, e não há salva-vidas.

Atrás de Apollo Beach, Turtle Mound é um sambaqui de 12m de altura criado pelos índios *timucuas (pp. 44-5)* entre os anos 800 e 1400. Suba pela passarela até o topo para uma vista da Mosquito Lagoon, pontilhada por ilhotas de manguezal.

A Route 402 para Playalinda Beach também tem vistas belíssimas, como as plataformas de lançamento do Kennedy Space Center erguendo-se sobre a vastidão pantanosa. Essa estrada também atravessa **Merritt Island National Wildlife Refuge**, uma reserva natural com 570km². A maior parte da reserva está dentro do Kennedy Space Center e não pode ser visitada.

A melhor maneira de conhecer a vida selvagem desse lugar é seguir os 10km (6 milhas) da Black Point Wildlife Drive. Um ótimo folheto, distribuído no início da trilha, onde se encontram as estradas 402 e 406, explica, por exemplo, como os diques controlam os mosquitos (mesmo assim, não esqueça de trazer repelente no verão). Na metade do caminho, você pode esticar as pernas seguindo os 8km (5 milhas) da Cruickshank Trail, que começa nas proximidades e tem uma torre de observação.

A leste da Route 402 na direção de Playalinda, o Centro de Informação Turística de Merritt Island tem excelentes exposições sobre os hábitats, a fauna e a flora na reserva. Cerca de 1,5km para leste, as trilhas Oak Hammock e Palm Hammock têm pequenas passarelas sobre o pântano para observar e fotografar os pássaros.

Aves da Costa Espacial

As belas e abundantes aves da Costa Espacial podem ser vistas de manhã e pouco antes do anoitecer. Entre novembro e março, especialmente, os pântanos e lagunas se enchem de patos e pernaltas migratórios; são mais de 100 mil que fogem do frio do norte.

Garça-azul
Pelicano-pardo
Andorinha-do-mar
Talha-mar-preto

Aligátor na natureza

🅿 Canaveral National Seashore
Route A1A, 32km ao N de Titusville ou Route 402, 16km a L de Titusville.
Tel (321) 267-1110. ⊙ diariam.

🅿 Merritt Island National Wildlife Refuge
Route 406, 6,5km a L de Titusville.
Tel (321) 861-0667. ⊙ diariam.
W merrittisland.fws.gov

⓲ Kennedy Space Center

pp. 200-5.

Vista de Black Point Drive, Merritt Island National Wildlife Refuge

Veja hotéis e restaurantes dessa região nas pp. 314-25 e 329-49

ORLANDO E A COSTA ESPACIAL | **199**

⓳ U.S. Astronaut Hall of Fame

Mapa rodoviário E2. Brevard Co. Confluência da Route 405 e US 1. **Tel** (866) 737-5235. Titusville. 9h-16h30 diariam. 25 dez.
w kennedyspacecenter.com

Parte do Kennedy Space Center Visitor Complex, o Hall of Fame celebra os astronautas dos projetos Mercury, Gemini e Apollo, assim como dos programas Space Shuttle. Entre os itens expostos estão muitos objetos pessoais, jornais e gravações de contagem regressiva. Há também uma jornada 3-D ao redor do planeta e pelo sistema solar. O Camp Kennedy Space Center, no mesmo local, oferece cursos para jovens e atividades como experimentar a gravidade zero.

Tico Belle, o orgulho do Warbird Air Museum

⓴ Valiant Air Command Warbird Air Museum

Mapa rodoviário E2. Brevard Co. 6600 Tico Road, Titusville. **Tel** (321) 268-1941. Titusville. 10h-18h diariam. Ação de Graças, 25 dez.
w vacwarbirds.org

Nesse museu, um enorme hangar guarda os aviões militares da Segunda Guerra e do

Porcher House, nos limites do histórico distrito de Cocoa

pós-guerra, todos restaurados e em condições de levantar voo. O orgulho da coleção é o Douglas C-47, apelidado de *Tico Belle*: a aeronave serviu na Segunda Guerra e depois se tornou o avião oficial da família real dinamarquesa.

Em março há um show aéreo com falsos combates.

㉑ Cocoa

Mapa rodoviário E3. Brevard Co. Cocoa Beach Chamber of Commerce. 20.000. *i* 400 Fortenberry Rd, Merritt Island, (321) 459-2200.
w cocoabeachchamber.com

Cocoa é o vilarejo mais bonito entre as cidades ao longo da Costa Espacial. Seu bairro histórico, perto de onde a Route 520 cruza o rio Indian para Cocoa Beach, é conhecido como Cocoa Village e tem construções da década de 1880 (algumas são butiques), réplicas de lampiões de rua e calçadas de tijolo.

Na Delannoy Avenue, no lado leste da cidade, fica a Porcher House em estilo revival clássico, construída com uma

pedra chamada coquina *(p. 219)*, em 1916. Observe os naipes de baralho esculpidos no pórtico: a sra. Porcher era exímia jogadora de bridge.

㉒ Cocoa Beach

Mapa rodoviário F3. Brevard Co. 14.000. Merritt Island. *i* 400 Fortenberry Rd, (321) 459-2200.

Esse tranquilo balneário da Costa Espacial é a capital do surfe da costa leste. Eventos de surfe e concursos de biquíni dão o tom, bem como as competições do tipo "ganhe seu peso em cerveja". Hotéis, restaurantes fast-food e um estranho clube de strip-tease se alternam na rua principal.

Mas todos são ofuscados pela **Ron Jon Surf Shop**. Esse palácio de néon aluga e vende pranchas de surfe e camisetas. Na frente das suas torres coloridas, heróis dos esportes de praia estão imortalizados em esculturas.

Ron Jon Surf Shop
4151 N Atlantic Ave. **Tel** (321) 799-8888. 24h diariam.

A Ron Jon Surf Shop, em Cocoa Beach, tem tudo para quem ama surfe e praia

Kennedy Space Center

Situado em Merritt Island Wildlife Refuge, uma hora de carro a leste de Orlando, o Kennedy Space Center chamou a atenção de todo o mundo. No lançamento da Apollo 11, em julho de 1969, realizou-se ali o sonho do presidente Kennedy de mandar o homem à Lua. O centro é uma das sedes da NASA (National Aeronautics and Space Administration) e abrigou a preparação e o lançamento do ônibus espacial *(p. 204)*. O Kennedy Space Center Visitor Complex oferece eventos, atrações e programas interativos que informam e divertem o público durante o ano todo.

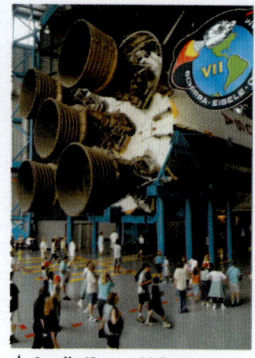

★ **Apollo/Saturn V Center**
Um foguete Saturn V, do tipo usado nas missões Apollo, é o centro das atrações. Na réplica de uma sala de controle os visitantes podem experimentar um lançamento simulado *(p. 203)*.

Almoço com um astronauta
Nessas sessões há chance de encontrar um astronauta.

★ **Rocket Garden**
Você pode andar por entre os foguetes, cada um representando um período diferente da história dos voos espaciais.

LEGENDA
① Astronaut Encounter
② Children's Play Dome
③ Astronaut Memorial
④ Space shop
⑤ Shuttle Atlantis Experience
⑥ Saída dos ônibus de passeio
⑦ Robot Scouts
⑧ Centro de informações

Entrada

Visitor Complex
Todos os que chegam para visitar o Kennedy Space Center têm que parar no Visitor Complex, criado em 1966 para oferecer passeios de ônibus pela área. Hoje é uma atração a mais com muitas exposições.

Veja hotéis e restaurantes dessa região nas pp. 314-25 e 329-49

KENNEDY SPACE CENTER | **201**

★ **KSC Bus Tour**
Veja as bases de lançamento históricas da Apollo e programas de ônibus espaciais, e imagine o futuro dos voos espaciais ficando a par dos planos da Nasa para a próxima geração de naves interplanetárias.

★ **IMAX® Theater**
Os enormes cinemas IMAX® passam filmes sobre a exploração espacial. Viaje através do cosmos ou visite a International Space Station que possui um cinema 3-D *(p. 202)*.

PREPARE-SE

Informações Práticas
Mapa rodoviário F2. Brevard Co. Na Route 405, 9,5km a L de Titusville. **Tel** (877) 313-2610. abre às 9h diariam. O horário de fechamento varia de acordo com a estação do ano. acesso em todas as exposições; cadeiras e andadores na central de informações.
w kennedyspacecenter.com

Transporte
Titusville.

Shuttle Launch Experience
Afivele os cintos e fique na vertical para a simulação de um lançamento espacial.

Kennedy Space Center

- Plataforma LC-39 B
- Apollo/Saturn V Center
- Plataforma LC-39 A
- Prédio de montagem do veículo
- Sede do Space Center
- RIO INDIAN
- **MERRIT ISLAND**
- Visitor Complex
- US Astronaut Hall of Fame
- Estação Espacial da Força Aérea
- **PORTO CANAVERAL**

0 km 10
0 milhas 5

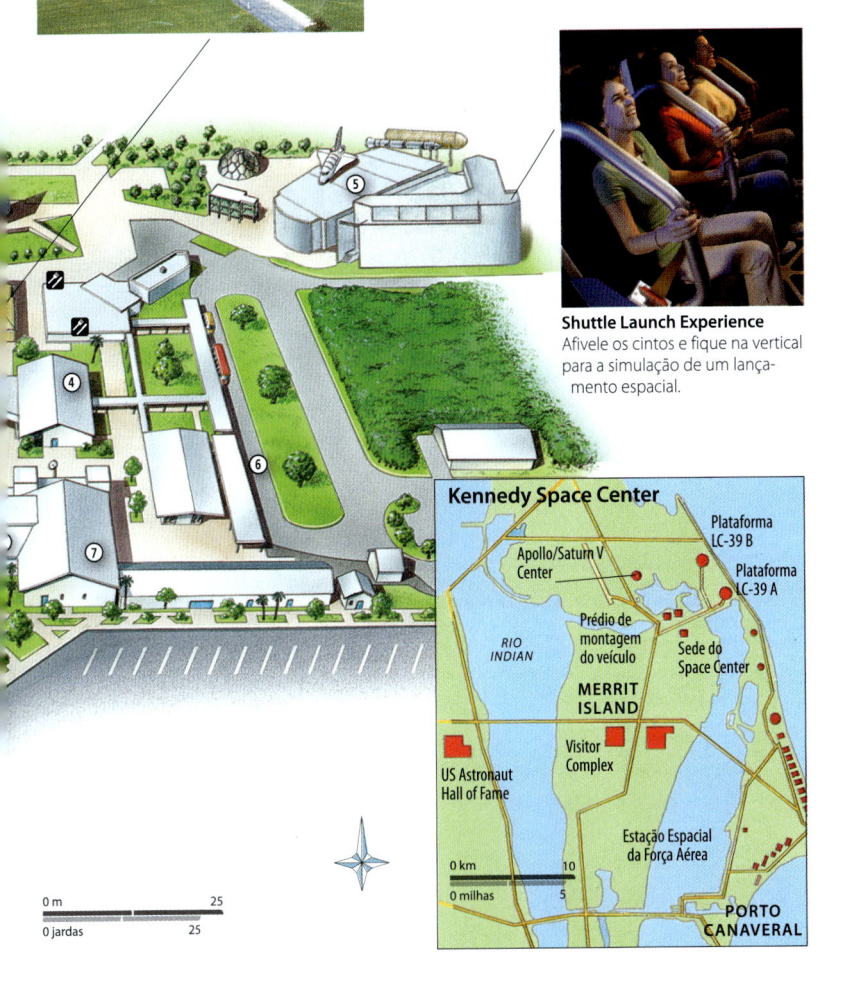

0 m 25
0 jardas 25

Como Explorar o Kennedy Space Center Visitor Complex

Construído em 1967 para os astronautas e suas famílias assistirem às atividades no centro espacial, hoje o Visitor Complex recebe 1,5 milhão de visitantes anualmente. Os 340km² do local oferecem uma experiência espacial completa que inclui o Space Shuttle Atlantis, os cinemas IMAX®, shows ao vivo, encontros com astronautas e o Apollo/Saturn V Center – o ponto alto do passeio de ônibus narrado e incrementado com vídeos. Uma visita no seu próprio ritmo permite-lhe parar e explorar o Apollo/Saturn V Center. O ingresso completo dá direito ao KSC Tour, aos dois cinemas IMAX®, ao U.S. Astronaut Hall of Fame e a todas as exposições.

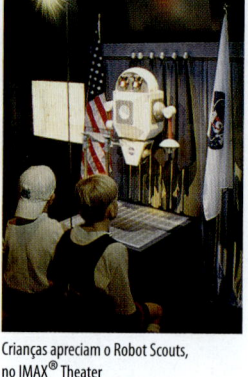

Crianças apreciam o Robot Scouts, no IMAX® Theater

Visitor Complex

O lugar onde todos vão primeiro é o **IMAX® Theater**, onde dois cinemas geminados passam filmes emocionantes em telas imensas. Para muita gente, essa é a melhor parte da visita.

Não perca *Hubble* 3-D, um filme IMAX® narrado por Leonardo DiCaprio sobre o legado do telescópio espacial Hubble, lançado no espaço em 1990, a bordo do ônibus espacial Discovery. O filme ilustra o impacto que o telescóspio teve sobre nossa compreensão acerca do universo. Com cenas da missão final para consertar o Hubble, esse filme IMAX® em 3-D transporta o público para a sequência de lançamento de um ônibus espacial e lhe permite flutuar ao lado dos astronautas que andam no espaço e contemplam a vastidão do universo. O filme que passa no outro cinema é *Space Station 3-D*, que mostra os astronautas europeus e norte-americanos a bordo de uma estação espacial. Há ótimas tomadas daquelas vistas deslumbrantes que só os astronautas têm.

O Universe Theater com 300 lugares, no Visitor Complex, oferece aos visitantes a oportunidade de conhecer astronautas veteranos e aprender sobre suas experiências. A **NASA Art Gallery**, no interior do IMAX® Theater, tem cerca de 200 obras de artistas famosos, como Andy Warhol, Robert Rauschenberg e Annie Leibovitz. O que mais agrada às crianças é ver os robôs planetários exploradores que estão em **Robot Scouts** e conhecer pessoalmente um astronauta no show **Astronaut Encounter**.

Na Shuttle Plaza você pode entrar em um foguete e ver de perto a **Explorer** – a réplica em tamanho natural do ônibus espacial. No **Mission Status Center**, ao lado, durante todo o dia são transmitidos relatórios sobre detalhes da última missão. Nas proximidades, um "espelho espacial" acompanha o movimento do sol e reflete seus raios sobre os nomes que estão inscritos no **Astronaut Memorial**. É uma homenagem aos dezesseis astronautas, das missões Apollo 1 ao ônibus espacial Challenger, que deram a própria vida pela exploração espacial.

Space Shuttle *Atlantis*

1958 Lançado o primeiro satélite americano, o *Explorer 1* (31 jan)

1962 John Glenn entra em órbita terrestre com a nave *Mercury*

1966 A *Gemini 8* faz primeira acoplagem no espaço (16 mar)

1968 A *Apollo 8* orbita ao redor da Lua (24 dez)

1977 O ônibus *Enterprise* é testado a bordo de um Boeing 747 (18 fev)

1983 A primeira mulher norte-americana vai para o espaço no *Challenger* (18 jun)

1955 — 1960 — 1965 — 1970 — 1975 — 1980 — 19

1961 Alan Shepherd é o primeiro norte-americano no espaço. Kennedy promete ao país aterrissagem na Lua (5 mai)

1965 Edward White é o primeiro a andar no espaço (3 jun)

1969 Neil Armstrong e Buzz Aldrin (Apollo 11) caminham na Lua (24 jul)

1975 A nave americana *Apollo* e a russa *Soyuz* acoplam em órbita

1981 O *Columbia* é o primeiro ônibus no espaço (12 abr)

1982 Inicia o programa de ônibus espaciais

1986 O *Challenger* explode e mata a tripulação (28 jan)

Veja hotéis e restaurantes dessa região nas pp. 314-25 e 329-49

KSC Exhibits e Bus Tour

Um portão introduz os visitantes a uma grande praça com fonte onde ficam as bilheterias e os quiosques de autoatendimento, bem como postos de informações, uma loja e um restaurante. Tão logo se entra no complexo há uma fascinante exposição, mostrando aos visitantes toda a história das principais missões que serviram de base à criação do programa espacial. Uma rotunda de vidro dá acesso à **Early Space Exploration**, que exibe as pessoas-chave do início da fabricação de foguetes. No **Mercury Mission Control Room**, os visitantes podem ver, de uma plataforma de observação, os componentes e consoles reais que monitoravam as primeiras missões tripuladas. Cenas filmadas e entrevistas com algumas dessas pessoas são as atrações dessa área. Ao lado estão expostas as cápsulas autênticas das espaçonaves Mercury e Gemini, para que os visitantes revivam as primeiras emoções da exploração espacial. Os ônibus KSC Tour partem a intervalos de minutos do Visitor Complex e fazem um percurso excelente através das principais instalações do centro espacial. A visita inclui o Apollo/Saturn V Center. Os visitantes são levados a áreas seguras, onde os guias explicam o que é feito no interior de cada área. É possível passar quanto tempo se queira em cada uma delas.

Há ainda dois passeios adicionais com interesses específicos. O **Cape Canaveral: Then & Now Tour** percorre o Air Force Space and Missile Museum e aborda toda a história das plataformas de lançamento das naves Mercury, Gemini e Apollo. O **KSC Up-Close Tours** permite conhecer em detalhes o programa das naves espaciais; há três percursos disponíveis, que se alternam: The Vehicle Assembly Building, o Launch Pad e o Launch Control Center. Os ingressos se esgotam rapidamente, portanto, faça reserva com bastante antecedência e para vários dias, para poder ver tudo com calma.

O Vehicle Assembly Building domina a paisagem plana

Os foguetes exibidos em Cape Canaveral Air Station

Space Complex Tour

Quem deseja explorar com profundidade as instalações que fazem parte do circuito KSC Tour deve reservar de duas a três horas para cada visita autoguiada. Pode parecer tempo demais, mas os passeios são fascinantes e merecem tanta dedicação.

O **Apollo/Saturn V Center** exibe o foguete lunar de 110m, Saturn V. Você assistirá ao histórico lançamento da Apollo 8, a primeira missão tripulada para a Lua, no Firing Room Theater, e em seguida, no Lunar Theater, as filmagens reais feitas durante o passeio na Lua. A **Apollo Treasures Gallery** homenageia os 40 anos da Apollo. Os visitantes podem ver o módulo de comando real da Apollo 14, várias peças de equipamentos raros e trajes espaciais das missões originais à Lua. Esse é o único lugar do mundo em que se pode fazer uma refeição ao lado de uma autêntica pedra lunar, no interessante Moon Rock Café.

1988 É lançado o ônibus Discovery, o primeiro após o desastre do Challenger (29 set)

1990 Lançado o telescópio Hubble (24 abr)

1995 Estação espacial Atlantis acopla com a russa Mir (29 jun)

1996 Mars Pathfinder coleta amostras em Marte

2001 Dennis Tito paga US$20 milhões para viajar uma semana a bordo de uma espaçonave

2003 Ônibus espacial Columbia explode e mata toda a tripulação (1º fev)

2006 A espaçonave New Horizons inicia uma viagem de nove anos até Plutão (19 jan)

2008 A sonda Phoenix descobre a existência de gelo em marte (jun)

2011 O programa de ônibus espaciais é encerrado (31 ago)

2012 SpaceX Dragon se torna o primeiro veículo espacial privado a entregar carga na ISS (Estação Espacial Internacional)

O Ônibus Espacial

No fim dos anos 1970, mandar astronautas para o espaço tinha custos muito altos para o orçamento espacial do país; centenas de milhões de dólares eram gastos nas missões Apollo, e o retorno era pouco mais que um módulo chamuscado voltando à Terra. Havia chegado o momento de desenvolver uma nave reutilizável que durasse muitos anos. A resposta foi o ônibus espacial Columbia, lançado em 12 de abril de 1981 *(pp. 56-7)*. A maior capacidade de carga do ônibus permitia levar satélites e sondas para o espaço; ele também era usado para levar os materiais para construir a Estação Espacial. O programa espacial encerrou-se em 2011.

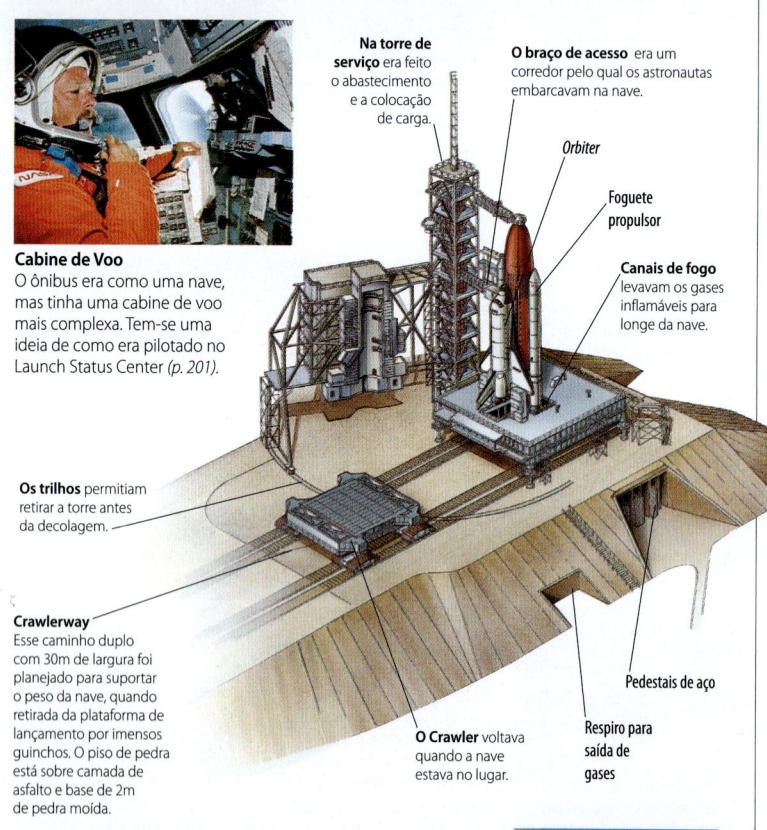

Cabine de Voo
O ônibus era como uma nave, mas tinha uma cabine de voo mais complexa. Tem-se uma ideia de como era pilotado no Launch Status Center *(p. 201)*.

Na torre de serviço era feito o abastecimento e a colocação de carga.

O braço de acesso era um corredor pelo qual os astronautas embarcavam na nave.

Orbiter

Foguete propulsor

Canais de fogo levavam os gases inflamáveis para longe da nave.

Os trilhos permitiam retirar a torre antes da decolagem.

Crawlerway
Esse caminho duplo com 30m de largura foi planejado para suportar o peso da nave, quando retirada da plataforma de lançamento por imensos guinchos. O piso de pedra está sobre camada de asfalto e base de 2m de pedra moída.

O Crawler voltava quando a nave estava no lugar.

Pedestais de aço

Respiro para saída de gases

O Ônibus é Lançado

Desde a viagem inaugural em 1981, muitas missões foram cumpridas pelas naves *Columbia, Challenger, Discovery, Atlantis* e *Endeavour*. O programa foi severamente afetado quando a *Challenger* explodiu logo após a decolagem em 1986, e novamente quando a *Columbia* desintegrou-se na reentrada em 2003. A segurança das demais espaçonaves foi assegurada depois disso e viagens regulares foram planejadas até 2011, quando o programa teve o seu fim. O lançamento da Atlantis em 8 de julho de 2011 marcou a última missão dessa inspirada era de exploração espacial. A plataforma de lançamento da Atlantis pode ser vista no Kennedy Space Center.

A nave se desprende da torre

Veja hotéis e restaurantes dessa região nas pp. 314-25 e 329-49

Além do Programa Espacial

Hoje, o futuro da conquista espacial encontra-se nas mãos de uma iniciativa privada composta por bilionários de diversos ramos do mercado. Suas empresas, entre elas a SpaceX, a Virgin Galactic e a Blue Origin, assumiram o trabalho tradicionalmente feito pela NASA e com ela compartilham recursos e as plataformas de lançamento do Kennedy Space Center. Foguetes projetados por essas empresas são lançados regularmente do Space Center, em eventos que podem ser acompanhados pelo público durante visitas ao centro (veja datas on-line) ou do outro lado da laguna.

Iniciativa Privada

Faz mais de uma década que empresas privadas ou contratadas pelo governo norte-americano desenvolvem sistemas de lançamento e enviam satélites de comunicação comerciais ao espaço a partir do KSC e do cabo Canaveral. Todavia, o que mais empolga a imaginação das pessoas ao redor do mundo são os investimentos em alta tecnologia dos empresários Elon Musk, Richard Branson, Jeff Bezos e Paul Allen, que, entre outros, concentram suas energias e suas fortunas na exploração espacial.

SpaceX

Aberta em 2002 por Elon Musk, cofundador da PayPal, a SpaceX entrou para a história em 2012, quando sua Dragon, a primeira nave particular lançada do cabo Canaveral, levou uma carga à Estação Espacial Internacional (ISS) e voltou à Terra. A Dragon continua abastecendo a estação e tem vários lançamentos marcados no cabo Canaveral, alguns da famosa plataforma 39B. Musk também pretende enviar astronautas ao espaço.

Blue Origin

Jeff Bezos, dono da Amazon, fundou a Blue Origin há mais de dez anos para possibilitar o acesso seguro de humanos ao espaço, a custo mais acessível. Em parceria com a NASA, a empresa testou com êxito um sistema inovador de plataforma de lançamento e já lançou foguetes suborbitais. A Blue Origin pretende levar turistas ao espaço e colocar astronautas em órbita.

United Launch Alliance

Pertencente às empresas Lockheed Martin e Boeing, a ULA é formada por duas equipes experientes na área – a Atlas e a Delta participam do programa espacial dos EUA desde os anos 1960. Criada em dezembro de 2006, a ULA faz lançamentos regulares da Cape Canaveral Air Force Station e mantém sua colaboração com a NASA, fornecendo foguetes que lançam espaçonaves em órbita.

Orion

Nem toda a exploração espacial passou para o setor privado. Uma das missões recentes da NASA foi o primeiro Voo Teste de Exploração (EFT-1) não tripulado para testar os sistemas de módulos tripulados Orion, com o objetivo de iniciar as viagens humanas ao espaço sideral, a asteroides e a Marte. Quem visita o Kennedy Space Center pode se informar sobre esse voo, lançado no fim de 2014 pelo Delta 4 Heavy Booster, e obter detalhes sobre a missão.

Foguete propulsor SpaceX Falcon 9 com a nave espacial Dragon

De Onde Assistir aos Lançamentos

- Titusville, do outro lado da laguna, na altura do KSC
- Marina Park: 501 Marina Road
- Sand Point Park: 101 N. Washington Ave (US 1)
- Space View Park: 8 Broad Street
- Manzo Park: 3335 S. Washington Ave (US 1)
- Rotary Riverfront Park: 4141 S. Washington Ave (US 1)
- Kennedy Point Park: 4915 S. Washington Ave (US 1)
- Westbound SR 528 Causeway acima do rio Banana
- Cocoa Beach
- Jetty Park: ponta leste do Port Canaveral, perto do George King Blvd
- Cocoa Beach Pier: 401 Meade Ave
- Alan Shepard Park: ponta leste da SR 520
- Fischer Park: lado leste da SR A1A, 0,8km ao sul da SR 520
- Lori Wilson Park: 1500 N. Atlantic Ave

A nave Dragon acoplada à Estação Espacial Internacional com a ajuda do Canadarm2

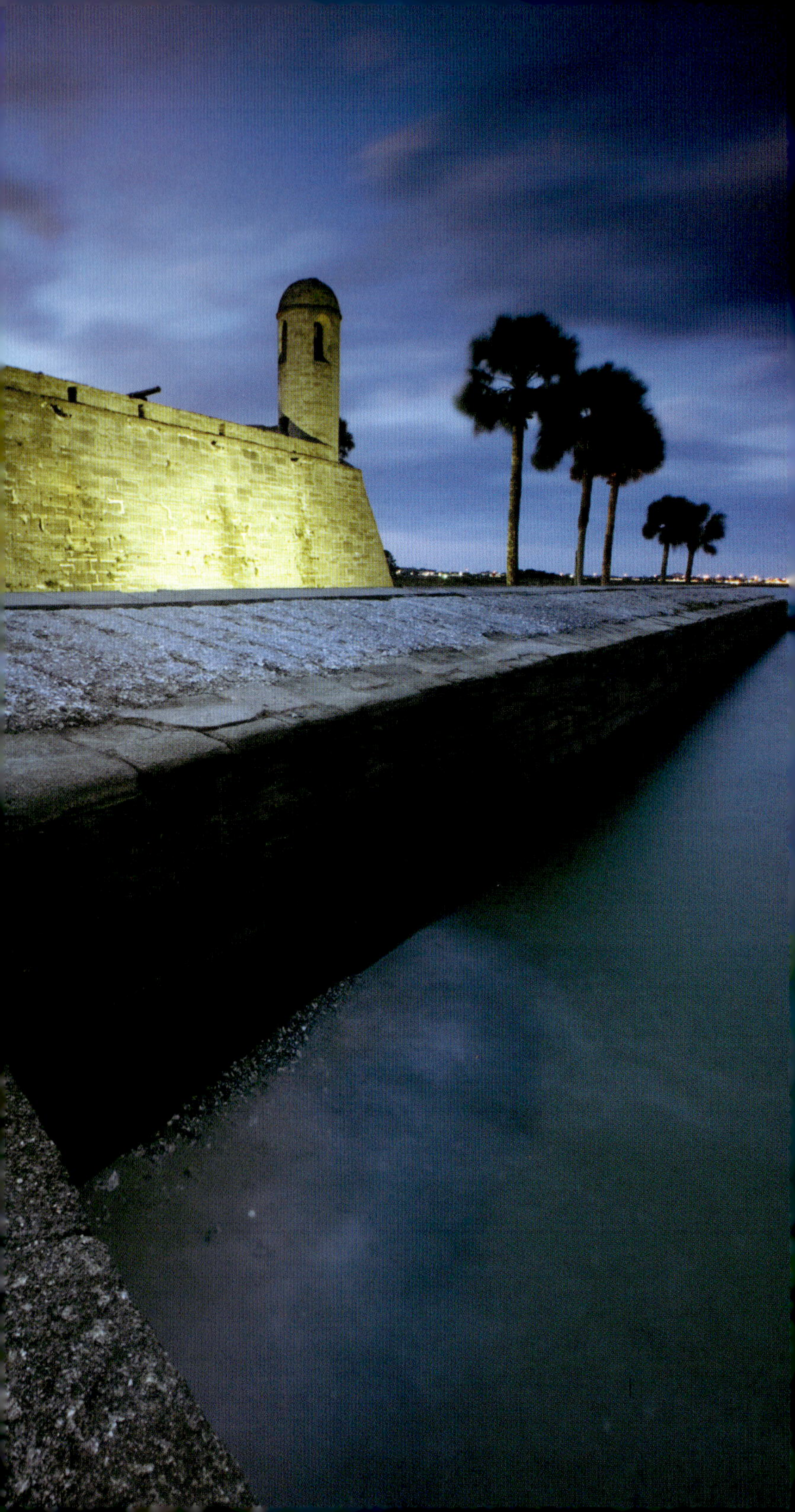

NORDESTE

Os encantos do Nordeste são mais discretos que o brilho de Miami ou as emoções de Orlando. A poucos quilômetros das movimentadas rodovias interestaduais, vilas de pescadores, fazendas e tranquilas cidades do interior lembram a Flórida dos velhos tempos. Se as praias encantam os banhistas, a histórica St. Augustine se orgulha de ser a colônia europeia mais antiga dos EUA.

A história do estado começou no Nordeste, no local chamado First Coast (Primeira Costa). Juan Ponce de León foi o primeiro a chegar, em 1513 *(p. 46)*. Os colonos espanhóis fundaram St. Augustine, hoje uma cidade bem preservada, guardada pela imponente fortaleza de San Marcos, uma das atrações da região.

O Nordeste recebeu a primeira leva de pioneiros e turistas no século XIX, na era do barco a vapor *(p. 52)*. Na época, Jacksonville era a porta de entrada para a Flórida, com os barcos a vapor cruzando o largo rio St. Johns e seus afluentes. Nos anos 1880, a rodovia de Henry Flagler abriu a costa leste e ricos visitantes descobriram os grandes hotéis de St. Augustine e Ormond Beach. Quem buscava sol no inverno também ia mais para o sul. Longas praias se estendem no popular balneário de Daytona, que está associado às corridas de carro desde que Henry Ford e Louis Chevrolet disputavam corrida nas praias, nas férias de inverno. Daytona também é um lugar popular entre os estudantes para passar as férias de primavera.

Mais para o interior, a oeste de St. Johns, está a extensa Ocala National Forest; a vegetação fica mais esparsa até revelar os pastos ondulados das milionárias fazendas de criação de cavalo do condado de Marion. Nas redondezas, cidades encantadoras como Micanopy foram virtualmente esquecidas pelo século XX.

O esplêndido Lightner Museum, em St. Augustine, ocupa o antigo e exclusivo Alcazar Hotel

◀ O Castillo de San Marcos ao anoitecer, em St. Augustine

Como Explorar o Nordeste

A First Coast é uma rota bem conhecida, que acompanha a costa atlântica ao longo de 193km (120 milhas) de praias e balneários, interrompidos por dunas e pântanos frequentados por observadores de pássaros. Os balneários dominam da comportada Fernandina Beach à agitada Daytona Beach. Entre uma e outra está a histórica St. Augustine. No interior, a Ocala National Forest tem dezenas de trilhas, passeios de barco e pescaria nos lagos alimentados por fontes. Mergulhos com snorkel ou cilindro são práticas comuns em suas águas cristalinas. Várias casas vitorianas da região foram transformadas em bed-and-breakfast, que são alternativas mais caseiras para a exploração.

Principais Atrações

1. Fernandina Beach
2. Little Talbot Island State Park
3. Kingsley Plantation
4. Fort Caroline National Memorial
5. *Jacksonville pp. 212-3*
6. Jacksonville Beaches
7. *St. Augustine pp. 214-9*
8. Fort Matanzas National Monument
9. Marineland Dolphin Conservation Center
10. Washington Oaks Gardens State Park
11. Bulow Plantation Ruins Historic State Park
12. Ormond Beach
13. Daytona Beach
14. Daytona International Speedway
15. Ponce de Leon Inlet Lighthouse
16. Blue Spring State Park
17. Sanford
18. Mount Dora
19. Ocala National Forest
20. Silver Springs
21. Ocala
22. Marjorie Kinnan Rawlings Historic State Park
23. Micanopy
24. Gainesville

Um típico trailer americano, na Ocala National Forest

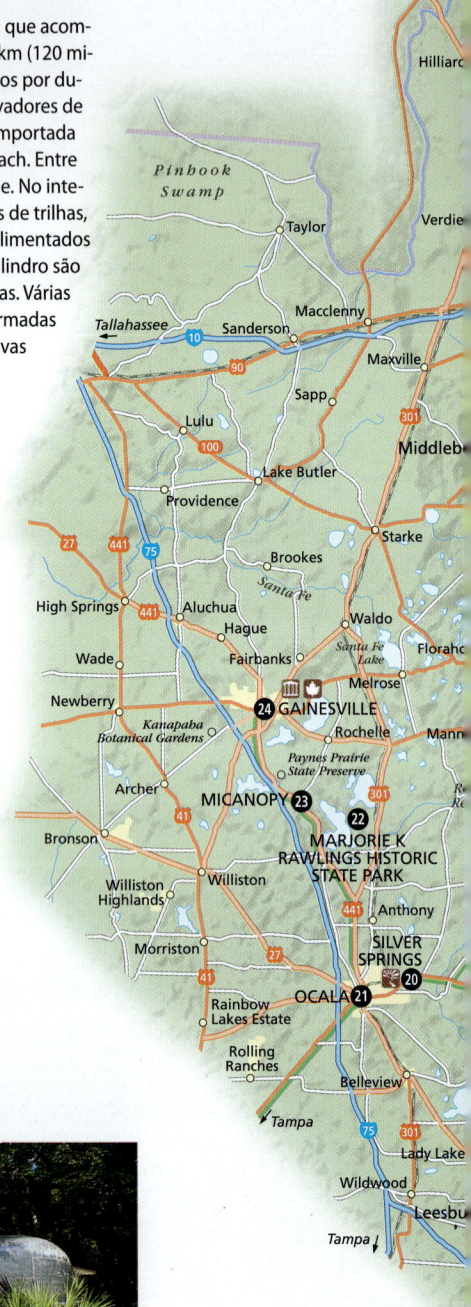

Legenda dos símbolos *na orelha da contracapa*

Vista de St. Augustine, da Intracoastal Waterway

Como Chegar

Jacksonville é o principal eixo de transporte da região: fica na intersecção da I-10, que vem do Panhandle, com as principais artérias norte-sul I-95 e US 1, que correm paralelas à costa. A bonita A1A, que é melhor para turismo, passa pelas praias e interliga vários balneários. Para evitar Jacksonville, você pode tomar o ferryboat de Mayport, que custa pouco e cruza a desembocadura do rio St. Johns. Várias estradas leste-oeste ligam a costa à I-75, cruzando o St. Johns em Palatka ou ao sul do lago George. Jacksonville e Daytona Beach têm aeroportos internacionais. Os trens Amtrak param em Jacksonville e vão para o interior, para Ocala e Sanford, onde fica o terminal do Auto Train *(p. 384)*. Mas é preciso carro para ir além das grandes cidades.

Legenda

— Rodovia interestadual
— Estrada principal
— Estrada secundária
— Estrada vicinal
— Percurso com paisagem
— Principal ferrovia
— Fronteira estadual

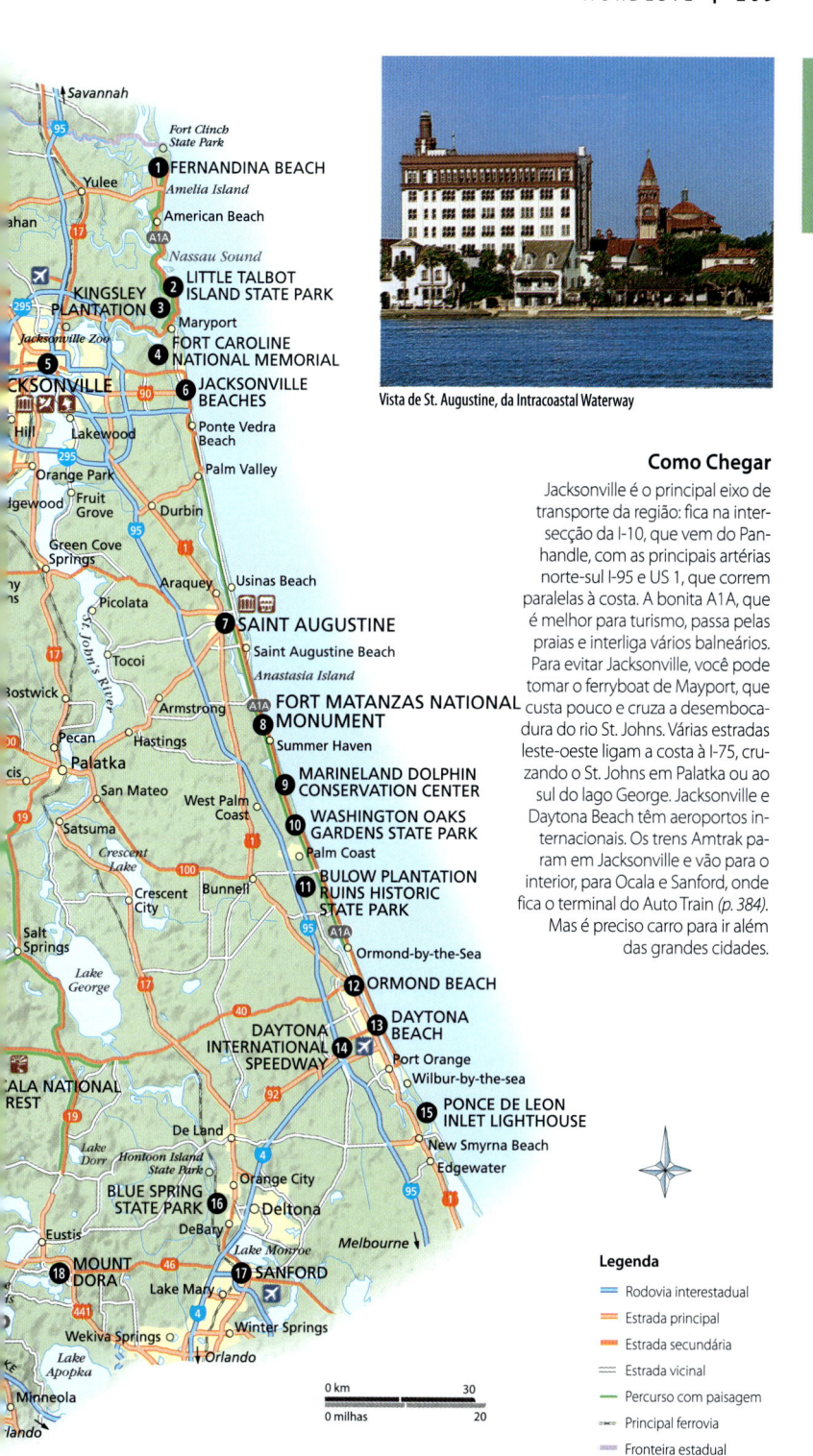

Exemplo de arquitetura Chippendale chinesa em Fernandina

❶ Fernandina Beach

Mapa rodoviário E1. Nassau Co. 10.000. Jacksonville. Jacksonville. 961687 Gateway Blvd, (904) 261-3248.
w islandchamber.com

A cidade de Fernandina Beach, em Amelia Island, do outro lado do rio St. Marys para quem vem da Geórgia, era um esconderijo de piratas até o início dos anos 1800. O porto de águas profundas atraía aventureiros e soldados estrangeiros, cuja fidelidade a seus países fez com que a ilha ganhasse o apelido de Ilha das Oito Bandeiras. Hoje Fernandina é um charmoso balneário vitoriano e a principal fonte na Flórida do saboroso camarão-branco: cerca de 900 toneladas são trazidas pelos barcos de pesca a cada ano.

A colônia espanhola original foi fundada em Old Fernandina, um tranquilo lugarejo ao norte da cidade atual. Na década de 1850, a cidade mudou para o sul, para o final da ferrovia que atravessava a Flórida. A mudança, aliada ao despertar do turismo no estado nos anos 1870 *(pp. 52-3)*, impulsionou os belos edifícios que hoje podem ser admirados nas 50 quadras que constituem o **Historic District** de Fernandina.

O legado do período áureo local pode ser observado no Silk Stocking District (Bairro da Seda), que ocupa mais da metade do bairro histórico e tem esse nome por influência de seus primeiros moradores. Capitães do mar e barões da madeira ergueram suas casas em vários estilos: as casas rainha Ana com torres e detalhes espalhafatosos convivem ao lado de residências em estilo italiano e finos exemplos de Chippendale chinês.

Olhar os barcos de pesca descarregarem no porto num fim de tarde é um ritual local; a frota é homenageada com um monumento na base da Centre Street, no centro, onde ficavam as antigas lojas de miudezas e artigos navais. Esses edifícios abrigam hoje antiquários e lojas de produtos finos. O Palace Saloon de 1878 ainda serve o *Pirate's Punch* ("soco do pirata") no longo balcão de mogno adornado com cariátides esculpidas.

Na 3rd Street, o Florida House Inn de 1857 é o hotel mais antigo do estado, e, poucas quadras ao sul, o **Amelia Island Museum of History** ocupa uma antiga cadeia. Visitas guiadas de 90 minutos percorrem o turbulento passado da ilha – dos primeiros habitantes indígenas ao início do século XX. E também há passeios guiados pela cidade (reserve antes).

Amelia Island Museum of History
233 S 3rd St. **Tel** (904) 261-7378. diariam. feriados. restrito. obrigatório; duas visitas por dia.
w ameliamuseum.org

Arredores

Com 21km de extensão e 3km na parte mais larga, **Amelia Island** era habitada pela tribo *timucua* no século II a.C. A pesca e caça abundantes sustentavam cerca de 30 mil índios na ilha, embora haja poucos vestígios de sua presença.

A pesca continua farta, mas a ilha também oferece cinco campos de golfe e uma das raras oportunidades no estado da Flórida de andar a cavalo na beira da praia. As praias são esplêndidas e circundadas por dunas que chegam a atingir 12m de altura em certos lugares.

A extremidade norte da ilha é ocupada pelos 453 hectares do **Fort Clinch State Park**, que oferece trilhas, praias e campings, assim como um forte construído no século XIX para guardar o estreito de Cumberland, na embocadura do rio St. Mary. A construção do pentágono irregular de tijolos sobre um aterro, com paredes de 1,5m de espessura e uma bateria de canhões da Guerra Civil, durou de 1847 a meados de 1860.

Os guardas do parque usam uniformes da Guerra Civil. Eles são auxiliados por voluntários no primeiro fim de semana do mês, quando o parque fica lotado e várias funções são criadas; há passeios à luz de velas aos sábados.

Peg Leg, de Fernandina Beach

Costa atlântica de Amelia Island, fácil acesso de Fernandina Beach

Fort Clinch State Park
2601 Atlantic Ave **Tel** (904) 277-7274. diariam. restrito.
w floridastateparks.org

Veja hotéis e restaurantes dessa região nas pp. 314-25 e 329-49

❷ Little Talbot Island State Park

Mapa rodoviário E1. Duval Co. 12157 Heckscher Drive, Jacksonville. **Tel** (904) 251-2320. 🚉 Jacksonville. 🚌 Jacksonville. ⏰ diariam. 🐕 ♿ restrito. 🌐
w floridastateparks.org

Grande parte da Amelia Island e das ilhas vizinhas de Big Talbot, Little Talbot e Fort George, ao sul, permanecem selvagens e são um paraíso natural para os animais.

Little Talbot Island State Park tem um bom camping familiar, trilhas ao longo de *hammocks* e pântanos e pesca em abundância. Tem lontras, coelhos-do-brejo, caranguejos, garças e gaivotas. Os linces se escondem na floresta, peixes-boi chafurdam na água e as tartarugas põem ovos na praia *(p. 121)*. No outono, chegam as baleias para dar cria em alto-mar.

Uma trilha que atravessa o pântano em Little Talbot Island

❸ Kingsley Plantation

Mapa rodoviário E1. Duval Co. 11676 Palmetto Ave, Fort George. **Tel** (904) 251-3537. 🚉 Jacksonville. 🚌 Jacksonville. ⏰ ligar antes. 🎉 Ação de Graças, 25 dez, 1º jan. ♿ **W** nps.gov

Localizada na reserva histórica e ecológica de Timucuan, a Kingsley Plantation tem a casa de fazenda mais antiga da Flórida. Construída em 1798 no lado norte da ilha Fort George, leva o nome de Zephaniah Kingsley, que veio para cá em 1814. Ele acumulou 12.950 hectares de terras, desde o lago George, perto da Ocala National Forest, ao norte, até o rio St. Marys. Na área havia quatro grandes fazendas; a de Kingsley tinha cem escravos e plantações de algodão, cana-de-açúcar e milho.

Kingsley era um homem liberal para a época: apoiava a escravidão, mas defendia um "sistema de trabalho" mais flexível para os escravos. Ele casou com uma escrava, Anna Jai, e mais tarde a libertou. Eles viveram na casa da fazenda até 1839 *(p. 49)*.

Descrita na época como "muito confortável", a casa relativamente simples está fechada para restauração. Possui um pequeno parapeito no telhado chamado de "passarela da viúva", que era usado para vigiar as plantações ao redor. O celeiro e a cozinha separada do corpo da casa ficam próximos, e a fazenda é conhecida pelas 23 cabanas dos escravos que ficam próximas ao portão de entrada da fazenda. Feitas de *tabby (p. 300)*, essas habitações básicas sobreviveram aos anos, e uma está sendo restaurada.

Ruínas das cabanas de escravos originais da Kingsley Plantation

❹ Fort Caroline National Memorial

Mapa rodoviário E1. Duval Co. 12713 Fort Caroline Rd, Jacksonville. **Tel** (904) 641-7155. 🚉 Jacksonville. 🚌 Jacksonville. ⏰ diariam. 🎉 Ação de Graças, 25 dez, 1º jan. ♿
W nps.gov/foca

O Fort Caroline foi levado pelas águas quando o rio St. Johns foi dragado nos anos 1880. No Fort Caroline National Memorial, a réplica do forte original do século XVI segue o estilo dos primeiros fortes europeus no Novo Mundo. Os painéis informativos relatam a violenta história do forte, que começa pouco antes da chegada dos colonos franceses, em junho de 1564.

Para impor seus direitos na América do Norte, três pequenos navios franceses com 300 homens subiram pelo St. Johns e acamparam a 8km da costa. Liderados por René de Goulaine de Laudonnière, e ajudados pelos índios *timucuas*, os franceses construíram um forte de madeira triangular que recebeu o nome La Caroline, em homenagem a Carlos IX da França *(p. 46)*. Um ano depois, apesar dos os reforços de Jean Ribault, os espanhóis tomaram o forte.

No parque há uma réplica da coluna de pedra erigida por Jean Ribault.

Fort Caroline em 1564, obra de Theodore de Bry

212 | FLÓRIDA ÁREA POR ÁREA

A paisagem de aço e vidro domina a margem norte de Jacksonville

❺ Jacksonville

Mapa rodoviário E1. Duval Co.
🚗 1.201.984. ✈ 🚌
ℹ 550 Water St, (904) 798-9111.
🌐 visitjacksonville.com

Jacksonville é a capital da First Coast, fundada em 1822. Seu nome é uma homenagem ao General Andrew Jackson *(p. 49)*. A cidade desenvolveu-se como porto e terminal ferroviário em fins do século XIX. Hoje, o mercado financeiro impulsiona o centro comercial, que pode ser visto do Skyway ou ASE *(p. 384)*.

A cidade, cuja área é a maior de toda a Flórida, espalha-se às margens do rio St. Johns, que dá boas-vindas aos visitantes. A maioria das pessoas vai para as áreas de pedestres que ladeiam as margens do rio e são interligadas por táxis aquáticos *(p. 385)*.

O conjunto de lojas e restaurantes **Jacksonville Landing** e o museu de Arte Contemporânea de Jacksonville se localizam na margem norte do St. Johns. Acompanhando o rio, uma grande área residencial abriga o Cummer Museum of Art. O calçadão **Riverwalk,** ao longo da margem sul, tem 2km de extensão e inclui o Museum of Science and History.

🏛 Museum of Science and History

1025 Museum Circle. **Tel** (904) 396-7062.
⭘ diariam. ♿ 🌐 themosh.org

Esse museu abriga uma coleção eclética de peças e é um jeito fácil de se conhecer a história local. A cultura de 12 mil anos dos índios *timucuas* (pp. 44-5) e de seus antepassados é ilustrada com ferramentas, pontas de flecha, cerâmicas e outros achados arqueológicos. Algumas seções se concentram na ecologia e na história do rio St. Johns e do Maple Leaf, o vapor da Guerra Civil que afundou em 1864. O Planetário Bryan Gooding faz apresentações em laser 3-D às sextas e aos sábados.

🏛 Museum of Contemporary Art Jacksonville

333 North Laura Street. **Tel** (904) 366-6911. ⭘ varia. ⬤ seg.
🌐 mocajacksonville.org

Centro de Jacksonville

① Jacksonville Landing
② Jacksonville Maritime Heritage Center
③ Riverwalk
④ Museum of Science and History
⑤ Cummer Museum of Art and Gardens
⑥ Museum of Contemporary Art Jacksonville

Legenda dos símbolos *na orelha da contracapa*

Veja hotéis e restaurantes dessa região nas pp. 314-25 e 329-49

Localizado bem no coração de Jacksonville, esse museu espaçoso tem cinco galerias que abrigam a maior coleção de arte moderna e contemporânea do sudeste.

🏛 Jacksonville Maritime Heritage Center
Jacksonville Landing. **Tel** (904) 355-9011. ◯ diariam. ⬤ seg, feriados. ♿ 🌐 **jacksonvillemaritimeheritagecenter.org**

Esse museu exibe uma dezena de réplicas de navios famosos. A estrela é o USS Saratoga, que teria sido afundado por um submarino alemão. Tanto os alemães quanto a Marinha dos EUA negam o fato, apesar das centenas de testemunhas.

Raros rinocerontes-brancos no famoso zoológico de Jacksonville

🦒 Jacksonville Zoo & Gardens
8605 Zoo Parkway. **Tel** (904) 757-4463. ◯ diariam. ⬤ Ação de Graças, 25 dez. 🅿️ ♿ 🌐 **jacksonvillezoo.org**

Inaugurado em 1914, o zoo de Jacksonville está ao norte da cidade, pela I-95. Cerca de 1.800 animais, de tamanduás a zebras, ficam soltos em seu hábitat natural. Leões e elefantes andam pelas savanas "africanas", enquanto um cervo, crocodilos e porcos-espinhos são vistos ao longo da Okavango Trail, que atravessa o zoo. Há ainda a maior coleção de jaguares do país, um aviário e pinguins Magellanic.

Tome o trenzinho e faça um agradável passeio de quinze minutos.

🏛 Cummer Museum of Art and Gardens
829 Riverside Ave. **Tel** (904) 356-6857. ◯ ter-dom. ⬤ feriados. 🅿️ ♿ 🌐 **cummer.org**

Esse excelente museu fica entre os jardins clássicos que se estendem até o rio St. Johns. Com um acervo permanente de 4 mil objetos, as doze galerias exibem uma coleção pequena, mas respeitável, de peças de arte e decorativas, que vai desde esculturas e cerâmicas clássicas e pré-colombianas, passando por pinturas renascentistas, até a Coleção Wark das primeiras porcelanas Meissen.

Outras peças notáveis são o pequeno *Enterro de Cristo* (c.1605) de Rubens e uma coleção de *netsuke* japonês. Há ainda obras de impressionistas norte-americanos e de artistas dos séculos XIX e XX, como John James Audubon.

⓺ Jacksonville Beaches

Mapa rodoviário E1. Duval Co, St. Johns Co. 🚉 Jacksonville. 🚌 Jacksonville 🚍 BH1, BH2, BH3. ℹ️ 325 Jacksonville Dr, (904) 249-3868. 🌐 **jacksonvillebeach.org**

Uns 19km (12 milhas) a leste do centro de Jacksonville há algumas praias ao longo de 45km (28 milhas), ao norte e ao sul, da costa atlântica. Ao sul, Ponte Vedra Beach é famosa pelas instalações esportivas, especialmente golfe. Jacksonville Beach, a mais movimentada, abriga o **Adventure Landing**, que é um centro

Turistas se banham nas águas frescas do Kathryn Abbey Hanna Park

de diversões durante o ano todo e parque aquático no verão. Indo para o norte, Neptune Beach e Atlantic Beach são mais calmas e as preferidas das famílias.

Mas o lugar mais bonito da região é o **Kathryn Abbey Hanna Park** com areias brancas, trilhas na floresta, pescaria em lago de água doce, natação e áreas de camping. O parque fica ao sul de **Mayport**, que é a mais antiga vila de pescadores dos EUA e possui a própria frota pesqueira de camarão, abrigando ainda um porta-aviões da marinha americana.

🎢 Adventure Landing
1944 Beach Blvd. **Tel** (904) 246-4386. ◯ diariam se o tempo permitir. 🅿️ ♿ 🌐 **adventurelanding.com**

🏖 Kathryn Abbey Hanna Park
500 Wonderwood Drive. **Tel** (904) 249-4700. ◯ diariam. 🅿️ ♿ ⚠️ 🌐 **coj.net**

Barcos de camarão atracados nas docas de Mayport, no rio St. Johns

214 | FLÓRIDA ÁREA POR ÁREA

❼ Rua a Rua: St. Augustine

O mais antigo povoamento continuamente ocupado por europeus foi fundado por Pedro Menéndez de Avilés *(p. 46)* em 1565, no dia de Santo Agostinho. Em 1702 a vila foi destruída por um incêndio, mas foi logo reconstruída à sombra do poderoso Castillo de San Marcos; as ruas estreitas e pitorescas da cidade velha, com suas belas construções de rocha coquina, datam desse período.

Quando Henry Flagler *(p. 129)* passou a lua de mel em St. Augustine, em 1883, gostou tanto do lugar que logo voltou para construir o Ponce de Leon Hotel, hoje Flagler College. Logo o lento fluxo de turistas transformou-se em avalanche. Desde então St. Augustine é um importante centro turístico. Hoje, além das muitas atrações para o turista moderno, tem nada menos que 69km (43 milhas) de praias e está a uma curta distância de vários campos de golfe e marinas.

★ Flagler College
Azulejos e outros detalhes espanhóis foram usados nesse antigo hotel de Flagler.

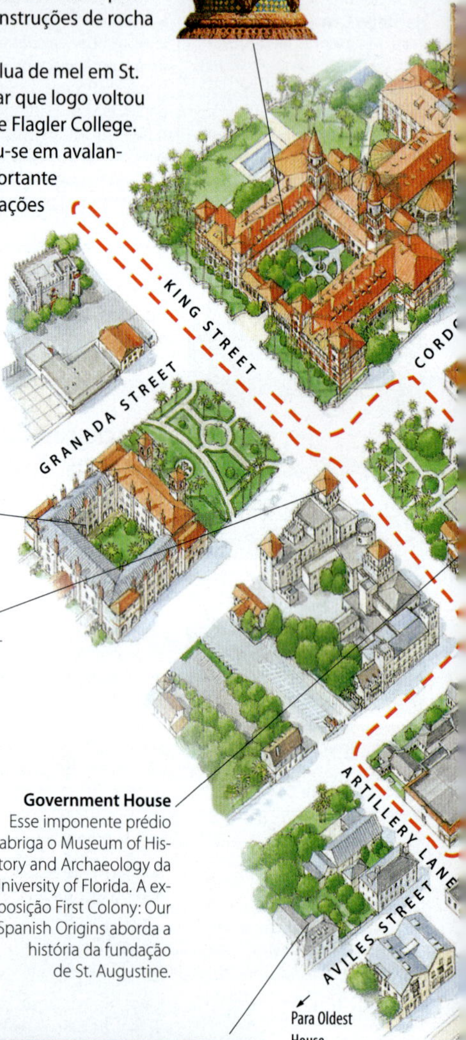

★ Lightner Museum
A *Cleópatra (c.1890)* de Romanelli é uma das obras do período áureo da Flórida expostas no local.

Casa Monica
tornou-se o terceiro hotel de Flagler na cidade, em 1888.

Government House
Esse imponente prédio abriga o Museum of History and Archaeology da University of Florida. A exposição First Colony: Our Spanish Origins aborda a história da fundação de St. Augustine.

Prince Murat House
O príncipe Achille Murat, sobrinho de Napoleão, morou nessa casa em 1824.

Para Oldest House

★ Ximenez-Fatio House
Foi construída como residência particular em 1797. Mais tarde, ganhou um segundo andar com varanda, e em meados do século XIX tornou-se uma pensão.

Veja hotéis e restaurantes dessa região nas pp. 314-25 e 329-49

ST. AUGUSTINE | **215**

Plaza de la Constitución
O coração do povoamento espanhol é a praça arborizada, ladeada pela Government House e a Cathedral Basilica. Há um programa de concertos no local.

PREPARE-SE

Informações Práticas
Mapa rodoviário E1. St. Johns Co. 16.000. 10 Castillo Drive, (904) 825-1000. Arts & Crafts Spring Festival (abr).
W FloridasHistoricCoast.com

Transporte
1711A Dobbs Road, (904) 827-9273.

City Gate
A entrada da cidade, que data do século XVIII, leva à Cidade Velha pela histórica St. George Street.

A Peña-Peck House, dos anos 1740, é uma bela casa da primeira fase espanhola da cidade.

Bridge of Lions
Leões de mármore guardam a ponte de 1927 sobre Matanzas Bay.

0 m — 50

Legenda
— Percurso sugerido

Spanish Military Hospital
A reconstrução dessa enfermaria recria as condições espartanas oferecidas aos colonos espanhóis no final do século XVIII.

Como Explorar St. Augustine

O centro histórico de St. Augustine é concentrado e fácil de explorar a pé. Você pode escapar das ruas movimentadas e caminhar pelas laterais arborizadas, olhando os pátios e descobrindo recantos tranquilos onde os gatos se aquecem ao sol e frondosos carvalhos estão cobertos por barba-de-velho. Os passeios de carruagem são uma boa maneira de conhecer a cidade. Eles saem da Avenida Menendez, ao norte da Bridge of Lions. Os trenzinhos de turistas fazem um roteiro mais extenso pelas principais atrações, enquanto o maquinista conta histórias engraçadas sobre St. Augustine.

St. George Street, a principal rua do bairro histórico, iluminada à noite

Passeio por St. Augustine

A St. George Street, só para pedestres, é o centro do bairro histórico, com lojas e algumas das principais atrações locais como o excelente Colonial Quarter Museum. A rua sai do velho City Gate e vai até a Plaza de la Constitucion. A bonita Aviles Street, de pedras arredondadas, vai para o sul a partir da praça e tem edifícios coloniais interessantes.

Na King Street, a oeste da praça, o clima é diferente com o Lightner Museum e o Flagler College, em hotéis construídos por Henry Flagler *(pp. 52-3)* no século XIX.

The Oldest Wooden Schoolhouse

14 St. George St. **Tel** (888) 653-7245.
9h-17h diariam. 25 dez.
Construída antes de 1788, essa é, provavelmente, a mais antiga escola de madeira dos EUA. As paredes de cipreste e cedro vermelho são fixadas com pinos de ferro e pregos de madeira, e a casa é cercada por uma grossa corrente que tem como função prendê-la ao chão em caso de fortes ventos.

Colonial Quarter

33 St. George St. **Tel** (904) 342-2857.
9h-20h diariam. 25 dez, eventos especiais. **W** ColonialQuarter.com
Veja como era a vida na St. Augustine do século XVI ao XVIII e conheça as culturas que deixaram sua marca no centro histórico da cidade – de minorquinos e índios a britânicos e afro-americanos. Há visitas guiadas várias vezes ao dia, e eventos interativos, como prática com mosquetes na cidade fortificada do século XVII, são diversão garantida.

O Colonial Quarter também preserva indícios arqueológicos de um dos primeiros fortes de madeira da cidade, de uma casa-barco do século XVI e de ferrarias. Do alto da torre de vigia tem-se vistas do Castillo de San Marcos e da baía.

Peña-Peck House

143 St. George St. **Tel** (904) 829-5064.
seg.-sáb. restrito.
Essa casa restaurada foi construída nos anos 1740 para o tesoureiro real espanhol Juan de Peña. Em 1837, tornou-se a residência e o consultório do dr. Seth Peck, que a habitou com sua família por quase cem anos. Tem mobília de meados do século XIX e muitos objetos originais expostos.

Museum of History and Archaeology at the Government House

48 King St. **Tel** (904) 825-5079.
diariam. 25 dez.
W historicstaugustine.com
A Government House, com arcadas em estilo espanhol copiadas de uma pintura do século XVII, fica na Plaza de la Constitución e abriga o museu de história e arqueologia, restaurado e sob gestão da University of Florida. O local aborda a fundação de St. Augustine e tem uma mostra sobre a participação hispânica na história dos EUA.

Spanish Military Hospital

3 Aviles St. **Tel** (904) 827-0807.
diariam. 25 dez.
W ancientcitytours.net
Dando uma rara ideia do tratamento dispensado aos soldados em fins de 1700, as salas do hospital incluem uma farmácia e uma enfermaria de lona. Há uma lista de regras do hospital e práticas médicas.

Prince Murat House

246 St. George St. **Tel** (904) 823-9722.
9h-17h diariam.
W DowMuseum.com
Parte do Dow Museum of Historic Homes, essa era a residência do príncipe Murat, sobrinho de Napoleão Bonaparte. Trata-se de uma das nove casas históricas que apresentam mostras interativas, exposições e objetos que documentam o desenvolvimento histórico e cultural da Flórida.

A Oldest Wooden Schoolhouse, construída na década de 1700

Veja hotéis e restaurantes dessa região nas pp. 314-25 e 329-49

Ximenez-Fatio House
20 Aviles St. **Tel** (904) 829-3575. ⏰ ter-sáb. 🚫 feriados. 📷 ♿ restrito.
w ximenezfatiohouse.org

Essa adorável casa foi construída em 1797 como residência e loja de um mercador espanhol. Hoje nas mãos da National Society of Colonial Dames, é um museu que recria a pensão na qual se tornou em 1830, decorada com móveis e obras de arte da época, quando inválidos, especuladores imobiliários e aventureiros começaram a chegar à Flórida para fugir do inverno do norte.

Oldest House
14 St. Francis St. **Tel** (904) 824-2872. ⏰ diariam. 🚫 Páscoa, Ação de Graças, 25 dez. 📷 ♿ restrito.
w oldesthouse.org

Conhecida como casa Gonzalez-Alvarez, sua história pode ser traçada por quase 300 anos. Há indícios de que o local tenha sido ocupado pela primeira vez no início do século XV, mas a estrutura é posterior ao ataque surpresa dos ingleses em 1702 *(p. 47)*.

As paredes de coquina *(p. 219)* faziam parte do sobrado que pertencia ao artilheiro espanhol Tomas Gonzalez. Um segundo andar foi acrescentado durante a ocupação inglesa de 1763-1783. Cada aposento é mobiliado de acordo com cada fase da história da casa.

Lightner Museum
75 King St. **Tel** (904) 824-2874. ⏰ 9h-17h diariam. 🚫 25 dez. 📷 ♿
w lightnermuseum.org

Antigo Alcazar Hotel, construído por Henry Flagler, esse edifício de três andares em estilo hispano-mourisco é uma feliz escolha para um museu dedicado aos Anos Dourados. O local foi escolhido pelo editor de Chicago, Otto C. Lightner, que transferiu suas coleções de arte vitoriana para St. Augustine em 1948. Há uma soberba exposição de vidros (com trabalhos de Louis Tiffany), móveis, esculturas e telas, instrumentos mecânicos e musicais e brinquedos. O recém-restaurado salão de baile abriga uma mostra de móveis American Castle.

Gonzalez Room, homenagem aos primeiros moradores da Oldest House

Vitral Tiffany

Flagler College
King St com Cordova St. **Tel** (904) 829-6481. ⏰ diariam. 📷 ♿
w flagler.edu

Construído para ser o Ponce de Leon Hotel, outro empreendimento de Flagler, esse prédio inaugurado em 1888 foi considerado "o hotel mais fino do mundo". O salão de refeições do colégio e o *foyer* de mármore na rotunda são abertos ao público. A cúpula é decorada com motivos simbólicos sobre a Espanha e a Flórida: veja a máscara de Timucuan *(pp. 44-5)*, o deus sol.

No Flagler Room há pinturas ilusionistas de c.1887.

Fort Mose Historic State Park
15 Fort Mose Trail. **Tel** (904) 823-2232. ⏰ 9h-17h diariam. 🚫 ter. 📷
w floridastateparks.org

Em 1738, Fort Mose tornou-se o primeiro povoado africano legalmente livre nos EUA, um refúgio para os que fugiam das colônias escravagistas nas Carolinas do Norte e do Sul. Em 1994, ganhou o título de National Historic Landmark e, em 2009, foi um precursor da National Underground Railroad Network to Freedom.

É possível visitar o local, o centro de visitantes e o museu.

St. Augustine Lighthouse
81 Lighthouse Ave. **Tel** (904) 829-0745. ⏰ 9h-18h diariam. 📷
w staugustinelighthouse.com

Esse farol histórico em funcionamento tem vistas de St. Augustine e informações sobre o litoral, as origens da pesca de camarão e a tradicional casa-barco (ligue para saber os horários). Crianças podem entrar em um caleidoscópio, dar nós de marinheiro e brincar em um miniestaleiro.

St. Augustine Alligator Farm Zoological Park
999 Anastasia Blvd. **Tel** (904) 824-3337. ⏰ 9h-17h diariam. 📷
w alligatorfarm.com

Do fim do século XIX, essa fazenda de répteis era uma grande atração. Hoje funciona como um zoo com shows e mostras educativas e um centro de pesquisa e conservação. Uma tirolesa passa por cima da laguna de aligatores.

Villa Zorayda
83 King St. ⏰ 10h-17h seg-sáb, 11h-16h dom. 🚫 Páscoa, Ação de Graças. **w** villazorayda.com

Essa antiga residência particular é uma réplica em escala de 1:10 de parte do palácio de Alhambra em Granada, na Espanha. De 1883, tem 40 janelas de tamanhos, formas e cores diferentes, e contém obras de arte e artefatos do Oriente Médio. Os passeios autoguiados dispõem de áudio em inglês e espanhol.

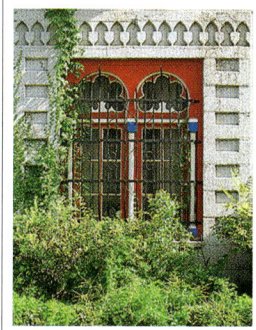

Os arabescos mouriscos e motivos árabes do Zorayda Castle

Castillo de San Marcos

Embora servisse para proteger os navios espanhóis que retornavam à Espanha, St. Augustine foi guardada por mais de um século por sucessivos fortes de madeira. Após sofrerem inúmeros ataques, entre eles o de sir Frances Drake *(p. 47)* e outros de piratas, os colonizadores espanhóis iniciaram a construção de um forte de pedra, em 1672.

O Castillo de San Marcos levou 23 anos para ser construído, e é o maior e o mais completo forte espanhol nos EUA. Feito de coquina, é um exemplo de arquitetura militar no século XVII, com defesas externas sobrepostas e paredes com mais de 6m de espessura.

Quando os EUA anexaram a Flórida em 1821, o *castillo* passou a se chamar Fort Marion. Foi basicamente uma prisão militar e depósito de munição durante todo o século XIX.

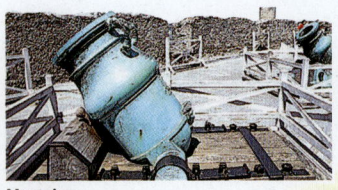

Morteiros
Sempre muito decorados e ostentando o brasão real, esses canhões em forma de barril atiravam pesados projéteis em trajetória curva, para que caíssem no convés dos navios.

★ **Guard Rooms**
Os soldados espanhóis não viviam no forte. Quando em serviço (turnos de 24 horas), eles cozinhavam, comiam e se abrigavam nessas salas reforçadas.

★ **Glacis e Covered Way**
Através do fosso, a área murada ("caminho coberto") protegia os soldados do fogo inimigo. E a elevação (a "glacis") na parede protegia o forte dos tiros de canhão.

Veja hotéis e restaurantes dessa região nas pp. 314-25 e 329-49

ST. AUGUSTINE | 219

Coquina

Essa rocha sedimentar, formada por conchas e corais compactados, tinha a consistência de um queijo duro quando úmida e era fácil de extrair. Ela endurecia à medida que secava, ao ponto de absorver o impacto de um tiro de canhão sem desmanchar. Durante o cerco de 1740, os projéteis disparados pelos ingleses ficavam encravados nas paredes de coquina. Diz a lenda que eles eram retirados e atirados de volta contra o inimigo.

As paredes de coquina do depósito de pólvora

PREPARE-SE

Informações Práticas
1 South Castillo Drive, St. Augustine. **Tel** (904) 829-6506.
◐ 8h45-16h45 diariam.
● 25 dez. restrito.
ligar com antecedência.
w nps.gov/casa/

★ **Gun Deck**
Desse ponto, canhões atingiam alvos a 5km de distância. A posição estratégica tornava o tiroteio mortal.

LEGENDA

① **A ponte e a porta levadiças**, feitas com vigas de madeira e ferro, eram as defesas finais do forte.

② **O revelim** protegia a entrada dos ataques.

③ **O fosso**, que contornava o forte, era mantido seco. Durante os cercos, o gado era abrigado nele.

④ **A Plaza de Armas** é cercada por salas utilizadas para armazenar comida e armas.

⑤ **Sala inglesa**

⑥ **Capela**

⑦ **A torre de vigia**, localizada no baluarte nordeste do forte, abrigava um homem dia e noite para vigiar os navios inimigos.

⑧ **Depósito de pólvora**

⑨ **Canhões**

⑩ **Muralha**

⑪ **A fornalha**, construída em 1844 pelo Exército dos EUA, servia para aquecer as balas de canhão. O "tiro" incandescente incendiava os navios inimigos.

La Necessaria
Sob a escada que leva ao convés dos canhões fica a sala das "necessidades". A descarga aproveitava a força das marés.

❽ Fort Matanzas National Park

Mapa rodoviário E2. 8635 A1A South, St. Augustine. ⏱ 9h-17h30 diariam. ⏺ 25 dez.

Esse forte espanhol foi construído em 1740-42 para defender a baía de Matanzas e advertir St. Augustine da chegada de inimigos, como os britânicos que vinham do sul. Hoje, o Fort Matanzas é um marco histórico do antigo império da Espanha no Novo Mundo.

O parque, situado em ilhas de barreira ao longo da costa atlântica e da baía de Matanzas, abriga charcos de água salgada, arbustos e *hammocks* que atraem e protegem espécies ameaçadas de extinção.

❾ Marineland Dolphin Conservation Center

Mapa rodoviário E2. Flagler Co. 9600 Ocean Shore Blvd, Marineland. **Tel** (904) 471-1111. 🚌 St. Augustine. ⏱ 8h30-16h30 diariam. 🅿 ♿ 🌐 **marineland.net**

O centro foi inaugurado em 1938 como Marine Studios, uma instalação cinematográfica onde se fizeram vários filmes, como *Tarzan*. Hoje, o destaque são os golfinhos – os visitantes podem nadar com eles, tocá-los e alimentá-los ou aprender a ser um treinador em um programa de um ou três dias. Os golfinhos vivem em um hábitat com 5 milhões de litros de água que garante seu bem-estar. O objetivo do centro é incentivar a preservação da vida marinha.

❿ Washington Oaks Gardens State Park

Mapa rodoviário E2. Flagler Co. 6400 N Ocean Shore Blvd, 3km ao S de Marineland. **Tel** (386) 446-6780. 🚌 St. Augustine. ⏱ diariam. 🅿 ♿ 🌐 **floridastateparks.org**

Sombreados por carvalhos e palmeiras, os 162ha de uma antiga fazenda foram transformados em belos jardins de hortênsias, azaleias e samambaias, além de um roseiral e trilhas que atravessam um *hammock* costeiro até o rio Matanzas. Do outro lado da rodovia A1A, uma passarela leva até a praia, cheia de pedras de coquina *(pp. 214-5)* e piscinas de maré cavadas na pedra mole.

Ruínas de usina de açúcar do século XIX, Bulow Plantation

⓫ Bulow Plantation Ruins Historic State Park

Mapa rodoviário E2. Flagler Co. Old Kings Rd, 5km ao S da SR 100. **Tel** (386) 517-2084. 🚌 Daytona Beach. ⏱ diariam. 🅿 ♿ 🌐 **floridastateparks.org**

Um pouco afastadas do caminho, as ruínas dessa fazenda do século XIX estão em um denso *hammock*, onde antes havia um canavial. Esse local faz parte de 1.890 hectares de terras ao lado de uma ravina que o major Charles Bulow comprou em 1821. Seus escravos limparam metade da área e plantaram arroz, algodão e cana-de-açúcar. A fazenda, chamada Bulowville, foi abandonada depois do ataque dos índios na Guerra dos Seminoles *(pp. 50-1)*. Hoje, Bulow Creek é uma trilha de canoagem; é possível alugar canoas para explorar esses belos remansos. Nas margens veem-se os alicerces da sede da fazenda, e uma caminhada de dez minutos pela floresta leva às ruínas de uma antiga usina de açúcar, que lembram um templo da América do Sul.

Arredores
Cerca de 16km ao norte de Bulow Plantation fica a histórica **Flagler Beach**, cidade encantadora com um píer para pesca, um museu e restaurantes em frente ao mar.

🏛 **Flagler Beach**
S Ocean Shore Blvd. **Tel** (386) 517-2000. 🌐 **cityofflaglerbeach.com**

⓬ Ormond Beach

Mapa rodoviário E2. Volusia Co. 👥 38.000. 🚌 Daytona Beach. ℹ 126 E Orange Ave, Daytona Beach (386) 255-0415. 🌐 **daytonabeach.com**

Ormond Beach foi um dos primeiros balneários de inverno ao longo da ferrovia de Henry Flagler *(pp. 52-3)*. Embora não exista mais, o Ormond Hotel exibia uma lista de hóspedes estrelados como Henry Ford e John D. Rockefeller.

Rockefeller Room, The Casements, em Ormond Beach

Veja hotéis e restaurantes dessa região nas pp. 314-25 e 329-49

NORDESTE | **221**

Rockefeller comprou uma casa do outro lado da rua em 1918, quando soube que outro hóspede estava pagando uma diária menor; embora fosse imensamente rico, o dono da Standard Oil cuidava muito bem de seu dinheiro. Sua casa de inverno, **The Casements**, foi restaurada e hoje é um museu e centro cultural. Em seu interior há peças da época de Rockefeller, entre elas a cadeira de praia com as laterais altas usada pelo patrão. Tem ainda uma sala com móveis da época e uma inexplicável coleção de artes e objetos húngaros.

Antiga locomotiva Flagler

Perto da Casements, o **Ormond Memorial Art Museum** está em um pequeno e charmoso jardim. Seus caminhos sinuosos levam aos poços floridos habitados por tartarugas. O museu expõe trabalhos de artistas contemporâneos da Flórida.

The Casements
25 Riverside Drive. **Tel** (386) 676-3216.
seg-sáb. feriados. restrito.
seg-sex. **w** ormondbeach.org

Ormond Memorial Art Museum
78 E Granada Blvd. **Tel** (386) 676-3347.
diariam. feriados.
w ormondartmuseum.org

❸ Daytona Beach

Mapa rodoviário E2. Volusia Co.
61.000. 126 E Orange Ave, (386) 255-0415.
w daytonabeach.com

De Ormond Beach para o sul está a movimentada Daytona Beach. Cerca de 200 mil estudantes vão para o balneário nas férias de primavera *(p. 38)*, apesar de Daytona desencorajá-los. Seus 37km (23 milhas) de praias são os únicos na Flórida em que os carros podem estacionar, uma reminiscência da época em que se apostava corrida na areia *(p. 223)*.

Daytona é a meca dos fãs do automobilismo. Seu autódromo *(p. 222)* atrai multidões, especialmente para a Speedweek, em fevereiro, e as Motorcycle Weeks em março e outubro. O centro de Daytona, ou simplesmente "Mainland", fica na outra margem do rio Halifax em relação à praia. Mas o movimento se concentra à beira-mar, que é delineada por hotéis. O calçadão de madeira mantém algumas das arcadas originais e a atmosfera festiva, mas a área passou por uma revitalização e hoje oferece passeios como uma montanha-russa. O parque aquático da Daytona Lagoon e o coreto continuam atraindo multidões. Na praia, jet skis, pranchas de windsurfe, buggies e bicicletas podem ser alugadas.

Atravessando o rio Halifax, no centro restaurado está o **Halifax Historical Society Museum**, que ocupa um prédio de 1910. A exposição sobre a história local inclui a maquete da Boardwalk em 1938, com palmeiras e uma roda-gigante.

A oeste do centro está o excelente **Museum of Arts and Sciences**. A seção sobre a pré-história da Flórida é dominada pelo esqueleto de 4m de altura de um bicho-preguiça; o Arts in America exibe arte de 1640-1920. Além disso, há notáveis coleções cubanas e africanas e um planetário.

Gamble Place é administrado pelo mesmo museu. Construído em 1907 por James N. Gamble, da Procter & Gamble, esse pavilhão de caça cercado por varandas abertas está localizado em uma ribanceira sobre Spruce Creek. É todo mobiliado com peças da época. As visitas são com reserva, feita no museu e incluem a Casa da Branca de Neve - uma cópia exata da clássica casa de 1937 criada por Walt Disney, construída em 1938 para os netos de Gamble.

Miss Perkins (c. 1840), de J. Whiting Stock, Museum of Arts and Sciences

Halifax Historical Museum
252 S Beach St. **Tel** (386) 255-6976.
ter-sáb. feriados.
w halifaxhistorical.org

Museum of Arts and Sciences
1040 Museum Blvd. **Tel** (386) 255-0285. ter-dom. Ação de Graças, 24-25 dez. Gamble Place:
w moas.org

Carros circulam nas areias de Daytona Beach

⓭ Daytona International Speedway

Mapa rodoviário E2. Volusia Co. 1801 W International Speedway Blvd. **Tel** (866) 761-7223. Daytona. 9, do terminal Bethune Blvd., 209. diariam. 25 dez. **w** daytonaintlspeedway.com

O Daytona International Speedway, um verdadeiro centro mundial de corridas, atrai milhares de fãs e visitantes anualmente. Eles se deslocam do mundo todo para assistir às oito principais corridas realizadas no autódromo, com capacidade para 160 mil espectadores. No Speedway são realizadas as provas da categoria NASCAR (Associação Nacional de Corridas de Stock Car) – Daytona 500 é a mais famosa – e corridas de carro esporte, motos e kart.

Visitantes vivenciam sensações empolgantes ao participarem da Daytona 500 na Daytona 500 Experience. Algumas atrações envolvem muita adrenalina, entre elas os dois simuladores de movimento e a execução de um pitstop em uma corrida automobilística real da Sprint Cup Series.

Daytona 500, no Daytona International Speedway, em fevereiro

Corvette vermelho 1953, um clássico esportivo

No local também está exposto o premiado carro Daytona 500, com os confetes, as marcas de pneu e de batidas e os autógrafos da equipe campeã. O Coca-Cola 3-D IMAX® Theater exibe a NASCAR 3D: The IMAX® Experience, que proporciona uma imersão no mundo da equipe de elite e dos pilotos da NASCAR.

De abril a outubro, ocorre a Richard Petty Driving Experience, que proporciona a oportunidade de se dirigir um stock car autêntico nas históricas pistas da Speedway.

É possível fazer um passeio de bonde pela pista por meia hora nos dias em que não há corridas.

Daytona International Speedway

Legenda
- Centro de visitantes
- Pista
- Grandstand
- Torre Winton

0 m — 500

⓮ Ponce de Leon Inlet Lighthouse

Mapa rodoviário E2. Volusia Co. 4931 S Peninsula Drive. **Tel** (386) 761-1821. diariam. 25 dez. restrito. **w** ponceinlet.org

Esse imponente farol de 1887 guarda a entrada de um perigoso estreito na ponta da península de Daytona. O farol tem 53m e sua luz é visível a 30km mar adentro. Além disso, a escada em espiral com 203 degraus leva a uma plataforma de observação fustigada pelo vento, com ampla vista dos arredores. Um dos chalés do faroleiro na base ganhou de volta a aparência da década de 1890; outro abriga um pequeno Museu do Mar, e no terceiro estão as lentes Fresnel, com 5m de altura.

Farol Ponce de Leon, ao sul de Daytona Beach

Veja hotéis e restaurantes dessa região nas pp. 314-25 e 329-49

O Berço da Velocidade

O namoro de Daytona com os carros começou em 1903, quando foi realizada a primeira corrida cronometrada nas areias de Ormond Beach, o "berço da velocidade" oficial. Nesse ano, Alexander Winton atingiu um recorde de velocidade em terra de 109km/h. As corridas eram muito populares e atraíam multidões. Os ricos fãs do esporte motorizado se reuniam no Ormond Hotel, de Henry Flagler *(p. 220)*, entre eles Harvey Firestone e Henry Ford. As corridas continuaram até 1935, quando Malcolm Campbell estabeleceu o último recorde mundial na areia. Os stock cars começaram a correr em Ormond Beach em 1936, e a primeira corrida de motos Daytona 200 aconteceu no ano seguinte. O crescimento urbano forçou a mudança da pista em 1948; em 1959 foi inaugurado o Daytona International, e as corridas na praia desapareceram.

Tudo Começou na Praia

Em 1902, um hóspede do Ormond Hotel percebeu que era fácil dirigir carros nas areias duras da praia. E organizou a primeira corrida, que se repetiria nos 32 anos seguintes.

O *Pirate*, de Ransom E. Olds, foi o primeiro carro a correr em Ormond Beach, em 1902. A primeira corrida oficial foi em 1903, quando Olds desafiou Alexander Winton e Oscar Hedstrom em uma moto. Winton venceu com o carro *Bullet Nº 1*.

O *Bluebird Streamliner*, pilotado por Malcolm Campbell, bateu o novo recorde mundial de milha em 1935. Equipado com um motor Rolls-Royce, o carro alcançou velocidades superiores a 444km/h.

O "Centro Mundial de Corridas"

Em 1953, Bill France, que participou da corrida inaugural de stock car, viu que o crescimento de Daytona Beach acabaria com as corridas na praia. Propôs então a construção do autódromo, que hoje é um dos principais do mundo.

Os karts podem se parecer com carrinhos de brinquedo, mas os que competem em Daytona alcançam velocidades superiores a 130km/h.

Lee Petty venceu a primeira Daytona 500 no Daytona International Speedway em 1959, derrotando Johnny Beauchamp, seu adversário, por apenas 50cm. A competição de 800km foi assistida por 41 mil pessoas e envolveu 59 carros.

⓯ Blue Spring State Park

Mapa rodoviário E2.
Volusia Co. 2100 W French Ave,
Orange City. **Tel** (386) 775-3663.
◯ diariam. 🅿️ ♿
🌐 floridastateparks.org

Uma das maiores fontes artesianas dos EUA, a Blue Spring jorra cerca de 450 milhões de litros de água por dia. A temperatura da água se mantém a 20°C, razão pela qual o parque é o refúgio de inverno favorito dos peixes-boi *(p. 254)*. Entre novembro e março, esses animais fogem das águas frias do rio St. Johns e podem ser vistos das passarelas elevadas do parque. É possível mergulhar de snorkel ou cilindro nas águas límpidas da cabeceira da fonte, ou praticar canoagem no St. Johns. A **Thursby House** foi construída no final do século XIX, no topo de um antigo sambaqui.

Arredores

Uns 3km (2 milhas) ao norte em linha reta está o **Hontoon Island State Park**. O acesso a ele é através do ferryboat de passageiros gratuito que sai de Hontoon Landing. A ilha tem uma torre de observação com 24m de altura, áreas de camping e piquenique e uma trilha natural. Há canoas e barcos de pesca para alugar.

Em 1955, foi encontrado no local um raro totem de coruja feito pelos índios *timucuas (pp. 44-5)*.

🏞️ **Hontoon Island State Park**
2309 River Ridge Rd, De Land. **Tel** (386) 736-5309. ◯ diariam. 🅿️
🌐 floridastateparks.org

Crianças brincam na frente da Thursby House, Blue Spring State Park

As Fontes Borbulhantes da Flórida

Grande parte das 320 fontes conhecidas da Flórida está localizada na metade superior do estado. A maioria são poços artesianos, formados por águas empurradas através de grandes fissuras nos aquíferos subterrâneos (depósitos de rocha que contêm água). Os que jorram acima de 3m³ por segundo são fontes de primeira grandeza.

A água filtrada pela rocha é puríssima e, às vezes, com alto teor de sais minerais. Essas propriedades, além da beleza das fontes, atraem visitantes por motivos de saúde e também recreativos.

Juniper Springs, na Ocala National Forest, adaptada para banhos em 1930

⓰ Sanford

Mapa rodoviário E2. Seminole Co.
🚗 50.000. ℹ️ 400 E 1st St, (407) 322-2212. 🚆 inc Auto Train. 🚌 ônibus Lynx de Orlando *(p. 387)*.
🌐 sanfordchamber.com

Construído durante as Guerras dos Seminoles *(pp. 48-51)*, o Fort Mellon foi o primeiro povoamento no lago Monroe. Sanford foi fundada na década de 1870. Tornou-se um importante porto graças aos navios a vapor comerciais, que também trouxeram os primeiros turistas para a Flórida *(p. 52)*.

O centro restaurado de Sanford data de 1880, o auge da era dos vapores. Vários prédios de tijolos de barro (uma raridade na Flórida) abrigam antiquários, e em poucas horas a área pode ser explorada a pé. Hoje, os visitantes preferem chegar de Auto Train *(p. 384)* do que pelo rio, mas ainda existem alguns agradáveis cruzeiros.

Brasão de Sanford

⓱ Mount Dora

Mapa rodoviário E2. Lake Co.
🚗 13.000. 🚆 Sanford. ℹ️ 341 N Alexander St, (352) 383-2165.
🌐 mountdora.com

Erguendo-se entre os pomares de cítricos de Lake County, essa cidade vitoriana é uma das mais belas que ainda restam no estado. Seu nome deriva tanto de uma alta elevação com 56m de altitude quanto do lago em que está localizada. O nome original da cidade era Royellou, de Roy, Ella e Louis, os filhos do primeiro agente dos correios.

As ruas arborizadas de Mount Dora ficam em uma ravina sobre as margens do lago. O mapa de um passeio histórico de 5km (3 milhas) é obtido na Câmara de Comércio. O passeio percorre os tranquilos bairros de casas do século XIX, todas elas de madeira, e o centro restaurado com suas lojas e antiquários.

Na Donnelly Street, a esplêndida Donnelly House, hoje uma Loja Maçônica, é um ótimo exemplo da arquitetura dos vapores, enfeitada com pináculos e cúpula. Perto

Veja hotéis e restaurantes dessa região nas pp. 314-25 e 329-49

NORDESTE | 225

Telhas de madeira e decoração rebuscada na Donnelly House, Mount Dora

dali está o Mount Dora History, que conta a história local em um antigo quartel do corpo de bombeiros, que mais tarde foi também cadeia. No Lake Dora tem pesca e esportes aquáticos.

Mount Dora History Museum
450 Royellou Lane. **Tel** (352) 383-0006. ter-dom. Ação de Graças, 25 dez, 1º jan. restrito.

⓲ Ocala National Forest

Mapa rodoviário E2. Lake Co/Marion Co. diariam. para camping e natação. Visitor Center: 3199 NE Co. Rd. **Tel** (352) 236-0288. Juniper Springs aluguel de canoas: (352) 625-2808. fs.usda.gov

Entre Ocala e o rio St. Johns, essa imensa floresta de pinheiros que ocupa 148 mil hectares é cortada por rios perenes e trilhas de caminhada. É um dos últimos refúgios dos ursos pretos da Flórida, ameaçados de extinção, e também de animais comuns como veados e lontras. Aves como águias, corujas, perus selvagens e muitos tipos de pernaltas (que habitam as áreas pantanosas dos rios) também são encontradas no local.

Há dezenas de trilhas de extensões variadas, das curtas, com menos de 1,5km, a um trecho de 106km (66 milhas) da interestadual National Scenic Trail *(p. 365)*. A pescaria é popular nos muitos lagos da floresta, e há também poços para banho, áreas de piquenique e locais para acampar em áreas de recreação como Salt Springs, Alexander Springs e Fore Lake.

Encontram-se canoas para alugar em toda parte; a descida de 11km em uma canoa pelo Juniper Creek, saindo da Juniper Springs Recreation Area, é uma das melhores do estado, mas é preciso reservar antes. A observação de pássaros também é excelente na Salt Springs Trail, mas os patos selvagens costumam se reunir no lago Dorr.

Informação e guias no centro de visitantes, no oeste da floresta, ou nos centros menores de Salt Springs e Lake Dorr, ambos na Route 19.

⓳ Silver Springs

Mapa rodoviário E2. Marion Co. 5656 E Silver Springs Blvd. **Tel** (352) 236-7148. diariam. restrito.
floridastateparks.org

Passeios em barco com fundo de vidro revelam as belezas naturais da maior fonte artesiana do mundo desde 1878.

Atração turística comercial mais antiga da Flórida, Silver Springs tornou-se parque estadual em 2013, após uma reforma de US$4 milhões que removeu os animais exóticos e os parques de diversão. O passeio de barco oferece um vislumbre do interior da Flórida, onde eram feitos os filmes de Tarzan estrelados por Johnny Weismuller.

Arredores
Uns 3km (2 milhas) a sudeste, no **Silver River State Park**, você caminha por quinze minutos em uma trilha que atravessa *hammocks* e pântanos com ciprestes para mergulhar em um poço de águas cristalinas escondido em uma curva de rio.

Silver River State Park
1425 NE 58th Ave, Ocala.
Tel (352) 236-7148.
diariam.
floridastateparks.org

Barco cruza o Silver River em Silver Springs

A jovem pastora (1868), de Bougereau, Appleton Museum

⓴ Ocala

Mapa rodoviário D2. Marion Co. 58.000. Chamber of Commerce, 110 E Silver Springs Blvd, (352) 629-8051. **w** ocalacc.com

Rodeada de pastagens onduladas e cercas brancas a perder de vista, Ocala é a sede do condado de Marion e um centro criador de cavalos puros-sangues na Flórida. Seus pastos são enriquecidos pelo aquífero subterrâneo de calcário *(p. 224)*, e a grama rica em cálcio contribui para os ossos leves e resistentes dos animais de corrida. A produção equina da Flórida já rendeu mais de 37 vencedores, entre eles cinco campeões do Kentucky Derby.

Há mais de 400 fazendas criadoras e centros de reprodução especializados na região de Ocala. Muitos abrem para visita, que geralmente não é cobrada. Você verá cavalos Árabes, Paso Finos e pôneis miniatura nas fazendas; entre em contato com a Câmara de Comércio para obter informações atualizadas sobre visitas.

A outra razão para parar no local é visitar o **Appleton Museum of Art**, a leste de Ocala.

Construído em 1984 com mármore italiano pelo industrial e criador Arthur I. Appleton, esse museu abriga obras de arte de todo o mundo. A coleção eclética inclui antiguidades pré-colombianas e europeias, peças orientais e africanas e porcelana Meissen, mas é mais conhecida pelo acervo de arte europeia do século XIX.

🏛 **Appleton Museum of Art**
4333 NE Silver Springs Blvd. **Tel** (352) 291-4455. ter-dom. 25 dez, 1º jan.

㉑ Marjorie Kinnan Rawlings Historic State Park

Mapa rodoviário D2. Alachua Co. S CR 325, Cross Creek. **Tel** (352) 466-3672. Ocala. terreno diariam; casa qui-dom. ago-set. **w** floridastateparks.org

A escritora Marjorie K. Rawlings viveu nesse povoamento de Cross Creek, que em 1928 ela descreveu como "uma curva em uma estrada do interior". Sua casa de campo permanece praticamente inalterada, abrigada por um pomar bem cuidado frequentado pelos patos que habitam o lago Orange.

A escritora viveu ali nos anos 1930, e depois foi e voltou várias vezes até morrer em 1953. A paisagem e os personagens locais povoam seu romance autobiográfico, *Cross Creek* (1942),

Bengalas do Herlong Inn

enquanto a vegetação rasteira nos campos ao sul inspiraram o seu romance premiado, *The Yearling* (1938), uma história sobre um garoto e sua corça.

As visitas guiadas exploram o estilo *cracker* da casa construída nos anos 1880, que se mantém criativamente preservada e abriga os móveis originais de Rawlings: estantes repletas de obras de autores de seu tempo como John Steinbeck e Ernest Hemingway, um armário de bebidas, máquina de escrever e um chapéu na varanda.

Detalhes como flores frescas fazem pensar que a dona acabou de voltar de um passeio pelo jardim.

㉒ Micanopy

Mapa rodoviário D2. Alachua Co. 650. 30 East University Ave, Gainesville, (352) 374-5260. **w** visitgainesville.net

Fundado em 1821, o segundo povoamento mais antigo da Flórida era um posto comercial em terras indígenas, conhecidas como Wanton. O nome foi mudado para Micanopy em 1826, em homenagem a um cacique. A cidade, que se mantém preservada como era, é o paraíso dos cineastas e colecionadores de antiguidades. À sombra de frondosos carvalhos, a rua principal, Cholokka Boulevard, é ladeada por casas vitorianas e históricas fachadas de tijolos que escondem lojas repletas de bugigangas e artesanato. Também está ali a construção mais imponente de Micanopy, a **Herlong Mansion**, anterior à Guerra Civil, com quatro grandes colunas coríntias. Construída no século XIX por um barão da madeira, hoje é um bed-and-breakfast.

O pitoresco cemitério de Micanopy, de 1825, está em uma rua arborizada próxima da Seminary Road, na direção da I-75. À sombra de carvalhos e cedros, é coberto por um musgo aveludado.

A varanda onde a escritora Marjorie Kinnan Rawlings escrevia

Veja hotéis e restaurantes dessa região nas pp. 314-25 e 329-49

Túmulos cobertos de musgo no cemitério de Micanopy

Arredores

Durante o século XVII, uma das maiores e mais importantes fazendas de gado da Flórida localizava-se ao norte da atual Micanopy. Gado, cavalos e porcos pastavam nos campos da **Payne's Prairie State Preserve**, onde vez por outra se vê uma pequena manada de bisões selvagens e mais de 200 espécies de aves locais e migratórias.

Atravessa a reserva a agradável trilha **Gainesville-Hawthorne State Trail**, com 27km (17 milhas), usada por andarilhos, cavaleiros e ciclistas.

Paynes Prairie State Park
100 Savannah Blvd, US 441,
0,5km a N de Micanopy.
Tel (352) 466-3397.
diariam.
floridastateparks.org

㉓ Gainesville

Mapa rodoviário D2. Alachua Co. 125.000. 300 East University Avenue, (352) 334-7100.
gainesvillechamber.com

Cidade universitária, capital cultural do centro-norte da Flórida e sede do time de futebol Gators, Gainesville é uma confortável mistura de cidade, professores e alunos. Seu centro histórico restaurado tem edifícios de tijolos que datam de 1880 a 1920; vários deles abrigam cafés e restaurantes. No campus há muitas casas de estudantes e dois importantes museus.

Reserve um bom tempo para visitar o primeiro deles, que é o excelente **Florida Museum of Natural History**. As coleções de ciências naturais têm mais de 10 milhões de fósseis, além de borboletas e conchas. Há também exposições dedicadas aos vários ambientes da Flórida e uma viagem antropológica pela história do estado até o século XIX. O **Samuel P. Harn Museum of Art** é um dos maiores e mais bem equipados museus universitários do país. Seu acervo de belas-artes e artesanato inclui cerâmicas asiáticas, objetos cerimoniais africanos, xilogravuras japonesas e telas europeias e norte-americanas.

Bebida de Gainesville

Florida Museum of Natural History
Hull Rd com SW 34th St.
Tel (352) 846-2000. diariam.
Ação de Graças, 25 dez.
flmnh.ufl.edu

Samuel P. Harn Museum of Art
Hull Road (junto da SW 34th St).
Tel (352) 392-9826. ter-dom.
feriados. **harn.ufl.edu**

Arredores

A sudoeste da cidade, os adoráveis **Kanapaha Botanical Gardens** atingem o auge de sua beleza de junho a setembro, mas na primavera os visitantes são recompensados pelas azaleias floridas. Uma trilha percorre todos os 25ha, cuja beleza foi notada primeiro pelo naturalista William Bartram (p. 49) no fim do século XVII. Os caminhos seguem sob arcos cobertos de parreiras e túneis de bambu. Outras áreas são um jardim de deserto, um jardim de brejo e um colorido jardim de beija-flores.

Kanapaha Botanical Gardens
4700 SW 58th Drive (saindo da Route 24). **Tel** (352) 372-4981. sex-qua.
25 dez. **kanapaha.org**

Vitórias-régias, o ponto alto do verão nos Kanapaha Botanical Gardens

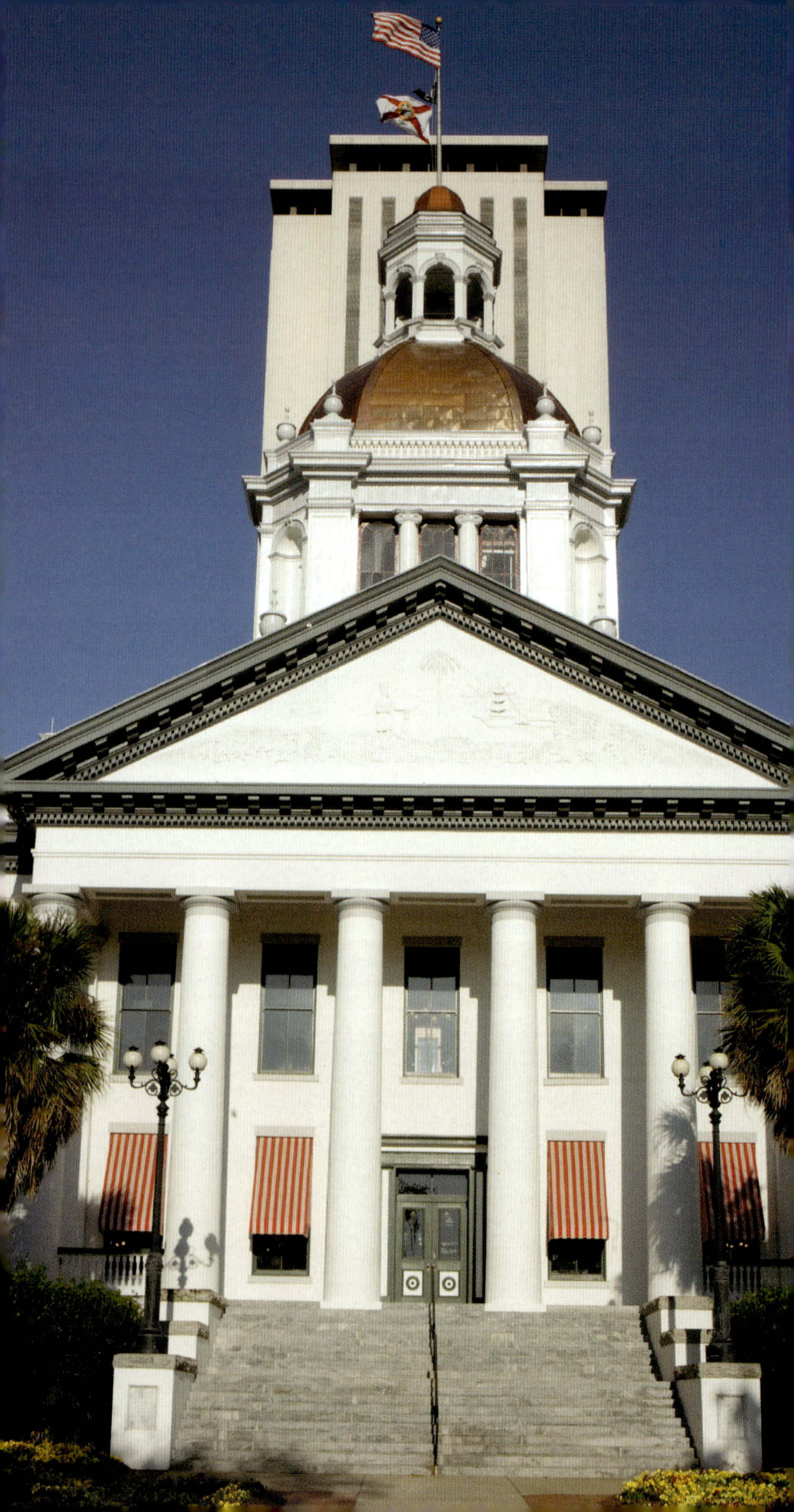

PANHANDLE

Há um ditado na Flórida que diz: "Quanto mais para o norte se vai, mais ao sul se chega". A história e o caráter do Panhandle são mais semelhantes aos do Sul que os da parte mais ao sul do estado. Não só a geografia e a história, mas o clima e até o fuso horário (o oeste do Panhandle tem uma hora a menos que o resto do estado) distinguem essa região.

O Panhandle foi o primeiro lugar que os espanhóis tentaram colonizar e de lutas posteriores pelo domínio colonial. Uma comunidade se estabeleceu perto da atual Pensacola em 1559, anterior a St. Augustine, mas foi abandonada após ser atingida por um furacão. Ressurgiu mais tarde, tornando-se o povoado mais importante da região até os anos 1820, quando Tallahassee foi escolhida como a capital do novo território da Flórida *(p. 52)*. A localização da nova capital, equidistante de St. Augustine e Pensacola, era um compromisso: seria o ponto de encontro de dois patrulheiros a cavalo vindo das duas cidades. Hoje, Tallahassee, a capital oficial do estado, tem uma arquitetura elegante, mas clima de cidade pequena. Graças ao comércio de algodão e madeira, viu sinais de prosperidade nos anos 1800, mas a região foi ultrapassada pelo desenvolvimento de outras partes da Flórida com a chegada da ferrovia.

O turismo no Panhandle é mais recente, embora suas praias sejam as mais belas do estado. Essa parte do litoral é cada vez mais procurada pelos moradores do Sul, mas não pelos turistas estrangeiros. No extremo leste do Panhandle, na área conhecida como "Big Bend", os balneários dão lugar a belas cidades costeiras históricas como Cedar Key, uma tranquila vila de pescadores da época da velha Key West. No interior, reservas e parques que incorporam florestas, fontes e rios navegáveis são as principais atrações.

Uma das praias encantadoras do Panhandle, perto de Pensacola

◀ O icônico Florida State Capitol, em Tallahassee

Como Explorar o Panhandle

Quem visita o Panhandle costuma ir direto para os balneários costeiros que formam um arco entre Pensacola e Panama City. Ideais para famílias em férias, balneários como Fort Walton Beach e Destin oferecem todo tipo de acomodação e atividades, como esportes aquáticos, pesca em águas profundas, golfe e tênis. Embora a atenção esteja concentrada no litoral, o resto de Panhandle não deveria ser ignorado – os balneários são boas bases para passeios pelas montanhas com florestas de pinheiros no interior, onde é bem mais tranquilo. Os rios Blackwater e Suwannee oferecem excelentes condições para canoagem, e perto de Tallahassee estão os mais belos campos da Flórida, cortados por estradas arborizadas e bem preservadas.

Quietwater Beach, perto de Pensacola, em Santa Rosa Island

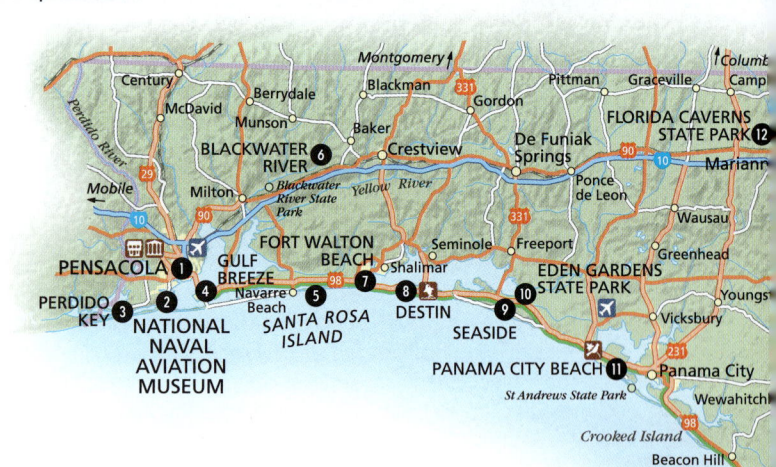

Principais Atrações

1. Pensacola pp. 232-5
2. National Naval Aviation Museum pp. 236-7
3. Perdido Key
4. Gulf Breeze
5. Santa Rosa Island
6. Blackwater River
7. Fort Walton Beach
8. Destin
9. Seaside
10. Eden Gardens State Park
11. Panama City Beach
12. Florida Caverns State Park
13. Torreya State Park
14. St. Joseph Peninsula State Park
15. Apalachicola
16. Ilhas St. Vincent, St. George e Dog
17. Wakulla Springs State Park
18. Tallahassee pp. 246-7
19. AB Maclay Gardens State Park
20. Monticello
22. Suwannee River State Park
23. Steinhatchee
24. Cedar Key

Passeios
21. Trilha do Algodão pp. 248-9

Elegante mansão de fazenda em Eden Gardens State Park

Veja hotéis e restaurantes dessa região nas pp. 314-25 e 329-49

Como Chegar

Apesar de as linhas da Amtrak cruzarem a região em torno da rodovia I-10, o serviço de passageiros foi desativado em 2005, devido aos danos causados pelo Katrina. Por isso, é preciso ter carro para explorar Panhandle. Há duas estradas principais: a rápida, mas sem atrativos, I-10, que vai de Pensacola a Tallahassee e depois para a costa atlântica; e a US 98, que corre paralela à costa de Pensacola até a "Big Bend", para ligar-se com a principal rodovia norte-sul da costa do Golfo, a US 19. As estradas secundárias de Panhandle são tranquilas, mas tome cuidado com os caminhões carregados de madeira que surgem nas saídas escondidas das florestas.

Construções à beira-mar no popular porto de Destin

Pelicanos aproveitam a calma e o silêncio de Apalachicola

Legenda

- Rodovia interestadual
- Estrada principal
- Estrada secundária
- Estrada vicinal
- Percurso com paisagem
- Ferrovia
- Fronteira estadual

Legenda dos símbolos *na orelha da contracapa*

Rua a Rua: Pensacola

Os primeiros habitantes vieram na expedição espanhola comandada por dom Tristan de Luna, que chegou à baía de Pensacola em 1559. O povoamento durou dois anos e foi destruído por um furacão. Pensacola mudou de mãos várias vezes: em pouco mais de 300 anos, as bandeiras espanhola, francesa, inglesa, confederada e norte-americana foram hasteadas sobre a cidade. Pensacola prosperou nos anos 1880, quando a maior parte dos edifícios que hoje existem foi construída. A arquitetura é variada, das cabanas coloniais às elegantes casas em estilo clássico *revival*, construídas no auge da extração da madeira no século XIX. O percurso aqui sugerido abrange a área conhecida como Historic Pensacola Village *(p. 234)*.

Lavalle House
A planta simples e as cores fortes dessa cabana de dois quartos do início do século XIX atendia ao gosto dos imigrantes *creole*.

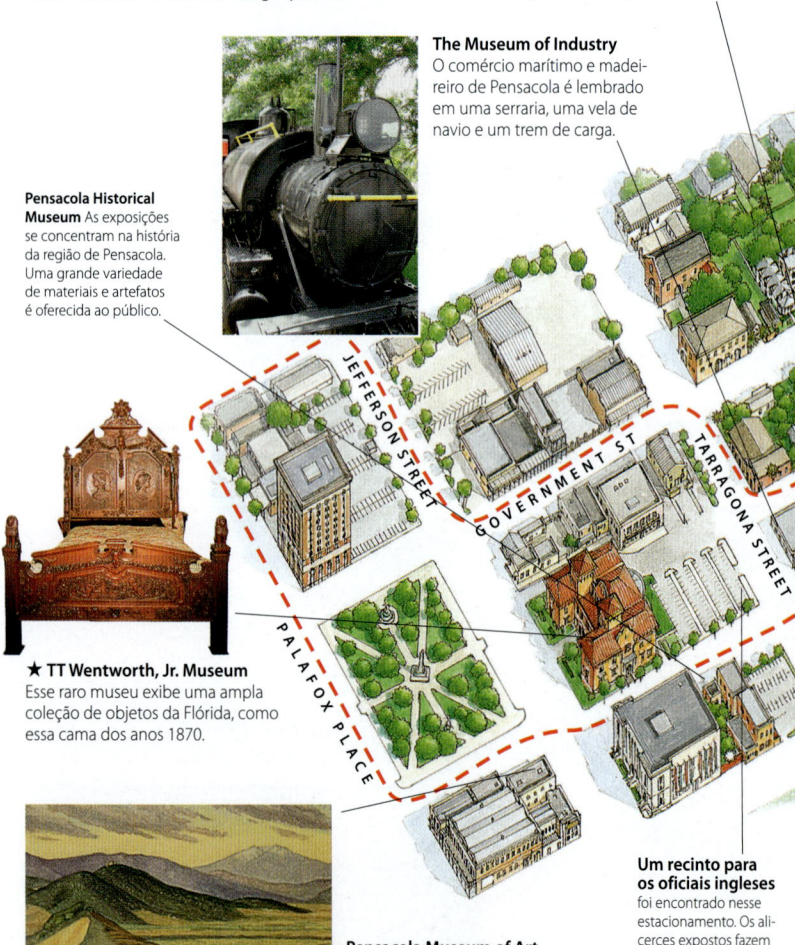

The Museum of Industry
O comércio marítimo e madeireiro de Pensacola é lembrado em uma serraria, uma vela de navio e um trem de carga.

Pensacola Historical Museum As exposições se concentram na história da região de Pensacola. Uma grande variedade de materiais e artefatos é oferecida ao público.

★ TT Wentworth, Jr. Museum
Esse raro museu exibe uma ampla coleção de objetos da Flórida, como essa cama dos anos 1870.

Pensacola Museum of Art
A antiga cadeia, de 1908, foi convertida em museu nos anos 1950. Essa paisagem de William Nell é apenas uma das obras de arte exibidas no local.

Um recinto para os oficiais ingleses foi encontrado nesse estacionamento. Os alicerces expostos fazem parte da Trilha Arqueológica Colonial da cidade *(p. 234)*.

Veja hotéis e restaurantes dessa região nas pp. 314-25 e 329-49

PANHANDLE | **233**

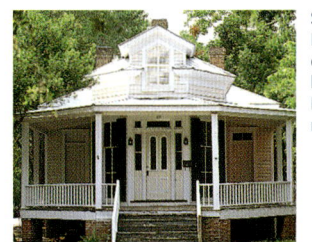

Steamboat House
De meados do século XIX, a era dos vapores *(p. 52)*, essa bela casa lembra um barco. Ela se completa com a varanda em forma de convés.

PREPARE-SE

Informações Práticas
Mapa rodoviário A1. Escambia Co. 294.400. 1401 E Gregory St, (850) 434-1234. Fiesta of Five Flags (jun). visitpensacola.com

Transporte
8 km (5 milhas) N. 980 E Heinburg St, (850) 433-4966. 505 W Burgess Rd, (850) 476-4800.

★ Seville Square
Sombreada por carvalhos e magnólias, Seville Square está no coração de Seville District, o bairro fundado pelos ingleses em 1770.

Fountain Square tem no centro uma fonte com placas mostrando as atrações locais.

Dorr House é a última mansão em estilo *revival* grego no oeste da Flórida.

★ Museum of Commerce
Uma gráfica totalmente equipada é uma das atrações dessa rua do final do período vitoriano, tão bem reconstruída nesse museu.

0 m — 200

Legenda
— Percurso sugerido

Como Explorar Pensacola

Os bairros históricos de Pensacola são as áreas mais interessantes para explorar. A melhor é a antiga área central, Historic Pensacola Village, que se concentra na bonita Zarragossa Street. Mais ao norte, no North Hill Preservation District, você passeia entre as mansões de importantes empresários e comerciantes construídas na fase áurea da madeira. Entre um e outro, a Palafox Place está em um bairro comercial com vários edifícios construídos entre 1900-20.

No centro de Pensacola, duas pontes o ligam a uma ilha de barreira onde está o seu balneário satélite Pensacola Beach *(p. 240)*. Os pontos turísticos estão no continente, mas os visitantes preferem ficar nos hotéis da praia.

As portas das celas ficam abertas no Pensacola Museum of Art

Guias usam trajes do século XIX na Historic Pensacola Village

Historic Pensacola Village
Tivoli House, 205 E Zarragossa St. **Tel** (850) 595-5985. ter-sáb. feriados.
w historicpensacola.org

Esse conjunto de museus e residências históricas está localizado no bairro antigo de Pensacola, o Seville District. Um passeio tranquilo por suas ruas dá uma boa ideia de como era o povoado no século XIX.

Para um visão mais detalhada, faça o passeio guiado que sai duas vezes ao dia da Tivoli House, na Zarragossa Street; na alta temporada, os guias animam as atividades vestindo roupas da época. O passeio visita a *creole* Lavalle House (1805), que é muito simples, e a graciosa Dorr House (1871). Há outras propriedades que são abertas ao público, mas não estão no roteiro. Um ingresso único, vendido na Tivoli House, cobre todo o percurso e dá direito a entrar em todas as casas durante dois dias. Você vai precisar dele para visitar o Museum of Industry e o Museum of Commerce. Instalado em um armazém do século XIX, o Museum of Industry, na Church Street, faz uma introdução ao desenvolvimento inicial de Pensacola. São exposições sobre a fabricação de tijolos, pesca, transporte e comércio de madeira.

No Museum of Commerce, na Zarragossa Street, há uma rua vitoriana completa: as lojas reconstruídas incluem uma gráfica cuja impressora ainda funciona, farmácia, selaria e uma loja de música.

Ergue-se sobre a arborizada Seville Square a Old Christ Church, de 1832. É a igreja mais antiga da Flórida ainda em seu local original, e está passando por restauração.

TT Wentworth, Jr., Florida State Museum
330 S Jefferson St. **Tel** (850) 595-5990. ter-sáb. feriados.

Esse museu está instalado na antiga prefeitura, um imponente prédio em estilo renascentista *revival* espanhol. As ecléticas coleções de seu fundador incluem antiguidades do oeste da Flórida e curiosidades de todas as partes do mundo. Entre elas há pontas de flecha, um crânio pré-colombiano, um terminal telefônico dos anos 1930 e antigas garrafas de Coca-Cola.

O museu oferece ainda exposições históricas bem organizadas e dioramas ilustrativos de vários pontos ao longo da Colonial Archaeological Trail, que interliga as ruínas de fortes que vão de 1752 a 1821. Uma das exposições conta os 400 anos da história de Pensacola.

Pensacola Museum of Art
407 S Jefferson St. **Tel** (850) 432-6247. ter-sáb. 4 jul, Ação de Graças, 25 dez, 1º jan.
w pensacolamuseumofart.org

As celas da antiga cadeia da cidade, com barras de ferro nas portas, ganharam vida nova quando transformadas em galerias desse museu. As peças nelas expostas são trocadas com frequência e incluem cerâmica pré-colombiana, objetos de vidro do século XIX e a Pop Art de Roy Lichtenstein.

Casa em estilo renascentista espanhol do TT Wentworth, Jr. Museum

Veja hotéis e restaurantes dessa região nas pp. 314-25 e 329-49

PANHANDLE | 235

Pensacola Children's Museum
115 E Zarragossa St. **Tel** (850) 595-1559. 10h-16h ter-sáb. dom, feriados.
historicpensacola.org

Instalado em um prédio de 1885 antes conhecido como Gulf Saloon, o museu administrado pela West Florida Historic Preservation, Inc. oferece uma experiência educativa e interativa sobre o passado de Pensacola, abordando a história sob aspectos militares e multiculturais, assim como das indústrias marítima e madeireira. Entre as instalações boas para crianças estão o Panton Trading Post, a Lavalle Cottage, o Fort, a Native American Village e o Kiddie Corral. O segundo andar abriga artefatos voltados para jovens e adultos, mas também apresenta um trem de brinquedo, blocos de construção e roupas para as crianças se fantasiarem.

North Hill Preservation District

Esse bairro histórico (que ocupa umas dez quadras desde a Wright Street, ao norte de Pensacola Historic Village) tem as casas mais elegantes do final do século XIX e início do século XX. Elas foram construídas no local de um antigo forte inglês e um espanhol, e até hoje ainda são encontradas balas de canhão em seus jardins floridos. Todas elas são propriedades particulares. Uma das mais belas é McCreary House *(p. 34)*, na North Baylen Street com a De Soto Street.

❷ National Naval Aviation Museum
pp. 236-7.

❸ Perdido Key
Mapa rodoviário A1. Escambia Co. Route 292, 19km (12 milhas) a O de Pensacola. Pensacola. Pensacola. 15500 Perdido Key Dr, Pensacola, (850) 492-4600.
perdidochamber.com

A 30 minutos de carro a sudoeste de Pensacola estão as preservadas praias de Perdido Key, que sempre figuram entre as vinte melhores dos EUA. Há bares, restaurantes e instalações para esportes aquáticos, pesca e mergulho, ou simplesmente para tomar um banho e secar-se ao sol.

Em todo o extremo leste da ilha só é possível chegar a pé. A estrada só vai até **Johnson Beach Day Use Area**, a leste da ponte que liga ao continente. As praias se estendem por 10km (6 milhas) tanto do lado do golfo quanto da baía, com instalações para visitantes e um posto de guarda (que está sendo restaurado depois de danificado por um furacão). No continente, em frente a Perdido Key, o **Big Lagoon State Park** oferece praias e áreas de mangue, observação de aves e caminhadas. A torre de observação tem vista panorâmica.

Johnson Beach Day Use Area
13300 Johnson Beach Rd, saindo da Route 292. **Tel** (850) 934-2600 (Federal Govt Office of National Seashore). diariam. 25 dez.

Big Lagoon State Park
12301 Gulf Beach Highway. **Tel** (850) 492-1595. diariam.

A praia extensa e preservada de Johnson Beach, em Perdido Key

McCreary House, no North Hill Preservation District

O Auge da Madeira na Flórida

No século XIX, a procura por madeira e artigos como alcatrão e terebintina teve importante papel no desenvolvimento do norte da Flórida. As extensas florestas de carvalho interessavam especialmente aos construtores de barcos, pela madeira mais resistente. Surgiram então as cidades madeireiras como Cedar Key *(p. 249)*, e as grandes fortunas geradas pela madeira na década de 1870-80 se transformaram nas elegantes residências de Pensacola, entre elas a Eden Mansion *(p. 241)*.

Em 1930, a maioria das florestas da Flórida havia desaparecido, e outros materiais passaram a ser usados. As serrarias fecharam e milhares de pessoas perderam o emprego.

Os madeireiros do século XIX trabalhavam por longos e exaustivos períodos

❷ National Naval Aviation Museum

Inaugurado em 1963, esse museu de entrada gratuita foi ampliado ao longo dos anos e hoje tem mais de 32.500m² de espaço expositivo, o que o torna o maior do gênero no mundo. Mais de 150 aviões e naves espaciais, além de maquetes, artefatos e mostras tecnológicas ocupam as plataformas da Naval Air Station Pensacola e atraem quase 1 milhão de visitantes por ano. Representando a aviação da Marinha, dos Fuzileiros Navais e da Guarda Costeira, o museu oferece passeios com voluntários, muitos deles ex-militares.

Hangar Bay One
A mostra Hangar Bay One tem aeronaves da era pós-Segunda Guerra Mundial, entre elas um helicóptero presidencial Marine One e uma réplica do módulo lunar Apollo 17.

Flying Tigers
Os dentes de tubarão pintados nesse caça da Segunda Guerra eram símbolo da Volunteer Flying Tiger, os pilotos que lutaram na China e na Birmânia.

O USS *Cabot* Flight Deck é a reprodução exata de um porta-aviões da Segunda Guerra, com os caças em formação no convés.

Sunken Treasures são dois aviões recuperados no lago Michigan, que caíram em treinamento na Segunda Guerra.

Monumento ao Espírito da Aviação Naval

Guia do Museu
O museu ocupa dois andares ou "conveses", que são divididos em duas alas interligadas por um átrio. A ala oeste é quase toda dedicada aos transportadores da Segunda Guerra, e a ala sul é mais histórica. Aeronaves são encontradas no Hangar Bay One, nos fundos do museu.

F-14 Tomcat

Entrada

O cinema IMAX® passa dois filmes diferentes em sete sessões diárias.

Biplano
Entre os aviões mais antigos estão os que eram usados para treinamento na Primeira Guerra Mundial e os biplanos.

Veja hotéis e restaurantes dessa região nas pp. 314-25 e 329-49

PANHANDLE | **237**

K47 Airship
As aeronaves do tipo "K" tinham papel fundamental na patrulha marítima, na Segunda Guerra.

PREPARE-SE

Informações Práticas
Mapa rodoviário 1A. 1750 Radford Blvd, NAS Pensacola.
Tel (850) 453-2389. Pensacola. Pensacola. 9h-17h seg-sex, 10h-17h sáb-dom.
1º jan, Ação de Graças, 25 dez.
W navalaviationmuseum.org

A Space Capsule Display tem um Módulo de Comando Skylab, a cápsula Mercury, um veículo lunar, trajes de astronauta, filmes do espaço e objetos.

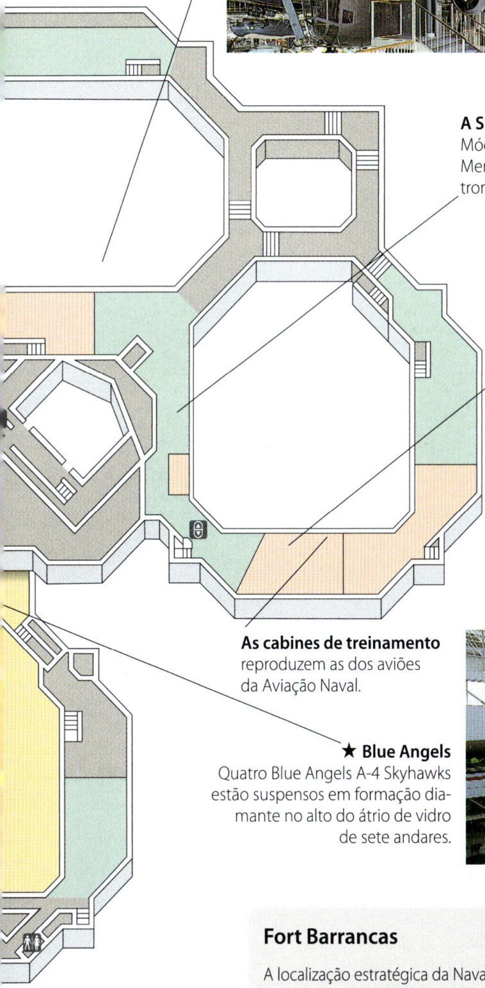

★ **MaxFlight Simulators**
Os visitantes podem vivenciar um combate em pleno ar e ter a sensação de voar em cenários com dezenas de aviões diferentes.

As cabines de treinamento reproduzem as dos aviões da Aviação Naval.

★ **Blue Angels**
Quatro Blue Angels A-4 Skyhawks estão suspensos em formação diamante no alto do átrio de vidro de sete andares.

Fort Barrancas

A localização estratégica da Naval Air Station, cercada por água em três lados, já foi aproveitada pelos espanhóis em 1698. As muralhas originais, construídas em um barranco (*barranca*, em espanhol) sobre a baía de Pensacola, foram substituídas por um forte em 1781. Outros acréscimos foram feitos pelo Exército dos EUA na década de 1840. As ruínas dos dois fortes, escondidas atrás de profundas trincheiras, são ligadas por um túnel. O forte fica próximo do museu, que também oferece visitas guiadas.

Vista de uma trincheira do Fort Barrancas

Legenda
- Aviões da Segunda Guerra
- Aviões antigos
- Aviões modernos
- Cinema
- Atrações interativas
- Exposições
- Galeria de arte
- Hangar Bay One
- Área sem exposição

❹ Gulf Breeze

Mapa rodoviário A1. Santa Rosa Co. 6.600. Pensacola. Pensacola. *i* 409 Gulf Breeze Parkway, (850) 932-7888.
w gulfbreezechamber.com

A rica localidade de Gulf Breeze situa-se na ponta oeste do promontório que avança sobre a baía de Pensacola. A parte leste da cidade tem matas que já pertenceram a uma grande floresta destinada, nos anos 1820, à extração da madeira usada na construção de navios (p. 235).

A **Naval Live Oaks Reservation**, saindo da US 98, antiga fazenda do governo para a extração de árvores, hoje protege o que restou da floresta. Os visitantes podem fazer trilhas em seus 500 hectares de *hammocks*, dunas e alagados, onde as aves pernaltas aproveitam a abundância de vida marinha. Um centro de visitantes distribui mapas e informações sobre a flora e a fauna locais.

Situado 16km (10 milhas) a leste de Gulf Breeze, **The Zoo** é o passeio favorito da família, abrigando mais de 700 animais. Você pode viajar no trem Safari Line ao longo dos 12 hectares, onde os animais circulam livremente, assistir a um show de Ellie, o elefante, ou passear pelo jardim botânico. Pode até dar de comer a uma girafa do alto de uma plataforma.

O trem Safari Line, em seu percurso no Zoo, Gulf Breeze

Naval Live Oaks Reservation
1801 Gulf Breeze Parkway. **Tel** (850) 934-2600. diariam. 25 dez. restrito. **w** nps.gov/guis

The Zoo
5701 Gulf Breeze Parkway. **Tel** (850) 932-2229. diariam. Ação de Graças, 25 dez.

❺ Santa Rosa Island

Mapa rodoviário A1. Escambia Co, Okaloosa Co, Santa Rosa Co. Pensacola. Pensacola ou Fort Walton Beach. *i* 8543 Navarre Parkway, Navarre, (850) 939-2691.
w floridabeachestorivers.com

Uma longa e estreita faixa de areia, Santa Rosa estende-se desde a baía de Pensacola até o Fort Walton Beach, distantes 70km (45 milhas) um do outro. Na extremidade oeste, o **Fort Pickens**, concluído em 1834, é o maior dos quatro fortes norte-americanos construídos no início do século XIX para defender a baía de Pensacola.

O chefe apache Gerônimo ficou preso no local em 1886-88, e as pessoas vinham de muito longe para vê-lo; as autoridades teriam supostamente encorajado sua transformação em atração turística. O forte foi usado pelo exército dos EUA até 1947. Hoje, você pode explorar livremente seus corredores escuros e o pequeno museu.

Santa Rosa tem várias praias. Pensacola Beach e Navarre Beach atraem muita gente; as duas têm um píer para pescaria e muitas atividades aquáticas. Entre elas há uma praia bonita e preservada onde você pode relaxar. Há uma área de camping no extremo oeste da ilha, perto de Fort Pickens.

Fort Pickens
1400 Fort Pickens Rd (Route 399). **Tel** (850) 934-2621. diariam. restrito. **w** nps.gov/guis

Passarela para Pensacola Beach, na Santa Rosa Island

❻ Blackwater River

Mapa rodoviário A1. Santa Rosa Co. Pensacola. Pensacola. *i* 5247 Stewart St, Milton, (850) 623-2339. **w** srchamber.com

O rio Blackwater nasce no Alabama e desemboca no golfo do México, 95km (60 milhas) ao sul. Um dos rios com fundo de areia mais limpos do mundo, suas águas escurecidas pelo tanino atravessam a floresta, criando lagos semicirculares e prainhas.

A maior atração do rio é a canoagem: uma das melhores trilhas de canoagem em todo o estado segue o curso do rio por 50km (31 milhas). Passeios de canoa e caiaque podem ser contratados nas várias agências de Milton, a "Capital da Canoagem da Flórida". Eles variam desde meio dia em barcos a remo a maratonas de três dias,

Trilha natural na Naval Live Oaks Reservation

O rio Blackwater, famoso pela trilha de canoagem

com a opção de enfrentar trechos mais difíceis em Sweetwater e Juniper, ao norte.

O pequeno **Blackwater River State Park**, localizado no fim da trilha de canoagem, oferece natação, áreas de piquenique e a Chain of Lakes Trail. Essa trilha natural de 1,5km (1 milha) atravessa uma densa floresta de carvalhos, nogueiras, magnólias e bordos.

Blackwater River State Park
Saindo da US 90, 24km (15 milhas) a NE de Milton. **Tel** (850) 983-5363. diariam. restrito.
w floridastateparks.org

❼ Fort Walton Beach

Mapa rodoviário A1. Okaloosa Co. 18.500. Crestview.
i 34 Miracle Strip Parkway SE, (850) 244-8191, (800) 322-3319.
w fwbchamber.org

O Fort Walton Beach está na extremidade oeste da Emerald Coast, os deslumbrantes 40km (24 milhas) de praia que se estendem a oeste de Destin e além. Lojas de equipamento de mergulho e marinas acompanham a US 98, que contorna a costa e liga Fort Walton à Santa Rosa Island. Mais conhecida como ilha Okaloosa, é a mais frequentada por moradores e visitantes. Não só é excelente lugar para nadar, mas para a pesca com vara e submarina e para a prática de esportes aquáticos.

Também é possível nadar, velejar ou praticar windsurfe na costa norte da ilha, na protegida baía de Choctawhatchee. Aí as inúmeras marinas oferecem passeios de barco. Para quem prefere terra firme, a Emerald Coast tem dezenas de campos de golfe.

Golfinhos e leões-marinhos encantam nos shows diários do popular parque marinho **Gulfarium**. Atrás dos vidros do Living Sea veem-se tubarões, arraias e tartarugas gigantes. E também focas, lontras e pássaros exóticos.

Não há nada muito atraente no centro da cidade além do informativo **Indian Temple Mound Museum**, que fica próximo a um antigo cemitério indígena onde os apalaches *(pp. 44-5)* faziam cerimônias e enterros por volta de 1400. O museu exibe artefatos recuperados no local e em outros sítios indígenas próximos, e as exposições, muito bem ilustradas, rastreiam mais de 10 mil anos de presença humana na baía de Choctawhatchee.

Uns 5km (3 milhas) ao norte, em Shalimar, está a Eglin Air Force Base, a maior base da força aérea do mundo. O **US Air Force Armament Museum** exibe aviões, mísseis e bombas da Segunda Guerra até hoje. Tem um avião espião SR-71 "Blackbird" e um moderno equipamento de laser. São oferecidos passeios pelos 1.865km^2 da base.

Pote índio, Temple Mound Museum

Gulfarium
1010 Miracle Strip Parkway. **Tel** (850) 244-5169. diariam. Ação de Graças, 24-25 dez. restrito.
w gulfarium.com

Indian Temple Mound Museum
139 SE Miracle Strip Parkway. **Tel** (850) 833-9595. seg-sáb. Ação de Graças, 25 dez, 1º jan. restrito.
w fwb.org

US Air Force Armament Museum
100 Museum Drive (Route 85). **Tel** (850) 882-4062. diariam. feriados.

Pessoas passeiam pelas areias brancas do golfo do México, em Fort Walton Beach

8 Destin

Mapa rodoviário A1. Okaloosa Co.
🏠 12.000. ✈ 🚌 Fort Walton Beach.
ℹ 4484 Legendary Dr, Suite A, (850) 837-6241. **W** destinchamber.com

Situada entre o golfo do México e a baía de Choctawhatchee, Destin é uma cidade estreita que acompanha a rodovia litorânea US 98. Ela surgiu em 1845 como um acampamento de pesca, mas acabou se transformando no que se diz ser a "mais próspera vila de pescadores" dos Estados Unidos. A pesca submarina é a grande atração local, e o movimento dos barcos fretados por pescadores é constante. As águas próximas de Destin são especialmente ricas em peixes devido a uma queda de 30m na plataforma continental a apenas 16km (10 milhas) da costa. Os peixes mais pescados são olho-de-boi, tarpão e marlim azul. Há um calendário repleto de torneios de pesca em Destin; o mais famoso é o Fishing Rodeo, durante todo o mês de outubro. Outra data importante é o início de outubro, quando começa o festival anual de frutos do mar. Mariscos, camarões e caranguejos atraem multidões.

Com belas praias e águas límpidas, típicas da Emerald Coast, Destin tornou-se um balneário muito popular. E é muito procurada também para mergulho.

Pescador limpa os peixes no porto de Destin

🎪 **Destin Seafood Festival**
Destin (Início out).

Torre de madeira, típica das casas à beira do Golfo em Seaside

9 Seaside

Mapa rodoviário B1. Walton Co.
🏠 200. ℹ (850) 231-4224.
W seasidefl.com

Quando Robert Davis resolveu fundar Seaside em meados de 1980, os balneários da sua infância lhe serviram de inspiração. Davis imaginava uma nostálgica cidade de veraneio com casas de madeira, no estilo tradicional do noroeste da Flórida, com varandas, telhados inclinados e cercas brancas. Mas o estilo original logo se transformou em

As Praias do Panhandle

Entre Perdido Key e Panama City Beach estão algumas das mais belas praias da Flórida. A areia fina, com 90% de quartzo, trazida das montanhas apalaches e depositada nas praias largas, chega a ofuscar à luz do sol. Os veranistas são em maior número em junho e julho, mas a temperatura da água no Golfo ainda é agradável até fim de novembro. Há praias tranquilas e preservadas, e outros balneários mais agitados. E são muitas as oportunidades para mergulhar e praticar esportes aquáticos.

Pensacola Beach ③ são quilômetros de praias preservadas, ladeadas por lojas, hotéis e bares. Nos fins de semana costuma ficar muito cheio *(p. 238)*.

① **Perdido Key**
Algumas das praias mais a oeste do estado, em Perdido Key, não têm acesso por carro e por isso são mais tranquilas *(p. 235)*.

② **Gulf Islands National Seashore** oferece camping, uma linda praia para se desfrutar e construções históricas para serem exploradas.

④ **Navarre Beach** é uma das mais calmas da ilha. Tem alguns recursos, entre eles uma plataforma de pesca *(p. 238)*.

0 km 15

Veja hotéis e restaurantes dessa região nas pp. 314-25 e 329-49

detalhes de mau gosto *(p. 35)*. As casas neovitorianas pintadas em tons pastel parecem irreais, de conto de fadas. E se você estiver passando pela US 98 é difícil não parar para dar uma espiada. Mas a praia é outra atração à parte.

Arredores
Cerca de 1,5km (1 milha) a oeste de Seaside, o **Grayton Beach State Park** é outro belo trecho da costa do Panhandle que sempre consta da lista das melhores praias dos Estados Unidos. Além dessa larga faixa de areias brancas e preservadas, o parque oferece boas condições para surfe, pesca, instalações para barcos, uma trilha natural e área de camping. No verão, os guardas florestais organizam uma extensa programação para toda a família.

Grayton Beach State Park
County Rd 30A, junto da US 98, 1,5km (1 milha) a O de Seaside. **Tel** (850) 231-4210. diariam.
floridastateparks.org

Estátua cercada de plantas no Eden State Gardens

❿ Eden Gardens State Park

Mapa rodoviário B1.
Walton Co. Point Washington.
Tel (850) 231-4214.
Fort Walton Beach.
Jardins: diariam. Casa: qui-seg. 10h-14h.
floridastateparks.org

O barão da madeira William H. Wesley construiu essa mansão em estilo grego *revival* sobre o rio Choctawhatchee, em 1897. O gracioso sobrado de madeira, inspirado nas mansões anteriores à Guerra Civil, com pé-direito alto e amplas varandas, é repleto de antiguidades. Os jardins de camélias e azaleias estão à sombra das magnólias e dos carvalhos; eles levam às mesas de piquenique na beira do rio, onde antes ficava a serraria. Grossos troncos desciam a correnteza desde as florestas até a serraria, onde eram cortados em toras e enviados pela Intracoastal Waterway para Pensacola.

Santa Rosa
⑦ **Beach**
Essa praia arenosa é costeada por dunas e alagados, repletos de aves e animais selvagens.

⑨ **Panama City Beach**
Condomínios, hotéis, parques de diversão e aquáticos marcam a agitada Panama City Beach. Mergulho e esportes aquáticos são os favoritos *(p. 242)*.

⑥ **Destin** atrai banhistas para as suas belas praias e quem pesca em alto-mar.

⑧ **Grayton** tem passarelas nas dunas que levam a uma das melhores praias do país.

⑤ **Fort Walton Beach** é um balneário familiar e tranquilo, excelente para esportes aquáticos *(p. 239)*.

⑩ **St. Andrews** tem uma praia linda que, ao contrário de Panama City Beach, foi poupada pela especulação *(pp. 242-3)*.

Panama City Beach, o balneário mais animado do Panhandle

⓫ Panama City Beach

Mapa rodoviário B1. Bay Co. 14.500. 17001 Panama City Beach Pkwy, (850) 233-5070. Captain Anderson's: **Tel** (850) 234-3435. Treasure Island Marina: **Tel** (850) 234-8944.
w visitpanamacitybeach.com

Um verdadeiro cartão-postal, Panama City Beach tem 43km (27 milhas) de hotéis, parques de diversão e galerias, tudo isso em praias espetaculares de quartzo brilhante. O maior balneário do Panhandle atrai os jovens, que correm para cá nas férias de primavera *(p. 38)*, e também as famílias, que são a maioria no verão. As instalações esportivas são excelentes.

Panama City Beach, conhecida como a "capital dos naufrágios no sul", é um famoso destino de mergulho. Além dos recifes de coral, há mais de 50 locais de mergulho criados por navios naufragados, considerados os melhores do Golfo. Agências especializadas oferecem mergulho com snorkel e cilindro, além de aulas. Para os menos ousados, Captain Anderson's e Treasure Island Marina fazem viagens para alimentar os golfinhos e passeios em barcos com fundo de vidro.

🐬 Gulf World Marine Park
15412 Front Beach Rd.
(850) 234-5271. ○ diariam.
● Ação de Graças, 25 dez. 🎭 ♿
w gulfworldmarinepark.com

Os shows de golfinhos e leões-marinhos são as atrações. O aquário e um tanque com tubarões ficam em um jardim habitado por um bando de papagaios.

🏛 Museum of Man in the Sea
17314 Panama City Beach Parkway.
Tel (850) 235-4101. ○ diariam. ●
Ação de Graças, 25 dez, 1º jan. ♿
w maninthesea.org

O Museu do Homem no Mar oferece uma visão simples, porém didática, da história do mergulho e do salvamento marítimo. As peças em exposição vão desde antigos capacetes de mergulho a tesouros recuperados do galeão espanhol *Atocha (p. 32)*, no século XVII. Tem também um estacionamento de submarinos. Um dos favoritos é o *Moby Dick*, navio de salvamento de baleias pintado como uma orca.

🦁 ZooWorld
9008 Front Beach Rd. **Tel** (850) 230-1243. ○ diariam. ● 25 dez. 🎭 ♿
w zooworldpcb.net

O ZooWorld tem mais de 350 animais, entre ursos, grandes felinos, aligatores, camelos, girafas e orangotangos, além de umas quinze espécies ameaçadas de extinção.

O Gentle Jungle Petting Zoo, que oferece a oportunidade de interagir com os animais, é a atração que faz mais sucesso entre as crianças.

Orangotango, um dos moradores mais divertidos do zoo

💦 Shipwreck Island Water Park
12201 Hutchison Blvd. **Tel** (850) 234-0368. ○ abr-mai: sáb, dom; jun-ago: diariam (sujeito a mudança). 🎭 ♿ restrito. **w** shipwreckisland.com

Nesse parque aquático a família fica entretida o dia inteiro. A descida de 490m no tubo Lazy River é ótima, e o parque dispõe ainda de opções mais radicais para os aventureiros, como a Speed Slide (55km/h), as Raging Rapids e as White Knuckle Rapids (110m). Há brinquedos mais suaves para as crianças pequenas e uma piscina infantil. Além disso, os visitantes contam com uma piscina de ondas.

Diversão no Lazy River, Shipwreck Island Water Park

🎢 Coconut Creek Family Fun Park
9807 Front Beach Rd. **Tel** (850) 234-2625, (888) 764-2199. ○ 9h-11h30 diariam. ● 24 e 25 dez. 🎭 crianças menores de 6 brincam de graça. ♿
w coconutcreekfun.com

Esse parque, com dois minicampos de golfe com dezoito buracos, tem como tema um safári africano. Tem também um labirinto enorme, do tamanho de um campo de futebol, cujo tema é viajar entre ilhas do Pacífico sul. É o maior do gênero no país.

Arredores
Um desvio de 5km (3 milhas) a sudeste da estrada principal, o **St. Andrews State Park** é um antídoto contra Panama City

Réplica de uma refinaria de terebintina no St. Andrews State Park

Beach, embora fique muito cheio no verão. A reserva tem uma praia bonita, considerada a melhor do país em 1995. É boa para banho e oferece excelentes mergulhos com snorkel ao redor das pedras do molhe. Além das dunas, as lagoas e áreas alagadas abrigam aligatores e aves pernaltas. Ainda dentro do parque, perto da plataforma de pesca, há uma recriação de uma antiga refinaria de terebintina, comuns no estado no início do século XX *(p. 235)*.

St. Andrews State Park
4607 State Park Ln. **Tel** (850) 233-5140.
diariam. restrito.
floridastateparks.org

⓬ Florida Caverns State Park

Mapa rodoviário B1. Jackson Co. 3345 Caverns Rd, saindo da Route 166, 5km (3 milhas) ao N de Marianna. Marianna: **Tel** (850) 482-9598.
diariam.
floridastateparks.org

O calcário que compõe a base da Flórida fica exposto em uma série de cavernas subterrâneas, escavadas na pedra mole e drenadas pelo rio Chipola. A água da chuva que ao longo de milhares de anos é filtrada pela rocha porosa criou belas passagens subterrâneas de estalactites, estalagmites, colunas e regatos cristalinos. Use roupas quentes nas visitas guiadas, porque a temperatura nas cavernas se mantém a 16-19°C.

O parque tem trilhas para caminhada e passeios a cavalo, e também é possível nadar e pescar no rio Chipola. Uma trilha de canoagem com 84km desliza através da altas encostas ao longo do rio na direção sul, até o lago Dead, a oeste da Apalachicola National Forest *(p. 244)*.

⓭ Torreya State Park

Mapa rodoviário C1. Liberty Co. Route CR 1641, 21km (13 milhas) ao N de Bristol. Blountstown. **Tel** (850) 643-2674. diariam. restrito. **floridastateparks.org**

Mais fora do caminho que os outros parques da Flórida, o Torreya State Park merece ser visitado. Seu nome é uma homenagem à *torreya*, um tipo raro de teixo, uma árvore que crescia em abundância na região. O parque termina em uma curva arborizada no rio Apalachicola. Altos penhascos de calcário, nos quais os soldados confederados abriam cavas para repelir os barcos da União durante a Guerra Civil, acompanham o rio, proporcionando um dos raros pontos de observação naturais da Flórida.

A **Gregory House**, uma elegante mansão do século XIX em estilo clássico *revival*, fica no topo de um penhasco de 45m. Em 1935 a casa foi trazida para cá de seu local de origem, rio abaixo, e restaurada.

São 25 minutos de caminhada para a Gregory House, ida e volta, ou fazer os 11km (7 milhas) da Weeping Ridge Trail. Os dois caminhos atravessam a floresta e dão chance de ver várias espécies de animais, como aves, veados, castores e tartarugas.

⓮ St. Joseph Peninsula State Park

Mapa rodoviário B1. Gulf Co. Route 30E. Blountstown. **Tel** (850) 227-1327. diariam. restrito. aberto o ano todo. **floridastateparks.org**

Localizada na ponta da estreita faixa de areia que começa em Cape San Blas e abrange a baía de St. Joseph's, essa bela e intocada praia é ideal para quem quer paz e tranquilidade. O mar é excelente para nadar, mergulhar com snorkel e pescar. Quem gosta de pássaros deve levar binóculos, porque a variedade é muito grande: mais de 200 espécies de aves já foram catalogadas na área. Há barracas na frente da praia e instalações básicas para camping.

Afastando-se da praia, encontram-se palmitais e florestas de pinheiros, onde é possível avistar veados, linces, guaxinins e até mesmo alguns coiotes.

As florestas às margens do rio Apalachicola, no Torreya State Park

Casas restauradas à beira da água na Water Street, Apalachicola

⓯ Apalachicola

Mapa rodoviário B1. Franklin Co.
🚗 3000. 🚌 Tallahassee. ℹ️ 122 Commerce St, (850) 653-9419.
w apalachicolabay.org

Um posto alfandegário à beira-rio em 1823, Apalachicola viveu dias de glória nos primeiros cem anos de sua existência. Primeiro, beneficiou-se com o comércio de algodão, depois vieram os mergulhadores de esponja e por fim os barões da madeira que ali fizeram fortuna. Hoje, pinheiros e madeiras de lei formam a Apalachicola National Forest, que começa 19km (12 milhas) ao norte de Apalachicola e se aproxima de Tallahassee.

Quando a madeira escasseou nos anos 1920, a pesca e a coleta de ostras foram retomadas no estuário do rio Apalachicola. Os barcos pesqueiros ainda atracam no porto, onde há vários frigoríficos e antigos armazéns de algodão. Entre os frigoríficos da Water Street, há inúmeros lugares para se comer ostras frescas.

A cidade velha segue um rígido padrão geométrico com belas construções históricas que datam do período áureo do algodão. O mapa de um percurso feito a pé, distribuído na câmara de comércio, inclui verdadeiros tesouros, como a Raney House, de 1838.

Dedicado ao seu mais notável morador, o **John Gorrie Museum State Park** tem um exemplar da máquina de fazer gelo inventada pelo Dr. Gorrie, para resfriar o quarto dos doentes de febre-amarela. A máquina foi a semente do ar-condicionado.

🏛 John Gorrie Museum State Park
46 6th Street (Gorrie Square).
Tel (850) 653-9347. ⏰ qui-seg. 🚫 Ação de Graças, 25 dez, 1º jan. ♿

⓰ Ilhas St. Vincent, St. George e Dog

Mapa rodoviário B2, C2, C1. Franklin Co. 🚌 Tallahassee.
ℹ️ 122 Commerce St, Apalachicola, **Tel** (850) 653-9419. Jeannie's Journeys: **Tel** (850) 927-3259.
w sgislandjourneys.com

Essas ilhas de barreira separam a baía de Apalachicola do golfo do México. St. George é ligada por uma ponte a Apalachicola. Mas em uma faixa de 14km (9 milhas) de dunas na ponta leste está o preservado **St. George Island State Park**; a maioria das praias fica do lado do Golfo. As praias localizadas em St. George são conhecidas como as mais belas do país.

A oeste, o **St. Vincent National Wildlife Refuge** não é habitado e só tem acesso por barco: a Jeannie's Journeys, em East Gorey Drive, organiza visitas. Os passeios de caiaque no interior da ilha só podem ser feitos entre maio e outubro. É possível ver águias-pescadoras na primavera, a desova das tartarugas marinhas no verão e a migração das aves aquáticas no inverno.

Para chegar à pequena Dog Island, à leste, toma-se um barco em Carrabelle, no continente. Além de uma pousada, tem dunas e muitas conchas.

🏖 St. George Island State Park
Tel (850) 927-2111. ⏰ diariam.

🏖 St. Vincent National Wildlife Refuge
Tel (850) 653-8808. ⏰ seg-sex.

Pesca com vara, atividade popular nas praias da George Island

A piscina de Wakulla Springs

⓱ Wakulla Springs State Park

Mapa rodoviário C1. Wakulla Co. 550. Wakulla Park Drive, Wakulla Springs. **Tel** (850) 224-5950. 🚌 Tallahassee. ⏰ diariam. 🚭 ♿
w floridastateparks.org

Uma das maiores fontes de água doce do mundo, a Wakulla despeja 2,6 milhões de litros de água por minuto em uma grande piscina.

Nesse local, você pode nadar ou mergulhar com snorkel nas águas cristalinas, filtradas por pedras calcárias, ou fazer um passeio de barco com fundo de vidro. As viagens pelo rio revelam aligatores, lontras e aves pernaltas. Além disso, há trilhas pela floresta.

Não deixe de visitar o hotel e restaurante Wakulla Springs Lodge, construído nos anos 1930 em estilo espanhol.

Veja hotéis e restaurantes dessa região nas pp. 314-25 e 329-49

Pesca de Caranguejo na Baía de Apalachicola

A baía de Apalachicola é um dos mais férteis sistemas estuarinos do mundo. Alimentada pelo rio Apalachicola, rico em nutrientes, a baía é um precioso local de reprodução, criação e alimentação de muitas espécies marinhas. As águas quentes e rasas dos pântanos salgados, entre a baía de Apalachicola e Cedar Key *(p. 249)*, também são importantes locais de alimentação. A tradição pesqueira se estende por toda a costa. Ostras, siris-azuis, camarões e outros crustáceos, além de uma variedade de peixes, contribuem para a indústria pesqueira local, que rende US$15 milhões por ano. A baía de Apalachicola responde por 90% da produção de ostras do estado. As ostras crescem rapidamente nas condições ideais da baía, alcançando o tamanho de mercado, 8cm, em menos de dois anos.

"Pinças", um par de ancinhos ligados como uma tesoura, ajudam a tirar as ostras do mar.

Um "separador" seleciona as ostras por tamanho, devolvendo as pequenas.

Coleta de Ostras

Os ostreiros, também chamados de "pinceiros" pelas ferramentas, pescam em pequenos barcos, principalmente em águas públicas chamadas bares de ostras. As ostras podem ser coletadas o ano todo, mas há uma entressafra no verão e outono, quando o pescador busca outras espécies.

Coleta de ostras na baía de Apalachicola

Ostras frescas, servidas no gelo

Frutos do mar frescos são vendidos o ano todo em Apalachicola. No primeiro fim de semana de novembro, chegam os fãs de frutos do mar para o festival anual Florida Seafood Festival.

Camarões brancos, marrons e rosa são pescados perto da costa em pequenos barcos, ou em mar aberto, no golfo do México, em grandes barcos que ficam fora uma semana ou mais. O camarão é trazido para as *seafood houses*, para seleção e distribuição.

O siri-azul, tanto de casca dura como mole, são coletados em armadilhas de linha com isca, deixadas e recolhidas por pequenos barcos. Eles aparecem quando esquenta, às vezes já em fevereiro.

⑱ Tallahassee

A 23km (14 milhas) da fronteira da Georgia, rodeada por suaves colinas e estradas arborizadas, Tallahassee é a síntese de "outra Flórida": é graciosa, hospitaleira e descontraidamente sulista. Povoada no passado por índios apalaches e uma missão franciscana, essa vila remota era o local mais improvável para a fundação da nova capital da Flórida Territorial, em 1824 (p. 229). Da simplicidade inicial, porém, Tallahassee cresceu muito na época das grandes fazendas e depois que a Flórida tornou-se estado, em 1845. A cidade tem casas elegantes construídas na época por políticos, fazendeiros e comerciantes, que ainda hoje podem ser vistas.

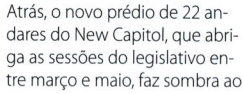

PREPARE-SE

Informações Práticas
Mapa rodoviário C1. Leon Co.
180.000. 106 E. Jefferson Street, (850) 606-2305.
Springtime Tallahassee (mar-abr). **W** visittallahassee.com

Transporte
13km (8 milhas) S. 918 Railroad Avenue, (800) 872-7245.
112 W Tennessee Street, (850) 222-4240.

Como Explorar Tallahassee

O bairro histórico, onde estão as casas mais belas do século XIX, concentra-se na Park Avenue e Calhoun Street, duas ruas calmas, sombreadas por árvores centenárias. A Brokaw-McDougall House na Meridian Street é uma mansão em estilo clássico *revival*. Influências similares podem ser vistas em The Columns, a mansão de 1830 da Duval Street, que é a mais antiga da cidade. O Capitol Complex fica no centro exato de Tallahassee. O venerável prédio do Old Capitol foi todo restaurado de acordo com o estilo original de 1902, com cúpula branca e toldos listrados. Por dentro, é possível visitar a sala da Suprema Corte, a antiga sala de reuniões de gabinete e Câmara dos Deputados.

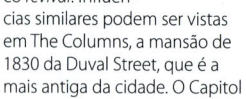

Entalhe de madeira no Old Capitol Senate

Atrás, o novo prédio de 22 andares do New Capitol, que abriga as sessões do legislativo entre março e maio, faz sombra ao seu antecessor. É uma estrutura sóbria dos anos 1970, mas oferece uma bela vista da cidade do último andar. O Centro de Visitantes na rua Jefferson distribui mapas de passeios a pé.

🏛 Knott House Museum

301 East Park Ave. **Tel** (850) 922-2459.
qua-sáb.
W museumoffloridahistory.org

Essa casa é diferente por ter sido construída por um negro livre em 1843, vinte anos antes da emancipação dos escravos da Flórida. Hoje é uma das casas vitorianas mais bonitas de Talla-

---

Centro de Tallahassee

① Museum of Florida History
② Old Capitol
③ New Capitol
④ The Columns
⑤ Knott House Museum
⑥ Brokaw-McDougall House

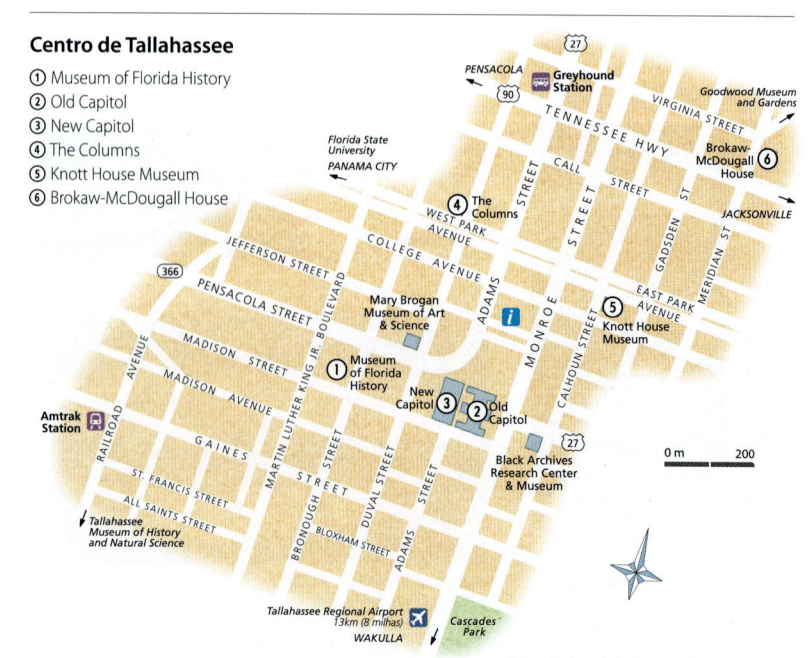

Legenda dos símbolos na orelha da contracapa

Veja hotéis e restaurantes dessa região nas pp. 314-25 e 329-49

hassee e leva o nome dos Knotts, que se mudaram para lá em 1928 e fizeram uma reforma completa. O interior lembra os donos. Os poemas que Luella Knott compôs para seus móveis antigos estão presos a eles, exatamente onde ela os pôs.

Museum of Florida History
500 S Bronough St. **Tel** (850) 488-1484. diariam. Ação de Graças, 25 dez. **flheritage.com**

O museu conta 12 mil anos de história da região de maneira divertida. Vários dioramas exibem elementos da cultura paleoindígena, tatus gigantes e um esqueleto de mastodonte, cujos ossos foram encontrados em Wakulla Springs *(p. 244)*. Inúmeros artefatos e painéis sucintos contam a história local desde o período colonial até a chegada dos turistas nos anos 1920 *(p. 55)*.

Arredores
Pela Lake Bradford Road, 5km (3 milhas) a sudoeste da cidade, chega-se ao **Tallahassee Museum of History and Natural Science**, que faz muito sucesso entre as crianças. A atração é a Big Bend Farm, que recria com precisão a vida rural do século XIX; os funcionários, vestidos como fazendeiros, cuidam de cabras e gansos entre construções autênticas dos anos 1880. Bellevue, a pequena casa de fazenda dos anos 1830, é outra atração. Há ainda um centro de descobertas interativas e um zoo. Às margens do lago Bradford, a floresta é o hábitat natural de ursos-pardos e linces, enquanto os aligatores deslizam por entre ninfeias e ciprestes de pântano. O **Goodwood Museum and Gardens**, a nordeste de Tallahassee, era grande produtor de algodão e milho no século XIX *(pp. 50-1)*. A casagrande, construída nos anos 1830, conserva alguns detalhes originais como a escada de mogno. Após anos de abandono, as construções da fazenda estão sendo restauradas.

Passarela do Museum of History and Natural Science

A. B. Maclay Gardens State Park perto de Tallahassee, na primavera

Tallahassee Museum of History and Natural Science
3945 Museum Drive. **Tel** (850) 576-1636. diariam. Ação de Graças, 24-25 dez, 1º jan. **tallahasseemuseum.org**

Goodwood Museum and Gardens
1600 Miccosukee Rd. **Tel** (850) 877-4202. seg-sex. seg-sáb. **goodwoodmuseum.org**

⓳ AB Maclay Gardens State Park

Mapa rodoviário C1. 3540 Thomasville Rd, Leon Co. **Tel** (850) 487-4556. Tallahassee. Tallahassee. seg-sáb. dom. restrito. **floridastateparks.org**

Esses belos jardins, 6km (4 milhas) ao norte de Tallahassee, estavam originalmente ao redor de Killearn, a residência de inverno dos anos 1930 do financista nova-iorquino Alfred B. Maclay. Mais de 200 tipos de plantas compõem canteiros que se espalham pelas margens do lago Hall. Eles chamam a atenção também no inverno, quando as camélias e as azaleias estão floridas (de janeiro a abril). Os visitantes podem nadar, pescar, passear de barco ou andar pela Pine Nature Trail.

⓴ Monticello

Mapa rodoviário C1. Jefferson Co. 2.800. Tallahassee. Tallahassee. 420 W Washington St, (850) 997-5552. **monticellojeffersonfl.com**

Fundada em 1827, Monticello recebeu esse nome devido a uma casa na Virgínia que pertencia ao presidente Thomas Jefferson. Situada no centro da região algodoeira da Flórida, ao norte, a cidade prosperou e ganhou novas mansões. Algumas são hoje *bed and breakfast*, o que faz da cidade uma boa base para explorar a área de Tallahassee.

Monticello tem como ponto central o imponente Tribunal de Justiça da US 90. O bairro histórico fica ao norte, com ruas arborizadas e belas construções antigas, que vão desde mansões de 1850 a residências em estilo rainha Ana com adornos de madeira e detalhes góticos.

Todo ano, no fim de junho, a cidade hospeda o seu Watermelon Festival para celebrar o seu principal produto, a melancia. Carros alegóricos, danças e rodeios, e o tradicional concurso de cuspir semente de melancia estão entre as atrações.

Igreja presbiteriana de Monticello

㉒ Suwannee River State Park

Mapa rodoviário D2. Suwannee Co. 21km (13 milhas) O de Live Oak. Live Oak. **Tel** (386) 362-2746. ○ diariam. restrito.
w floridastateparks.org

Conhecido em todo o mundo pela canção *Old Folks at Home*, composta por Stephen Foster em 1851, o Suwannee nasce na Geórgia e desemboca no golfo do México após percorrer 425km.

O parque é uma das melhores áreas da Flórida para praticar canoagem. Nesse ponto o rio é manso, e em suas margens baixas os canoístas têm chance de ver animais selvagens, além de garças, aves pernaltas e tartarugas. Há canoas para alugar, e também uma rampa para barcos e um camping todo arborizado.

Perto, o **Stephen Foster Folk Culture Center State Park** é o parque mais antigo do rio e oferece atividades semelhantes.

Banho de sol no píer do Suwannee River State Park

Stephen Foster Folk Culture Center State Park

11016 Lillian Saunders Drive. **Tel** (386) 397-4331. ○ diariam.
w floridastateparks.org

㉓ Steinhatchee

Mapa rodoviário D2. Taylor Co. 1.000. Chiefland. 428 N Jefferson, Perry, (850) 584-5366.
w taylorcountychamber.com

Afastada do estuário do rio Steinhatchee, essa tranquila vila de pescadores fica na margem do rio. Para sentir a atmosfera do lugar, esqueça os estacionamentos de trailers e caminhe por pesqueiros, lojas de iscas e docas de madeira. Ali se pesca muita truta, e também é possível pegar caranguejo ao longo da costa.

Uns 42km (26 milhas) a noroeste está a pequena **Keaton Beach**, um balneário muito popular.

㉔ Cedar Key

Mapa rodoviário D2. Levy Co. 950. Chiefland. 525 2nd Street, (352) 543-5600. **w** cedarkey.org

Uma das ilhotas do golfo do México ligadas ao continente por pontes, Cedar Key é uma pitoresca vila de pescadores. Ela prosperou no século XIX como terminal da ferrovia interestadual da Flórida e com o comércio de madeira. Mas em pouco tempo as matas de cedro que

㉑ Trilha do Algodão

Nas décadas de 1820 e 1830, a região de Tallahassee era a mais importante produtora de algodão da Flórida. Os carroções puxados por cavalos saíam das fazendas vizinhas e arrastavam-se pelas estradas poeirentas até o mercado da capital. Hoje essas estradas passam pelos últimos remanescentes da autêntica Flórida rural.

Esse passeio percorre a antiga Trilha do Algodão por estradas arborizadas, passando por pastagens abertas no meio da floresta. Ele dura três horas e meia, e também pode ser feito pela estrada entre Tallahassee e Monticello *(p. 247)*.

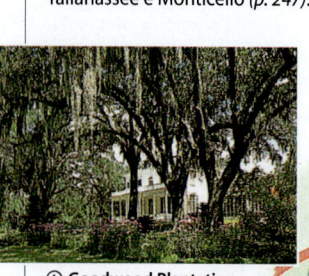

② Miccosukee Road
Uma antiga trilha indígena, essa estrada era usada por 30 fazendas na década de 1850.

① Goodwood Plantation
Essa antiga fazenda de algodão *(p. 247)* conserva a mansão da década de 1840 e frondosos carvalhos.

④ Bradley's Country Store
Famosa pelas linguiças feitas em casa, essa tradicional venda ainda pertence aos Bradleys, que começaram o negócio em 1927.

③ Old Pisgah United Methodist Church
Essa igreja sóbria, construída em 1858, é o prédio metodista mais antigo de Leon County.

Legenda

— Percurso do passeio
= Outras estradas

Veja hotéis e restaurantes dessa região nas pp. 314-25 e 329-49

PANHANDLE | **249**

lhe deram nome se transformaram em lápis, e a fase áurea terminou. Alguns dos antigos depósitos de madeira são hoje lojas e restaurantes, mas o burburinho de Cedar Key acabou.

É possível tomar um barco para uma das ilhas do Cedar Keys National Wildlife Refuge, ou fazer uma observação de pássaros no mangue. Os barcos ancorados no píer oferecem esses passeios.

Se preferir, visite o interessante **Cedar Key Historical Society Museum**, cujas exposições ecléticas incluem dentes de anta fossilizados, fragmentos de cerâmica indígena e armadilhas de caranguejo. O museu fornece um mapa dos prédios históricos.

Cedar Key Historical Society Museum
Esq. da D com 2nd Street. **Tel** (352) 543-5549. 13h-16h dom-sex, sáb 11h-17h. Ação de Graças, 25 dez, 1º jan.

Arredores
Cerca de 50km (30 milhas) ao norte de Cedar Key está o **Manatee Springs State Park**, onde uma nascente brota 9m abaixo da superfície de uma piscina natural de águas azuladas. A água corrente que alimenta o rio Suwannee é cristalina e atrai mergulhadores (com cilindro e snorkel). É difícil ver os peixes-boi, que dão nome ao parque e aparecem ocasionalmente no inverno, mas as tartarugas, os peixes e as garças-reais se alimentam nas águas rasas, e as águias estão sempre pairando no céu. Você pode nadar, alugar canoa, fazer passeios de barco ou fazer uma das trilhas; e talvez tenha sorte de ver um tatu na vegetação rasteira.

Manatee Springs State Park
Route 320, 10km (6 milhas) a O de Chiefland. **Tel** (352) 493-6072. diariam. **w** floridastateparks.org

Uma palafita bastante danificada na costa de Cedar Key

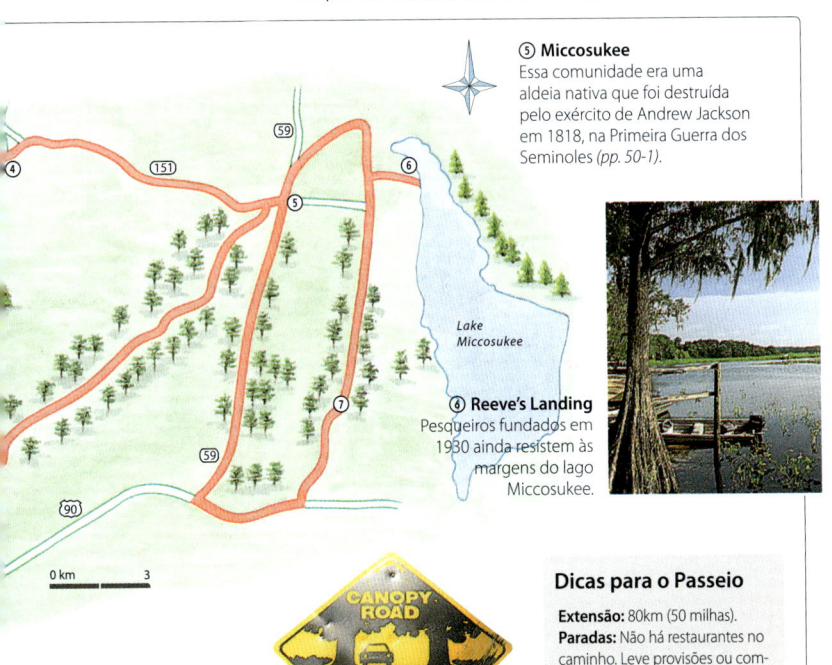

⑤ Miccosukee
Essa comunidade era uma aldeia nativa que foi destruída pelo exército de Andrew Jackson em 1818, na Primeira Guerra dos Seminoles *(pp. 50-1)*.

⑥ Reeve's Landing
Pesqueiros fundados em 1930 ainda resistem às margens do lago Miccosukee.

⑦ Magnolia Road
Uma das últimas estradas de terra arborizadas da Flórida, essa levava ao antigo porto de Magnólia, de onde o algodão seguia para Nova York.

Dicas para o Passeio
Extensão: 80km (50 milhas).
Paradas: Não há restaurantes no caminho. Leve provisões ou compre um lanche na Bradley's Country Store e faça um piquenique às margens do lago Miccosukee.

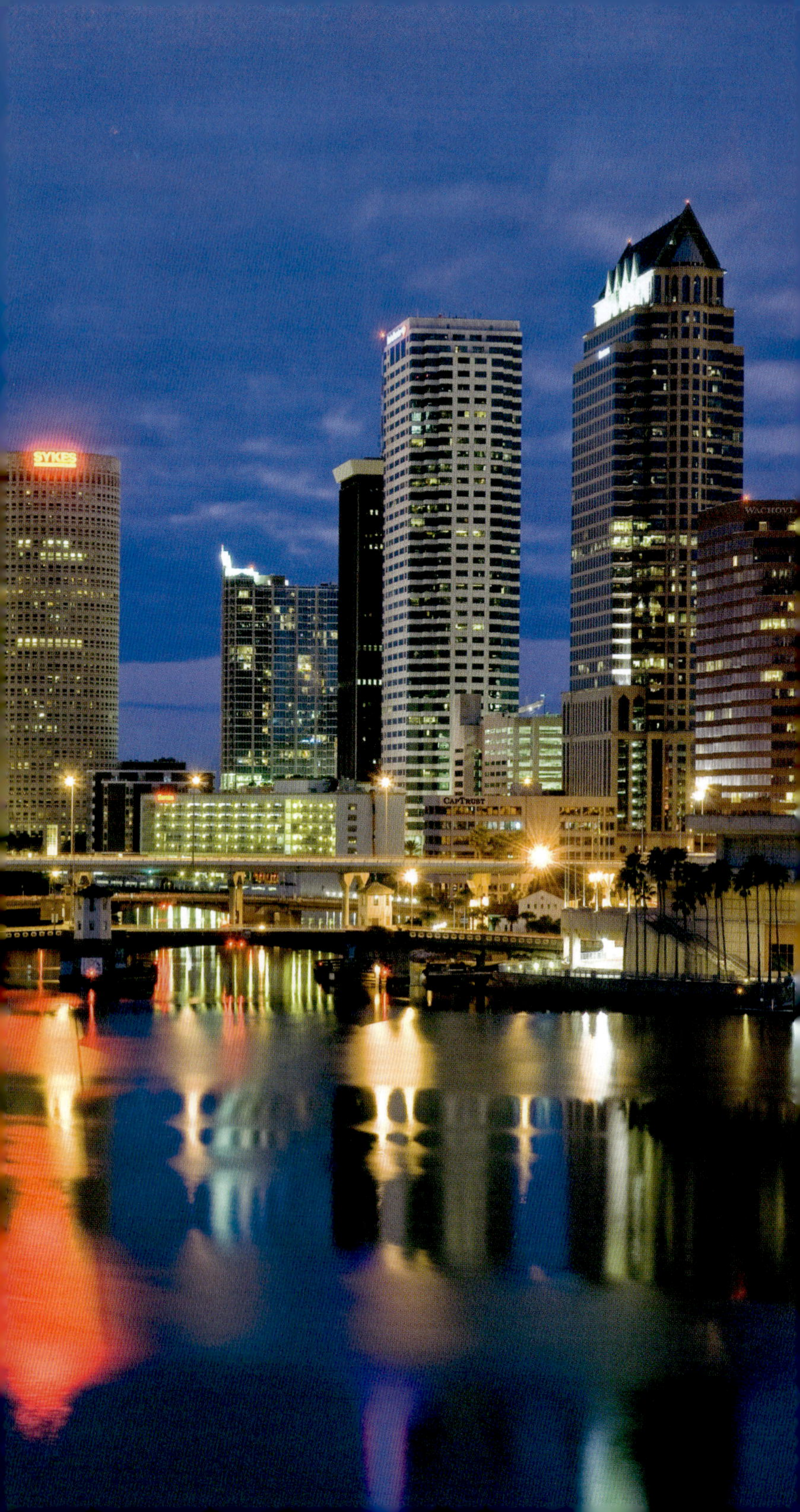
SYKES
CAPTRUST

COSTA DO GOLFO

Para muita gente, a costa do Golfo começa e termina em suas praias fabulosas, banhadas pelas águas quentes e calmas do golfo do México e seus respectivos balneários. Mas você também pode limpar a areia dos sapatos e visitar algumas das cidades mais interessantes da Flórida ou explorar áreas mais selvagens que permaneceram intocadas por um capricho do tempo.

Desde a época dos espanhóis a atividade na costa do Golfo se concentra na baía de Tampa, a maior enseada da costa oeste da Flórida. Pánfilo de Narváez ancorou na baía em 1528, e Hernando de Soto *(p. 47)*, em 1539. Foi esse porto natural que atraiu os pioneiros do século XIX. O clima favorável trouxe também os plantadores de cana: a Gamble Plantation, perto de Bradenton, é a casa de fazenda mais meridional dos EUA *(p. 270)*.

Após a Guerra Civil, a costa do Golfo tornou-se um importante centro de comércio entre os EUA e o Caribe. Isso se deveu em parte a Henry Plant, cuja ferrovia que vinha da Virgínia, construída em 1880, contribuiu para o maior período de prosperidade de Tampa e região. Os pioneiros começaram a chegar, desde os pescadores de esponja gregos que se instalaram em Tarpon Springs aos ricos imigrantes americanos, como John Ringling, o rei do circo. Sua casa em estilo italiano e excelente coleção de arte europeia são atrações turísticas na cidade de Sarasota.

Henry Plant, tal como Flagler no leste da Flórida *(pp. 52-3)*, prometia invernos ensolarados para os ricos viajantes do norte. Os 360 dias anuais de sol tão alardeados continuam atraindo multidões de turistas para as muitas praias da costa oeste. Essa agitação típica é a norma em St. Petersburg e Clearwater, mas é fácil fugir dessa atmosfera de férias cosmopolita: um pouco mais para o interior há pitorescas cidades pecuaristas, rios ideais para canoagem, pântanos e florestas com animais selvagens.

Uma bela manhã em Clearwater Beach

◀ Edifícios de Tampa refletidos nas águas da baía ao anoitecer

Como Explorar a Costa do Golfo

As praias que se estendem em uma linha quase contínua pela costa do Golfo, não fossem as baías e enseadas, são simplesmente irresistíveis. Um dos pontos altos dessa região é a facilidade de combinar férias na praia com lugares interessantes. As acomodações abundantes à beira-mar, de chalés muito simples a resorts caríssimos, fazem do lugar uma base natural, com fácil acesso para cidades importantes e passeios pelo interior. Ali se encontram alguns dos melhores museus da Flórida, em St. Petersburg, Tampa e Sarasota, e passeios imperdíveis como os Busch Gardens e o Florida Aquarium de Tampa. Há outras atrações interessantes, como a maior concentração de obras de Frank Lloyd Wright no Florida Southern College e as estranhas sereias do Weeki Wachee Springs.

As torres cintilantes e a cúpula do Tampa Bay Hotel *(p. 248)*

Um passeio pela paisagem preservada do Myakka River State Park

Veja hotéis e restaurantes dessa região nas pp. 314-25 e 329-49

COSTA DO GOLFO | 253

Como Chegar

É fácil andar de carro pela região. A US 19 corre ao longo da costa norte da baía de Tampa e atravessa o estuário pela bonita ponte Sunshine Skyway; a US 41 interliga as cidades litorâneas ao sul de Tampa. Se velocidade for importante para você, pegue a I-75 para chegar mais rápido ao interior. Em toda a Flórida a vida é mais difícil para quem não tem carro. Os ônibus Greyhound interligam as principais cidades, mas há poucos trens; os da Amtrak só vão até Tampa, e há ônibus de conexão Thruway *(p. 384)* para St. Petersburg e para o sul, seguindo pela costa, até Fort Myers.

Clearwater Beach ao pôr do sol

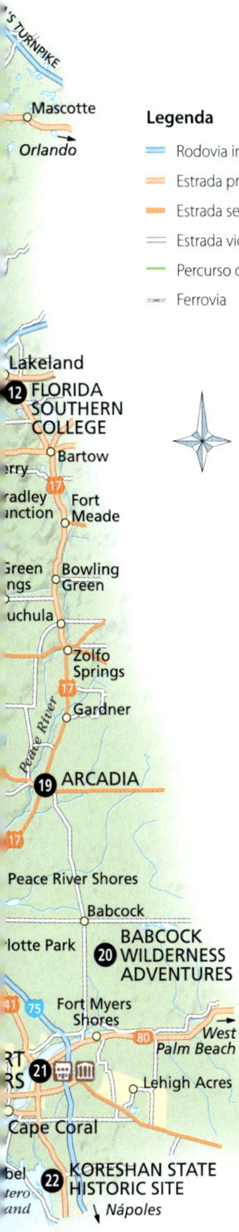

Legenda
- Rodovia interestadual
- Estrada principal
- Estrada secundária
- Estrada vicinal
- Percurso com paisagem
- Ferrovia

0 km   30

O velho píer da Anna Maria Island, o ponto de referência local a oeste de Bradenton

Principais Atrações

1. Crystal River
2. Homosassa Springs Wildlife State Park
3. Weeki Wachee Springs
4. Tarpon Springs
5. Dunedin
6. Clearwater Beach
7. Praias de St. Petersburg
8. *St. Petersburg pp. 258-61*
9. *Tampa pp. 262-7*
10. *Busch Gardens pp. 268-9*
11. Hillsborough River
12. Florida Southern College
13. Gamble Plantation Historic State Park
14. Bradenton
15. *Sarasota pp. 272-7*
16. Myakka River State Park
17. Venice
18. Gasparilla Island
19. Arcadia
20. Babcock Wilderness Adventures
21. Fort Myers
22. Koreshan State Historic Site
23. Lee Island Coast

Legenda dos símbolos *na orelha da contracapa*

254 | FLÓRIDA ÁREA POR ÁREA

❶ Crystal River

Mapa rodoviário D2. Citrus Co.
🚗 5.000. ℹ️ 28 NW US 19, (352) 795-3149. 🌐 crystalriverfl.org

Crystal River tem duas atrações principais. No inverno, as pessoas vêm para ver os peixes-boi, que chegam em bandos de até 300 animais para se aquecer nas nascentes locais, entre janeiro e março. É preciso fazer reserva nas agências de aluguel de barco para ir de manhã cedo ao **Crystal River National Wildlife Refuge**, criado especificamente para proteger os peixes-boi. Eles só estão ativos quando a manhã desponta e é fácil avistá-los nas águas claras.

Durante o ano, a atração é o **Crystal River Archaeological State Park**, um conjunto de seis sambaquis indígenas, 3km (2 milhas) a oeste da cidade. O local teria sido habitado por 1.600 anos, de 200 a.C. a 1400, naquela que é considerada a mais longa ocupação humana ininterrupta da Flórida. Estima-se que 7.500 índios o visitem anualmente para realizar cerimônias. As escavações de 400 das prováveis mil sepulturas existentes revelaram que essas tribos tinham vínculos comerciais com povos do norte da Flórida.

Suba ao deque de observação para ter uma vista aérea do local. Logo abaixo vê-se o templo principal, construído por volta do ano 600. Adiante, duas estelas, ou monumentos com inscrições, de cerca do ano 440, flanqueiam dois dos três sambaquis. Esse tipo de pedra é típico das culturas pré-colombianas da América Central, mas não há nenhuma prova de que elas tivessem qualquer tipo de ligação com o rio Crystal. A oeste há sinais de um grande povoamento marcado por dois tipos de sambaquis (p. 44) em outras elevações. A maquete do sítio exposta no centro de visitantes tem exemplares das cerâmicas encontradas.

Cerâmica de Crystal River

🏛 Crystal River National Wildlife Refuge
1502 SE Kings Bay Drive. **Tel** (352) 563-2088. ⏰ diariam (abr-meados nov: seg-sex).
🌐 fws.gov/crystalriver

🏛 Crystal River Archaeological State Park
3400 N Museum Point. **Tel** (352) 795-3817. ⏰ diariam. ♿ restrito.

O Peixe-Boi da Flórida

Não se vai muito longe da Flórida sem ouvir falar do peixe-boi, ou *manatee*, que corre sério risco de extinção. Acredita-se que existam apenas 2.500 indivíduos da espécie nos EUA, concentrados nas águas quentes do estado. Antes abundantes, esses animais foram caçados, por esporte ou pela carne, até o início do século XX, e desde então a destruição de seu ambiente natural e os acidentes de barco fizeram sua parte.

O peixe-boi, que tem em média 3m de extensão, é uma criatura dócil. Vive nas águas rasas da costa, em rios e nascentes, e passa cinco horas por dia se alimentando; as algas são o prato preferido.

O peixe-boi vive tanto em água doce quanto salgada

❷ Homosassa Springs Wildlife State Park

Mapa rodoviário D2. Citrus Co.
4150 South Suncoast Blvd, Homosassa. Crystal River.
Tel (352) 628-5343. ⏰ diariam.
🌐 floridastateparks.org

O melhor lugar para ver o peixe-boi é no Homosassa Springs Wildlife State Park, onde os visitantes chegam perto dos animais em um observatório flutuante.

Os peixes-boi feridos, em geral por hélices de barcos, são tratados e reabilitados nesse local e depois são soltos na natureza. Sempre há uma meia dúzia deles na piscina de recuperação. Outros se juntam do lado de fora no inverno, atraídos pelas fontes de água quente.

❸ Weeki Wachee Springs

Mapa rodoviário D2. 6131 Commercial Way, Spring Hill, Hernando Co. Cruzamento da US 19 com SR 50. **Tel** (352) 596-2062. Brooksville. ⏰ diariam. ♿
🌐 weekiwachee.com

Esse antigo parque temático está em uma das maiores nascentes de água doce da Flórida. Nos anos 1940, o ex-mergulhador da marinha Newton Perry teve a ideia de usar nadadoras para interpretar as "sereias" em um balé aquáti-

Uma "sereia" apresenta-se no Weeki Wachee Springs

Veja hotéis e restaurantes dessa região nas pp. 314-25 e 329-49

co. O teatro, que está 5m sob a superfície, tem canos de ar estrategicamente distribuídos.

Outras atrações são um parque aquático, o show Misunderstood Creatures e um passeio fluvial pela selva.

❹ Tarpon Springs

Mapa rodoviário D3. Pinellas Co.
🚗 24.000. Clearwater.
ℹ 11 E Orange St, (727) 937-6109.
🌐 tarponsprings.com

A fama dessa animada cidade no rio Anclote se deve ao fato de ser um centro de cultura grega, pelos pescadores que migraram para cá no início do século XX atrás da grande quantidade de esponja em suas águas. Há restaurantes de comida grega, uma rua Atenas e uma loja de presentes chamada Poseidon, assim como a padaria Partenon.

Ao longo do Dodecanese Boulevard estão as Sponge Docks, que foram reativadas com a descoberta de mais esponjas nas imediações. Elas haviam sido dizimadas por uma bactéria nos anos 1940. Os passeios de barco organizados por pescadores incluem uma demonstração de coleta de esponja por um mergulhador usando trajes típicos.

O museu e loja **Spongeorama** ocupa um barracão ao lado das docas, e o Sponge Exchange, hoje reformado, é um elegante conjunto de galerias, butiques e bons restaurantes.

Uns 3km (2 milhas) para o sul ergue-se a **St. Nicholas Greek Orthodox Cathedral**, o símbolo

Pescador limpa as esponjas que serão vendidas em Tarpon Springs

Trilha natural através das matas preservadas da Caladesi Island

da herança grega de Tarpon Springs. A igreja em estilo *revival* bizantino, uma réplica da Santa Sofia em Istambul, foi construída em 1943 com o mármore importado da Grécia. Nessa igreja tem início o Epiphany Festival *(p. 41)*.

🏛 Spongeorama
510 Dodecanese Blvd.
Tel (727) 938-5366. 🔵 diariam.
🌐 spongefactory.com

⛪ 🏛 St. Nicholas Greek Orthodox Cathedral
36 N Pinellas Ave com Orange St.
Tel (727) 937-3540. 🔵 diariam. ♿

❺ Dunedin

Mapa rodoviário D3. Pinellas Co.
🚗 38.000. 🚌 Clearwater.
ℹ 301 Main St, (727) 733-3197.
🌐 dunedin-fl.com

Dunedin foi fundada pelo escocês John L. Branch, que em 1870 abriu uma loja de suprimentos para os barcos que cruzavam a costa do Golfo em direção a Key West. As rotas marítimas e as estradas de ferro trouxeram o comércio e a prosperidade, que atraíram muitos outros escoceses. A herança escocesa de Dunedin é cultivada no festival anual Highland Games, que acontece no fim de março ou começo de abril.

As casas reformadas na Main Street e imediações lhe conferem um sabor de autêntico vilarejo da Flórida do início do século XX. O **Historical Museum**, que ocupa a antiga estação ferroviária de Dunedin, tem uma coleção de fotos e artefatos daquela época. A Railroad Avenue hoje faz parte da Pinellas Trail, um trilha pavimentada e ciclovia de 76km (47 milhas) entre Tarpon Springs e St. Petersburg, que acompanha a velha estrada de ferro.

🏛 Historical Museum
349 Main St. **Tel** (727) 736-1176.
🔵 ter-sáb. ⚫ feriados. ♿

Arredores

Uns 5km (3 milhas) ao norte de Dunedin há um caminho que leva para o **Honeymoon Island State Park**. Ali é possível nadar e pescar, mas essa ilha de barreira continua pouco desenvolvida para preservar a sua condição de importante local de aninhamento das águias-pescadoras. É também o ponto de partida do ferryboat de passageiros para o atraente **Caladesi Island State Park**, ao qual também se chega pela Clearwater Beach *(p. 256)*.

A praia de Caladesi, no golfo do México, foi classificada em 1995 como a segunda melhor do país. Ela termina em dunas contornadas por vegetação, com uma trilha natural de 5km (3 milhas) em meio a ciprestes e pinheiros.

🏞 Honeymoon Island State Park
Route 586, 5km (3 milhas) a NO de Dunedin. **Tel** (727) 469-5942.
🔵 diariam. 🅿 ♿ restrito.

🏞 Caladesi Island State Park
1 Causeway Blvd. **Tel** (727) 469-5918.
🔵 diariam. 🅿 ♿
🌐 floridastateparks.org

O interior da McMullen Log House, em Pinellas County Heritage Village

❻ Clearwater Beach

Mapa rodoviário D3. Pinellas Co. 23.000. Clearwater. trólebus turístico da Cleveland St. 1130 Cleveland St, (727) 461-0011.
w clearwaterflorida.org

Satélite da cidade de Clearwater, esse balneário marca o início da faixa de veraneio que se estende até a baía de Tampa. Hotéis e bares, sempre cheios de turistas europeus, dominam a beira-mar, mas Clearwater Beach não perde algumas características. Se o lado do Golfo é caro, há hotéis mais baratos na Intracoastal Waterway.

A praia larga impressiona e as instalações para esportes aquáticos são excelentes. Partem da marina os barcos para viagens de todo tipo, seja para mergulho ou para pesca.

Arredores

Do outro lado do Clearwater Pass está Sand Key, que se estende para o sul por 19km (12 milhas). O **Sand Key Park**, perto do topo, tem uma popular praia com palmeiras, que está entre as vinte melhores do país, e também é mais calma que a vibrante Clearwater Beach.

Uns 11km (7 milhas) para o sul, adiante do bairro residencial de Belleair, com um hotel construído por Henry Plant *(pp. 52-3)*, está o **Suncoast Seabird Sanctuary**. Mais de 500 aves feridas vivem nesse santuário. Veem-se pelicanos, corujas, garças, garças-reais e outras espécies, enquanto Ralph Heath, que cuida do santuário, e seus auxiliares oferecem passeios guiados.

Vale a pena fazer um desvio para o interior até Largo, 12km (8 milhas) a sudeste de Clearwater Beach, para visitar **Pinellas County Heritage Village**. São dezesseis construções históricas, levadas para lá de vários lugares, como a McMullen Log House *(p. 34)* e as Seven Gables Home (1907), que dão uma ideia de como viviam as ricas famílias vitorianas. Atividades como fiar, tecer e outras são mostradas no museu.

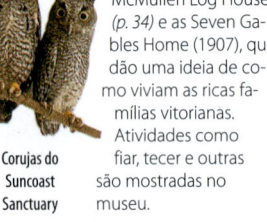

Corujas do Suncoast Sanctuary

Suncoast Seabird Sanctuary
18328 Gulf Blvd, Indian Shores.
Tel (727) 391-6211. diariam.
ago-mai: qua e dom.

Pinellas County Heritage Village
11909 125th Street N.
Tel (727) 582-2123. diariam. feriados. restrito.
w pinellascounty.org/heritage

❼ Praias de St. Petersburg

Mapa rodoviário D3. Pinellas Co. Tampa. St. Petersburg. linhas de St. Petersburg. Tampa Bay Beaches Chamber of Commerce, 6990 Gulf Blvd, (727) 360-6957.
w tampabaybeaches.com

Ao sul de Clearwater entra-se na órbita de St. Petersburg Beaches. Até chegar a Madeira Beach, as paisagens costeiras são decepcionantes. **Madeira Beach**, porém, é um bom lugar para ficar, se você prefere uma atmosfera relaxada à agitação dos grandes balneários. Johns Pass Village, uma aldeia de pescadores nas proximidades que foi reconstruída, também oferece lojas e restaurantes que são melhores que a média. Há ainda um píer de pesca e marina.

Mais ao sul, uma monótona fileira de hotéis caracteriza Treasure Island. A próxima da fila, **St. Pete Beach** (St. Petersburg passou a se chamar St. Pete por ser mais adequado a um balneário repleto de diversões) tem 11km (7 milhas) de praias e um animado cenário à beira-mar. No extremo ergue-se o Don CeSar Resort. Construído nos anos 1920, o tamanho desse hotel e a lista de nomes famosos são típicos dos grandes hotéis da época.

Na ponta sul do grupo de ilhas de barreira, **Pass-a-Grille** é um sopro de ar fresco depois da lotada St. Pete Beach. Contornada pela principal estrada costeira, essa tranquila comunidade tem casas do início do século XX e praias em seu estado natural. Mas aceite este conselho: leve muitas moedas para os parquímetros.

O extravagante Don CeSar Resort, em St. Pete Beach

Veja hotéis e restaurantes dessa região nas pp. 314-25 e 329-49

Praias da Costa do Golfo

Com 361 dias de sol em média por ano e a apenas duas horas de carro de Orlando, o trecho entre St. Petersburg e Clearwater é o mais movimentado da costa do Golfo, atraindo milhares de visitantes estrangeiros. Também conhecidas como Holiday Isles, Pinellas Coast ou Suncoast, essa faixa compreende 45km (28 milhas) de belas praias de ilhas de barreira. Devido à excelente qualidade da água, à baixa criminalidade e à limpeza da areia, Suncoast costuma frequentar as listas das melhores praias do país. Mais ao sul, as praias da ilha de barreira de Sarasota têm padrão equiparável, mas atraem mais moradores da Flórida do que turistas de fora. Onde quer que você esteja, o clima dessa região é bem mais descontraído e tranquilo que o da costa leste.

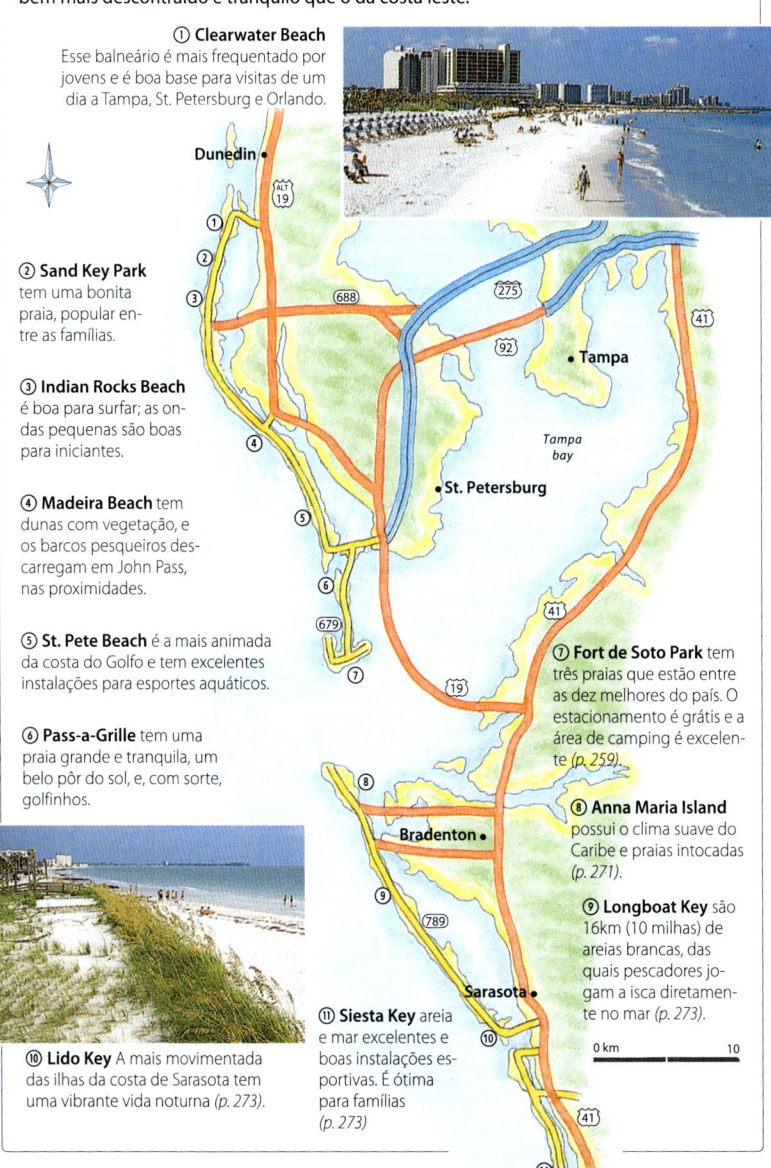

① **Clearwater Beach**
Esse balneário é mais frequentado por jovens e é boa base para visitas de um dia a Tampa, St. Petersburg e Orlando.

② **Sand Key Park** tem uma bonita praia, popular entre as famílias.

③ **Indian Rocks Beach** é boa para surfar; as ondas pequenas são boas para iniciantes.

④ **Madeira Beach** tem dunas com vegetação, e os barcos pesqueiros descarregam em John Pass, nas proximidades.

⑤ **St. Pete Beach** é a mais animada da costa do Golfo e tem excelentes instalações para esportes aquáticos.

⑥ **Pass-a-Grille** tem uma praia grande e tranquila, um belo pôr do sol, e, com sorte, golfinhos.

⑦ **Fort de Soto Park** tem três praias que estão entre as dez melhores do país. O estacionamento é grátis e a área de camping é excelente (p. 259).

⑧ **Anna Maria Island** possui o clima suave do Caribe e praias intocadas (p. 271).

⑨ **Longboat Key** são 16km (10 milhas) de areias brancas, das quais pescadores jogam a isca diretamente no mar (p. 273).

⑩ **Lido Key** A mais movimentada das ilhas da costa de Sarasota tem uma vibrante vida noturna (p. 273).

⑪ **Siesta Key** areia e mar excelentes e boas instalações esportivas. É ótima para famílias (p. 273)

St. Petersburg

Essa cidade de largas avenidas desenvolveu-se na época da especulação imobiliária do século XIX. Em 1875, o fazendeiro do Michigan John Williams comprou terras ao lado da baía de Tampa, sonhando erguer aí uma grande cidade. Um nobre russo exilado chamado Peter Demens logo deu a St. Petersburg uma ferrovia e um nome – este em homenagem a sua cidade natal.

"St. Pete", como costuma ser chamada, era famosa pela sua população de idosos. Mas os tempos mudaram, e a cidade hoje tem uma imagem mais vibrante. Renovações extensivas deram vida nova à área central à beira-mar, e St. Petersburg é hoje um centro cultural reforçado pela presença do prestigiado Salvador Dalí Museum *(pp. 260-1)*.

O atraente píer de St. Petersburg, seu ponto de referência

Como Explorar St. Petersburg

A atração que aparece em todos os guias turísticos da cidade é **The Pier**. Sua característica pirâmide invertida tem lojas, restaurantes, uma discoteca, um aquário e um deque de observação, e atrai os visitantes que vão para a área central. Um serviço de trólebus sai do píer e passa pelos principais pontos turísticos.

Olhando para o norte, o bonito **Renaissance Vinoy Resort** *(p. 322)*, construído em 1920 como Vinoy Hotel e hoje muito modernizado, domina os horizontes da cidade. Distante da orla está o gigantesco **Tropicana Field**, outra referência em St. Petersburg. É um local popular para grandes eventos esportivos e apresentações de bandas de rock *(p. 361)*.

St. Petersburg Museum of History

335 2nd Ave NE. **Tel** (727) 894-1052. qua-dom. Ação de Graças, 25 dez, 1º jan.
w stpetemuseumofhistory.org

Esse museu conta a história de St. Petersburg desde a pré-história até hoje. As exposições variam de ossos de mastodontes, fósseis e cerâmica nativa a uma divertida galeria de espelhos que dá uma ideia aos visitantes de como eles ficariam em trajes vitorianos.

Um pavilhão especial abriga uma réplica de um hidroavião chamado *Benoist*, que fez de St. Petersburg o berço da aviação comercial. A aeronave fez seu primeiro voo com passagens pagas pela baía de Tampa em 1914.

Centro de St. Petersburg

① Tropicana Field
② Mahaffey Theater
③ Museum of Fine Arts
④ St. Petersburg Museum of History
⑤ The Pier
⑥ Salvador Dalí Museum
⑦ Florida Holocaust Museum

Legenda dos símbolos *na orelha da contracapa*

Veja hotéis e restaurantes dessa região nas pp. 314-25 e 329-49

ST. PETERSBURG | 259

Poppy, uma das famosas pinturas de Georgia O'Keeffe, no Museum of Fine Arts

🏛 Great Explorations
1925 4th Street N. **Tel** (727) 821-8992.
⏰ diariam. 🅿 ♿ **w** greatex.org

"Ponha a mão" é o lema desse museu, que é voltado para as crianças, mas encanta também os adultos.

Você pode se divertir muito explorando essas exposições que aguardam pela sua curiosidade e criatividade para ganhar vida. Os pequenos são convidados a engatinhar, escalar, tocar e esmagar qualquer coisa. No popular Orange Grove, por exemplo, as crianças colhem, empacotam e despacham laranjas de um arvoredo de mentirinha, fazem pizza e criam vídeos de animação. A ênfase é no trabalho de equipe.

🏛 Florida Holocaust Museum
55 Fifth St S, St. Petersburg.
Tel (727) 820-0100 ou (800) 960-7448.
⏰ diariam. ⬤ Ação de Graças, 25 dez, 1º jan, feriados judaicos. 🅿 ♿
w flholocaustmuseum.org

Esse museu que fica no centro de St. Petersburg homenageia as milhares de pessoas que sofreram ou morreram durante o Holocausto.

Não há exposições sobre as atrocidades que aconteceram; mas elas se concentram na tolerância, educação e história do antissemitismo. Muitas mostras ilustram a vida dos judeus antes do Holocausto e depois da *Kristallnacht* (a Noite dos Vidros Quebrados), em 9-10 de novembro de 1938. Há um filme introdutório, um Centro de Tolerância e Aprendizagem interativo e uma área de memorial.

🏛 Museum of Fine Arts
255 Beach Dr NE.
Tel (727) 896-2667.
⏰ diariam. ⬤ 1º jan, Dia de Martin Luther King, Ação de Graças, 25 dez. 🅿 ♿ 🅲
w fine-arts.org

Ocupando um edifício em estilo paladiano, de frente para a baía, o Museum of Fine Arts é famoso pela abrangente coleção de trabalhos europeus, norte-americanos, pré-colombianos e asiáticos. Entre os impressionistas franceses destacam-se *Um canto do bosque* (1877) de Cézanne e os clássicos de Monet *O parlamento, Efeito da neblina, Londres* (1904). Outros trabalhos importantes são o colorido *Poppy* (1927) de Georgia O'Keeffe, *A leitura* (1888) de Berthe Morisot e *Invocação* de Auguste Rodin (1886), que está no jardim das esculturas.

Uma grande coleção de fotos, do começo do século XX até hoje, completa o acervo do museu.

🏛 Mahaffey Theater
400 1st St S. **Tel** (727) 982-5767.
⏰ diariam. 🅿 ♿
w mahaffeytheater.com

Esse edifício moderno revestido de vidro à beira-mar tem vistas espetaculares da Tampa Bay. Seu primoroso teatro de 2.031 lugares conta com camarotes e há também um salão de baile. Com o nome da família de St. Petersburg que teve papel decisivo para sua criação, o teatro sedia shows itinerantes da Broadway, eventos musicais e de dança, artistas célebres, exposições especiais e peças para crianças, além de concertos de música clássica a cargo da Florida Orchestra.

🌿 Sunken Gardens
1825 4th Street N. **Tel** (727) 551-3100. ⏰ diariam. 🅲 🅿
♿ **w** stpete.org

Folhagens e flores tropicais florescem nesse grande jardim murado, que está 3m abaixo do nível da rua. O lugar era um sumidouro cheio de água *(p. 26)*; hoje tem o solo drenado por uma rede de canos embutidos.

Caminhe entre primaveras e hibiscos, e visite o grande orquidário. Outras atrações são um passeio em meio às borboletas e um programa de horticultura.

PREPARE-SE

Informações Práticas
Mapa rodoviário D3. Pinellas Co.
👥 265.000. ℹ 100 2nd Ave N, (727) 821-4715. 🎉 Festival of the States. **w** festivalofstates.com

Transporte
✈ St. Petersburg/Clearwater International Airport, 16km (10 milhas) N de Downtown. 🚌 180 9th St North, (727) 898-1496; ônibus Amtrak para Pinellas Square Mall, Pinellas Park, (800) 872-7245.

Plantas tropicais cercam um regato no Sunken Gardens

Arredores

Cinco ilhas de Boca Ciega Bay, ao sul de St. Petersburg, compõem o **Fort De Soto Park**. O parque dá vista para a ponte Sunshine Skyway e praias belíssimas, especialmente ao sul e oeste. As ilhas têm muita vegetação e colônias de pássaros.

Quem gosta de história deve ir à ilha principal, Mullet Key, onde uma grande plataforma de armas escondida por muros marcam os restos do Fort De Soto. O forte começou a ser erguido na Guerra Hispano-Americana *(p. 53)*, mas não foi terminado.

🏞 Fort De Soto Park
3500 Pinellas Bayway South, Tierra Verde. **Tel** (727) 582-2267.
⏰ diariam. ♿ **w** fortdesoto.com

Salvador Dalí Museum

Embora distante do país de origem do pintor espanhol Salvador Dalí (1904-89), esse museu abriga a coleção mais completa do mundo de trabalhos realizados no período de 1914-70. O primeiro museu foi inaugurado em 1982, 40 anos depois que o empresário de Ohio Reynolds Morse conheceu Dalí e começou a colecionar suas obras. O museu mudou-se para um novo local à beira-mar em 2011. Além de 95 óleos originais, o museu tem mais de cem aquarelas e desenhos, e mais de 1.300 gravuras, esculturas e objetos variados. Os trabalhos vão desde pinturas figurativas aos primeiros experimentos em Surrealismo e as grandes composições maduras descritas como "obras-primas".

O edifício
Arrastando-se ao longo das paredes de concreto do edifício, a impressionante bolha geodésica Enigma tem o nome de uma pintura de Dalí e contém mais de 900 pedaços triangulares de vidro.

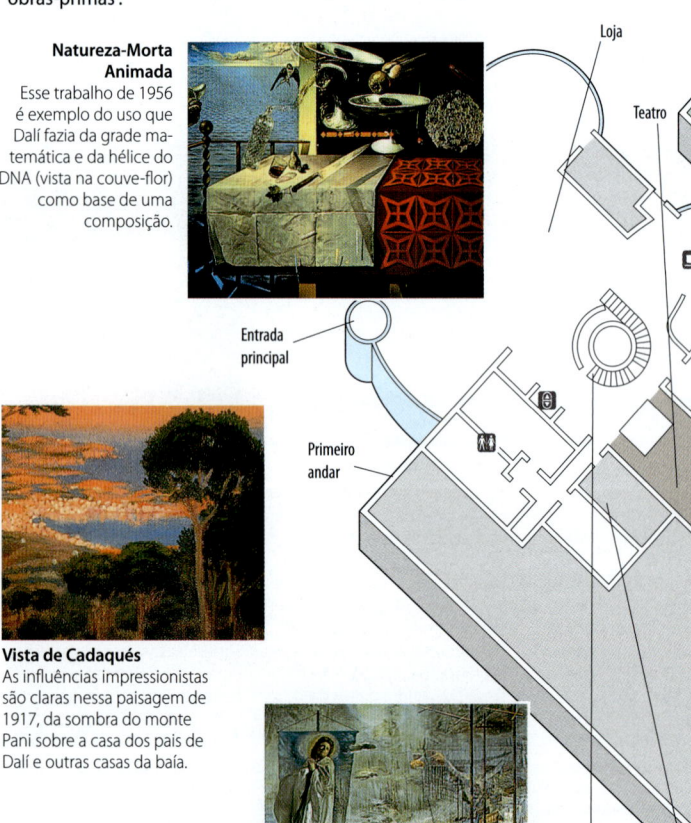

Natureza-Morta Animada
Esse trabalho de 1956 é exemplo do uso que Dalí fazia da grade matemática e da hélice do DNA (vista na couve-flor) como base de uma composição.

Loja

Teatro

Entrada principal

Primeiro andar

Vista de Cadaqués
As influências impressionistas são claras nessa paisagem de 1917, da sombra do monte Pani sobre a casa dos pais de Dalí e outras casas da baía.

A descoberta da América
Inspirado em um "sonho divertido", esse trabalho (1958-9) homenageia o pintor Velázquez e antecipa o primeiro passo do homem na Lua.

A escada em espiral representa o interesse de Dalí na ciência.

Sala de aula

Veja hotéis e restaurantes dessa região nas pp. 314-25 e 329-49

ST. PETERSBURG | **261**

Don Quixote e Sancho
Essa gravura de 1968 é um dos mil desenhos e ilustrações produzidos no período clássico de Dalí. Exemplares da coleção estão nas exposições especiais do museu.

Galeria educativa

PREPARE-SE

Informações Práticas
1 Dalí Boulevard, St. Petersburg.
Tel (727) 823–3767.
10h-17h30 seg-sáb (20h qui), 12h-17h30 dom. Ação de Graças, 25 dez.
w thedali.org

Transporte
4, 32, bonde do Pier.

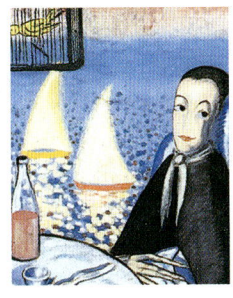

A criança doente
Essa tela é de 1914, quando Dalí tinha apenas 10 anos de idade e já mostrava grande talento.

Terceiro andar

A aranha da tarde e esperança!
Essa é a pedra fundamental da coleção. Pintada em 1940, mostra uma aranha andando sobre o rosto deformado de um violinista.

Guia do Museu

A coleção de pinturas de Dalí fica exposta no terceiro andar. O teatro, no primeiro andar, exibe um curta-metragem sobre o museu, e o segundo andar abriga a biblioteca, que é usada por pesquisadores e acadêmicos.

Legenda
- Galeria introdutória
- Primeiras obras
- Antiarte
- Surrealismo
- Misticismo Nuclear
- Galerias do acervo
- Exposições especiais
- Área sem exposição

Como a Arte de Dalí Chegou a St. Petersburg

Reynolds Morse e sua noiva Eleanor se apaixonaram por Salvador Dalí quando viram uma exposição em 1941. Dois anos depois, eles compraram a sua primeira tela, *A aranha da tarde e esperança!*, e conheceram o artista logo em seguida. Assim começou a longa amizade dos Morse com Dalí e Gala, sua mulher. Nos 40 anos seguintes os Morse reuniram a maior coleção particular dos trabalhos de Dalí em todo o mundo. Por fim, Morse encontrou esse lugar para expor a coleção, porque se parecia com a cidade natal do artista, Cadaqués. Desde 2011, o museu está em um novo prédio à prova de furacões, seis quadras ao norte do antigo local.

❾ Tampa

Tampa é uma das cidades que crescem mais rapidamente na Flórida. Altos arranha-céus substituíram os prédios originais, mas restam vestígios de uma história rica, principalmente no histórico bairro latino, Ybor City *(pp. 264-5)*, onde a indústria de charutos criou raízes em 1880, e na arquitetura peculiar do centro da cidade. Os espanhóis chegaram em 1539, mas Tampa só evoluiu no fim do século XIX, quando Henry Plant *(pp. 52-3)* ampliou sua estrada de ferro até o local. Hoje, sua maior atração é o Busch Gardens *(pp. 268-9)*, um dos melhores parques temáticos do país, mas o Florida Aquarium, no Channel District, está atraindo muita gente para o centro da cidade.

Skyline do centro de Tampa ao pôr do sol

Como Explorar o Centro

É fácil explorar a pé o centro (Downtown) compacto de Tampa. Nele se encontram o histórico Tampa Theater e vários exemplos de arte pública dos quais a cidade tanto se orgulha.

Situada na desembocadura do rio Hillsborough, Tampa também pode ser admirada das águas. A Starlite Cruises e Yacht Starship *(p. 361)* oferecem cruzeiros com almoço e jantar na baía de Tampa. Os *water taxis* (táxis aquáticos) também oferecem belas vistas dos principais pontos turísticos da cidade, como o antigo Tampa Bay Hotel, onde hoje funciona a University of Tampa, e o Museum of Art.

Para ver a cidade de outro ângulo, tome o trólebus *uptown-downtown*, que é grátis. Trata-se de um trólebus que sai de Harbour Island, ao norte, e vai até Tampa Street, parando em todas as quadras.

Outra maneira de percorrer o centro é tomar um bonde da TECO Line Streetcar System, que atravessa o centro em direção ao Channel District e entra em Ybor City. Os bondes são réplicas dos Birney Safety Cars que circularam pelas ruas de Tampa até 1946. Eles funcionam de segunda a domingo, têm ar-condicionado e completam o roteiro em 22 minutos. O trólebus conector *uptown-downtown* encontra-se com os bondes da TECO Line Streetcar.

🏛 Henry B. Plant Museum
401 W Kennedy Blvd.
Tel (813) 254-1891. ter-dom.
Ação de Graças, 25 dez, 1º jan.
Recebe doações.
w plantmuseum.com

O luxuoso Tampa Bay Hotel, hoje a University of Tampa, abriga o Henry B. Plant Museum. O local é uma famosa referência histórica de Tampa, com minaretes mouriscos visíveis por toda a cidade.

Em 1891, Henry Plant mandou construir um prédio que servisse de hotel para os passageiros de sua recém-construída estrada de ferro. Só a obra custou-lhe US$3 milhões, e mais US$500 mil para mobiliar. Contudo, o hotel foi um fracasso, e entrou em decadência logo depois da morte de Plant em 1899. O prédio foi comprado pelo município em 1905 e anexado à University of Tampa em 1933. A ala sul do andar térreo foi reservada para a instalação de um museu.

Além de um solário, o museu tem móveis e objetos deslumbrantes: 90% das peças em exibição pertenciam ao hotel. A porcelana Wedgwood, os espelhos venezianos e os móveis franceses do século XVIII evocam uma época que se perdeu no tempo. Os visitantes podem circular pelo campus universitário para apreciar o prédio.

🏛 Tampa Museum of Art
120 W Gasparilla Plaza.
Tel (813) 274-8130. diariam.
Páscoa, Ação de Graças, 25 dez, 1º jan.
w tampamuseum.com

O elegante solário do Henry B. Plant Museum

Veja hotéis e restaurantes dessa região nas pp. 314-25 e 329-49

TAMPA | 263

A Sunshine Skyway Bridge atravessa o estuário da baía de Tampa

PREPARE-SE

Informações Práticas
Mapa rodoviário D3.
Hillsborough Co. 335.000.
401 E Jackson St, (813) 223-1111.
Gasparilla Festivals (fim jan).
W visittampabay.com

Transporte
8km (5 milhas) NO. 601 Nebraska Ave, (800) 872-7245.
610 Polk St, (800) 231-2222.
Channelside Drive, (800) 741-2297. ônibus HARTline, (813) 254-4278.

O Tampa Museum of Art exibe antiguidades gregas, romanas e etruscas, arte contemporânea norte-americana, cubana e europeia, além de exposições itinerantes mundiais.

O museu tem mostras permanentes e temporárias de fotografia, escultura, pintura e esboços. O próprio museu, feito de alumínio, vidro e luzes de fibra óptica, é considerado uma obra de arte. Parte da panorâmica beira-rio de Tampa, a instituição também promove eventos ao ar livre.

Tampa Theater
711 N Franklin St. **Tel** (813) 274-8981.
diariam. 25 dez.
W tampatheatre.org

Em sua época, o Tampa Theater era um dos cinemas mais sofisticados do país. O prédio foi projetado em 1926 pelo arquiteto John Eberson em um estilo conhecido como mediterrâneo da Flórida. O resultado luxuoso foi descrito pelo historiador Ben Hall como "bom-bom andaluz".

Para dar a sensação de um ambiente ao ar livre, Eberson encheu o teto de luzes que piscavam como estrelas. Entre outros efeitos, há nuvens artificiais, produzidas por uma máquina de fumaça, e uma iluminação que simula o sol nascente.

O jeito mais fácil de visitar esse cinema restaurado é assistir a um filme *(p. 361)*. Festivais de filmes, peças e eventos especiais acontecem no local. As visitas guiadas duas vezes ao mês incluem um filme de vinte minutos sobre o cinema e um miniconcerto no seu tradicional órgão de mil tubos.

Centro de Tampa City

1. Henry B. Plant Museum
2. Tampa Museum of Art
3. Tampa Theater
4. Florida Aquarium
5. Harbour Island

Legenda dos símbolos *na orelha da contracapa*

Rua a Rua: Ybor City

O espanhol Don Vicente Martinez Ybor transferiu sua fábrica de charutos de Key West para Tampa em 1886. Uns 20 mil trabalhadores, vindos principalmente de Cuba e Espanha, acabaram juntando-se a ele. O legado deixado pelo sucesso da indústria de charuto, no fim do século XIX e começo do século XX, pode ser visto em Ybor City. A rua principal, 7th Avenue, com seus azulejos espanhóis e sacadas de ferro batido, permanecem como na época. Mas o bairro ganhou vida nova. As antigas fábricas e as casas dos operários abrigam lojas, restaurantes e animadas casas noturnas.

Cigar Museum and Visitor Center
Instalado na maior caixa de charutos do mundo, o centro de visitantes dá informação sobre acomodações e eventos locais.

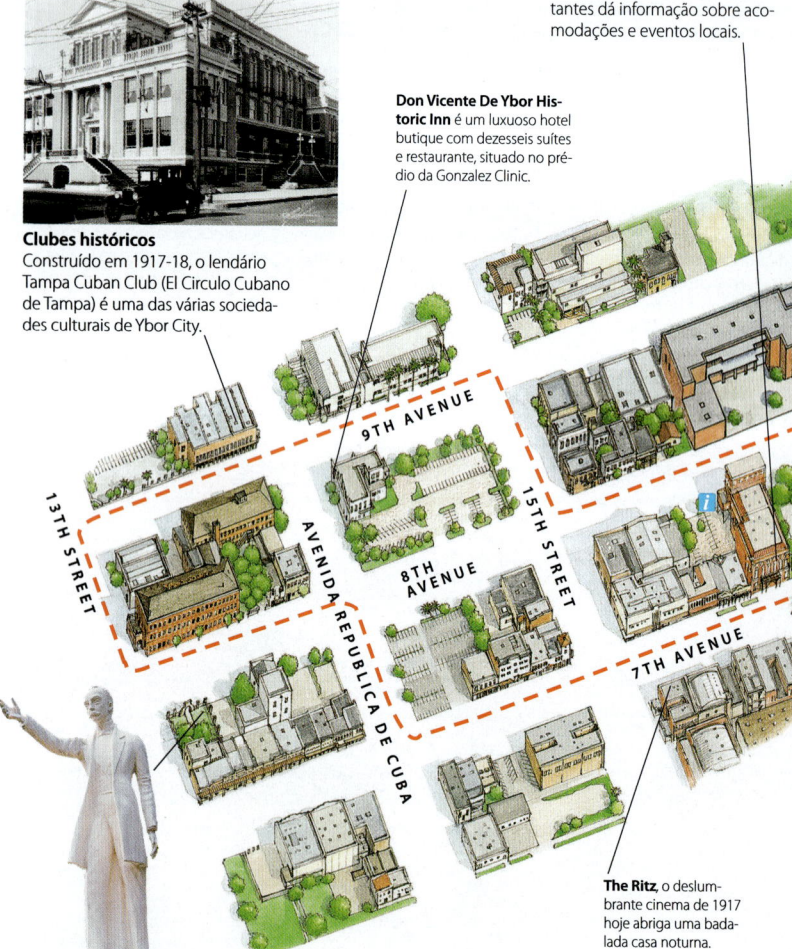

Clubes históricos
Construído em 1917-18, o lendário Tampa Cuban Club (El Circulo Cubano de Tampa) é uma das várias sociedades culturais de Ybor City.

Don Vicente De Ybor Historic Inn é um luxuoso hotel butique com dezesseis suítes e restaurante, situado no prédio da Gonzalez Clinic.

The Ritz, o deslumbrante cinema de 1917 hoje abriga uma badalada casa noturna.

José Martí Park
A estátua homenageia José Martí, que lutou pela liberdade de Cuba e esteve várias vezes em Ybor City em busca de apoio para a sua campanha de independência (p. 52).

Legenda
— Percurso sugerido

0 m   100

Veja hotéis e restaurantes dessa região nas pp. 314-25 e 329-49

TAMPA | 265

★ Cigar Worker's House
Essa casa anexa ao Ybor City State Museum é mobiliada como a de um operário da indústria de charuto. "La Casita" é um ótimo exemplo das casas construídas para receber *(p. 305)* os imigrantes que chegaram a Ybor no fim so século XIX.

PREPARE-SE

Informações Práticas
5km (3 milhas) E de Downtown.
🛈 1600 E 8th Ave, (813) 241-8838. **W** ybor.org ⓘ diariam (dom à tarde). Ybor City Museum State Park: **Tel** (813) 247-6323. ⓘ diariam.

Transporte
🚋 Bonde Tampa-Ybor do Convention Center & Aquarium para Ybor City.

O Centennial Park tem um mercado que vende frutas e verduras.

O Ybor City State Museum, instalado em uma padaria, explora a história de Ybor City e organiza passeios pelo bairro. Tem um pequeno jardim ornamental anexo.

Columbia Restaurant

La Tropicana serve a tradicional comida cubana.

Columbia Restaurant
O mais antigo restaurante da Flórida ocupa uma quadra inteira na 7th Avenue. Pratos espanhóis e cubanos e dança flamenca atraem os turistas *(p. 341)*.

A Indústria de Charutos de Tampa

Com navios que traziam regularmente o tabaco de Cuba para seu porto, Tampa era o melhor lugar para fabricar charutos. Várias fábricas surgiram logo depois de V. M. Ybor vir para cá, e por volta de 1900 Ybor City já produzia mais de 111 milhões de unidades por ano. Cada charuto era enrolado manualmente pelos trabalhadores, que se distraíam ouvindo uma pessoa lendo em voz alta. A automação e a crescente popularidade dos cigarros mudaram tudo isso.

Tampa ainda faz charutos (com folhas cultivadas em Honduras), mas hoje já usa máquinas. A Gonzalez y Martínez Cigar Company talvez seja a única que produz charutos feitos à mão.

Operários em uma fábrica de cigarros, em 1929

El Sol Cigars
A mais antiga charutaria de Ybor (de 1929) não enrola mais charutos à mão, mas é o melhor lugar para comprá-los.

Legenda dos símbolos *na orelha da contracapa*

FLÓRIDA ÁREA POR ÁREA

Mergulhador entre os recifes e peixes exóticos do Florida Aquarium

The Florida Aquarium
701 Channelside Drive. **Tel** (813) 273-4000. diariam. Ação de Graças, 25 dez. flaquarium.org

De frente para o mar, e inconfundível com sua cúpula azul em forma de concha, é a moderna interpretação de como deve ser um aquário. Dentro, os visitantes encontram tanques com peixes e ficam diante de filhotes de aligatores, aves, lontras e outros animais vivendo em hábitats autênticos. Também é oferecido um cruzeiro de 90 minutos pela baía.

No Florida Aquarium o visitante pode acompanhar o trajeto de uma gota de água, desde que surge em uma nascente subterrânea até chegar no mar, passando por vários ambientes pelo caminho.

As condições desses ambientes são recriadas em galerias independentes. A Galeria dos Corais de Recife da Flórida, por exemplo, é uma viagem embaixo da água com visão panorâmica de uma colônia de corais e cardumes de peixes tropicais. Você pode alugar comentários gravados por especialistas sobre as várias fases do passeio. E participar de laboratórios de projetos e atividades especiais, conduzidos por biólogos e botânicos.

Hyde Park
Na outra margem do rio, saindo do Bayshore Boulevard, o Hyde Park é uma rara área histórica em Tampa. Do fim do século XIX, ele exibe uma interessante mistura de estilos arquitetônicos, do colonial ao *revival* gótico. É mais fácil explorar as tranquilas ruas residenciais do Hyde Park de carro. Mas você pode deixar o carro para ir ao Old Hyde Park Village, saindo da Snow Avenue, onde estão as lojas e restaurantes mais finos. Em determinados dias, há bandas de música para entreter os compradores.

Concerto ao ar livre em Old Hyde Park Village

Museum of Science and Industry
4801 E Fowler Ave. **Tel** (813) 987-6100. diariam. mosi.org

Esse museu excelente se sobressai nos horizontes de Tampa; sob sua cúpula em estilo art nouveau há um cinema IMAX® e um museu com vários tipos de exposições interativas. Amazing You é uma exploração do corpo humano e seu funcionamento, e na sala do furacão os visitantes podem criar a sua própria tempestade. O GTE Challenger Learning Center presta homenagem à tripulação do ônibus espacial Challenger, com simuladores de uma estação espacial e sala de controle da missão. A Focus Gallery tem exposições itinerantes.

O MOSI também abriga o Saunders Planetarium, que exibe programas planetários regularmente. Às sextas e aos sábados à tarde há sessões especiais de observação de estrelas, e, se o tempo permitir, os telescópios são montados no estacionamento para ver estrelas à noite.

Lowry Park Zoo
1101 West Sligh Ave. **Tel** (813) 935-8552. diariam. Ação de Graças, 25 dez. lowryparkzoo.com

Esse zoológico, que está a 10km (6 milhas) do centro de Tampa, é um dos melhores da América do Norte. Uma das atrações é o centro de peixes-boi, com mais de vinte animais residentes e um tanque de reabilitação. Você pode saber mais sobre essa espécie ameaçada de extinção participando do "Manatee Sleepover", um programa especial que dá direito a permanecer no zoológico depois que fecha, conhecer o programa de reabilitação e passar a noite no centro dos peixes-boi.

O Florida Wildlife Center é o santuário dos animais nativos como os aligatores e a pantera da Flórida. Há também o Mun-

A cúpula chamativa do Museum of Science and Industry

Veja hotéis e restaurantes dessa região nas pp. 314-25 e 329-49

COSTA DO GOLFO | **267**

A Lenda de Gaspar

José Gaspar foi um pirata lendário que saqueava navios e povoamentos entre Tampa e Fort Myers no século XIX. Seu esconderijo ficava entre as ilhas de Lee Island Coast *(pp. 282-3)*. Muitos nomes dessa região fazem referência ao fato, como Gasparilla e Captiva, onde Gaspar costumava manter suas prisioneiras. Dizem que quando o pirata foi finalmente encurralado por um navio de guerra da Marinha, preferiu jogar-se ao mar amarrado em uma âncora do que cair prisioneiro.

Tampa, que foi atacada várias vezes por Gaspar, hoje tem o Gasparilla Festival em janeiro *(p. 41)*. O auge da festa é a "invasão" da cidade por centenas de "desordeiros", que desembarcam de um "navio pirata" armados até os dentes.

"Piratas" comemoram o Tampa's Gasparilla Festival nos anos 1950

O tigre-de-sumatra descansa no Asian Domain, Lowry Park Zoo

do dos Primatas e o Asian Domain, onde estão os tigres-de--sumatra, um rinoceronte muito raro e um aviário. Tem ainda um museu para as crianças, um centro de diversão e uma área de piquenique.

❿ Busch Gardens

pp. 268-9.

⓫ Hillsborough River

Mapa rodoviário D3. Hillsborough Co. 🚆 Tampa. 🚌 Tampa.

Correndo para o interior a nordeste de Tampa, o rio Hillsborough é uma agradável alternativa à agitação e ao burburinho da cidade. Em suas margens há densas florestas de carvalho, cipreste, magnólia e as árvores de mangue que antes cobriam grandes extensões de terras na Flórida.

A melhor maneira de conhecer o rio Hillsborough é de canoa: **Canoe Escape** organiza passeios em um trecho do rio que fica a quinze minutos de carro do centro de Tampa. Localizada logo adiante dos limites da cidade, é uma área selvagem onde se tem boas chances de avistar uma grande variedade de animais, como garças, garças-reais, aligatores, tartarugas e lontras. As condições são ideais para os iniciantes em canoagem. Há três itinerários à escolha, cada um deles com cerca de 8km – no máximo, duas horas remando e muito tempo para observar a região; passeios mais longos também podem ser combinados.

Uma parte do rio está protegida pelo **Hillsborough River State Park**. Ali também as canoas são a melhor maneira de explorar; além de caminhar por trilhas, você pode nadar e pescar. O parque tem um camping grande e concorrido, que funciona o ano todo e tem áreas para piquenique.

Criado em 1936, o Hillsborough River State Park foi o primeiro parque estadual da Flórida devido à importância histórica do Fort Foster, construído na Segunda Guerra dos Seminoles *(p. 50)* para proteger uma ponte sobre o rio Hillsborough e o riacho Blackwater. Forte e ponte foram reconstruídos e uma batalha é representada ali no mês de março. O forte pode ser visitado nos feriados e fins de semana; o ônibus para o forte sai da entrada do parque.

Canoe Escape
12702 US 301, Thonotosassa, 19km (12 milhas) NE de Tampa. **Tel** (813) 986-2067. ⚪ diariam. ⚫ Ação de Graças, 24 e 25 dez.

Hillsborough River State Park
15402 US 301 N, 19km (12 mihas) NE de Tampa. **Tel** (813) 987-6771. ⚪ diariam. 🅿 ♿ restrito. ⚠
🌐 floridastateparks.org

Casas reconstruídas no Fort Foster, no Hillsborough River State Park

Busch Gardens

Os Busch Gardens são únicos. Esse parque temático contém um dos maiores zoológicos do país. Para recriar a África colonial, o parque abriga mais de 2 mil animais, com girafas e zebras pastando livremente pela "Serengeti Plain"; leões, gorilas e outras feras africanas podem ser vistas durante safáris. Os Bird Gardens têm papagaios, cacatuas e aves de rapina. Os animais são a principal atração, mas há brinquedos emocionantes que agradam aos visitantes de todas as idades. SheiKra, a maior montanha-russa da Flórida, é a única na América do Norte que mergulha na água. A Adventure Island, vizinha aos Busch Gardens, é um parque aquático de 12 hectares que tem Key West como tema.

Congo River Rapids
Corredeiras, gêiseres, cachoeiras e uma caverna escura aguardam o bote à deriva na forte correnteza.

Kumba
A maior e mais rápida montanha-russa da Flórida, Kumba é um dos brinquedos mais emocionantes de Busch Gardens. Os carros despencam 41m a mais de 100km/h.

★ Jungala
Explore esse espaço de diversões com escaladas e labirintos e veja de perto animais exóticos da floresta.

★ SheiKra
Essa montanha-russa oferece empolgante viagem de três minutos com looping, caindo na água ao final.

LEGENDA

① Bird Gardens
② Gwazi
③ Stanleyville
④ Timbuktu
⑤ Cinema 4-D
⑥ Serengeti Plain
⑦ **Esse trem** percorre as principais atrações do parque.
⑧ Centro de Visitantes

Veja hotéis e restaurantes dessa região nas pp. 314-25 e 329-49

COSTA DO GOLFO | 269

Edge of Africa
Essa experiência de safári no extremo sul da Serengeti Plain permite ver de perto leões, hipopótamos, hienas e outros animais africanos.

PREPARE-SE

Informações Práticas
Mapa rodoviário 3D. 10165 N McKinley Dr. Tampa. **Tel** (813) 987 5082. W buschgardens.com W adventureisland.com. 10h-16h diariam; o horário se estende no verão e em feriados.

Transporte
Tampa. Tampa. 5 de Marion St, centro de Tampa, 39 de Netpark Transfer Center.

Egypt
Nesse local está o apavorante Montu e também a réplica da tumba de Tutancamon, um museu e um bazar.

Entrada

Myombe Reserve
Essa floresta tropical simulada abriga gorilas e chimpanzés das planícies, ambos ameaçados de extinção.

★ Cheetah Hunt
Uma montanha-russa de alta velocidade se ergue bem acima da paisagem africana e depois corre pelo alto das planícies. Ela pode atingir até 97km/h.

⓬ Florida Southern College

Mapa rodoviário E3.
Polk Co. 111 Lake Hollingsworth Drive, Lakeland. **Tel** (863) 680-4111. 🚆 Lakeland. 🚌 Lakeland. 🅿 diariam. 🚫 4 jul, Ação de Graças, 25 dez, 1º jan. Visitor Center: 🅿 até 14h seg-sáb. 🚫 dom. ♿
🌐 flsouthern.edu

Essa universidade foi toda projetada por Frank Lloyd Wright. O reitor convenceu Wright (um dos arquitetos mais importantes da época) a desenhar o campus em Lakeland, prometendo-lhe um pouco mais que a chance de expressar suas ideias – ele seria pago em dinheiro. Os trabalhos começaram em 1938 no que Wright, já famoso como o pai da arquitetura orgânica, chamava de "filho do sol". Com o objetivo de fundir os prédios ao seu entorno natural, usou especialmente vidro para trazer a luz de fora para dentro. O projeto original previa dezoito prédios, mas apenas sete estavam concluídos quando Wright morreu em 1959; cinco foram terminados ou acrescentados depois.

A Annie Pfeiffer Chapel expressa com clareza suas ideias. Os vitrais da capela quebram a monotonia dos blocos, e o edifício tem no alto uma torre espetacular em vez do tradicional campanário; Wright a chamava de "caixa de joias".

No geral, o campus tem a atmosfera leve e arejada que Wright buscava. Os prédios são interligados pelas Esplanades – um corredor coberto com 2km de extensão, onde luz e sombra e as variações de altura desviam a atenção para o próximo edifício.

Você pode passear pelo campus a qualquer momento, mas os interiores só podem ser visitados durante a semana. No Thad Buckner Building, que hoje abriga o centro de visitantes, você pode ver desenhos e fotos da obra.

A nave iluminada e espaçosa da Annie Pfeiffer Chapel

A Gamble Mansion, anterior à guerra

⓭ Gamble Plantation Historic State Park

Mapa rodoviário D3. Manatee Co. 3708 Patten Ave, Ellenton [Highway 301, 8km (5 milhas) a oeste da I-75]. **Tel** (941) 723-4536. 🚆 Tampa. 🚌 Bradenton. 🅿 qui-seg. 🚫 Ação de Graças, 25 dez, 1º jan. 📷 ♿ restrito.
🌐 floridastateparks.org/gambleplantation

A única casa anterior à guerra que resta no sul da Flórida é essa mansão que fica na estrada principal para Bradenton.

Ela foi construída em 1845-50 pelo major Robert Gamble, que se estabeleceu nas terras férteis do rio Manatee depois da Segunda Guerra dos Seminoles (*p. 50*). Hoje só existe uma pequena parte da fazen-

Florida Southern College

① Emile Watson Building
② Benjamin Fine Building
③ J. Edgar Wall Waterdome
④ Raulerson Building
⑤ Thad Buckner Building
⑥ Annie Pfeiffer Chapel
⑦ William Danforth Chapel
⑧ Polk County Science Buildings
⑨ Lucius Pond Ordway Building

Legendas

▭▭▭ Esplanades

0 m — 100

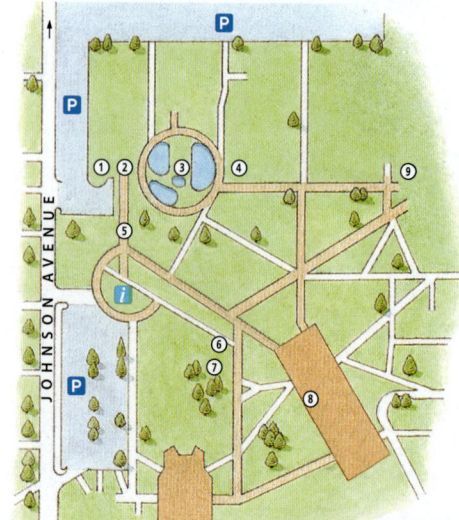

Legenda dos símbolos *na orelha da contracapa*

da de 1.416 hectares. A antiga senzala, por exemplo, é uma escola. A casa está mobiliada tal como era em seus dias de glória, e os jardins bem cuidados sob os altos carvalhos com barba-de-velho são típicos do Sul.

Informações sobre a vida em Gamble estão reunidas no pequeno museu do centro de visitantes. Gamble passou por sérias dificuldades financeiras e foi obrigado a vender a fazenda para quitar as dívidas; entre as exposições do museu há um documento da venda da casa, das terras e dos 191 escravos por US$190 mil, em 1856.

⑭ Bradenton

Mapa rodoviário D3. Manatee Co. 48.000. ✈ 🚌 incluindo o ônibus Amtrak Thruway. ℹ 222 10th St W, (941) 748-3411.

Sede do condado de Manatee, Bradenton é mais conhecida pela Nick Bollettieri Tennis Academy (p. 367), a escola que desenvolveu o talento precoce de astros do tênis como Andre Agassi e Pete Sampras.

As praias são a grande atração, mas outros lugares merecem ser visitados antes delas. O **Manatee Village Historical Park** conta a história da fronteira da Flórida através de um fascinante grupo de prédios restaurados. Entre eles há uma casa de barcos, um armazém e uma casa de colono, todos mobiliados para parecerem originais.

O **South Florida Museum** é educativo e divertido. O tema é Flórida da Idade da Pedra à Era Espacial, com dioramas de dinossauros, réplicas em tamanho natural de construções do século XVI em estilo espanhol e carros antigos. Espetáculos de laser adicionam emoção ao programa do Bishop Planetarium, e o Parker Aquarium dá uma ideia sobre a vida marinha no local.

Cozinha de uma casa de colono no Manatee Village Historical Park

Manatee Village Historical Park
1404 Manatee Ave E. **Tel** (941) 749-7165. ⏰ seg-sex (inverno: dom à tarde). ● feriados. ♿

South Florida Museum
201 10th St W. **Tel** (941) 746-4131. ⏰ diariam. ● abr-mai e ago-dez: seg; 1º sáb nov; Ação de Graças, 25 dez, 1º jan. 🎥♿ 🌐 southfloridamuseum.org

Arredores

Cerca de 8km (5 milhas) a oeste do centro de Bradenton, o **De Soto National Memorial** comemora a chegada, em 1539, de Hernando de Soto (pp. 46-7). Ele e mais 600 homens iniciaram uma jornada de 6.500km em quatro anos para o sudeste dos EUA em busca de ouro. Descobriram o Mississípi, mas a jornada foi desastrosa: De Soto e metade de seus homens morreram. O monumento lembra os infelizes exploradores e marca o início da De Soto Trail,

Monumento ao explorador De Soto

que percorre uma parte do roteiro original. O parque é também uma réplica do acampamento base de De Soto; aí trabalham voluntários em trajes típicos, que dão uma boa ideia de como era o dia a dia dos conquistadores espanhóis. O centro de visitantes tem um museu, uma livraria e uma exposição de armas e armaduras do século XVI. Tem também uma trilha natural de 1km que atravessa o mangue.

Duas pontes ligam Bradenton a **Anna Maria Island**, cujas praias, contornadas por dunas e preservadas, atraem surfistas por suas ondas gigantes. Há alguns pequenos resorts perto das três comunidades principais, Anna Maria, Holmes Beach e Bradenton Beach. Ao norte está o pitoresco Anna Maria Pier, construído em 1910.

De Soto National Memorial
8300 DeSoto Memorial Hwy.
Tel (941) 792-0458. ⏰ diariam.
● Ação de Graças, 25 dez, 1º jan.
♿ 🌐 nps.gov/deso

Fim de tarde na bela e preservada praia da Anna Maria Island

Veja hotéis e restaurantes dessa região nas pp. 314-25 e 329-49

⑮ Sarasota

A cidade, que é considerada o centro cultural da Flórida, deve isso a John Ringling *(p. 274)*, uma das muitas pessoas influentes atraídas para a promissora cidade no início do século XX. Seu legado está por toda parte, mas principalmente em sua casa e na excelente coleção de arte, hoje a maior atração da cidade *(pp. 274-7)*. O principal trunfo de Sarasota é ter escapado dos excessos de outras cidades do estado. Promovida como "o lado moderado da Flórida", é uma comunidade limpa e atraente, com a vantagem de estar à beira-mar. Você encontra seus ricos e conservadores moradores passeando pelas lojas elegantes ou relaxando na areia. As praias fabulosas da ilha de barreira ficam próximas do centro Sarasota e são as melhores para se hospedar.

Flamingos em um pequeno lago do Sarasota Jungle Gardens

Como Explorar Sarasota

A área mais agradável do centro de Sarasota concentra-se na Palm Avenue e Main Street, onde as fachadas restauradas que datam do início do século XX escondem antiquários, bares e restaurantes. Comprar e comer são as principais atividades em Sarasota Quay. Você pode fazer cruzeiros com jantar e passeios de barco na marina ao lado. À beira-mar, ao norte, está o imponente Van Wezel Performing Arts Hall *(p. 35)*. Inaugurado em 1970, esse edifício cor-de-rosa e alfazema merece ser visitado, seja pelas linhas circulares, inspiradas na forma das conchas, seja para assistir a um dos espetáculos, concertos e shows da Broadway que se apresentam no local *(p. 361)*.

🏛 Sarasota Classic Car Museum

5500 N Tamiami Trail. **Tel** (941) 355-6228. ⬜ diariam. ⬛ 25 dez. 🎟 ♿
w sarasotacarmuseum.org

Um dos mais antigos do gênero no mundo, o Sarasota Classic Car Museum abriu suas portas ao público em 1953. Hoje ele abriga 120 carros clássicos, adquiridos ou por troca com outros carros do museu ou por doação de colecionadores.

Órgão carrossel de 1890 no museu

Os destaques da coleção são um raro Packard Model 120 conversível ano 1954, um Rolls-Royce Silver Wraith ano 1955, um De Lorean ano 1981 e um trailer Cadillac, um dos cinco que foram fabricados. A Mercedes Roadster de John Lennon e o Mini Cooper de Paul McCartney também estão no local.

🌿 Sarasota Jungle Gardens

3701 Bay Shore Rd. **Tel** (941) 355-5305. ⬜ diariam. ⬛ 25 dez. 🎟 ♿
w sarasotajunglegardens.com

Originalmente um jardim botânico, esses 4 hectares que antes abrigavam uma plantação de bananas é um oásis de plantas e árvores tropicais, flores do mundo todo, além de um bosque de palmeiras e jardins de hibiscos, samambaias, roseiras e buganvílias. O lago de flamingos é a grande atração. Outras atrações, como o zoo de filhotes para crianças e o jardim de borboletas, dão ênfase à educação e preservação. Outras diversões são os shows de pássaros exóticos e répteis. Tem ainda um café e uma loja de presentes.

🌿 Marie Selby Botanical Gardens

811 S Palm Ave. **Tel** (941) 366-5731. ⬜ diariam. ⬛ 25 dez. 🎟 ♿
w selby.org

Não é preciso ser jardineiro para apreciar a residência dos ricos moradores de Sarasota, William e Marie Selby. Em meio a loureiros e figueiras-da-índia, em frente à Sarasota Bay, a casa foi desenhada por Marie no início dos anos 1920 como um refúgio da vida moderna: ainda está lá a cortina de bambus plantados por ela para esconder o crescente horizonte de Sarasota.

Os jardins têm mais de 20 mil plantas tropicais e uma famosa coleção de orquídeas e epífitas *(p. 294)*. Têm também áreas de-

Christy Payne House, nos Marie Selby Botanical Gardens

Veja hotéis e restaurantes dessa região nas pp. 314-25 e 329-49

dicadas a plantas exóticas, de plantas alimentícias e ervas a coloridos hibiscos. A Tropical Display House abriga uma impressionante variedade de vegetação de selva.

A casa em estilo espanhol, hoje loja de suvenires, é menos interessante que a Christy Payne House dos anos 1930. Essa mansão em estilo casa de fazenda abriga o Museum of Botany and Arts.

St. Armands Circle

Esse sofisticado centro de compras e alimentação em St. Armands Key é uma das criações de John Ringling. Ele comprou a ilha em 1917 e elaborou um ousado projeto imobiliário, que tinha como centro um shopping center circular com jardins e estátuas clássicas. A área progrediu pouco antes de ser prejudicada pela Depressão, mas recuperou-se nos anos 1950. Hoje, é muito parecida com o projeto original de Ringling, com avenidas arborizadas que irradiam de um centro.

St. Armands Circle, bem localizada entre o centro e as praias, fica cheia tanto de dia quanto de noite. É um lugar muito caro, mas você se diverte com os artistas de rua que se apresentam ali.

Mote Aquarium and Mote Marine Laboratory

1600 Ken Thompson Parkway. **Tel** (941) 388-4441. diariam. mote.org

Esse aquário se localiza em City Island, entre Lido e Longboat Keys. O passeio pela baía dá vista para os horizontes de

Peixes tropicais no Mote Aquarium and Mote Marine Laboratory

Sarasota, mas as reais atrações estão em seu interior. Entre as mais populares há um grande tanque de tubarões com janelas de observação submarinas, e um "tanque para tocar", onde você entra em contato com animais marinhos de todo tipo, como caranguejos, lesmas e até arraias-lixa. Outros 30 aquários abrigam peixes e plantas locais. Há também uma exposição sobre rios, baías e estuários da região.

Folhetos explicativos dão uma boa noção sobre as mostras, e os guias explicam como o aquário está ligado à pesquisa feita nos laboratórios, principalmente sobre tubarões e poluição.

Asolo Repertory Theatre

5555 North Tamiami Tr. **Tel** (941) 351-8000. set-jul. asolorep.org

Há mais de 50 anos o Asolo é o principal teatro profisssional da Flórida e um dos dínamos culturais mais importantes da rica cena artística de Sarasota e do sudeste dos EUA. O local sedia até quinze produções por temporada, constituindo um repertório variado de peças inéditas, reinterpretações e musicais. O Asolo Rep é o núcleo criativo de mais de cem artistas e técnicos artesãos, e sua companhia residente é complementada por artistas convidados e diretores e designers premiados.

PREPARE-SE

Informações Práticas
Mapa rodoviário D3. Sarasota Co. 52.000. 655 N Tamiami Trail, (941) 957-1877. Circus Festival (jan) visitsarasota.org

Transporte
3km (2 milhas) N. 575 N Washington Blvd, (941) 955-5735; Amtrak bus, (800) 872-7245.

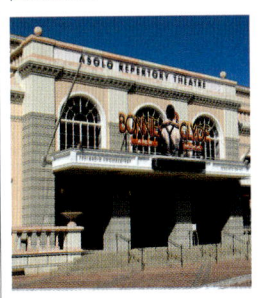

Aula sobre o salto no G.WIZ, The Hands-On Science Museum

Praias de Sarasota

As ilhas de barreira mais próximas, Longboat Key, Lido Key e Siesta Key, têm praias belíssimas na costa do golfo do México, e por isso são muito populares (p. 253). O desenvolvimento é intenso, com condomínios ao longo de todo o litoral, mas há outras áreas mais tranquilas. A praia do South Lido Park, em Lido Key, fica vazia durante a semana e tem uma agradável trilha pela mata.

Em Siesta Key, a principal área residencial fica ao norte, concentrada ao redor da rede de canais. Siesta Key Beach, nas imediações, é sempre animada. Mais tranquilas são Turtle Beach, que tem a única área de camping dessas Keys. Longboat Key é famosa pelos campos de golfe. Em todas elas, os esportes aquáticos são excelentes.

Praia de South Lido Park, com vista para Siesta Key, ao sul

Ringling Museum of Art

John Ringling era um dono de circo de Iowa cujo sucesso fenomenal *(p. 276)* o tornou milionário. Suas viagens ao exterior lhe permitiram adquirir arte europeia, e quando ele se mudou definitivamente para a sua residência de inverno em Sarasota, construiu um museu para abrigar a vasta coleção. Graças ao afeto especial que sua mulher, Mable, tinha pela Itália, as magníficas telas barrocas italianas são a base da coleção. A propriedade do casal, que inclui o palácio Cà d'Zan *(pp. 276-7)*, foi legada ao estado quando John Ringling morreu em 1936.

As Estátuas
O pátio tem várias cópias de esculturas clássicas, como essa biga de bronze.

O Skyspace, de James Turrell, fica no pátio Selby

Réplica do *Davi*, de Michelangelo

Fechado para reforma
Local da futura Wall-Apelt Asian Art Wing.

Galeria Espanhola
Essa galeria contém obras espanholas do século XVII, entre elas telas de El Greco, Ribera, Zurbarán e Velázquez, como esse retrato de Filipe IV da Espanha em trajes militares, provavelmente uma de suas primeiras obras.

★ **Astor Rooms**
Essa luxuosa sala do século XIX pertencia à mansão de Nova York.

Guia do Museu

As galerias se distribuem ao redor de um jardim de esculturas. A partir da galeria à direita do hall de entrada, as salas seguem em ordem cronológica em sentido horário, começando pelas pinturas medievais até a arte europeia do século XVIII; a pintura italiana dos séculos XVI e XVII estão bem representadas. Arte moderna e mostras especiais são exibidas na Searing Wing. O Visitors' Pavilion abriga o Asolo Theater. The ULLAR and Arthur F. Searing Wing é usada para exposições temporárias.

Planta do Museu

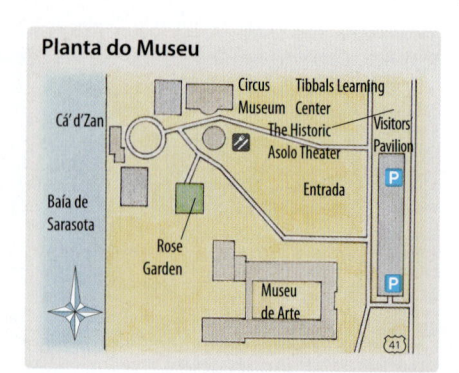

Circus Museum · Tibbals Learning Center
Cá d'Zan · The Historic Asolo Theater · Visitors Pavilion
Baía de Sarasota · Entrada
Rose Garden · Museu de Arte

Veja hotéis e restaurantes dessa região nas pp. 314-25 e 329-49

SARASOTA | **275**

A ULLAR and Arthur F. Searing Wing é usada para exposições temporárias.

★ Courtyard
Galeria com 91 colunas de vários estilos circundam o pátio. Algumas datam do século XI.

PREPARE-SE

Informações Práticas
5401 Bay Shore Road, Sarasota.
Tel (941) 359-5700. Casa, galerias e museu: 10h-17h30 diariam. Ação de Graças, 25 dez, 1º jan. 1º andar do Ca'd'Zan. ringling.org

Transporte
2, esquina da 1st St e Lemon St, Downtown.

Fonte de Oceanus

A construção de um palácio
Essa pintura renascentista do italiano Piero di Cosimo é um dos maiores orgulhos da galeria. Pintada a óleo em um painel de madeira, data de cerca de 1515.

★ Rubens Gallery
Essa galeria contém tesouros valiosos como *A coleta do Maná*, pintado em 1625.

Entrada

Estátua de Apolo

Fonte das Tartarugas

Roteiro do Andar Térreo

- Alemães e Holandeses 1600-1700
- Rubens Gallery
- Idade Média e Renascimento
- Italianos 1500-1700
- Espanhóis 1600-1700
- Europeus 1700-1800
- Astor Rooms
- Franceses 1600-1700
- Flamengos 1600-1700
- Ringling Master Plan
- Europa e América do Norte 1850-1940

Ringling Museum: Cà' d'Zan

A residência de inverno dos Ringling, Cà' d'Zan, foi a primeira parte a ficar pronta, dando uma ideia do que ainda estava por vir. O amor que o casal tinha pela Itália e suas frequentes viagens à Europa estavam presentes não só no estilo da casa, mas no nome veneziano que significa "Casa de John". O projeto da casa, voltada para Sarasota Bay, foi inspirado em um típico palácio veneziano, mas também engloba características arquitetônicas renascentistas francesa e italiana, barrocas e estilos mais modernos.

Cercada por um terraço de mármore e coroada por uma torre, Cà' d'Zan levou dois anos para ser construída, sendo concluída em 1926. O salão de baile, o pátio, o salão de jantar e os quartos dão uma ideia do estilo de vida dos milionários da época. A mobília original permanece no mesmo lugar.

★ **Ornamento em Terracota**
O exterior de Cà' d'Zan tem os melhores trabalhos em terracota do país.

★ **Salão de Baile**
A principal característica do salão de baile é a pintura do teto *Danças das nações*. É uma ilustração de várias danças típicas nacionais, feita por Willy Pogany, cenógrafo e figurinista de Hollywood nos anos 1920.

LEGENDA

① **O pátio**, com piso de mármore e colunas de ônix, era a sala de estar do casal Ringling e o centro da casa.

② **Solário**

③ **A torre** ficava acesa quando os Ringling estavam em casa.

④ **O quarto de Mable Ringling** é uma elegante suíte com móveis Luís XV e almofadas feitas por ela.

⑤ Ala dos criados

⑥ Cozinha

⑦ Escritório de John Ringling

⑧ Sala de exercícios

O Circo Ringling

O que era apenas um show itinerante, criado em 1884 pelos cinco irmãos Ringling, tornou-se um dos circos de maior sucesso da época. A variada lista de entretenimento dos Ringling mostrou-se mais duradoura que a de seus concorrentes, e aos poucos os irmãos começaram a comprar seus rivais. Em 1907, tornaram-se parceiros de Phineas T. Barnum, cujo gosto por gêmeos siameses e animais exóticos deu novo estilo ao circo, afastando-o de suas origens tradicionais.

O Circus Museum, inaugurado em 1948, não foi ideia de Ringling, mas suas maquetes, carroções decorados e outros itens raros dão uma ideia da rotina circense.

Carroção *Five Graces*, de Barnun, 1878

Veja hotéis e restaurantes dessa região nas pp. 314-25 e 329-49

SARASOTA | **277**

Taproom
Com teto abobadado e vitrais, a Taproom ilustra a preferência de Ringling por objetos vindos de longe. Ele comprou o bar do Cicardi's Restaurant em St. Louis, Missouri.

O Quarto de John Ringling
A bonita mobília de mogno dos anos 1850 empresta um ar de austeridade ao quarto. A pintura de Jacob de Wit, feita em 1735, decora o teto.

Salão do Café da Manhã
Essa sala mais discreta era usada pela família em ocasiões informais. As janelas venezianas são originais.

Banheiro
A atenção que John Ringling dava aos detalhes chegou ao banheiro, que é revestido de mármore de Siena e tem a banheira escavada em um bloco de pedra.

Vegetação exuberante à beira do rio no Myakka River State Park

⓰ Myakka River State Park

Mapa rodoviário D3 Sarasota Co. 13207 SR 72, 14km (9 milhas) a L de Sarasota. Sarasota. **Tel** (941) 361-6511. diariam. restrito. myakkariver.org

Apesar da proximidade da cidade de Sarasota, o Myakka River State Park dá uma boa ideia do que os primeiros colonos encontraram ao chegar. Grandes carvalhos, altas palmeiras, pinheiros e uma vastidão plana e seca são intercaladas por pântanos, lagoas e lamaçais.

Os 11.300 hectares do parque, que acompanham o rio Myakka e contornam o lago Upper Myakka, são um estupendo santuário selvagem. Mais de 200 espécies de aves já foram catalogadas no local, entre elas muitas garças-reais, garças-azuis, abutres e íbis; e outras que são mais raras como a águia-pesqueira, a águia-careca e o peru selvagem. Aligatores e veados são vistos com frequência, mas as raposas são bem mais raras. Por todo o parque há plataformas para observar os animais.

Os mais ambiciosos podem seguir a pé os 63km de trilhas sinalizadas ou os 24km de trilhas a cavalo. Também são oferecidos passeios de trem monitorados entre os meses de dezembro e maio, que é a melhor época para visitar, e passeios narrados em hidroavião durante todo o ano.

⓱ Venice

Mapa rodoviário D4. Sarasota Co. 20.000. Venice. 597 Tamiami Trail S, (941) 488-2236. venicechamber.com

Venice é uma pacífica cidade de praia, um pouco afastada do caminho e repleta de flores e palmeiras na principal rua de comércio, a Venice Avenue. A cidade abriga uma bela coleção de prédios históricos cuidadosamente restaurados, entre eles o Venice Little Theater na Tampa Avenue, que data de 1927.

Caspersen Beach, forrada de gramíneas e palmeiras, fica na Harbor Drive. É excelente para nadar, pescar e coletar conchas, embora essas sejam encontradas nas praias mais ao sul *(pp. 283-3)*. A área é famosa pelos dentes de tubarão fossilizados que são trazidos pela maré; o Brohard Paw Park no Harbor Drive South é boa opção para quem gosta de cães.

Busca de fósseis, Caspersen Beach

⓲ Gasparilla Island

Mapa rodoviário D4. Lee Co, Charlotte Co. Venice. 5.800 Gasparilla Rd, Boca Grande, (941) 964-0568. bocagrandechamber.org

Descoberta por pescadores, e depois pelos ricaços que fugiam dos invernos do norte, Gasparilla é uma ilha escondida no meio do caminho entre Sarasota e Fort Myers.

A atividade é centrada na comunidade de Boca Grande, que é ligada ao continente por uma estrada. A antiga estação de trens restaurada, a San Marco Theater, e o grandioso Gasparilla Inn são eloquentes reminiscências do passado. Muitas construções de madeira foram recuperadas e ganharam uma nova camada de tinta, dando ao lugar um agradável clima tropical. Ali, a pesca é um bom negócio há muito tempo – Boca Grande é conhecida como a capital mundial do peixe tarpão. E há muitas marinas onde se consegue contratar passeios de barco, alguns até as ilhas de barreira mais próximas

O Range Light orienta os navios na costa da Gasparilla Island

Veja hotéis e restaurantes dessa região nas pp. 314-25 e 329-49

COSTA DO GOLFO | 279

(pp. 282-3). Outra forma de exploração é pela trilha de bicicleta que atravessa a ilha.

Na ponta sul da ilha, o **Gasparilla Island State Park** tem praias tranquilas onde se pode pescar e nadar, e também colher conchas. Um farol do século XIX domina o Boca Grande Pass, mas sua função é desempenhada pelo moderno Range Light.

Gasparilla Island State Park
880 Belcher Rd, Boca Grande.
Tel (941) 964-0375. diariam.

O colorido Schlossberg-Camp Building, de 1920, em Arcadia

❶⓽ Arcadia

Mapa rodoviário E3.
De Soto Co. 6.000.
16 S Volusia Ave, (863) 494-4033.
w desotochamber.net

É uma delícia andar pela cidade de Arcadia, onde antes se criava gado. Os caubóis de hoje andam mais de modernas pickups do que a cavalo, mas esse ainda faz parte da cultura local. A febre do caubói atinge o pico duas vezes ao ano, em março e julho, quando competidores e aficionados de todo o país chegam para o All-Florida Championship Rodeo, o mais antigo rodeio do estado.

A arquitetura rebuscada e colorida de Arcadia lembra a prosperidade dos anos 1920. Os melhores exemplos são o Koch Arcade Building em estilo Mediterrâneo, na West Oak Street, e o Schlossberg-Camp Building, na West Magnolia Street.

Edifícios anteriores foram destruídos por um incêndio nos anos 1905; a J. J. Heard Opera House na Oak Street foi construída no ano seguinte. Restaram poucos prédios do final do século XIX. Para vê-los, só por intermédio da Câmara de Comércio.

❷⓪ Babcock Wilderness Adventures

Mapa rodoviário E4.
Charlotte Co. 8000 SR 31.
Tel (800) 500-5583.
Punta Gorda. diariam.
25 dez. obrigatório.
w babcockwilderness.com

O imenso Crescent B Ranch pertencia originalmente ao barão da madeira E. V. Babcock, que dizimou o pântano de ciprestes nos anos 1930. Ele ainda está nas mãos da milionária família Babcock, mas 36.420 hectares do rancho foram reabertos como Babcock Wilderness Adventures. Em

Buggie de pântano no Babcock Wilderness Adventures

passeios de 90 minutos com naturalistas treinados, os buggies levam os visitantes através das matas e um denso trecho de pântano de ciprestes, onde há abundância de animais selvagens. As panteras, criadas no local com muito sucesso, estão em cercados especiais; os aligatores circulam por perto. Rebanhos de cavalos, gado e bisões também são vistos. Esses passeios são muito procurados e por isso devem ser reservados com antecedência.

Rodeios da Flórida

Grande parte do interior da Flórida são fazendas de criação, concentradas perto de cidades pecuaristas como Arcadia, Kissimmee *(p. 195)* e Davie *(p. 141)*, onde os rodeios fazem parte do dia a dia. Velocidade é a palavra-chave dessas competições. Em provas como laçar e derrubar um bezerro (o vaqueiro deve derrubar o animal no chão), vence quem faz isso em menos de 10 segundos. Nas provas de montaria, os caubóis devem permanecer sobre o cavalo no mínimo oito segundos, mas também são julgadas sua habilidade e técnica. Um comentarista mantém a plateia informada sobre as atuais condições físicas do caubói e detalhes dos seus títulos já conquistados.

Cena de rodeio no All-Florida Championship Rodeo, em Arcadia

㉑ Fort Myers

Chegar a Fort Myers pelo rio Caloosahatchee é uma bela introdução à cidade, que mantém um clima da antiga Flórida. Seguindo o curso do rio está o McGregor Boulevard, com suas palmeiras-imperiais; as primeiras foram plantadas pelo inventor Thomas Edison, que pôs Fort Myers no mapa na década de 1880, quando ainda era uma pequena vila de pescadores.

Além da casa de Edison e algumas atrações no centro antigo em volta da First Street, onde estão as lojas e os restaurantes, vale a pena ir além; um serviço de trólebus percorre a região do centro passando pelas principais atrações. Tendo absorvido o clima da cidade, as praias não ficam longe.

PREPARE-SE

Informações Práticas
Mapa rodoviário E4. Lee Co. 62.000. 2310 Edwards Drive, (239) 332–3624, (800) 366-3622. Edison Festival of Lights (fev). **w** fortmyers.org

Transporte
11km (7 milhas) SE. 2275 Cleveland Avenue, (800) 231-2222; também com ônibus Amtrak Thruway, (800) 872-7245.

O equipamento exposto no laboratório de Thomas Edison

🏛 Edison e Ford Winter Estate
2350 McGregor Blvd. **Tel** (239) 334-3614. diariam. Ação de Graças, 25 dez.
w edisonfordwinterestates.com

Refúgio à beira-mar de um dos inventores mais famosos do continente americano, a Edison Winter Home é a atração mais antiga de Fort Myers. Thomas Edison (1847-1931) ergueu a propriedade em 1886, e a casa, o laboratório e o jardim botânico permanecem tal como ele os deixou.

O sobrado e a casa de hóspedes anexa estão entre as primeiras pré-fabricadas nos EUA. Construídas em partes no Maine segundo especificações de Edison, chegaram a Fort Myers em uma escuna. Embora sóbria, a casa é grande e confortável. As espaçosas varandas que se projetam em todo o piso inferior mantêm as casas arejadas. Os móveis originais em seu interior também estão preservados.

Edison possuía mais de mil patentes. Seu interesse ia da lâmpada ao fonógrafo, que gravava em cilindros de cera. Em seu laboratório, na frente da casa no McGregor Boulevard, está o equipamento usado por ele em seus experimentos com a produção de borracha sintética. A iluminação é feita por lâmpadas com filamento de carbono, também inventadas por ele e que estão em uso constante desde a sua época. O museu exibe objetos pessoais, dezenas de fonógrafos e um carro Modelo T de 1916 que Henry Ford deu de presente a Edison.

Thomas Edison também se interessava por horticultura. Os jardins ao redor da casa e do laboratório têm grande variedade de plantas exóticas. O tronco da gigantesca figueira que foi dada a Edison pelo magnata Harvey Firestone em 1925 tem nada menos que 120m de circunferência.

Edison era muito querido na cidade, e as visitas à casa são famosas pelo conhecimento e entusiasmo demonstrado pelos guias.

🏛 Ford Winter Home
2350 McGregor Blvd. **Tel** (239) 334-3614. diariam. Ação de Graças, 25 dez.

Perto da casa de Edison (e só visitada com o mesmo ingresso) está Mangoes, a propriedade comprada em 1916 pelo industrial Henry Ford. As famílias Ford e Edison eram muito amigas, e depois que Thomas Edison morreu, em 1931, os Ford nunca mais voltaram ao local.

Os cômodos foram recriados com móveis de época e mantêm o aconchego de Clara Ford. Há alguns Fords antigos na garagem.

🏛 Imaginarium Hands-On Museum and Aquarium
2000 Cranford Ave. **Tel** (239) 337-3332. 10h-17h seg-sáb, 12h-17h dom. Ação de Graças, 25 dez.
w imaginariumfortmyers.com

O Imaginarium Hands-On Museum and Aquarium agrada a

Uma das belas praias de Fort Myers

Veja hotéis e restaurantes dessa região nas pp. 314-25 e 329-49

COSTA DO GOLFO | **281**

Crianças na passarela do Calusa Nature Center

toda a família. Tem mais de 60 mostras interativas que interessam a todas as idades, convidando os visitantes a tocar uma nuvem, sentir a força de um furacão ou atravessar uma tempestade. Tem cinema, escavação de dinossauro, e as crianças também podem ser a "moça do tempo" em um estúdio de TV na programação diária de shows e apresentações interativas. O aquário tem peixes variados, como tubarões e moreias, e outros animais como tartarugas, cisnes e iguanas.

Southwest Florida Museum of History
2300 Peck St. **Tel** (239) 332-5955. 10h-17h ter-sáb (fev-abr: também dom).
w cityftmyers.com

Ocupando uma antiga estação de trens, esse museu resgata a fase áurea de Fort Myers como centro pecuarista e percorre a história anterior da área passando pelos índios *calusas* e espanhóis. Os destaques incluem uma maquete em escala de Fort Myers nos anos 1900 e um vagão particular mobiliado dos anos 1930, usado pelos ricos nortistas que vinham passar o inverno no sul. Tem uma ala nova de arte e artefatos pré-históricos.

Calusa Nature Center and Planetarium
3450 Ortiz Ave. **Tel** (239) 275-3435. diariam. Ação de Graças, 25 dez, 1º jan. a pedidos.
w calusanature.com

Esses 42 hectares de matas são uma excelente introdução à flora e fauna do sudoeste da Flórida. Tem um grande aviário e você caminha por passarelas de madeira através de samambaias e mangues, onde sempre se veem garças e algumas cegonhas. O museu oferece conversas ilustradas sobre cobras e aligatores e também caminhadas guiadas pela natureza e visitas ao aviário.

O centro também oferece um borboletário e uma estufa de plantas onde você pode comprar mudas para formar o seu próprio jardim de borboletas.

No planetário você vê estrelas e shows de laser, mas cobrado separadamente.

Arredores
Loja de suvenires, **The Shell Factory** está 6km (4 milhas) ao norte de Fort Myers. No local são vendidos enfeites de conchas e joias, mas o melhor é a coleção de conchas e corais, uma das maiores do mundo. Tem também esponjas, madeira esculpida, pôsteres, livros e presentes. Tem um zoo e show de águas dançantes.

The Shell Factory
2787 N Tamiami Trail. **Tel** (239) 995-2141. 10h-21h seg-sáb, 10h-20h dom. **shellfactory.com**

❷ Koreshan State Historic Site
Mapa rodoviário E4. Lee Co. Estero, 23km (14 milhas) ao S de Fort Myers. **Tel** (239) 992-0311. Fort Myers. diariam.
w floridastateparks.org

Interessados em religiões obscuras misturam-se aos amantes da natureza no Koreshan State Historic Site, antiga sede da seita Koreshan Unity.

Em 1894, seu fundador Dr. Cyrus Teed ouviu uma voz lhe dizendo que mudasse seu nome para Koresh (Cyrus em hebraico) e fosse para o sudoeste da Flórida, onde criaria uma grande cidade utópica com ruas de 122m de largura. Ele escolheu esse belo lugar à beira do rio Estero, para que seus seguidores vivessem em comunidade, com direitos iguais para as mulheres e propriedade partilhada.

Longe da cidade com 10 milhões de pessoas que Teed sonhara, a seita Koreshan Unity conseguiu apenas 250 seguidores, que se dispersaram quando ele morreu em 1908. Os últimos quatro membros doaram o local ao estado em 1961. Doze das 60 construções e jardins originais permanecem, entre elas a casa de Cyrus Teed, que foi toda restaurada.

O parque tem canoas e trilhas, área de camping, pesca de mar e rio, e também organiza visitas guiadas.

Residência restaurada de Cyrus Teed no Koreshan State Historic Site

㉓ Lee Island Coast

A Lee Island Coast é uma irresistível combinação de belas praias (famosas pelas conchas), animais selvagens, muita vegetação e um pôr do sol inesquecível. O movimento é maior nas ilhas Sanibel e Captiva pelos resorts elegantes, marinas e campos de golfe. Mas outras ilhas menos desenvolvidas, onde só há praias e belezas naturais, não estão muito longe. Barcos de passeio e fretados podem ser tomados em vários lugares, e há também algumas linhas regulares cujas rotas estão no mapa abaixo.

Chalés à beira-mar em Sanibel

Ilhas Sanibel e Captiva

Embora sejam mais acessíveis que outras ilhas, Sanibel e Captiva têm uma descontraída atmosfera caribenha. São famosas tanto como paraíso dos *bon-vivant* quanto pelas conchas. Os visitantes logo aderem à coleta de conchas, que deu origem a expressões como "Mesura Sanibel" e "Agachamento Captiva", pelas posições típicas dos catadores de conchas. Sanibel talvez não seja exatamente o que as pessoas esperam de uma ilha afastada, com seus jardins bem cuidados e suas lojas e restaurantes ao longo da Periwinkle Way, mas lá não existem condomínios e há duas áreas preservadas como reserva. As praias abertas ao público estão na Gulf Drive: as melhores são Turner e Bowman.

Captiva é menos desenvolvida que Sanibel, mas tem alguns resorts, como o South Seas Plantation (p. 312), com uma marina movimentada. Dali saem os barcos para Cayo Costa.

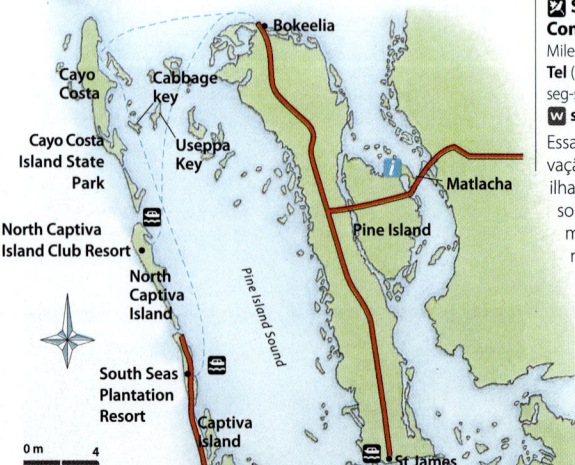

Sanibel Captiva Conservation Foundation

Mile Marker 1, Sanibel-Captiva Rd. **Tel** (239) 472-2329. mai-nov: seg-sex; dez-abr: seg-sáb. **w** sccf.org

Essa fundação cuida da preservação de parte dos alagados da ilha Sanibel. Seus 6km de trilhas sobre passarelas são muito mais tranquilos que aquelas no refúgio muito mais conhecido de "Ding" Darling. Da torre de observação avistam-se as aves da ilha.

Bailey-Matthews Shell Museum

3075 Sanibel-Captiva Rd. **Tel** (239) 395-2233. diariam. **w** shellmuseum.org

Mesmo que você não se interesse por conchas, esse museu merece ser visitado. O Great Hall of Shells, no centro, inclui coleções organizadas pelo hábitat, das ilhas de

---

PREPARE-SE

Informações Práticas
Mapa rodoviário D4, E4. Lee Co.
1159 Causeway Rd, Sanibel, (239) 472-1080. Serviços de barco: Tropic Star (239) 283-0015; Captiva Cruises (239) 472-5300; North Captiva Island Club Resort (239) 395-1001.

Transporte
SW Florida International Airport, 24km (15 milhas) E. 2275 Cleveland Ave, Fort Myers, (800) 231-2222.

Legenda
- Barcos
- Estrada

Legenda dos símbolos *na orelha da contracapa*

COSTA DO GOLFO | **283**

barreira aos Everglades. O museu afirma ter um terço dos 10 mil tipos de conchas existentes no mundo.

JN "Ding" Darling National Wildlife Refuge
Mile Marker 2, Sanibel Captiva Rd. **Tel** (239) 472-1100. diariam. feriados.
w fws.gov/dingdarling

Essa reserva ocupa dois terços de Sanibel. A fauna local inclui aligatores e racuns; aves como o colhereiro-rosa e a águia-careca são comuns por ali. O popular percurso de 8km (5 milhas) conhecido como Wildlife Drive pode ser feito de bicicleta ou de carro, mas também tem passeios de bonde. A pé ou de canoa veem-se palmeiras e mangue-vermelho. Tem canoa, barco de pesca e bicicleta para alugar.

Iates ancorados na tranquila marina de Cabbage Key

Colhereiros-rosa no JN "Ding" Darling National Wildlife Refuge

Cayo Costa Island State Park
Cayo Costa Island. **Tel** (941) 964-0375. diariam.
w floridastateparks.org

A Cayo Costa Island é uma das ilhas de barreira mais preservadas do estado. Grande parte é plantada com pinheiros australianos e pimenteiras brasileiras. Ambas as espécies foram trazidas nos anos 1950 pela sombra e por causa da madeira, mas estão sendo dizimadas aos poucos para que as espécies domésticas prevaleçam.

São 14km (9 milhas) de praias com dunas e, no lado leste, há mangues para ser explorados. No interior da ilha encontram-se florestas de pinheiros, áreas de pasto e *hammocks*. Em toda a ilha há muitos pássaros e muitas conchas, principalmente no inverno.

Há barcos até Cayo Costa o ano todo; a Tropic Star, de Bokeelia na Pine Island, tem os serviços mais regulares. Um bonde faz a ligação do lado do porto com o lado do golfo. Cayo Costa tem um camping básico com doze cabanas.

Cabbage Key
A escritora Mary Roberts Rhinehart escolheu essa ilha para morar em 1938. A casa construída à sombra de loureiros cubanos do século XVIII é hoje o Cabbage Key Inn. O hotel tem um ótimo restaurante que exibe cerca de 30 mil notas de 1 dólar autografadas. A primeira foi deixada por um pescador para garantir que teria dinheiro para beber na próxima visita. Ele voltou com dinheiro para gastar e deixou a nota onde estava. Outros adotaram a ideia.

Uma torre de água com 12m de altura oferece uma vista maravilhosa da pequena ilha, e há também uma trilha natural. A Tropic Star de Pine Island e Captiva Cruises de Captiva Island oferecem os serviços mais regulares para essa ilha.

Pine Island
Essa ilha cercada por mangues, e não por praias, apenas dá acesso para as ilhas vizinhas. Você pode contratar viagens de barco na marina em Bokeelia. Vale a pena reservar um tempo para pescar.

Conchas

As praias de Sanibel e Captiva estão entre as melhores do país para coletar conchas. O golfo do México não tem recifes para quebrá-las, as águas são rasas e relativamente quentes, o fundo é plano – fatores que facilitam a proliferação. O amplo platô ao sul de Sanibel também funciona como rampa, onde as conchas rolam para as praias. Mas recolher conchas com moluscos vivos é crime em Sanibel e em qualquer lugar, por isso escolha as conchas vazias.

A melhor dica é chegar à praia cedo e cavar a areia quando a onda quebra. As aves marinhas se alimentando são indicação de um bom sortimento de conchas. A coleta é melhor no inverno ou logo após uma tempestade. A junônia e o pecten são as mais procuradas.

Junônia

Preguari

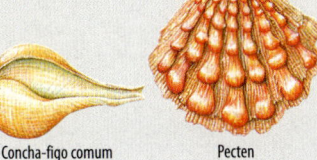

Concha-figo comum

Pecten

Janthina

Veja hotéis e restaurantes dessa região nas pp. 314-25 e 329-49

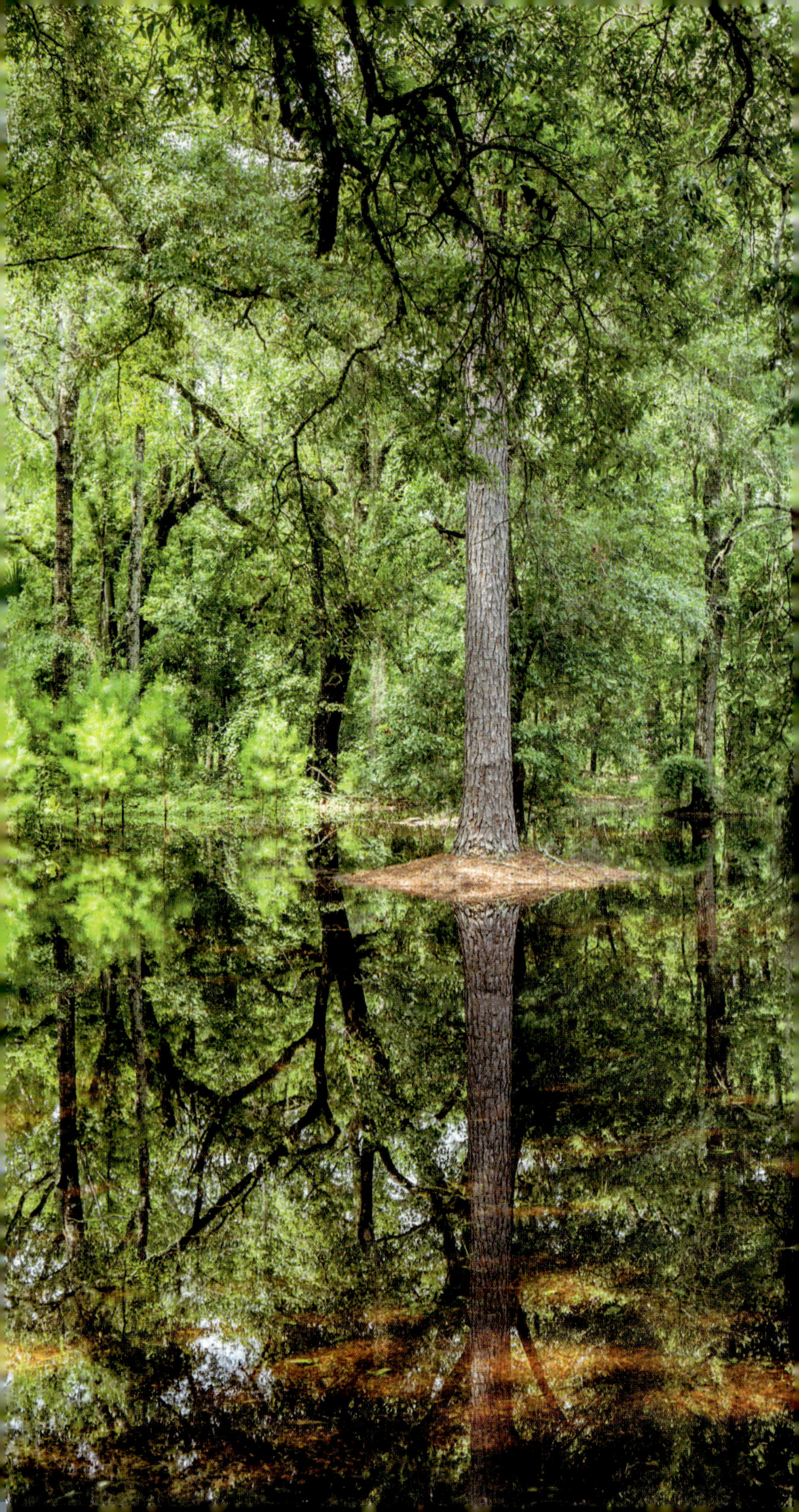

FLÓRIDA ÁREA POR ÁREA | 285

EVERGLADES E KEYS

O sudoeste da Flórida é ocupado em grande parte pelos Everglades – área de baixadas alagadas de enorme importância ecológica. As Keys são pontilhadas de balneários turísticos e maravilhosos recifes de coral.

Antes da chegada dos europeus, o sul da Flórida era habitado pelas tribos *calusa*, *matecumbe (pp. 44-5)* e outras. A partir de 1500, colonos, piratas e caçadores de tesouros passaram sucessivamente pelas Keys *(p. 307)*, mas o interior infestado de mosquitos só foi habitado em meados do século XIX, quando foi fundado o hoje próspero balneário de Naples.

A primeira estrada a ligar as costas do Atlântico e do Golfo foi a Tamiami Trail, inaugurada em 1928. Os acampamentos de pioneiros ao longo da estrada, como Everglades City e Chokoloskee, pouco mudaram até o fim do século XIX e hoje parecem perdidos no tempo. Eles estão na entrada oeste do Everglades National Park. Esse enorme rio coberto pela vegetação possui três ilhas de beleza peculiar que abrigam uma fauna rica e vibrante. Na ponta da península, a sudoeste, estão as Keys, um grupo de ilhas pequenas protegidas pelo único recife de coral da América do Norte. Essas ilhas já foram atravessadas pela Overseas Railroad de Henry Flagler, que hoje foi substituída pela Overseas Highway, a rodovia de uma das viagens de carro que já se tornaram clássicas no país. Quanto mais se avança para o sul, mais fácil concordar que as Keys são um estado de espírito, e não um acidente geográfico. No fim dessa estrada está a famosa Key West, com muito para ver e fazer, mas onde reina ainda o estilo tranquilo das Keys.

O mural vibrante de Bahama Village, em Key West, reflete as origens caribenhas de seus habitantes

◀ Um dia quente de verão em um pântano da Flórida

285 | FLÓRIDA ÁREA POR ÁREA

Como Explorar Everglades e Keys

Naples e Marco Island a noroeste são excelentes bases para explorar as praias do Golfo, e além disso oferecem os melhores campos de golfe. Também dão fácil acesso à selvagem e extensa paisagem de Big Cypress Swamp e do Everglades National Park, que juntos ocupam grande parte da região. As Keys são famosas, e com justiça, pelas atividades concentradas no recife de coral, como pesca e mergulho com snorkel e cilindro. Islamorada e Key Largo nas Upper Keys têm ambas acomodações à vontade, enquanto a movimentada Marathon e a colorida Key West, com suas pitorescas pousadas bed-and-breakfast, são excelentes pontos de partida para explorar as mais tranquilas Lower Keys.

A Overseas Highway, principal artéria viária das Keys

Principais Atrações

1. Naples
2. Big Cypress Swamp
3. Ah-Tah-Thi-Ki Museum
4. Miccosukee Indian Village
5. *Everglades National Park pp. 290-95*
6. Biscayne National Park
7. Key Largo
8. John Pennekamp Coral Reef State Park
9. Tavernier
10. Theater of the Sea
11. Islamorada
12. Indian and Lignumvitae Keys
13. Dolphin Research Center
14. Marathon
15. Pigeon Key
16. Lower Keys
17. *Key West pp. 302-7*
18. Dry Tortugas National Park

Veja hotéis e restaurantes dessa região nas pp. 314-25 e 329-49

EVERGLADES E KEYS | **287**

A imensidão preservada do Big Cypress Swamp

Legenda

- Rodovia interestadual
- Estrada principal
- Estrada secundária
- Estrada vicinal
- Percurso com paisagem

Como Chegar

Não há trens na região, mas Key West, Marathon e Naples têm aeroportos, e Miami, Naples e Key West são interligadas por linhas de ônibus regulares. Tamiami Trail (US 41) e I-75 ligam Miami e Fort Lauderdale a Naples. A Overseas Highway (US 1) começa em Florida City, mas a Card Sound Road (Route 997), que tem menos tráfego e belas paisagens, é outra opção para se chegar às Keys. A Overseas Highway é mais bonita depois que passa a 7-Mile Bridge, onde as ilhas são menos urbanizadas e as vistas, mais panorâmicas. As rotas e os endereços das Keys aparecem no *Mile Markers* MM (marcos de milhagem), que remetem às placas verdes e brancas que indicam a distância de Key West.

Legenda dos símbolos *na orelha da contracapa*

❶ Naples

Mapa rodoviário E4. Collier Co.
🏛 21.000. ✈ 🚌 ℹ 2390 Tamiami Trail N, (239) 262-6141.
w napleschamber.org

Uma rica e conservadora cidade de praia, Naples orgulha-se de sua aparência bem cuidada e seus campos de golfe; com 55 campos, tem a maior concentração per capita em todo o estado.

No centro, a maior parte do que é chamado de Naples "histórica" data do início do século XX e seus edifícios em tons pastel merecem ser explorados. Muitas casas do século XIX foram destruídas pelo furacão Donna em 1960, que também levou o píer original de 1887. Reconstruído em 1961, é hoje um ponto popular para pescadores e pelicanos, que se empoleiram em toda parte.

Uma bonita praia de areias claras se estende por 16km (10 milhas), quase toda contornada por condomínios, mas com fácil acesso ao público e águas seguras para banho.

O informativo **Collier County Museum** concentra-se na história local e inclui uma aldeia *seminole* recriada. As exposições vão de antigos artefatos indígenas aos relacionados ao passado pioneiro da região e à construção da Tamiami Trail (US 41), onde o museu está.

A popular praia do Golfo ao longo do píer de Naples

🏛 **Collier County Museum**
3331 Tamiami Trail E. **Tel** (239) 252-8476. ⏰ 9h-17h seg-sex. ● feriados.
♿ **w** colliermuseums.com

Arredores

Um balneário criado em 1960, **Marco Island** é mais ao norte do arquipélago das Ten Thousand Islands e a base para explorar o lado oeste dos Everglades *(p. 290)*. No local foram feitas descobertas arqueológicas com cerca de 3.500 anos. Hoje elas são mantidas em um museu, mas ainda se encontram pela ilha resquícios de sambaquis – restos de conchas e ossos dão pistas de como viviam os antigos índios *calusas (pp. 44-5).*

❷ Big Cypress Swamp

Mapa rodoviário E4. Collier Co, Monroe Co.

Abrigando centenas de espécies como a ameaçada pantera-da-flórida *(p. 131)*, essa vasta e superficial bacia alagada não é um pântano de fato. Possui uma série de ambientes, determinados por pequenas diferenças de relevo, que incluem ilhas arenosas de pinheiros derrubados, planícies alagadas e secas e porções mais elevadas com densa vegetação *(p. 291)*. Um terço do pântano é coberto por ciprestes, que formam cinturões e matas longas e estreitas (as chamadas *strands*). É o tamanho das *strands* em oposição ao de suas árvores que dá nome à área.

O pântano funciona como um reservatório de água para todo o sistema Everglades e protege o Everglades National Park *(pp. 290-1)*. Inaugurada em 1928, a Tamiami Trail, conhecida como US 41, atravessa o pântano e permitiu o desbravamento da área. A estrada contorna os Everglades e vai de Tampa a Miami, daí o nome. Hoje essas obras de engenharia são questionadas, por bloquearem o movimento natural das águas e dos animais, alterando o frágil equilíbrio do ecossistema do sul da Flórida.

A **Big Cypress National Preserve** é a maior área preserva-

Passarela serpenteia Fakahatchee Strand, Big Cypress Swamp

Veja hotéis e restaurantes dessa região nas pp. 314-25 e 329-49

Os Seminoles da Flórida

O termo *seminole* (que significa "andarilho") foi usado pela primeira vez no século XVI para designar as tribos indígenas *creeks*, expulsas para o sul da Flórida pelos colonos europeus que se refugiaram em Everglades *(p. 51)*. Hoje, os *seminoles* estão oficialmente separados do outro grupo principal, os *miccosukees*, mas as tribos são chamadas de *seminoles*.

Históricas disputas de terra levaram o governo a definir áreas reservadas aos índios em 1911. Nelas, os *seminoles* preservam as tradições, mas incorporam elementos da vida moderna, como bingos e cassinos, que aumentaram significativamente a riqueza das tribos *(p. 141)*. Billie Swamp Safaris oferece passeios pelo interior das terras indígenas.

A influência europeia nos trajes seminoles em fins do século XIX

Ninho de cegonhas nas árvores do Corkscrew Swamp Sanctuary

da. Os visitantes param na US 41 para apreciar a vista e pedem informações no Oasis Visitor Center.

A oeste do pântano está o **Fakahatchee Strand Preserve State Park**, uma das áreas mais selvagens da Flórida. É um gigantesco dique natural de drenagem, ou *slough*, com 32km de extensão e 5-8km de largura.

A extração de madeira, que terminou nos anos 1950, destruiu 99% dos ciprestes da região; os poucos remanescentes, alguns datando do século XV, estão em Big Cypress Bend, onde uma pequena trilha atravessa um mosaico de plantas formado por belas orquídeas e epífitas *(p. 294)*. E também a maior concentração de palmeiras-imperiais nativas do país. A Route 846, que vem de Naples e segue pelo nordeste, chega ao popular **Audubon of Florida's Corkscrew Swamp Sanctuary**. Uma passarela com 3km atravessa vários ambientes, como a maior concentração de ciprestes adultos da Flórida. O santuário tem muitas aves e é importante área de reprodução das cegonhas no inverno.

Big Cypress National Preserve
Oasis Visitor Center, US 41. **Tel** (239) 695-1201.
diariam. 25 dez.
nps.gov/bicy

Fakahatchee Strand Preserve State Park
Big Cypress Bend, US 41. **Tel** (239) 695-4593.
diariam.

Audubon of Florida's Corkscrew Swamp Sanctuary
375 Sanctuary Rd W, saída da Route 846. **Tel** (239) 348-9151.
diariam.
corkscrew.audubon.org

❸ Ah-Tah-Thi-Ki Museum

Mapa rodoviário F4. Hendry Co. Snake Rd, 27km (17 milhas) ao N da Exit 14, saindo da I-75. **Tel** (863) 902-1113. 9h-17h diariam. feriados. 14h30 diariam.
ahtathiki.com

Esse museu se localiza nos 26 hectares da Big Cypress Seminole Indian Reservation. No local há um vilarejo onde os *seminoles* contam histórias e fazem artesanais.

O museu é dedicado à cultura e história dos *seminoles*; Ah-Tah-Thi-Ki significa "lugar para aprender". O museu exibe um filme impressionante em cinco telas, com visão de 180 graus.

❹ Miccosukee Indian Village

Mapa rodoviário F5. Dade Co. US 41, 40km (25 milhas) a O de Florida Turnpike. **Tel** (305) 552-8365.
diariam.
miccosukee.com

A maior parte da tribo *miccosukee* vive nos povoamentos ao longo da US 41. Um jeito de conhecê-los melhor é visitar a Miccosukee Indian Village, perto de Shark Valley *(p. 291)*.

No local os visitantes podem ver as *chickees (p. 34)* e objetos como cestos de palha, bonecas e trabalhos com contas. No Miccosukee Museum há artefatos, roupas, pinturas e utensílios de cozinha. Há também um luxuoso resort com estrutura para atividades esportivas, spa, golfe e clube de campo.

Bonecas e trabalhos com contas à venda na Miccosukee Indian Village

❺ Everglades National Park

Com 566.580 hectares de área, esse imenso parque corresponde a apenas um quinto dos Everglades. A entrada é pelo lado leste, 16km a oeste de Florida City. As trilhas para caminhada são principalmente sobre passarelas suspensas, com cerca de 1km e bem sinalizadas; algumas são boas para bicicleta. Há barcos e canoas para alugar, e vários passeios de barco para escolher. As acomodações consistem em um hotel e áreas de camping, alguns deles mais selvagens, onde os visitantes ficam hospedados em cabanas de índio (p. 34). O acesso é feito por canoa. A pequena taxa cobrada para acampar fora das áreas permitidas deve ser paga nos postos da guarda florestal, em Everglades City ou Flamingo; as reservas só podem ser feitas 24 horas antes da viagem.

Everglades City
Chega-se ao arquipélago Ten Thousand Islands e à costa oeste do parque nacional por Everglades City.

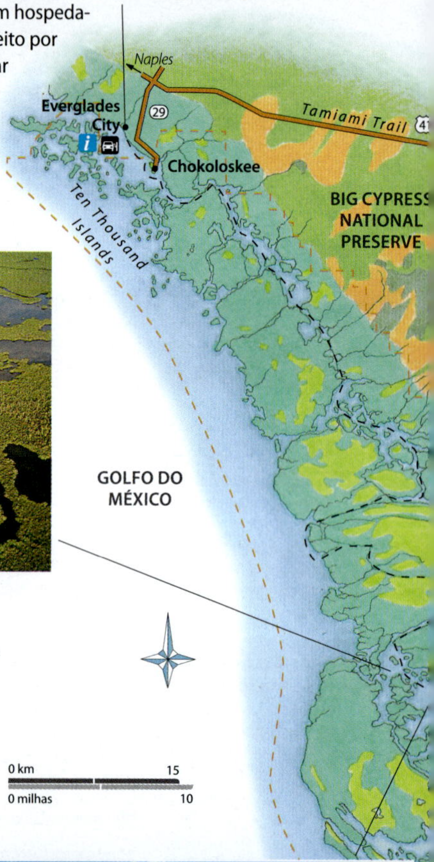

Whitewater Bay
É só quando o rio dos Everglades encontra o golfo do México e a baía da Flórida se abre, na forma de rios, que aparecem os rios de marés e os lagos rasos, como essa baía.

Dicas de Segurança

É fundamental proteger-se contra picadas de insetos, especialmente no verão. Siga os conselhos dos guardas florestais e aqueles afixados nos quadros de informação: os aligatores dão saltos e são ágeis em terra; plantas como a aroeira-vermelha são venenosas, como também o são as cobras e as taturanas. Se você pretende se afastar das trilhas, deixe o seu itinerário com alguém. Dirija devagar: os animais podem ser vistos da estrada, e muitos deles a atravessam.

Cobra-coral

Canoagem nos Everglades
Na costa oeste e na baía da Flórida há inúmeras possibilidades de explorar as trilhas aquáticas do parque. São percursos curtos ou aventuras de uma semana nesse desafiador e isolado Wilderness Waterway.

Veja hotéis e restaurantes dessa região nas pp. 314-25 e 329-49

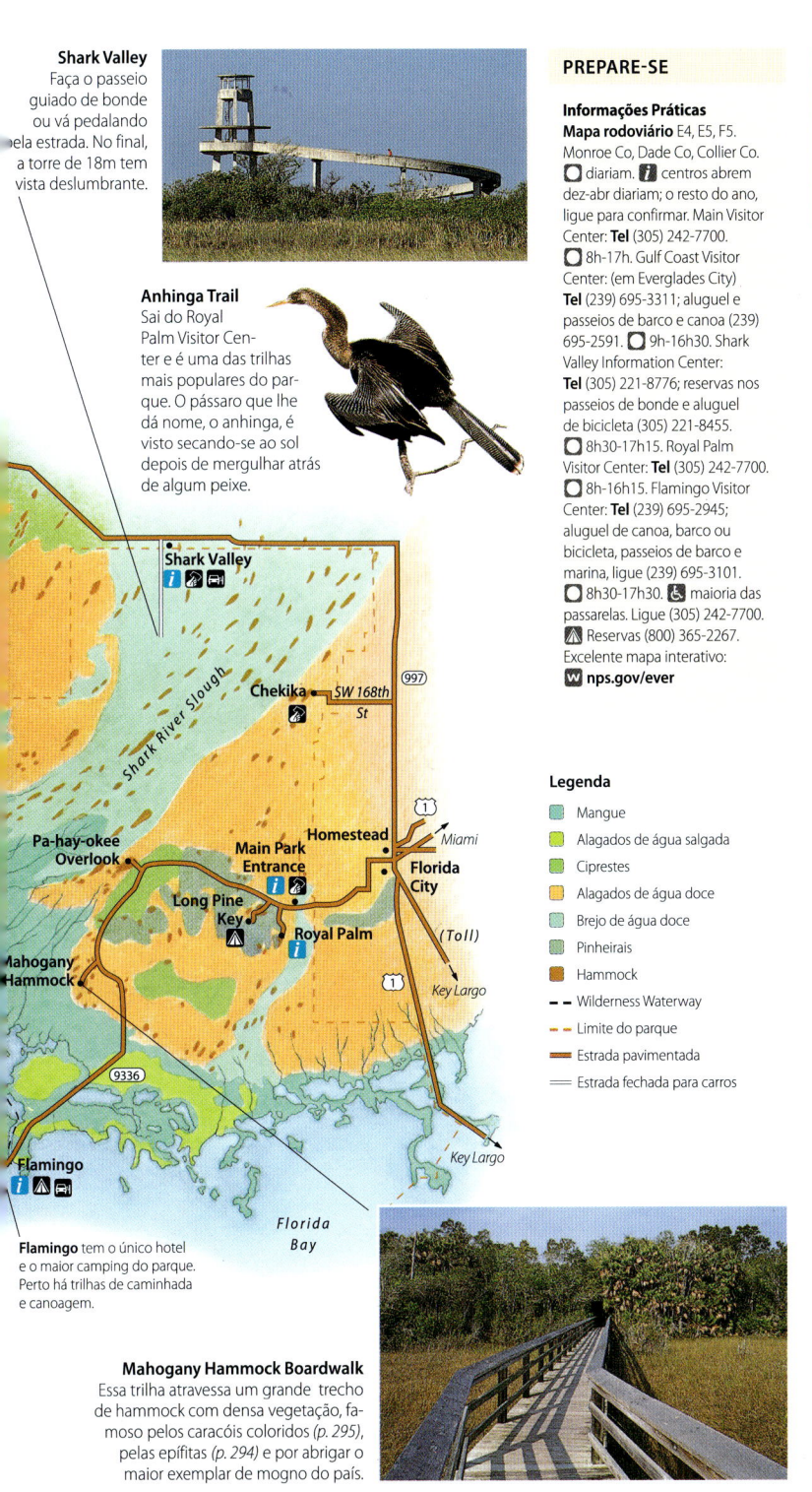

EVERGLADES NATIONAL PARK | 291

Shark Valley
Faça o passeio guiado de bonde ou vá pedalando pela estrada. No final, a torre de 18m tem vista deslumbrante.

Anhinga Trail
Sai do Royal Palm Visitor Center e é uma das trilhas mais populares do parque. O pássaro que lhe dá nome, o anhinga, é visto secando-se ao sol depois de mergulhar atrás de algum peixe.

PREPARE-SE

Informações Práticas
Mapa rodoviário E4, E5, F5. Monroe Co, Dade Co, Collier Co. ⏰ diariam. ℹ️ centros abrem dez-abr diariam; o resto do ano, ligue para confirmar. Main Visitor Center: **Tel** (305) 242-7700. ⏰ 8h-17h. Gulf Coast Visitor Center: (em Everglades City) **Tel** (239) 695-3311; aluguel e passeios de barco e canoa (239) 695-2591. ⏰ 9h-16h30. Shark Valley Information Center: **Tel** (305) 221-8776; reservas nos passeios de bonde e aluguel de bicicleta (305) 221-8455. ⏰ 8h30-17h15. Royal Palm Visitor Center: **Tel** (305) 242-7700. ⏰ 8h-16h15. Flamingo Visitor Center: **Tel** (239) 695-2945; aluguel de canoa, barco ou bicicleta, passeios de barco e marina, ligue (239) 695-3101. ⏰ 8h30-17h30. ♿ maioria das passarelas. Ligue (305) 242-7700. ⚠️ Reservas (800) 365-2267. Excelente mapa interativo:
W nps.gov/ever

Legenda
- 🟦 Mangue
- 🟩 Alagados de água salgada
- 🟩 Ciprestes
- 🟧 Alagados de água doce
- 🟦 Brejo de água doce
- 🟩 Pinheirais
- 🟫 Hammock
- – – Wilderness Waterway
- – – Limite do parque
- ▬▬ Estrada pavimentada
- ═══ Estrada fechada para carros

Flamingo
Flamingo tem o único hotel e o maior camping do parque. Perto há trilhas de caminhada e canoagem.

Mahogany Hammock Boardwalk
Essa trilha atravessa um grande trecho de hammock com densa vegetação, famoso pelos caracóis coloridos (p. 295), pelas epífitas (p. 294) e por abrigar o maior exemplar de mogno do país.

Legenda dos símbolos *na orelha da contracapa*

A Vida Selvagem dos Everglades

Os Everglades são um vasto sistema de rios rasos – a água que transborda do lago Okeechobee *(p. 132)* corre lentamente sobre o leito plano de calcário coberto de turfa. Com cerca de 322km de extensão e mais de 80km de largura, raramente ultrapassa 1m de profundidade.

O clima tropical e as correntes marítimas criam combinações de flora nessa zona temperada que são únicas na América do Norte. Manchas de vegetação, como os bosques de ciprestes *(p. 29)* e *hammocks* tropicais interrompem as vastidões das pradarias. Há centenas de espécies de animais, entre elas cerca de 350 espécies de aves, pelas quais os Everglades são particularmente famosos. Esse ecossistema singular, com sua flora e fauna associadas, é sustentado por um ciclo de seca (inverno) e de chuvas (verão) que é a sua força-motriz.

Águia-pescadora
Essa ave é vista na costa, nas baías e nos lagos do parque. Seus ninhos são facilmente identificáveis.

O figo epífito
começa com as sementes das fezes de ave deixadas nas fendas das árvores. Depois, ele envolve toda a árvore.

Rã-Verde
Esse anfíbio em vias de extinção tem um coachar ressonante que se ouve ao longe.

Garça-Branca
A plumagem, os pés amarelos e o bico preto identificam essa ave.

Bromélia
(p. 294)

Bayheads são áreas elevadas, com árvores típicas de solo orgânico rico.

Loureiro

Árvore-de-cera

Sawgrass

Taboa

Ilhas de Árvore
Os hammocks são áreas elevadas com bosques em alagados de água doce. Concentram grande variedade de flora e fauna.

Arumarana

Utriculária

Ninfeias

Esses buracos são feitos pelos aligatores, que cavam poços e depressões no período de seca para encontrar água. Os buracos cheios de água sustentam várias espécies no inverno.

Aligátor
Com o couro áspero e os dentes afiados, o aligátor é o habitante mais conhecido e temido do parque.

Veja hotéis e restaurantes dessa região nas pp. 314-25 e 329-49

EVERGLADES NATIONAL PARK | **293**

Palmeira-imperial

Garça-azul
Vista em todo o estado, essa ave pernalta tem 2m de asas. No sul da Flórida sua plumagem pode ficar completamente branca.

Colhereiros-Rosa
Essas aves passam o inverno no parque e usam o bico espatular para pescar seu alimento nas águas rasas.

O mogno é só mais uma das espécies do Caribe que predominam nos *hammocks* tropicais.

O gumbo-limbo é vermelho e descascado, por isso se chama "turista".

Saw palmetto

Turfa

O mangue-vermelho é reconhecido por suas raízes típicas. Resistente à salinidade, é crucial na proteção da costa e funciona como berçário de animais marinhos.

Caracol de Árvore
Há 58 variedades desse colorido caracol, que habita os *hammocks* e só se movimenta na época das chuvas.

Lontra
Parente da doninha, esse mamífero pode ser visto brincando em lagos de água doce.

Como Explorar o Everglades National Park

Os visitantes chegam ao Everglades National Park para visitas de um dia, a fim de explorar uma ou duas de suas trilhas. Mas um passeio muito apreciado inclui paradas em várias passarelas de madeira ao longo da Main Park Road (Route 9336); é fácil chegar de carro a Flamingo, na baía da Flórida. Inclua pelo menos uma trilha pouco usada e os lagos da parte sul da estrada entre Mahogany Hammock e Flamingo. Há muitos painéis informativos que ajudam a identificar a flora e a fauna. Lembre-se de trazer repelente de insetos e de se proteger contra o sol.

Long Pine Key tem uma bonita área de camping e trilhas sombreadas

Guardas e visitantes olham os animais em um brejo

Arredores do Royal Palm Visitor Center

O Royal Palm Visitor Center e duas trilhas com passarelas de madeira se localizam onde ficava o primeiro parque estadual da Flórida, criado em 1916. A popular **Anhinga Trail**, que passa por cima do brejo Taylor, tem águas um pouco mais profundas que as áreas vizinhas; nos meses de seca, os animais matam a sede no local. Por ser mais aberto, dá mais chances de tirar fotos e tem menos insetos, mas o sol forte pode ser perigoso. Os aligatores se reúnem em um buraco (p. 292) no começo da trilha, onde pode ser vista também uma fauna variada, com cervos, racuns e o esplêndido anhinga.

A sombreada **Gumbo Limbo Trail**, por sua vez, é o paraíso dos mosquitos mesmo no inverno. Mas é mais fácil de percorrer, e se a sua visita se limitar à metade leste do parque, as chances de explorar um *hammock* são maiores. No local há bromélias, planta da família dos abacaxis e um tipo de epífita. Embora não seja parasita, ela cresce em outras plantas, mas recolhe seu próprio alimento do ar e da água das chuvas. Há muitas orquídeas e também a árvore gumbo-limbo, que dá nome ao parque (p. 293).

Bromélias em um mogno

Long Pine Key

O nome dessa área se deve aos pinheiros típicos *(long pines)* do sul da Flórida. Resistentes aos insetos e ao apodrecimento, há muito tempo são usados na construção. Os pinheirais precisam do fogo para sobreviver, caso contrário seriam tomados por árvores mais resistentes. Estradas e canais funcionam como bloqueadores de fogo, e os guardas controlam os incêndios para que os pinheiros possam se regenerar, bem como a vegetação associada.

A área de camping é muito bem localizada e é uma das principais razões para se parar em Long Pine Key. Muitas trilhas partem dali, entre elas uma circular de 1km, a Pineland Trail, 3km a oeste. Não saia das trilhas: nas pedras há buracos fundos feitos pela chuva que não conseguimos ver com antecedência.

Trilhas Perto de Flamingo

Como regra geral, os percursos de barco pela água são a melhor maneira de se livrar dos insetos no verão, e as trilhas para caminhada são mais agradáveis no inverno.

Legenda
- `- - -` Trilha para caminhada
- `- -` Percurso de barco
- `━━` Estrada pavimentada
- `═══` Estrada de terra

Veja hotéis e restaurantes dessa região nas pp. 314-25 e 329-49

De Pa-Hay-Okee para Flamingo

As vastas pradarias que se veem do alto do mirante **Pa-hay-okee** são a síntese dos Everglades. A torre de observação é o melhor lugar para assistir à fluida dança de luzes e cores sobre esse mar de capim, num final de tarde. Ilhas de árvores ou *hammocks* quebram a monotonia do horizonte, e é possível avistar bandos de aves pernaltas, gaviões e papa-lagartas, cujo único alimento, a lagarta da maçã, se esconde no capim. Ali também se encontram taboas e outras plantas de locais úmidos.

A **Mahogany Hammock Trail** *(p. 291)*, por sua vez, cruza um dos maiores *hammocks* do parque, área que abriga uma grande variedade de fauna e flora. As bromélias são belíssimas, e a vegetação cresce muito nos meses de chuva.

As várias trilhas e lagoas entre Mahogany Hammock e Flamingo atraem menos pessoas, mas não são menos belas, especialmente pelas aves. Explore a West Lake Trail ou a Snake Bight Trail, que acaba na baía da Flórida.

O povoado de **Flamingo** está a 60km da entrada do parque. Até o final do século XIX, era um posto remoto e esconderijo de caçadores e pescadores; hoje, há alguns guardas do parque morando ali. Sua localização na baía da Flórida oferece muitas opções de atividades, como caminhada, pesca, passeios de barco e observação de animais. Recomenda-se pernoitar no camping ou no alojamento, especialmente para ver os pássaros, que estão mais presentes pela manhã e no final da tarde.

Além das inúmeras espécies de aves e animais, as baías e as enseadas de Flamingo abrigam peixes-bois *(p. 254)* e o ameaçado crocodilo-norte-americano. Esse se distingue do aligátor pela cor cinza-esverdeada e por mostrar os caninos quando a boca está fechada. Mas há pouca chance de ver um deles.

No centro de visitantes de Flamingo você encontra guias e informações sobre as atividades desenvolvidas pelos guardas florestais, através de projeção de *slides*, palestras e caminhadas pelo brejo *(slough-slogs)* durante o dia.

A pradaria, de Pa-hay-okee Overlook, estende-se a perder de vista

❻ Biscayne National Park

Mapa rodoviário F5. Dade Co. 9700 SO328th St, Convoy Point. Miami. Homestead. **Tel** (305) 230-7275. diariam. 25 dez. Visitor Center: 9h-17h. Passeios de barco: **Tel** (305) 230-1100. restrito. nps.gov/bisc

Esse imenso manguezal protege a costa do Biscayne National Park, que incorpora as ilhas mais ao norte de Florida Keys. Suas águas rasas escondem o maior tesouro do parque – um recife de corais de formas variadas e 200 tipos de peixes tropicais. Como as ilhas de barreira são preservadas, esses corais são saudáveis, e a água é mais transparente que nos parques submarinos mais populares ao sul, ao redor de Key Largo.

Você pode fazer passeios de barco com fundo de vidro ou mergulhar de snorkel ou cilindro. Todos os passeios partem do centro de visitantes, mas recomenda-se reservar.

Everglades Ameaçados

O Everglades National Park é bem protegido dentro de seus limites, mas fora deles as ameaças são mais difíceis de controlar. Desde a sua criação, em 1947, os maiores problemas do parque estão ligados à água. O ecossistema dos Everglades e a população da Flórida competem entre si por esse bem precioso: os canais de irrigação e as estradas interrompem o fluxo natural da água que vem do lago Okeechobee *(p. 132)*, e a drenagem da terra para as construções tem efeitos destrutivos para a vida selvagem. A agricultura usa grandes volumes de água, e os fertilizantes químicos causam o crescimento exagerado da vegetação pantaneira. Os governos federal e estadual estudam como proteger de forma mais eficaz essa área e manter o fluxo de água em condições naturais.

As plantações perto dos Everglades usam água em quantidade

Corais e peixes tropicais no Biscayne National Park

❼ Key Largo

Mapa rodoviário F5. Monroe Co. 16.000. MM 106, (305) 451-1414, (800) 822-1088. African Queen: **Tel** (305) 451-4655.
w keylargochamber.org

A primeira das Keys a ser habitada é também a maior ilha do arquipélago. Ela foi chamada de "ilha comprida" pelos espanhóis. Por sua proximidade de Miami, é a mais animada, especialmente nos fins de semana, quando fica cheia de gente.

As principais atrações são mergulhar nos recifes de coral próximos da praia, como o John Pennekamp Coral Reef State Park e o National Marine Sanctuary.

Outra atração de Key Largo é o *African Queen*, o barco usado no filme *Uma aventura na África*, de 1951. Ele faz viagens curtas de lazer (entre longos períodos de restauração). Fica ancorado no MM 100, onde também está baseado um navio-cassino que oferece outro tipo de viagem: com jogo (p. 360).

Uma lenda local fala de um misterioso e discreto ex-funcionário do governo que vive nos *hammocks* e só volta à civilização quando surge uma necessidade ecológica. Suas várias missões ao longo de anos resultaram em terras, antes deterioradas pelo progresso, devolvidas ao seu estado natural. Boa parte dos alagados, *hammocks* e praias do estado foi ocupada por prédios de apartamentos, resorts e shopping centers, mas, graças aos cidadãos conscientes, há a possibilidade de manter intacto o delicado ecossistema da Flórida.

Peça de ouro de um navio de tesouro

❽ John Pennekamp Coral Reef State Park

Mapa rodoviário F5. Monroe Co. MM 102.5. Key Largo. **Tel** (305) 451-1202. diariam. restrito.
w floridastateparks.org

Pouco menos de 5% desse parque está em terreno seco, e suas instalações incluem um centro de visitantes, um pequeno museu sobre a ecologia do recife, áreas de natação e trilhas pela mata. É mais conhecido por seus fabulosos domínios submarinos, que se estendem por 5km a leste de Key Largo e oferecem uma visão inesquecível das cores e formas dos recifes de coral.

Há canoas, botes e lanchas para alugar, bem como snorkel e equipamento de mergulho. É fácil arranjar passeios para mergulhar, e há uma escola que oferece cursos certificados. Quem não pretende se molhar pode tomar um barco com fun-

Recife de Coral

O único recife de corais vivos da América do Norte se estende por 320km ao longo das Keys, desde Miami até Dry Tortugas. Esse ecossistema complexo e extremamente delicado protege as ilhas das tempestades e das fortes ondas que se formam no oceano Atlântico. Os recifes de coral são criados ao longo de milhares de anos por bilhões de pequenos organismos marinhos chamados pólipos. De 3 a 18m abaixo da superfície, o recife é uma intricada teia de cavidades e rachaduras que abriga uma enorme quantidade de plantas e animais marinhos e mais de 500 espécies de peixes.

A moreia-verde tem aparência assustadora, mas é inofensiva.

Os leques-do-mar são corais "moles", sem esqueleto

O jaguaruçá tem olhos grandes e enxerga bem à noite

Legenda de Corais

① Coral-starlet
② Leque-do-mar
③ Coral-flor
④ Coral-estrela
⑤ Gorgônia
⑥ Coral-pilar
⑦ Coral-tubo
⑧ Coral-chifre-de-alce
⑨ Coral-cérebro
⑩ Coral-Staghorn
⑪ Coral-flor-grande
⑫ Pena-do-mar

Veja hotéis e restaurantes dessa região nas pp. 314-25 e 329-49

EVERGLADES E KEYS | **297**

Mergulhador e lagosta no John Pennekamp Coral Reef State Park

do de vidro. A maioria dos destinos está localizada nas imediações do Florida Keys National Marine Sanctuary, conhecido como Key Largo National Marine Sanctuary, que se localiza 5km mar adentro.

Algumas partes do recife são mais bem vistas com snorkel, como as águas superficiais de White Bank Dry Rocks, com sua incrível variedade de corais e coloridos peixes tropicais. Perto daí, o Molasses Reef tem áreas para mergulho com snorkel ou cilindro, e os mergulhadores encontram os mais variados peixes, como vermelhos e peixes-anjo. Mais ao norte, o French Reef tem cavernas onde os mergulhadores podem entrar para ver os cardumes. Em Key Largo Dry Rocks, a estátua do *Cristo das profundezas*, a 6m da superfície, merece algumas fotos.

9 Tavernier

Mapa rodoviário F5. Monroe Co. 2.500. MM 106 (305) 451-1414.

A ferrovia de Henry Flagler *(pp. 52-3)* chegou a essa parte das Keys em 1910. Hoje, muitos prédios construídos nos anos 1920 e 1930, quando o povoamento se desenvolveu, ficam próximos da MM 92; desses, só o Tavernier Hotel está aberto ao público.

A atração do Tavernier é o **Florida Keys Wild Bird Rehabilitation Center**. Esse santuário recebe os pássaros machucados, a maioria ferida por seres humanos com seus carros e varas de pescar. Eles se recuperam em gaiolas espaçosas montadas em ambientes tranquilos, que contrastam com a agitação encontrada na ilha.

Florida Keys Wild Bird Rehabilitation Center

MM 93.6, Overseas Highway. **Tel** (305) 852-4486. diariam. fkwbc.org

---

O pólipo de coral duro tem um esqueleto calcificado que protege o corpo mole. A cabeça e os tentáculos formam-se no final pelo crescimento de pólipos. As plantas microscópicas que vivem nos tecidos dos pólipos determinam a cor do coral.

Boca — Tentáculos
Disco basal
Estômago

O bonito peixe-papagaio se alimenta de pólipos de coral

Esponja-tubo gigante
Políqueto
Anêmona-do-mar
Peixe-anjo, um dos mais coloridos (e curiosos) dos recifes de coral
Esponja-barril
Esponja-vaso

❿ Theater of the Sea

Mapa rodoviário F5. Monroe Co. MM 84,5. **Tel** (305) 664-2431. ☐ diariam.
🅿 ♿ W theaterofthesea.com

Em Windley Key está o Theater of the Sea, inaugurado em 1946 e o segundo parque marinho mais antigo da Flórida. Situado em uma velha pedreira aberta durante a construção da ferrovia de Flagler *(pp. 52-32)*, a atração é famosa pelos shows de leões-marinhos e golfinhos. Oferece passeios de barco para investigar a vida selvagem das lagoas para programas como o Treinador por Um Dia.

O pacote Dolphin Adventure inclui nado com golfinhos e duas horas de shows. Mas é preciso reservar com muita antecedência.

Pescadores satisfeitos em Whale Harbor Marina, Islamorada

⓫ Islamorada

Mapa rodoviário F5. Monroe Co.
🅿 8.500. ✈ 𝒾 MM 82,5.
Tel (305) 664-4503.
W islamoradachamber.com

Orgulhosa do título de "Capital Mundial da Pesca Esportiva", Islamorada abrange sete ilhas e é famosa pela pesca excelente.

A Whale Harbor Marina na cidade de Islamorada, em Upper Matecumbe Key, fica alvoroçada quando chega o barco pesqueiro usado para pesca em alto-mar. Os barcos que ficam ancorados no local oferecem experiências em vários níveis, portanto, mesmo que você não seja um grande pescador, os passeios oferecidos são uma boa maneira de passar o dia no mar. Voltando à cidade pela MM 82, o Art Deco Hurricane Monument é dedicado às 500 mortes causadas pelo furacão de 1935 *(p. 30)*.

⓬ Indian e Lignumvitae Keys

Mapa rodoviário F5. Monroe Co. ✈ Islamorada. ✈ Lower Matecumbe Key. 𝒾 Islamorada, (305) 664-4503.

Só é possível chegar de barco a essas ilhas desabitadas, situadas em lados opostos da Ocean Highway.

A Indian Key, embora pequena, tem uma história surpreendente. Antiga terra indígena, foi colonizada em 1831 pelo capitão J. Houseman, um pirata oportunista *(p. 307)*. Uma pequena comunidade surgiu durante seu governo autocrático, mas os índios *seminoles* a atacaram em 1840 e mataram todos os colonos. A ilha ficou abandonada e hoje só restam alguns vestígios da cidade e das cisternas em meio à vegetação que impressiona pela variedade e densidade. A torre de observação oferece vistas deslumbrantes da ilha.

A Lignumvitae Key é maior e só pode ser explorada em passeios monitorados. Seu interesse botânico também é maior. Abriga 133 espécies de árvores nativas, como a que lhe dá nome, que dá flores azuis e vive até mil anos. Outras plantas teriam até 10 mil anos. Há ainda caracóis coloridos *(p. 293)* e aranhas enormes. Vá bem preparado para enfrentar os mosquitos.

Golfinhos em águas protegidas, no Dolphin Research Center

⓭ Dolphin Research Center

Mapa rodoviário E5.
Monroe Co. MM 59.
Tel (305) 289-1121. ☐ diariam.
☐ feriados. 🅿 ♿ W dolphins.org

Um centro sem fins lucrativos, o Dolphin Research Center em Grassy Key é um local sério cuja função é pesquisar o comportamento dos golfinhos. O centro também recupera golfinhos doentes e machucados, ou mesmo os estressados com a vida agitada que levam em um parque temático.

Há exposições, uma programação regular de caminhadas ao redor da laguna e programas especiais, como o Dolphin Lab e o Dolphin Encounter, que permite nadar ao lado desses incríveis mamíferos marinhos. Os programas são muito procurados, e as reservas devem ser feitas a partir do primeiro dia do mês da visita.

A torre de observação e as ruínas de uma cisterna em Indian Key

Veja hotéis e restaurantes dessa região nas pp. 314-25 e 329-49

Como Pescar nas Keys

São três as principais zonas de pesca no sul da Flórida, cada uma oferecendo um tipo de experiência e de resultados. Perto da quente corrente do Golfo, são abundantes os peixes de águas profundas, como o agulhão. O mar da costa atlântica, que banha e inclui o recife de corais, contém espécies tropicais como o vermelho e a garoupa. E ao norte das Keys, as águas rasas das planícies do Golfo abrigam peixes como o tarpão. Islamorada, Marathon e Key West são os principais centros de pesca da área, e todas as pequenas marinas da região alugam barcos. Há inúmeras opções para todos os gostos, orçamentos e habilidades, mas você obterá mais sucesso se reservar um lugar em um barco pesqueiro ou contratar um guia experiente. As condições meteorológicas e as variações sazonais determinam as espécies disponíveis, mas é possível pescar nas águas das Keys o ano todo.

Alto-Mar x Interior

A pesca em alto-mar pode ser a opção mais emocionante e a preferida de quem aprecia a pesca esportiva, mas alugar esse tipo de barco custa caro. Os barcos pequenos vão pescar nas águas calmas do interior, onde o que garante o peixe é a astúcia do pescador.

Os barcos de fundo chato são impelidos por varas; a hélice do motor pode enroscar na vegetação.

Pescadores em lanchas bem equipadas disputam peixes grandes em alto-mar.

Lojas de iscas e apetrechos estão por toda a Overseas Highway e nas marinas. Não só alugam e vendem equipamento e licenças (p. 365), como oferecem guias e organizam excursões de pesca na área.

Um peixe grande é o maior troféu. Os restaurantes locais limpam e cozinham o seu peixe, mas para guardar de lembrança, deixe um taxidermista montá-lo para você (p. 365).

Os barcos de pesca para grupos são o meio mais comum e mais barato de pescar no recife. O preço por pessoa costuma incluir uma licença para pescar, equipamento e iscas, e também tripulação especializada.

Boot Key Harbor, em Marathon, com a 7-Mile Bridge ao fundo

⓮ Marathon

Mapa rodoviário E5.
Monroe Co. 13.000.
MM 53.5, (305) 743-6555.
w floridakeysmarathon.com

Marathon era chamada de Vaca Key pelos espanhóis, provavelmente pelas manadas de peixes-boi, também chamados vacas-do-mar *(p. 254)*, que habitavam suas águas. Foi rebatizada no início do século XX pelos homens que tiveram a dura missão de construir a Overseas Railroad *(p. 285)*.

Centro principal das Middle Keys, a ilha é bastante urbanizada e, à primeira vista, parece apenas uma sequência de lojas de comércio e postos de gasolina. A maior atração de Marathon são os locais de pesca nas redondezas; os mais férteis se localizam embaixo das pontes sobre as águas do Atlântico e do golfo do México.

Os mais exigentes têm muitas opções de técnicas de pesca *(p. 299)*, entre elas o arpão (proibido nas Upper Keys, mas permitido nesse local) e a pesca com linha naquele que é considerado o mais longo píer do mundo (os 3km da antiga 7-Mile Bridge). Há vários hotéis agradáveis à beira-mar com pequenas praias artificiais; eles estão ao sul da Overseas Highway. Não deixe de visitar o **Crane Point Hammock**, que consiste em 26 hectares de floresta tropical e pântanos selvagens. Há também trilhas naturais e uma tradicional casa em forma de concha *(p. 305)* feita de *tabby*, um tipo de concreto caseiro feito com conchas queimadas e pedras de coral. A entrada do *hammock* é pelo **Crane Point Museum**, inaugurado em 1991. A interessante coleção narra a história, a geologia e também a ecologia das ilhas, e é planejada para agradar especialmente aos jovens.

Detalhe do Crane Point Hammock

🏛 Crane Point Museum
MM 50.5. **Tel** (305) 743-9100.
◯ diariam. ⬤ 25 dez.
w cranepoint.net

⓯ Pigeon Key

Mapa rodoviário E5. Monroe Co. MM 47,5, pela antiga 7-Mile Bridge. **Tel** (305) 289-0025. ◯ diariam.
w pigeonkey.org

Essa pequena Key já foi o canteiro de obras da 7-Mile Bridge, de Henry Flagler, e descrita por alguns como a oitava maravilha do mundo quando foi terminada, em 1912. As sete construções de madeira que foram usadas na obra e pelas equipes de manutenção hoje fazem parte de uma fundação educacional e de pesquisa marinha, e são uma das últimas vilas ferroviárias da era de Flagler.

Há um museu histórico na Bridge Tender's House, que muitos visitam somente para admirar os tranquilos arredores da ilha. A antiga ponte, que segue paralela à "nova" 7-Mile Bridge, construída em 1982, vai em direção à Key sobre pilares de concreto e cria um bonito cenário para a ilha. É a única maneira de se chegar à Key. A ilha não permite a entrada de carros, por isso vá a pé ou de bicicleta, ou tome o ônibus na sede da fundação MM 48.

⓰ Lower Keys

Mapa rodoviário E5. Monroe Co. Key West. MM 31, (305) 872-2411.
w lowerkeyschamber.com

Depois de atravessar a 7-Mile Bridge, as Keys parecem mudar. O terreno é mais acidentado e

Negro Quarters, exemplo de moradia original de Pigeon Key

Veja hotéis e restaurantes dessa região nas pp. 314-25 e 329-49

A praia de Bahia Honda, uma das poucas com areia natural nas Keys

menos urbanizado que nas Upper Keys, e a vegetação, muito mais densa, abriga fauna e flora diferentes. Mas a tranquilidade termina logo adiante, justificando o ditado que diz que as Lower Keys são mais um estado de espírito do que um acidente geográfico.

A apenas 60km (37 milhas) de Key West está o **Bahia Honda State Park**, uma área protegida de 212 hectares que abriga a melhor praia das Keys. A areia incrivelmente branca é contornada por uma densa mata tropical atravessada por muitas trilhas. Nelas encontram-se várias espécies raras de árvores, como a palmeira-prateada, e uma infinidade de aves. Há para alugar equipamentos para esportes aquáticos, mas lembre-se de que as correntes são muito fortes.

Passeios ao **Looe Key National Marine Sanctuary** também são oferecidos pelo parque. Esse trecho de 8km (5 milhas) do recife é espetacular para mergulhos, com formações de coral únicas e abundante vida marinha.

De Bahia Honda, a rodovia segue para o norte e chega a um ponto de grande interesse que é a segunda maior ilha do arquipélago, **Big Pine Key**. Essa ilha é a principal comunidade residencial das Lower Keys e o melhor lugar para ver o pequenino cervo-das-keys, em geral nos fins de tarde e nas primeiras horas da manhã. Entre no Key Deer Boulevard, perto da MM 30, para chegar a **Blue Hole**, uma pedreira inundada no meio da floresta. A plataforma de observação é ideal para ver os animais. Nas proximidades, a trilha circular de 2km (1 milha) chamada Jack Watson Nature Trail tem marcações que identificam as árvores e as plantas. Continuando na Overseas Highway, assim que atravessar Cudjoe Key, fique atento para o **"Fat Albert"**, um grande dirigível de patrulha. Amarrado a uma altura de 427m, a função do Fat Albert é monitorar desde traficantes de drogas até as atividades políticas de Cuba.

Bat Tower de Percky

A vizinha Sugarloaf Key, antigo centro de negócios com esponjas, hoje famosa pela **Bat Tower**, tem acesso pela Overseas Highway, no sentido norte, passando a MM 17. A torre foi construída em 1929 pelo especulador imobiliário Richter C. Perky para atrair morcegos e espantar mosquitos. Assim, ele poderia construir o balneário. Infelizmente, não apareceu nenhum morcego, e a torre permanece como testemunha de um plano fracassado.

Bahia Honda State Park
MM 37. **Tel** (305) 872-2353.
diariam. restrito.
floridastateparks.org

O Cervo-das-Keys

Parente do cervo-de-cauda-branca, o cervo-das-keys, ameaçado de extinção, só é encontrado na Big Pine Key e ilhas vizinhas. Ele nada de uma ilha para outra, mas é visto com frequência nos bosques de pinheiros. Apesar da imposição severa de limites de velocidade e a criação de um refúgio em Big Pine Key, 50 animais são mortos por ano nas estradas. O número de cervos estabilizou-se em torno de 300, mas é terminantemente proibido alimentá-los.

O cervo-das-keys adulto é menor que um cachorro

302 | FLÓRIDA ÁREA POR ÁREA

⓱ Rua a Rua: Key West

Povoado mais ao sul dos EUA continentais, Key West é uma cidade singular, que atrai os que querem deixar para trás o resto da Flórida e até mesmo do próprio país. Nesse lugar você vive o dia a dia dos moradores, num ritmo tranquilo da vida nos trópicos.

O primeiro registro que se tem da ilha é de 1513, quando se tornou o paraíso, primeiro dos piratas, depois dos caçadores de tesouro *(p. 307)*, que atacavam os navios mercantes e confiscavam suas cargas preciosas. Key West tornou-se a cidade mais próspera da Flórida, cujo estilo de vida atraía o fluxo constante de colonos vindos das Américas, do Caribe e da Europa; a herança deles está na arquitetura única da ilha, na comida e no bom humor. Uma grande comunidade gay, escritores e artistas foram os últimos a chegar a Key West.

Curry Mansion
O interior dessa mansão do século XIX reflete a riqueza dos "capitães de naufrágio" de Key West *(p. 306)*.

Sloppy Joe's era o bar favorito de Ernest Hemingway. Do antigo endereço na Greene Street, veio para cá em 1935.

Pier House Resort
Próximo da Mallory Square, esse resort tem um terraço aberto, onde as pessoas assistem ao pôr do sol.

★ **Mel Fisher Maritime Museum**
Nesse excelente museu estão os tesouros de naufrágio e o equipamento usado para encontrá-los *(p. 306)*.

Audubon House, construída nos anos 1840, contém peças da época e as gravuras ornitológicas de John James Audubon *(p. 50)*.

Wreckers' Museum *(p. 306)*

Duval Street
Principal via de Key West, a Duval Street concentra as lojas de suvenires sempre cheias de turistas. Várias atrações da Old Town também estão no local.

Legenda
— Percurso sugerido

0 m 100
0 jardas 100

Veja hotéis e restaurantes dessa região nas pp. 314-25 e 329-49

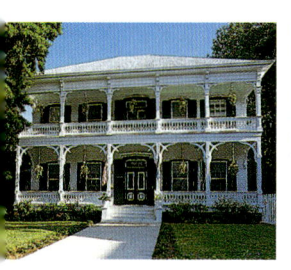

KEY WEST | 303

Fleming Street
Uma típica rua residencial, calma e arborizada de Old Town, a Fleming Street tem bonitas casas de madeira. São excelentes exemplos da arquitetura tradicional de Key West *(p. 305)*.

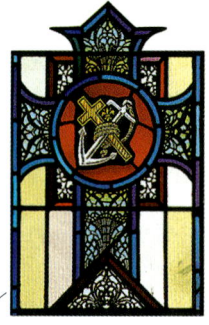

St. Paul's Episcopal Church
Essa igreja de 1912 é dedicada ao santo padroeiro dos marinheiros náufragos. Alguns dos 49 vitrais exibem imagens náuticas.

PREPARE-SE

Informações Práticas
Mapa rodoviário E5. Monroe Co. 28.000. 402 Wall Street, (305) 294-2587. **keywestchamber.org** Audubon House: **Tel** (305) 294-2116. diariam. Conch Republic Independence Celebration (abr), Hemingway Days Festival (jul), Fantasy Fest (meados out).

Transporte
3km (2 milhas) E da Duval St. Sim onton e Virginia sts, (305) 296-9072. Mallory Sq, (305) 292-8158.

Margaritaville
O cantor da Flórida Jimmy Buffet possui uma loja e café onde vende camisetas e lembranças *(p. 349)*.

O San Carlos Institute
foi fundado por cubanos em 1871. Ocupa um bonito prédio em estilo barroco de 1924, que hoje abriga o centro de tradições cubanas.

★ Bahama Village
Embora não esteja todo urbanizado, esse antigo bairro conserva as casas de madeira coloridas.

Como Explorar Key West

A maior parte das atrações está a duas ou três quadras de distância ou na própria Duval Street, que liga o golfo do México ao Atlântico e é o principal eixo de Old Key West. Esse bairro, que está entre as ruas Whitehead e White, concentra o maior número de casas de madeira do século XIX de toda a Flórida. As casas simples, ou *shotguns*, onde moravam os cubanos que trabalhavam na indústria do charuto, contrastam com o estilo romântico das mansões. Para ver as duas, tome o Conch Train ou Old Town Trolley, alugue uma bicicleta ou apenas caminhe pelas ruas transversais. Ao sul da ilha você encontrará praias deliciosas.

Praia com palmeiras ao sul de Key West

Um Passeio por Key West

No limite norte da cidade velha, a **Mallory Square** é o melhor lugar para assistir ao pôr do sol e onde os artistas disputam a sua atenção para o que têm a mostrar. Durante o dia, para sentir a cidade, caminhe sem rumo pela Duval Street e entre nas transversais. Essas bonitas ruas exibem as típicas casas adornadas de Key West, em meio às árvores e primaveras coloridas.

Melhor ainda é **Bahama Village**, cujo nome homenageia os primeiros colonos de Key West. Esse bairro histórico do lado oeste da cidade velha é limitado pelas ruas Fort, Virginia, Petronia e Whitehead. Nessa área vive-se ao ar livre, joga-se dominó pelas esquinas, e as galinhas ciscam livremente – é um pouco do Caribe na América do Norte. As casas *shotgun* do bairro escaparam de reformas excessivas que se veem em outros lugares.

🏛 Fort East Martello Museum and Gallery
3501 S Roosevelt Blvd. **Tel** (305) 296-3913. diariam. 25 dez. restrito. **w** kwahs.com

A torre que se vê a leste da ilha é a East Martello, que começou a ser construída em 1861 para proteger o Fort Zachary (p. 306). Ela nunca foi terminada, porque seu projeto logo ficou ultrapassado.

Hoje a torre se transformou em ótimo museu que introduz o visitador a Key West e a seu passado tão rico. Está tudo ali, das muitas conexões literárias de Key West ao seu volúvel passado comercial. Também se pode ver uma das frágeis balsas que os cubanos usavam para escapar do regime de Castro (pp. 56-7).

A torre também oferece uma bonita vista e abriga trabalhos de arte de artistas locais.

🏛 Hemingway Home
907 Whitehead St. **Tel** (305) 294-1136. diariam. restrito. **w** hemingwayhome.com

Talvez a maior atração da cidade (e a mais alardeada) seja essa casa em estilo colonial espanhol, construída com pedras de coral, onde Ernest Hemingway morou de 1931 a 1940. Sobre a garagem está a sala onde o autor escreveu vários trabalhos; *Ter e não ter* não foi o único livro escrito em Key West. Seus livros e suas lembranças de viagem estão expostos, bem como objetos pessoais como a cadeira de enrolador de charutos, onde ele se sentava para escrever. Os guias descrevem suas paixões não literárias, como pescar e embebedar-se no Sloppy Joe's *(p. 302)*.

Os supostos netos dos gatos de seis dedos de Hemingway ainda rondam pela casa e seu belo jardim.

🏛 Lighthouse Museum
938 Whitehead St. **Tel** (305) 294-0012. diariam. 25 dez. **w** kwahs.com

Bandeira de farol

Na frente da Hemingway House há um farol construído em 1848. Na casa do faroleiro há um modesto museu com peças de farol e outros artefatos históricos. A maior atração é a torre. Suba os 88 degraus para uma vista panorâmica e entre para olhar através das lentes que já iluminaram 40km de mar.

Comparsa de Boza (1975), de M. Sanchez, no East Martello Museum

Veja hotéis e restaurantes dessa região nas pp. 314-25 e 329-49

Estilo Key West

A arquitetura de Key West encanta sobretudo pela simplicidade, adaptada ao clima quente e aos poucos materiais disponíveis – como a madeira, que era recuperada dos naufrágios ou importada. As primeiras "casas-conchas" do começo do século XIX foram construídas pelos carpinteiros de navios, que introduziram elementos observados em suas viagens. Das Bahamas vieram os recursos para conseguir sombra e ventilação para o forte sol da Flórida. Mais tarde, o *revival* clássico entrou pelo norte, e o estilo vitoriano do final do século XIX trouxe novas influências decorativas. Os ricos moradores de Key West logo adotaram os detalhes extravagantes, mas ainda enfeitavam suas casas modestas com entalhes na madeira. A partir da década de 1970, quando a herança arquitetônica local foi oficialmente reconhecida, muitas casas foram reformadas, principalmente por dentro. Mas a essência delas ainda permanece.

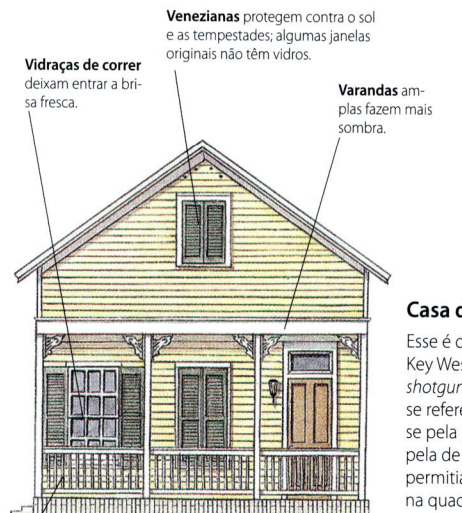

Vidraças de correr deixam entrar a brisa fresca.

Venezianas protegem contra o sol e as tempestades; algumas janelas originais não têm vidros.

Varandas amplas fazem mais sombra.

Grades decorativas mais usadas em balustradas; raramente se veem duas casas com grades idênticas.

Casa de Três Vãos

Esse é o tipo de casa mais comum em Key West. É uma casa simples em estilo *shotgun*, um pouco mais refinada. O nome se refere ao fato de que se uma bala entrasse pela porta da frente, sairia diretamente pela de trás. O frontão orientado para a rua permitia que mais casas fossem construídas na quadra.

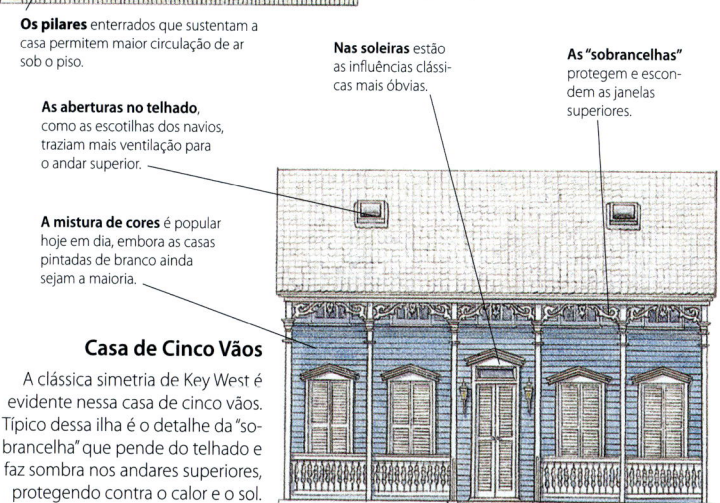

Os pilares enterrados que sustentam a casa permitem maior circulação de ar sob o piso.

Nas soleiras estão as influências clássicas mais óbvias.

As "sobrancelhas" protegem e escondem as janelas superiores.

As aberturas no telhado, como as escotilhas dos navios, traziam mais ventilação para o andar superior.

A mistura de cores é popular hoje em dia, embora as casas pintadas de branco ainda sejam a maioria.

Casa de Cinco Vãos

A clássica simetria de Key West é evidente nessa casa de cinco vãos. Típico dessa ilha é o detalhe da "sobrancelha" que pende do telhado e faz sombra nos andares superiores, protegendo contra o calor e o sol.

Os arcos de tijolo do Fort Zachary Taylor

Fort Zachary Taylor Historic State Site
Fim da Southard St. **Tel** (305) 292-6713. diariam. restrito.
w floridastateparks.org

A construção desse forte que integrava o sistema de defesa naval nacional começou no início do século XIX e terminou em 1866. Na Guerra Civil, as tropas da União ficaram estacionadas no local para assegurar uma ilha leal ao Norte. O forte original tinha três andares e vasos sanitários que eram limpos pelas marés. Foi reformado nos anos 1890.

Hoje o museu abriga uma excelente coleção de artefatos da Guerra Civil. Os visitantes podem explorar o terreno e admirar a vista de um deque de observação. Perto está a melhor praia de Key West, com bom banho e muita sombra para piqueniques.

The Mel Fisher Maritime Museum
200 Greene St. **Tel** (305) 294-2633. 9h30-17h diariam.
w melfisher.com

Atrás de uma fachada simples, esse museu abriga preciosos tesouros. O sr. Fisher ocupou as manchetes dos jornais em 1985 ao encontrar os galeões espanhóis naufragados *Nuestra Señora de Atocha (p. 32)* e *Santa Margarita*, uns 64km a oeste de Key West; dentro havia 47 toneladas de ouro e prata em barras e 32kg de esmeraldas brutas que estavam no fundo do mar desde 1622.

Entre os itens expostos há joias, moedas e crucifixos. A história do resgate também é contada, mas consulte o excelente site.

The Wreckers' Museum
322 Duval St. **Tel** (305) 294-9502. diariam. restrito. **w** oirf.org

A casa em que morou o capitão de naufrágio Francis B. Watlington é considerada a mais antiga de Key West. Construída em 1829, seu estilo revela influências marítimas peculiares, como a portinhola aberta no teto para melhorar a ventilação. A casa abriga todo tipo de bugigangas náuticas, miniaturas de navios e pinturas, e uma série de documentos relacionados a naufrágios – a primeira grande fonte de renda de Key West (e do capitão Watlington). Os visitantes são recebidos por uma equipe de voluntários que contam divertidas histórias sobre o lugar.

Não deixe de visitar a cozinha separada da casa. É o mais antigo dos poucos exemplos que ainda restam nas Keys. Localizada longe da casa, o risco de incêndio era menor e o calor dentro da residência diminuía.

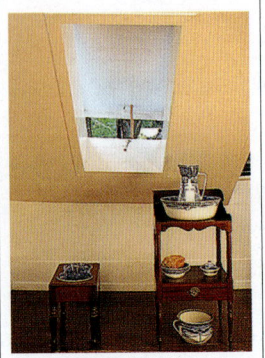

A janela em estilo "escotilha" do Wreckers' Museum

The Curry Mansion
511 Caroline St. **Tel** (305) 294-5349. diariam.
w currymansion.com

Essa imponente mansão começou a ser construída em 1855 por William Curry, um capitão de naufrágio das Bahamas que se tornou o primeiro milionário de Key West. Seu filho Milton conseguiu terminá-la 44 anos depois.

Além das amplas varandas, a casa mantém muitos detalhes originais, como as salas com lambris de madeira e as instalações elétricas. Os quartos são decorados com objetos vitorianos e outros mais recentes, como vitrais Tiffany e o rifle de Ernest Hemingway, reunidos pelo atual proprietário. Dizem que a torta de limão *(p. 328)* foi criada no local pela cozinheira tia Sally com leite condensado enlatado (lançado em 1895). A Curry Mansion também recebe hóspedes *(p. 324)*.

O encantador Robert Frost Cottage, no jardim da Heritage House

Heritage House Museum e Robert Frost Cottage
410 Caroline St. **Tel** (305) 296-3573. seg-sáb. Ação de Graças, 25 dez, 1º jan.

Construída em 1834 como residência de um capitão inglês, essa casa é uma das mais antigas de Key West. Ela é mantida tal qual a original e contém móveis da época e curiosidades de viagens trazidas pelos Porter, uma rica família de Key West. No jardim há uma cozinha ao ar livre e, sob uma bela árvore, a cabana de Robert Frost. Ela tem o nome do poeta norte-americano que ali se hospedou nas muitas vezes que esteve em Key West entre 1945 e 1960.

Veja hotéis e restaurantes dessa região nas pp. 314-25 e 329-49

EVERGLADES E KEYS | **307**

🏛 Key West Cemetery
701 Passover Lane. **Tel** (305) 292-8177. ⭘ diariam. ℹ só ter e qui. ♿

Pela proximidade do leito rochoso e do lençol freático, a maioria dos túmulos desse local está acima do solo. Dividido geometricamente, o cemitério guarda os restos dos primeiros moradores de Key West, com áreas separadas para judeus e católicos, embora as criptas cubanas sejam coroadas com a estátua de uma galinha, provavelmente associada à religião *santería (p. 81)*. Tem até uma área especial para os animais de estimação.

Uma estátua homenageia a perda de 252 marinheiros do navio de guerra *USS Maine*, que afundou no porto de Havana no começo da guerra hispano-americana de 1898 *(p. 53)*. Passeie por entre os túmulos para ler curiosas inscrições e epitáfios, entre outras: "Eu disse que estava doente". Como os primeiros colonos eram conhecidos apenas pelo nome ou pelo apelido, essa informalidade acompanhou-os depois da morte. Há referências a Bunny, Shorty, Bean e outros. Insensível a essa tradição, Ernest Hemingway teria dito: "Prefiro comer fezes de macaco do que morrer em Key West".

Marinheiro solitário

O Comércio dos Naufrágios

No final do século XVIII, os pescadores da região das Keys eram descendentes de ingleses que viviam nas Bahamas e patrulhavam o recife em busca de navios naufragados. Os vigias gritavam de seus postos de observação: "Navio afundado na costa!". Um barco de resgate disparava em direção ao recife para ser o primeiro a reclamar a posse do tesouro. Foi assim que produtos do mundo inteiro vieram parar nas Keys. Eram coisas básicas como madeira ou artigos de luxo como rendas, vinhos e prataria. Essa depredação, que ficou conhecida como *"wrecking"*, tornou-se tão popular que em 1825 uma lei federal exigindo maior controle decretou que só os residentes no país teriam direito ao resgate. Nessa época, Key West era a cidade mais rica da Flórida.

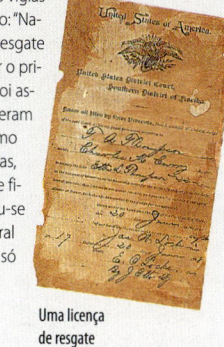

Uma licença de resgate

⑱ Dry Tortugas National Park
Mapa rodoviário D5. Monroe Co. 🚌 Key West. ℹ 1601 N Roosevelt Blvd, (305) 292-5000. **W** keywestinfo.com

Dry Tortugas consiste em sete ilhas de coral localizadas 109km (68 milhas) a oeste de Key West. A Garden Key é a mais visitada e é onde está o **Fort Jefferson**, o maior forte já construído nos EUA. Seu desenho hexagonal inclui um fosso com 21m de largura e muros com 2,5m de espessura e 15m de altura.

O forte deveria proteger o estreito da Flórida com 1.500 homens e 450 canhões. A construção, iniciada em 1845, continuou por 30 anos, mas o forte jamais foi concluído nem se envolveu em qualquer batalha. Na Guerra Civil, depois de abrigar o exército da União, foi rebaixado a prisão para desertores.

O único acesso é por barco ou hidroavião. As pessoas vêm de Key West em passeios organizados e têm a chance de mergulhar com snorkel em suas águas cristalinas. A observação de pássaros é excelente entre março e outubro, quando chegam as aves para fazer seus ninhos nas ilhas, como os mergulhões e as magníficas fragatas com asas superiores a 2m de ponta a ponta.

A longínqua Garden Key, no Dry Tortugas National Park, e o imponente Fort Jefferson, do século XIX

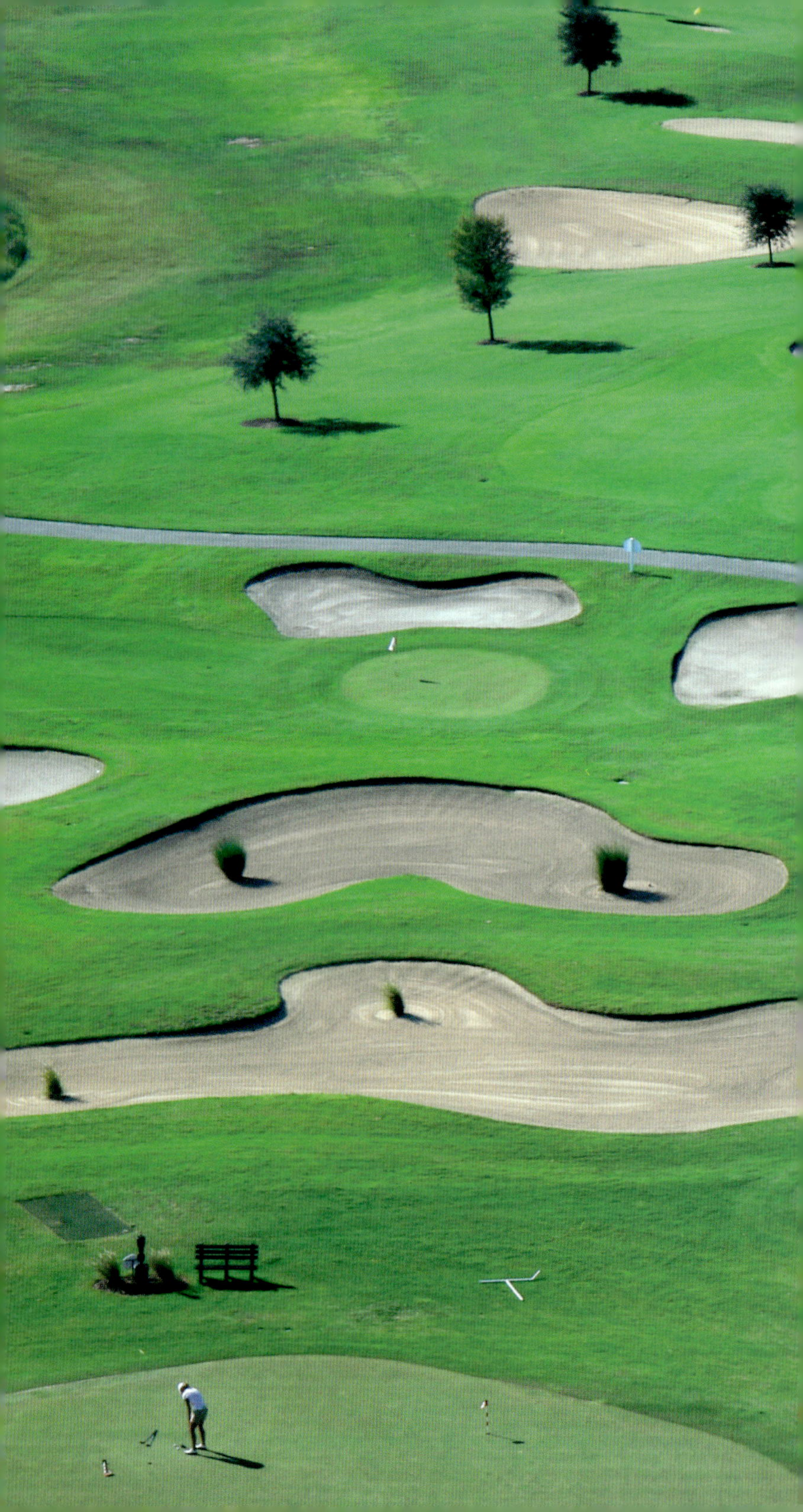

INDICAÇÕES AO TURISTA

Onde Ficar	310-325
Onde Comer e Beber	326-349
Compras	350-357
Diversão	358-361
Esportes e Atividades ao Ar Livre	362-365
Casamentos	366-367

ONDE FICAR

A Flórida tem opções de hospedagem para todos os bolsos e gostos – desde cabanas rústicas com nível básico de conforto a resorts luxuosos com todas as mordomias. O meio termo abrange hotéis, bed-and-breakfasts charmosos, pousadas intimistas, motéis, apartamentos bem equipados, cabanas e campings onde é possível armar barracas ou estacionar trailers e motorhomes. Os preços variam muito conforme a época, a localização e até o dia da semana. Escritórios de turismo locais podem ajudar com informações mais detalhadas sobre estabelecimentos em cada região.

Saguão do Eden Roc Renaissance Resort and Spa, em Miami *(p. 314)*

Hotéis e Resorts

Na Flórida, os hotéis ocupam desde edifícios espanhóis históricos ou art déco a outros ultramodernos. As muitas redes de hotéis do país têm a vantagem de oferecer um ambiente familiar, mas os preços variam bastante conforme a localização. Entre as presentes na Flórida estão as sofisticadas Ritz-Carlton e W Hotels, além de Marriott e Hilton, de padrão mediano.

Entre as opções de acomodação há também grandes complexos em terrenos impecáveis; os melhores têm até praia particular. Os preços altos fazem jus às muitas comodidades oferecidas, que vão de piscinas – às vezes de tamanho olímpico – a lojas e restaurantes variados. Muitos resorts têm excelentes instalações esportivas, incluindo campos de golfe e quadras de tênis, e dispõem de instrutores para aulas individuais. Spas e clubes de bem-estar estão cada vez mais em alta, com serviços diferenciados como aulas diárias de ginástica. Com salas de jogos bem equipadas, programação especial para crianças e outras diversões, esses locais são uma boa escolha para famílias.

Bed-and-Breakfasts

Uma alternativa para quem busca hospedagem mais tradicional são os bed-and-breakfasts (B&B). Muitas vezes esse tipo de estabelecimento funciona em uma casa privada cujo dono é o anfitrião. Em geral, o café da manhã é excelente, com pães caseiros e café, e os hóspedes comem em uma atmosfera informal.

Pousadas denominadas *inn* tendem a ser um pouco maiores e mais caras do que um B&B e podem ter até um restaurante. Todavia, costumam ser mais simpáticas e aconchegantes do que um hotel padrão.

Os inconvenientes de B&Bs são possíveis restrições a crianças, como não ter um quarto ou uma cama extra para elas. Também podem exigir uma estada mínima na alta temporada. E, como a maioria dispõe de poucos quartos, é essencial reservar.

Várias agências fazem reservas em B&Bs. A **Florida B&B Inns**, por exemplo, atua com estabelecimentos históricos em todo o Estado, e há também a **Key West Innkeepers Association**. Publicações regionais e guias de viagem locais oferecidos pela **AAA** são outras fontes úteis.

Reservas

É relativamente fácil conseguir um quarto em cima da hora em um hotel que o agrade na baixa temporada, mas a regra não se aplica à alta temporada, sobretudo em Orlando e Miami, onde é melhor fazer reserva com vários meses de antecedência. Porém, como há muitas opções disponíveis, é possível achar um quarto em qualquer época do ano, desde que o viajante não faça questão de ficar em resorts e hotéis de luxo.

Você pode fazer reservas on-line ou por telefone com um cartão de crédito; em geral, exige-se um depósito. Para não perder uma reserva, avise antes se for chegar após as 17h.

Jardim e piscina são comuns nos resorts luxuosos da Flórida

◀ Golfistas em um dos vários campos para a prática do esporte na região

Instalações

Como a concorrência é acirrada entre os hotéis da Flórida, as instalações geralmente são boas. Quartos sem TV, banheiro e ar-condicionado são raríssimos, inclusive em B&Bs. A maioria tem frigobar e mesa; alguns hotéis também oferecem micro-ondas e quitinetes. Em geral, os quartos têm duas camas queen size e comportam até quatro pessoas.

Portadores de deficiência são mais bem atendidos em um hotel moderno convencional ou em um resort. Embora possam ter elevadores e rampas, poucos hotéis dispõem de quartos adaptados para cadeirantes. Ao fazer a reserva, mencione quaisquer necessidades especiais.

Preços

As tarifas de quartos variam muito conforme a época do ano e na alta temporada ficam 30-50% mais caras do que em outros períodos. No sul da Flórida, a alta temporada vai de meados de novembro até a Páscoa, ao passo que no Panhandle e no Nordeste, onde o inverno é mais rigoroso, os hotéis cobram tarifas mais altas na primavera e no verão. Todavia, seja qual for o lugar, as tarifas serão caras no Natal, na Páscoa, nas férias escolares de fevereiro e no Dia de Ação de Graças. Em qualquer época do ano, um quarto com vista para as águas pode custar 25% a mais, portanto informe-se sobre essas variações ao reservar.

No inverno, as tarifas são bem mais baixas em janeiro, após as festas de fim de ano. Outra maneira de economizar é se hospedar no meio da semana, não em fins de semana, embora as noites de domingo sejam mais baratas, pois muitos hóspedes vão embora nesse dia.

Na alta temporada em cidades litorâneas, é difícil encontrar até acomodação em motel por menos de US$150. As tarifas são em geral calculadas por quarto, e não por pessoa, o que significa que o viajante solitário recebe apenas um pequeno desconto ao ocupar um quarto duplo.

Muitos hotéis têm ofertas especiais em seus sites, como descontos para estadas acima de três ou quatro noites e pacotes que incluem café da manhã. Alguns cobram tarifa reduzida de idosos e famílias.

Despesas Extras

Em geral, as tarifas informadas não incluem o imposto sobre vendas *(p. 350)* nem a chamada taxa de resort, que, dependendo da área, varia de 2% a 5% sobre o preço do quarto. Ao todo, esses impostos podem representar um aumento de 15% ao valor inicial.

O custo de fazer telefonemas de um quarto de hotel costuma ser exorbitante. Alguns estabelecimentos não cobram por ligações locais, mas quase sempre sai mais barato usar o próprio celular. O Wi-Fi grátis também é uma ótima alternativa. O uso de fax com frequência é pago.

Muitos hotéis cobram pelo estacionamento com manobrista: os valores ficam entre US$10 e US$30 por dia, sem contar a gorjeta opcional. Há também a chamada taxa de resort, por comodidades como cadeiras e toalhas na praia, ou pelo acesso a Wi-Fi. Obrigatória, em certos locais ela pode acrescentar até US$20 por dia à conta, por isso se informe antes de fazer a reserva.

Diante do preço alto do café da manhã na maioria dos hotéis, os hóspedes podem economizar indo a um café ou lanchonete por perto. Ver certos filmes no quarto também tem custo: leia as instruções na tela antes de apertar o botão do controle remoto.

Motéis

Embora sem charme, motéis são uma boa opção econômica ou de última hora, sobretudo na alta temporada. Em geral, eles ficam situados nos arredores das cidades e oferecem estacionamento grátis próximo aos quartos.

Há desde redes de motéis sofisticadas, como a Hampton Inns, a outras mais acessíveis, caso da Days Inn. Redes maiores podem oferecer café da manhã grátis e comodidades como piscinas e quartos com micro-ondas e frigobar. É normal ver os quartos antes de fazer o check-in.

Escritórios de turismo disponibilizam listas de motéis, e os guias regionais da AAA incluem avaliações em suas seleções.

O moderno Delano Hotel em South Beach, Miami *(p. 315)*

Quarto elegante no Casa Monica Hotel, em St. Augustine *(p. 319)*

Cabanas para alugar junto ao mar em Bahia Honda, nas Keys *(p. 297)*

Hospedagem em Orlando

Quem pretende visitar os parques temáticos deve dar prioridade à proximidade, pois chegar cedo é a melhor maneira de evitar as piores filas. Enfrentar um engarrafamento de mais de uma hora só para ir a um parque diminui o tempo disponível para aproveitá-lo. Além disso, hospedar-se por perto permite voltar ao hotel para descansar durante o dia ou quando as filas estiverem muito longas.

Universal Orlando® e Walt Disney World® tem hotéis próprios dentro dos parques e nas adjacências. Os quartos nesses resorts enormes são mais caros, porém práticos, e pode haver pacotes vantajosos. Ambos os parques contam também com hotéis "bons vizinhos", que oferecem custo reduzido, localização conveniente e pacotes de ingressos para os hóspedes.

Hotéis perto dos parques têm alta demanda e devem ser reservados com antecedência de seis meses a um ano, sobretudo na Páscoa e no Natal. Todavia, há tantas opções de acomodação na Grande Orlando que não é preciso se preocupar em achar um quarto. Ao escolher onde ficar, pergunte quanto tempo leva para chegar aos parques, se há ônibus de traslado e com que frequência eles passam.

Apartamentos e Intercâmbio

Como a Flórida é um destino muito apreciado por famílias, é comum turistas preferirem alugar apartamentos mobiliados. Existem condomínios *(condos)*, com apartamentos completos para aluguel, principalmente em balneários. Embora pareçam caros (US$1.200 por semana é o mínimo), eles podem valer a pena, sobretudo para grupos grandes. **Villas of the World** e **Vacation Rentals by Owner (VRBO)** estão entre as várias corretoras que alugam *condos*, além de apartamentos e casas privados.

Quartos que possibilitam cozinhar são chamados *efficiencies* e estão disponíveis em alguns hotéis e motéis. Talvez eles custem mais do que os quartos comuns, mas permitem que famílias gastem menos em restaurantes. Em áreas rurais, há cabanas *efficiency* anexas aos campings.

Turistas também podem se hospedar de graça em uma residência fazendo uma troca de casas ou apartamentos. Para tal, é preciso se filiar a uma organização de intercâmbio internacional; a **HomeAway**, por exemplo, tem membros no mundo inteiro.

Campings

A Flórida tem campings por todo o seu território. Nos básicos nem sempre há água corrente, mas os luxuosos dispõem de piscinas, lojas, restaurantes e aluguel de barcos. Campings para motorhomes também oferecem espaços para armar barracas, e alguns alugam trailers e cabanas.

A Flórida abriga dezenas de parques estaduais com campings. Além disso, cerca de vinte parques oferecem cabanas confortáveis a preços muito razoáveis – algumas cabanas custam menos de US$100 e comportam até quatro pessoas. Elas podem ser rústicas com banheiros partilhados ou modernas e bem equipadas. O site do **Florida State Parks** tem uma lista completa com fotos.

Parques estaduais cobram US$10-25 por vaga, ao passo que a diária em um camping privado pode ser de cerca de US$40. A maioria dos lugares aceita reservas, mas parques estaduais guardam vagas para quem chega de surpresa.

A **Florida Association of RV Parks and Campgrounds (ARVC)** publica o anual *Florida Camping Directory* com a lista de seus licenciados; peça um exemplar no site da ARVC. Por sua vez, a **Kampgrounds of**

Um dos quartos luxuosos do Sandestin Resort, em Destin *(p. 320)*

America (KOA) gere alguns campings bons na Flórida e também publica uma lista.

Albergues

A Flórida dispõe de vários albergues da juventude, inclusive em South Beach e Orlando. A filial estadual da **Hostelling International** também oferece informações úteis.

As instalações podem ser excelentes, incluindo piscinas e salas de jogos, e as diárias, baratas, ficam entre cerca de US$15 e US$25. Faça reserva para a alta temporada.

O Honeymoon Cottage do The Moorings Village, em Islamorada *(p. 323)*

Crianças

A maioria dos hotéis fornece itens básicos como berços ou camas para crianças, e eventualmente até babás. Certos estabelecimentos, sobretudo em Orlando e em praias conhecidas, tratam as crianças como prioridade e oferecem piscinas e áreas lúdicas apropriadas. Alguns têm programação infantil, com atividades organizadas que podem ser cobradas à parte.

Na maioria dos hotéis a estada de crianças até 12 anos é grátis, desde que fiquem no quarto com os pais; em alguns casos o benefício se estende a menores de 18 anos. Caso não haja sofá-cama, é instalada uma cama extra mediante uma pequena taxa.

Trailer em recanto tranquilo de um parque no Panhandle

Hotéis Recomendados

Os hotéis citados nas páginas a seguir abrangem diversos tipos de acomodação e foram selecionados por sua boa relação custo-benefício, pela localização e pelas instalações. Dos resorts de luxo cinco estrelas a hotéis-butique e B&Bs, e de *inns* modestos a hotéis modernos padrão, todos têm personalidade. As listas estão organizadas por região, começando por Miami.

Apenas alguns dos incontáveis motéis da Flórida foram incluídos aqui; consulte guias de viagem locais para listas completas. Embora muitos hotéis diante de praias se autodenominem resorts, os que estão nas listas a seguir são resorts com quadras de tênis ou campos de golfe amplos, piscina e praia. Spas e academias estão disponíveis até em hotéis de porte mediano. As tarifas referem-se a um quarto duplo padrão na alta temporada – os valores diminuem no restante do ano. Impostos aumentam a conta final em 13%.

Os quadros de "Destaque" indicam locais excepcionais, nos quais é aconselhável fazer reserva com muita antecedência.

AGENDA

Bed-and-Breakfasts

AAA Auto Club South
w aaasouth.com

Florida B&B Inns
Tel (561) 223-9550.
w florida-inns.com

Key West Innkeepers Association
316A Simonton St,
Key West, FL 33040.
Tel (305) 295-9500.
w keywestinns.com

Apartamentos e Intercâmbio

HomeAway
Tel (877) 228-3145.
w homeaway.com

Villas of the World
PO Box 1800, Sag Harbor, NY 11963.
Tel (631) 324-8455.
w villasoftheworld.com

VRBO
w vrbo.com

Campings

ARVC
1340 Vickers Dr,
Tallahassee, FL 32303.
Tel (800) 395-2267.
w arvc.org

Florida State Parks
3900 Commonwealth Blvd, Tallahassee,
FL 32399.
Tel (850) 245-2118.
w myflorida.com

KOA

PO Box 30558, Billings, MT 59114.
Tel (406) 248-7444.
w koa.com/onde/fl

Albergues

Hostelling International
8401 Colesville Rd, Suite 600, Silverspring, MD 20910.
Tel (240) 650-2100.
w hiusa.org

Onde Ficar

Miami
Miami Beach

Aqua $$
Moderno Mapa 2 F2
1530 Collins Ave, 33139
Tel *(305) 538-4361*
w aquamiami.com
Quartos modernos em um edifício art déco com terraço e jardim tropical.

Clay Hotel $$
Histórico Mapa 2 E3
1438 Washington Ave, 33139
Tel *(305) 534-2988*
w clayhotel.com
Esse hotel dos anos 1930 tem belos quartos com decoração moderna, alguns com sacada.

Cadet Hotel $$$
Histórico Mapa 2 F2
1701 James Ave, 33139
Tel *(305) 672-6688*
w cadethotel.com
Antigo alojamento de cadetes do capitão Clark Gable, tem quartos confortáveis, suítes luxuosas e spa.

Clinton Hotel $$$
Hotel-butique Mapa 2 E4
825 Washington Ave, 33139
Tel *(305) 538-1471*
w clintonsouthbeach.com
Edifício modernista com interior contemporâneo. Algumas suítes têm sacada com hidromassagem.

Eden Roc Miami Beach $$$
Hotel-butique Mapa rod. F5
4525 Collins Ave, 33140
Tel *(305) 531-0000*
w edenrocmiami.com
Elegante marco art déco com quartos amplos, piscina, praia e vistas do mar.

Terraço relaxante com piscina no Clinton Hotel, Miami Beach

Fontainebleau Hotel $$$
Resort Mapa rodoviário F5
4441 Collins Ave, 33140
Tel *(305) 538-2000*
w fontainebleau.com
Hotel retrô que evoca o brilho feérico de Las Vegas. Tem uma piscina espetacular e spa.

Freehand Miami $$$
Albergue Mapa rodoviário F5
2727 Indian Creek Dr, 33140
Tel *(305) 531-2727*
w thefreehand.com
A uma quadra da praia, esse albergue sofisticado oferece quartos duplos e dormitórios, além de piscina e bar.

Hotel Astor $$$
Luxuoso Mapa 2 E3
956 Washington Ave, 33139
Tel *(305) 531-8081*
w hotelastor.com
O Astor tem suítes grandes e bonitas com finas roupas de cama e banho. Ótimo restaurante.

Hotel St. Augustine $$$
Hotel-butique Mapa 2 E4
347 Washington Ave, 33139
Tel *(305) 532-0570*
w hotelstaugustine.com
Hotel e spa chique com quartos amplos e sauna.

Impala Hotel $$$
Hotel-butique Mapa 2 F3
1228 Collins Ave, 33139
Tel *(305) 673-2021*
w impala-miami.com
Em estilo mediterrâneo com detalhes em vidro de Murano e móveis personalizados.

Lord Balfour $$$
Luxuoso Mapa 2 E4
350 Ocean Dr, 33139
Tel *(305) 673-0401*
w lordbalfourmiami.com
Decoração moderna ao estilo britânico e arte contemporânea.

Nassau Suite Hotel $$$
Histórico Mapa 2 F3
1414 Collins Ave, 33139
Tel *(305) 532-0043*
w nassausuite.com
Construído em 1937, esse hotel consagrado tem todas as comodidades. Suítes com cozinha.

National Hotel $$$
Histórico Mapa 2 F2
1677 Collins Ave, 33139
Tel *(305) 532-2311*
w nationalhotel.com
Clássico art déco com ambientação autêntica dos anos 1940 e uma piscina luxuosa.

Categorias de Preço
Diária de um quarto duplo padrão, na alta temporada, com taxas de serviço e impostos.
$ até US$100
$$ US$100-US$200
$$$ acima de US$200

Park Central Hotel $$$
Histórico Mapa 2 E4
640 Ocean Dr, 33139
Tel *(305) 538-1611*
w theparkcentral.com
Instalações modernas em hotel art déco dos anos 1940, com um deque na cobertura.

Pelican Hotel $$$
Hotel-butique Mapa 2 F4
826 Ocean Dr, 33139
Tel *(305) 673-3373*
w pelicanhotel.com
Pitoresco, o Pelican abriga quartos temáticos como o Viva Las Vegas e o Tarzan Jungle Room.

Ritz-Carlton South Beach $$$
Luxuoso Mapa 2 F2
1 Lincoln Rd, 33139
Tel *(786) 276-4000*
w ritzcarlton.com
Relaxe com as mordomias do Ritz-Carlton. Alguns quartos descortinam vista para o mar, e há duas piscinas grandes.

The Albion $$$
Histórico Mapa 2 F2
1650 James Ave, 33139
Tel *(305) 913-1000*
w rubellhotels.com
Esse belo edifício de 1939 foi decorado com tons minimalistas e móveis exclusivos.

Destaque

The Angler's $$$
Luxuoso Mapa 2 E4
660 Washington Ave, 33139
Tel *(305) 534-9600*
w theanglersresort.com
Escolha entre uma suíte ampla, um apartamento ou uma *villa* em um dos quatro edifícios que compõem esse complexo de inspiração mediterrânea. Relaxe nos jardins, nas jacuzzis ou nos terraços na cobertura. Há também tratamentos de spa.

The Beach Plaza Hotel $$$
Hotel-butique Mapa 2 F3
1401 Collins Ave, 33139
Tel *(305) 531-6421*
w beachplazahotel.com
Hotel art déco com quartos grandes de tema tropical, bar no pátio e recepção com vinhos à noite.

The Delano $$$
Luxuoso Mapa 2 F2
1685 Collins Ave, 33139
Tel *(305) 672-2000*
W delano-hotel.com
Com design de Phillippe Starck, esse hotel famoso tem clientela célebre. Quartos em branco, piscina formidável e bar.

The Hotel of South Beach $$$
Luxuoso Mapa 2 E4
801 Collins Ave, 33139
Tel *(305) 531-2222*
W thehotelofsouthbeach.com
Decorado pelo estilista Todd Oldham. Todos os quartos têm sacada com vistas fantásticas.

The Kent $$$
Moderno Mapa 2 F3
1131 Collins Ave, 33139
Tel *(305) 604-5068*
W thekenthotel.com
Com fachada art déco, o Kent oferece quartos confortáveis com decoração contemporânea.

The Mondrian $$$
Hotel-butique Mapa 2 D3
1100 West Ave, 33139
Tel *(305) 514-1500*
W mondrian-miami.com
Com projeto glamouroso de Ian Shrager, o Mondrian oferece o máximo de conforto e vistas maravilhosas.

The Palms Hotel & Spa $$$
Luxuoso Mapa rodoviário F5
3025 Collins Ave, 33140
Tel *(305) 534-0505*
W thepalmshotel.com
Com jardins privados que levam à praia, o Palms oferece um ambiente calmo e descontraído.

The Sagamore $$$
Luxuoso Mapa 2 F2
1671 Collins Ave, 33139
Tel *(305) 535-8088*
W sagamorehotel.com
Hotel famoso pela incrível coleção de arte. Os quartos têm cozinha e banheiro com hidromassagem.

The Sanctuary $$$
Luxuoso Mapa 2 F2
1745 James Ave, 33139
Tel *(305) 673-5455*
W sanctuarysobe.com
As suítes contemporâneas e a piscina na cobertura proporcionam privacidade. Todos os quartos têm cozinha completa.

The Setai $$$
Luxuoso Mapa 2 F1
2001 Collins Ave, 33139
Tel *(305) 520-6000*
W thesetaihotel.com
Hospedagem de luxo, alta gastronomia e spa defronte ao mar.

Fachada em estilo espanhol do Biltmore Hotel, em Coral Gables

Townhouse Hotel $$$
Moderno Mapa 2 F1
150 20th St, 33139
Tel *(305) 534-3800*
W townhousehotel.com
Hotel chique com quartos simples e modernos, o Townhouse também oferece bar na cobertura e um restaurante de sushi.

Villa Paradiso $$$
Moderno Mapa 2 F3
1415 Collins Ave, 33139
Tel *(305) 532-0616*
W villaparadisohotel
Antes residencial, esse edifício abriga ótimas suítes e quitinetes, além de um jardim sereno.

Destaque
W South Beach $$$
Luxuoso Mapa 2 F1
2201 Collins Ave, 33139
Tel *(305) 938-2000*
W wsouthbeach.com
Esse hotel estupendo da rede W Hotels tem quartos amplos com sacada, cozinha e vistas do mar. Os hóspedes circulam entre a praia privada, a piscina, a quadra de tênis na cobertura, quadras de basquete e muitas opções gastronômicas.

Whitelaw Hotel $$$
Hotel-butique Mapa 2 E4
808 Collins Ave, 33139
Tel *(305) 398-7000*
W whitelawhotel.com
Os quartos pitorescos do Whitelaw combinam com seu lema bem-humorado: "lençóis limpos, água quente e drinques fortes".

Centro e Little Havana

Conrad Hotel $$$
Moderno Mapa 4 E3
1395 Brickell Ave, 33131
Tel *(305) 503-6500*
W conradmiami.com
A maioria dos confortáveis e bem decorados quartos desse edifício de 38 andares oferece vistas fantásticas.

Mandarin Oriental $$$
Luxuoso Mapa 4 F2
500 Brickell Key Dr, 33131
Tel *(305) 913-8288*
W mandarinoriental.com
Frequentado por celebridades, esse hotel ostenta quartos luxuosos, spa e alta gastronomia.

The Four Seasons $$$
Luxuoso Mapa 4 E3
1435 Brickell Ave, 33131
Tel *(305) 358-3535*
W fourseasons.com/miami
Arranha-céu que atrai executivos e a elite. Acomodações fantásticas e vistas da linha do horizonte.

Coral Gables e Coconut Grove

Courtyard by Marriott $$
Moderno Mapa 5 C1
2051 LeJeune Rd, 33134
Tel *(305) 443-2301*
W marriott
Esse edifício moderno tem quartos confortáveis com decoração tradicional e piscina na cobertura.

Hotel St. Michel $$
Hotel-butique Map 5 C1
162 Alcazar Ave, 33134
Tel *(305) 444-1666*
W hotelstmichel.com
Quartos exclusivos em hotel sóbrio com móveis tradicionais.

Destaque
Biltmore Hotel $$$
Resort Mapa 5 A2
1200 Anastasia Ave, 33134
Tel *(305) 445-1926*
W biltmorehotel.com
Quartos grandes e suítes fabulosas distinguem esse hotel consagrado dos anos 1920 em luxuoso estilo espanhol, com um campanário inspirado na torre Giralda, em Sevilha. Há campo de golfe, dez quadras de tênis, uma piscina imensa e quatro restaurantes de alto nível.

Mais informações sobre hotéis *na p. 313*

Grove Isle Hotel & Spa $$$
Resort   Fora do Mapa
4 Grove Isle Dr, 33133
Tel *(305) 858-8300*
w groveisle.com
Refúgio em uma ilha tropical privada, proporciona aos hóspedes um spa e suítes aconchegantes com vistas para a baía.

Mayfair Hotel and Spa $$$
Hotel-butique   **Mapa** 6 F4
3000 Florida Ave, 33133
Tel *(305) 441-0000*
w mayfairhotelandspa.com
Com belos detalhes art nouveau, o Mayfair tem quartos bem decorados com sacada. Animais de estimação são bem-vindos.

Ritz-Carlton Coconut Grove $$$
Luxuoso   **Mapa** 6 F4
3300 SW 27th Ave, 33133
Tel *(305) 644-4680*
w ritzcarlton.com
Acomodações fantásticas em retiro tropical sereno diante da baía.

Fora do Centro

Ritz-Carlton Key Biscayne $$$
Resort   **Mapa rodoviário** F5
455 Grand Bay Dr, Key Biscayne, 33149
Tel *(305) 365-4500*
w ritzcarlton.com
Esse hotel luxuoso tem uma praia privada e um spa excelente.

Trump International $$$
Resort   **Mapa rodoviário** F5
18001 Collins Ave, Sunny Isles 33160
Tel *(305) 692-5600*
w trumpmiami.com
Edifício contemporâneo diante da praia. Quartos elegantes, com sacada e cozinha equipada.

Turnberry Isle Resort $$$
Resort   **Mapa rodoviário** F5
19999 W Country Club Dr, Aventura, 33180
Tel *(305) 932-6200*
w turnberryislemiami.com
Esse amplo resort de férias regala os hóspedes com spa, praia privada, quadras de tênis e campos de golfe.

Costas do Ouro e do Tesouro

BOCA RATON:
Boca Raton Resort $$$
Resort   **Mapa rodoviário** F4
501 E Camino Readl, 33432
Tel *(561) 447-3000*
w bocaresort.com
Além do belo edifício projetado por Addison Mizner, há um acampamento para crianças.

BOCA RATON: Ocean Lodge $$$
Motel   **Mapa rodoviário** F4
531 N Ocean Blvd, 33432
Tel *(561) 395-7772*
w oceanlodgeflorida.com
Motel de dois andares diante de uma praia, com quartos grandes dotados de cozinha básica.

CLEWISTON: Clewiston Inn $$
Inn   **Mapa rodoviário** F4
108 Royal Palm Ave, 33440
Tel *(863) 983-8151*
w clewistoninn.com
Quartos simples a preço razoável e boas refeições.

DELRAY BEACH:
Sundy House $$$
Hotel-butique   **Mapa rod.** F4
106 S Swinton Ave, 33444
Tel *(561) 272-5678*
w sundyhouse.com
Belas cabanas históricas em uma área ajardinada. Decoração aconchegante e lago para nadar.

FORT LAUDERDALE:
The Hotel Deauville $
Albergue   **Mapa rodoviário** F4
2916 N Ocean Blvd, 33308
Tel *(954) 568-5000*
w thedeauvillehotel.com
Oferece dormitórios e quartos limpos, cozinha comunitária e piscina. Fica perto da praia.

FORT LAUDERDALE: Harbor
Beach Marriott Resort & Spa $$$
Luxuoso   **Mapa rodoviário** F4
3030 Holiday Dr, 33316
Tel *(954) 525-4000*
w marriottharborbeach.com
Em uma praia isolada, esse hotel da rede Marriott tem belos quartos, piscina grande e spa.

Destaque
FORT LAUDERDALE:
Lago Mar Resort $$$
Resort   **Mapa rodoviário** F4
1700 S Ocean Ln, 33316
Tel *(954) 523-6511*
w lagomar.com
Embora haja resorts mais luxuosos, poucos são tão charmosos quanto esse retiro de gestão familiar chamado Lago Mar. Há praia privada, piscina em meio a jardins, quadras de tênis, campo de golfe e um imenso tabuleiro de xadrez ao ar livre.

FORT LAUDERDALE:
Riverside Hotel $$$
Histórico   **Mapa rodoviário** F4
620 E Las Olas Blvd, 33301
Tel *(954) 467-0671*
w riversidehotel.com
Um marco dos anos 1930 com quartos ótimos, piscina e terraço.

FORT LAUDERDALE:
The Atlantic $$$
Luxuoso   **Mapa rodoviário** F4
601 Fort Lauderdale Beach Blvd, 33304
Tel *(954) 567-8020*
w atlantichotelfl.com
Esse hotel diante da praia tem quartos grandes com cozinha e sacada. Há também piscina e spa.

FORT LAUDERDALE:
The Pillars Hotel $$$
Luxuoso   **Mapa rodoviário** F4
111 N Birch Rd, 33304
Tel *(954) 467-9639*
w pillarshotel.com
Refúgio elegante na Intracoastal Waterway, com piscina fabulosa e ampla biblioteca.

FORT LAUDERDALE:
W Fort Lauderdale $$$
Luxuoso   **Mapa rodoviário** F4
401 N Fort Lauderdale Beach Blvd, 33304
Tel *(954) 414-8200*
w whotels.com/fortlauderdale
Hotel diante da praia, com quartos elegantes e um bar.

HOBE SOUND: Jonathan
Dickinson State Park $
Lodge   **Mapa rodoviário** F4
16450 SE Federal Hwy, 33455
Tel *(772) 546-2771*
w floridastateparks.com
Perto do rio Loxahatchee, essas cabanas com cozinha e outras comodidades modernas comportam até seis pessoas.

HOLLYWOOD: Seminole Hard
Rock Hotel and Casino $$$
Luxuoso   **Mapa rodoviário** F4
1 Seminole Way, 33314
Tel *(954) 327-7625*
w seminolehardrockhollywood.com
Apesar dos quartos amplos e da bela piscina, o cassino é a grande atração desse hotel.

O Seminole Hard Rock Hotel and Casino e sua piscina sinuosa

ONDE FICAR | **317**

O interior descontraído do Hotel Biba, em West Palm Beach

HOLLYWOOD: Westin Diplomat Resort $$$
Resort   Mapa rodoviário F4
3555 S Ocean Dr, 33019
Tel *(954) 602-6000*
w diplomatresort.com
Hotel chique com piscina de fundo de vidro e praia privada.

JUPITER: La Quinta Inn $$
Motel   Mapa rodoviário F4
34 Fisherman's Wharf, 33477
Tel *(561) 575-7201*
w laquintainn.com
Quartos à moda tradicional mas instalações modernas, incluindo piscina e academia.

LAUDERDALE BY THE SEA: A Little Inn by the Sea $$
Inn   Mapa rodoviário F4
4546 El Mar Dr, 33308
Tel *(954) 772-2450*
w alittleinnhotel.com
Pousada charmosa com decoração tropical. A maioria dos quartos tem vista para o mar.

NORTH HUTCHINSON ISLAND: The Mellon Patch Inn $$
B&B   Mapa rodoviário F3
3601 N Hwy A1A, Fort Pierce, 34949
Tel *(772) 462-6699*
w themellonpatchinn.com
B&B acolhedor fundado em 1949, com decoração simples e bom café da manhã.

PALM BEACH: Palm Beach Historic Inn $$
Inn   Mapa rodoviário F4
365 S County Rd, 33480
Tel *(561) 832-4009*
w palmbeachhistoricinn.com
Repleto de antiguidades, oferece quartos confortáveis e localização perto da praia.

PALM BEACH: Chesterfield Hotel $$$
Histórico   Mapa rodoviário F4
363 Coconut Row, 33480
Tel *(561) 659-5800*
w chesterfieldpb.com
Consagrado, o Chesterfield tem belos quartos e pátio sombreado. Prove o elaborado chá da tarde.

PALM BEACH: Four Seasons Palm Beach $$$
Resort   Mapa rodoviário F4
2800 S Ocean Blvd, 33480
Tel *(561) 582-2800*
w fourseasons.com
Hotel na praia com ambiente elegante, fina gastronomia, bar, lounge e instalações esportivas.

PALM BEACH: The Colony $$$
Luxuoso   Mapa rodoviário F4
156 Hammon Ave, 33480
Tel *(561) 655-5430*
w thecolonypalmbeach.com
Quartos em estilo colonial britânico e café da manhã inglês incluso.

PALM BEACH GARDENS: PGA National Resort $$$
Resort   Mapa rodoviário F4
400 Ave of the Champions, 33418
Tel *(561) 627-2000*
w pgaresort.com
Campos de golfe profissionais, dezenove quadras de tênis e um ótimo spa são os destaques.

PORT ST. LUCIE: Club Med Sandpiper $$$
Resort   Mapa rodoviário F3
4500 SE Pine Valley, 34952
Tel *(772) 398-5100*
w clubmed.com
Sistema tudo incluso nesse resort voltado para famílias, com academias de golfe e tênis.

SEBASTIAN: Floridana Beach Motel $
Motel   Mapa rodoviário F3
6580 S Hwy A1A, Melbourne Beach, 32951
Tel *(321) 726-6560*
w motelfloridana.com
Barato, tem algumas unidades dotadas de cozinha. O dono indica os melhores lugares para pesca.

SINGER ISLAND: Hilton Singer Island Resort $$$
Resort   Mapa rodoviário F3
3700 N Ocean Dr, 33404
Tel *(561) 848-3888*
w hilton.com
Esse resort elegante tem quartos confortáveis com vista para o mar.

SOUTH HUTCHINSON ISLAND: Dockside Harborlight Inn $$
Inn   Mapa rodoviário F3
1160 Seaway Dr, 34949
Tel *(772) 468-3555*
w docksideinn.com
Quartos com tema náutico e vistas da sacada em local simpático.

VERO BEACH: The Driftwood Resort $$
Resort   Mapa rodoviário F3
3150 Ocean Dr, 32963
Tel *(772) 231-0550*
w thedriftwood.com
As nove cabanas rústicas e charmosas do Driftwood têm sacada e instalações modernas.

VERO BEACH: Islander Inn $$
Motel   Mapa rodoviário F3
3101 Ocean Dr, 32963
Tel *(772) 231-4431*
w islanderinnverobeach.com
Ventiladores de teto, móveis de vime, pátio e piscina evocam os velhos tempos da Flórida.

VERO BEACH: Disney's Vero Beach Resort $$$
Resort   Mapa rodoviário F3
9250 Island Grove Terraço, 32963
Tel *(772) 234-2000*
w disneybeachresorts.com
Resort com quitinetes e *villas*, piscina em forma de Mickey, minigolfe e atividades para crianças.

WEST PALM BEACH: Hotel Biba $$
Hotel-butique   Mapa rod. F4
320 Belvedere Rd, 33407
Tel *(561) 832-0094*
w hotelbiba.com
Um camping dos anos 1940 reformado com bom gosto. Os quartos são alegres e confortáveis.

Orlando e a Costa Espacial

CELEBRATION: Bohemian Hotel $$
Inn   Mapa rodoviário E3
700 Bloom St, 34747
Tel *(407) 566-6000*
w celebrationhotel.com
Pousada elegante à beira de um lago, isolada das multidões da Disney.

COCOA BEACH: Doubletree Hotel $$
Moderno   Mapa rodoviário F3
2080 Atlantic Ave, 32931
Tel *(321) 783-9222*
w cocoabeachdoubletree.com
Hotel praiano confortável, com quartos bons e cookies frescos de boas-vindas.

Mais informações sobre hotéis *na p. 313*

INDICAÇÕES AO TURISTA

COCOA BEACH:
The Inn at Cocoa Beach $$
Inn Mapa rodoviário F3
4300 Ocean Blvd, 32931
Tel *(321) 799-3460*
🌐 theinnatcocoabeach.com
Junto à praia, tem cada quarto decorado em um estilo diferente. Ótimas noites de queijo e vinho.

KISSIMMEE: Quality Inn & Suites $
Motel Mapa rodoviário E3
2945 Entry Point Blvd, 34747
Tel *(407) 390-1254*
🌐 qualityinn.com
Opção barata perto dos parques da Disney. Quartos limpos, café da manhã grátis e lavanderia.

KISSIMMEE: Gaylord Palms Resort $$$
Resort Mapa rodoviário E3
6000 W Osceola Pkwy, 34747
Tel *(407) 586-0000*
🌐 gaylordpalms.com
Resort de luxo com centro de convenções e parque aquático. Os quartos são bem decorados.

NEW SMYRNA BEACH:
Riverview Hotel $
Histórico Mapa rodoviário E2
103 Flager Ave, 32169
Tel *(386) 428-5858*
🌐 riverviewhotel.com
Diante do rio Indian, esse charmoso hotel vitoriano dispõe de quartos confortáveis, piscina e spa.

ORLANDO: Grand Bohemian $$$
Luxuoso Mapa rodoviário E3
325 S Orange Ave, 32801
Tel *(407) 313-9000*
🌐 grandbohemianhotel.com
Ótima escolha na área central. Tem quartos ótimos, obras de arte, piscina e bar com jazz.

UNIVERSAL ORLANDO®:
Hyatt Place Universal $$
Moderno Mapa rodoviário E3
5895 Caravan Court, 32819
Tel *(407) 351-0627*
🌐 orlandouniversal.place.hyatt.com
O Hyatt fica perto de três parques temáticos, e suas suítes espaçosas apresentam bela decoração e cozinha básica.

Destaque

ORLANDO: Villas of Grand Cypress $$$
Resort Mapa rodoviário E3
1 N Jacaranda, 32836
Tel *(407) 239-4700*
🌐 grandcypress.com
Belo paisagismo envolve esse complexo que abriga *villas* com cozinha, pátio e banheiro inspirado nas termas romanas. Há campos de golfe, quadras de tênis, paredão de escalada, piscinas com toboãs e traslado grátis para os parques temáticos.

UNIVERSAL ORLANDO®:
Hard Rock Hotel $$$
Luxuoso Mapa rodoviário E3
5800 Universal Blvd, 32819
Tel *(407) 503-2000*
🌐 hardrockhotelorlando.com
Como o nome indica, o tema desse hotel é rock and roll. Há quartos amplos e um spa.

Destaque

UNIVERSAL ORLANDO®:
Loews Portofino Bay Hotel $$$
Luxuoso Mapa rodoviário E3
5601 Universal Blvd, 32819
Tel *(407) 503-1000*
🌐 loewshotels.com
Inspirado em uma *villa* italiana, esse complexo extravagante apresenta canais e uma praça festiva, além de quartos e suítes amplos, três piscinas e spa. Aproveite os benefícios exclusivos para o Universal Orlando®: acesse o parque antes do horário de abertura e pegue filas menores.

WALT DISNEY WORLD®:
Disney's All Star Resorts $$
Hotel Mapa rodoviário E3
World Dr & Osceola Pkwy, Lake Buena Vista, 32830
Tel *(407) 934-7639*
🌐 disneyworld.com
A opção de hospedagem mais barata dentro do parque. Há quartos pequenos em três torres temáticas e diversas atividades.

WALT DISNEY WORLD®:
Animal Kingdom Lodge $$$
Luxuoso Mapa rodoviário E3
2901 Osceola Pkwy, Lake Buena Vista, 32830
Tel *(407) 938-3000*
🌐 disneyworld.com
Muito luxo, decoração em estilo africano e janelões com vista para zebras e girafas.

WALT DISNEY WORLD®: Disney's
Caribbean Beach Resort $$$
Resort Mapa rodoviário E3
900 Cayman Way, Lake Buena Vista, 32830
Tel *(407) 934-3400*
🌐 disneyworld.com
Cinco "vilas" ao redor de um grande lago, com barcos de piratas e minigolfe. Uma opção fantástica.

WALT DISNEY WORLD®: Disney's
Coronado Springs Resort $$$
Resort Mapa rodoviário E3
1000 W Buena Vista Dr, 32830
Tel *(407) 939-1000*
🌐 disneyworld.com
Resort de luxo com piscina em forma de pirâmide maia e fogueiras à noite. Minigolfe e academia.

WALT DISNEY WORLD®: Disney's
Port Orleans Resort $$$
Resort Mapa rodoviário E3
2201 Orleans Dr, Lake Buena Vista, 32830
Tel *(407) 934-5000*
🌐 disneyworld.com
Com sacadas de ferro batido, carruagens a cavalo e uma laguna, esse resort fantástico evoca Nova Orleans.

Nordeste

Destaque

AMELIA ISLAND: Omni
Amelia Island Plantation $$$
Resort Mapa rodoviário E1
6800 First Coast Hwy, 32035
Tel *(904) 261-6161*
🌐 omnihotels.com
Esse resort ocupa 5km² e oferece tudo o que se pode imaginar para férias animadas: praia, piscinas cobertas e ao ar livre, campos de golfe, centro de tênis e trilhas na natureza. Os quartos são muito confortáveis.

DAYTONA BEACH:
Shoreline All Suites Inn $$
B&B/Inn Mapa rodoviário E2
2435 S Atlantic Ave, 32118
Tel *(386) 252-1692*
🌐 daytonashoreline.com
Defronte à praia, essas suítes

Terraço suntuoso e piscina de grandes dimensões no Grand Bohemian, Orlando

Categorias de Preço *na p. 314*

ONDE FICAR | 319

simples de motel dispõem de cozinha própria. O café da manhã está incluso na diária.

DAYTONA BEACH:
The Villa Inn $$
B&B Mapa rodoviário E2
801 N Peninsula Dr, 32118
Tel *(386) 248-2020*
w thevillabb.com
Mansão em estilo espanhol com móveis europeus elegantes, antiguidades e jardim murado. Só aceita maiores de 16 anos.

DAYTONA BEACH:
Hilton Daytona Beach $$$
Luxuoso Mapa rodoviário E2
100 N Atlantic Ave, 32118
Tel *(386) 254-8200*
w daytonahilton.com
Prédio com belos quartos e lindas vistas do mar. Há também piscina e atividades para crianças.

DAYTONA BEACH:
The Plaza Resort & Spa $$$
Histórico Mapa rodoviário E2
600 N Atlantic Ave, 32118
Tel *(386) 255-4471*
w plazaresortandspa.com
Hotel reformado diante da praia. Os quartos, em estilo tradicional, têm cozinha básica.

DAYTONA BEACH:
The Shores Resort & Spa $$$
Resort Mapa rodoviário E2
2637 S Atlantic Ave, 32118
Tel *(386) 767-7350*
w shoresresort.com
Resort cujos quartos têm vista para o Atlântico e a Intracoastal. Traslado grátis para as atrações.

FERNANDINA BEACH:
Hampton Inn & Suites $$
Motel Mapa rodoviário E1
19 S 2nd St, 32034
Tel *(904) 491-4911*
w hamptoninn3.hilton.com
Quartos e suítes amplos e elegantes. Animais de estimação são bem-vindos, e o café da manhã está incluso na diária.

Destaque
FERNANDINA BEACH:
Elizabeth Pointe Lodge $$$
B&B Mapa rodoviário E1
98 S Fletcher Ave, 32034
Tel *(904) 277-4851*
w elizabethpintelodge.com
O Elizabeth Pointe é um premiado casarão praiano no estilo de Nantucket, com varanda ampla e janelões voltados para o oceano. Oferece quartos decorados com elegância, café da manhã excelente e, à noite, vinho e aperitivos.

Decoração à espanhola no Casa Monica Hotel, em St. Augustine

JACKSONVILLE: Hyatt
Regency Riverfront $$
Moderno Mapa rodoviário E1
225 E Coastline Dr, 32202
Tel *(904) 588-1234*
w jacksonville.hyatt.com
Prédio moderno na Riverwalk, com quartos confortáveis, piscina na cobertura e spa.

JACKSONVILLE: The House
on Cherry Street $$
B&B Mapa rodoviário E1
1844 Cherry St, 32205
Tel *(904) 384-1999*
w geocities.com/houseoncherrystreet
Esse B&B colonial junto ao rio St. Johns tem antiguidades, camas com dossel e vistas das varandas.

NEPTUNE BEACH: Seahorse
Oceanfront Inn $$
Motel Mapa rodoviário E1
120 Atlantic Blvd, 32266
Tel *(904) 246-2175*
w jacksonvilleoceanfronthotel.com
Motel antigo com pátios e sacadas voltadas para o mar. Café da manhã de cortesia.

PONTE VEDRA BEACH:
Ponte Vedra Inn $$$
Resort Mapa rodoviário E1
200 Ponte Vedra Blvd, 32082
Tel *(904) 285-1111*
w pontevedra.com
Um marco desde 1928, esse resort em estilo espanhol tem quartos e suítes bonitos, e um campo de golfe.

ST. AUGUSTINE: Best Western
Bayfront Inn $$
Inn Mapa rodoviário E1
16 Avenida Menedez, 32087
Tel *(904) 824-4482*
w bestwesternbayfrontstaugustine.com
Além dos quartos confortáveis e modernos, há uma piscina voltada para a baía de Matanzas.

ST. AUGUSTINE:
Casa de Solana $$
Inn Mapa rodoviário E1
24 Aviles St, 32094
Tel *(904) 824-3316*
w casadesolana.com
Quartos aconchegantes em estilo colonial britânico, lareiras e café da manhã delicioso.

ST. AUGUSTINE:
The Pirate House Inn $$
B&B Mapa rodoviário E1
32 Treasury St, 32084
Tel *(904) 808-1999*
w piratehaus.com
Esse B&B tem quartos duplos ou para famílias e dormitórios. Panqueca à vontade de manhã.

ST. AUGUSTINE:
Victorian House $$
Histórico Mapa rodoviário E1
11 Cadiz St, 32084
Tel *(904) 824-5214*
w victorianhousebnb.com
Esse charmoso hotel vitoriano data de 1897. Apresenta decoração eclética e oferece café da manhã farto.

Destaque
ST. AUGUSTINE:
Casa Monica Hotel $$$
Histórico Mapa rodoviário E1
95 Cordova St, 32084
Tel *(904) 827-1888*
w casamonica.com
Antigo charme espanhol distingue essa casa de 1888 restaurada. Há afrescos no saguão e, no lounge Cobalt, som de violão. Os quartos têm ambiente agradável e instalações modernas, e o deque da piscina é bom para relaxar. Uma ótima experiência.

Panhandle

APALACHICOLA:
Coombs House Inn $$$
Inn Mapa rodoviário B1
80 6th St, 32320
Tel *(850) 653-9199*
w coombshouseinn.com
Pousada charmosa em três casas vitorianas. Antiguidades e camas com dossel nos quartos.

APALACHICOLA: Gibson Inn $$$
Inn Mapa rodoviário B1
51 Ave C, 32320
Tel *(850) 653-2191*
w gibsoninn.com
Construída em 1907, essa pousada estupenda é um marco local. Apresenta varandas amplas, ambiente com móveis de época e café da manhã grátis.

Mais informações sobre hotéis *na p. 313*

A piscina espetacular e a sede magnífica do Watercolor Inn, em Santa Rosa Beach

DESTIN: Summer Place Inn $$
Inn   Mapa rodoviário A1
14047 Emerald Coast Pkwy, 32541
Tel *(850) 650-8003*
w summerplaceinn.com
Há quartos bons com instalações modernas, várias piscinas e café da manhã grátis.

DESTIN: Sandestin Resort $$$
Resort   Mapa rodoviário A1
9300 Emerald Coast Pkwy, 32541
Tel *(850) 267-1816*
w sandestin.cm
Hospedagem em cabanas ou em quartos de luxo. Golfe, tênis, piscinas, praia e tirolesa.

FORT WALTON BEACH:
Aunt Martha's B&B $$
B&B   Mapa rodoviário A1
315 Shell Ave, 32548
Tel *(850) 243-6702*
w auntmartasbedandbreakfast
Parece uma casa de praia antiga. Quartos charmosos com vistas e farto café da manhã sulista.

FORT WALTON BEACH:
Ramada Plaza Beach Resort $$
Moderno   Mapa rodoviário A1
1500 E Miracle Strip Pkwy, 32548
Tel *(850) 243-9161*
w ramadafwb.com
Quartos confortáveis e bem equipados, além de praia, cachoeira, piscina com gruta e playground.

FORT WALTON BEACH:
Holiday Inn Sunspree $$$
Luxuoso   Mapa rodoviário A1
573 Santa Rosa Blvd, 32548
Tel *(800) 238-8686*
w hifwb.com
O prédio tem suítes para famílias, equipadas com cozinha. Piscina com cascata e atividades infantis.

FORT WALTON BEACH:
Islander Beach Resort $$$
Luxuoso   Mapa rodoviário A1
790 Santa Rosa Blvd, 32548
Tel *(850) 244-4237*
w emeraldcoastrentals.com
Confortáveis *condos*, quitinetes e apartamentos de três quartos com cozinha, sacada e piscina.

GRAYTON BEACH:
Grayton Beach State Park $$
Lodge   Mapa rodoviário B1
357 Main Park Rd, 32459
Tel *(900) 326-3521*
w floridastateparks.com
Conecte-se à natureza em uma cabana perto da ampla praia do parque. Não há telefone nem TV. Estada mínima de dois dias.

PANAMA CITY BEACH:
Beachcomber by the Sea $$
Moderno   Mapa rodoviário B1
17101 Front Beach Rd, 32413
Tel *(850) 233-3600*
w beachcomberbythesea.com
Hotel de sete andares na praia. Quartos com cozinha e café da manhã padrão.

PANAMA CITY BEACH:
Flamingo Motel $$
Motel   Mapa rodoviário B1
15525 Front Beach Rd, 34213
Tel *(850) 324-2232*
w flamingomotel.com
Motel diante da praia. Quartos básicos, porém confortáveis, com cozinha. Uma boa opção.

PANAMA CITY BEACH:
Sunset Inn $$
Inn   Mapa rodoviário B1
8109 Surf Dr, 32408
Tel *(850) 234-7370*
w sunsetinnfl.com
O Sunset Inn tem suítes e unidades autônomas confortáveis, além de um fabuloso deque.

PANAMA CITY BEACH:
Wyndham Bay Point Resort $$
Resort   Mapa rodoviário B1
4114 Jan Cooley Dr, 32408
Tel *(850) 236-6000*
w wyndham.com
Resort com campos de golfe, piscinas e traslado para a praia.

PENSACOLA: Lee House $$$
B&B   Mapa rodoviário A1
400 Bayfront Pkwy, 32502
Tel *(850) 912-8770*
w leehousepensacola.com
B&B moderno com lindas vistas da baía e da Seville Square.

PENSACOLA BEACH:
Portofino Island Resort $$$
Resort   Mapa rodoviário A1
10 Portofino Dr, 32561
Tel *(877) 484-3405*
w portofinoisland.com
Apartamentos em cinco *condos* em estilo mediterrâneo, com spa, piscinas, golfe e várias atividades.

Destaque

SANTA ROSA BEACH:
Watercolor Inn $$$
Inn   Mapa rodoviário B1
34 Goldenrod Circle, 32459
Tel *(850) 534-5000*
w watercolorresort.com
A Watercolor é um casarão praiano luxuoso, porém descontraído. Os quartos, amplos, têm cama king size, banheiro moderno e sacada. Uso grátis de bicicletas, canoas e caiaques.

TALLAHASSEE:
Governors Inn $$$
Histórico   Mapa rodoviário C1
209 S Adams St, 32301
Tel *(850) 681-6855*
w thegovinn.com
Opção central conveniente e acolhedora, cujos quartos têm nomes de antigos governadores. Café da manhã padrão incluso.

Costa do Golfo

CAPTIVA ISLAND:
Captiva Island Inn $$$
Inn   Mapa rodoviário E4
11508 Andy Rosse Ln, 33924
Tel *(239) 395-0882*
w captivaislandinn.com
Belo complexo de casas equipadas com cozinha perto da praia. Café da manhã de cortesia em restaurantes nos arredores.

CAPTIVA ISLAND:
South Seas Resort $$$
Resort   Mapa rodoviário E4
5400 Plantation Rd, 33924
Tel *(239) 472-5111*
w southseas.com
Esse amplo resort oferece golfe, tênis, uma praia privada de 4km e quartos luxuosos com todas as comodidades.

CAPTIVA ISLAND:
Tween Waters Inn $$$
Resort   Mapa rodoviário E4
15951 Captiva Rd, 33924
Tel *(239) 472-5161*
w tween-waters.com
Quartos e casas espalhados por uma enorme área privada entre o golfo e a Bay Beach. Spa, tênis e golfe. Café da manhã padrão.

Categorias de Preço *na p. 314*

ONDE FICAR | 321

CLEARWATER:
Amber Tides Motel $
Motel Mapa rodoviário D3
420 Hamden Dr, 33767
Tel *(727) 445-1145*
W ambertides-motel.com
Motel antigo perto da praia. Os quartos, básicos e limpos, têm micro-ondas e frigobar.

CLEARWATER BEACH:
Clearwater Beach Marriott $$$
Luxuoso Mapa rodoviário D3
1201 Gulf Blvd, 33767
Tel *(727) 596-1100*
W marriott.com
Hotel agradável na bela Sand Key. Todas as suítes possuem cozinha e sacada.

CLEARWATER BEACH: Hyatt Regency Clearwater $$$
Luxuoso Mapa rodoviário D3
301 S Gulfview Blvd, 33767
Tel *(727) 373-1234*
W clearwaterbeach.hyatt.com
Nesse hotel diante da praia, as suítes extravagantes têm sacada e cozinha. Acampamento infantil.

FORT MYERS BEACH:
Palm Terrace Aparments $$
Moderno Mapa rodoviário E4
3333 Estero Blvd, 33931
Tel *(239) 765-5783*
W palm-terrace.com
Apartamentos autônomos simples ao redor de uma piscina atraente. A maioria das suítes tem sacada.

FORT MYERS BEACH:
Diamond Head Resort $$$
Luxuoso Mapa rodoviário E4
2000 Estero Blvd, 33931
Tel *(239) 765-7654*
W diamondheadfl.com
Suítes à beira da praia, com sacadas fechadas. Há piscina, hidromassagem ao ar livre e spa.

Villa ampla com vistas para a praia no Pink Shell Beach Resort, Fort Myers Beach

Destaque
FORT MYERS BEACH:
Edison Beach House $$$
Inn Mapa rodoviário E4
830 Estero Blvd, 33931
Tel *(239) 463-1530*
W edisonbeachhouse.com
Esse hotel na praia tem estrutura e conforto imbatíveis. As suítes, para duas a seis pessoas, trazem móveis de vime, ventiladores de teto, sacada, cozinha e lavanderia. Há uma piscina aquecida e diversões para crianças, como uma casa de brinquedo.

FORT MYERS BEACH:
Outrigger Beach Resort $$$
Luxuoso Mapa rodoviário E4
6200 Estero Blvd, 33931
Tel *(239) 463-3131*
W outriggerfmb.com
Escolha entre suítes autônomas e quartos em estilo de motel, alguns com vista da praia. Piscina grande.

FORT MYERS BEACH:
Pink Shell Beach Resort $$$
Luxuoso Mapa rodoviário E4
275 Estero Blvd, 33931
Tel *(239) 463-6181*
W pinkshell.com
Esse hotel amplo em uma praia de areia branca tem quitinetes e *villas* com cozinha.

LONGBOAT KEY: The Resort at Longboat Key Club $$$
Resort Mapa rodoviário D3
220 Sands Point Rd, 34228
Tel *(941) 383-8821*
W longboatkeyclub.com
Oferece acomodações autônomas e espaçosas, golfe e tênis.

PALM HARBOR:
Innisbrook Golf Resort $$
Resort Mapa rodoviário D3
36057 US Hwy 19N, 34684
Tel *(727) 942-2000*
W innisbrookgolfresort.com
Esse resort se distingue pelos quatro campos de golfe profissionais. Quartos de luxo e clube para crianças.

SAFETY HARBOR:
Safety Harbor Resort & Spa $$
Resort Mapa rodoviário D3
105 N Bayshore Dr, 34695
Tel *(727) 726-1161*
W safetyharborspa.com
Na baía, o resort oferece vários pacotes de fitness e spa, além de quartos bonitos.

SANIBEL ISLAND: Casa Ybel $$$
Resort Mapa rodoviário E4
2255 W Gulf Dr, 33957
Tel *(239) 472-3145*
W casaybelresort.com

Condomínio sofisticado diante da praia. Nas suítes, há sacada com vista e cozinha bem equipada. Várias atividades para crianças.

SANIBEL ISLAND: Island Inn $$$
Inn Mapa rodoviário E4
3111 W Gulf Dr, 33957
Tel *(239) 472-1561*
W islandinnsanibel.com
Casas antigas e alojamentos modernos em um terreno vasto perto da praia. Tênis, jogos no gramado e café da manhã padrão.

SANIBEL ISLAND:
Sanibel Inn $$$
Inn Mapa rodoviário E4
937 E Gulf Dr, 33957
Tel *(239) 472-3181*
W sanibelinn.com
Quartos e *condos* amplos e bem equipados, além de tênis, ciclismo e uma praia ótima.

SANIBEL ISLAND:
Seaside Inn $$$
Inn Mapa rodoviário E4
541 E Gulf Dr, 33957
Tel *(239) 472-1400*
W sanibelinn.com
Pousada praiana dos anos 1960 que dá acesso ao clube de golfe e tênis Dune. Café da manhã incluso.

SANIBEL ISLAND:
Sundial Resort $$$
Resort Mapa rodoviário E4
1451 Middle Gulf Dr, 33957
Tel *(239) 395-6031*
W sundialresort.com
Apartamentos de um a três quartos na praia, piscinas, spa e acesso a clube de tênis e golfe.

SANIBEL ISLAND:
Tarpon Tale Inn $$$
Inn Mapa rodoviário E4
367 Periwinkle Way, 33957
Tel *(239) 472-0939*
W tarpontale.com
A cordial Tarpon Tale tem quitinetes e boas casas com cozinha e decoração única em meio a jardins.

SARASOTA: Holiday Inn Sarasota Airport $$
Motel Mapa rodoviário D3
8009 15th St E, 34243
Tel *(941) 355-9000*
W holidayinn.com
Motel moderno de seis andares com quartos excelentes e piscina coberta. Fica perto da cidade.

SARASOTA:
La Quinta Inn & Suites $$
Moderno Mapa rodoviário D3
1803 N Tamiami Trail, 34234
Tel *(941) 366-5128*
W lq.com
Hotel econômico bem decorado e equipado. Café da manhã grátis.

Mais informações sobre hotéis *na p. 313*

SARASOTA:
Captiva Beach Resort $$$
Resort   Mapa rodoviário D3
6772 Sara Sea Circle, Siesta Key, 34242
Tel *(941) 349-4131*
🅦 captivabeachresort.com
Perto da praia de Sonesta Key, esse resort tem unidades limpas e modernas com cozinha.

SARASOTA:
Helmsley Sandcastle Hotel $$$
Luxuoso   Mapa rodoviário D3
1540 Ben Franklin Dr, Lido Key, 34236
Tel *(941) 388-2181*
🅦 helmsleyhotels.com
Hotel na Lido Beach, oferece diversão na praia, piscinas e refeições ao ar livre. Alguns quartos têm sacada com vista.

SARASOTA: The Cypress $$$
B&B   Mapa rodoviário D3
621 Gulfstream Ave, 34236
Tel *(941) 955-4683*
🅦 cypressbb.com
Ótimo B&B em meio a mangueiras e palmeiras, com vista para a baía. Os quartos expõem antiguidades e tapetes orientais. Serve café da manhã excelente.

SARASOTA: The Ritz-Carlton $$$
Resort   Mapa rodoviário D3
1111 Ritz-Carlton Dr, 34236
Tel *(941) 309-2000*
🅦 ritzcarlton.com
Relaxe com o luxo típico do Ritz. Desfrute spa, tênis, clube de golfe exclusivo e clube praiano.

Destaque
SARASOTA:
Turtle Beach Resort $$$
Resort   Mapa rodoviário D3
9049 Midnight Pass Rd, Siesta Key, 34242
Tel *(941) 349-4554*
🅦 turtlebeachresort.com
Na tranquila ponta sul de Siesta Key, esse complexo à beira da baía guarda o charme da Flórida antiga. As quitinetes têm estilo exclusivo, e as suítes, pátio privado e banheira. Entre as comodidades, há piscina, redes à sombra e caiaques e bicicletas de cortesia.

ST. PETE BEACH: Beach Haven$$
Motel   Mapa rodoviário D3
4980 Gulf Blvd, 33706
Tel *(727) 367-8642*
🅦 beachhavenvillas.com
Diante da praia, esse motel oferece unidades simples a preço acessível. As de um quarto só contam com cozinha.

ST. PETE BEACH:
Loews Don CeSar Hotel $$$
Histórico   Mapa rodoviário D3
3400 Gulf Blvd, 33706
Tel *(727) 360-1881*
🅦 loewshotels.com
Esse hotel palaciano de 1928 na praia foi belamente restaurado. Charme antigo e confortos modernos, como piscina e spa.

ST. PETE BEACH:
Tradewinds Island Grand $$$
Resort   Mapa rodoviário D3
5500 Gulf Blvd, 33706
Tel *(727) 367-6461*
🅦 tradewindsresort.com
Esse luxuoso resort praiano tem cinco piscinas e canais com barcos a remo. Alguns quartos são equipados com cozinha.

ST. PETERSBURG:
Dickens House $$
B&B   Mapa rodoviário D3
335 8th Ave NE, 33701
Tel *(727) 822-8622*
🅦 dickenshouse.com
Linda casa de 1912 em estilo arts and crafts. Alguns dos cinco belos quartos têm hidromassagem. Café da manhã gourmet fantástico.

ST. PETERSBURG: Hotel Indigo$$
Moderno   Mapa rodoviário D3
234 3rd Ave NE, 33706
Tel *(727) 822-4814*
🅦 hotelindigo.com
Hotel confortável com quartos modernos. Há academia 24 horas, piscina e hidromassagem.

Destaque
ST. PETERSBURG:
Renaissance Vinoy Resort $$$
Histórico   Mapa rodoviário D3
501 5th Ave NE, 33701
Tel *(727) 894-1000*
🅦 marriott.com
Esse edifício belamente restaurado mantém a imponência do passado, porém oferece comodidades modernas como piscina, tênis, golfe, spa e um restaurante bem conceituado. Nesse local, você revive o auge da Flórida na década de 1920.

ST. PETERSBURG: Watergarden Inn at the Bay $$$
Inn   Mapa rodoviário D3
126 4th Ave NE, 33701
Tel *(727) 822-1700*
🅦 innatthebay.com
Casas antigas restauradas, com camas confortáveis e bufê delicioso de café da manhã.

TAMPA: Baymont Inn & Suites $
Motel   Mapa rodoviário D3
3001 University Dr, 33612
Tel *(813) 971-8930*
🅦 baymontinns.com
Quartos a preço excelente e suítes com cozinha. Traslado grátis para os Busch Gardens, próximos.

TAMPA: Hilton Garden Inn $$
Inn   Mapa rodoviário D3
1700 E 9th Ave, 33602
Tel *(813) 769-9267*
🅦 hiltongardeninn.com
O Hilton oferece quartos e suítes bem decorados, piscina, spa, academia e atividades para crianças.

TAMPA: Embassy Suites Westshore $$$
Luxuoso   Mapa rodoviário D3
555 N Westshore Blvd, 33609
Tel *(813) 875-1555*
🅦 embassysuites.com
Boa opção para famílias, as suítes do Embassy compõem-se de dois quartos e cozinha. Café da manhã incluso.

TAMPA: Marriott Waterside $$$
Luxuoso   Mapa rodoviário D3
700 S Florida Ave, 33602
Tel *(813) 221-4900*
🅦 marriott.com
Quartos confortáveis ocupam os 22 andares desse hotel opulento no centro. Piscina na cobertura e lindas vistas.

TAMPA: Sheraton Riverwalk Hotel $$$
Luxuoso   Mapa rodoviário D3
200 N Ashley Dr, 33602
Tel *(813) 223-2222*
🅦 sheratontampariverwalk.com

Lounge tranquilo ao lado da piscina no Turtle Beach Resort, Sarasota

Categorias de Preço *na p. 314*

ONDE FICAR | 323

Varanda com vista para belos jardins e o oceano no Moorings Village, Islamorada

Hotel central e confortável, com piscina ao ar livre e propício a caminhadas junto ao rio. Bom restaurante com mesas em um pátio.

TAMPA:
Westin Harbour Island $$$
Luxuoso   Mapa rodoviário D3
725 S Harbour Island Blvd, 33602
Tel *(813) 229-5000*
w westintampaharbourisland.com
Quartos modernos em uma ilha privada. Lindas vistas das águas.

VENICE: Inn at the Beach $$$
Luxuoso   Mapa rodoviário D4
725 W Venice Ave, 34285
Tel *(941) 484-8471*
w innatthebeach.com
Unidades confortáveis na praia, com cozinha e café da manhã padrão de cortesia.

Everglades e Keys
EVERGLADES CITY:
Ivey House $$
B&B   Mapa rodoviário E5
107 Camelia St, 34139
Tel *(239) 695-3299*
w iveyhouse.com
Hospede-se em um B&B moderno e confortável ou em um alojamento barato dos anos 1920 com banheiros partilhados. Os anfitriões também são donos da operadora Everglades Adventures.

EVERGLADES CITY:
Rod & Gun Club $$
Inn   Mapa rodoviário E5
Riverside Dr and Broadway, 34139
Tel *(239) 695-2101*
w evergladesrodandgun.com
Pousada esportiva à beira-rio, com piscina luxuosa em uma varanda telada. Café da manhã de cortesia.

FLORIDA CITY: Best Western
Gateway $$
Motel   Mapa rodoviário F5
411 S Krome Ave, 33034
Tel *(305) 246-5100*
w bestwestern.com
Com bom acesso às Keys e aos Everglades, esse motel tem piscina e café da manhã grátis.

FLORIDA CITY: Everglades
International Hostel $$
Albergue   Mapa rodoviário F5
20 SW 2nd Ave, 33034
Tel *(305) 248-1122*
w evergladeshostel.com
Ótimo para mochileiros e viajantes com orçamento apertado. Há dormitórios, quartos para famílias, cozinha comunitária e panqueca no café da manhã.

ISLAMORADA:
Ragged Edge Resort $$
Resort   Mapa rodoviário F5
243 Treasure Harbor Rd, 33036
Tel *(305) 852-5389*
w ragged-edge.com
Esse resort amplo e tranquilo propõe quartos confortáveis e casas. Há uma piscina grande e bicicletas de uso livre.

ISLAMORADA: Casa Morada $$$
Luxuoso   Mapa rodoviário F5
136 Madeira Rd, 33036
Tel *(305) 664-0044*
w casamorada.com
Esse refúgio em estilo caribenho tem suítes (algumas com hidromassagem) e lindas vistas. Café da manhã padrão incluso.

ISLAMORADA: Cheeca
Lodge & Spa $$$
Resort   Mapa rodoviário F5
81801 Overseas Hwy, US 1 at MM 82, 33036
Tel *(305) 664-4651*
w cheeca.com
Os quartos amplos do Cheeca apresentam decoração requintada e banheiros de mármore. Snorkel, trilhas e acampamento infantil.

ISLAMORADA: Postcard Inn
at Holiday Isle $$$
Inn   Mapa rodoviário F5
84001 Overseas Hwy, US1 at MM 84, 33036
Tel *(305) 664-2321*
w holidayisle.com
Com ambiente animado e o lendário bar Tiki, a Postcard Inn é sempre uma opção confiável. Alguns quartos com vista, praia, piscina e esportes aquáticos.

Destaque
ISLAMORADA:
The Moorings Village $$$
Luxuoso   Mapa rodoviário F5
123 Beach Rd, 33036
Tel *(305) 664-4708*
w themooringsvillage.com
Dezoito casas bem mobiliadas, com varanda e sacada, espalham-se por uma área ampla que abriga uma das melhores praias na região. O excelente spa oferece aulas de ioga e massagens ao ar livre. Há também piscina, quadra de tênis e redes sob as palmeiras.

KEY LARGO:
Jules' Undersea Lodge $$$
Luxuoso   Mapa rodoviário F5
51 Shoreland Dr, 33037
Tel *(305) 451-2353*
w jul.com
Hotel subaquático para os entusiastas de mergulho; pelas janelas, veem-se peixes. As tarifas incluem café da manhã e jantar.

Destaque
KEY LARGO: Kona Kai
Resort & Gallery $$$
Resort   Mapa rodoviário F5
97802 Overseas Hwy, 33037
Tel *(305) 852-7200*
w konakairesort.com
O resort Kona Kai abriga casas com suítes de tema tropical em um jardim botânico com mais de 250 plantas raras. Há passeios no jardim, jogos na praia, caiaques, barcos a remo, piscina e hidromassagem, além de uma excelente galeria de arte. Esse retiro é exclusivo para adultos.

KEY LARGO:
Ocean Pointe Suites $$$
Luxuoso   Mapa rodoviário F5
500 Burton Dr, Tavernier, 33070
Tel *(305) 853-3000*
w providentresorts.com
Suítes confortáveis distribuídas por uma área extensa com marina e praia privativas.

KEY WEST: Key West Hostel &
Seashell Motel $
Motel   Mapa rodoviário E5
718 South St, 33040
Tel *(305) 296-5719*
w keywesthostel.com
Esse motel acomoda quartos básicos com banheiro e dormitórios, assim como lavanderia e cozinha comunitária.

Mais informações sobre hotéis *na p. 313*

Suíte bem decorada do Marquesa Hotel, em Key West

KEY WEST:
Angelina Guest House $$
Inn Mapa rodoviário E5
302 Angela St, 33040
Tel *(305) 294-4480*
🌐 angelinaguesthouse.com
Antes um bordel, essa pousada é muito conhecida. Café da manhã padrão. Não recebe crianças.

KEY WEST: Southernmost
Point Guest House $$
Inn Mapa rodoviário E5
1327 Duval St, 33040
Tel *(305) 294-0715*
🌐 southernmostpoint.com
Bela pousada vitoriana em rua tranquila. Tem varandas, piscina, hidromassagem e redes à sombra.

KEY WEST:
Ambrosia Key West $$$
Hotel Mapa rodoviário E5
622 Fleming St, 33040
Tel *(305) 296-9838*
🌐 ambrosiakeywest.com
Em vasto jardim, o Ambrosia exibe quartos e suítes temáticos, três piscinas e ótimo café da manhã.

KEY WEST:
Curry Mansion Inn $$$
Histórico Mapa rodoviário E5
511 Caroline St, 33040
Tel *(305) 294-5349*
🌐 currymansion.com
Mansão vitoriana com varandas amplas, móveis de vime e antiguidades. Café da manhã fantástico e coquetel à noite.

KEY WEST: Doubletree by Hilton
Hotel Grand Key Resort $$$
Luxuoso Mapa rodoviário E5
3990 Roosevelt Blvd, 33040
Tel *(305) 293-1818*
🌐 doubletreekeywest.com
Quartos confortáveis e piscina com cascata. Recebe animais de estimação e oferece traslado grátis.

Categorias de Preço *na p. 314*

KEY WEST: Duval House $$$
B&B Mapa rodoviário E5
815 Duval St, 33040
Tel *(305) 924-1666*
🌐 theduvalhouse.com
Complexo de casas em torno de um pátio com piscina e jardins. Café da manhã padrão.

KEY WEST:
Island City House Hotel $$$
Histórico Mapa rodoviário E5
411 William St, 33040
Tel *(305) 294-5702*
🌐 islandcityhouse.com
Em três edifícios históricos que partilham um pátio e uma piscina, as suítes têm decoração à moda antiga e cozinha.

KEY WEST: La Pensione $$$
Histórico Mapa rodoviário E5
809 Truman Ave, 33040
Tel *(305) 292-9923*
🌐 lapensione.com
Hotel vitoriano datado de 1891, no centro histórico. Os quartos ostentam cama king size e sacada. Café da manhã padrão.

Destaque
KEY WEST:
Marquesa Hotel $$$
Histórico Mapa rodoviário E5
600 Fleming St, 33040
Tel *(305) 292-1919*
🌐 marquesa.com
Três casas dos anos 1880 belamente restauradas e uma unidade moderna formam um oásis do qual se vai a pé ao centro da cidade. Belos quartos com ventilador de teto. O café interno Marquesa é excelente.

KEY WEST: Ocean Key Resort $$$
Luxuoso Mapa rodoviário E5
Zero Duval St, 33040
Tel *(305) 296-7701*
🌐 oceankey.com
Perto da movimentada Mallory Square, o Ocean Key tem quartos amplos com sacada e uma piscina fantástica.

KEY WEST: Reach Resort $$$
Resort Mapa rodoviário E5
1435 Simonton St, 33040
Tel *(305) 296-5000*
🌐 reachresort.com
Belos quartos com sacada em uma área calma. Spa e acesso à única praia da cidade.

KEY WEST:
Sunset Key Cottages $$$
Luxuoso Mapa rodoviário E5
245 Front St, 33040
Tel *(305) 292-5300*
🌐 westinsunsetkeycottages.com
Instalada em uma ilha privada, essa suntuosa colônia oferece casas com cozinha e traslado grátis à cidade.

Destaque
KEY WEST:
The Gardens Hotel $$$
Luxuoso Mapa rodoviário E5
526 Angela St, 33040
Tel *(305) 294-2661*
🌐 gardenshotel.com
Em uma propriedade isolada dentro de um jardim botânico, esse hotel tem belos quartos com decoração descontraída, banheiro de mármore e hidromassagem. Café da manhã padrão servido na varanda diante dos jardins. Só aceita maiores de 16 anos.

KEY WEST: The Grand $$$
B&B Mapa rodoviário E5
1116 Grinnell St, 33040
Tel *(305) 294-0590*
🌐 thegrandguesthouse.com
B&B cordial que oferece quartos confortáveis e suítes autônomas. Café da manhã grátis, mas substancioso.

KEY WEST:
Weatherstation Inn $$$
Inn Mapa rodoviário E5
57 Front St, 33040
Tel *(305) 294-7277*
🌐 weatherstationinn.com
Essa ex-estação meteorológica tem quartos bonitos que recebem o café da manhã na porta. Só aceita maiores de 15 anos.

KEY WEST: Westwinds Inn $$$
Histórico Mapa rodoviário E5
914 Eaton St, 33040
Tel *(305) 296-4440*
🌐 westwindskeywest.com
Nessa casa de madeira do século XX há quartos com instalações modernas, piscina, biblioteca e café da manhã padrão.

LITTLE TORCH KEY:
Little Palm Island $$$
Luxuoso Mapa rodoviário E5
28500 Overseas Hwy, US 1 em MM 28.5, 33042
Tel *(305) 515-4004*
🌐 littlepalmisland.com
Ilha privada paradisíaca, a Little Palm oferece todo o conforto em suas *villas* com telhado de sapé. Só aceita maiores de 16 anos.

LITTLE TORCH KEY:
Parmer's Resort $$$
Hotel Mapa rodoviário E5
565 Barry Ave, 33043
Tel *(305) 872-2157*
🌐 parmersresort.com
Resort com quartos elegantes,

alguns com cozinha; o Lagoon Cottage oferece mais privacidade. Minigolfe, quadra de bocha e café da manhã.

LONG KEY:
Lime Tree Bay Motel $$
Motel   Mapa rodoviário F5
68500 Overseas Hwy, US 1 em MM 68.5, 33001
Tel *(305) 664-4740*
limetreebayresort.com
Esse motel calmo na baía tem quartos agradáveis, piscina, acesso à praia e caiaques.

MARATHON: Banana Bay Resort and Marina $$
Resort   Mapa rodoviário E5
4590 Overseas Hwy, US 1 em MM 49.5, 33050
Tel *(305) 743-3500*
bananabay.com
Bem localizado na baía, o romântico Banana Bay oferece quartos bonitos, piscina, quadra de bocha, tênis e snorkel.

MARATHON:
Conch Key Cottages $$$
Luxuoso   Mapa rodoviário E5
US 1 at MM 62/3, 33050
Tel *(305) 289-1377*
conchkeycottages.com
Ótima opção em uma ilhota privada com praia. Os chalés, confortáveis, são de pinho antigo da Flórida.

MARATHON:
Hawk's Cay Resort $$$
Luxuoso   Mapa rodoviário E5
61 Hawk's Cay Blvd, 33050
Tel *(305) 743-7000*
hawkscay.com
Nade com golfinhos no centro de pesquisa desse resort chique. Os quartos têm decoração típica da ilha. Há um cais para pesca e programação infantil.

MARATHON: Holiday Inn Express & Suites $$$
Moderno   Mapa rodoviário E5
13201 Overseas Hwy, 33050
Tel *(305) 289-0222*
holidayinnkeys.com

Hotel moderno e confortável nas Keys, dispõe de academia, estrutura para negócios e uma piscina agradável. Café da manhã grátis.

MARCO ISLAND:
The Boat House Motel $$
Motel   Mapa rodoviário E5
1180 Edlington Pl, 3414
Tel *(239) 642-2400*
theboathousemotel.com
Motel de uma família próximo ao rio Marco, com quartos limpos, quitinetes, piscina e pescarias.

MARCO ISLAND:
Hilton Marco Beach Resort $$$
Luxuoso   Mapa rodoviário E5
560 s Collier Blvd, 34145
Tel *(239) 394-5000*
hiltonmarcoisland.com
Hotel diante da praia com quartos amplos e bem equipados, spa e quadras de tênis.

MARCO ISLAND:
Marco Beach Ocean Resort $$$
Luxuoso   Mapa rodoviário E5
480 S Collier Blvd, 34145
Tel *(239) 393-1400*
marcoresort.com
Esse prédio luxuoso fica em uma praia de 6,5km. Suítes com sacada, piscina na cobertura e um deque estupendo para tomar sol.

MARCO ISLAND:
Marco Island Marriott $$$
Resort   Mapa rodoviário E5
400 S Collier Blvd, 34145
Tel *(239) 394-2511*
marcoislandmarriott.com
Resort imenso com tudo o que se possa imaginar: uma praia de 5km, dois campos de golfe, quadras de tênis e várias piscinas.

MARCO ISLAND:
Olde Marco Inn & Suites $$$
Histórico   Mapa rodoviário E5
100 Palm St, 34145
Tel *(239) 394-3131*
oldemarcoinn.com
Datado de 1883, esse edifício tem quartos modernos e suítes amplas com cozinha. Belo jardim e excelente restaurante francês.

NAPLES: Sea Shell Motel $
Motel   Mapa rodoviário E4
82 9th St S, 34102
Tel *(239) 262-5129*
Motel simples e econômico com quartos básicos e algumas unidades autônomas.

NAPLES: Lighthouse Inn Motel $$
Motel   Mapa rodoviário E4
9140 Gulf Shore Dr, 34108
Tel *(239) 597-3345*
Antigo, esse motel tem quartos impecáveis e suítes com cozinha pequena. É uma ótima opção.

NAPLES: Staybridge Suites $$
Moderno   Mapa rodoviário E4
4805 N Tamiami Trail, 34103
Tel *(239) 643-8002*
igh.com
Além das suítes com cozinha equipada, o Staybridge tem lavanderia e bufê de café da manhã grátis.

NAPLES: Hotel Escalante $$$
Hotel   Mapa rodoviário E4
290 5th Ave S, 34102
Tel *(239) 659-3466*
hotelescalante.com
Pequeno hotel-butique em uma área isolada perto da praia. Quartos atraentes, jardim e muitos serviços de spa.

NAPLES: Inn on Fifth $$$
Inn   Mapa rodoviário E4
699 Fifth Ave S, 34102
Tel *(239) 403-8777*
innonfifth.com
Quartos elegantes e acesso a um clube de golfe e tênis tornam o Inn on Fifth uma boa opção.

NAPLES: La Playa Resort $$$
Resort   Mapa rodoviário E4
9891 Gulf Shore Dr, 34108
Tel *(239) 597-3123*
laplayaresort.com
Resort com localização privilegiada na praia, quartos enormes e um clube de golfe exclusivo.

NAPLES:
Naples Beach Hotel $$$
Resort   Mapa rodoviário E4
851 Gulf Shore Blvd, 34102
Tel *(239) 261-2222*
naplesbeachhotel.com
Campo de golfe, quadras de tênis, praia e excelente programação infantil distinguem esse resort.

NAPLES:
Waldorf Astoria Naples $$$
Resort   Mapa rodoviário E4
475 Seagate Dr, 34103
Tel *(239) 597-3232*
waldorfastoria.com
Luxuoso, abriga quartos refinados, piscina com tobogãs e instalações esportivas.

Interior elegante de uma suíte no Hawk's Cay Resort, Marathon

Mais informações sobre hotéis *na p. 313*

ONDE COMER E BEBER

Enquanto o consumo de fast-food é maciço em todo o país, o verdadeiro prazer de comer na Flórida se deve à fartura de produtos frescos, incluindo frutas tropicais e frutos do mar, que são bem utilizados em restaurantes do estado. Vistas do mar acrescentam encanto à refeição em muitos estabelecimentos situados no belo litoral. Os restaurantes da Flórida, dos mais refinados que ditam tendências ou seguem as modas culinárias mais recentes a lugares caseiros e tradicionais, satisfazem todos os gostos e bolsos. Em qualquer lugar, é possível encontrar também restaurantes de redes conhecidas.

O famoso restaurante Escopazzo *(p. 330)*, em Miami Beach

Tipos de Restaurante

Os restaurantes mais sofisticados da Flórida tendem a ter menu em estilo europeu (sobretudo francês), embora procurem usar produtos locais. Chama-se de New American a culinária que produz versões criativas de pratos mais tradicionais, com combinações e molhos inusitados. Alguns chefs inovadores combinam os melhores produtos da Flórida com sabores caribenhos, dando origem a uma cozinha conhecida como New Florida ou floribenha. É frequente os menus mudarem diariamente ou semanalmente para que se aproveitem os ingredientes mais frescos.

Há boa gastronomia em todo o estado, porém Miami e as cidades da Costa do Ouro e do litoral do golfo concentram restaurantes famosos, com alguns dos chefs mais célebres do país. Outros polos de alta cozinha são o Walt Disney World® e o Universal®, em Orlando.

A Flórida tem uma grande quantidade de restaurantes e cafés de inspiração caribenha e sul-americana. Há também uma ênfase notória em comida cubana, especialmente em Miami e Tampa, onde há grandes comunidades desse povo. Pratos sulistas, a exemplo de camarão, canjica e peixe à moda de Nova Orleans, também são muito apreciados.

Restaurantes de todo tipo servem frutos do mar, e em áreas costeiras sempre há peixes frescos deliciosos. Uma modalidade frequente é o raw bar, um balcão com ostras ou moluscos crus e camarão ao vapor.

Vegetarianos não precisam se preocupar, pois quase todos os restaurantes na Flórida têm pratos especiais para eles no menu. Cafés e bares, com drinques e refeições mais informais, estão citados nas pp. 348-9.

Horários

Em geral, serve-se o café da manhã das 7h às 11h. O brunch de domingo é uma tradição enraizada e disponível entre 10h e 14h. Alguns estabelecimentos oferecem bufês maravilhosos de brunch.

O almoço geralmente ocorre das 11h30 às 14h30, e o costume é jantar entre 18h e 21h. Muitos lugares funcionam até mais tarde nas noites de sexta e sábado. O jantar *early-bird special*, geralmente oferecido antes das 18h, tem preços baixos. Como os horários de funcionamento podem mudar, informe-se antes de sair.

Reservas

Para evitar decepções, é sempre melhor reservar uma mesa, sobretudo nos fins de semana ou em restaurantes finos ou muito conhecidos. Alguns lugares, como o Joe's Stone Crab em Miami Beach *(p. 330)*, não aceitam reserva, e os clientes fazem fila à espera de uma mesa. Nesses casos, chegue cedo ou bem tarde para escapar da fila. Faça reserva na alta temporada.

Etiqueta e Gorjeta

Comer fora na Flórida é uma ocasião informal. Poucos restaurantes exigem paletó ou gravata, e os que o fazem emprestam esses itens para os clientes. A regra é traje "casual, porém alinhado". É proibido fumar em todos os restaurantes

Decoração em estilo espanhol do Columbia Restaurant *(p. 345)*, em Tampa

ONDE COMER E BEBER | **327**

da Flórida. Fumantes só podem acender cigarros do lado de fora dos estabelecimentos.

As gorjetas variam de 15% a 20%. Em lugares sofisticados, com frequência clientes satisfeitos deixam uma quantia generosa. O imposto estadual sobre vendas, de 6%, é acrescentado em todas as contas, mas calcule a gorjeta antes de incluí-lo.

Cheques de viagem e cartões de crédito são aceitos em quase todos os estabelecimentos.

Refeições Econômicas

Há várias maneiras de economizar na alimentação. As porções nos restaurantes geralmente são fartas, e há entradas que por si só valem por uma refeição leve. Também é possível dividir pratos, embora a prática possa implicar uma pequena taxa. Alguns restaurantes oferecem várias entradas em pequenas porções. A maioria dos lugares publica seus cardápios on-line, o que facilita fazer boas escolhas.

Bufês de consumo à vontade são baratos, e alguns restaurantes têm menus de preço fixo acessível. É aconselhável ligar antes para o restaurante e se informar sobre os horários e outros detalhes.

Certos estabelecimentos adotam o sistema BYOB, no qual o cliente leva o vinho de sua preferência e solicita o saca-rolhas e as taças. Essa opção representa uma boa economia.

Se quiser ir a um lugar chique, saiba que o almoço geralmente é mais barato do que o jantar. Todavia, o café da manhã em hotéis costuma ser caríssimo – prefira uma lanchonete ou um café por perto. Uma boa dica é escolher um hotel com café da manhã incluso na diária.

Alguns bares servem comida a preços razoáveis. Vários deles oferecem petiscos grátis ou pela metade do preço no happy-hour. Bares de esportes têm TVs transmitindo jogos e lanches baratos nos menus. Delicatéssens e supermercados vendem itens para piquenique; as délis também vendem pratos prontos e sanduíches para viagem. Muitos parques estaduais dispõem de grelhas onde você pode preparar o peixe que pescar e outras comidas. Diversos restaurantes nas Keys também preparam seu peixe por um preço módico.

Mesas ao ar livre no Aunt Catfish's (p. 339), em Daytona Beach

Menus

Por toda a Flórida, os menus dão destaque para peixes frescos e frutos do mar, como mexilhões, lagosta, camarão, caranguejo e mariscos. Há também lagostim, blackened fish (peixe envolto em temperos cajun picantes e cozido rapidamente em panela fervente) e gumbos, além de carne bovina, de frango e de porco. Surf 'n' Turf é uma mescla de frutos do mar e carne bovina, em geral filé e lagosta. Caso veja "dolphin" (golfinho) em algum menu, saiba que se trata de mahimahi, um peixe de carne branca. Se você tiver alguma dúvida sobre um item do cardápio ou quiser algo especial, não hesite em pedir ajuda ao garçom.

Crianças

A maioria dos restaurantes recebe crianças e atende suas preferências e necessidades. Muitos oferecem menus especiais com pratos menores ao gosto da meninada, como massa, pizza, hambúrgueres, cachorro-quente e fritas. Em geral, há também cadeirões apropriados, mas ligue antes para se certificar.

Crianças só podem entrar em bares que sirvam comida. Ainda assim, elas devem estar acompanhadas de um adulto responsável e comer em uma área afastada do balcão.

Restaurantes Recomendados

A Flórida tem milhares de restaurantes. Você encontrará desde comida de lanchonete a alta gastronomia. Os estabelecimentos citados nas pp. 329-47 estão entre os melhores da região e foram selecionados pela qualidade de sua comida e de seu serviço. As listas também refletem fatores como cozinha autêntica, mesas ao ar livre e música ao vivo. Os quadros de "Destaque" indicam locais com alguma característica excepcional, como relação custo-benefício, um chef famoso, ótimo ambiente ou comida primorosa. As listas estão organizadas por região e faixa de preço.

Piquenique em um dos parques estaduais da Flórida

Os Sabores da Flórida

O excelente clima da Flórida responde pela abundância de frutas, verduras e legumes durante todo o ano, e pelos frutos do mar frescos vindos do oceano ou do Golfo, que são os principais elementos da culinária do estado. Nas cidades do centro e do sul da Flórida, as populações cubana e caribenha influenciaram a culinária, e a América Latina contribuiu com o ceviche. Ao norte, a comida sofre influência dos estados sulistas. Mas para agradar aos turistas que chegam "ao estado do sol", a cozinha internacional está por toda parte.

Camarão

O peixe chega aos restaurantes locais

Delícias Tropicais

O clima tropical da Flórida é o grande responsável pelas frutas consumidas no país, das kumquats, ou papaias, às carambolas e lichias. A variedade é prova de que produtos de boa qualidade dão o ano todo. Vale a pena visitar as feiras semanais, que estão por toda parte.

Peixes e Frutos do Mar

Entre os melhores da região estão o amberjack, o dourado, o pampo, o vermelho, o atum e o bonito. A garoupa, que pertence à família da perca, é a mais comum. O filé desse peixe é usado em pratos principais e deliciosos sanduíches. O camarão do golfo, outro favorito, é grande e tenro. Pode vir cozido, sem casca, servido em coquetéis, na casca com molho apimentado e em inúmeros outros pratos.

Cozinha Cubana

Em cidades de grande população cubana, como Tampa e Miami, são servidos pratos que apresentam forte influência espanhola. Porco assado, arroz con pollo (galinha com arroz) e paella são os mais pedidos. Sanduíches cubanos e flã de sobremesa também são típicos.

Sapoti — Manga — Carambola — Abacate — Kiwi — Papaia — Maracujá — Lichia

Frutas deliciosas do "estado do sol"

Pratos Regionais e Especialidades

Os caranguejos, suculentos e firmes, são os frutos do mar mais apreciados da Flórida, talvez por só serem encontrados de outubro a maio. A carne é cozida, mas servida fria, com manteiga derretida e molho de mostarda. O conch (um molusco grande), é outro marisco importante; é servido em entradas, saladas ou como base de ensopados. Há dois tipos de camarão: o grande e rosado, do Golfo, e o branco e delicado, do Atlântico. A sobremesa típica do estado é a torta de limão, que só é autêntica quando seu recheio é feito com os limões pequenos e aromáticos que crescem nas Keys. Os peixes são grelhados, salteados ou cozidos, mas sempre marinados em suco de limão e servidos com molhos ou acompanhamentos de frutas produzidas no local.

Limões

Patas de caranguejo As patas são a parte comestível dessa iguaria local, mergulhada em manteiga e molho.

Onde Comer e Beber

Miami

Miami Beach

11th Street Diner $
Americana **Mapa** 2 F3
1065 Washington Ave, 33139
Tel *(305) 534-6373*
Diner clássico com ambiente divertido. Serve favoritos como bolo de carne, frango frito, sanduíches e hambúrgueres.

Big Pink $
Americana **Mapa** 2 E5
157 Collins Ave, 33139
Tel *(305) 532-4700*
Café diante das águas, com menu de *diner* e porções grandes. Bons sanduíches e saladas. Café da manhã servido o dia todo.

Café Charlotte $
Argentina/Italiana **Mapa** 2 F3
1497 Washington Ave, 33139
Tel *(305) 535-1522*
Com cenário despojado, tem especialidades deliciosas, como churrasco, frango ao limão e empanadas de carne, legumes e queijo.

Lime Fresh $
Mexicana **Mapa** 2 D3
1439 Alton Rd, 33139
Tel *(305) 532-5463*
De uma rede confiável, serve favoritos mexicanos a preços razoáveis, incluindo tacos, burritos, quesadillas e fajitas.

Puerto Sagua $
Cubana **Mapa** 2 E4
700 Collins Ave, 33139
Tel *(305) 673-1115*
Consagrado desde 1962, tem um bom menu cubano, complementado por peru americano e sanduíches de queijo grelhados.

Roasters 'n Toasters $
Delicatéssen **Mapa** F4
525 Arthur Godfrey Rd, 33140
Tel *(305) 531-7691*
Déli em estilo nova-iorquino, com opções que variam de carne em conserva, pastrami e bagels a wraps, sanduíches e sopas.

Rosinella $
Italiana **Mapa** 2 E2
525 Lincoln Rd, 33139
Tel *(305) 672-8777*
Lugar familiar e confortável, com massas caseiras, pizzas baratas e uma seleção de vinhos italianos e americanos.

Shake Shack $
Americana **Mapa** 2 D2
1111 Lincoln Rd, 33139
Tel *(305) 434-7787*
Venha ao Shake Shack para hambúrgueres ótimos a preços baixos, fritas deliciosas e milk-shakes que compensam enfrentar a fila.

Destaque

Tap Tap Haitian $
Haitiana **Mapa** 2 E4
819 5th St, 33139
Tel *(305) 672-2898*
Desde 1994, esse restaurante, galeria de arte e centro cultural atrai um público multicultural vibrante. Entre os pratos haitianos autênticos há peixe inteiro ao vapor com molho de limão, camarão ao molho creole, cozido de bode, torta de batata-doce e bolinhos de banana fritos.

Balans $$
Internacional **Mapa** 2 D2
1022 Lincoln Rd, 33139
Tel *(305) 534-9191*

Categorias de Preço
Por pessoa, para uma refeição composta de três pratos e uma taça de vinho da casa, com taxas e serviço.

$	até US$35
$$	US$35-US$50
$$$	acima de US$50

Com jambalaya, linguine com caranguejo, curry tailandês e hambúrgueres, essa casa britânica tem algo para todos os gostos. Bom brunch e um bar animado.

Fratelli la Bufala $$
Italiana **Mapa rodoviário** F4
437 Washington Ave, 33139
Tel *(305) 532-0700*
É de uma rede napolitana com ótimas pizzas e massas. Boa refeição sem gastar muito.

Front Porch Café $$
Americana **Mapa** 2 F3
1458 Ocean Dr, 33139
Tel *(305) 531-8300*
Opção excelente para café da manhã e brunch, o Front Porch também serve jantar, com pratos que variam de frango grelhado a costelas de boi assadas e filé.

News Café $$
Americana **Mapa** 2 F4
800 Ocean Dr, 33139
Tel *(305) 538-6397*
Movimentado café 24 horas que serve bolinhos de caranguejo, salmão grelhado, pizza e massa.

Nexxt Café $$
Internacional **Mapa** 2 E2
700 Lincoln Rd, 33139
Tel *(305) 532-6643*
O Nexxt tem diversas opções, de porções pequenas e tapas a pratos principais como frango cajun e salmão ao missô. Ótima carta de bebidas.

A fachada atraente do Big Pink

Mais informações sobre restaurantes *na p. 327*

Destaque

1500 Degrees $$$
Americano Mapa rodoviário F4
4525 Collins Ave, 33140
Tel *(305) 674-5594*
O nome desse restaurante chique no Eden Roc Hotel indica a temperatura preferida do chef para preparar os filés suculentos. O criativo menu, que muda a cada dia, é à base de produtos frescos oriundos de fazendas. O jantar com três pratos a preço fixo é imperdível.

A Fish Called Avalon $$$
Frutos do mar Mapa 2 E4
700 Ocean Dr, 33139
Tel *(305) 532-1727*
Frutos do mar frescos e algumas surpresas, como paella com orzo ou garoupa com crosta de caranguejo. Música ao vivo na varanda.

Barton G. The Restaurant $$$
Americana Mapa 2 D3
1427 West Ave, 33139
Tel *(305) 672-8881*
Restaurante caro com decoração extravagante. Os pratos têm apresentação esmerada e aromas apetitosos. Peça o salmão-rei e o atum samurai.

Casa Tua $$$
Italiana Mapa 2 E2
1700 James Ave, 33139
Tel *(305) 673-1010*
Há mesas no salão romântico e no jardim da Casa Tua. O peito de pato glaceado com mel e o bacalhau negro com crosta de amêndoa são deliciosos.

Escopazzo $$$
Italiana Mapa 2 F3
1311 Washington Ave, 33139
Tel *(305) 674-9450* **Fecha** *seg*
O chef do Escopazzo serve pratos criativos feitos com ingredientes orgânicos frescos. Ótimo serviço e decoração que evoca um pátio toscano.

Grillfish $$$
Frutos do mar Mapa 2 F2
1444 Collins Ave, 33139
Tel *(305) 538-9908*
Famoso pelos frutos do mar frescos com molhos saborosos ou massas.

Joe's Stone Crab $$$
Frutos do mar Mapa 2 E5
11 Washington Ave, 33139
Tel *(305) 673-0365* **Fecha** *ago-out*
Apesar das longas filas, não deixe de ir ao Joe's para provar seus ótimos frutos do mar e caranguejos frescos.

Categorias de Preço *na p. 329*

Las Vacas Gordas $$$
Argentina Mapa rodoviário F4
933 Normandy Dr, 33141
Tel *(305) 867-1717*
Grandes porções de filés suculentos e outras especialidades argentinas em cenário contemporâneo.

Nobu Miami Beach $$$
Japonesa Mapa 2 F1
1901 Collins Ave, 33139
Tel *(305) 695-3232*
Rede internacional com sushis fantásticos e outras delícias japonesas. Faça reserva com bastante antecedência.

Ola $$$
Latino-americana Mapa 2 E2
1745 James Ave, 33139
Tel *(305) 695-9125*
Um dos melhores restaurantes de Miami, o Ola oferece ótimos ceviche e churrasco. Encerre com charuto de chocolate.

Osteria del Teatro $$$
Italiana Mapa 2 F3
1443 Washington Ave, 33139
Tel *(305) 538-7850*
Oásis renomado pela excelente vitela e pelas massas tradicionais do Norte da Itália.

Prime One Twelve $$$
Churrascaria Mapa 2 E5
112 Ocean Dr, 33139
Tel *(305) 532-8112*
Veja celebridades e deguste filés memoráveis, carne maturada e frutos do mar.

Sardinia Enoteca Ristorante $$$
Italiano Mapa 2 D2
1801 Purdy Ave, 33139
Tel *(305) 531-2228*
Escolha entre dezenas de vinhos italianos na taça ou na garrafa para harmonizar com deliciosas entradas e massas.

O bar sofisticado do Azul, com garrafas de champanhe gelado no balcão

Spiga $$$
Italiana Mapa 2 E3
1228 Collins Ave, 33139
Tel *(305) 534-0079*
Massas artesanais são o forte desse restaurante calmo e romântico. Peça o ravióli verde de vitela com cogumelos ou o fettucine com camarão e aspargos.

Tantra $$$
Internacional Mapa 2 E2
1445 Pennsylvania Ave, 33139
Tel *(305) 672-4765* **Fecha** *dom*
A decoração asiática atraente complementa o menu ousado, que mescla as cozinhas asiática, caribenha e europeia. Há também um lounge com DJ.

Yuca $$$
Cubana Mapa 2 E2
501 Lincoln Rd, 33139
Tel *(305) 532-9822*
Pratos da cozinha cubana contemporânea, como costelas com goiaba e mahimahi envolto em banana-da-terra. Aulas de salsa.

Decoração bem planejada do Joe's Stone Crab

Centro e Little Havana

Hy Vong $
Vietnamita   **Mapa rodoviário** F4
3458 SW 8th St, 33135
Tel *(305) 446-3674*   **Fecha** *seg*
Uma opção confiável há mais de 30 anos, esse restaurante tem fila devido à fina comida vietnamita. Há também aulas de culinária.

Islas Canarias $
Cubana   **Mapa rodoviário** F4
285 NW 27th Ave, 33135
Tel *(305) 649-0440*
No Islas Canarias há bons clássicos cubanos, como sanduíches e pratos com carne de porco e frango.

La Casita $
Cubana/Mexicana   **Mapa rod.** F4
3805 SW 8th St, 33134
Tel *(305) 448-8224*
Café cubano que também oferece opções mexicanas, como tacos, burritos e enchiladas, a preços ótimos.

People's Bar-B-Que $
Sulista   **Mapa rodoviário** F4
360 NW 8th St, 33136
Tel *(305) 373-8080*
Lugar simples com boa soul food (variedade da culinária afro-americana), como costelas, carne de porco desfiada, mac'n'cheese e couve. Serviço rápido e decoração básica.

S&S Restaurant $
Diner   **Mapa** 4 E1
1757 NE 2nd Ave, 33132
Tel *(305) 373-4291*
Diner antigo de esquina, com assentos no balcão. Deliciosos sanduíches e saladas a preços bem baixos.

Versaille $
Cubana   **Mapa** 4 E2
3335 8th St, 33135
Tel *(305) 444-0240*
Escolha entre duas porções de degustação para conhecer a cozinha cubana desse restaurante famoso na área.

Azul $$$
Americana/Asiática   **Mapa** 4 F2
500 Brickell Key Dr, 33131
Tel *(305) 913-8288*
Fecha *dom e seg*
Comida sofisticada em cenário junto às águas. Menu de pratos americanos e asiáticos. Peça a torta de lagosta ou o lombo suíno de Berkshire.

DB Bistro Moderne $$$
Francesa   **Mapa** 4 F1
255 Biscayne Blvd, 33131
Tel *(305) 421-8800*   **Fecha** *dom*
Comandado pelo famoso chef Daniel Bouloud, esse bistrô chique serve escargot, confit de pato e o extravagante e delicioso hambúrguer de lombo.

Il Gabbiano $$$
Italiana   **Mapa** 4 F1
One Miami Tower, 335 S Biscaye Blvd, 33131
Tel *(305) 373-0063*   **Fecha** *dom*
Deguste inspirada cozinha italiana em um cenário sublime junto à baía. Deliciosas massas e pratos fantásticos com vitela.

Michael's Genuine Food & Drink $$$
Americana   **Mapa rodoviário** F4
33 NE 40th St, 33137
Tel *(305) 573-5550*
Lugar da moda que só usa ingredientes frescos do mar e de fazendas por perto. Serve pratos em porções de vários tamanhos.

Michy's $$$
Americana   **Mapa rodoviário** F4
6927 Biscayne Blvd, 33138
Tel *(305) 759-2001*
Bistrô chique a cargo de um chef famoso. A luxuosa comfort food eleva pratos conhecidos a outro patamar.

Naoe $$$
Japonesa   **Mapa** 4 F2
661 Brickell Key Dr, 33131
Tel *(305) 947-6263*   **Fecha** *seg*
Para uma experiência gastronômica extraordinária, vá ao Naoe. Cozinha japonesa divina e premiada.

The River Seafood and Oyster Bar $$$
Frutos do mar   **Mapa** 4 E2
650 S Miami Ave, 33130
Tel *(305) 530-1915*
Nesse restaurante há frutos do mar preparados de todas as maneiras imagináveis em um cenário sofisticado. Peça o arroz com caranguejo frito.

Destaque

Tuyo $$$
Americana   **Mapa** 4 E1
415 NE 2nd Ave, 33132
Tel *(305) 337-3200*
Fecha *dom e seg*
O criativo chef do Tuyo prepara deliciosa cozinha floribenha com ingredientes locais frescos e temperos latinos. Cenário romântico no topo do Miami Culinary Institute, com vistas fantásticas da baía. Entre os destaques no menu, que muda a cada dia, estão o peito de pato marinado, o olhete com manteiga cítrica, o foie gras e a codorna recheada com broa de milho.

Coral Gables e Coconut Grove

Jaguar $$
Latino-americana   **Mapa rod.** F5
3067 Grand Ave, 33133
Tel *(305) 444-0216*
Há pratos latinos bem temperados e muitos itens grelhados no menu tropical, além de porções de frutos do mar.

Destaque

Seasons 52 $$
Americana   **Mapa rod.** F4
321 Miracle Mile, 33134
Tel *(305) 442-8552*
No Seasons 52, a cozinha de comida saudável propõe entradas com no máximo 475 calorias e pratos como salmão assado a lenha de cedro e costeletas de cordeiro grelhadas com osso. A extensa carta de vinhos e bebidas apresenta margarita de martíni com romã e cosmopolitan com tangerina. Piano ao vivo no bar acrescenta charme ao local.

Lounge e bar elegantes do DB Bistro Moderne

Mais informações sobre restaurantes *na p. 327*

Caffe Abbracci $$$
Italiana **Mapa** 5 C1
318 Aragon Ave, 33134
Tel *(305) 441-0700*
Esse é o local ao qual a elite de Miami vai em busca de comida italiana autêntica. O dono, muito hospitaleiro, faz a clientela se sentir em casa. Grande variedade de vinhos americanos e europeus.

Calamari $$$
Italiana **Mapa rodoviário** F5
3540 Main Hwy, 33133
Tel *(305) 441-0219*
Instalado em um pátio, o Calamari serve brunch aos domingos. Tem também frutos do mar deliciosos, pizzas e massas.

George's in the Grove $$$
Francesa **Mapa rodoviário** F5
3145 Commodor Plaza, 33133
Tel *(305) 444-7878*
Bistrô francês com ambiente animado. Tem desde mexilhões e steak frite a hambúrgueres e pizza. Os clientes ganham uma taça de champanhe na chegada.

Gibraltar $$$
Mediterrânea **Mapa rod.** F5
4 Grove Island Dr, 33133
Tel *(305) 857-5007*
O Gibraltar tem vistas espetaculares e um menu atraente que inclui tanto parrilhada quanto risoto com frutos do mar, além de tagine de frango com temperos secretos.

La Palme d'Or $$$
Francesa **Mapa** 5 A2
1200 Anastasia Ave, 33134
Tel *(305) 913-3201*
Fecha *dom e seg*
Ótima opção para um encontro formal e ocasiões especiais. Ambiente refinado e clássicos como carne de veado, rack de cordeiro e linguado ao limão.

Le Bouchon du Grove $$$
Francesa **Mapa** 6 F4
3430 Main Hwy, 33133
Tel *(305) 448-6060*
Propriedade de um chef, esse bistrô com belos pôsteres franceses nas paredes serve cozinha premiada.

Ortanique on the Mile $$$
Caribenha **Mapa** 5 C1
278 Miracle Mile, 33134
Tel *(305) 446-7710*
Badalado restaurante caribenho no centro da histórica Coral Gables, com muitos frutos do mar e frutas frescas no menu. Peça um dos deliciosos mojitos com Bacardi.

Pascal on Ponce $$$
Francesa **Mapa** 5 C2
2611 Ponce de Leon Blvd, 33134
Tel *(305) 444-2024* **Fecha** *dom*
Esse café repleto de belas obras de arte tem ótima reputação pela comida fina e pelo menu de preço fixo mais acessível.

Red Fish Grill $$$
Frutos do mar **Mapa rod.** F5
9610 Old Cutler Rd, 33156
Tel *(305) 668-8788* **Fecha** *seg*
Frutos do mar com vinhos excelentes em um cenário romântico no Matheson Hammock Park.

Fora do Centro

Mario the Baker $
Italiana **Mapa rodoviário** F4
14691 Biscayne Blvd, North Miami Beach, 33181
Tel *(305) 891-7641*
Para uma pizza ou massa rápida, o Mario não decepciona. Peça a pizza Alfredo, com molho branco, ou algum dos sanduíches muito bem recheados. Coma no local ou leve para casa.

Shorty's BBQ $
Sulista **Mapa rodoviário** F5
9200 Dixie Hwy, South Miami, 33156
Tel *(305) 670-7732*
O Shorty's é conhecido por deliciosas costelas sulistas, carne bovina grelhada, sanduíches com carne de porco desfiado e frango. Há porções baratas no almoço.

Sushi House $$
Asiática **Mapa rodoviário** F4
15911 Biscayne Blvd, North Miami Beach, 33160
Tel *(305) 947-6002* **Fecha** *seg*
Além de sushis, esse restaurante chique tem um menu variado que inclui cozinha de Sichuan e pratos preparados em um *hibachi* (grelha japonesa).

Cantina Beach $$$
Mexicana **Mapa rodoviário** F4
Ritz Carlton, 455 Grand Bay Dr, 33149
Tel *(305) 365-4622*
Ótimo restaurante com telhado de sapé junto ao mar. Serve favoritos mexicanos preparados com inspiração e mais de 85 tipos de tequila. O guacamole é feito na hora, diante dos clientes.

Gourmet Diner $$$
Diner **Mapa rodoviário** F4
13951 Biscayne Blvd, North Miami Beach, 33181
Tel *(305) 947-2255*
Esse *diner* retrô tem um vasto menu que abrange desde escargot e filé mignon a hambúrgueres e frango assado. Os pratos do dia são ótimos.

Kitchen 305 $$$
Americana **Mapa rodoviário** F4
16701 Collins Ave, Sunny Isles, 33160
Tel *(305) 749-2110*
No saguão do Newport Beachside Resort, o badalado Kitchen 305 tem um menu eclético que inclui paella, bolinhos de caranguejo e ossobuco de vitela. Às quartas, come-se lagosta à vontade.

Destaque

Rusty Pelican $$$
Americana **Mapa rod.** F4
3201 Rickenbacker Causeway, 33149
Tel *(305) 361-3818*
Com um chef criativo no comando e salão com vistas espetaculares da baía e da cidade, o Rusty Pelican é uma ótima opção. Há sushi, entradas de carne ou peixe, um menu acessível de

O pátio ensolarado do Calamari, em Coconut Grove

Categorias de Preço *na p. 329*

Fachada do restaurante mexicano Casa Maya Grill, em Deerfield Beach

preço fixo, porções grandes e um balcão com frutos do mar crus. Entre os pratos emblemáticos estão bouillabaisse de lagosta, papelote de frutos do mar e caldo de lagosta.

Timo $$$
Mediterrânea **Mapa rod.** F4
17624 Collins Ave, Sunny Isles, 33160
Tel *(305) 936-1008*
Restaurante chique que se destaca pelos pratos ítalo-mediterrâneos sazonais. Peça a zuppa di pesce, com lagosta, mariscos e cuscuz sardenho.

Costas do Ouro e do Tesouro

BOCA RATON:
Ben's Kosher Deli $
Delicatéssen **Mapa rodoviário** F4
9942 Clint Moore Rd, 33496
Tel *(561) 470-9963*
Déli em estilo nova-iorquino cujo menu extenso propõe carne em conserva, pastrami, panquecas de batata e repolho recheado. Há também um inventivo menu infantil.

BOCA RATON: Tin Muffin Café $
Americana **Mapa rodoviário** F4
364 E Palmetto Park Rd, 33432
Tel *(561) 392-9446* **Fecha** *dom*
Essa padaria e café oferece deliciosos sanduíches, saladas e sopas caseiras. Bom para ir no almoço. Não aceita cartões de crédito.

BOCA RATON: Abe & Louie's $$$
Churrascaria **Mapa rod.** F4
2200 Glades Rd, 33431
Tel *(561) 447-0024*
Steakhouse chique com carnes excelentes e uma carta de vinhos impressionante. Tem ambiente sóbrio de clube de cavalheiros, com poltronas de couro e cabines reservadas amplas. Peça o filé mignon com osso.

BOCA RATON:
Kathy's Gazebo $$$
Continental **Mapa rod.** F4
4199 N Federal Hwy, 33431
Tel *(561) 395-6033* **Fecha** *dom*
Café antigo conhecido por especialidades como rack de cordeiro, medalhões de vitela, camarões e linguado de Dover. Há vinhos e champanhes excelentes.

BOCA RATON:
Legal Seafoods $$$
Frutos do mar **Mapa rod.** F4
6000 W Glades Rd, 33431
Tel *(561) 447-2112*
Embora faça parte de uma rede de restaurantes, o Legal Seafoods tem ótimos frutos do mar frescos. Prove os bolinhos de caranguejo e a deliciosa sopa de mariscos.

BOCA RATON: Max's Grille $$$
Americana **Mapa rodoviário** F4
404 Plaza Real, 33432
Tel *(561) 368-0080*
É difícil escolher entre as delícias desse bistrô animado. Há asas de frango, saladas, carne e peixe grelhado no menu. Bons brunches.

Destaque
BOCA RATON: Sapori $$$
Italiano **Mapa rodoviário** F4
301 via de Palmas, 33432
Tel *(561) 367-9779*
O Sapori, que significa "sabores" em italiano, é um restaurante pequeno e despretensioso que se destaca pelos saborosos pratos com peixes e pelas massas excelentes. Espere surpresas como ravióli de acém com osso ou filé agridoce de salmão. Vá em uma quinta-feira, quando o chef Marco Pindo explica os ingredientes e mostra como cada prato é feito.

DANIA BEACH: Jaxson's $
Sorveteria **Mapa rodoviário** F4
128 S Federal Hwy, 33004
Tel *(954) 923-4445*
O Jaxson's serve sanduíches e saladas finas, mas seus sorvetes enormes e deliciosos são o chamariz do restaurante. Ambiente bom e suvenires nas paredes.

DANIA BEACH:
Le Petit Café De Dania $$
Francesa **Mapa rodoviário** F4
3308 Griffin Rd, 33312
Tel *(954) 967-9912* **Fecha** *seg*
Clássicos franceses autênticos, incluindo crepes, são preparados por chefs da Bretanha nesse bistrô intimista.

DAVIE: Buca di Beppo $
Italiana **Mapa rodoviário** F4
3355 S University Dr, 33328
Tel *(954) 577-3287*
Deguste porções grandes de massas ao molho de tomate no animado Buca di Beppo. Ideal para famílias, tem preços acessíveis e sobremesas deliciosas.

DEERFIELD BEACH:
Casa Maya Grill $
Mexicana **Mapa rodoviário** F4
301 SE 15th Terrace, Cove Shopping Ctr, 33441
Tel *(954) 570-6101*
Delícias mexicanas, como tacos, enchiladas e burritos, são servidas a preços razoáveis em um cenário agradável com obras de arte maias. Peça as margaritas e as sangrias refrescantes.

Mais informações sobre restaurantes *na p. 327*

DEERFIELD BEACH:
Little Havana $
Cubana   Mapa rodoviário F4
721 S Federal Hwy, 33441
Tel *(954) 427-6000*
Negócio familiar que serve autêntica comida cubana e pão caseiro. Boas opções no jantar e música nos fins de semana.

DELRAY BEACH:
Caffe Luna Rosa $$
Italiana   Mapa rodoviário F4
34 S Ocean Blvd, 33483
Tel *(561) 274-9404*
Com um menu variado durante o dia e somente cozinha italiana à noite, o Caffe Luna Rosa garante uma ótima refeição em um belo cenário praiano.

DELRAY BEACH:
Sundy House Restaurant $$$
Americana   Mapa rodoviário F4
106 S Swinton Ave, 33444
Tel *(561) 272-5678*   **Fecha** *seg*
Saboreie comida americana bem preparada em um romântico cenário com jardins e um bar externo. O brunch dominical tem muitos frutos do mar e pratos mediterrâneos.

FORT LAUDERDALE:
The Floridian $
Diner   Mapa rodoviário F4
1410 E Las Olas Blvd, 33301
Tel *(954) 463-4041*
Esse *diner* antigo 24 horas serve porções fartas de comida substanciosa a ótimos preços.

FORT LAUDERDALE:
By Word of Mouth $$
Americana   Mapa rodoviário F4
3200 NE 12th Ave, 33334
Tel *(954) 564-3663*   **Fecha** *dom*
Prove entradas americanas finas e sobremesas deliciosas nesse excelente restaurante no subúrbio. Escolha entre as opções do dia anunciadas na vitrine.

FORT LAUDERDALE:
Tarpon Bend $$
Americana   Mapa rodoviário F4
200 SW 2nd Ave, 33301
Tel *(954) 523-3233*
Bar de esportes conhecido pela happy-hour animada com clientela jovem. Peixe grelhado, hambúrgueres e cerveja de barril.

FORT LAUDERDALE: 15h Street Fisheries & Dockside Café $$$
Frutos do mar   Mapa rod. F4
1900 SE 15th St, 33316
Tel *(954) 763-2777*
Observe os barcos e alimente os peixes nesse café na marina. Frutos do mar deliciosos e um menu mais casual para refeições leves. Bom bar. Vá de carro ou barco.

O encantador salão do Floridian, em Fort Lauderdale

FORT LAUDERDALE:
Blue Moon Fish Co. $$$
Frutos do mar   Mapa rod. F4
44405 Tradewinds Ave, 33308
Tel *(954) 267-9888*
Deguste frutos do mar frescos enquanto observa iates passando na Intracoastal. Boas opções de almoço. Faça reserva e peça uma mesa ao ar livre.

FORT LAUDERDALE:
Café Seville $$$
Espanhola   Mapa rodoviário F4
2768 Oakland Park Blvd, 33306
Tel *(954) 565-1148*   **Fecha** *dom*
Tapas variadas, gazpacho e paella estão entre os favoritos do Café Seville. Extensa carta de vinhos espanhóis.

FORT LAUDERDALE: Canyon $$$
Americana   Mapa rodoviário F4
1818 E Sunrise Blvd, 33304
Tel *(954) 475-1950*
Lugar da moda, conhecido pelas margaritas de pera e pelas porções grandes à base de produtos de fornecedores locais. Como não aceita reservas, há sempre longas filas.

FORT LAUDERDALE:
Casablanca Café $$$
Americana   Mapa rodoviário F4
3049 Alhambra St, 33304
Tel *(954) 764-3500*
O Casablanca tem um belo cenário romântico com vistas do mar e música ao vivo. O extenso menu apresenta vieiras com chili, frango com nozes e espadarte do Atlântico.

FORT LAUDERDALE:
Eduardo de San Angel $$$
Mexicana   Mapa rodoviário F4
2822 E Commercial Blvd, 33308
Tel *(954) 772-4731*   **Fecha** *dom*
Conheça a alta gastronomia mexicana. O chef e dono serve comida gourmet em um cenário cálido que evoca uma *hacienda*.

FORT LAUDERDALE:
Greek Islands Taverna $$$
Grega   Mapa rodoviário F4
3300 N Ocean Blvd, 33308
Tel *(954) 568-0008*
Taverna excelente na qual os clientes fazem fila para comer meze, peixes frescos e cordeiro. Há vários vinhos gregos e do mundo todo.

FORT LAUDERDALE:
Le Café de Paris $$$
Francesa   Mapa rodoviário F4
715 E Las Olas Blvd, 33301
Tel *(954) 467-2900*
Uma instituição local desde 1962, esse restaurante francês elegante tem escargot e pato no menu, além de crepes deliciosos para um jantar mais leve.

FORT LAUDERDALE:
Lobster Bar Sea Grille $$$
Frutos do mar/Churrascaria
Mapa rodoviário F4
450 E Las Olas, 33301
Tel *(954) 772-2675*
Deliciosos frutos do mar frescos, lagostas vivas e filés servidos em uma atmosfera chique, porém informal. Prove os sorvetes e sorbets caseiros.

Destaque
FORT LAUDERDALE:
Market 17 $$$
Americana   Mapa rod. F4
1850 SE 17th St, 33316
Tel *(954) 835-5507*
Fecha *mai-out: seg*
A comida elegante do Market 17 é preparada com produtos orgânicos frescos. As entradas, pequenas ou grandes, se traduzem em frango caipira assado na panela e camarão de Key West salteado. Mais de 350 vinhos à escolha. Ótima happy-hour das 16h30 às 19h, com bebidas e petiscos pela metade do preço.

Categorias de Preço *na p. 329*

ONDE COMER E BEBER | 335

FORT LAUDERDALE:
Sette Bello $$$
Italiana Mapa rodoviário F4
6241 N Federal Hwy, 33308
Tel *(954) 351-0505* **Fecha** *dom*
Decorado com charme italiano tradicional, esse restaurante tem chef famoso pelos clássicos bem preparados e pelo cheesecake de ricota. Bons pratos do dia.

FORT LAUDERDALE:
Valentino's Cucina Italiana $$$
Italiana Mapa rodoviário F4
620 S Federal Hwy, 33301
Tel *(954) 523-5767* **Fecha** *dom*
Cozinha italiana inovadora e serviço perfeito distinguem esse restaurante sofisticado cujo proprietário é o chef. O melhor da alta gastronomia.

HOLLYWOOD:
Las Vegas Cubano Cuisine $
Cubana Mapa rodoviário F4
1212 N State Rd 7, 33021
Tel *(954) 961-1001*
Parte de uma rede que promete porções fartas de comida cubana a preços baixos. Boas opções no almoço e menu infantil.

HOLLYWOOD: Le Tub Saloon $
Americana Mapa rodoviário F4
1100 N Ocean Dr, 33019
Tel *(954) 921-9425*
Ambiente externo movimentado em um posto de gasolina com boa estrutura. Serve hambúrgueres lendários com cerveja e uma deliciosa torta de limão.

HOLLYWOOD: Taverna Opa $$
Grega Mapa rodoviário F4
410 N Ocean Dr, 33019
Tel *(954) 929-4010*
Lugar divertido com dançarinas do ventre e vistas da Intracoastal. Escolha entre deliciosos meze, peixe grelhado, souvlaki e cordeiro, com vinhos gregos.

JENSEN BEACH:
11 Mapale Street $$$
Americana Mapa rodoviário F4
3224 NE Maple Ave, 34957
Tel *(772) 334-7714* **Fecha** *dom*
Restaurante aconchegante com menu sofisticado. Pequenas porções de polvo, codorna, costelas e filé para partilhar.

PALM BEACH: Pizza Al Fresco $$
Italiana Mapa rodoviário F4
14 Via Mizner, 33480
Tel *(561) 832-0032* **Fecha** *dom*
Saboreie deliciosas pizzas de massa fina recém-saídas do forno a lenha e diversas entradas em um cenário encantador. Uma ótima opção matinal.

PALM BEACH:
Bice Ristorante $$$
Italiana Mapa rodoviário F4
313 1/2 Worth Ave, 33480
Tel *(561) 835-1600*
Cozinha italiana esmerada, servida em um cenário elegante. Pátio com paisagismo fantástico e serviço eficiente.

PALM BEACH: Bonefish Grill $$$
Frutos do mar Mapa rod. F4
11658 US Hwy 1, 33408
Tel *(561) 799-2965*
Esse restaurante de rede perto de Palm Beach serve peixes frescos, ostras, lagosta e bons martínis. Animado e um tanto ruidoso.

Destaque

PALM BEACH: Buccan $$$
Americana Mapa rod. F4
350 S County Rd, 33480
Tel *(561) 833-3450*
Com um chef renomado, clima vibrante e cardápio criativo repleto de porções para partilhar, o Buccan é um destaque local. O menu vai além de filé e espadarte: oferece também empanadas de costela, panini de cachorro-quente e pizzas de forno a lenha com coberturas de codorna ou costeleta de cordeiro.

PALM BEACH: Café Boulud $$$
Francesa Mapa rodoviário F4
301 Australian Ave, 33480
Tel *(561) 655-6060*
O chef Daniel Boulud, de Nova York, traz a elegante cozinha francesa para a Flórida. O almoço a preço fixo é bem acessível.

PALM BEACH:
Chez Jean Pierre $$$
Francesa Mapa rodoviário F4
132 N County Rd, 33480
Tel *(561) 833-1171* **Fecha** *dom*
Com ambiente artístico e cozinha elegante, esse restaurante merece uma visita. Entre as especialidades há linguado de Dover e profiteroles.

PALM BEACH: Echo $$$
Asiática Mapa rodoviário F4
230A Sunrise Ave, 33480
Tel *(868) 918-1719* **Fecha** *seg*
Prove sushis excelentes e pratos deliciosos como pato assado e frango ao limão. Ambiente elegante com um bar animado.

PALM BEACH:
Palm Beach Grill $$$
Americana Mapa rodoviário F4
340 Royal Poinciana Way, 33480
Tel *(561) 835-1077*
Ambiente alegre onde se servem costelas e caranhas (peixe) deliciosas, além de outros clássicos americanos, como torta de limão e hambúrguer.

POMPANO BEACH: Calypso $$
Caribenha Mapa rodoviário F4
460 S Cypress Rd, 33060
Tel *(954) 942-1633* **Fecha** *sáb e dom*
Prove favoritos da ilha, como charque de frango jamaicano, curries e sopa de mariscos, em um cenário despojado.

Destaque

POMPANO BEACH:
Café Maxx $$$
Americana Mapa rod. F4
2601 E Atlantic Blvd, 33062
Tel *(954) 782-0606*
Amantes da boa cozinha frequentam o Café Maxx desde 1984. A carta de vinhos impressiona e complementa as criações inovadoras do chef, a exemplo de vieiras condimentadas, rack de cordeiro com crosta de pinhole e sopa de abóbora.

Interior do restaurante italiano Sette Bello, em Fort Lauderdale

Mais informações sobre restaurantes *na p. 327*

INDICAÇÕES AO TURISTA

A entrada e o terraço do bistrô francês Pistache, em West Palm Beach

VERO BEACH: Ocean Grill $$$
Americana   Mapa rodoviário F3
1050 Sexton Plaza, 32963
Tel *(772) 231-5409*
Alta gastronomia em uma duna de areia com vistas do oceano. O cardápio tem muitas opções com frutos do mar. Há menu infantil.

WEST PALM BEACH: Agora $
Turca   Mapa rodoviário F4
2505 North Dixie Hwy, 33407
Tel *(561) 651-7474*   **Fecha** *dom*
O Agora propõe uma combinação de clássicos turcos e interpretações modernas de pratos mediterrâneos harmonizados com vinhos turcos.

**WEST PALM BEACH:
Hot Pie Pizza** $
Pizza   Mapa rodoviário F4
123 S Olive Ave, 33401
Tel *(561) 655-2511*
Serve pizzas, hambúrgueres e massas. O forno a carvão em estilo nova-iorquino combina com as paredes de tijolos expostos e o ambiente com muita madeira.

**WEST PALM BEACH:
Pistache** $$$
Francesa   Mapa rodoviário F4
101 N Clematis St, 33401
Tel *(561) 833-5090*
O menu desse bistrô francês inclui mexilhões, coq au vin e crepes. O terraço tem vista para a Intracoastal Waterway.

**WEST PALM BEACH:
Rhythm Café** $$$
Americana   Mapa rodoviário F4
3800A S Dixie Hwy, 33405
Tel *(561) 833-3406*   **Fecha** *seg*
Instalado em um posto de gasolina adaptado, esse café na área de antiquários oferece tapas e o peixe do dia preparado de várias maneiras.

Categorias de Preço *na p. 329*

Orlando e a Costa Espacial

COCOA: Café Margaux $$$
Francesa   Mapa rodoviário F3
220 Brevard Ave, 32922
Tel *(321) 639-8343*   **Fecha** *dom*
Gastronomia francesa com opções criativas como salmão norueguês empanado e lombo suíno recheado com nozes, pera e brie. Vinhos excepcionais.

COCOA BEACH: Oh Shucks $
Frutos do mar   Mapa rod. F3
401 Meade Ave, 32931
Tel *(321) 783-7549*
Refeição ao ar livre em um píer. O menu apresenta ostras, camarão ao coco e cerveja, e patas de caranguejo. Torta de limão caseira.

**COCOA BEACH:
Pompano Grill** $$
Frutos do mar   Mapa rod. F3
110 N Brevard Ave, 32931
Tel *(321) 784-9005*
Fecha *dom e seg*
Café bastante conhecido, o Pompano oferece peixes frescos e crepes excelentes com frutos do mar. Como o lugar é pequeno, reserve.

COCOA BEACH: The Fat Snook $$
Frutos do mar   Mapa rod. F3
2464 Atlantic Ave, 32931
Tel *(321) 784-1190*
De gerência familiar, o Fat Snook tem especialidades criativas com frutos do mar, além de carne, frango e pratos de inspiração caribenha. Atmosfera informal.

**INTERNATIONAL DRIVE:
Bahama Breeze** $$
Caribenha   Mapa rodoviário E2
8849 International Dr, 32819
Tel *(407) 248-2499*
Parte de uma rede excelente, oferece menu caribenho e drinques tropicais. Peça o camarão ao coco ou a carne de porco desfiada. Ótimo ambiente.

**INTERNATIONAL DRIVE:
Cuba Libre** $$$
Cubana   Mapa rodoviário E2
9101 International Dr, 32819
Tel *(407) 226-1600*
Boa comida cubana em um ambiente festivo que evoca Havana, com mojitos e sangrias refrescantes. Há baile de salsa aos sábados.

**INTERNATIONAL DRIVE:
Everglades** $$$
Churrascaria   Mapa rod. E2
*Rosen Center Hotel, 9840
International Dr, 32819*
Tel *(407) 996-9840*
Esse restaurante busca proporcionar uma experiência típica da Flórida, com garoupa fresca, camarão e filé de veado. Sua especialidade é sopa de aligátor. Peça também a torta de limão.

**INTERNATIONAL DRIVE:
Napa at the Peabody** $$$
Americana   Mapa rodoviário E2
9801 International Dr, 32819
Tel *(407) 352-4000*
A estrutura desse restaurante chique conta com uma piscina rústica. Serve-se cozinha orgânica da Califórnia com um toque da Flórida. O prato mais emblemático é o cioppino (cozido de peixe).

**INTERNATIONAL DRIVE:
The Capital Grille** $$$
Churrascaria   Mapa rod. E2
9101 International Dr, 32819
Tel *(407) 370-4392*
De uma rede sofisticada, serve filés de alta qualidade com acompanhamentos deliciosos. Siga a sugestão de frutos do mar do chef. Caro, mas ótimo.

INTERNATIONAL DRIVE:
The Oceanaire $$$
Frutos do mar Mapa rod. E2
9101 International Dr, 32819
Tel *(407) 363-4801*
Frutos do mar preparados com perfeição e serviço esmerado. Cenário elegante inspirado em um navio de cruzeiro. Opte por uma mesa no pátio tranquilo.

KISSIMMEE: Pacino's Italian Ristorante $$$
Italiana Mapa rodoviário E3
5795 W Hwy 192, 34746
Tel *(407) 396-8022*
Restaurante tradicional e sofisticado que serve pizzas de forno a lenha, filés grelhados, costeletas, massas e frutos do mar. Ambiente agradável.

LAKE BUENA VISTA:
Hemingway's $$$
Frutos do mar Mapa rod. E2
Hyatt Regency Resort, 1 Grand Cypress Blvd, 32836
Tel *(407) 239-3854*
Inspirado nas pescarias de Ernest Hemingway, esse restaurante tem frutos do mar fantásticos, incluindo espadarte local, camarão e mahimahi da Flórida e bolinhos de caranguejo de Cayo Huesto. Peça o coquetel Papa's Doble, que foi criado pelo célebre escritor.

ORLANDO: Little Saigon $
Vietnamita Mapa rodoviário F2
1106 Colonial Dr, 32803
Tel *(407) 423-8539*
Um favorito no bairro, oferece comida vietnamita autêntica e barata. Entradas deliciosas, talharins e pratos à base de arroz.

ORLANDO: Pine Twenty 2 $
Americana Mapa rodoviário E2
22 E Pine St, 32801
Tel *(407) 574-2160*
Escolha entre hambúrgueres excelentes, vários tipos de churrasco e fritas de batata-doce. A ênfase é em carnes orgânicas, 100% sem hormônio. Boas opções de vinho e cerveja.

ORLANDO: Seasons 52 $$
Americana Mapa rodoviário E2
7700 Sand Lake Rd, 32819
Tel *(407) 354-5212*
O Seasons 52 prova que comida saudável e pouco calórica pode ser deliciosa. Na happy-hour 'Flights and Flatbreads' há vinhos excepcionais e pães pita de alta qualidade.

ORLANDO: Smokey Bones $$
Americana Mapa rodoviário F2
3400 E Colonial Dr, 32803
Tel *(407) 894-1511*
Parte de uma rede, esse bar de esportes tem menu reforçado que inclui asas de frango, costelas, carne de porco desfiada, acém e hambúrgueres.

Destaque
ORLANDO:
Christini's Ristorante $$$
Italiana Mapa rodoviário E2
7600 Dr. Phillips Blvd, 32819
Tel *(407) 583-4472*
Detentor de vários prêmios pela comida e pelos vinhos, esse bastião de gastronomia é um favorito local há mais de 25 anos. Paredes revestidas de madeira, fotos de celebridades e pinturas criam um ambiente cálido. Quem achar os pratos com carne caros demais pode optar por massas ou frango igualmente deliciosos, porém mais em conta.

ORLANDO: FishBones $$$
Churrascaria/Frutos do mar
Mapa rodoviário E2
6707 Sand Lake Rd, 32819
Tel *(407) 352-0135*
Saboreie filés, costelas, costeletas e frango preparados em uma grelha, ou veja o extenso menu de frutos do mar frescos. A equipe ajuda na harmonização com vinhos.

ORLANDO: Le Coq au Vin $$$
Francesa Mapa rodoviário F2
4800 S Orange Ave, 32806
Tel *(407) 851-6980* **Fecha** *seg*
Café renomado pelo peixe com nozes-pecãs assadas, molho de beurre blanc (manteiga) e limão.

ORLANDO: The Boheme $$$
Americana Mapa rodoviário F2
325 S Orange Ave, 32801
Tel *(407) 248-2499*
Alta gastronomia em um lindo ambiente com obras de arte e colunas. Há música e drinques no piano-bar e renomado brunch com jazz aos domingos.

UNIVERSAL ORLANDO®:
Bubba Gump Shrimp $$
Frutos do mar Mapa rod. E3
6000 Universal Blvd, 32819
Tel *(407) 903-0044*
Essa casa de uma rede conhecida serve camarão com mac 'n' cheese e até com pipoca, mas o extenso menu tem várias outras opções. Atmosfera divertida e menu infantil.

UNIVERSAL ORLANDO®:
Emeril's Orlando $$$
Creole Mapa rodoviário E3
6000 Universal Blvd, 32819
Tel *(407) 224-2424*
Favoritos cajun de Nova Orleans servidos em um cenário moderno com cozinha exposta. Há também menu infantil.

UNIVERSAL ORLANDO®:
Emeril's Tchoup Chop $$$
Asiática Mapa rodoviário E3
6300 Hollywood Way, 32819
Tel *(407) 503-2467*
O interessante menu asiático apresenta carne de porco envolta em folha de bananeira, pernil de cordeiro à chinesa, camarão grelhado com alho e mais. Ambiente sereno. Há clássicos tiki e coquetéis fantásticos.

WALT DISNEY WORLD®:
Chef Mickey's $
Americana Mapa rodoviário E3
Contemporary Resort, 4600 N World Dr, 32830
Tel *(407) 824-1000*
Opção ideal para toda a família. Delicie-se com o farto bufê americano e conheça o Mickey, a Minnie, o pato Donald e outras personagens de Walt Disney. O balcão de sundaes é a maior atração para as crianças.

Salão agradável do Seasons 52, com vistas excepcionais de Orlando

Mais informações sobre restaurantes *na p. 327*

O bar bem sortido do Flying Fish Café, no Walt Disney World®

Destaque
WALT DISNEY WORLD®:
Boma-Flavors of Africa $$
Africana   **Mapa rodoviário** E3
Animal Kingdom Lodge, 2901 Osceola Pkwy, 32830
Tel *(407) 938-4722*
O Boma apresenta todas as cores e os sabores de um mercado africano – tem telhado de sapé, mesas de troncos de árvore e uma série de bufês que oferece carnes e peixes com temperos delicados, além de curries e mac 'n' cheese. De sobremesa, peça a Zebra Dome, uma musse de chocolate com tiras de chocolate branco e escuro.

WALT DISNEY WORLD®:
Bongos Cuban Café $$
Cubana   **Mapa rodoviário** E3
Downtown Disney, 1498 E Buena Vista Dr, 32830
Tel *(407) 828-0999*
Delícias cubanas como camarão à crioula, tiras de carne e arroz frito. Bom menu infantil e noites dançantes para adultos. O belo ambiente evoca uma casa noturna dos anos 1950 em Havana.

WALT DISNEY WORLD®:
Cape May Café $$
Frutos do mar   **Mapa rod.** E3
Beach Club Resort, 1800 Epcot Resorts Blvd, 32836
Tel *(407) 939-3463*
O almirante Pateta comanda o café da manhã, mas à noite há frutos do mar tradicionais da Nova Inglaterra nesse café com cenário praiano descontraído.

WALT DISNEY WORLD®:
Ohana $$
Polinésia   **Mapa rodoviário** E3
Polynesian Resort, 1600 Seven Seas Dr, 32836
Tel *(407) 824-1334*
Em meio a contadores de histórias, corridas de cocos e outras diversões, o Ohana serve excelente comida polinésia feita em uma grelha e servida em espetos.

WALT DISNEY WORLD®:
Whispering Canyon Café $$
Americana   **Mapa rodoviário** E3
Wilderness Lodge Resort, 901 Timberline Dr, 32830
Tel *(407) 939-3463*
Na cabana de madeira do Whispering Canyon, o público se diverte com canções e corridas de cavalos. Peça os enormes milk-shakes ou os cheesecakes.

WALT DISNEY WORLD®:
California Grill $$$
Americana/Japonesa
Mapa rodoviário E3
Contemporary Resort, 4600 N World Dr, 32830
Tel *(407) 939-3463*
O California Grill serve ótimos sushis e versões criativas de caranha da Flórida, carne em brasa de carvalho e frango orgânico. Escolha entre os excelentes vinhos e aprecie lindas vistas.

WALT DISNEY WORLD®:
Cinderella's Royal Table $$$
Americana   **Mapa rodoviário** E3
Fantasyland, Magic Kingdom Dr, 32830
Tel *(407) 939-3463*
Coma em um salão de contos de fadas na presença de Cinderela e de seu príncipe. Fotos estão inclusas na conta.

WALT DISNEY WORLD®:
Flying Fish Café $$$
Frutos do mar   **Mapa rod.** E3
Boardwalk Inn, 2101 Epcot Resorts Blvd, 32830
Tel *(407) 939-2359*
Alta gastronomia em um cenário litorâneo. O extenso menu de frutos do mar inclui mahimahi grelhado em brasa de carvalho e caranha envolta em batatas.

Destaque
WALT DISNEY WORLD®:
Les Chefs de France $$$
Francesa   **Mapa rodoviário** E3
Epcot World Showcase, 32830
Tel *(407) 827-8709*
No pavilhão da França no Epcot, esse restaurante proporciona momentos memoráveis. O menu de brasserie criado por chefs franceses famosos, com pratos como coquille St. Jacques e pato com cereja, agradam os adultos. Crianças tem outro cardápio e contato com o chef Remy, do filme *Ratatouille*. A sobremesa da casa é um profiterole divino, e o menu de preço fixo vale a pena.

WALT DISNEY WORLD®:
Portobello $$$
Italiana   **Mapa rodoviário** E3
Downtown Disney, 1650 E Buena Vista Dr, 32830
Tel *(407) 934-8888*
O terraço desse restaurante refinado tem vista para uma laguna. Além de favoritos italianos, há carne, frutos do mar e um bom menu infantil.

WALT DISNEY WORLD®:
Todd English's Bluezoo $$$
Frutos do mar   **Mapa rod.** E3
Swan and Dolphin, 1500 Epcot Resorts Blvd, 32830
Tel *(407) 934-1111*
O Bluezoo apresenta um incrível cenário "submarino" para as notáveis criações com frutos do mar do famoso chef Todd English. Menu infantil disponível.

WALT DISNEY WORLD®:
T-REX $$$
Americana   **Mapa rodoviário** E3
1676 E Buena Vista Dr, 32830
Tel *(407) 828-8739*
Há muitos dinossauros no T-REX: o pitoresco menu oferece paleo

Categorias de Preço *na p. 329*

ONDE COMER E BEBER | 339

camarão, bronto hambúrgueres, peixe e fritas fósseis, extinção de chocolate e outras bizarrices.

WALT DISNEY WORLD®:
Victoria & Albert's $$$
Americana   Mapa rodoviário E3
Grand Floridian Resort,
4401 Floridian Way, 32830
Tel *(407) 939-7707*
O Victoria & Albert's reúne a elegância vitoriana com a alta cozinha dos EUA. Uma das melhores opções na área, tem um menu de preço fixo com vários pratos e uma excelente carta de vinhos.

WALT DISNEY WORLD®:
Wolfgang Puck Grand Café $$$
Americana/Japonesa
Mapa rodoviário E3
Downtown Disney, 1482
E Buena Vista Dr, 32830
Tel *(407) 938-9653*
Esse café com restaurante formal tem um cardápio que varia de pizza e sushi às criações refinadas de Wolfgang Puck.

WINTER PARK:
Café de France $$$
Francesa   Mapa rodoviário E2
526 Park Ave S, 32789
Tel *(407) 647-1869*
Fecha *dom e seg*
Entre as especialidades desse café chique estão pato, coq au vin e salmão grelhado. Oferece também boa variedade de vinhos europeus.

WINTER PARK: Park
Plaza Gardens $$$
Europeia   Mapa rodoviário E2
319 Park Ave S, 32789
Tel *(407) 645-2475*
No extenso menu desse café romântico há opções como rack de cordeiro, lombo de porco e cauda de lagosta à francesa. Ótima happy-hour.

WINTER PARK:
Ravenous Pig $$$
Gastropub   Mapa rodoviário E2
1234 N Orange Ave, 32789
Tel *(407) 628-2333*
Fecha *dom e seg*
O chef e dono do Ravenous Pig dá ênfase a comfort food com um toque gastronômico sofisticado, a exemplo do salmão defumado em chá e do lombo de porco.

Nordeste

DAYTONA BEACH:
Hog Heaven $
Americana   Mapa rodoviário E2
37 N Atlantic Ave, 32118
Tel *(386) 257-1212*
Churrascaria padrão com tudo o que se espera: costelas, carne de porco desfiada, frango, quatro tipos de molho e opções para crianças.

Destaque
DAYTONA BEACH: Aunt
Catfish's On the River $$$
Americano   Mapa rod. E2
4009 Halifax Dr, Port Orange, 32127
Tel *(386) 767-4768*
Um posto avançado do Velho Sul junto ao rio, esse restaurante oferece um bufê com opções como bagre grelhado ou frito, aligátor frito, costelas, camarão ao coco e ótimas saladas servidas com hush puppies (bolinhos de fubá salgados) e os famosos pães com canela. Delicioso brunch dominical e música todas as noites.

DAYTONA BEACH: Azure $$$
Americana   Mapa rodoviário E2
2637 S Atlantic Ave, 32118
Tel *(386) 767-7356*

Um dos melhores restaurantes na área, tem salão elegante e terraço diante do mar. Peça étouffée (arroz e frutos do mar com molho espesso) ou carne maturada.

DAYTONA BEACH:
Down the Hatch $$$
Frutos do mar   Mapa rod. E2
4894 Front St, 32127
Tel *(386) 761-4831*
Esse restaurante informal em frente ao Ponce Inlet oferece porções grandes de frutos do mar frescos, filés e massas. Os pratos do dia são interessantes.

FERNANDINA BEACH:
29 South $$$
Americana   Mapa rodoviário E1
29 S 3rd St, 32034
Tel *(904) 799-7919*
Menu eclético com porções e pratos criativos de camarão, salmão e costelas de boi. Há também saladas grandes e pizzas.

FERNANDINA BEACH:
Joe's 2nd Street Bistro $$$
Americana   Mapa rodoviário E1
14 S 2nd St, 32034
Tel *(904) 321-2558*
Em uma casa do início do século XX restaurada, esse lugar elegante tem um pátio agradável. No menu, tilápia com crosta de amêndoas, pernil de cordeiro, schnitzel de porco e massas.

FERNANDINA BEACH: Salt $$$
Americana   Mapa rodoviário E1
2750 Amelia Island Pkwy, 32034
Tel *(904) 277-1100*   **Fecha** *seg*
Sofisticado e premiado, com pratos grelhados a lenha e um menu de carnes salgadas, o Salt é ideal para ocasiões especiais. Os suflês divinos oferecem o encerramento perfeito.

GAINESVILLE:
Harry's Seafood Bar & Grill $$
Frutos do mar/Creole
Mapa rodoviário D2
110 SE 1st St, 32601
Tel *(352) 372-1555*
Peça os pratos clássicos de Nova Orleans, como jambalaya, lagostim e camarão creole, acompanhados de bolinhos de caranguejo, bolinhos fritos ou saladas grandes.

GAINESVILLE:
Paramount Grill $$
Americana   Mapa rodoviário D2
12 SW 1st Ave, 32605
Tel *(352) 378-3398*
Belo restaurante central cujo dono e chef usa ingredientes frescos em combinações brilhantes. Harmonize os pratos com um dos excelentes vinhos americanos e internacionais.

Prato com apresentação impecável no Café de France, Winter Park

Mais informações sobre restaurantes *na p. 327*

Arte local adorna as paredes do Florida Cracker Café, em St. Augustine

JACKSONVILLE:
Clark's Fish Camp $$
Americana   Mapa rodoviário E1
12903 Hood Landing Rd, 32258
Tel *(904) 268-3474*
Além de frutos do mar, o Clark's oferece pratos com aligator, canguru e avestruz. Esse lugar rústico também é conhecido por sua coleção de taxidermia.

JACKSONVILLE: bb's $$$
Americana   Mapa rodoviário E1
1019 Hendricks Ave, 32207
Tel *(904) 306-0100*   **Fecha** *dom*
Esse restaurante e bar traz opções leves e pratos finos com frutos do mar. Boas ofertas à noite durante a semana.

JACKSONVILLE: Biscottis $$$
Americana   Mapa rodoviário E1
3556 St. Johns Ave, 32205
Tel *(904) 387-2060*
Restaurante elegante com arte local e tijolos expostos. Oferece saladas, entradas especiais à noite, boas sobremesas e um menu infantil.

JACKSONVILLE: Bistro Aix $$$
Americana   Mapa rodoviário E1
1440 San Marco Blvd, 32207
Tel *(904) 398-1949*
Bistrô chique na área histórica da cidade, serve porções pequenas, pizzas e iguarias francesas como mexilhões e filé com fritas.

Destaque
JACKSONVILLE:
Matthew's Restaurant $$$
Americana   Mapa rod. E1
2107 Hendricks Ave, 32207
Tel *(904) 396-9922*   **Fecha** *dom*
Ótima opção gastronômica com ambiente elegante e uma adega com 2 mil vinhos. A comida belamente apresentada de Matthew Meure tem preço justo em vista da alta qualidade. Entre as entradas encontram-se truta do Ártico com crosta de pistache, filé com cogumelos portobello e queijo gorgonzola. Há ótimas sobremesas, como bolo de chocolate sem farinha e cheesecake de ricota. Música nos fins de semana.

JACKSONVILLE: Orsay $$$
Francesa   Mapa rodoviário E1
3630 Park St, 32205
Tel *(904) 381-0909*
Restaurante charmoso com menu clássico de brasserie que inclui linguado de Dover, pato com laranja e coq au vin. Boas ofertas em dias de semana.

JACKSONVILLE BEACH: Mojo $
Americana   Mapa rodoviário E1
1500 Beach Blvd, 32250
Tel *(904) 247-6636*
Defumadouro, churrascaria e bar de blues em um só lugar. Prepara um bom churrasco sulista com ótimos acompanhamentos. Informe-se sobre as noitadas fantásticas de blues.

JACKSONVILLE BEACH: Marker 32 $$$
Frutos do mar/Americana
Mapa rodoviário E1
14549 Beach Blvd, 32250
Tel *(904) 223-1534*   **Fecha** *dom*
Aprecie especialidades como dourado da Flórida e costeletas de porco enquanto admira o poente na Intracoastal Waterway.

OCALA: Sonny's Real American $
Churrascaria   Mapa rodoviário E2
4102 E Silver Springs Blvd, 34470
Tel *(352) 236-1012*
A rede Sonny's oferece churrasco a preços fantásticos.

OCALA: Arthur's Bistro $$$
Sulista   Mapa rodoviário E2
3600 SW 36 Ave, 34474
Tel *(352) 390-1515*
Prove delícias sulistas como miolo de costela, camarão e garoupa grelhada. Há também sanduíches e opções mais leves.

ORMOND BEACH: Frappe's North $$$
Americana   Mapa rodoviário E2
123 W Granada Blvd, 32174
Tel *(386) 386-4888*
Vá ao Frappe's para degustar opções ecléticas e saborosas, algumas delas orgânicas, como saltimbocca (carne de porco marinada com presunto cru e sálvia), frango, camarão cajun e atum-amarelo.

ORMOND BEACH: Stonewood Grill & Tavern $$$
Churrascaria   Mapa rodoviário E2
100 S Atlantic Ave, 32176
Tel *(386) 671-1200*
Essa taverna confortável serve costeletas grelhadas e bons filés. O menu variado tem frutos do mar, hambúrgueres e sanduíches.

PONTE VEDRA BEACH: Palm Valley Fish Camp $$
Frutos do mar   Mapa rod. E1
299 N Roscoe Blvd, 32082
Tel *(904) 285-3200*
Com diversos peixes frescos, ostras e outros frutos do mar deliciosos, esse lugar pequeno também atende pedidos para viagem. Faça reserva.

ST. AUGUSTINE: Florida Cracker Café $$
Americana   Mapa rodoviário E1
81 St George St, 32084
Tel *(904) 829-0397*
Esse café agradável tem arte local e um menu eclético em que aparecem camarão ao fubá, bolo de carne e sanduíches, além da famosa torta de limão. Boa seleção de cervejas.

O ambiente elegante do Orsay, em Jacksonville

Categorias de Preço na p. 329

ONDE COMER E BEBER | **341**

A opulência marca o interior do 95 Cordoba, em St. Augustine

ST. AUGUSTINE:
Gypsy Cab Company $$
Frutos do mar Mapa rod. E1
838 Anastasia Blvd, 32808
Tel *(904) 824-8244*
Restaurante renomado com combinações criativas no cardápio, o Gypsy Cab Company serve pratos como salmão e vieira à provençal, filé e camarão à carbonara. Brunch aos domingos.

ST. AUGUSTINE: The Floridian $$
Americana Mapa rodoviário E1
39 Cordova St, 32084
Tel *(904) 829-9655* **Fecha** *ter almoço*
A comfort food sulista do The Floridian propõe mac 'n' cheese com camarão, frango e waffles, além de sanduíches, saladas e opções vegetarianas.

Destaque
ST. AUGUSTINE:
95 Cordoba $$$
Internacional
Mapa rodoviário E1
95 Cordoba St, 32084
Tel *(904) 824-0402*
O 95 Cordoba evoca a Velha Espanha, com cadeiras de espaldar alto revestidas de tapeçaria em meio a colunas, arcadas e lustres de ferro batido. No cardápio, há entradas como escargot e tomates verdes fritos, e pratos principais como cozido de vitela, lagosta da Boêmia e robalo com purê de feijão-fradinho.

ST. AUGUSTINE:
Bistro de Leon $$$
Francesa Mapa rodoviário E1
12 Cathedral Pl, 32084
Tel *(904) 810-2100* **Fecha** *qua*
O chef e dono desse café e padaria informal serve autêntica comida francesa. Boas opções no início da noite, menus infantis e chá da tarde com queijos da França.

ST. AUGUSTINE: Raintree $$$
Americana Mapa rodoviário E1
102 San Marco Ave, 32084
Tel *(904) 824-7211*
Em uma romântica casa vitoriana com pátio, esse restaurante serve bifes deliciosos, como o tradicional Wellington, e ótimos frutos do mar.

ST. AUGUSTINE: Columbia $$$
Espanhola Mapa rodoviário E1
98 St. George St, 32084
Tel *(904) 824-3341*
Essa filial do famoso restaurante em Tampa tem decoração em estilo de *hacienda* e um bom menu hispano-cubano. Atende pedidos para viagem.

Panhandle

APALACHICOLA:
Up the Creek Raw Bar $
Frutos do mar Mapa rod. B2
313 Water St, 32320
Tel *(850) 653-2525*
Esse local informal com um deque diante das águas é ideal para provar as famosas ostras de Apalachicola. As especialidades do chef também são ótimas.

APALACHICOLA: Owl Café $$
Frutos do mar/Americana
Mapa rodoviário B2
15 Ave D, 32320
Tel *(850) 653-9888*
Café e bar agradável com ostras e garoupa locais, massas e bolinhos de caranguejo. Boa opção para o brunch de domingo.

APALACHICOLA:
Tamara's Café Floridita $$
Espanhola Mapa rodoviário B2
71 Market St, 32320
Tel *(850) 653-4111* **Fecha** *seg*
Café espanhol, serve tapas, paella, garoupa com crosta de nozes-pecãs e frango à marguerita.

DESTIN: Donut Hole $
Americana Mapa rodoviário A1
635 Hwy 98 E, 32541
Tel *(850) 837-8824*
Ótima opção para café da manhã o dia todo, serve carne em conserva, omeletes, ovos beneditinos, sanduíches, hambúrgueres, saladas e rosquinhas variadas.

DESTIN: The Back Porch $$
Frutos do mar Mapa rod. A1
1740 Old Hwy 98, 32541
Tel *(850) 837-8824*
Restaurante informal com varanda voltada para a praia e o golfo. O cardápio apresenta ostras e peixe grelhado. Boas ofertas no almoço.

DESTIN: Marina Café $$$
Americana/Frutos do mar
Mapa rodoviário A1
404 Hwy 98 E, 32541
Tel *(850) 837-7960*
Salão náutico elegante e deque externo com mesas e vistas do porto. A cozinha, mais tradicional, serve filés e frutos do mar harmonizados com vinhos deliciosos. Há também pizzas de forno a lenha, massas e sushis.

FORT WALTON BEACH:
Pandora's Steakhouse $$$
Steakhouse Mapa rodoviário A1
1120B Santa Rosa Blvd, 32548
Tel *(850) 244-8669* **Fecha** *seg*
Essa churrascaria familiar é famosa pelas carnes preparadas em uma grelha a lenha. Há também opções com frutos do mar e um menu infantil.

FORT WALTON BEACH:
Staff's Seafood Restaurant $$$
Frutos do mar Mapa rod. A1
24 Miracle Strip Pkwy, 32548
Tel *(850) 243-3482*
Restaurante tradicional com frutos do mar locais, porções com camarão e peixe, bife, bons acompanhamentos e gumbo.

Mais informações sobre restaurantes na p. 327

GRAYTON BEACH: Picolo's Restaurant and the Red Bar $$
Frutos do mar   Mapa rod. B1
70 Hotz Ave, 32459
Tel *(850) 231-1008*
Esse restaurante descontraído tem jazz ao vivo e um menu curto, porém excelente, de frutos do mar. Não aceita cartões de crédito.

PANAMA CITY BEACH: Hunt's Oyster Bar $$
Frutos do mar   Mapa rod. B1
1150 Beck Ave, 32401
Tel *(850) 763-9645*   **Fecha** *dom*
Esse restaurante despojado de gerência familiar oferece ostras frescas de Apalachicola cruas e cozidas, além de boas ofertas no almoço em dias úteis.

PANAMA CITY BEACH: Schooners $$
Frutos do mar   Mapa rod. B1
5121 Gulf Dr, 32408
Tel *(850) 235-3555*
Perto da praia, o Schooners serve bons frutos do mar e às vezes tem música ao vivo. Ofertas no início da noite.

PANAMA CITY BEACH: Capt. Anderson's $$$
Frutos do mar   Mapa rod. B1
5551 N Lagoon Dr, 32408
Tel *(850) 234-2225*   **Fecha** *dom*
Veja os barcos descarregarem a pesca do dia a partir desse restaurante na marina. Desde 1953 os clientes fazem fila para provar o camarão grelhado e a cauda de lagosta sul-africana.

Destaque
PANAMA CITY BEACH: Firefly $$$
Americana   Mapa rod. B1
535 Richard Jackson Blvd, 32407
Tel *(850) 303-0962*
O Firefly proporciona uma refeição fantástica sob um carvalho iluminado – ótima opção para um jantar romântico. O menu, sofisticado, apresenta sopa de caranguejo, rack de cordeiro, costeletas de porco, caranha com crosta de chouriço e cauda de lagosta. Boa carta de martínis no Library Lounge, sushi na happy-hour e um menu infantil.

PENSACOLA: Cactus Flower Café $$
Mexicana   Mapa rodoviário A1
1425 M 12th Ave, 32502
Tel *(850) 912-4856*   **Fecha** *dom*
O Cactus Flower Café serve tacos com mahimahi, sopa com tortilha, molho feito na hora, quesadillas e burritos.

PENSACOLA: Five Sisters Blues Café $$
Americana   Mapa rodoviário A1
421 W Belmont St, 32501
Tel *(850) 912-4856*
O Five Sisters oferece música ao vivo e delícias sulistas como gumbo, frango frito, bolinhos de caranguejo, carne de porco desfiada e assados. Excelente brunch aos domingos.

Destaque
PENSACOLA: Dharma Blue $$$
Americana   Mapa rod. A1
300 S Alcaniz St, 32502
Tel *(850) 433-1275*   **Fecha** *dom*
Fica em uma casa vitoriana voltada para a histórica Seville Square. A cozinha refinada serve peixe enegrecido com camarão salteado, peito de pato grelhado, filé bovino e costeletas de porco. Há ótimos pratos do dia, incluindo focaccia de cogumelos portobello, tacos com peixe ou quiche.

PENSACOLA: McGuire's Irish Pub $$$
Churrascaria   Mapa rod. A1
600 E Gregory St, 32502
Tel *(850) 433-6789*
Churrascaria, pub, cervejaria e adega de vinhos em um só lugar. Tem cozido irlandês excelente, carnes, chucrute e frutos do mar. Os hambúrgueres são grandes e deliciosos.

SANTA ROSA: Fish Out of Water $$$
Frutos do mar   Mapa rod. B1
Watercolor Inn, 34 Goldenrod Circle, 32459
Tel *(850) 534-5050*
Entre Grayton Beach e Seaside, esse restaurante premiado apresenta cenário relaxante. A cozinha sulista usa ingredientes frescos com resultados notáveis. Deliciosos drinques.

SEAGROVE BEACH: Café 30A $$$
Americana   Mapa rodoviário B1
3899 E County Hwy 30A, 32459
Tel *(850) 231-2166*
O Café 30A serve diversos frutos do mar assados em forno a lenha, carnes grelhadas e pizzas em um salão disposto em vários níveis.

SEASIDE: Bud & Alley's $$$
Americana   Mapa rodoviário B1
2236 E County Rd 30A, 32459
Tel *(850) 231-5900*
Com menu que destaca frutos do mar frescos, esse local animado também serve tacos e pizzas. Tem um menu infantil.

SEASIDE: Great Southern Café $$$
Americana   Mapa rodoviário B1
83 Central Square, 32459
Tel *(850) 231-7327*
Conforme o nome indica, esse restaurante serve pratos sulistas tradicionais o dia todo. Peça o fubá ya-ya.

TALLAHASSEE: Dog et Al $
Americana   Mapa rodoviário C1
1456 Monroe St, 32301
Tel *(850) 222-4099*   **Fecha** *dom*
Lanchonete clássica especializada em cachorros-quentes grandes, pequenos, com milho ou peru e mais, servidos com chili, queijo e couve.

TALLAHASSEE: Mom & Dad's $$
Italiana   Mapa rodoviário C1
4175 Apalachee Pkwy, 32311
Tel *(850) 877-4518*
Fecha *dom e seg*
O Mom & Dad's pertence a uma família que serve comida italiana tradicional refinada há mais de 50 anos. Apresenta boa carta de vinhos.

Vista fantástica da praia no Schooners, em Panama City Beach

Categorias de Preço *na p. 329*

TALLAHASSEE: Azu $$$
Asiática   Mapa rodoviário C1
3220 Apalachee Pkwy, 32311
Tel *(850) 893-4112*
O Azu prepara algumas das melhores opções chinesas da cidade, especialidades japonesas como teriyaki, sushi e tempurá, e pratos de fusão. A carne com manga e o camarão com mel e abacaxi são divinos.

TALLAHASSEE:
Cypress Restaurant $$$
Americana   Mapa rodoviário C1
320 E Tennessee St, 32301
Tel *(850) 513-1100*
Fecha *dom e seg*
Restaurante de um chef com menu sofisticado. Tem peito de pato glaceado com kumquat, garoupa com crosta de pecã e camarão e fubá famosos na cidade.

TALLAHASSEE:
Kool Beanz Café $$$
Caribenha   Mapa rodoviário C1
921 Thomasville Rd, 32303
Tel *(850) 224-2466*
Esse café badalado e ruidoso se destaca pelas vieiras condimentadas e pelo camarão com manjericão e limão. Brunch excelente.

Costa do Golfo

Destaque
ANNA MARIA ISLAND:
Beach Bistro $$$
Americana   Mapa rod. D3
6600 Gulf Dr, Holmes Beach, 34217
Tel *(941) 778-6444*
Um do melhores restaurantes da Flórida, o Beach Bistro é ótimo para um encontro romântico diante de vistas do poente no mar. Entre as iguarias servidas, estão garoupa com crosta de coco e castanhas tostadas, bouillabaisse com cauda de lagosta, lombo fatiado, foie gras e rocambole com molho béarnaise.

ANNA MARIA ISLAND:
Sign of the Mermaid $$$
Americana/Europeia
Mapa rodoviário D3
9707 Gulf Dr, 34216
Tel *(941) 778-9399*
Restaurante bem decorado em uma casa de 1912 restaurada, o Sign of the Mermaid ostenta ampla variedade de cozinha europeia e da Flórida. Ótimas sobremesas e vinhos americanos e importados.

Mesa ao ar livre do Beach Bistro, em Anna Maria Island

CAPTIVA ISLAND:
Bubble Room $$$
Americana   Mapa rodoviário E4
15001 Captiva Rd, 33924
Tel *(239) 472-5558*
Deguste filés e frutos do mar em um ambiente retrô decorado com brinquedos, trens, *juke boxes*, discos antigos e luzes natalinas.

CAPTIVA ISLAND:
Mucky Duck $$$
Americana/Frutos do mar
Mapa rodoviário E4
11546 Andy Rosse Ln, 33924
Tel *(239) 472-3434*
Café praiano informal que serve garoupa, camarão ao coco, pato assado e frango ao vinho marsala. Lindas vistas do pôr do sol.

CAPTIVA ISLAND:
Old Captiva House $$$
Americana/Frutos do mar
Mapa rodoviário E4
15951 Captiva Dr, 33924
Tel *(239) 472-5161*
Alta gastronomia em uma casa charmosa de 1931. Enquanto analisa o menu variado, ouça piano e aprecie as vistas do poente.

CLEARWATER BEACH:
Frenchy's South Beach Café $$
Americana   Mapa rodoviário D3
351 S Gulfview Dr, 33767
Tel *(727) 441-9991*
Café praiano informal cujos sanduíches de garoupa fazem sucesso. Serve também sopa de caranguejo, saladas, costela, frutos do mar e massas.

CLEARWATER BEACH:
The Lobster Pot Bistro $$$
Frutos do mar   Mapa rod. D3
478 Mandalay Ave, 33767
Tel *(727) 446-8809*
Lagosta e carne do Maine em um menu de almoço acessível. Jazz no pátio de quinta a domingo. Menu infantil.

DUNEDIN: Bon Appetit $$$
Americana   Mapa rodoviário D3
150 Marina Plaza, 34698
Tel *(727) 733-2151*
Restaurante chique diante das águas, com mesas internas e externas. Há um cardápio formal e opções de comfort food. Boas ofertas no jantar.

FORT MYERS: The Veranda $$$
Americana   Mapa rodoviário E4
2122 2nd St, 33901
Tel *(239) 332-2065*   **Fecha** *dom*
Em uma charmosa casa histórica, o Veranda oferece gastronomia à moda sulista. Peça a garoupa com fubá, o frango com camarão da baía ou a caranha coberta por lagostim.

Destaque
LONGBOAT KEY:
Euphemia Haye $$$
Europeia   Mapa rodoviário D3
5540 Gulf of Mexico Dr, 34228
Tel *(941) 383-3633*
Em uma casa cercada por vegetação tropical, esse restaurante compõe-se de dois ambientes. No térreo, em clima romântico, as refeições são compostas por caranha com crosta de pistache, pernil de cordeiro e pato. No andar de cima, o Haye Loft tem música ao vivo, drinques, pizzas e um bufê de sobremesas com torta de nozes e maçã, além de delícias à base de banana.

LONGBOAT KEY:
Pattigeorge's $$$
Asiática   Mapa rodoviário D3
4120 Gulf of Mexico Dr, 34228
Tel *(941) 383-5111*
Restaurante sofisticado, com lindas vistas da baía e influências asiáticas, o Pattigeorge's prepara deliciosos pratos fritos ou de wok, dim sum e sushi.

Mais informações sobre restaurantes *na p. 327*

SANIBEL ISLAND: Island Cow $$
Americana   Mapa rodoviário E4
2163 Periwinkle Way, 33957
Tel *(239) 472-0606*
Café da manhã barato, hambúrgueres, sanduíches e nove pratos de peixes. As crianças adoram o concurso noturno de mugidos.

SANIBEL ISLAND: Mad Hatter $$$
Americana   Mapa rodoviário E4
6467 Sanibel-Captiva Rd, 33957
Tel *(239) 472-0033*   **Fecha** *seg*
Esse café romântico tem menus sazonais criativos que podem apresentar camarão empanado, vieiras com trufa negra e pato ao molho de frutas vermelhas.

SANIBEL ISLAND: Timbers Restaurant and Fish Market $$$
Frutos do mar   Mapa rod. E4
703 Tarpon Bay Rd, 33957
Tel *(239) 395-2722*
O Timbers tem frutos do mar frescos, um bufê de opções cruas, sopa e porções. Peça a garoupa crocante ou os deliciosos filés.

SARASOTA: Nancy's Bar-B-Q $
Americana   Mapa rodoviário D3
301 S Pineapple Ave, 34236
Tel *(941) 366-2271*   **Fecha** *dom*
Aguarde no balcão enquanto espera sua chance de provar ótimo churrasco, com opções como carne de porco desfiada, acém, frango, costela e salmão. Acompanhamentos gostosos.

SARASOTA: Yoders $
Americana   Mapa rodoviário D3
3434 Bahia Vista St, 34239
Tel *(941) 955-7771*   **Fecha** *dom*
Oferece culinária amish desde 1975. Café da manhã farto, delicioso frango frito e tortas famosas, como a que leva pasta de amendoim. Não serve álcool.

SARASOTA: Café L'Europe $$$
Francesa   Mapa rodoviário D3
431 St. Armands Circle, 34236
Tel *(941) 388-4415*
Bastião consolidado de alta gastronomia com ótimo ambiente, esse café tem linguado de Dover e filé chateaubriand entre suas especialidades. Jante cedo a preço fixo.

SARASOTA: Derek's Culinary Casual $$$
Americana   Mapa rodoviário D3
514 Central Ave, 34231
Tel *(941) 366-6565*
Fecha *dom e seg*
O inovador dono e chef ganhou renome em todo o país por pratos como pernil de cordeiro com coentro e vinho, e pato tenro. Sopas refinadas e porções deliciosas.

Categorias de Preço *na p. 329*

SARASOTA: Michaels on East $$$
Americana   Mapa rodoviário D3
1212 E Ave S, 34239
Tel *(941) 366-0007*   **Fecha** *dom*
Esse restaurante sofisticado propõe as "Epicurean Adventures", cardápios inspirados na cozinha de vários países, além de jantares a preço fixo. Há mais de 350 vinhos excepcionais à escolha.

ST. PETE BEACH: Madfish $$$
Americana   Mapa rodoviário D3
5200 Gulf Blvd, 33706
Tel *(727) 360-9300*
Lanchonete antiga modernizada, com ótimo café da manhã e menus noturnos. Costela deliciosa e ofertas no início da noite.

ST. PETE BEACH: Maritana Grille $$$
Europeia   Mapa rodoviário D3
Don Cesar Hotel, 3400 Gulf Blvd, 33706
Tel *(727) 360-1881*
Restaurante chique com salão bonito. Peça a especialidade, frutos do mar na chapa, ou opte entre bife, carne de veado e rack de cordeiro grelhado.

ST. PETERSBURG: Red Mesa Cantina $$
Mexicana   Mapa rodoviário D3
128 3rd St S, 33701
Tel *(727) 896-8286*
A excelente comida mexicana do Red Mesa compõe-se de tortilhas e ceviche. Mesas no colorido ambiente interno ou no belo pátio. Música ao vivo no bar de tequila.

ST. PETERSBURG: The Moon Under Water $$
Gastropub   Mapa rodoviário D3
332 Beach Dr NE, 33701
Tel *(727) 896-6160*
Pub com influências britânicas e indianas coloniais. Há dezessete cervejas tradicionais e artesanais de barril. Serve peixe com fritas, curries, hambúrgueres, massas, tortas e sopas.

ST. PETERSBURG: Cassis American Brasserie $$$
Francesa/Americana
Mapa rodoviário D3
170 Beach Dr NE, 33701
Tel *(727) 827-2927*
Com decoração elegante, essa brasserie serve ótimos frutos do mar e tem mesas agradáveis na calçada. Há um menu especial para cães.

TAMPA: Benjarong Thai $
Tailandesa   Mapa rodoviário D3
14402 N Dale Mabry Hwy, 33618
Tel *(813) 265-2667*   **Fecha** *dom*
Restaurante pequeno com menu de comida autêntica, pratos com pato e excelentes curries. Almoço a bom preço.

TAMPA: Mel's Hot Dogs $
Americana   Mapa rodoviário D3
4136 Busch Blvd, 33617
Tel *(813) 986-8000*   **Fecha** *dom*
Perto dos Busch Gardens, é um favorito local desde o início dos anos 1970 devido a seus cachorros-quentes e hambúrgueres.

TAMPA: Bella's Italian Café $$
Italiana   Mapa rodoviário D3
1413 S Howard Ave, 33606
Tel *(813) 254-3355*
Em atividade há mais de 25 anos, esse café informal tem pizza de forno a lenha e comida italiana tradicional. Ótima happy-hour.

TAMPA: Bern's Steakhouse $$$
Churrascaria   Mapa rodoviário D3
1208 S Howard Ave, 33606
Tel *(813) 251-2421*
Decoração opulenta e ótimos filés marcam essa churrascaria,

Ambiente informal com cores vibrantes no Island Cow, Sanibel Island

ONDE COMER E BEBER | 345

que também oferece visitas à sua incrível adega. Há uma sala só com sobremesas deliciosas.

TAMPA: Ceviche Tapas Bar and Restaurant $$$
Espanhola Mapa rodoviário D3
2500 W Azeele St, 33609
Tel *(813) 250-0203*
Restaurante chique com música ao vivo e shows de dança flamenca. Oferece mais de cem tipos de tapas para compartilhar, paella e ceviche.

Destaque
TAMPA:
Columbia Restaurant $$$
Espanhola Mapa rod. D3
2117 E 7th Ave, Ybor City, 33605
Tel *(813) 248-4961*
Evocando a Velha Espanha, o restaurante mais antigo da Flórida ocupa um quarteirão. Apesar de seu tamanho e das multidões que o frequentam, essa instituição familiar mantém a qualidade do menu hispano-cubano, com pratos tradicionais como paella e caranha à moda de Alicante. Há dançarinos de flamenco todas as noites, exceto aos domingos.

TAMPA: Mise en Place $$$
Americana Mapa rodoviário D3
442 W Kennedy Blvd, 33606
Tel *(813) 254-5373*
Fecha *dom e seg*
Restaurante elegante para uma ocasião especial. O bife de Kobe e o rack de cordeiro são ótimos, e há opções com preço fixo.

Destaque
TAMPA: Restaurant BT $$$
Francesa Mapa rodoviário D3
2507 S MacDill Ave, 33629
Tel *(813) 258-1916* **Fecha** *dom*
Os amantes da boa mesa cruzam grandes distâncias para saborear a mescla sutil de técnicas e temperos franceses e vietnamitas a cargo do chef talentoso desse café elegante. Entre suas criações memoráveis estão caranha de Saigon com capim-limão e curry, bouillabaisse vietnamita, camarões da costa basca e pato ao molho de manga.

TAMPA: The Refinery $$$
Americana Mapa rodoviário D3
5137 N Florida Ave, 33603
Tel *(813) 237-2000*
Com ingredientes frescos e tem-

As bebidas são anunciadas na parede do The Refinery, em Tampa

peros criativos, o menu do Refinery muda a cada semana e tem opções como peixe grelhado com erva-doce e coentro e frango na manteiga de estragão de Dijon.

VENICE: Sharky's on the Pier $$
Frutos do mar Mapa rod. D4
1600 S Harbor Dr, 34285
Tel *(941) 488-1456*
Bem localizado na praia, esse restaurante e tiki bar serve lanches deliciosos, sanduíches e refeições completas. Música ao vivo de quarta a sábado.

Everglades e Keys

EVERGLADES:
Coopertown Restaurant $
Frutos do mar Mapa rod. E5
22700 SW 8 St, 33194
Tel *(305) 226-6048*
Pegue um prato de papel para comer especialidades como cauda de aligator, pernas de rã e bagre. Há também sanduíches deliciosos e bom café da manhã.

EVERGLADES:
City Seafood and Market $
Frutos do mar Mapa rod. E5
702 Begonia St, 34139
Tel *(239) 695-4700*
Esse café junto ao rio oferece sanduíches e frutos do mar frescos como caranguejo e camarão, além de cauda de aligator e pernas de rã. Encerre com a torta de limão e os sorvetes caseiros.

ISLAMORADA: Marker 88 $$$
Frutos do mar Mapa rod. F5
88000 Overseas Hwy, 33070
Tel *(305) 852-9315*
O Marker 88 tem gastronomia refinada e cara servida em um cenário praiano informal. Há diversos frutos do mar frescos no menu, assim como opções excelentes de carne. Extensa carta de vinhos.

ISLAMORADA: Pierre's $$$
Francesa Mapa rodoviário F5
81600 Overseas Hwy, MM 81.6, 33036
Tel *(305) 664-3225*
Perfeito para ocasiões especiais, o Pierre's oferece gastronomia refinada e varandas com lindas vistas. Saboreie os frutos do mar e os filés primorosos.

ISLAMORADA:
Wahoo's Bar and Grill $$$
Frutos do mar Mapa rod. F5
83413 Overseas Hwy, MM 83.5, 33036
Tel *(305) 664-9888* **Fecha** *dom*
Veja os pescadores chegarem à praia enquanto você come caranha, garoupa, atum e outros peixes frescos. Há também diversos sanduíches.

KEY LARGO:
Mrs. Mac's Kitchen $$
Frutos do mar Mapa rod. F5
99336 Overseas Hwy, MM 99.4, 33037
Tel *(305) 451-3722* **Fecha** *dom*
No Mrs. Mac's, você encontra a boa e antiga culinária sulista. Há chili, sopa de mariscos, bolinhos de caranguejo, peixes frescos do dia e tortas caseiras no menu.

KEY LARGO: Fish House Restaurant and Market $$$
Frutos do mar Mapa rod. F5
102401 Overseas Hwy, MM 102,4, 33037
Tel *(305) 451-4665*
Peça o peixe do dia a seu gosto: cozido, frito, grelhado ou ensopado. Além de camarão, caranguejo e outros frutos do mar, há carnes e massas.

KEY WEST: Banana Café $$
Francesa Mapa rodoviário E5
1215 Duval St, 33040
Tel *(305) 294-7227*
Nesse bistrô pequeno servem-se crepes recheados com frutos do mar, filé de costela e caranha local salteada. Boas opções de café da manhã.

Mais informações sobre restaurantes *na p. 327*

KEY WEST: Camille's $$
Americana   Mapa rodoviário E5
1202 Simonton St, 33040
Tel *(305) 296-4811*
Esse restaurante com decoração pitoresca serve ótimo café da manhã (caranguejo beneditino) e opções razoáveis no jantar, como bolo de carne de caranguejo.

KEY WEST: El Siboney $$
Cubana   Mapa rodoviário E5
900 Catherine St, 33040
Tel *(305) 296-4184*
Saboreie comida cubana caseira a preços excelentes. Ligue uma hora antes para pedir a paella. Bons pratos do dia.

**KEY WEST:
La Trattoria Restaurant** $$
Italiana   Mapa rodoviário E5
3593 S Roosevelt Blvd, 33040
Tel *(305) 296-1075*
Nessa trattoria, há clássicos italianos, lindas vistas do mar e martínis excelentes.

**KEY WEST: Mangia Mangia
Pasta Café** $$
Italiana/Frutos do mar
Mapa rodoviário E5
900 Southard St, 33040
Tel *(305) 294-2469*
As massas caseiras reinam no Mangia Mangia, servidas como pratos principais ou como acompanhamento de camarões, frango ou mahimahi. Delicioso linguine com lagosta.

KEY WEST: Mangoes $$
Americana   Mapa rodoviário E5
700 Duval St, 33040
Tel *(305) 292-4606*
Menu variado com muitas opções de frutos do mar. Como o nome indica, usa manga em drinques como margorita e mango colada. As mesas no pátio são ideais para relaxar.

KEY WEST: Sarabeth's Kitchen $$
Americana   Mapa rodoviário E5
530 Simonton St, 33040
Tel *(305) 293-8181* **Fecha** seg e ter
Com matriz em Nova York, esse local com sopas e saladas ótimas é conhecido pelo brunch e pelo almoço. À noite, as opções variam de bolo de carne a caranha.

Destaque
KEY WEST: Seven Fish $$
Americana   **Mapa rod.** E5
632 Olivia St, 33040
Tel *(305) 296-2777* **Fecha** ter
Fuja da multidão de turistas nessa joia local: um bistrô de esquina onde mahimahi e bolo de carne dividem espaço no menu com surpresas como frango com banana e massa com caranguejo e shitake. Tudo tem preço razoável.

KEY WEST: Sloppy Joe's Bar $$
Americano   Mapa rodoviário E5
201 Duval St, 33040
Tel *(305) 294-5717*
Ernest Hemingway era cliente frequente desse pub cordial com música ao vivo e comida deliciosa. Cerveja de barril e carta de bebidas completa.

**KEY WEST:
A&B Lobster House** $$$
Frutos do mar   **Mapa rod.** E5
700 Front St, 33040
Tel *(305) 294-5880*
Com localização privilegiada no porto, esse restaurante tem frutos do mar frescos, excelente cauda de lagosta com arroz de coco e nozes-pecãs e ótimos filés.

**KEY WEST:
Antonia's Restaurant** $$$
Italiana   Mapa rodoviário E5
615 Duval St, 33040
Tel *(305) 294-6565*
Chique e intimista, o Antonia's é muito conceituado pelo menu e pela carta de vinhos abrangentes. Exige reserva.

KEY WEST: Blue Heaven $$$
Americana   Mapa rodoviário E5
729 Thomas St, 33040
Tel *(305) 296-8666*
Lugar badalado com música ao vivo e decoração extravagante. Há lagosta, caranguejo e vieiras no menu de frutos do mar e opções excelentes no brunch.

KEY WEST: Café Marquesa $$$
Americana   Mapa rodoviário E5
600 Fleming St, 33040
Tel *(305) 292-1244*
Restaurante sofisticado e intimista, com um menu criterioso que apresenta pratos interessantes, como peito de pato com frango e salsicha com maçã.

Destaque
KEY WEST: Café Sole $$$
Francesa/Americana
Mapa rodoviário E5
1029 Southard St, 33040
Tel *(305) 294-0230*
Esse pequeno café com um jardim romântico tem um chef talentoso cujos menus fantásticos combinam o melhor da Provença e da Flórida, a exemplo de sopa de lagosta ou de cebola, carpaccio de marisco e pato com laranja. Peça a caranha, um peixe de carne branca servido com molho de pimentão vermelho assado.

**KEY WEST:
HarbourView Café** $$$
Frutos do mar   **Mapa rod.** E5
Pier House Resort, 1 Duval St, 33040
Tel *(305) 296-4600*
Restaurante encantador que serve o dia todo frutos do mar locais e pratos tradicionais. O jantar é mais formal. As mesas no deque têm lindas vistas, e há música ao vivo no piano-bar.

KEY WEST: La Te Da $$$
Americana   Mapa rodoviário E5
1125 Duval St, 33040
Tel *(305) 296-6706*
Restaurante chique e descontraído, cujo menu variado apresenta bolo de carne, camarões, caranha e frango assado taitiano.

KEY WEST: Louie's Backyard $$$
Americana   Mapa rodoviário E5
700 Waddell Ave, 33040
Tel *(305) 294-1061*
Com terraço sobre o mar, o Louie's proporciona lindas vistas e comida à altura, com temperos caribenhos. Faça reserva com bastante antecedência.

Fachada charmosa do Mangia Mangia Pasta Café, em Key West

Categorias de Preço na p. 329

ONDE COMER E BEBER | 347

KEY WEST:
Michael's Key West $$$
Americana   Mapa rodoviário E5
532 Margaret St, 33040
Tel *(305) 295-1300*
Sucesso entre os moradores locais, o Michael's tem três ambientes para sua cozinha gourmet: um salão formal, um pátio romântico e um bar no jardim onde é servido um fondue divino.

KEY WEST: Pisces $$$
Frutos do mar   Mapa rod. E5
1007 Simonton St, 33040
Tel *(305) 294-7100*
A decoração interessante do Pisces conta com uma obra de Andy Warhol. Entre os ótimos pratos há lagosta tango mango e solha.

KEY WEST:
Square One Restaurant $$$
Americana   Mapa rodoviário E5
1975 Duval St, 33040
Tel *(305) 296-4300*
Restaurante fino com ambiente cálido e piano ao vivo. Os chefs usam ervas regionais frescas e produtos sazonais em pratos tradicionais. Peça rack de cordeiro ou caranha.

MARATHON: Butterfly Café $$
Americana/Caribenha
Mapa rodoviário E5
2600 Overseas Hwy, 33050
Tel *(305) 289-7177*
Com belo salão no resort Tranquility Bay, o Butterfly serve deliciosa sopa de mariscos, camarão ao coco, hambúrgueres e refeições para crianças. Tudo tem um toque caribenho.

MARATHON:
Herbie's Restaurant $$
Frutos do mar   Mapa rod. E5
6350 Overseas Hwy, 33050
Tel *(305) 743-6373*
Fecha *dom e seg*
Afamado pelos mariscos e frutos do mar frescos a preços justos e servidos em um cenário que evoca a Velha Flórida.

MARATHON:
Lazy Days South $$$
Americana   Mapa rodoviário E5
725 11th St Ocean, 33050
Tel *(305) 289-0839*
Restaurante elegante diante do oceano. O menu abrange frutos do mar, filés, massas e sanduíches. Lindas vistas do pôr do sol.

MARCO ISLAND: Arturo's $$$
Americana   Mapa rodoviário E5
844 Bald Eagle Dr, 34145
Tel *(239) 642-0550*
Chique, o Arturo's tem opções como perna de rã, frango com parmesão e costeletas de porco.

MARCO ISLAND: Old Marco Lodge Crab House $$$
Frutos do mar   Mapa rod. E5
401 Papaya St, Goodland, 34140
Tel *(239) 642-7227*
Lugar pitoresco com um deque grande ao ar livre diante das águas. Serve frutos do mar frescos, sopas, saladas e sanduíches. Tem um menu infantil.

MARCO ISLAND: Sale e Pepe $$$
Italiana   Mapa rodoviário E5
480 S Collier Blvd, 34145
Tel *(239) 393-1600*
Casa elegante em um resort com vistas do golfo. A cozinha sofisticada serve massas caseiras, frutos do mar frescos e carnes.

MARCO ISLAND: Snook Inn $$$
Frutos do mar/Americana
Mapa rodoviário E5
1215 Bald Eagle Dr, 34145
Tel *(239) 394-3313*
Faça uma refeição informal no Snook Inn, cujo menu apresenta de sanduíches a pratos mais elaborados como camarões recheados e costelas à moda caribenha.

NAPLES: First Watch $$
Café   Mapa rodoviário E4
225 Banyan Blvd, 34102
Tel *(239) 434-0005*
O First Watch oferece café da manhã saudável com panquecas multigrãos e picadinho. No almoço, os sanduíches vêm com uma sopa ou uma salada.

NAPLES: Noodles Italian Café and Sushi Bar $$
Italiana/Japonesa
Mapa rodoviário E4
1585 Pine Ridge Rd, 34109
Tel *(239) 592-0050*
Uma casa italiana tradicional e um sushi bar convivem em um só lugar. O menu pouco calórico tem pizzas, bife à Oscar e salmão florentino.

NAPLES: Barbatella Spirited Italian Trattoria $$$
Italiana   Mapa rodoviário E4
1290 3rd St, 34102
Tel *(239) 263-1955*
Com um belo salão e mesas no pátio, essa trattoria refinada tem opções de rotisserie e especialidades grelhadas, além de pizzas de forno a lenha, massas caseiras e sorvetes.

NAPLES: Bistro 821 $$$
Internacional   Mapa rod. E4
821 5th Ave, 34102
Tel *(239) 261-5821*
Esse bistrô chique apresenta atmosfera típica de South Beach, além de um menu variado que sugere tortas, paella, risoto, missô com saquê (sua marca registrada) e robalo assado. Excelente carta de vinhos.

NAPLES: Café Lurcat $$$
Americana   Mapa rodoviário E4
494 5th Ave, 34102
Tel *(239) 213-3357*
Sofisticado, serve ótimas tapas e porções no bar. No andar de cima e na calçada, saboreiam-se culinária americana criativa e várias opções com poucas calorias.

NAPLES: Cote d'Azur $$$
Francesa   Mapa rodoviário E4
11224 Tamiami Trail N (US41), 34110
Tel *(239) 597-8867*   **Fecha** *seg*
Esse bistrô intimista tem fantástica cozinha do interior da França, como frutos do mar ao forno, que são desossados e cortados na mesa.

NAPLES: Sea Salt $$$
Italiana   Mapa rodoviário E4
1186 3rd St S, 34102
Tel *(239) 434-7258*
O belo cenário moderno e o chef talentoso de Veneza fazem do Sea Salt um dos melhores restaurantes de Naples. Comece com ostras cruas, carpaccio ou carnes maturadas, então peça espadarte ou polenta ao parmesão, linguado com ragu de lentilhas ou lombo de carne de veado. Há vinhos excelentes.

NAPLES: USS Nemo $$$
Frutos do mar   Mapa rod. E4
3745 Tamiami Trail (US 41), 34103
Tel *(239) 261-6366*
Com decoração submarina, serve frutos do mar com influências asiáticas. Peça o robalo assado com missô, acompanhado de manteiga cítrica com gengibre.

O charme italiano marca a decoração do Sea Salt, em Naples

Mais informações sobre restaurantes *na p. 327*

Bares e Cafés

O estilo de vida descontraído responde pela grande quantidade de bares e cafés da Flórida. O termo "café" refere-se a um restaurante informal do tipo bistrô, uma cafeteria e até mesmo um bar. Os *sports bars* são mais populares e costumam ter vários aparelhos de televisão sintonizados em canais esportivos. O som é desligado se há música no ambiente. Muitos bares e cafés têm happy-hour das 16h às 19h; nesse intervalo a bebida é mais barata, e os petiscos servidos são cortesia. Nos bares que apresentamos aqui você pode beber, comer, tomar um café ou fazer um lanche rápido.

Miami

Miami Beach: News Café
800 Ocean Drive. **Mapa** 2 F4.
Tel *(305) 538-6397.*

Com mesas na calçada, esse café descontraído é um ponto de encontro em South Beach e fica aberto 24 horas. As pessoas nele se reúnem para beber, comer e apreciar o movimento da Ocean Drive. O cardápio oferece bons cafés da manhã, massas e refeições leves e saudáveis. Há dezenas de tipos de café e uma longa lista de pastelaria. *AE DC MC V*

Miami Beach: Van Dyke Café
846 Lincoln Rd. **Mapa** 2 E2.
Tel *(305) 534-3600.*

Esse popular ponto de SoBe, com mesas dentro e fora, ocupa um bonito prédio restaurado em estilo mediterrâneo. As especialidades da casa são o pudding de pão e zabaglione com framboesas frescas. É uma boa opção para tomar um café ou um chá de ervas. Um trio de jazz se apresenta à noite. *AE DC MC V*

Downtown: Hard Rock Café
401 Biscayne Blvd. **Mapa** 4 F1.
Tel *(305) 377-3110.*

Decorado com lembranças do rock, tem um bar para quem só quer beber e entrar no clima, mas reserve se a intenção for comer. A comida é norte-americana, dos suculentos hambúrgueres às tortas de maçã. Porções generosas. *AE DC MC V*

Coral Gables: Café Books & Books
265 Aragon Ave. **Mapa** 5 C1.
Tel *(305) 448-9599.*

Localizado no pátio da Books & Books, essa delicatéssen serve sopas, sanduíches e ótimas sobremesas, todas feitas por Lyon & Lyon Caterers. Tem um bar-café completo, e abre a semana toda, das 9h às 23h. *AE MC V*

Coconut Grove: Café Tu Tu Tango
3059 Grand Ave. **Mapa** 6 E4.
Tel *(305) 461-2228.*

Excelente lugar para dividir várias porções de antepasto espanhol, patê de alcachofra e sashimi de atum. Na frente da Coco Walk; portanto, excelente para ver pessoas. *AE DC MC V*

Coconut Grove: Fat Tuesday's
Coco Walk, 3015 Grand Ave.
Mapa 6 E4. **Tel** *(305) 441-2992.*

Esse antigo *sports bar* tem três antenas parabólicas, 51 telas de TV e cinco mesas de bilhar. Hoje integra a rede Fat Tuesday, que é ponto de encontro da juventude. Tem cerveja norte-americana e importada, e o cardápio traz refeições leves e petiscos, como asas de galinha, pizza vegetariana, hambúrguer de fajita, hambúrguer gigante e torta de chocolate do Mississippi. *AE DC MC V*

Costas do Ouro e do Tesouro

Boca Raton: Tin Muffin Café
364 East Palmetto Park Rd. **Mapa rodoviário** F4. **Tel** *(561) 392-9446.*

Esse pequeno café faz sanduíches e quiches deliciosos, e suas sobremesas caseiras são uma tentação. Instale-se numa mesa ao ar livre, peça a salada de camarão ou uma fatia de bolo de banana e observe o movimento. Merece uma visita, caso você esteja no bairro.

Fort Lauderdale: Shooters
3033 NE 32nd Ave. **Mapa rodoviário** F4. **Tel** *(954) 566-2855.*

Esse bar e restaurante à beira-mar é o lugar ideal para ver pessoas. Vive lotado de gente descontraída, que vai comer, beber e ver os barcos passando. O cardápio é extenso e os preços são razoáveis. Você pode começar com um bolinho de camarão e caranguejo e terminar com pratos mais substanciosos, como salada de atum ou sanduíche de garoupa. *AE DC MC V*

Palm Beach: The Leopard Lounge
363 Cocoanut Row. **Mapa rodoviário** F4. **Tel** *(561) 659-5800.*

Localizado no Chesterfield Hotel, o Leopard Lounge é ricamente decorado com drapeados escarlate e pretos, com o tema leopardo presente nos tapetes e nas toalhas de mesa. Nos fins de semana o lugar atrai moradores para dançar ao som das "grandes orquestras", que se apresentam ao vivo. Serve cardápio completo. *AE DC MC V*

Orlando e a Costa Espacial

Orlando: Bongos Cuban Café
1498 E Buena Vista Drive. **Mapa rodoviário** E2. **Tel** *(407) 828-0999.*

Esse café que pertence a Gloria Estefan e seu marido Emilio serve comida cubana de qualidade e oferece ritmos quentes para dançar. Prove o arroz con pollo e a sopa de feijão-preto. São dois andares com mesas, internas e externas; o terraço do andar superior é ótimo para olhar o movimento. *AE DC MC V*

Orlando: NASCAR Café
Universal Orlando City Walk. **Mapa rodoviário** E2. **Tel** *(407) 224-7223.*

Se você gosta de carros de corrida, esse é o lugar para você. Vários carros autênticos estão expostos e também todo tipo de lembranças ligadas às corridas. Se isso não bastar, há ainda 40 televisores mostrando os melhores momentos das corridas, uma loja e simuladores de corrida. Os pratos são norte-americanos, como filés, costelas e hambúrgueres. *AE DC MC V*

Nordeste

Jacksonville: River City Brewing Company *835 Museum Circle.* **Mapa rodoviário** E1. **Tel** *(904) 398-2299.*

A cerveja caseira e uma variada seleção de pratos a preços razoáveis fazem desse local um dos preferidos dos moradores. Às sextas tem banda ao vivo, e aos sábados à noite, um DJ local. Não cobra couvert. *AE DC MC V*

St. Augustine: A1A Ale Works
1 King St. **Mapa rodoviário** E1.
Tel *(904) 829-2977.*

Sob a Bridge of Lions, esse simpático pub e restaurante tem uma pequena fábrica de cerveja no local. Quem gosta de ale encontra sete tipos caseiros à venda. Bandas ao vivo tocam no fim de semana. *AE MC V*

St. Augustine: OC White's Seafood and Spirits
118 Avenida Menendez. **Mapa rodoviário** E1. **Tel** *(904) 824-0808.*

Em um prédio do século XVIII na rua em frente à marina de St. Augustine, o OC White's tem uma bonita vista e oferece boa diversão noturna. O interior é decorado com piratas de cera, e o cardápio tem frutos do mar, carnes e hambúrgueres. *AE D MC V*

Daytona Beach: Oyster Pub
555 Seabreeze Blvd. **Mapa rodoviário** E2. **Tel** *(386) 255-6348.*

A uma quadra da praia, esse pub tem um *raw bar* (só comida crua) que serve ostras frescas, camarões e outros frutos do mar. Na happy-hour, a bebida e os frutos do mar são mais baratos. Tem programação esportiva em 27 TVs, uma sala de bilhar e um DJ nos fins de semana. *AE MC V*

Gainesville: 2 Bits Lounge
1714 SW 34th Street. **Mapa rodoviário** D2. **Tel** *(352) 371-3600.*

Localizado no Hilton Hotel, perto do campus da University of Florida, esse bar popular é dedicado aos esportes; as TVs distribuídas pelo espaço ficam sintonizadas nos principais jogos. Serve alguns petiscos. *AE DC MC V*

Panhandle

Panama City Beach: Shuckum's Oyster Pub
15614 Front Beach Rd. **Mapa rodoviário** B1. **Tel** *(850) 235-3214.*

O bar desse lugar popular e despretensioso é decorado com notas de dólar deixadas por clientes. O Shuckum's é famoso pelas ostras, que são servidas cruas, assadas, cozidas no vapor ou fritas em sanduíche. Há outros pratos de peixes e frutos do mar. *MC V*

Pensacola Beach: Sidelines Sports Bar and Restaurant
2 Via de Luna Drive. **Mapa rodoviário** A1. **Tel** *(850) 934-3660.*

Esse ponto de encontro informal na praia de Pensacola tem uma especialidade para cada noite da semana; na Cajun Night, por exemplo, serve Bloody Marys cajun. Tem compartimentos reservados, lembranças esportivas e grandes telas de TV pelas paredes. *AE MC V*

Tallahassee: Tomahawk Sports Bar
609 West Tennessee St. **Mapa rodoviário** C1. **Tel** *(850) 298-4295.*

O melhor bar para ver jogos de futebol e basquete da Universidade Estadual da Flórida, assim como outros eventos esportivos. Divertido e ruidoso, tem mais de cem tipos de cerveja. A cozinha funciona até 3h e serve comida muito gostosa – inclusive cauda de jacaré. Há um brunch farto aos domingos. *AE DC MC V*

Costa do Golfo

Lee Island Coast: The Mucky Duck
11546 Andy Rosse Lane, Captiva Island. **Mapa rodoviário** D4.
Tel *(239) 472-3434.*

Esse autêntico pub inglês ocupa um charmoso prédio de 1930, na cidade de Captiva. Seu fundador, um ex-policial britânico, batizou-o com o nome do pub que frequentava na sua terra natal. Tem jogo de dardos, cerveja e um belo pôr do sol. Do cardápio eclético constam pratos ingleses como peixe e fritas, e cozidos vegetarianos. *AE DC MC V*

Tampa: Elmer's Sports Café
2003 E 7th Ave, Ybor City. **Mapa rodoviário** D3. **Tel** *(813) 248-5855.*

O *sports bar* original de Ybor City é famoso pelas pizzas de massa grossa, asas crocantes e ótimas cervejas. O Elmer's tem telas de TV espalhadas por todo canto e também uma mesa de bilhar. É um lugar muito simples, mas a comida caseira é saborosa e o ambiente, muito agradável. *AE MC V*

St. Petersburg: Carlie's
7020 49th St N. **Mapa rodoviário** D3. **Tel** *(727) 527-5214.*

Esse é o lugar que você deve visitar se estiver procurando um ambiente simpático e animado. Tem música ao vivo para dançar, geralmente tocada por bandas locais, quase todas as noites (menos domingo e segunda-feira), e geralmente apresenta grandes concertos. O lugar tem seis balcões de bar e você pode entrar de bicicleta. O cardápio é completo; não cobra couvert. *DC MC V*

Everglades e Keys

Naples: HB's On The Gulf
851 Gulf Shore Blvd N. **Mapa rodoviário** E4. **Tel** *(239) 435-4347.*

O sofisticado HB's On The Gulf, inaugurado em 1946, fica dentro do Naples Beach Hotel, no Naples Pier. É um lugar fino de onde se vê o sol nascer e se pôr, mas é preciso chegar cedo para pegar lugar. Quando anoitece, o grande bar ao ar livre fica lotado, e as bandas oferecem boa música ao vivo. O HB's tem um cardápio completo, mas a comida não é seu forte. *AE DC MC V*

Key West: Hog's Breath Saloon
400 Front St. **Mapa rodoviário** E5.
Tel *(305) 296-4222.*

O Hog's Breath Saloon original foi fundado por um migrante do Alabama em Fort Walton Beach em 1976, e veio para Key West em 1988. Hoje ainda é um dos favoritos, tem *raw bar*, pratos de frutos do mar e sobremesas deliciosas (como uma excelente torta de limão). Tem música ao vivo todos os dias, das 13h às 2h. *AE MC V*

Key West: Jimmy Buffet's Margaritaville Café
500 Duval St. **Mapa rodoviário** E5.
Tel *(305) 292-1435.*

Tudo o que se refere ao Jimmy Buffet nesse lugar está ou em exposição ou à venda *(p. 299)*, mas o autor e cantor local raramente é visto. A margarita gelada é a especialidade da casa, mas também há refeições leves, sanduíches, hambúrgueres e frutos do mar, como conch fritters. *AE MC V*

Key West: Sloppy Joe's
201 Duval St. **Mapa rodoviário** E5.
Tel *(305) 294-5717.*

Esse lugar em que Ernest Hemingway costumava beber *(p. 298)* é mais comercial do que naquela época, e atrai principalmente turistas. Mas ainda conserva a antiga atmosfera de Key West, e quando tem música ao vivo é difícil ficar sentado. O cardápio inclui pratos típicos de bar, como bolinho de jalapeño e conch, asas de frango com batatas fritas e o famoso hambúrguer "original Sloppy Joe". *MC V*

COMPRAS

Fazer compras é o passatempo preferido na Flórida, e muitos o fazem como uma forma agradável de fugir do calor por algumas horas. Orlando e Miami atraem mais consumidores estrangeiros. O estado é conhecido pelas *discount stores* (vendem de tudo, mas o forte são eletrônicos, UDs e roupas), mas na outra ponta estão as lojas finas, concentradas em badalados bairros comerciais ou em shopping centers. Os que visitam a Flórida pela primeira vez devem se adaptar a essa cultura consumista. Em vez de fazer compras na cidade, os moradores gravitam ao redor de imensos shopping centers, onde as lojas de departamentos e outras vendem de roupas a computadores. Para comprar presentes *(pp. 352-3)*, porém, as lojas menos especializadas são as melhores. Se você busca algo específico, o centro de informações turísticas fornece listagens das lojas da área. As lojas de Miami estão relacionadas nas páginas 98-9.

Mizner Park, em Boca Raton, tem lojas e arquitetura elegantes

Expediente

A maioria das lojas abre das 10h às 18h, de segunda a sexta-feira, e fecha mais tarde uma vez por semana. As lojas dos shopping centers e muitas lojas de departamentos abrem até as 21h. Algumas, inclusive as dos shopping centers, abrem no domingo, em geral das 10h às 18h, e outras (principalmente nas grandes cidades) nunca fecham.

Durante o mês de dezembro, muitas lojas estendem o horário de funcionamento em uma ou duas horas, para que as pessoas tenham mais tempo de fazer suas compras de Natal.

Impostos

A Flórida recolhe 6% de impostos (pode variar de uma cidade a outra) sobre todos os produtos, exceto remédios, legumes, verduras e roupas infantis. O imposto não está incluído nos preços expostos, mas é acrescentado à conta automaticamente. Vale a pena saber que, anualmente, em geral na última semana de julho ou na primeira de agosto, o estado concede uma "semana de compras isenta de impostos" para a compra de material escolar. Aproveite a oportunidade para comprar roupas e livros até US$50. Assim, você fará uma considerável economia de 6% sobre o valor total da conta.

Lojas de Departamentos

Todos os shopping centers têm ao menos uma loja de departamentos. Elas são grandes e oferecem uma imensa variedade de produtos e serviços, desde embalar gratuitamente a sua compra para presente a consultores de compras.

Essas lojas estão por todo o país, e todas elas têm a sua própria reputação pelo tipo de merchandise. Por exemplo, a Bloomingdale's é famosa pelas novidades e também pela excelente comida. Outras se especializam em moda de grife, como as elegantes Saks Fifth Avenue e Neiman Marcus, e a conservadora Lord & Taylor. A famosa loja de departamentos Macy's também possui diversas filiais pelo estado. As robustas Sears e JCPenney oferecem desde roupas e cosméticos a ferramentas mecânicas e elétricas.

Os produtos básicos, de lápis a pasta de dente, bem como frutas e legumes ou eletrônicos, você encontrará nas megalojas como Target, KMart e WalMart, presentes em vários locais em todo o estado. Você também encontrará produtos básicos e miudezas, além de petiscos e revelação rápida de fotos, em lojas como Walgreens e CVS Pharmacy. Muitas delas ficam abertas 24 horas, principalmente nas grandes cidades.

Butique elegante do Bal Harbour Shops, em Miami

Pechinchas

Para alguns, o que mais atrai nas lojas da Flórida são os produtos a preços reduzidos. As *discount stores* comercializam produtos de todos os tipos, mas os equipamentos eletrônicos, os objetos para casa e as roupas são o forte. Algumas lojas são especializadas em moda barata, sendo as principais delas Ross, TJ Maxx e Marshalls, todas com filiais nas grandes cidades. A Best Buy é a melhor para comprar CDs, DVDs, computadores e eletrônicos mais em conta.

Os shoppings de lojas de fábrica são os preferidos dos caçadores de pechinchas; você pode comprar produtos com pequenos defeitos ou de coleções anteriores por um valor de 50 a 75% menor que o preço de varejo. A maioria dos shoppings de lojas de fábrica também tem lojas que vendem roupas e acessórios de marca, como os suéteres Benetton e jeans Levi's a preços de liquidação.

A International Drive, de Orlando (p. 186), é uma sequência de lojas de fábrica e de departamentos. Ali você encontra os suvenires da Disney mais baratos, mas fique atento para a qualidade, que não costuma ser a mesma dos produtos comercializados nos parques temáticos. Você estará mais garantido comprando na Character Warehouse, presente em vários shoppings de lojas de fábrica da cidade, que vendem os produtos oficiais dos parques temáticos, mas de coleções anteriores, com descontos de até 75%.

A famosa Orange World, loja de excelentes frutas em Kissimmee

Os mercados de pulgas, que em geral são feiras de fim de semana grandes e animadas, são excelentes para pechinchar. Se os produtos de segunda mão não lhe interessam, na maioria delas você encontrará artesanato, peças antigas e outras coisas para casa. As bancas de comida estão sempre presentes. Algumas dessas feiras também são excelentes diversões, como a Fort Lauderdale Swap Shop (p. 138) e a Flea World de Orlando, que combinam mercado de pulgas com minicirco e parque de diversões. Ambas dizem ser o maior mercado de pulgas do estado e oferecem uma tarde divertida.

Esponjas à venda em Key West

Presentes e Suvenires

As laranjas da Flórida fazem sucesso entre os visitantes. As melhores crescem na região do rio Indian (p. 115), onde são vendidas em sacas. Outro cítrico muito apreciado é o *key lime*, espécie de limão encontrado no estado todo e usado em molhos e tortas. Os mercados costumam entregar as compras em domicílio para quem mora nos EUA.

As conchas também agradam muito, mas procure saber a origem. Na costa da Lee Island (pp. 282-3) estão as mais bonitas. Você pode comprar espécies cultivadas na Shell Factory, perto de Fort Myers (p. 281). As conchas e os corais vendidos nas bancas ao longo da US 1, nas Keys, são importados. Entre as que também vendem esponjas naturais, a Tarpon Springs (p. 255) é a mais conhecida.

Os índios vendem produtos artesanais feitos na Aldeia Indígena de Miccosukee (p. 289) e Hollywood (p. 140), mas a Flórida não tem bom artesanato. Muitas cidades, porém, têm boas antiguidades, como Dania (p. 140), Micanopy (p. 226) e Mount Dora (p. 224).

A Disney transformou o merchandising em arte. Comprar é a principal atividade no Walt Disney World® e em outros parques temáticos. Nas lojas de museu você encontra de suvenires a jogos educativos.

Uma loja de fábrica da Flórida anuncia seus preços baixos

O que Comprar na Flórida

Encontra-se praticamente de tudo para comprar na Flórida, de biquíni de grife a TV de última geração e até uma casa nova. Alguns turistas estrangeiros vêm à Flórida especificamente para fazer compras. Mesmo que você procure lembranças ou presentes mais modestos, terá de comprá-los nos parques temáticos e nos centros turísticos do litoral. Talvez tenha de andar um pouco mais para fugir das clássicas lembranças de viagem, que não só são uma especialidade da Flórida como simbolizam o chamado "estado do sol".

Boné dos Miami Dolphins

Tipicamente Flórida
Em toda parte compram-se lembranças divertidas (e bregas): de toalhas a cinzeiros, em geral baratos. Sempre tem gravada a palavra "Flórida" ao lado de uma palmeira, um aligátor ou qualquer outra imagem típica.

Chaveiro

Comida desidratada do Kennedy Space Center

Compras no Parque
Todos os parques, dos Universal Studios® aos Busch Gardens, produzem suvenires voltados para todas as idades.

"Oscar" dos Universal Studios®

Azulejo de flamingos, um tema comum

Cofre aligátor

Artesanato Indígena
O artesanato feito pelos índios *seminoles* é vendido em poucos lugares (p. 351). Compram-se bonecas e joias por alguns poucos dólares, e roupas, bolsas e mantas coloridas também.

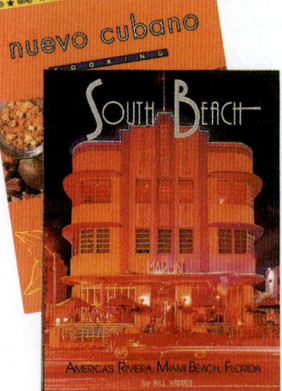

Charuto Enrolado à Mão
A tradição cubana de enrolar charutos à mão está viva em Ybor City, em Tampa (pp. 264-5) e em Little Havana (p. 99), Miami, embora já sejam enrolados à máquina.

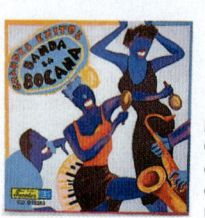

Livros
Livros de fotos do bairro art déco de Miami são uma boa lembrança da cidade. Outra opção é levar para casa os sabores da Flórida em um livro de receitas.

Música latina
Quem aprecia os ritmos da comunidade hispânica de Miami tem uma grande variedade de discotecas para escolher.

Bons Preços

Os estrangeiros que chegam aos EUA acham que, em razão dos baixos impostos, uma grande variedade de artigos é mais barata que em casa, como jeans, óculos de sol, tênis, CDs, câmeras, livros e outros. Na Flórida há muitas *discount stores (p. 351)* com preços menores ainda; eletroeletrônicos pequenos são ótimas opções. No centro de Miami estão as lojas das pechinchas *(pp. 98-9)*, vendendo principalmente ouro, joias e equipamento eletrônico barato. Você pode barganhar à vontade, se tiver paciência. Lembre que os aparelhos eletrônicos necessitam de transformador fora dos EUA. Muitas lojas que recebem estrangeiros despacham as compras para a sua casa.

Camisetas
Vendidas em toda parte, das lojas de presentes às de departamentos, as camisetas são baratas, mas nem sempre de boa qualidade.

Autêntica bota de caubói

Cinto de couro

Roupas de Caubói
Os artigos de couro vendidos em lojas como JW Cooper nem sempre são feitos na Flórida e podem não convencer quem vem do Texas. Mas têm bons preços para os padrões internacionais.

Os Sabores da Flórida

As frutas cítricas da Flórida são mundialmente famosas. Elas são vendidas frescas (algumas o ano todo) ou processadas: balas coloridas, geleias, molhos temperados e óleos de cozinha. Há doces de todo tipo, da pegajosa cocada às gomas de mascar chamadas salt water taffy. O chocolate local não é da melhor qualidade, mas sempre vem em barras com formatos divertidos.

Cocadas

Cesta de balas de frutas cítricas, uma saborosa lembrança

As laranjas da Flórida, vendidas em sacos

As coloridas *salt water taffy*, apreciadas por muitos

Geleia de limão

Geleia de tangerina

Geleia de pimenta *jalapeño*

Molho de manga

Óleo de *key lime* para cozinha

Shopping Centers e Ruas de Compras

Os shopping centers da Flórida concentram o que há de melhor em termos de consumo em uma ampla variedade de lojas, restaurantes e lazer, tudo no mesmo complexo. Muitos estão ancorados em duas ou mais lojas de departamentos (p. 350), além de lojas de roupas, de produtos de beleza, de música e DVDs, farmácias e livrarias. A maioria dos shoppings centers é fechada, mas eles também podem ser ao ar livre. Existem muitos shopping centers de lojas de fábrica (p. 351), que vendem produtos de marca a preços reduzidos. Todos eles têm amplo estacionamento e fácil acesso através do sistema de transporte público.

Quem quer aproveitar os dias ensolarados para fazer compras talvez prefira caminhar pelas inúmeras ruas de comércio. Nessas áreas mais badaladas concentram-se especialmente as butiques caras e exclusivas e também algumas lojas mais simples.

Ruas de Compras

Para os que não gostam de shopping centers, as ruas de compras da Flórida são uma excelente alternativa, pois oferecem uma seleção de lojas em um raio de cinco ou seis quadras, em vez de concentrá-las em um complexo.

Essas áreas de comércio deram vida nova a bairros históricos, e as lojas são predominantemente sofisticadas.

Área de Miami

O maior shopping center de Miami é o **Aventura Mall**, com mais de 250 lojas, seguido pelo **Dadeland Mall** e pelo **Dolphin Mall**. O **Bal Harbour Shops**, em Miami Beach, atrai compradores mais ricos para as suas lojas de grife. No centro, o **Bayside Marketplace** oferece lojas, restaurantes e lazer à beira-mar.

As melhores ruas de compras de Miami (pp. 98-9) estão em Coral Gables, no **Village of Merrick Park**, e no centro de Coral Gables e no **Miracle Mile**. O centro de Coconut Grove também é uma excelente área para fazer compras, em locais como **CocoWalk** e **ruas de Mayfair**. Outra área importante fica em South Beach, nas oito quadras do **Lincoln Road Mall**, e no **Cauley Square Historic Village**, que é mais perto dos Everglades do que do centro de Miami.

Costas do Ouro e do Tesouro

Os viajantes que não querem gastar muito vão adorar o **Sawgrass Mills**, em Fort Lauderdale. Com mais de 300 lojas de departamentos e de fábrica, é possível passar o dia todo nesse lugar. Para algo mais sofisticado, vá à **Galleria**.

A **Worth Avenue** de Palm Beach, badalada desde os anos 1920, é uma das ruas de compras mais exclusivas do mundo. Seguindo para Boca Raton, o **Mizner Park**, que leva o nome do arquiteto que o projetou, também atrai ricos e famosos. Ainda em Boca Raton, o grande e sofisticado **Town Center Mall**, na Glades Road, é conveniente.

Orlando e a Costa Espacial

A cidade de Orlando tem o maior número de shoppings de lojas de fábrica da Flórida. Na International Drive estão o **Premier Outlets** e o **Festival Bay Mall**. O **Orlando Premium Outlets** e a **Lake Buena Vista Factory Stores** ficam mais perto do Walt Disney World®.

O shopping mais tradicional de Orlando é o **Florida Mall**, ao passo que o **Pointe Orlando** e o **Mall at Millenia** são mais sofisticados. O **Park Avenue**, em Winter Park (p. 189), tem butiques e restaurantes sofisticados.

Nordeste

Quem faz compras em Jacksonville vê o rio St. Johns do complexo **Jacksonville Landing**, enquanto **The Avenues** é um pouco mais tradicional.

Seguindo pela costa, quem gosta de pechinchar deve ir ao **St. Augustine Premium Outlets**. Uma visita a Daytona Beach não é completa sem parar no **Ocean Walk Shoppes**, que está na frente do mar.

Panhandle

Quem vai a Destin pode comprar ao ar livre no **Destin Commons** ou na **Silver Sands Premium Outlets**, especializada em roupas de grife baratas.

Em Tallahassee, capital da Flórida, o **Governor's Square Mall** tem o maior número de lojas.

Costa do Golfo

As pechinchas estão em três shoppings de lojas de fábrica na via I-75, na costa do Golfo. Do norte para o sul, você pode comprar barato no **Ellenton Premium Outlets**, perto de Sarasota, no **Tanger Outlets**, em Fort Myers, e no **Miromar Outlets**, em Estero.

Para algo mais fino, vá à **International Plaza and Bay Street**, perto do aeroporto de Tampa, ou ao **Centro Ybor**, em Ybor City, o bairro latino de Tampa.

As ruas de compras importantes são o paraíso dos gourmets: **St. Armands Circle**, em Sarasota, **Hyde Park Village**, em Tampa, e **Johns Pass Village**, perto de Madeira Beach, que é inspirado em uma vila de pescadores do século XIX.

Everglades e Keys

Os que cruzam a costa vão encontrar os **Outlets** tanto em Naples quanto em Florida City.

A área chique de **Fifth Avenue South**, em Naples, tem inúmeras butiques. Uma viagem a Key West deve incluir o artístico **Mallory Square**, com lojas de presentes, butiques e venda na rua.

COMPRAS

AGENDA

Área de Miami

Aventura Mall
19501 Biscayne Blvd, Aventura.
Tel (305) 935-1110.
w aventuramall.com

Bal Harbour Shops
9700 Collins Ave, Bal Harbour.
Tel (305) 866-0311.
w balharbourshops.com

Bayside Marketplace
401 Biscayne Blvd, Miami.
Mapa 4 F1.
Tel (305) 577-3344.
w baysidemarketplace.com

Cauley Square Historic Village
22400 Old Dixie Hwy (US 1), Miami.
Mapa rodoviário F5.
Tel (305) 258-3543.
w cauleysquare.com

CocoWalk
3015 Grand Ave, Coconut Grove.
Mapa 6 E4.
Tel (305) 444-0777.
w cocowalk.net

Dadeland Mall
7535 N Kendall Drive, Kendall.
Tel (305) 665-6226.

Dolphin Mall
11401 NW 12th St, Miami.
Tel (305) 365-7466.
w shopdolphinmall.com

Downtown Coral Gables and Miracle Mile
224 Miracle Mile, Coral Gables.
Mapa 5 C1.
Tel (305) 569-0311.
w shopcoralgables.com

Lincoln Road Mall
Lincoln Rd com Meridian Ave., Miami Beach.
Mapa 2 E2.
Tel (305) 531-3442.

Streets of Mayfair
3390 Mary St., Coconut Grove. **Mapa** 6 E4.
Tel (305) 448-1700.
w mayfairinthegrove.com

Village of Merrick Park
358 San Lorenzo Ave, Coral Gables. **Mapa** 5 C4.
Tel (305) 529-0200.
w villageofmerrickpark.com

Costas do Ouro e do Tesouro

The Galleria
2414 E Sunrise Blvd, Fort Lauderdale.
Tel (954) 564-1015.
w galleriamall-fl.com

Mizner Park
327 Plaza Real, Boca Raton.
Tel (561) 362-0606.
w miznerpark.com

Sawgrass Mills
12801 W Sunrise Blvd, Fort Lauderdale.
Tel (954) 846-2350.
w sawgrassmills.com

Town Center Mall
6000 Glades Road, Boca Raton.
Tel (561) 368-6000.
w simon.com

Worth Ave
Palm Beach.
Tel (561) 659-6909.
w worth-avenue.com

Orlando e a Costa Espacial

Festival Bay Mall
5250 International Dr, Orlando.
Tel (407) 351-7718.
w shopfestivalbaymall.com

The Florida Mall
8001 S Orange Blossom Trail, Orlando.
Tel (407) 851-6255.

Lake Buena Vista Factory Stores
15591 Apopka Vineland Rd, Orlando.
Tel (407) 238-9301.
w lbvfs.com

Mall at Millenia
4200 Conroy Rd, Orlando.
Tel (407) 363-3555.
w mallatmillenia.com

Orlando Premium Outlets
8200 Vineland Av, Orlando.
Tel (407) 238-7787.
4951 International Drive, Orlando.
Tel (407) 352-9600.

Park Avenue
Winter Park, Orange Co.
Tel (877) 972-4262.
w wpfl.org

Pointe Orlando
9101 International Drive, Orlando.
Tel (407) 248-2838.
w pointeorlando.com

Nordeste

The Avenues
10300 Southside Blvd, Jacksonville.
Tel (904) 363-3060.

Jacksonville Landing
2 Independent Drive, Jacksonville.
Tel (904) 353-1188.
w jacksonvillelanding.com

Ocean Walk Shoppes
250 N Atlantic Ave, Daytona Beach.
Tel (386) 258-9544.
w oceanwalkshoppes.com

St. Augustine Premium Outlets
2700 State Rd 16, St. Augustine.
Tel (904) 825-1555.

Panhandle

Destin Commons
4300 Legendary Drive, Destin. **Tel** (850) 337-8700.
w destincommons.com

Governor's Square Mall
1500 Apalachee Pkwy, Tallahassee.
Tel (850) 877-8106.
w governorssquare.com

Silver Sands Premium Outlets
10562 Emerald Coast Pkwy, W Destin.
Tel (850) 654-9771.
w premiumoutlets.com

Costa do Golfo

Centro Ybor
1600 E 8th Ave, Tampa.
Tel (813) 242-4660.
w centroybor.com

Ellenton Premium Outlets
5461 Factory Shops Blvd, Ellenton.
Tel (941) 723-1150.
w primeoutlets.com

International Plaza and Bay Street
2223 N Westshore Blvd, Tampa.
Tel (813) 342-3790.
w shopinternationalplaza.com

Johns Pass Village
12901 Gulf Blvd, Madeira Beach.
Tel (727) 394-0756.
w johnspass.com

Miromar Outlets
10801 Corkscrew Rd, Estero.
Tel (239) 948-3766.
w miromaroutlets.com

Hyde Park Village
1509 W Snow Ave, Tampa.
Tel (813) 251-3500.
w hydeparkvillage.net

St. Armands Circle
300 Madison Drive, Sarasota.
Tel (941) 388-1554.
w starmandscircleassoc.com

Tanger Outlets
20350 Summerlin Rd, Fort Myers.
Tel (888) 471-3939.
w tangeroutlet.com/fortmyers

Everglades e Keys

Fifth Avenue South
649 5th Ave S, Naples.
Tel (239) 692-8436.
w fifthavenuesouth.com

Florida Keys Outlet Center
250 E Palm Drive, Florida City.
Tel (305) 248-4727.

Mallory Square
400 Wall St, Key West.
Tel (305) 809-3700.
w mallorysquare.com

Naples Outlet Center
6060 Collier Blvd, Naples.
Tel (239) 775-8083.

Lojas Especializadas

Na Flórida, onde fazer compras é tão natural quanto respirar, há uma abundância de lojas especializadas em todo tipo de mercadoria. De antiguidades à música, há uma loja para satisfazer qualquer necessidade.

As lojas mais especializadas não estão nas grandes áreas de compras, e o acesso a elas exige transporte público ou particular. Mas elas merecem ser visitadas pela ampla seleção de produtos e pela oportunidade de interagir com vendedores especialistas.

Antiquários

No noroeste de Orlando, Mount Dora (p. 224) se diz a capital das antiguidades da Flórida. O **Renninger's Twin Markets** é o maior mercado e o paraíso dos colecionadores. Micanopy (p. 226), também de objetos vintage, concentra mais de dezoito lojas.

Outros bons destinos para comprar objetos antigos são o **Waldo's Antique Village**, que é o mercado de pulgas de Waldo, um vilarejo perto de Starke, e o excelente **Hillsboro Antique Mall**, de Pompano Beach. Em Dania, não deixe de visitar o **Historic Antique District** (p. 140). São mais de cem lojas em um quarteirão.

Galerias de Arte e Artesanato

As Keys são excelentes lugares para comprar arte e artesanato locais. Em Key Largo (p. 296), os artesanatos especiais da **Happy Feathers** dão ótimos presentes. Mais adiante, em Key West, na Duvall Street, estão as galerias de arte e artesanato, entre elas a **Alan S. Maltz Gallery**, onde estão expostas as fotos premiadas do artista.

Na cidade balneária de Seaside (p. 240), a **Ruskin Place Artists' Colony** é o paraíso dos que amam arte, com suas galerias e lojas que oferecem trabalhos de artistas residentes.

Mercados de Produtores

Nesses mercados encontram-se as melhores frutas cítricas da Flórida e outros produtos vindos direto das fazendas. Muitos deles também vendem artesanato e outras mercadorias interessantes oferecidas pelos vendedores autônomos.

O **Downtown Farmer's Market**, em Orlando, abre para a venda no domingo de manhã e oferece produtos de padaria e agrícolas, e também flores. O **Lincoln Road Mall**, que funciona aos domingos, é o mais frequentado pelos moradores de South Beach; e no Panhandle está o **Tallahassee Downtown Marketplace**, que funciona às terças, quintas e sábados.

Na costa do Golfo, explore o **Clearwater Downtown Farmer's Market**, que acontece às quartas e aos sábados, de outubro a abril. O **Ybor City Fresh Market** é aos sábados.

Presentes e Suvenires

Não admira que Miami, com um bairro como Little Havana, tenha tantos prazeres guardados para os apreciadores de charutos. **El Crédito Cigar Factory** tem uma excelente coleção de charutos enrolados à mão, e no centro encontram-se os procurados **Puros Indios Cigars**. A **Sosa Family Cigars** no Walt Disney World® também tem charutos excelentes e acessórios para fumantes. Se quiser menos fumaça, vá ao **Little Havana To Go**, que se autodenomina a loja oficial da arte, da música e da literatura cubanas, e muito mais.

A **Key West Aloe** e sua variedade de produtos de beleza à base de babosa são a cara da Flórida. O sabonete de *frangipani* é uma perfumada lembrança das Keys.

E, para os fãs, é obrigatória uma visita ao **Orlando Harley-Davidson**, o maior revendedor de motos da Flórida.

Comida e Bebida Sofisticadas

Key West tem grande variedade de ofertas para gourmets. Prove os temperos picantes do **Peppers of Key West**, os pães artesanais saindo do forno do **Cole's Peace** e os peixes fresquíssimos vendidos pela **Conch Republic Seafood Company**.

A **Florida Orange Groves Winery** trocou as uvas pelas frutas cítricas para criar exóticos *vintages*, enquanto a **Lakeridge Winery** oferece tintos, brancos e rosés feitos com a uva muscadínea, da Flórida.

Para a sobremesa, vá à **Peterbrooke** em busca dos chocolates feitos sob encomenda e faça a interessante visita à fábrica que eles oferecem.

O **International Food Club** tem comida do mundo todo, do *bangers and mash* inglês aos chás indianos.

Música e DVD

A rede F.Y.E. tem várias lojas espalhadas pela Flórida, como Miami e Orlando, que oferecem imensa gama de músicas e filmes.

Para opções mais específicas, procure as lojas independentes. A **Park Ave CDs** é especialista em indie rock. A **Uncle Sam's** de Miami tem uma seleção similar.

Artigos Esportivos

Com sol o ano todo, a Flórida é o paraíso dos que amam esportes aquáticos e ao ar livre. E felizmente tem lojas que abastecem toda e qualquer atividade.

Quem gosta de futebol encontrará tudo de que precisa na **Soccer Locker**, em Miami. Ainda seguindo pela costa, em Cocoa Beach está a **Ron Jon Surf Shop**. Essa lendária loja de artigos esportivos fica aberta 24 horas e tem de tudo para o sol, o mar e a areia. Se você vai acampar ou pescar, encontrará a **Bass Pro Shops** por toda a Flórida; a loja mais nova, e provavelmente a maior, é a de Festival Bay, em Orlando.

COMPRAS | **357**

AGENDA

Antiquários

Hillsboro Antique Mall and Café
2900 W. Sample Rd, Pompano Beach.
Tel (954) 571-9988.
w hillsboroantiquemall.com

Historic Antique District
Federal Hwy, Dania Beach Blvd, Dania.
Tel (954) 925-6935.

Renninger's Twin Markets
20651 US Hwy 441, Mount Dora.
Tel (352) 383-8393.
w renningers.com/dora

Waldo's Antique Village
17805 NE US Hwy 301, Waldo.
Tel (407) 877-5921.
w waldosfleamarket.com

Galerias de Arte e Artesanato

Alan S. Maltz Gallery
1210 Duval St, Key West.
Tel (305) 295-0005.
w alanmaltz.com

Happy Feathers
99150 Overseas Hwy, Key Largo.
Tel (305) 453-1800.

Ruskin Place Artists' Colony
Ruskin Place, Seaside.
Tel (888) 732-7433.

Mercados de Produtores

Clearwater Downtown Farmer's Market
112, S Osceola, Clearwater.
Tel (727) 461-7674.
w clearwaterfarmersmarket.com (aberto 8h-13h)

Downtown Farmer's Market
Lake Eola Park, Orlando.
Tel (321) 202-5855.
w orlandofarmersmarket.com

Lincoln Road Mall
Lincoln Rd at 16th St, Miami Beach.
Mapa 2 E2.
Tel (305) 531-3442.
w lincolnroad.org

Tallahassee Downtown Marketplace
1415 Timberlane Rd com Market Sq, Tallahassee.
Tel (850) 224-3252.
w downtownmarket.com
(aberto 8h-14h).

Ybor City Fresh Market
8th Ave and 19th St, Ybor City.
Tel (813) 241-2442.
w ybormarket.com

Presentes e Suvenires

El Crédito Cigar Factory
1106 SW 8th St, Miami.
Mapa 3 B2.
Tel (305) 858-3810.

Key West Aloe
540 Greene St, Key West.
Tel (800) 445-2563.
w keywestaloe.com

Little Havana To Go
1442 SW 8th St, Miami.
Mapa 3 B2.
Tel (305) 857-9720.

Orlando Harley-Davidson
3770 37th St, Orlando.
Tel (407) 423-0346.
w orlandoharley.com

Puros Indios Cigars
114 NW 22nd Ave, Miami.
Mapa 3 A1.
Tel (305) 644-1116.
w purosindioscigars.com

Sosa Family Cigars
1502 E Buena Vista Drive, Lake Buena Vista.
Tel (407) 827-0114.
w sosacigars.com

Comida e Bebida Sofisticadas

Cole's Peace
1111 Eaton St, Key West.
Tel (305) 292-0703.
w colespeace.com

Conch Republic Seafood Company
631 Greene St, Key West.
Tel (305) 294-4403.
w conchrepublicseafood.com

Florida Orange Groves Winery
1500 Pasadena Ave S, St. Petersburg.
Tel (800) 338-7923.
w floridawine.com

International Food Club
4300 LB McLeod Rd, Orlando.
Tel (321) 281-4300.

Lakeridge Winery
19239 US 27 N, Clermont.
Tel (800) 768-9463.
w lakeridgewinery.com

Peppers of Key West
602 Greene St, Key West.
Tel (800) 597-2823.
w peppersofkeywest.com

Peterbrooke
1470 San Marco Blvd, Jacksonville.
Tel (800) 771-0019.
w peterbrooke.com

Música e DVD

F.Y.E.
Coral Square, 9009 W Atlantic Blvd, Coral Springs.
Tel (954) 755-8052.
Altamonte Mall, 451 E Altamonte Dr., Altamonte Springs.
Tel (407) 332-8851.

Park Ave CDs
2916 Corrine Dr., Orlando.
Tel (407) 447-7275.
w parkavecds.com

Uncle Sam's
939 Washington Ave, Miami Beach. **Mapa** 2 E3.
Tel (305) 532-0973.
w unclesamsmusic.com

Artigos Esportivos

Bass Pro Shops
Festival Bay Mall, 5156 International Drive, Orlando.
Tel (407) 563-5200.
w basspro.com

Ron Jon Surf Shop
4151 N Atlantic Ave, Cocoa Beach.
Tel (888) 757-8737.
w ronjons.com

Soccer Locker
9601 S Dixie Hwy, Miami.
Mapa F5.
Tel (866) 957-6223.
w soccerlocker.com

DIVERSÃO

Seja qual for a sua preferência, um espetáculo da Broadway, um luxuoso show em estilo Las Vegas, uma noite na discoteca ou um joguinho, a Flórida tem de tudo para todos. Você encontrará toda sorte de diversão em South Florida, principalmente na Costa do Ouro e em Miami *(pp. 100-1)*, mas Sarasota e Tampa também são importantes centros culturais. O Walt Disney World® e Orlando oferecem a melhor diversão para a família, com uma variedade de parques temáticos para divertir a criançada durante o dia e jantares com show à noite. No Nordeste e no Panhandle a diversão fica mais limitada aos balneários como Panama City Beach e às cidades universitárias como Gainesville e Tallahassee. Onde quer que você esteja, em cidades do interior ou no litoral, como Fort Lauderdale, a vida noturna é mais animada à beira-mar. Quanto às artes teatrais, os melhores espetáculos são encenados entre outubro e abril, mas durante todo o ano surgem ótimas opções dramatúrgicas.

O Raymond F. Kravis Center for the Performing Arts, em West Palm Beach

Informações

Os jornais regionais da Flórida têm um caderno especial de fim de semana que traz todas as atrações e eventos, bem como os detalhes dos locais de apresentação. Os Convention and Visitors' Bureaus e as câmaras de comércio também distribuem folhetos informativos.

Reservas

A melhor maneira de comprar ingressos para um concerto, peça, jogo de futebol ou qualquer outro evento é ligar para a respectiva bilheteria e pagar com cartão de crédito. Alguns locais, porém, exigirão que a reserva seja feita através da **Ticketmaster**. Essa empresa oferece um extenso serviço de compra por telefone e tem balcões em lojas de disco e de desconto. Cobra uma comissão de US$2-8 sobre o valor de cada ingresso.

Locais de Apresentação

Os principais locais de apresentação, também chamados de centros de artes e espetáculos, são utilizados para apresentações de todo tipo, de óperas a concertos de rock, e em ocasiões especiais que às vezes incluem até eventos esportivos. As principais companhias e artistas nacionais, e também produções locais, se apresentam nesses lugares.

Os mais importantes da Flórida são: **Raymond F. Kravis Center for the Performing Arts**, em West Palm Beach; em Fort Lauderdale, o **Broward Center for the Performing Arts**; **Adrienne Arsht Center for the Performing Arts**, em Miami *(p. 100)*; o gigantesco **Straz Center** e o **1-800-ASK-GARY Amphitheatre**, em Tampa; e o **Van Wezel Performing Arts Hall**, em Sarasota. Outros grandes espaços são o **Florida Citrus Bowl**, em Orlando, uma arena com 70 mil lugares onde Paul McCartney e George Michael já se apresentaram. O **EverBank Field**, em Jacksonville, também recebe concertos de rock.

Emblema do teatro de Pensacola

Teatro

Os espetáculos itinerantes, geralmente produções luxuosas com cenários e grandes elencos, que se originam na Broadway e são da mais alta qualidade, certamente se apresentarão na Flórida. O estado tem ainda excelentes companhias teatrais, que se apresentam em locais menores e intimistas como o **Mann Performing Arts Hall**, em Fa-ort Myers, ou o **Red Barn Theatre**, em Key West. O **Florida State University Center for the Performing Arts** tem a sua própria Asolo Theater Company, de Sarasota. O local era um teatro de ópera de Dunfermline, na Escócia, que foi trazido para Sarasota nos anos 1980. **Players of Sarasota** é a companhia teatral mais antiga em atividade, na qual atores como Montgomery Clift começaram a carreira. As suas montagens de peças e musicais são sempre muito elogiadas.

Ópera, Música e Dança Clássicas

Toda grande cidade tem sua orquestra sinfônica. A **Symphony of the Americas** se apresenta principalmente em Fort Lauderdale e nas cidades da Costa do Ouro, mas também faz apresentações no exterior. A New World Symphony *(p. 100)* de Miami também viaja internacionalmente. Fique de olho nas apresentações da Jacksonville Symphony Orchestra, que é baseada no **Times-Union Center for the Performing Arts**.

A maior companhia de ópera do estado é a **Florida Grand Opera**, fruto da fusão, em 1994, das companhias de ópera de Miami e Fort Lauderdale. Ela apresenta cerca de cinco grandes produções anuais nos condados de Broward e Dade. A **Gold Coast Opera** apresenta ópera clássica em quatro diferentes locais do sudeste da Flórida. Para uma experiência mais intimista, procure locais menores, como a **Monticello Opera House**, cuja programação vai de setembro a maio.

A melhor companhia de balé é o Miami City Ballet *(p. 100)*, que é coreografado por Edward Villela, discípulo de George Balanchine.

Cinemas

Você encontrará mais filmes de arte em Nova York e Los Angeles, mas a Flórida tem muitos cinemas, que apresentam os campeões de bilheteria. O mais famoso do estado é o histórico **Tampa Theatre** *(p. 263)*, que, além de abrigar apresentações ao vivo, passa principalmente filmes clássicos e estrangeiros.

Há vários festivais anuais de cinema: o de Sarasota é em novembro, e o Miami International Film Festival, em fevereiro; neste, os filmes são passados no Gusman Center for the Performing Arts *(p. 100)*. Orlando realiza o Florida Film Festival na primavera.

Jantar com Show

O jantar com show é uma das diversões preferidas das famílias da Flórida, principalmente em Orlando *(p. 195)*. As pessoas se sentam para comer em mesas comunitárias, e as refeições fartas geralmente têm a ver com o tema do show que você vai assistir. A participação da plateia é obrigatória.

Fora de Orlando, os jantares com show são menos animados, mas ainda assim uma boa diversão, apresentando peças convencionais, comédias e musicais, e até mesmo crimes misteriosos para ser desvendados. O **Mai Kai**, em Fort Lauderdale, antiga e bem montada casa polinésia, apresenta dançarinas com trajes típicos, engolidores de fogo e outros. O **Alhambra Dinner Theater**, em Jacksonville, apresenta grandes musicais na linha de *Oklahoma* e *South Pacific*.

Placa do Hog's Breath Saloon, em Key West

Cantor se apresenta no Latin Carnival de Miami (p. 38)

Música ao Vivo e Clubes Noturnos

Os melhores lugares para dançar são os clubes, onde se dança com música ao vivo em vez de gravada. Os melhores costumam ser os clubes em que se apresentam as *big bands* ou as orquestras; os *supper clubs* também oferecem comida. O tipo de música varia muito: o **Coliseum Ballroom**, pérola em estilo mourisco em St. Petersburg, atrai apreciadores de dança de salão e country. South Beach tem o maior número de opções de discotecas convencionais *(p. 101)*, mas também bons clubes nos locais de veraneio mais populares. O **Razzles**, em Daytona Beach, oferece música mais energética, e o **Cheers**, em Fort Lauderdale, exibe bandas de rock em evidência e uma pista de dança animada. O **Cowboys Orlando** é um popular clube de música country. É preciso ter dezoito anos para entrar; em alguns casos, 21.

Os festivais são território fértil para a música, e há também aqueles lugares em que você não precisa dançar. Em Key West há vários, como o Hog's Breath Saloon *(p. 349)*. No **Skipper's Smokehouse** de Ybor City ouvem-se reggae e blues. O templo da música country e western em Pace é a **Farmers' Opry House**. Alguns bares listados nas páginas 348-9 também oferecem diversão ao vivo.

O interior do Tampa Theatre, um cinema histórico

Os artistas de rua da Mallory Square, em Key West, se apresentam todos os finais de tarde

Cruzeiros e Passeios de Barco

A Flórida é o principal ponto de saída dos cruzeiros pelo Caribe, com navios partindo regularmente de Miami, Port Everglades e outros portos. Entre as empresas que oferecem cruzeiros de alguns ou mais dias estão a **Disney, Royal Caribbean** e a **Carnival Cruise Line**.

Também são oferecidos minicruzeiros de um dia ou apenas uma noite que custam a partir de US$40. Os cruzeiros noturnos costumam incluir jantar e música para dançar, e algumas vezes jogos de azar à bordo. A proximidade de Freeport e Grand Bahama facilita os minicruzeiros de um dia como a Balearia Bahamas Express em Fort Lauderdale.

Os passeios de barco estão por toda a Flórida. O Jungle Queen, de Fort Lauderdale (p. 139), o **Manatee Queen**, de Jupiter (p. 121), e o **Starlite Cruises**, de St. Petersburg, são bem conhecidos. O **St. Johns Rivership Company** viaja pelo rio St. Johns a partir de Sanford (p. 224).

O Rivership Romance no rio St. Johns

Cassinos

São comuns os cassinos em navios porque os convencionais são proibidos na maior parte do estado; estando em águas internacionais, uns 5km distante da praia, o cassino está liberado. Mas no estado você pode visitar um dos seis **Seminole Indian Casinos**: dois em Hollywood (p. 141), outro em Coconut Creek, outro em Immokalee, perto de Naples, outro em Tampa e outro em Okechobee. Os índios *miccosukees* têm cassino perto de Miami. Também há jogos em hipódromos, como no Park Racetrack e no Mardi Gras da Hollywood Racetrack, ambos em Handalle, e no Pompano Harness Park, em Pompano Beach.

Diversão para as Crianças

As crianças são muito bem-vindas em toda a Flórida, e não apenas nos parques. Os museus têm excelentes exposições interativas e os zoológicos e alguns parques têm "zoo de *pets*", onde as crianças têm contato direto com os animais. Elas se divertem muito nos parques aquáticos (p. 365), que estão por todo o estado.

Com **Walt Disney World® Resort, Universal Orlando®, SeaWorld®** e outras grandes atrações, não falta diversão para a família em Orlando; fique de olho no que acontece no **Amway Center**, que exibe desde espetáculos de patinação no gelo até circos e jogos da NBA.

Também há muita diversão grátis com artistas de rua e os festivais que acontecem o ano todo (pp. 38-41).

Gays

South Beach, em Miami, é famosa por sua animada comunidade gay (p. 101), e a cada ano o local atrai um número maior de visitantes dos Estados Unidos e do exterior. Key West é a meca há vários anos, assim como Fort Lauderdale, onde o clube **Scandal's Saloon** oferece música e bebidas diversas além de humor irônico.

Para outras informações, visite o guia on-line **Gay Guide to Florida**. É um excelente recurso na internet para várias opções de diversão e estilo de vida gay na Flórida, trazendo informações sobre os clubes noturnos mais badalados, os melhores restaurantes, bons hotéis, atividades de lazer e de negócios.

Festividades do Dia do Orgulho Gay, em Fort Lauderdale

AGENDA

Compra de Ingressos

Ticketmaster
Tel (800) 745-3000.
W ticketmaster.com

Locais de Shows

1-800-ASK-GARY Amphitheatre
4802 US 301 North,
Tampa.
Tel (866) 614-4183.

Adrienne Arsht Center for the Performing Arts
1300 Biscayne Blvd, Miami.
Tel (786) 468-2000.

Broward Center for the Performing Arts
201 SW Fifth Ave, Fort Lauderdale.
Tel (954) 522-5334.

EverBank Field
1 Stadium Blvd,
Jacksonville.
Tel (904) 633-6100.

Florida Citrus Bowl
1 Citrus Bowl Place,
Orlando.
Tel (407) 423-2476.

Raymond F. Kravis Center for the Performing Arts
701 Okeechobee Blvd,
West Palm Beach.
Tel (561) 832-7469.

Straz Center
1010 N MacInnes Place,
Tampa.
Tel (813) 229-7827.

Van Wezel Performing Arts Hall
777 N Tamiami Trail,
Sarasota.
Tel (941) 955-7676.
W vanwezel.org

Teatro

Florida State University Center for the Performing Arts
5555 N Tamiami Trail,
Sarasota.
Tel (941) 351-8000.

Mahaffey Theater
400 First St South, St. Petersburg.
Tel (727) 892-5798.

Mann Performing Arts Hall
8099 College Parkway,
Fort Myers.
Tel (239) 481-4849.

Players of Sarasota
838 N Tamiami Trail,
Sarasota.
Tel (941) 365-2494.

Red Barn Theatre
319 Duval St, Key West.
Tel (305) 296-9911.

Ópera, Música e Dança Clássicas

Florida Grand Opera
8390 NW 25th St, Miami.
Tel (305) 854-7890.

Monticello Opera House
West Washington St,
Monticello.
Tel (850) 997-4242.

Symphony of the Americas
2425 E Commercial Blvd,
Fort Lauderdale.
Tel (954) 335-7002.

Times-Union Center for the Performing Arts
300 W Water St,
Jacksonville.
Tel (904) 633-6110.

Cinema

Tampa Theatre
711 N Franklin St, Tampa.
Tel (813) 274-8981.
W tampatheatre.org

Jantar com Shows

Alhambra Dinner Theater
12000 Beach Blvd,
Jacksonville.
Tel (904) 641-1212.

Mai Kai
3599 N Federal Highway,
Fort Lauderdale.
Tel (954) 563-3272 ou (800) 262-4524.

Música ao Vivo e Clubes

Cheers
941 E Cypress Creek Rd,
Fort Lauderdale.
Tel (954) 771-6337.

Coliseum Ballroom
535 4th Ave North, St. Petersburg.
Tel (727) 892-5202.

Cowboys Orlando
1108 S Orange Blossom Trail, Orlando.
Tel (407) 422-7115.

Farmers' Opry House
8897 Byron Campbell Rd,
Pace, Florida.
Tel (850) 994-6000.

Razzles
611 Seabreeze Blvd,
Daytona Beach.
Tel (386) 257-6236.

Skipper's Smokehouse
910 Skipper Rd, Tampa.
Tel (813) 971-0666.

Cruzeiros e Passeios de Barco

Balearia Bahamas Express
Terminal 1, Port Everglades, Fort Lauderdale.
Tel (866) 699 6988.

Carnival Cruise Line
3655 NW 87th Ave, Miami.
Tel (800) 764-7419.

Royal Caribbean Cruise Line
Miami, Fort Lauderdale, Port Canaveral.
Tel (800) 561-7225.

St. Johns Rivership Company
433 N Palmetto Ave,
Sanford.
Tel (321) 441-3030.

Starlite Cruises
3400 Pasadena Ave South,
St. Petersburg.
Tel (727) 462-2628.

Manatee Queen
1065 N Ocean Blvd,
Jupiter.
Tel (561) 744-2191.

Yacht Star Ship
601 Channelside Drive,
Tampa.
Tel (813) 223-7999.

Cassinos

Seminole Hard Rock Hotel and Casino
5223 N Orient Rd, I-4 saída 5, Tampa.
Tel (866) 502-7529.
506 South 1st St,
Immokalee.
Tel (800) 218-0007.
5550 NW 40th St,
Coconut Creek.
Tel (866) 222-7466.

Diversão Para Crianças

Amway Center
400 W Church St, Orlando.
Tel (407) 440-7000.

SeaWorld®/Busch Gardens
Tel (407) 363-2613.
W buschgardens.com

Universal Orlando®
Tel (407) 363-8000.
W universalorlando.com

Walt Disney World®
Tel (407) 934-7639.
W disneyworld.com

Gays

Gay Guide to Florida
W gay-guide.com
Scandal's Saloon 1373 NE 6th Ave, Wilton Manors.
Tel (954) 567-2432.

ESPORTES E ATIVIDADES AO AR LIVRE

O clima da Flórida permite que se pratiquem esportes e atividades ao ar livre durante todo o ano, por isso o estado é o principal destino de esportistas e fãs do esporte, de praticantes de golfe e tênis a canoístas e mergulhadores. Há quem planeje as férias em torno das oportunidades esportivas. Todos os esportes aquáticos estão bem representados nas belíssimas praias do Atlântico e da costa do Golfo. A Flórida tem ainda aproximadamente 4 milhões de hectares de parques que podem ser explorados a pé, a cavalo, de bicicleta ou de barco. Para quem gosta de ficar na plateia, há uma grande variedade de eventos esportivos listada nas pp. 36-7 do guia.

Campo de golfe à beira-mar, em Boca Raton, na Costa do Ouro

Informações

As duas melhores fontes de informações são a **Florida Sports Foundation** e o **Department of Environmental Protection (DEP)**, que fornecem detalhes sobre a maioria das atividades ao ar livre. O *Florida Vacation Guide*, encontrado nos centros de informação turística, traz endereços úteis; você também pode obter informações nos centros de áreas específicas. Outros detalhes encontram-se nas seções que seguem.

Golfe

A Flórida é o paraíso do golfe; com mais de 1.100 campos, é o principal centro do esporte no país. Palm Beach tem tantos campos (150 ao todo) que é considerada "a capital mundial do golfe", mas eles se concentram mais em Naples.

Os campos da Flórida são mais planos que a média, mas o paisagismo ajuda a quebrar a monotonia. Os mais interessantes fazem parte dos resorts que estão ao longo da costa (alguns oferecem pacotes de férias); há campos também no interior, entre eles o do Walt Disney World® (p. 179). Cerca de dois terços deles são abertos ao público.

O golfe é praticado o ano todo, mas o inverno é mais movimentado. Se você vai jogar no verão, comece cedo para evitar as tempestades e os raios no fim da tarde. A taxa de uso varia de menos de US$20 a mais de US$75 por pessoa e aumentam no inverno.

O guia *PLAY FLA GOLF*, da Florida Sports Foundation, traz todos os campos públicos e privados.

Tênis

Tal como o golfe, o tênis é também muito popular na Flórida. Muitos hotéis têm quadras, e alguns resorts oferecem pacotes de férias com aulas incluídas. Informe-se na **United States Tennis Association (Florida Section)** sobre treinos, clubes e competições. A escola de tênis mais famosa é a **Nick Bollettieri Tennis Academy** (p. 271), que oferece programas semanais a partir de US$800 e sessões de um dia.

Mergulho com Cilindro e Snorkel

A Flórida tem excelentes áreas de mergulho. A única barreira de coral do país contorna a costa sudeste do estado e avança em direção às Keys, onde abriga uma magnífica variedade de corais e peixes (pp. 296-7). A barreira fica a 5-8km da costa e é de fácil acesso para quem mergulha com snorkel. Mergulhos guiados são oferecidos em todas as Keys, e em geral são excelentes.

Os 4 mil pontos de mergulho da Flórida se expandiram graças ao programa de recifes artificiais. Em todo o estado, de suportes de ponte a velhos cargueiros, tudo serve para criar um hábitat de corais e peixes coloridos; há até um Rolls Royce afundado nas águas de Palm Beach. Os galeões espanhóis naufragados são fascinantes pontos de mergulho no sul do estado.

Quem não tem certificado de mergulhador precisa fazer curso.

Turistas nadam em Wakulla Springs, perto de Tallahassee

ESPORTES E ATIVIDADES AO AR LIVRE | 363

Lugar que aluga jet-skis e barcos no Panhandle

Os reconhecidos cursos NAUI ou PADI estão por toda parte e ensinam a mergulhar em apenas quatro dias por US$300-400.

Para mais informações, o *Florida Boating and Diving Guide* é muito útil; ou visite o site da **Florida Trails and Greenways**.

Natação e Esportes Aquáticos

Nadar é tão natural quanto respirar para quem vive na Flórida. Quase todos os hotéis têm piscina, mas o grande prazer é nadar no mar ou nos muitos lagos, nascentes e rios.

No oceano Atlântico estão as melhores ondas e as poucas praias de surfe do estado, entre elas Cocoa Beach *(p. 199)*. As águas mornas e tranquilas do golfo do México são boas para as crianças. As praias a oeste têm areia fofa e dunas como no Panhandle. Devido à erosão, as praias do sudeste são estreitas, e só há duas praias de areia nas Keys.

Às vezes o acesso à praia é controlado: muitas delas estão em parques, que cobram ingresso para entrar. Alguns hotéis passam a impressão de que suas praias são exclusivas para hóspedes, mas não podem proibir o acesso. Os guarda-costas monitoram as praias mais movimentadas na alta temporada.

Os parques do interior do estado têm piscinas naturais de água doce, algumas quase transparentes, como as do Blue Spring State Park *(p. 224)*. Outra opção são os parques aquáticos com piscinas e escorregadores. Os resorts oferecem todo tipo de esporte aquático, de windsurfe a jet ski. Você também pode praticar esqui aquático nas águas dos lagos e dos rios do interior do estado. Evite nadar nos lagos durante o verão, pois as algas aumentam em número e podem causar acidentes.

Pesca

Os muitos lagos e rios da Flórida têm peixes em abundância, e a pesca não é só um esporte, mas um meio de vida para muitos habitantes. São infinitas as possibilidades, seja no interior do estado, seja ao longo da costa.

As praias do Atlântico e do Golfo são pontilhadas de pescadores. É comum pescar nos muitos píeres espalhados pelo litoral, mas para quem aprecia a atividade com mais desafios, há inúmeras oportunidades de praticar a pesca esportiva, pela qual o estado é famoso.

Os barcos que pescam em alto-mar podem ser alugados nos vários balneários. As maiores frotas estão no Panhandle, principalmente perto de Fort Walton Beach e Destin, e nas Keys. Próximas da corrente do Golfo, as Keys oferecem a pesca mais variada *(p. 299)*. Os grupos organizados são a melhor opção para os novatos. Se você quiser levar o seu peixe para casa, um taxidermista poderá empalhá-lo; uma possibilidade mais ecológica é fazer uma cópia em gesso. As lojas de equipamento para pesca e o capitão do seu barco podem indicar taxidermistas.

Os milhares de rios, lagos e canais da Flórida também têm peixes em abundância. Barcos para alugar e guias são encontrados ao longo dos grandes rios, como o Anclote e o St. Johns, e em áreas de pesca populares, como o lago Okeechobee *(p. 132)*. Também é permitido pescar nos parques estaduais e outros. Nas áreas rurais, os pesqueiros oferecem acomodações simples e básicas, e alguns só funcionam no verão.

É obrigatório obter uma licença, que custa entre US$12 e US$30, para pescar no mar e nos rios. O *Fishing Handbook*, distribuído pela **Florida Fish and Wildlife Conservation Commission**, informa sobre locais, licença, prazos, taxas, regulamentos e torneios de pesca no estado; um dos mais conhecidos é o Fishing Rodeo de Destin *(p. 40)*.

Outras informações sobre caça e pesca são obtidas no Department of Environmental Protection, ou na Florida Game and Fresh Water Fish Commission *(p. 365)*.

Pelicanos e pescadores convivem no píer de Cedar Key

A Intracoastal Waterway em Boca Raton, na Costa do Ouro

Barcos

Nas vias aquáticas da Flórida veem-se todos os tipos de barcos, de iates luxuosos a canoas de madeira. Com 12.870km de litoral e 11.655km² de rios e lagos no interior, o estado é o paraíso dos barqueiros. Para os moradores, ter barco é tão normal quanto ter carro; o estado tem 700 mil barcos registrados, sem contar os 300 mil que chegam anualmente de outros estados.

A Intracoastal Waterway, que se estende por 800km pela costa leste até a ponta das Keys (pp. 26-7), é a mais movimentada. Em sua maior parte protegida do Atlântico pelas ilhas de barreira, a hidrovia atravessa rios, riachos e canais. Embora a maior parte da costa oeste seja aberta à navegação, o ponto mais interessante é onde a Intracoastal Waterway retoma seu caminho entre as ilhas da costa de Lee Island (pp. 282-3).

A Okeechobee Waterway, com 217km de extensão, é outra hidrovia que também atravessa o estado e cujo movimento aumenta muito no verão. Ela sai de Stuart, passa pelo St. Lucie Canal, atravessa o lago Okeechobee e continua até Sanibel Island pelo rio Caloosahatchee.

Essas hidrovias, assim como os 166 rios do estado, são navegáveis por barcos pequenos e por casas-barco. Estas são verdadeiros apartamentos flutuantes, com ar-condicionado, micro-ondas e televisão. As casas-barco podem ser alugadas em marinas como a de Sanford, no rio St. Johns, por exemplo (p. 224), e os barcos pequenos ou de médio porte são alugados nos pesqueiros e nas marinas.

A Flórida tem nada menos que 1.250 marinas. As que estão no litoral costumam ter ótimas instalações, com acomodações e balcões de aluguel de barco e equipamento de pesca; as marinas do interior são mais básicas. O folheto *Florida Boating and Diving*, distribuído pela **Florida Sports Foundation**, traz a lista das marinas, com detalhes das instalações.

Parques e Reservas

As áreas protegidas da Flórida vão desde trechos de praias a regiões muito maiores, como os Everglades. A oferta de acomodações também é bem variada, mas a maioria dos parques tem algum tipo de centro de visitantes que fornece mapas e informações. Alguns até organizam passeios. O inverno é a melhor época para explorar o local, porque no verão chove muito e tem muito mosquito.

O estado tem mais de 110 áreas protegidas, classificadas como Parques Estaduais e Reservas Estaduais. Todas cobram ingresso e abrem diariamente, das 8h até o anoitecer. O Departamento de Proteção Ambiental (DEP) distribui um guia, o *Florida State Parks,* com a lista de todos os parques e suas instalações. Visite também www.floridastateparks.org

As informações sobre os poucos parques nacionais do estado são fornecidas pelo **National Park Service**, na Geórgia. Há ainda outros parques particulares, como os santuários administrados pela **Florida Audubon Society**, que são excelentes para observar pássaros.

O guia *Florida Trails*, publicado pela secretaria de turismo (p. 371), tem a lista completa. O programa Rails-to-Trails tansformou antigas ferrovias em trilhas para caminhar ou percorrer de bicicleta ou skate. As melhores são a Tallahassee-St. Marks Historic Railroad State Trail, com 26km (16 milhas), ao sul de Tallahassee, e a Gainesville-Hawthorne State Trail (p. 227), no nordeste. O Office of Greenways and Trails, do DEP, informa sobre essas e outras trilhas.

Algumas empresas organizam passeios ecológicos e de aventura. Uma delas é a **Build a Field Trip**, que opera em todo o estado.

Parques estaduais

Visitantes exploram o Everglades National Park

Ciclismo

Na Flórida, não faltam oportunidades para os ciclistas. O terreno é plano em sua maior parte e ideal para a prática dessa atividade – os ciclistas mais ousados talvez achem aborrecido. As áreas do Panhandle com pequenas elevações do solo são as mais interessantes, mas no nordeste também há boas trilhas em Paynes Prairie *(p. 227)*, por exemplo.

Se você não levou a sua, alugue uma bicicleta no local ou de algum fornecedor. Para informações gerais, procure o **State Bicycle Office** ou o DEP.

Canoagem no Blackwater River State Park

Caminhada

O terreno plano da Flórida não proporciona as melhores caminhadas, mas seus variados hábitats compensam a monotonia do relevo. Todos os parques estaduais têm trilhas, e há um projeto em andamento para a criação da National Scenic Trail – que começa na Big Cypress National Preserve *(p. 288)*, no sul, e termina perto de Pensacola. Até agora foram completados 1.609km dos planejados 2.079km.

A **Florida Trail Association** tem as melhores informações sobre caminhadas.

Canoagem

Há muitos lugares para se praticar canoagem na Flórida; o Florida Canoe Trail System consiste em 36 rotas em rios e riachos, totalizando 1.520km. Muitos parques têm percursos de canoa, mas o mais emocionante é sem dúvida o Wilderness Waterway, com 160km, no Everglades National Park *(pp. 290-5)*. Os melhores rios, como o Blackwater *(p. 238)*, estão no norte, embora o rio Hillsborough, na costa do Golfo, também seja procurado *(p. 267)*. Verifique sem-

Passeio a cavalo na região ao redor de Ocala

pre o nível da água antes de entrar no rio, pois tanto o alto quanto o baixo podem ser perigosos.

Passeios a Cavalo

A Ocala National Forest, no nordeste *(p. 225)*, tem mais de 160km de trilhas para percorrer a cavalo. Quinze parques estaduais possuem trilhas para equitação, como o do rio Myakka *(p. 278)*, o Jonathan Dickinson *(p. 121)* e o Florida Caverns *(p. 243)*; cerca de metade deles possui acomodações para pernoitar.

As informações são fornecidas pelo *Florida Horse Trail Directory*, publicado pelo **Department of Agriculture and Consumer Services**, ou pelo DEP.

AGENDA

Informações

Department of Environmental Protection (DEP)
3900 Commonwealth Blvd, Tallahassee, FL 32399.
Tel (850) 245-2052.

Florida Sports Foundation
Tallahassee, FL 32308.
Tel (850) 488-8347.
w flasports.com

Tênis

Nick Bollettieri Tennis Academy
5500 34th St West, Bradenton, FL 34210.
Tel (800) 872-6425.
w imgacademies.com

United States Tennis Association (Florida Section)
Deuce Court, Daytona Beach, FL 32124.
Tel (386) 671-8949.
w florida.usta.com

Mergulho

Keys Association of Dive Operators (KADO)
3128 N Roosevelt Blvd, Key West, FL 33040.
w divekeys.com

Pesca

Florida Fish and Wildlife Conservation Commission
Tel (850) 488-4676.

Tel (888) 347-4356 (licença de pesca).
Tel (888) 486-8356 (licença de caça).
w myfwc.com

Parques e Reservas

Florida Audubon Society
Tel (407) 539-5700.
Tel (305) 371-6399.
w fl.audubon.org

Build a Field Trip
1925 NE 45th St, Suite 132, Fort Lauderdale, FL 33308.
Tel (954) 772-7800.

National Park Service (Southeast)
100 Alabama St SW, Atlanta, GA 30303.
Tel (404) 507-5600.

Ciclismo

Florida Trails and Greenways
w visitflorida.com/trails

Caminhadas

Florida Trail Association
PO Box 13708, Gainesville, FL 32604.
Tel (352) 378-8823 ou (800) 343-1882.

Passeios a Cavalo

Department of Agriculture and Consumer Services
Tel (850) 487-3867.
w doacs.state.fl.us

CASAMENTOS

Além de ser um destino de férias imensamente popular, a Flórida é hoje um dos locais mais procurados para casamentos e luas de mel. O clima perfeito em todo o estado é ideal para as cerimônias de casamento, que vão desde festas modestas de fundo de quintal a comemorações em parques temáticos que custam milhares de dólares. Os casamentos temáticos são cada vez mais populares, e os organizadores criam tudo o que casais imaginarem, até trocar alianças perto do castelo da Cinderela. A Flórida também é famosa pelos casamentos incomuns. Os casais podem trocar votos jogando golfe, pescando, passeando na praia ou voando em um balão. Os organizadores oferecem cerimônias e pacotes de lua de mel que realizam fantasias para todos os bolsos.

Cerimônia romântica na praia

Pacotes

Muitos resorts e hotéis da Flórida oferecem uma grande variedade de pacotes de férias e casamento para quem quer se casar no estado.

O **Grand Bohemian Hotel**, em Orlando, oferece um casamento com tema boêmio, cuja cerimônia acontece em seu jardim da cobertura. Os preços, que incluem a noite de núpcias em um hotel de inspiração art déco, varia de US$1.600 a mais de US$3 mil. O **Inn on Fifth**, em Naples, ocupa um banco da década de 1930 reformado que conserva a arquitetura e a decoração originais, inclusive os lustres de cristal, as escadas acarpetadas e os corrimãos de ferro. A área na cobertura tem piscina com cachoeiras e é outro ambiente muito usado para casamentos. O lendário **Biltmore Hotel**, em Coral Gables, tem vários locais deslumbrantes para a troca de alianças, desde um lindo gazebo decorado com roseiras até um espaçoso salão de baile; os pacotes começam em US$3 mil.

O pôr do sol de Key West é inesquecível, e casar diante de um deles pode tornar a cerimônia ainda mais romântica. O **Westin Key West Resort & Marina** e o resort do mesmo grupo, **Westin Sunset Key Guest Cottages**, permitem que você faça isso. Troque as alianças no Hilton Pier com o sol se pondo no horizonte, ou na praia de Sunset Key, que é uma ilha mais adiante, a três minutos de barco do Hilton. Para um casamento tropical especial, o **Little Palm Island Resort & Spa**, perto de Little Torch Key, tem uma atmosfera inigualável. Os pacotes começam em US$1.500, sem hospedagem, mas com a garantia de que o seu será o único casamento realizado naquele dia.

Parques

Chame de romântico, infantil, brega, ou o que quiser, mas um casamento no **Walt Disney World® Resort** é sempre especial. Mais de 2 mil casais selam os votos no local todos os anos. Os pacotes começam por volta de US$3 mil, mas as preferências pessoais começam em US$7.500 e podem ultrapassar US$20 mil em festas grandes. Você pode escolher um casamento de princesa no Magic Kingdom®, onde a noiva chega na carruagem de vidro da Cinderela, um safári no Animal Kingdom®, estrelar seu próprio filme no Disney's Hollywood Studios® ou maravilhar-se com um dos shows no pavilhão de sua escolha no Epcot®. Há ainda muitas outras opções – consulte o site oficial.

Se você prefere girafas e gazelas, os **Busch Gardens** realizarão a sua cerimônia em um de seus ambientes exóticos enquanto desfruta de um espetáculo feito só para você.

Votos ao Ar Livre

Localizado perto do centro de

Noivos no Walt Disney World®

Orlando, o **Harry P. Leu Gardens** *(p. 192)* tem 20 hectares de esplendorosa área verde. São vários jardins para casamentos em meio a uma profusão de rosas e camélias. O Jardim das Rosas, o Relógio de Flores e o Jardim das Borboletas são alguns dos mais procurados.

O **Historic Bok Sanctuary** *(p. 197)*, em Lake Wales, é um dos pontos mais altos da Flórida e uma Referência Histórica Nacional. Troque votos de casamento em um romântico ambiente de palmeiras, flores e um carrilhão com 57 sinos.

Os Incomuns

Casais que sonham com um casamento diferente têm inúmeras opções. A **Orlando Balloon Rides** oferece casamentos em balões, que incluem transporte até o local, a cerimônia realizada no solo, voo de balão de uma ou duas horas e um brinde com champanha. O **Medieval Times Dinner & Tournament** permite que você se case em um cenário da Inglaterra do século XI.

O Orange Blossom Balloons realiza casamentos em balões

O casal de motociclistas pode realizar seu sonho na **Orlando Harley-Davidson®**. Noivo e noiva chegam em Harleys, seguidos por uma caravana de motos. Em **Daytona International Speedway** a cerimônia é realizada na pista e inclui a volta da vitória. Quem gosta de voar vai preferir o **Fantasy of Flight**, que realiza a cerimônia em um hangar. O **Brevard Zoo** oferece o Serengeti Pavilion, o Flamingo Pond e o Australian Aviary para casamentos e recepções.

Detalhes

Há muitas publicações com a lista dos organizadores de festas e fotógrafos. A **Perfect Wedding Guide** e a **The Knot**, gratuitas, são bons pontos de partida. Os convites são encomendados em gráficas ou papelarias. As flores são compradas em bancas ou nas floriculturas. Casas de alta-costura e lojas finas de shopping centers vendem os trajes dos noivos. Os organizadores podem cuidar desses detalhes.

Certidões

As certidões de casamento são fornecidas pelos tribunais estaduais. O **State of Florida Official Marriage Guide** tem todos os endereços. Noiva e noivo devem se identificar com carteira de motorista ou passaporte. A certidão será emitida no ato e passa a valer imediatamente; precisa ser usada dentro de 60 dias. Quem não mora no estado não precisa fazer exame de sangue nem de um período de espera. Se já for casado ou viúvo, será exigida a certidão de divórcio ou de óbito.

AGENDA

Pacotes de Casamento

Biltmore Hotel
1200 Anastasia Ave, Coral Gables.
Tel (305) 445-1926.

Grand Bohemian Hotel
325 S Orange Ave, Orlando.
Tel (407) 313-9000.

Little Palm Island Resort & Spa
28500 Overseas Hwy, Little Torch Key.
Tel (800) 343-8567.

The Inn on Fifth
699 5th Avenue S, Naples.
Tel (888) 403-8778.

Westin Key West Resort & Marina
245 Front St, Key West.
Tel (305) 294-4000.
w starwoodhotels.com

Westin Sunset Key Guest Cottages
245 Front St, Key West.
Tel (305) 294-5300.
w westinsunsetkeycottages.com

Parques Temáticos

Busch Gardens
w buschgardensgroupevents.com/fla

Walt Disney World® Resort
w disneyweddings.com

Votos ao Ar Livre

Harry P. Leu Gardens
w leugardens.org

Historic Bok Sanctuary
w boksanctuary.org

Os Incomuns

Brevard Zoo
8225 N. Wickham Rd, Melbourne. **Tel** (321) 254-9453. w brevardzoo.org

Daytona International Speedway
1801 W International Speedway Blvd, Daytona Beach. **Tel** (386) 253-7223.
w daytonainternationalspeedway.com

Fantasy of Flight
1400 Broadway Blvd SE, Polk City.
Tel (863) 984-3500.
w fantasyofflight.com

Medieval Times Dinner & Tournament
4510 W Irlo Bronson Hwy, Kissimmee.
Tel (407) 396-1518.
w medievaltimes.com

Orlando Balloon Rides
7769 W. Irlo Bronson Hwy, Kissimmee. **Tel** (407) 894-5040. w orlandoballoonrides.com

Orlando Harley-Davidson®
3770, 37th St, Orlando.
Tel (877) 740-3770.
w orlandoharley.com

Detalhes

The Knot
w theknot.com

Perfect Wedding Guide
w perfectweddingguide.com

Certidões

State of Florida Official Marriage Guide
w stateofflorida.com

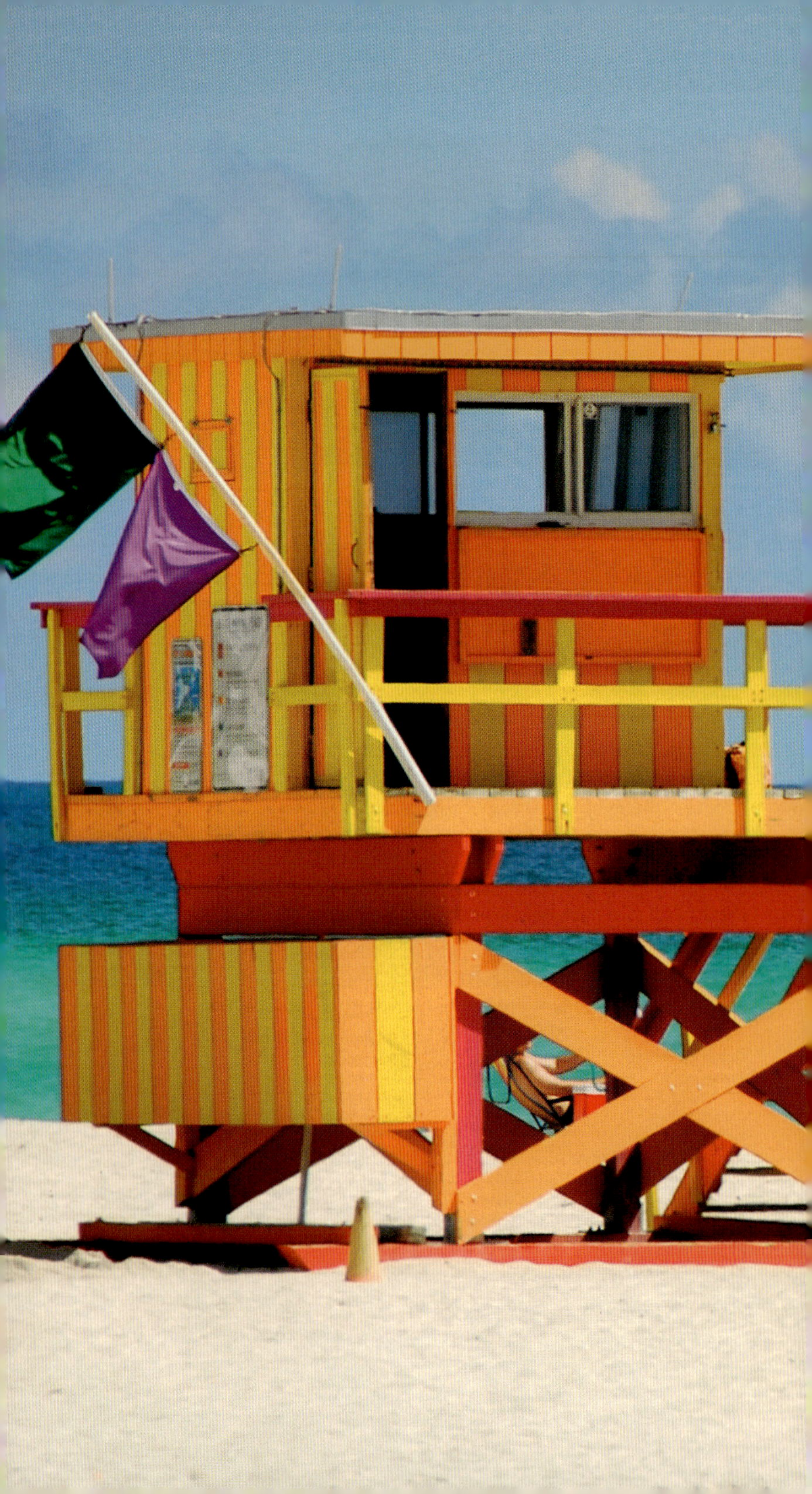

MANUAL DE SOBREVIVÊNCIA

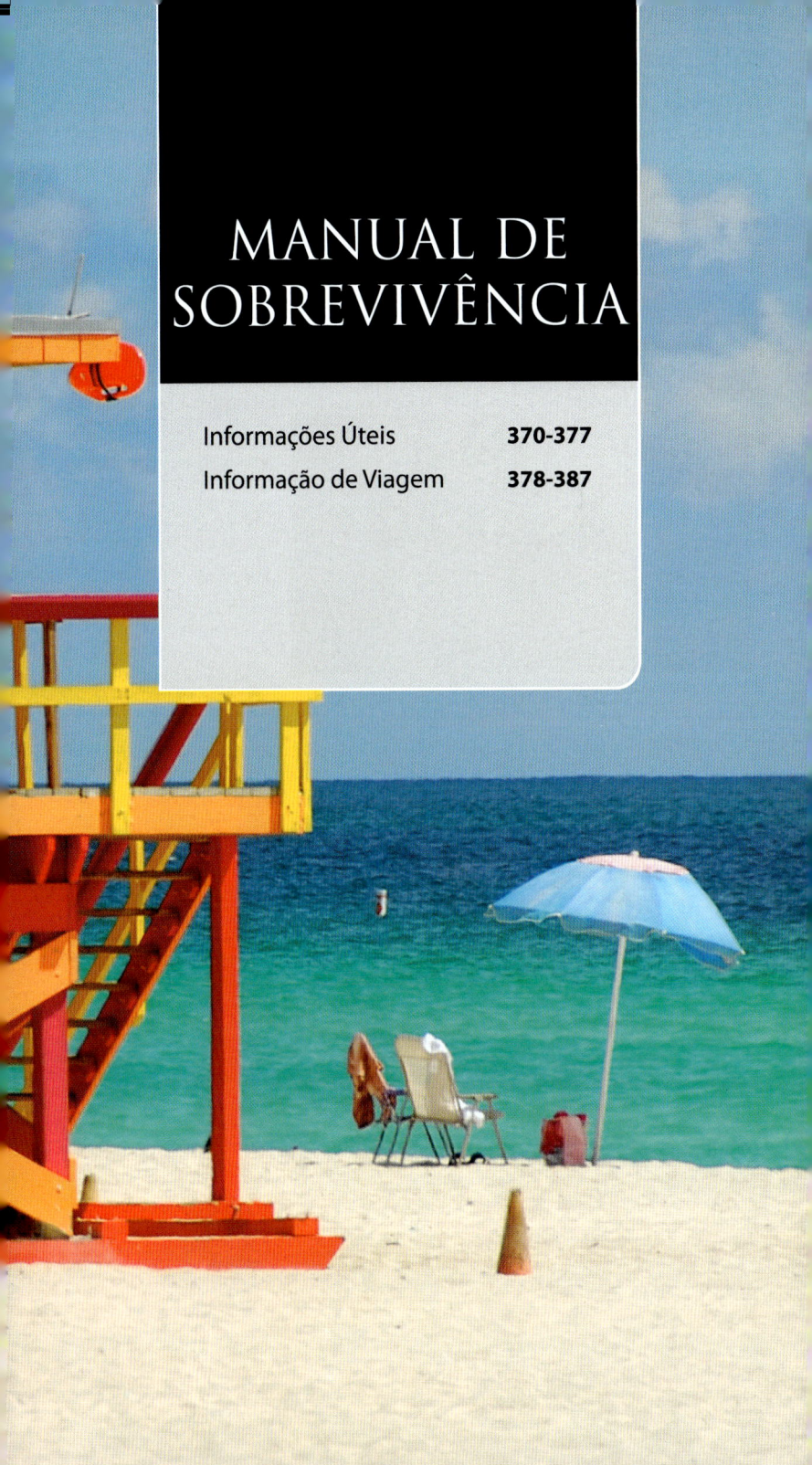

Informações Úteis   **370-377**
Informação de Viagem   **378-387**

INFORMAÇÕES ÚTEIS

Com mais de 40 milhões de visitantes por ano, a Flórida é o destino preferido das famílias em férias e está bem aparelhada para atender às necessidades dos turistas. A prioridade é a diversão das crianças, e o estilo de vida informal e os excelentes serviços e instalações fazem da viagem um verdadeiro prazer. As únicas queixas que uma criança pode ter são as filas no Walt Disney World® e em outros parques temáticos (maiores na alta estação), sem falar no calor. Devido ao clima ameno, para muitos visitantes a Flórida é um destino de inverno. A alta temporada vai de dezembro a abril, quando os preços dos voos e dos hotéis sobem, e as praias e outras atrações ficam lotadas.

Centro de Informações Turísticas na Flórida

Vistos e Passaportes

Brasileiros precisam de visto para entrar nos Estados Unidos; por isso, providencie-o com boa antecedência. Se for o seu primeiro visto para o país, agende uma entrevista no consulado. O turista tem de provar que possui laços fortes com o Brasil, caso contrário, o visto pode ser negado. Também deve ser preenchido um formulário disponível na internet. Consulte o site http://brazil.usvisa-info.com para informações. Para menores de dezesseis anos, idosos com mais de 65 anos e renovação de visto quando for da mesma categoria, a entrevista não é necessária.

Alfândega

Cidadãos maiores de 21 anos de idade podem entrar nos EUA no máximo com: 1 litro de bebida alcoólica, presentes até US$100, 200 cigarros, 50 charutos (não cubanos) ou 2kg de tabaco. Entre os produtos proibidos estão queijo, frutas frescas, produtos com carne e drogas ilegais.

Informação Turística

A maioria das grandes cidades da Flórida tem um Convention and Visitors' Bureau (CVB), onde você encontra uma variedade de folhetos turísticos. Os hotéis disponibilizam revistas gratuitas com informações sobre diversão, compras e restaurantes. Pesquise pacotes de férias antes da viagem entrando em contato com o **Visit Florida**.

Ingressos e Descontos

Museus, parques e outras atrações geralmente cobram taxa de entrada. Os preços variam muito, de US$2 num museu pequeno a cerca de US$100 por um passe diário no Magic Kingdom® do Walt Disney World®.

Estudantes com a carteira do ISIC, crianças e idosos em geral pagam mais barato. Procure por cupons de desconto encontrados em folhetos disponíveis nos centros de turismo, que garantem preço reduzido em ingressos e em restaurantes. Os cupons obtidos nos centros de informações no International Drive, perto de Orlando (p. 190), podem significar uma economia de centenas de dólares.

Carteira de estudante ISIC

Horários

Os parques geralmente abrem todos os dias, do amanhecer ao anoitecer. Os centros de informações turísticas dos parques podem fechar mais cedo. Parques temáticos têm horário estendido durante o verão e o período de férias. A maioria das atrações fecha nos feriados nacionais: Ano-Novo, Dia de Ação de Graças e Natal (p. 41).

Etiqueta

O modo de se vestir na Flórida é informal, exceto em alguns restaurantes caros (p. 326). As mulheres não podem fazer topless nas praias, com exceção de lugares como Haulover Beach, perto de Miami, e Playalinda Beach, perto de Cape Canaveral. Também não é permitido beber álcool nas praias e em outros locais públicos. A lei proíbe fumar em ônibus, táxis, restaurantes e em prédios públicos.

Nos restaurantes, se a gorjeta não estiver inclusa na conta (geralmente para grupos de seis ou mais pessoas), deixe entre 15% e 20% do total. Os taxistas contam com um valor semelhante. Para porteiros de hotel, US$1 por mala é o usual.

◂ *Uma das muitas torres de salva-vidas que existem nas praias da Flórida*

INFORMAÇÕES ÚTEIS | 371

Portadores de Deficiência

A lei federal exige que todos os edifícios públicos tenham acesso para cadeirantes, exceto os mais antigos. Este guia indica as atrações acessíveis, mas é aconselhável telefonar antes para se informar.

Algumas locadoras possuem carros adaptados para portadores de deficiência, e alguns ônibus têm acesso para cadeirantes. Observe se existe um adesivo indicativo no para-brisa ou perto da porta. Amtrak e Greyhound oferecem tarifas reduzidas.

A **Mobility International** concede informações a portadores de deficiência. O Visit Florida, o departamento estadual de turismo, publicou um guia de serviços, e o Walt Disney World® tem um exclusivo.

Crianças

Um dos maiores destinos de férias familiares, a Flórida coloca as necessidades das crianças no topo da lista de prioridades *(p. 360)*. É possível alugar carrinhos de bebê na maioria dos parques temáticos; as locadoras de carros devem oferecer assentos especiais para crianças; e muitos restaurantes dispõem de cardápios infantis *(p. 327)*. Nos aviões, ônibus e trens, menores de doze anos em geral pagam meia passagem, e crianças muito pequenas recebem desconto maior. Informe-se sobre as instalações dos hotéis na página 313.

Proteja as crianças com chapéu e filtro solar, e leve bastante água.

Menino se diverte num carrinho em forma de golfinho no SeaWorld®

Terceira Idade

A Flórida é a meca dos idosos. Pessoas acima de 65 anos (ou menos em alguns casos) têm direito a todos os tipos de descontos: nas atrações, em hotéis, restaurantes e no transporte público. O **National Parks Service** oferece ingresso aos parques por US$10.

A **American Association of Retired Persons** ajuda os aposentados a planejar suas férias e dá descontos em passagens aéreas, hotéis e aluguel de veículos.

Viagem Econômica

Viajar fora da alta temporada é uma maneira de economizar. Procure ofertas nos sites de reserva de passagens e hotel. Os hotéis próximos dos parques temáticos são mais baratos que os dos parques. Muitos restaurantes oferecem refeições em conta e ofertas de happy-hour antes das 18h.

Eletricidade

A voltagem padrão em todos os Estados Unidos é de 110-120 volts. Aparelhos de outras voltagens só funcionam com conversor, e talvez você precise de um adaptador para as tomadas americanas, de duas pontas chatas. A maioria dos hotéis oferece conversor de voltagem e secadores de cabelo.

Turismo Sustentável

Como uma das regiões de grande riqueza natural, a Flórida oferece oportunidades de ecoturismo. Os muitos parques nacionais, de Panhandle a Everglades e a Florida Keys, são incomparáveis. Passeios guiados pelos rios, atravessando velhas florestas, estão disponíveis no Wakulla Springs State Park, no noroeste, e pode-se alugar uma casa-barco para percorrer o intocado rio Suwannee, que cruza o estado em direção ao golfo do México. As agências de turismo oferecem excursões guiadas pelas reservas naturais, algumas com pousada por uma noite, e várias fazendas de gado desativadas foram transformadas em resorts para passeios a cavalo e passeios pela natureza. Se você não gosta de acampar, uma boa opção é o **Florida Green Lodging Program**, que oferece quase 700 propriedades com controle de uso da energia, redução do uso da água e que protegem a qualidade do ar.

Programa Florida Green Lodging

AGENDA

Embaixadas e Consulados

Consulado do Brasil em Miami
3150 SW 38th Avenue, térreo, Miami, FL, 3314.
Tel (305) 285-6200.

Embaixada dos EUA no Brasil
Av. das Nações, qd 801, lote 03. Brasília, DF. **Tel** (61) 3312-7000.
w embaixadaamericana.org.br

Consulado dos EUA em SP
Rua Henri Dunant, 500, Chácara Santo Antônio, São Paulo, SP. **Tel** (11) 5186-7000.
w consuladoamericanosp.org.br

Informação Turística

Visit Florida
w visitflorida.com

Entidades

American Association of Retired Persons
601 E St, NW, Washington, DC 20049. **Tel** (202) 434-2277.
w aarp.org

Florida Green Lodging Program
w dep.state.fl.us/greenlodging/

Mobility International
132 E Broadway, Eugene, OR 97401.
Tel (541) 343-1284. w miusa.org

National Parks Service
w nps.gov

Segurança e Saúde

Como em qualquer lugar, existem áreas de Miami, Orlando, Jacksonville e outras cidades da Flórida que não são seguras para turistas. Você deve estar atento nas áreas urbanas, mas com certas precauções é possível viajar sem problemas. Os policiais são simpáticos e prestativos, e a equipe do hotel pode fazer recomendações.

Polícia

O policiamento é feito por três forças policiais: a da cidade, a do condado (os sheriffs) e a Florida Highway Patrol, que cuida de acidentes de tráfego e crimes cometidos fora das cidades. Os principais centros turísticos são bem policiados, e Miami e Orlando contam também com unidades da Tourist Oriented Police (TOP). Diante do cuidado em atrair e proteger os turistas, os policiais são simpáticos e prestativos.

Precauções Gerais

A maioria das cidades da Flórida, como em qualquer parte do mundo, tem regiões que devem ser evitadas. Os funcionários dos centros de informações turísticas ou do seu hotel podem oferecer conselhos. Algumas regiões comerciais do centro ficam vazias à noite e são quase sempre perigosas, mas nos últimos anos têm aumentado as residências e restaurantes nessas áreas, fazendo florescer o centro de Fort Lauderdale, Jacksonville e Orlando. Em caso de dúvida, tome um táxi em vez de andar a pé.

Podem ocorrer roubos dentro dos hotéis. Deixe suas melhores joias em casa, guarde os bens de valor no cofre do quarto ou entregue-os na recepção. Poucos hotéis garantem a segurança de objetos deixados no quarto.

Se alguém bater em seu quarto dizendo ser funcionário do hotel, cheque com a recepção antes de abrir a porta. Carregue a menor quantidade possível de dinheiro, guarde o passaporte separado dos cheques de viagem e deixe uma cópia da chave do quarto na recepção. Se tiver o azar de ser assaltado, entregue a carteira. Nunca tente resistir.

Segurança em Miami

Embora os visitantes raramente sejam vítimas de crime, Miami tem um dos mais altos índices de criminalidade dos EUA. Certos bairros devem ser evitados a qualquer custo, entre eles Liberty City e Opa-Locka, localizados entre o aeroporto e o centro. Mais ao norte, Little Haiti é uma região interessante, mas requer cuidado (p. 95). À noite, evite áreas desertas, inclusive os terminais de transporte e o centro. Locais de vida noturna, como Coconut Grove e South Beach, são muito seguros à noite, mas evite ruas laterais desertas (como a 5th Street em South Beach). A polícia turística de Miami oferece proteção extra no aeroporto, em especial nos pontos de aluguel de veículos.

Em caso de emergência, tecle 911 ou entre em contato com **Miami-Dade Police Information**, se nao precisar de ajuda imediata.

Policiais fazem o patrulhamento em St. Augustine

Emergências

Em caso de emergência, tecle 911 para ter acesso à polícia, a uma ambulância ou aos bombeiros. Nas autoestradas há cabines telefônicas de emergência a cada quilômetro. Se for roubado na rua, vá à delegacia de polícia mais próxima – tecle 911 para saber a localização.

Se precisar de dinheiro, verifique se sua operadora de cartão de crédito oferece saques de emergência; peça para alguém transferir dinheiro de seu banco em seu país para seu hotel ou para um banco na Flórida; ou use o **Moneygram**, um serviço oferecido pela American Express.

Achados e Perdidos

Embora as chances de recuperar objetos perdidos seja mínima, você deve comunicar o roubo à polícia. Guarde cópia do boletim de ocorrência se planeja acionar o seguro.

A maioria das operadoras de cartão de crédito tem um número gratuito para relatar a perda, como fazem **Thomas Cook** e **American Express**. Se perder seu passaporte, entre em contato com sua embaixada ou seu consulado (p. 371).

Hospitais e Farmácias

As cidades maiores do estado, e algumas menores, oferecem atendimento médico e clínicas odontológicas 24 horas, onde são tratadas doenças e ferimentos menos graves. Em

Um xerife do condado em seu uniforme preto e seu carro-patrulha

INFORMAÇÕES ÚTEIS | 373

Ambulância de emergência

Carro de bombeiros

Carro de patrulha

caso de indisposições leves, muitas farmácias, como Walgreens e CVS (muitas delas ficam abertas 24 horas), têm clínicas cadastradas.

Se você tiver um acidente ou doença grave, pode contar com um tratamento de alta qualidade nos hospitais. Histórias de médicos que fazem vítimas de acidente esperar enquanto discutem o pagamento são quase sempre falsas; ainda assim, trate de ter um seguro de saúde. Nada é de graça: a simples visita a um médico pode custar mais de US$50. Os hospitais, assim como a maioria dos médicos e dentistas, aceitam cartões de crédito. Quem não tem seguro de saúde pode ter que pagar adiantado.

Se for receitado algum medicamento, obtenha um suprimento e peça ao médico cópia da receita para caso de perda ou se precisar mais.

Desastres Naturais

Furacões não são frequentes, mas são devastadores *(pp. 30-1)*. Se o pior acontecer, obedeça aos comunicados feitos pela tevê e pelo rádio. Você pode ligar para o **National Hurricane Center** em Miami, que fornece informações sobre a possibilidade de furacões. Dos perigos climáticos, o que afeta a maioria dos visitantes é o sol. Use filtro solar e chapéu. Cuide para que as crianças estejam bem protegidas. Beba muito líquido para evitar a desidratação.

Quanto ao mundo animal, os jacarés são uma visão emocionante, mas podem matar – e matam. Por isso, trate-os com respeito e lembre-se de que qualquer grande volume de água provavelmente terá um ou dois deles. Há também cobras venenosas nativas da Flórida, entre elas a boca-de-algodão, cuja picada pode ser fatal. Não toque em nenhuma vegetação desconhecida e evite a barba-de-velho, que abriga um parasita que causa irritação na pele. Use repelente para se defender contra picadas de insetos, em especial onde há água fresca e de junho a novembro.

As praias em geral são vigiadas por salva-vidas, mas fique de olho nas crianças. A maré alta é um perigo em alguns lugares.

Seguro de Viagem

Um seguro de viagem com cobertura mínima de US$10 mil é recomendável, principalmente por causa das despesas médicas. Os valores dependem da duração da viagem, mas a apólice deve cobrir morte acidental, emergências médicas, cancelamento da viagem e perda de bagagem ou documentos. Sua companhia de seguros ou agência de viagens pode recomendar as opções, mas vale pesquisar para obter o melhor contrato.

Uma salva-vidas vigia uma praia em Panhandle

AGENDA

Emergências

All Emergencies
Tel 911 para avisar a polícia, os bombeiros ou os serviços médicos.

Miami-Dade Police Information
Tel (305) 595-6263.

Moneygram
Tel (800) 926-9400.

Achados e Perdidos

American Express
Tel (800) 528-4800 (cartão).

Diners Club
Tel (800) 234-6377.

MasterCard
Tel (800) 826-2181.

Thomas Cook
Tel (888) 713-3424 (cartão pré-pago).

VISA
Tel (800) 336-8472.

Hospitais e Farmácias

Baptist Hospital of Miami
8900 North Kendall Drive Miami, FL 33176.
Tel (786) 596-1960.
w baptisthealth.net

Dental Care
w dentists.com/florida_dentists.php

Florida Hospital
601 E Rollins St, Orlando, FL 32803.
Tel (407) 303-2800.
w floridahospital.com

Desastres Naturais

National Hurricane Center
Tel (305) 229-4470 mensagem gravada sobre ocorrência de furacões.

Bancos e Moeda

O serviço de câmbio de moedas estrangeiras está disponível nas principais agências bancárias das grandes cidades. Além disso, nos principais aeroportos há agências de câmbio. Para conveniência de moradores e visitantes, os caixas automáticos (ATMs) funcionam 24 horas por dia. Tenha seu cartão de crédito à mão, porque com ele você vai poder pagar quase tudo.

Bancos

Os bancos em geral funcionam das 9h às 15h ou 16h nos dias de semana, mas alguns fecham um pouco mais tarde. Existem os bancos regionais, **Bank of America**, Chase, **Fifth Third Bank**, SunTrust e Wells Fargo, com agências espalhadas por todo o estado. A maioria dos bancos dispõe de caixas drive-through e caixas eletrônicos automáticos.

Caixa eletrônico automático (ATM)

Caixa Eletrônico

A maioria dos bancos e supermercados da Flórida dispõe de caixas automáticos (ATMs – Automatic Teller Machines) no saguão ou numa área externa. Nos caixas automáticos você pode sacar dinheiro, em geral em notas de US$20, de sua conta bancária ou cartão de crédito, em geral a uma taxa de câmbio mais favorável do que num banco ou casa de câmbio local.

Antes de viajar, verifique junto à sua operadora de cartão de crédito ou ao banco sobre que bancos ou sistemas de ATM aceitam seu cartão e o custo de cada transação; quase sempre existe uma taxa de conversão. Informe ao banco que vai viajar para evitar inconveniências. Não esqueça de levar (ou memorizar) sua senha.

Cartões de Crédito e Débito

O cartão de crédito está integrado à vida cotidiana. Os cartões mais aceitos são **VISA**, **American Express**, **MasterCard** e Discover. A maneira mais fácil de sacar dinheiro é o cartão de débito, que usa taxa de câmbio melhor que a dos bancos ou casas de câmbio. A Thomas Cook oferece um cartão pré-pago que protege as informações bancárias. Ele pode ser adquirido on-line ou pessoalmente, antes de sua viagem.

O cartão de crédito pode ser usado para pagar qualquer coisa, de ingressos a contas de hotel e serviços médicos de emergência. No pagamento, seu cartão será passado por um leitor eletrônico e depois será solicitada sua assinatura.

É prática das locadoras de veículos (que em geral não aceitam cartões de débito) fazer uma cópia de seu cartão como medida de segurança; a única outra opção é fazer um depósito em dinheiro. Alguns hotéis adotam a mesma prática: uma quantia de US$200-300 pode ser debitada por uma noite de estadia. Esse valor é creditado no chek out, mas convém lembrar o funcionário disso no momento da saída. Os cheques de viagem, embora aceitos em muitos lugares, têm se tornado uma curiosidade desconhecida em lojas e restaurantes.

Câmbio

A troca de moedas pode ser feita em diversos lugares na Flórida. Em Orlando, a **Currency Exchange International** tem postos no Mall at Millenia e no Florida Mall. Há também filiais nos shoppings Dolphin, Dadeland e Aventura em Miami, e duas nos Sawgrass Mills Mall em Fort Lauderdale. A **Interchange** tem quatro postos no aeroporto internacional de Orlando.

A Disney oferece serviço de câmbio no Epcot® e Magic Kingdom® Guest Services, e os principais hotéis de propriedade da Disney também trocam moedas em quantidades limitadas. Isso também ocorre nos hotéis de outros parques temáticos.

Alguns bancos também trocam dinheiro, mas em geral é preciso agendar o serviço. Trocar moedas num banco costuma ser a opção mais barata, mas talvez valha a pena pagar mais pela conveniência de trocar dinheiro no hotel.

Moedas

Como as notas de dólar são todas de cor parecida, preste atenção ao número antes de pagar. A moeda de US$1 ainda vale, mas raramente é vista. Leve dinheiro para gorjetas, para o transporte público e táxis.

Agência do Fifth Third Bank

INFORMAÇÕES ÚTEIS | 375

Moedas

As moedas americanas (mostradas em tamanho real) são de 1 dólar e de 1, 5, 10, 25 e 50 cents. Também estão em circulação os quarters dos estados, moedas de 25 cents que mostram uma cena histórica de um lado. Cada moeda tem um nome popular: as de 1 cent são pennies, as de 5 cents são nickels, as de 10 cents, dimes, e as de 25 cents, quarters.

25 cents (quarter)

10 cents (dime)

5 cents (nickel)

1 cent (penny)

Cédulas

As unidades monetárias nos Estados Unidos são dólares e cents. Cada dólar vale 100 cents. As notas são de 1, 5, 10, 20, 50 e 100 dólares e têm cores muito parecidas. As notas de 10, 20 e 50 dólares em circulação atualmente tem marcas extras de segurança. As notas de papel foram emitidas pela primeira vez em 1862, quando as moedas estavam em falta e a Guerra Civil precisava de financiamento.

1 dólar (US$1)

5 dólares (US$5)

10 dólares (US$10)

20 dólares (US$20)

50 dólares (US$50)

100 dólares (US$100)

AGENDA

Bancos

Bank of America
Tel (800) 732-9194.
w bankofamerica.com

Fifth Third Bank
Tel (800) 972-3030. w 53.com

Cartões de Crédito e Débito

American Express
Tel (800) 528-4800.
w americanexpress.com

Mastercard/Cirrus
Tel (800) 627-8372.
w mastercard.us

Thomas Cook Cash Passport
w cashpassport.com

VISA
Tel (800) 847-2911 (informação).

Câmbio

Currency Exchange International
Tel (305) 937-4999. w ceifx.com

Interchange
Orlando International Airport.
Tel (407) 825-4563.

Comunicação e Mídia

A comunicação dentro e fora da Flórida, seja por carta ou por telefone, raramente causa problemas – embora o sistema postal dos Estados Unidos não seja o mais rápido do mundo (pelo menos dentro do país). Os telefones celulares e a conexão à internet sem fio substituíram quase completamente os telefones públicos, que ainda podem ser encontrados nos aeroportos, se você procurar bastante, mas em poucos outros lugares. Uma maneira prudente de economizar dinheiro é evitar ligações do quarto do hotel, pelas quais geralmente inserem sobretaxas exorbitantes.

Ligações Locais e Internacionais

Os números gratuitos (em geral com prefixos 800, 866, 888 ou 877) são comuns nos Estados Unidos. Observe, porém, que eles não são gratuitos para ligações de fora dos EUA, e convém saber que alguns hotéis podem cobrar uma taxa por essas chamadas.

Os que usam telefones urbanos ou interurbanos devem saber que as tarifas são mais baixas durante a noite e nos fins de semana. Nos hotéis essas chamadas não contam com esses descontos e serão sobretaxadas com um adicional de serviço exorbitante.

A maioria das ligações não depende da ajuda de telefonista (cuja intervenção atinge o preço de uma ligação normal). As ligações a cobrar só são feitas com o auxílio da operadora e podem ser caras.

Os celulares substituíram em larga escala os telefones públicos

Celulares

Celulares pré-pagos baratos podem ser encontrados em supermercados e lojas de conveniência (como **7-Eleven**), e em grandes lojas de produtos eletrônicos e lojas de departamentos como **Target**, **Walmart** e **Best Buy**. Consulte sua operadora para verificar se o seu aparelho é compatível com o sistema americano e obter informações sobre os procedimentos necessários para desbloquear seu celular. Veja também com atenção qual o melhor plano para ligações internacionais, caso contrário, pode ficar caro.

Telefones Públicos

Os telefones públicos são raros e desapareceram das ruas, mas às vezes ainda são encontrados nos aeroportos.

A maioria dos telefones públicos aceita moedas – você vai precisar no mínimo de US$8 em moedas de 25 cents para fazer uma chamada intrnacional. Há também telefones operados por cartão que aceitam cartões de débito pré-pagos, o que exige teclar um número gratuito para ter acesso ao número desejado. Outra opção é usar o cartão de crédito tanto nos telefones operados com moedas quanto nos telefones de cartão. Para isso, basta teclar (800) CALL ATT, fornecer o número do cartão e aguardar a conexão; será debitada a tarifa normal.

Catálogos telefônicos estão disponíveis na maioria dos postos telefônicos e têm informações sobre tarifas.

Internet

Muitos hotéis da Flórida oferecem acesso à internet sem fio (Wi-Fi) nos quartos. Alguns hotéis, em geral os mais caros, cobram pelo acesso no quarto, mas oferecem livre acesso nas áreas públicas, Os hotéis de melhor custo-benefício, porém, costumam incluir o acesso à internet no quarto no preço da diária. Cafés, restaurantes, bibliotecas e alguns parques municipais oferecem livre acesso (procure na internet esses lugares ou observe o símbolo Wi-Fi na vitrine). O livre acesso à internet, combinado a programas de voz como o Skype, é uma ótima maneira de economizar e manter-se em contato com seu país.

Números Úteis

- Ligações para outro código de área: tecle **1** seguido pelo código de área e o número de 7 dígitos. Dentro da Flórida, é preciso teclar o número completo de 10 dígitos, mesmo que você esteja ligando do outro lado da rua.
- Ligações internacionais: tecle **011** e depois o código do país (por exemplo, o do Brasil é 55), seguido pelo código da cidade (menos o primeiro 0) e o número do telefone.
- Auxílio em ligações internacionais: tecle **01**.
- Consulta a números internacionais: tecle **00**.
- Auxílio em ligações locais: tecle **0**.
- Consulta ao catálogo local: tecle **411**.
- Informações para chamadas de longa distância: tecle **1**, depois o código de área seguido por **555-1212**.
- Os prefixos **800, 866, 888** e **877** indicam chamada grátis; os números **900** não são grátis.
- para chamar a polícia, os bombeiros ou a uma ambulância, tecle **911**.

INFORMAÇÕES ÚTEIS | 377

Serviços Postais

O horário de funcionamento do correio varia, mas em geral vai de 9h a 17h nos dias de semana, e algumas agências também abrem aos sábados. Há postos automáticos 24 horas dentro dos saguões das agências, que vendem selos. Farmácias, supermercados e hotéis costumam vender selos, mas fora das agências o preço é mais alto.

A remessa normal dos EUA para o exterior pode levar semanas; portanto, é melhor usar o serviço aéreo, que é muito mais rápido.

A remessa doméstica leva de um a cinco dias – ou mais se você esquecer de incluir o código postal. Há a opção de usar a remessa prioritária, que será entregue em dois ou três dias, ou a expressa, que chega no dia seguinte dentro dos EUA e em dois ou três dias em vários países. Tome cuidado para usar a caixa postal correta. As caixas postais são pintadas de azul; as prioritárias e expressas são azul e prata.

Muitos americanos usam serviços de entrega particulares, como **UPS** e **Federal Express**, para correspondências domésticas e internacionais, ou **DHL,** para remessa internacional de pacotes; para a maioria dos lugares, a entrega é feita no dia seguinte.

Muitas lojas despacham as compras; se quiser enviá-las por sua conta, use o material aprovado pelo correio e disponível nas agências.

Caixa de correio

Uma série de máquinas automáticas de venda de produtos em Palm Beach

Jornais e Revistas

A maioria das grandes cidades possui um jornal diário. Entre os jornais de maior tiragem estão *Miami Herald*, *Tampa Bay Times*, *Orlando Sentinel* e *Tampa Tribune*. O *Miami Herald* também tem uma edição em espanhol, *El Nuevo Herald*. Os jornais semanais gratuitos são a melhor fonte de informação sobre eventos e roteiro de entretenimento; as revistas mensais municipais (*Orlando Magazine*, *Miami Monthly*, *Jacksonville Magazine*) oferecem um panorama do estilo de vida local e são ótimas para quem procura indicação de restaurantes.

Pode-se encontrar jornais nacionais como *USA Today* nas máquinas automáticas, mas a maioria delas só dispõe de jornais locais. Outros jornais diários, como *New York Times*, e jornais estrangeiros em geral só se encontram em livrarias, lojas de conveniência ou boas bancas de jornais.

Televisão e Rádio

Na Flórida, como em quase todo o país, predominam na tevê os programas diários de entrevista e as séries policiais do horário nobre. Os canais a cabo oferecem uma variedade maior: o canal ESPN é dedicado ao esporte, e CNN, às notícias, por exemplo. O hotéis em geral oferecem tevê a cabo, mas é preciso pagar para assistir a um filme *(p. 311)*.

A maioria das rádios toca música pop, mas se você pesquisar (especialmente na faixa FM), pode encontrar estações locais de entretenimento, inclusive emissoras em língua espanhola no sul da Flórida.

A programação mais séria fica por conta das estações públicas, como PBS-TV (Public Broadcasting System) e NPR (National Public Radio), com jazz e música clássica, bem como documentários, talk shows e séries, inclusive da BBC.

AGENDA

Celulares

7-Eleven
812 8th St, Miami.
Tel (305) 854-7011.
124 W Pine St Suite 116, Orlando.
Tel (407) 648-8208.
W 7-eleven.com

Target
8350 S Dixie Hwy, Miami.
Tel (305) 668-0262.
W target.com

Walmart
8400 Coral Way, Miami.
Tel (305) 351-0725.
3101 W Princeton St, Orlando.
Tel (321) 354-2096.
W walmart.com

Serviços Postais

DHL
W dhl.com

Federal Express
W fedex.com

United States Postal Service
W usps.com

UPS
W ups.com

INFORMAÇÃO DE VIAGEM

A Flórida, o destino turístico mais famoso dos EUA, é bem servido por voos do mundo inteiro. As principais portas de entrada do estado são Miami, Orlando e Tampa, e o número crescente de voos fretados está aumentando o movimento de outros aeroportos. O avião também vale a pena para quem planeja viajar ponto a ponto dentro da Flórida. A viagem entre Miami e Key West, por exemplo, leva 40 minutos; de carro, levaria 4 horas. Mas para quem deseja circular pelo estado, o carro é a melhor opção. Além das principais rodovias expressas, há estradas locais mais calmas. Trens e ônibus são alternativas se planejar os trajetos com antecedência.

O Aeroporto Internacional de Miami, sempre movimentado

Viagens Aéreas

Todas as maiores companhias aéreas, entre elas Southwest, JetBlue, **American Airlines**, **United Airlines** e Delta Air Lines, mantêm centenas de voos domésticos para Orlando e Miami. Muitas oferecem voos diretos do exterior, mas normalmente com escala em um aeroporto nos EUA.

Do Brasil, **TAM**, **Gol**, **US Airways**, **Avianca**, **Aeromexico** e United Airlinies, entre outras, têm voos para Miami e Orlando, com escalas em cidades como Cidade do México, Washington, Chicago, Houston. A American Airlines oferece a opção de voo direto para Miami e a TAM, para Orlando. Os voos que saem do Brasil em geral fazem escala em São Paulo ou no Rio de Janeiro. Consulte os websites que fazem a busca por empresas aéreas com os melhores descontos ou consulte uma agência de viagens para conseguir um pacote vantajoso.

Os voos fretados hoje são menos procurados, mas ainda oferecem acesso direto e mais barato à Flórida. A maioria dos voos fretados parte do Canadá, do Caribe e da América Latina, mas também há voos da Europa para Fort Lauderdale e Orlando via algumas cidades do Reino Unido.

As medidas de segurança implicam que a chegada a qualquer aeroporto dos EUA pode ser demorada e confusa. Conte com essa demora quando planejar suas férias e esteja com a documentação necessária.

Tarifas Aéreas

As tarifas de ida e volta para a Flórida são em geral mais baratas quando a passagem é comprada com antecedência. Com a competitividade entre agências de viagem e entre as muitas companhias que operam voos para a Flórida, vale a pena pesquisar preços. Nos serviços de reserva on-line pode-se encontrar tarifas promocionais. Algumas operadoras especializadas oferecem boas opções em voos fretados.

As tarifas podem ser muito baratas na baixa estação, e melhores ainda se você puder viajar no meio da semana. Nos períodos de férias, a procura é grande e os preços podem

Aeroporto	Informações	Distância da Cidade	Tarifa de Táxi até a Cidade (aprox.)	Tarifa de Ônibus até a Cidade
Miami	(305) 876-7000 w miami-airport.com	16km (10 milhas) até Miami Beach	US$32 para Miami Beach	US$14-20 para Miami Beach
Orlando	(407) 825-2001 w orlandoairports.net	28km (18 milhhas) até Walt Disney World®	US$55-60 para Walt Disney World®	US$20 por pessoa p/ Walt Disney World®, ou US$ 4 pelo Lynx
Sanford	(407) 585-4000 w orlandosanfordairport.com	64km (40 milhas) até Walt Disney World®	US$90-110 para Walt Disney World®	US$20-50 para Walt Disney World®
Tampa	(813) 870-8700 w tampaairport.com	14km (9 milhas) até o centro	US$15-25 para Downtown	US$12-32 para Downtown
Fort Lauderdale	(954) 359-1200 w broward.org/airport	13km (8 milhas) até Fort Lauderdale, 48km (30 milhas) até Miami	US$20 para Fort Lauderdale, US$100 para Miami	US$10 para Fort Lauderdale, US$15 para Miami

INFORMAÇÃO DE VIAGEM | 379

dobrar, atingindo o ponto alto em dezembro.

Note que as empresas dos EUA às vezes oferecem descontos em voos domésticos se você comprar o bilhete de volta com a companhia.

Voos Domésticos

Companhias pequenas e médias operam voos dentro do estado e são uma maneira de ganhar mais tempo sob o sol da Flórida. Várias empresas voam de Orlando para Panhandle; a Spirit voa de Fort Lauderdale para Tampa; a Atlantic Airlines liga o centro da Flórida às duas costas, Key West ao sul e Pensacola ao norte. Empresas maiores voam de Orlando ou Miami para todas as principais cidades dos EUA, mas o voo pode ter uma ou duas conexões antes do destino final.

Aeroportos da Flórida

Os maiores aeroportos da Flórida são dotados de balcões de informações, bancos, agência de aluguel de veículos e outros serviços. Quem deseja ir para o centro deve verificar os horários de ônibus (ou "limusines"), que oferecem um serviço porta a porta do e para o aeroporto; eles funcionam como táxis compartilhados, e são mais baratos que os regulares. Os principais hotéis oferecem ônibus para o transporte de seus hóspedes. Informe-se sobre isso quando fizer a reserva.

Aeroporto de Miami

O Aeroporto Internacional de Miami é um dos mais movimentados do mundo, o que pode significar longas filas na imigração. A caminhada entre o saguão e os portões também pode ser longa.

Balcões de informações são encontrados em todas as saídas da alfândega. Os balcões de aluguel de veículos, táxis, limusines e ônibus situam-se no piso inferior. Empresas como a **SuperShuttle** oferecem ônibus 24 horas para os principais bairros de Miami. Os ônibus municipais que servem o aeroporto não são confiáveis.

Trem monotrilho de passageiros no Aeroporto Internacional de Orlando

Aeroportos de Orlando e Sanford

O Aeroporto Internacional de Orlando, o décimo terceiro mais movimentado do país, recebe 40 milhões de passageiros por ano e está sempre se expandindo. Oferece excelentes serviços ao passageiro. Passarelas rolantes e um sistema de monotrilho (que utiliza a mesma voz do monotrilho do Disney World) facilitam a circulação pelos dois terminais. Os centros de informações turísticas multilíngue ficam abertos de 7h a 23h.

Muitos hotéis oferecem ônibus de cortesia, mas existem também os ônibus de traslado do aeroporto; o **Mears Transportation Group** serve a maioria dos destinos da região. Uma opção barata para chegar ao International Drive ou ao centro de Orlando é o ônibus Lynx (p. 387). Os ônibus partem da frente do terminal "A Side" a cada meia hora e a viagem leva uns 50 minutos.

Servindo mais de um milhão de passageiros por ano, o Orlando Sanford International Airport, 48km ao norte do centro de Orlando, é bem mais calmo que o aeroporto principal de Orlando e serve os voos fretados. Filas de táxi e vários postos de aluguel de veículos estão localizados fora do terminal.

Pacotes de Viagem

A opção mais barata para viagens de férias à Flórida é um pacote que engloba passagem aérea e aluguel de carro e/ou hospedagem. Alguns pacotes oferecem aluguel de carro "grátis" ou com desconto, mas atenção: há pesadas sobretaxas a serem pagas (pp. 382-3).

Pacotes duplos são muito procurados: por exemplo, uma semana em Orlando e uma semana em um resort na costa do Golfo. Pacotes para os parques temáticos valem a pena para quem vai passar o tempo todo lá; informe-se nas agência de viagem ou sites dos parques.

AGENDA
Companhias Aéreas

American Airlines
Tel (800) 433-7300.

British Airways
Tel (800) 247-9297.

Delta Air Lines
Tel (800) 221-1212.

JetBlue
Tel (800) 538-2583.

Southwest
Tel (800) 435-9792.

United Airlines
Tel (800) 864-8331.

Virgin Atlantic
Tel (800) 862-8621.

Ônibus

Mears Transportation Group
Tel (407) 423-5566.

SuperShuttle
Tel (305) 871-2000.

Viajar de Carro

Dirigir na Flórida é uma delícia. A maioria das estradas é bem pavimentada, e os motoristas da Flórida são em geral educados e cuidadosos. A gasolina é relativamente barata e as tarifas de aluguel de carros, as mais baixas dos Estados Unidos *(pp. 382-3)*.

Você pode circular sem carro em Orlando *(p. 139)*, mas a vida fica mais fácil com um. As muitas áreas de descanso das rodovias interestaduais são vigiadas 24 horas por patrulhas de segurança, e a sinalização melhorou *(p. 386)*.

A praça de pedágio de Boca Raton

O que é Necessário

Para dirigir um carro na Flórida, você precisa ter uma licença de motorista válida. A tarifa de aluguel de carros não inclui seguros contra acidentes ou responsabilidade por danos a terceiros. Lembre-se de que, quando aluga um carro, você é responsável se ocorrer um acidente. Verifique com sua operadora de cartão de crédito ou seguradora se está coberto quando usa veículos alugados. O estado da Flórida exige que você leve no carro uma cópia do contrato de aluguel.

Embora existam muitas normas estaduais e federais sobre os equipamentos exigidos nos carros, poucas dizem repeito aos ocupantes. Ao contrário do que ocorre no Brasil, não há obrigatoriedade de ter triângulo no carro, nem lanterna de segurança como em outros países. Motorista e passageiros podem ser multados por não usar cinto de segurança, e pode custar muito desobedecer à lei, porque as multas chegam a $116 se o motorista for parado em postos da polícia rodoviária da Flórida.

Se você quiser explorar trilhas off-road de motocicleta, saiba que pilotos com menos de dezesseis anos precisam usar proteção de olhos, botas de cano alto e capacete.

Estradas e Pedágios

A Flórida tem uma excelente rede rodoviária. As mais rápidas são as rodovias interestaduais expressas, identificadas como I-10, I-75 e assim por diante. Elas têm no mínimo seis faixas e áreas de descanso situadas a cada 45 minutos de viagem. As principais autoestradas costumam ser rápidas, mas podem ficar muito lentas quando se aproximam da área urbana de Miami, Orlando e Jacksonville, especialmente nos horários de pico antes e depois do trabalho.

As rodovias interestaduais fazem parte de um sistema de vias expressas (às vezes chamadas de freeways), às quais só se tem acesso em determinadas intersecções. Existem ainda as rodovias pedagiadas, entre elas a BeachLine Expressway (entre Orlando e a Space Coast) e a Florida Turnpike, que parte da I-75, a noroeste de Orlando, para Florida City, ao sul de Miami. A tarifa de pedágio depende da distância percorrida; quem percorre todos os 530km da Florida Turnpike, por exemplo, paga cerca de $20. A tarifa pode ser paga numa cabine de pedágio a um funcionário, ou, se você tiver o dinheiro trocado, e não precisar de recibo, em uma caixa coletora, onde o dinheiro é contado automaticamente. Em certas seções da Turnpike perto de Miami foi instalado um sistema eletrônico de cobrança e não se aceita mais dinheiro. As tarifas são cobradas

Patrulha rodoviária

Dicas aos Motoristas

- O cinto de segurança é obrigatório para motorista e passageiros, e crianças de menos de 3 anos precisam viajar numa cadeirinha infantil apropriada.
- Pode-se virar à direita no sinal vermelho, a não ser que uma placa indique o contrário; mas pare antes de virar.
- A luz piscante amarela indica que você precisa diminuir a velocidade, olhar e depois cruzar com cuidado.
- Pode-se ultrapassar dos dois lados em qualquer estrada com múltiplas faixas, inclusive nas rodovias interestaduais.
- É proibido mudar de faixa quando houver uma linha amarela dupla ou uma linha branca contínua.
- Se um ônibus escolar parar em uma via de mão dupla para deixar ou pegar crianças, o tráfego deve ser interrompido nas duas direções. Numa estrada com canteiro, só os carros que viajam na mesma direção devem parar.
- Não beba, nem mesmo uma cerveja. Dirigir sob influência de álcool é muito grave; você pode ter que pagar multa de centenas de dólares, ter a carteira suspensa ou ser preso.

INFORMAÇÃO DE VIAGEM | 381

via Sunpass ou mediante foto da placa do veículos quando passa pela cabine; a locadora pode lhe dar informações sobre isso.

Esteja atento porque os motoristas locais costumam mudar de faixa com frequência nas vias expressas. Mantenha-se à direita para evitar problemas e tome cuidado quando se aproximar das saídas, que se situam dos dois lados da via; a maioria dos acidentes ocorre nas curvas para a esquerda.

Existem também as rodovias federais, que em geral têm várias faixas, mas não sempre. São mais lentas que as vias expressas e quase sempre não mostram uma bela paisagem, já que são ladeadas por motéis e postos de gasolina. As rodovias estaduais e distritais são menores e melhores para passear. Existem algumas vias não pavimentadas nas regiões rurais da Flórida; observe que algumas locadoras de veículos não permitem a circulação nessas estradas.

Placas de Sinalização

As placas de sinalização são em geral claras e autoexplicativas. Quem desobedecer as instruções pode ser multado.

Em geral, as placas trazem o número ou o nome da rodovia, e não o destino, e diferentes tipos são indicadas por placas de formas e cores diferentes. As placas direcionais são verdes. As placas de trânsito em geral têm câmeras.

| Restrição de estacionamento | Quilometragem | Interestadual expressa 4 | Rodovia federal direção sul |

| Placas suspensas na junção de duas rodovias | Limite de velocidade (milhas) | Área de descanso, na interestadual |

Nas Rodovias

Um bom mapa recente é fundamental para circular pela Flórida de carro. O mapa rodoviário da Flórida oferecido gratuitamente nos Convention and Visitor's Bureaus e nos escritórios de turismo da Flórida no exterior mostra a localização das áreas de descanso nas rodovias interestaduais e inclui mapas das principais cidades. Se você planeja passar mais tempo numa cidade, tente obter um mapa urbano mais detalhado. Os mapas oferecidos nos centros de turismo em geral são inadequados para quem quer dirigir – nesse caso, a solução é uma boa livraria. Verifique com sua locadora a possibilidade de alugar um GPS.

Deslocar-se de carro na Flórida é relativamente fácil. A maioria das rodovias leste-oeste têm números pares, e as norte-sul, números ímpares. As placas à beira das rodovias, inclusive as que marcam as milhas *(p. 287)*, indicam em que estrada você está, enquanto o nome suspenso nos cruzamentos não é o da rodovia em que você está, mas a que você está cruzando. As junções têm dois números – siga sempre o mesmo número que indica o seu destino.

Limites de Velocidade

Nos EUA, os limites de velocidade são fixados por estado. Na Flórida, os limites são os seguintes:
• 55-70 mph (90-105km/h) nas autoestradas.
• 20-30 mph (32-48km/h) nas áreas residenciais.
• 15-20 mph (24-32km/h) perto de escolas.

Como os limites podem variar de um trecho para outro, preste atenção às placas. Numa estrada interestadual, você pode ser multado por andar abaixo de 40 mph (64km/h). A velocidade é rigorosamente controlada pela polícia rodoviária, que emite a multa na hora. As multas podem chegar a $300.

O motorista que trafega pelas vias expressas ou pelas interestaduais é obrigado a mudar de faixa ou diminuir a velocidade caso esteja se aproximando um veículo de emergência.

Um típico cruzamento de ruas da Flórida, em Tallahassee

Posto de gasolina, International Drive, Orlando

Gasolina

A maioria dos carros utiliza gasolina sem chumbo de três tipos: regular, super e premium. O diesel em geral também está disponível.

A gasolina é menos cara nos Estados Unidos do que em outros países, mas o preço varia de acordo com a localização e o serviço. Quase todos os postos são self-service; é raro haver um posto onde um atendente encha o tanque. Os preços são fixados inclusive por galão americano, que corresponde a 3,8 litros. Na maior parte dos postos de gasolina pode-se pagar em dinheiro (antes de abastecer) ou com cartão de crédito na bomba, sem precisar entrar no posto.

Normas de Segurança para Motoristas

Tome cuidado, esteja onde estiver. Várias normas foram criadas para proteger motoristas estrangeiros. Por exemplo, das placas dos veículos de locadoras não consta o código de identificação e o símbolo de um sol laranja guia os motoristas pelas principais rodovias e na saída e chegada aos aeroportos. Eis algumas dicas para dirigir em segurança:

- Se chegar à Flórida de avião à noite, combine com a locadora de pegar seu carro alugado na manhã seguinte, evitando dirigir numa região desconhecida depois do anoitecer.
- Evite deixar malas e outros bens de valor visíveis dentro do carro; coloque-os no porta-malas.
- Mantenha as portas do carro trancadas, principalmente nas áreas urbanas.
- Ignore se um pedestre ou outro motorista lhe pedir para parar, apontando algum defeito no veículo ou batendo na traseira de seu carro. Outra armadilha é pedir ajuda ao lado de um suposto veículo "quebrado".
- Se precisar consultar um mapa, só pare em uma região bem iluminada e de preferência movimentada.
- Não durma no carro no acostamento da rodovia; algumas áreas de descanso nas vias expressas contam com uma patrulha de segurança.
- Evite pegar atalhos nas cidades. Se possível, mantenha-se nas ruas principais.
- Embora em estado razoável, as rodovias da Flórida foram classificadas pela National Highway Traffic Safety Administration como as mais perigosas do país, como as interestaduais 95 (#1) e 4 (#3).

Placa em rodovia de Miami

Panes

Se seu carro quebrar, saia para o acostamento, acenda as luzes de emergência e espere a chegada da polícia. Nas vias expressas, você pode usar os telefones de emergência *(p. 372)*. Vale a pena alugar um telefone celular – oferecido por um custo baixo pelas locadoras de veículos – ou comprar um numa loja de conveniência ou de produtos eletrônicos *(p. 376)*.

Se você alugou um carro, encontrará um telefone de emergência no contrato de aluguel; tente este número primeiro; no caso de uma pane grave, a locadora providenciará outro veículo. A **American Automobile Association** (AAA) presta ajuda a seus sócios. Ou ligue para a Florida Highway Patrol (511 num celular) ou para o número gratuito do serviço Road Ranger (*347).

Estacionamento

Encontrar um lugar para estacionar não costuma ser problema nos parques temáticos e outras atrações turísticas, shopping centers ou na maioria dos bairros da cidade. Estacionar perto das praias é mais difícil *(p. 386)*.

Você encontrará estacionamentos de vários andares nas cidades, mas talvez utilize mais os parquímetros. Não economize ao encher o parquímetro: as tarifas variam de 25c a US$1 por hora. Se ultrapassar o período, você corre o risco de pagar uma multa ou ter o carro guinchado. Leia com atenção as placas de estacionamento nos postes, sinais de trânsito ou estradas. Carros parados a 3m de um hidrante serão guinchados.

Aluguel de Carro

O aluguel de carros na Flórida é barato, mas você pode economizar reservando um veículo e pagando antes de viajar. Conjugar a locação à passagem aérea pode reduzir o custo em 50%, mas não se deixe enganar por ofertas de locação "grátis". Essas ofertas não incluem imposto estadual nem seguro.

Se tiver que alugar um carro depois de desembarcar, é mais barato fazê-lo no aeroporto do que numa loja na cidade. Para lugar um carro, você precisa de licença de motorista, passaporte e um cartão de crédito. Se apresentar um cartão de débito, podem-lhe exigir um alto depósito como garantia. A idade mínima exigida é de 21 anos, mas motoristas abaixo de 25 anos podem ter que pagar uma sobretaxa.

Verifique se seu contrato inclui dano por colisão (CDW) – caso contrário, você poderá ser responsabilizado por qualquer dano ao carro, mesmo que não seja por sua culpa. Os contratos de locação incluem seguro por danos a terceiros, o que raramente é conveniente. Vale mais a pena adquirir um seguro adicional de responsabilidade civil, que oferece cobertura de até US$1 milhão. Esses extras, mais impostos, podem acrescentar de US$35 a US$40 por dia.

A maioria das locadoras cobra sobretaxa se você quiser entregar o carro em outra cidade, e todas elas cobram pela gasolina extra: se você devolver o carro com menos combustível do que havia inicialmente, terá que pagar até US$9 por galão. Postos perto dos aeroportos são mais caros.

Aluguel de Moto

Se seu sonho é percorrer ruas e autoestradas numa Harley-Davidson, talvez você queira visitar **Harley-Davidson** ou **Eagle Rider** (ambas em várias cidades).

O aluguel excede US$100 por dia, mais depósito, e a idade mínima é de 21 anos. O pagamento antecipado lhe garante um desconto.

Aluguel de Trailer

Os trailers são ótimos para grupos e famílias. O aluguel de um trailer por uma semana custa a partir de US$500. Surpreendentemente, as locadoras de trailers são poucas. A maior empresa nos EUA é a **Cruise America**, que tem filiais em outros países.

As condições da locação são semelhantes às de um carro. O tamanho e as instalações variam muito, os trailers são em geral bem-equipados.

Passeios de Carro

Extensões de bosques e praias primitivas, e um terreno totalmente plano – a parte mais alta do estado fica apenas 105m acima do nível do mar – fazem da Flórida uma região de grande beleza natural, que pode ser apreciada de carro.

Um dos trechos de cenário excepcional são os 257km que ligam Miami a Florida Keys, saindo da grande cidade para uma paisagem de vegetação rústica e atravessando a Seven Mile Bridge em direção às águas turquesa que cercam Keys. Partindo de Fort Lauderdale para oeste através dos Everglades, quem gosta de aventuras na natureza encontrará a Flórida antiga, e a viagem ao redor da baía Apalachicola pela US 98 revela uma natureza intocada, barcos da pesca do camarão e caçadores de ostras. A rodovia costeira A1A de Daytona a Jacksonville oferece vistas de castelos históricos da colonização espanhola, parques nacionais preservados e uma paisagem de praias de areias brancas banhadas pelo oceano Atlântico.

AGENDA

Panes

AAA General Breakdown Assistance
Tel (800) 222-4357.
NOTA: As locadoras oferecem assistência 24 horas nas rodovias.

American Automobile Association (AAA)
1000 AAA Drive, Heathrow, FL 32746. Tel (800) 222-1134.
w aaasouth.com

Aluguel de Carro

Alamo
Tel (877) 222-9075.
w goalamo.com

Avis
Tel (800) 331-1212.
w avis.com

Budget
Tel (800) 527-0700.
w budget.com

Dollar
Tel (800) 800-4000.
w dollarcar.com

Enterprise
Tel (800) 261-7331 (EUA).

Hertz
Tel (800) 654-3131.
w hertz.com

National
Tel (877) 222-9058 (EUA).
w nationalcar.com

Thrifty
Tel (800) 847-4389.
w thrifty.com

Aluguel de Moto

Eagle Rider
Tel (888) 900-9901.

Harley-Davidson
Tel (407) 944-3700 (Orlando); (239) 275-4647 (Fort Myers).

Aluguel de Trailer

Cruise America
Tel (800) 671-8042.
w cruiseamerica.com

Channel Five Bridge, Florida Keys

Como Circular pela Flórida

Quem viajar pela Flórida contando apenas com o transporte público terá horizontes muito limitados. A rede ferroviária é restrita, o que torna os ônibus – que ligam a maioria das cidades maiores – o principal meio de transporte de longa distância. Sem um carro, os lugares fora das principais áreas urbanas ficam inacessíveis. Há alguns bons serviços de ônibus locais, mas você vai precisar de tempo para utilizá-los. O transporte público é útil dentro das cidades. A prioridade é atender aos moradores, mas os centros de turismo oferecem opções de passeios para visitantes.

Transporte Sustentável

Como as cidades pequenas estão sendo engolidas pelas grandes metrópoles, está se tornando cada vez mais difícil ir de uma ponta a outra de Miami ou Orlando sem um carro. Mas existem várias opções de viagens ecológicas.

Embora o transporte público não seja uma prioridade na Flórida em geral, algumas cidades estão conscientes de seu impacto ecológico. No centro de Fort Lauderdale, a **Sun Trolley** opera veículos movidos a biodiesel com ar condicionado, enquanto em Orlando, a **Lynx** conta com vários ônibus movidos a biodiesel em suas linhas. Para quem visita os parques temáticos, o sistema Lynx oferece incentivos a quem não viaja de carro, a maneira melhor e mais barata de chegar à Disney e à Universal, e ainda economiza o estacionamento. Ônibus partem do centro de Orlando da área de hotéis do International Drive. O sistema Skyway de Jacksonville opera trens elevados sobre o rio St. John's e liga hotéis e restaurantes do centro e o Convention Center com o trólebus que acompanha o rio.

Quem se preocupa com a emissão de carbono nas viagens aéreas ou rodoviárias, pode comprar um medidor de CO_2 na TerraPass, www.terrapass.com.

Como Chegar de Trem

A **Amtrak**, empresa nacional de trens, serve a Flórida a partir da costa leste. Três trens diários partem de Nova York. Este Silver Service leva cerca de 25 horas (com leitos e refeições disponíveis) e passa por Washington, Jacksonville e Orlando, terminando em Miami ou Tampa. A Palmetto percorre a mesma rota, mas oferece um vagão executivo. Quem quer viajar de trem levando o próprio carro, pode usar o Auto Train da Amtrak, que parte diariamente de Lorton, na Virgínia, para Sanford, cerca de 50km ao norte de Orlando, numa viagem que leva cerca de dezoito horas.

Como Viajar de Trem

Os trens da Amtrak servem um número limitado de cidades da Flórida *(ver o mapa às pp. 16-7)*. Com a exceção de Tampa, as cidades da Costa do Golfo são ligadas apenas pelos ônibus "Thruway". Eles partem de Winter Haven, perto de Orlando, para Fort Myers, passando por St. Petersburg e Sarasota, com conexão com a linha de trens da Amtrak.

As tarifas de trem não são competitivas em relação às de ônibus, mas as viagens são mais relaxantes. Quando viajar à noite, você pode escolher entre um assento comum (reclinável) da "coach class" e uma cabine. Ambas as refeições, servidas nos trechos mais longos, são boas.

Quem planeja fazer algumas viagens de trem deve considerar a compra de um passe, que dá direito a viagens ilimitadas na rede Amtrak durante um certo período de tempo. O passe deve ser adquirido antes da chegada, direto da Amtrak on-line ou através de uma agência de viagens.

Outra linha de trens da Flórida é a **Tri-Rail**, a ferrovia regional que liga quinze estações entre o aeroporto de Miami e West Palm Beach, incluindo Fort Lauderdale e Boca Raton. Destinada prioritariamente aos moradores, a ferrovia também pode ser útil aos turistas. A passagem só de ida custa cerca de US$2,50 a US$7, dependendo das regiões atravessadas, com descontos nos fins de semana e feriados. O traslado para a rede do metrô de Miami e para a linha do Metromover *(p. 394)* é gratuito. Também é possível fazer transferências da SunRail para os serviços de ônibus Lynx Bus, de Orlando, e Votran Bus, de Volusia County.

Ônibus de Longa Distância

Para vir de outras partes do país ou viajar dentro da Flórida, os ônibus **Greyhound** são o meio de transporte mais barato. Algumas linhas são "ex-

A estação Tri-Rail, em West Palm Beach, em estilo espanhol

INFORMAÇÃO DE VIAGEM | 385

pressas", com poucas paradas no trajeto, enquanto outras servem um número maior de destinos.

Poucas linhas têm *flag stops*, onde o ônibus pode parar para desembarcar ou pegar passageiros em lugares onde não há uma estação rodoviária. Pague diretamente ao motorista, ou, se quiser reservar com antecedência, visite o site da empresa ou a agência mais próxima a Greyhound – geralmente numa loja ou agência do correio local.

Os passes permitem viagens ilimitadas por um período de tempo (de 4 a 60 dias), mas só valem a pena para muitas viagens. Estrangeiros devem saber que os passes são mais baratos se comprados de um agente da Greyhound fora dos EUA. Horários, informações sobre bilhetes e limites de bagagem você encontra no site da Greyhound.

A **Red Coach** opera ônibus com cinema, internet sem fio e poltronas reclináveis, de Miami para Orlando, Tampa, Jacksonville e Tallahassee.

Táxis

É fácil encontrar táxis nos aeroportos, terminais de ônibus e grandes hotéis. Em outros lugares, os pontos de táxi são raros, e, como não é permitido pegar passageiros na rua, é melhor chamar um: os telefones estão nas Páginas Amarelas. Outra opção é pedir ao porteiro ou mensageiros do hotel para chamar um táxi – eles farão isso com prazer, sem esperar gorjeta.

Se quiser ir a um lugar menos conhecido da cidade, vale a pena ter um mapa. Não confie que o motorista vai conhecer o caminho. A tarifa de táxi é calculada pela distância percorrida, a menos que haja uma tarifa fixa. Muitos táxis aceitam cartões de crédito, mas verifique isso com antecedência.

Táxis Aquáticos

Em várias cidades, os táxis aquáticos dão uma outra dimensão às viagens urbanas.

A carruagem é uma maneira agradável de passear por St. Augustine

Você os encontrará em Tampa, Jacksonville, Fort Lauderdale e nas ilhas ao redor de Fort Myers. As rotas são em geral turísticas, e por isso são bastante limitadas – ligando hotéis, restaurantes e lojas, por exemplo. Mas são ótimas para passeios e oferecem bons preços.

Alguns operam em linhas regulares, como os que cruzam o rio St. Johns em Jacksonville, enquanto outros, como em Tampa, precisam ser chamados por telefone. As tarifas variam geralmente de $3-10, que devem ser pagas a bordo.

Transporte Turístico

Os locais turísticos mais importantes oferecem transporte especial a seus visitantes, em geral na forma de ônibus elétricos fora de moda: Tallahassee tem uma réplica do velho bonde, com bancos de madeira e corrimãos de latão. Em Daytona Beach (de meados de janeiro a setembro) e Fort Lauderdale, os ônibus elétricos fazem a ligação entre o centro e a praia, e em Orlando, um ônibus elétrico percorre o distrito hoteleiro do International Drive.

Um transporte conhecido em Key West é o Conch Train, um vagão aberto rebocado por um jipe movido a gás butano e disfarçado como uma antiga locomotiva. Em St. Augustine, um trem semelhante e carruagens puxadas por cavalos percorrem as ruas estreitas.

Um táxi aquático amarelo em Fort Lauderdale

AGENDA

Viagem de Trem

Amtrak
Tel (800) 872-7245. W **amtrak.com**

SunRail
Tel (407) 487-4035. W **sunrail.com**

Tri-Rail
Tel (800) 874-7245. W **tri-rail.com**

Viagem de Ônibus

Greyhound
Tel (800) 229-9424.
W **greyhound.com**

Jacksonville Transportation Authority
Tel (904) 630-3181.
W **jtafla.com**

Lynx
Tel (407) 841-2279.
W **golynx.com**

Metrobus Miami
Tel (305) 891-3131.
W **miamidade.gov/transit**

Red Coach
Tel (877) 733-0724.
W **redcoachusa.com**

Sun Trolley
Tel (954) 761-3543.
W **suntrolley.com**

Como Circular em Miami

Em Miami, o transporte público é administrado pelo Miami-Dade County Transit, que controla os ônibus da rede Metrorail e do trem elevado Metromover, que percorre o centro. É difícil aproveitar o melhor de Miami sem carro, a não ser que você se hospede em South Beach. Os táxis são abundantes e confiáveis.

Como Chegar a Miami

Para informações sobre como sair do aeroporto de Miami, ver *p. 389*. Se chegar pela estação da **Amtrak** ou por um dos terminais da **Greyhound**, você não vai encontrar balcões de locação de carros, mas há muitos táxis e ônibus para o centro e para Miami Beach.

De carro chega-se direto a Miami, mas não sem alguns inconvenientes. A interestadual 95 (I-95), principal rodovia que vem do norte, é uma das mais movimentadas – e perigosas – do país. Ela leva direto ao centro antes de se juntar à US 1. A via expressa que sai do aeroporto, ou Estadual 112, é a estrada que liga a Miami International com a I-95, e o pedágio custa cerca de US$1,25. Evite as vias Palmetto e a Dolphin, que são frenéticas. Para quem vem do norte, a rota A1A é lenta, mas leva a South Beach e oferece linda vista. Para quem vem do sul, a US 41 passa por Little Havana em direção ao litoral, onde se liga às rotas norte-sul.

Metrorail, Metromover e Metrobus

A Metrorail, uma linha férrea de 40km entre os subúrbios norte e sul de Miami, liga Coral Gables ou Coconut Grove à região central. O trens funcionam diariamente a cada 10 minutos, ou de 6h a 24h, e custam US$2 por viagem. Compre um cartão Easy ou bilhete Easy em qualquer das 22 estações. Ele pode ser usado em todo o sistema Metro, que não aceita dinheiro. Todas as estações têm elevadores, escadas rolantes e/ou escadas. É grátis a transferência do Metrorail para a linha Tri-Rail *(p. 384)* em Hialeah, e também

O Metromover circula pelo centro de Miami

para o sistema Metromover, nas estações Government Center e Brickell.

O monotrilho Metromover tem três circuitos, ligando o centro a Omni e aos distritos financeiros de Brickell em três linhas elevadas, com vinte estações no total. O circuito interno (Inner Loop) é a maneira mais rápida de ver a região central *(pp. 76-7)*. Os trens funcionam diariamente de 5h a 24h, a cada 90 segundos nos horários de pico e a cada 3 minutos no resto do dia.

O Metrobus percorre todo o Miami-Dade County, de Miami Beach e Key Biscayne até West Miami-Dade, ao norte até Broward County e ao sul até Homestead, Florida City e Middle Keys. O passe ilimitado de 24 horas custa US$5, e o de sete dias, US$26. Há uma taxa extra para fazer transferência entre ônibus e trens.

Táxis

Os táxis custam aproximadamente US$3 por milha; a viagem de South Beach a Coconut Grove, por exemplo, sai por volta de US$35. Não tente chamar um táxi na rua; é melhor chamar por telefone *(p. 385)*. **Central Cab** e Yellow Taxi são confiáveis.

Carro

Dirigir em Miami não é tão assustador quanto se pensa. Biscayne Bay é um ponto de referência, e você não vai se perder se usar apenas as ruas principais. Mover-se dentro da malha urbana de Miami é relativamente fácil: as ruas correm de leste para oeste, e tudo o mais de norte para sul.

Em South Beach, estacionar é um pesadelo. Evite a região nos fins de semana; nos outros dias, leve moedas para os parquímetros, que funcionam das 9h às 21h, e preste atenção às placas para não ter seu veículo guinchado. Entre em contato com a **Miami Parking Authority** para informações sobre estacionamentos.

Bicicleta

Está cada vez mais fácil pedalar em Miami. A rede de ciclovias está se expandindo, o que torna mais seguro circular pela cidade. Com ciclovia à beira-mar, South Beach é dos melhores lugares para explorar de bike. **Bike and Roll** aluga bikes, e oferece mapas e passeios pela cidade.

AGENDA

Amtrak
8303 NW 37th Ave, Miami.
Tel (305) 835-1222.

Bike and Roll
210 l0th Street (10th e Collins), South Beach. **Tel** (305) 604-0001.
w bikeandroll.com/miami

Central Cab
Tel (305) 532-5555.

Greyhound
Tel (305) 871-1810 (Miami terminal). w greyhound.com

Miami-Dade County Transit
w miamidade.gov/transit

Miami Parking Authority
Tel (305) 373-6789.

Como Circular em Orlando

Se você estiver em Orlando para visitar os parques temáticos, o carro é o meio de transporte natural, mas o sistema de ônibus Lynx pode levá-lo aonde você quiser ir. Circular fora das rotas turísticas é um pouco mais difícil, porque Orlando ocupa uma área muito grande. Nesse caso, um carro ou um táxi será necessário. Para quem quer caminhar ou pedalar, usar o sistema integrado de trilhas e ciclovias é um prazer.

Um ônibus Lymmo, que circula pelo centro de Orlando

Como Chegar a Orlando

O táxi é o transporte mais fácil para quem desembarca no Aeroporto Internacional de Orlando. A viagem até a Disney custa cerca de US$50. O ônibus expresso **Lynx** parte do nível 1 do Terminal A do aeroporto de Orlando e custa de US$2 a US$4, mas pode levar uma hora para chegar ao centro. A maioria dos hotéis oferece traslado do aeroporto. Para chegar a Orlando de carro, o caminho é a Interestadual 4, que atravessa o estado de leste a oeste, de Daytona a Tampa, uma via rápida e conveniente se você evitar o início da manhã e o fim da tarde, e os fãs dos parques temáticos à noite. A rodovia 528 (chamada Beachline) vai direto para o Disney World e custa cerca de US$1,75 – tenha moedas à mão.

Trem

Construída em 1926, a pitoresca estação principal da **Amtrak** fica a minutos do centro e é servida por táxis. Sua sala de espera fica aberta de 7h30 a 18h15. Uma viagem de táxi para International Drive custa cerca de US$35. O novo sistema SunRail vai de Sand Lake Road, no sul de Orlando, até Deltona, em Volusia County. A viagem custa cerca de US$3-4.

Ônibus

É possível sobreviver em Orlando sem carro graças aos ônibus Lynx. Embora alguns bairros residenciais tenham poucas ou nenhuma linha de ônibus, as áreas turísticas, que incluem o aeroporto, o centro, o International Drive (inclusive Universal Studios® e SeaWorld®) e o Walt Disney World®, são bem servidas. A viagem custa US$2; o passe de um dia, US$4,50, e o de sete dias, US$16. Se precisar completar a viagem, pergunte por uma transferência grátis quando embarcar no primeiro ônibus. Tenha o valor exato da passagem, porque os motoristas não dão troco. O serviço Lymmo (da Lynx) circula no centro e faz viagem para a arena de esportes Amway, assim como para as áreas de restaurantes e casas noturnas.

Logo dos ônibus Lynx

Táxi

Os táxis do **Mears Transportation Group** (Yellow Cab – nem sempre amarelos –, City Cab e Checker Cab) cobrem a cidade e oferecem um serviço eficiente. A não ser nos pontos diante de alguns hotéis e no aeroporto, é preciso chamar um táxi por telefone.

Carro

Existem mais de vinte locadoras de automóveis no aeroporto de Orlando. Estacionar na rua é grátis fora do centro de Orlando, onde os parquímetros e as garagens são os únicos lugares de estacionamento. Muitos restaurantes do centro têm convênio com estacionamentos. É aconselhável evitar a Interestadual 4, quase sempre lotada. Embora geralmente as estradas estejam em bom estado de conservação, a quantidade de lagos faz com que poucas delas corram em linha reta; peça um mapa na sua locadora de automóveis.

Bicicleta e a Pé

As velhas ferrovias de Orlando, agora em desuso, foram transformadas em trilhas e ciclovias. Há planos para a construção de um circuito de 300km de trilhas ao redor do centro da Flórida. As trilhas South Lake e West Orange estão conectadas e percorrem 47km de vias pavimentadas e ciclovias que vão de Clermont, ao norte da Disney, até Apopka, perto do Wekiva State Park (com 21km de trilhas). A **West Orange Trail Bikes and Blades** aluga bicicletas por hora ou por dia e as entrega em seu hotel. A encantadora trilha Cady Way é frequentada por joggers, ciclistas e skatistas e percorre 6km, levando direto ao centro de Orlando. Para mais informações, visite o site **Rails-to-Trails**.

AGENDA

Amtrak
1400 Sligh Blvd, Orlando.
Tel (407) 843-7611.

Lynx
Tel (407) 841-5969. golynx.com

SunRail
Tel (407) 487-4035. sunrail.com

Mears Transportation Group
Tel (407) 422-2222.

Rails-to-Trails
railstotrails.org

West Orange Trail Bikes and Blades
orlandobikerental.com

Índice Geral

Os números de página em **negrito** referem-se às entradas principais.

**1-800-ASK-GARY Amphitheatre (Tampa) 358, 361

A

A'Lure (SeaWorld®) 181
AB Maclay Gardens State Park **247**
Ação de Graças 40, 41
Achados e perdidos 372, 373
Actors' Playhouse (Miami) 100, 103
Adrian Hotel (Miami Beach) 67
Adrienne Arsht Center for the Performing Arts 100, 103, 358, 361
Adventure Landing (Jacksonville Beaches) 213
Adventureland® (Magic Kingdom®) 150-1
Aérea, viagem **378-9**
Aeroportos 378, 379
Afonso VII, rei da Espanha 94
Africa (Disney's Animal Kingdom®) 170-1
African Queen 296
Agassi, Andre 271
Agonia no jardim (Gaugin) 130-1
Agricultura 25
Águia-careca 28
Ah-Tah-Thi-Ki Museum (Everglades e Keys) 13, **289**
Alamo (aluguel de carros) 383
Albergues da juventude 313
Aldrin, Buzz 56, 202
Alechinsky, Pierre 137
Alemanha (World Showcase) 162
Alfândega 370
Alfred I. DuPont Building (Miami) 77
Algodão 50, 53
   Trilha do Algodão **248-9**
Alhambra Dinner Theater (Jacksonville) 359, 361
Alhambra Water Tower (Miami) 84
Ali, Muhammad 134
Aligátor
   Everglades National Park 292
   Gatorland 13, **194-5**
   segurança 290, 373
   St. Augustine Alligator Farm Zoological Park 15, 217
Almoço com um astronauta 101
Aluguel
   carros 380, 381, **382-3**
   motos 383
   trailer 383
Amelia Island 49, 210, 211
   hotéis 318
Amelia Island Museum of History 210
America's Birthday Bash 39
American Adventure (World Showcase) 162-3
American Airlines 378, 379
American Airlines Arena (Miami) 100, 103
American Association of Retired Persons 371
American Automobile Association (AAA) 382, 383
American Express 373, 374, 375
American Gladiators (Orlando) 195
American Police Hall of Fame (Titusville) **197**
Amity (Universal Studios Florida®) 187
Amsterdam Palace (Miami Beach) 69, 70
Amtrak **384**, 385, 386

Amway Center (Orlando) 37, 360-61
Ancient Spanish Monastery (Miami) 92, **94**
Anclote, rio 255
Anhinga Trail (Everglades National Park) 291, 294
Animal Kingdom *ver* Disney's Animal Kingdom®
Animation Courtyard (Disney's Hollywood Studios®) 168
Anis, Albert
   Clevelander Hotel (Miami Beach) 67
   Majestic Hotel (Miami Beach) 65
Anna Maria Island 14, 253, **271**
   praia 257
   restaurantes 343
Anne Kolb Nature Center 140
Annual Wausau Possum Festival 39
Ano-Novo 41
Antebellum Florida **50-1**
Antiguidades, lojas **356**, 357
Antique Boat Festival 38
Apalaches, índios 44
   Indian Temple Mound Museum (Fort Walton Beach) 239
   Tallahassee 246
Apalaches, montanhas 240
Apalachicola 231, **244**
   hotéis 319
   restaurantes 341
Apalachicola Bay
   pesca em **245**
Apalachicola, rio 243, 244, 245
Apartamentos para alugar 312
Apollo Beach 198
Apollo, missões 56, 200, 202, 203, 204
Apollo/Saturn V Center (Kennedy Space Center) 200, 202, **203**
Aposentados *veja* Idosos
Apostas 360, 361
Appel, Karel 137
   Big Bird with Child 136
Appleton Museum of Art (Ocala) 226
Appleton, Arthur I. 226
Aquários e parques marinhos
   Discovery Cove 183
   Florida Aquarium (Tampa) 14, 266
   Gulf World (Panama City Beach) **242**
   Gulfarium (Fort Walton Beach) 239
   Imaginarium Hands-On Museum and Aquarium (Fort Myers) **280-1**
   Living Seas (Epcot) 160
   Marineland Ocean Resort 220
   Miami Seaquarium 95
   Mote Aquarium and Mote Marine Laboratory (Sarasota) **273**
   SeaWorld® **180-2**
   Theater of the Sea (Windley Key) 298
Aquatica (SeaWorld®) 12, 181
Aquáticos, esportes 363
Arabian Nights (Orlando) 195
Aranha da tarde e esperança!, A (Dalí) 261
Arcadia **279**
Armstrong, Neil 56, 202
Arquitectonica 79
Arquitetura **34-5**
   art déco **64-7**, 71
   estilo Key West **305**
   mediterrânea 34, 35, 66
Arraias 28
Art Deco Weekend 41
Art Deco Welcome Center (Miami) 68, 99

Art déco, arquitetura 35
   Avenidas Collins e Washington (Miami Beach) 71
   cores **71**
   South Beach 61, 63, **64-7**, 70
ArtCenter South Florida 72
Arte, lojas **356**, 357
Artesanato
   lojas 351, **356**, 357
   o que comprar na Flórida 352
Arts and Culture Center of Hollywood 140
Asia (Disney's Animal Kingdom®) 171
Asolo Repertory Theatre (Sarasota) **273**
Astronaut Hall of Fame **199**
Atarazana 103
Athore 47
Atlanta Braves 36
Atlantic Beach 213
Atlantis, edifício (Miami) 79
Atocha *veja* Nuestra Señora de Atocha
Audubon House (Key West) 302
Audubon of Florida's Corkscrew Swamp Sanctuary 13, 289
Audubon, John James 50, 213
Automated Skyway Express (Jacksonville) 212
Autoestradas 380
Avalon Hotel (Miami Beach) 64
Aventura Mall (Miami) 98, 99
Aves 28-9
   Centro de Reabilitação (Tavernier) 297
   Costa Espacial **198**
   Dry Tortugas National Park 307
   Everglades National Park 292-3, 295
   Flamingo Gardens 141
   Loxahatchee National Wildlife Refuge 133
   Ocala National Forest 225
   Parrot Jungle (Miami) 96
   Pelican Man's Bird Sanctuary (Sarasota) 273
   St. Joseph Peninsula State Park 243
   Suncoast Seabird Sanctuary 256
Aviação
   Fantasy of Flight (Polk City) **196-7**
   Flying Tigers Warbird Restoration Museum (Kissimmee) 195
   National Naval Aviation Museum (Pensacola) **236-7**
   US Air Force Armament Museum (Shalimar) 239
   Valiant Air Command Warbird Air Museum (Titusville) **199**
Aviles Street (St. Augustine) 216
Avis (aluguel de carros) 383
Aykroyd, Dan 185

B

Babcock Wilderness Adventures **279**
Babcock, E. V. 279
Baga-da-praia 28
Bahama Village (Key West) 285, 303, **304**
Bahamas Express 139, 360-1
Bahia Honda State Park 301
Baía dos Porcos, invasão 80
Bailey-Matthews Shell Museum (Sanibel Island) **282**
Bal Harbour 94
Bal Harbour Shops (Miami) 98, 99, 354
Balanchine, George 359

ÍNDICE GERAL | 389

Balé 359
  Miami 100
Baleias, SeaWorld® 180-2
Ball, Lucille 186
Baltimore Orioles 36
Bancos **374**
Bank of America Tower (Miami) 74, 77
Barba Negra **33**, 47
Barba-de-velho 29, 373
Barcos a vapor 51, 52
Bares, Miami 101
Barnacle, The (Miami) 13, **88-9**
Barnum, Phineas T. 276
Barreiras de corais **296-7**
  Biscayne National Park 295
  John Pennekamp Coral Reef State Park 13, **296-7**
  Looe Key National Marine Sanctuary 301
Barrier, ilhas 26
Bartlett, Frederic 138
Bartram, William 49
  Kanapaha Botanical Gardens (Gainesville) 227
Basquete 37
Bass Museum of Art (Miami Beach) 73
Bass, Johanna e John **73**
Bat Tower (Lower Keys) 301
Bathtub Beach 120
Bay Hill Invitational 37
Bayfront Park (Miami) **78**
Bayheads 292
Bayside Marketplace (Miami) 12, 75, 78, 98, 99
Beach Patrol Station (Miami Beach) 70
Beacon Hotel (Miami Beach) 64
Bebida alcoólica
  alfândega 370
  dirigir 380
Bed-and-breakfast **310-1**, 313
Beisebol 36
Belleair (Clearwater Beach) 256
Belushi, John 185
Benton, Lewis 88
Bethesda-by-the-Sea Church (Palm Beach) 127
Betteridge, Greenleaf e Crosby (Palm Beach) 123
Biblioteca
  Society of the Four Arts (Palm Beach) 124
Bicicletas 365, 383, 387
  veja também Ciclismo
"Big Bend" 229
Big Bird with Child (Appel) 136
Big Cypress National Preserve 13, **288-9**
Big Cypress Swamp 287, 288-9
Big Lagoon State Park 235
Big Pine Key 301
Big Talbot Island 211
Big Thunder Mountain Railroad (Magic Kingdom®) 151
"Bike Week" (Daytona Beach) 38
Bill Baggs Cape Florida State Park 95
Billie Swamp Safari 13
Billy Bowlegs, cacique 51
Biltmore Hotel (Miami) 60, 83, 84, **87**
Birch, Hugh Taylor 138
Bisão 227
Biscayne Bay Boat Trips (Miami) 12, **79**
Biscayne National Park 295
Blackwater River State Park 239
Blackwater, rio **238-9**
Blackwell, Christopher 71

Blizzard Beach (Walt Disney World® Resort) 146, **172**
Blowing Rocks Preserve 120
Blue Hole (Lower Keys) 301
Blue Horizons 180, 181, 182
Blue Spring State Park 206, **224**
Boca Raton 115, 116, **134-5**
  Boca Festival Days 39
  hotéis 316
  mapa 135
  restaurantes 333
Boca Raton Museum of Art **134**
Body Wars (Epcot®) 160
Boggy Bayou Mullet Festival 40
Bok Tower Gardens 14, **197**
Bok, Edward W. 197
Bolado, J. (Miami) 98, 99
Bollettieri, Nick veja Nick Bollettieri Tennis Academy
Bond, James 73
Bonnet House Museum and Gardens (Fort Lauderdale) **138**
Books & Books (Miami) 99
Boomtime Florida **54-5**
Boston Red Sox 36
Bougereau, William Adolphe
  A jovem pastora 226
Bradenton **271**
Bradford, lago 247
Bradley's County Store 248
Branch, John L. 255
Brancusi, Constantin 131
Braque, Georges 130
Brattan, Lindsay 123
Breakers, The (Palm Beach) **125**, 127
Breakwater Hotel (Miami Beach) 66
Brickell Avenue (Miami) 75, **79**
Bridge of Lions (St. Augustine) 215
British Airways 378, 379
Brittany e filho (Hibel) 125
Brokaw-McDougall House (Tallahassee) 246
Broward Center for the Performing Arts (Fort Lauderdale) 358, 361
Bry, Theodore de 43, 211
Buchanan, Edna 88
Budget (aluguel de carros) 383
Buffet, Jimmy 303
Build a Field Trip 364, 365
Bulow Plantation Ruins Historic State Park 15, 220
Bulow, Major Charles **220**
Buracos de aligatores 292
Busch Gardens 14, 112, **268-9**
Butterfly World **133**
Button, Frank 86
Buzz Lightyear's Space Ranger Spin (Magic Kingdom®) 153

C

Cà d'Zan (Sarasota) **276-7**
Cabana do pai Tomás, A (Stowe) 50
Cabbage Key **283**
Cabo Canaveral 55, 143
  Kennedy Space Center 200-5
Cadeira de rodas veja Portadores de deficiência
Cães de corrida 36-7
Café da manhã 311, 327
Caine, Michael 68
Caixas eletrônicos 374
Caladesi Island State Park 255
Calcário
  coquina 219
  sinks 26

Calder Race Course 37, 100, 103
Calle Ocho (Miami) 38, **80**
Caloosahatchee River 280
Calusa Nature Center and Planetarium (Fort Myers) **281**
Calusa, tribo 44, 285
  Kissimmee 195
  Marco Island 288
Caminhada 365, 387
Camp Minnie-Mickey (Disney's Animal Kingdom®) 170
Campbell, Malcolm 223
Camping 312-3
Cana-de-açúcar 27, 132
Canaveral National Seashore and Merritt Island **198**
Canoagem 365
  Blackwater, rio 238-9
  Everglades National Park 290
  Hillsborough, rio 267
Capitman, Barbara 67
Capitol Complex (Tallahassee) 228, 246
Capone, Al 54, 79
  Biltmore Hotel (Miami) 87
Capone's Dinner Show (Orlando) 195
Captiva Island 282
  hotéis 320
  restaurantes 343
Caranguejos 28, 245
Cardozo Hotel (Miami Beach) 67, 69, 71
Carey, Drew 169
Caribbean Life (Miami) 99
Caribbean Marketplace (Miami) 95
Carlin Park (Jupiter) 121
Carlos IX, rei da França 211
Carlyle Hotel (Miami Beach) 66
Carnival Cruise Line 360, 361
Carnival Miami 38, 40
Carrie B (Fort Lauderdale) 139
Carros
  aluguel 380-1, 382-3
  berço da velocidade **223**
  corridas 37
  Daytona International Speedway 15, **222**
  Ford Winter Home (Fort Myers) 280
  Sarasota Classic Car Museum **272**
  veja também Viagem de carro; Passeios de carro
Carter, Jimmy 57
Cartier (Palm Beach) 123
Cartões de crédito 374
  em restaurantes 326-7
  perda 372, 373
Casa de Leoni (Palm Beach) 126
Casamentos **366-7**
  detalhes 367
  em parques temáticos 366
  extravagâncias 367
  incomuns 367
  legalidade 367
  no Walt Disney World® Resort 366
  pacotes 366
"Casas-conchas" 305
Casas de cinco vãos 305
Casas de família 310
Casas de três vãos 305
Casas noturnas 359, 361
  Miami 102, 103
  Universal CityWalk® 189
  Walt Disney World® Resort 176
Cascavel-anã 28
Casements, The (Ormond Beach) 221
Cason Cottage (Delray Beach) 132
Caspersen Beach 278

ÍNDICE GERAL

Cassinos 140, 141, 360, 361
Castaway Cay 174
Castillo de San Marcos (St. Augustine) 15, 47, 113, **218-9**
Castro, Fidel 56, 80, 81
Caubóis *veja* Rodeios
Cavalier Hotel (Miami Beach) 67
Cavalos
  corrida 36-7
  Ocala 226
  passeio 365
  polo 130
  rodeio 39, **279**
Cavernas
  Florida Caverns State Park 243
  sinks 26
Cayo Costa Island State Park **283**
Cedar Key 229, 235, **248-9**
Cedar Key Historical Society Museum 249
Cegonhas 289
Celebration Florida (Walt Disney World® Resort) 160
  arquitetura 35
  hotéis 317
Celulares 376
Cemitérios
  Key West Cemetery **307**
  Woodlawn Cemetery (Miami) 80
Central Cab 386
Central Miami Beach **73**
Cervo
  das Keys 13, **301**
  do rabo branco 28
Cézanne, Paul 130, 259
Challenger, ônibus espacial 57, 203
Charles Deering Estate (Miami) 96
Charles Hosmer Morse Museum of American Art (Winter Park) 12, 193
Charutos
  Cigar Museum and Visitor Center (Tampa) 264
  Cigar Worker's House (Tampa) 265
  El Crédito Cigar Factory (Miami) 80, 99
  o que comprar na Flórida 352
  permissões alfandegárias 370
  rótulos 52
  Tampa 265
Cheers (Fort Lauderdale) 359, 361
Cheques de viagem 374
  em restaurantes 326-7
  perda 372
Chevrolet, Louis 207
Chickees 34
China (World Showcase) 162
Chipola, rio 243
Choctawatchee Bay 239
Choctawatchee, rio 241
Chuvas 40
Cicadáceas 96
Ciclismo 365, 386, 387
Cidadãos idosos 24, 57, 371
Cidade, como circular na 386-7
Cigarros, permissões alfandegárias 370
Cinema *veja* Filmes
Ciprestes 29, 288
Circus, Ringling 52, 276
Cirque du Soleil (Walt Disney World® Resort) 177
Cítricas, frutas 27, 55
  rio Indian **119**
Citrus Bowl *veja* Florida Citrus Bowl
City Gate (St. Augustine) 215
Clearwater Beach 14, 253, **256**, 257
  hotéis 321
  restaurantes 343

Cleópatra (Romanelli) 214
Clevelander Hotel (Miami Beach) 67
Clewiston 132
  hotéis 316
Clift, Montgomery 358
Clima 38-41
Club Space (Miami) 102, 103
CoBrA art 137
Cobras 28, 373
Cocoa 12, **199**
  restaurantes 336
Cocoa Beach 12, **199**
  hotéis 317-8
  restaurantes 336
Coconut Creek Family Fun Park (Panama City Beach) **242**
Coconut Grove Arts Festival 41
Coconut Grove Village (Miami) 13, 60, 83, **88**
  compras 98
  festivais 39
  veja também Coral Gables e Coconut Grove
CocoWalk (Miami) 88, 98, 99
Códigos de discagem 376
Coleta do Maná, A (Rubens) 275
Coliseum Ballroom (St. Petersburg) 359, 361
Collier County Museum (Naples) 288
Collins Avenue (Miami Beach) **71**, 73
Colonial Quarter (St. Augustine) 15, **216**
Colonnade Building (Coral Gables) 86
Colony Hotel (Miami Beach) 65
Colony Theatre (Miami) 72, 100, 103
Columbia Restaurant (Tampa) 265
Columbia, ônibus espacial 57, 203
Comer e beber
  compras **356**, 357
  o que comprar na Flórida 353
  Sabores da Flórida 328
  veja também Restaurantes
Comida vegetariana 327
Comparsa de Boza (Sanchez) 304
Compras **350-7**
  bairros de compras 354-5
  Disney's Hollywood Studios® 169
  impostos sobre vendas 311, 350
  lojas de departamentos 350-1
  lojas especializadas 356-7
  Magic Kingdom® 152
  Miami **98-9**
  o que comprar na Flórida **352-3**
  presentes e suvenires 351
  quando comprar 350
  SeaWorld® 182
  shopping centers 350, **354-5**
  shoppings de lojas de fábrica 351
  Universal Orlando® 187
  Worth Avenue (Palm Beach) **123**
Comunicações e Mídia **376-7**
"Conch Republic" 56, 57
  Celebration (Key West) 38
Conchas e coleta de conchas **283**
  Bailey-Matthews Shell Museum (Sanibel Island) 282
  lojas 351
  Shell Factory (Fort Myers) 281
Condomínios *(condos)* 312
Conquistadores 46-7
Construção de um palácio, A (Piero di Cosimo) 275
Consulados 371
Coquina 219
Coral Castle (Miami) **97**
Coral Gables City Hall (Miami) 85, **86**

Coral Gables Congregational Church (Miami) 84
Coral Gables e Coconut Grove (Miami) 13, 20, **83-91**
  arquitetura 35
  hotéis 315-6
  mapa 84-5
  Mapa da Região 83
  passeio de carro por Coral Gables 84-5
  restaurantes 331-2
Coral Gables Merrick House (Miami) 85, **86**
Coral Way (Miami) 85
Corkscrew Swamp Sanctuary 13, 289
Cornell Fine Arts Museum (Winter Park) 12, 193
Coroação da Virgem (Ghirlandaio) 73
Correios 377
Corrente do Golfo 46, 299
Corrida de carros 37, 222
  Richard Petty Driving Experience (Walt Disney World® Resort) 175
Corridas
  berço da velocidade **223**
  Daytona International Speedway 222
  de carros 37, 222
  de cavalos 36-7
  de motos 37, 38
Cosmic Ray's Starlight Café (Magic Kingdom®) 152
Costa da Flórida
  vida selvagem 28
  veja também Praias
Costa do Golfo **251-83**
  hotéis 320-3
  mapa 252-3
  praias **257**
  restaurantes 343-5
  shopping centers e bairros de compras 354-5
Costa do Tesouro **115-21**
  mapa 116-7
Costa Espacial *veja* Orlando e a Costa Espacial
Costas do Ouro e do Tesouro 113, **115-41**
  furacões 54
  hotéis 316-7
  mapa 116-7
  restaurantes 333-6
  shopping centers e bairros de compras 354-5
Country Club Prado Entrance (Miami) 85
Cowboys Orlando 359, 361
Crackers
  casas 34, 119
  fazendeiros 24
  refinaria de terebintina 243
Crandon Park (Miami) 95
Crane Point Hammock (Marathon) 13, **300**
Crane Point Museum (Marathon) 300
Criança doente, A (Dalí) 260
Crianças
  diversão 360, 361
  em hotéis 313
  em restaurantes 327
  viagens com 371
  Walt Disney World® Resort 179
  veja também Parques temáticos
Crime
  segurança 93, 372
  segurança para motoristas 382

ÍNDICE GERAL | 391

Crocodilos 295
Cronkite, Walter 202
Cruise America 383
Cruzeiros 360, 361
   Fort Lauderdale 139
   Walt Disney World® Resort **174**
Cruzeiros no Caribe 25, 57, 360
   Disney **174**
Crystal River Archaeological State Park 254
Crystal River National Wildlife Refuge 14, 254
Crystal, rio 14, **254**
Cuban Memorial Boulevard (Miami) 80
Cubana, comunidade 25, 56, 57, 78
   Ermita de la Caridad (Miami) 89
   Little Havana (Miami) 80
   Miami 75, **81**
   Sabores da Flórida 328
Cummer Museum of Art and Gardens (Jacksonville) 15, 213
Curry Mansion (Key West) 302, **306**
Curry, Milton 306
Curry, William 306
Curtiss, Glenn 95
Cypress Gardens 14, 197

D

Dade County Courthouse (Miami) 76
Dados populacionais 16, 24, 54, 56
Dalí, Gala 261
Dalí, Salvador 71, 261
   A aranha da tarde e esperança! 261
   A criança doente 260
   A descoberta da América 261
   Don Quixote e Sancho 261
   Natureza-morta viva 260
   Salvador Dalí Museum (St. Petersburg) 14, **260-1**
   Vista de Cadaqués 260
Dança
   balé 359
   música ao vivo e casas noturnas 359, 361
Dania **140**
   jai alai 141
   restaurantes 333
Davie **141**
   restaurantes 333
Davis, Robert 240
Daytona 500, corrida de carros 37, 222
Daytona Beach **221**
   berço da velocidade **223**
   corrida de carros 37
   corrida de motos 38
   férias de primavera 38
   festivais 39, 41
   hotéis 318-9
   restaurantes 339
Daytona International Speedway 15, 37, **222**, 223
De Generes, Ellen 160
De Soto National Memorial 14, 271
Deco dazzle 64, 71
Deerfield Beach 135
   restaurantes 333-4
Deering, Charles
   Charles Deering Estate (Miami) **96**
Deering, James 90
Degas, Edgar 131
Delano Hotel (Miami Beach) 71
Delray Beach 27, **132**
   hotéis 316
   restaurantes 334
Delta Air Lines 378, 379
Demens, Peter 258
Dentistas 373

Departamento de Agricultura e Serviços ao Consumidor 365
Departamento de Proteção Ambiental 313, 362, 365
Depressão 55
Descoberta da América (Dalí) 261
Descontos, ingressos 370
Desfiles
   Disney's Hollywood Studios® 166
   Magic Kingdom® 151
Destin 231, **240**
   Festival de Frutos do Mar 240
   Fishing Rodeo 40
   hotéis 320
   praia 241
   restaurantes 341
Dia da Independência 39, 41
Dia de Colombo 41
Dia de Martin Luther King 41
Dia dos Presidentes 41
Dia dos Veteranos 41
Dickinson, Jonathan 121
Diners Club 373
Dinheiro 372, **374-5**
Dinner Key (Miami) **89**
DinoLand U.S.A.® (Disney's Animal Kingdom®) 171
Dirigir *veja* Viagem de carro
Discovery Cove® **183**
   atrações 183
   como explorar o parque 183
   dicas 183
Discovery Island® (Disney's Animal Kingdom®) 170
Disney Dream® 174
Disney Fantasy® 174
Disney Magic® (navio de cruzeiro) 174
Disney Store (Miami) 98, 99
Disney Village Marketplace 177
   festivais 40
Disney Wilderness Preserve (Orlando) 145, **196**
Disney Wonder® (cruzeiros) 174
Disney, Walt 56
Disney's Animal Kingdom® (Walt Disney World® Resort) 146, **170-1**
   África 170-1
   As 10 Melhores 171
   Ásia 171
   Camp Minnie-Mickey 170
   como explorar o parque 170
   DinoLand U.S.A.® 171
   Discovery Island® 170
   Lista de brinquedos, shows e passeios 171
Disney's Hollywood Studios® (Walt Disney World® Resort) **166-9**
   Animation Courtyard 168
   As 10 Melhores 167
   como explorar o parque 166
   compras 169
   dicas 166
   Echo Lake **169**
   Fantasmic! 166, 167
   Hollywood Boulevard 166
   Lista de brinquedos, shows e passeios 169
   Mickey Avenue 168
   New York Street 168
   onde comer e beber 168
   Sunset Boulevard 166-7
Disney's West Side 176
Disney's Wide World of Sports 175
Diversão **358-65**
   cruzeiros e passeios de barco 360, 361
   esportes e atividades ao ar livre 362-5

Diversão (cont.)
   filme 359, 361
   grandes teatros 358, 361
   informações 358
   jantar com show 359, 361
   jogos 360, 361
   Miami **100-3**
   música ao vivo e casas noturnas 359, 361
   música clássica, ópera e dança 359, 361
   para crianças 360, 361
   para gays 360, 361
   reservas 358, 361
   teatro 358, 361
   Universal CityWalk® **189**
Dodge Island 79
Dog Island **244**
Dollar (aluguel de carros) 383
Don Quixote e Sancho (Dalí) 261
Donnelly House (Mount Dora) 225
Dorr House (Pensacola) 233, 234
Downtown Disney (Walt Disney World® Resort) 147, **176-7**
Downtown e Little Havana (Miami) **75-81**
   hotéis 315
   Mapa da Região 75
   Mapa Rua a Rua 76-7
   restaurantes 330-1
Downtown Orlando **192-3**
Downtown Venice Street Craft Festival 39
Drake, sir Francis **47**, 218
Driftwood Resort (Vero Beach) 119
Dry Tortugas National Park **307**
Dunas 28
Dunedin 14, **255**
   história 51
   restaurantes 343
Duval Street (Key West) 302, 304
DVDs **356**, 357

E

Earhart, Amelia 89
East Coast Railroad 115
East Martello Museum and Gallery (Key West) 304
East Martello Tower 51
Eberson, John 263
Echo Lake (Disney's Hollywood Studios®) 169
EcoDiscovery Center (Fort Lauderdale) 137
Economia 25
Eden Gardens State Park 230, **241**
Edison Hotel (Miami Beach) 66
Edison, Thomas
   residência de inverno (Fort Myers) **280**
Edwin Watts Golf Shop (Miami) 99
Efficiencies (quartos com cozinha) 312
El Aguila Vidente (Miami) 80
El Dorado 46, 47
El Sol Cigars (Tampa) 265
El Titan de Bronze (Miami) 80, 99
Election Day 41
Electrical Water Pageant (Walt Disney World® Resort) 177
Elgin Air Force Base 239
Ellen's Energy Adventure (Epcot®) 160
Elliott Museum (Hutchinson Island) 120
Elliott, Sterling 120
Emerald Coast 239, 240
Emergências 372, 373
Enchanted Tiki Room (Magic Kingdom®) 151

Endereços, Miami 387
Enterprise (aluguel de carros) 383
Enzian Theater (Orlando) **192**
Eola, lago 12, 192
Epcot® (Walt Disney World® Resort) 147, **154-63**
  As 10 Melhores 157
  Celebration 160
  como explorar o parque 156
  dicas 156, 160
  Future World 157-61
  IllumiNations 152
  lista de brinquedos e shows 161
  onde comer e beber 163
  Visita de 1 dia 161
  World Showcase 162-3
Epicure (Miami) 99
Epífitas 29, 294
Era do Gelo 44
Ermita de la Caridad (Miami) **89**
Escala de furacões Saffir-Simpson 30
Escravos 46, 48
  A cabana do pai Tomás (Stowe) 50
  comércio de 49
  Kingsley Plantation 211
  latifúndios 51
Espaço
  Kennedy Space Center 143, 145, **200-5**
  NASA 54, 55
  Space X Dragon 56-7, 202, 203, **204-5**
  US Astronaut Hall of Fame **199**
Española Way (Miami Beach) **72**
Espetáculos
  Miami 100, 103
Esportes **36-7, 362-5**
  aquáticos 363
  atividades ao ar livre 364, 365
  barcos 364, 365
  basquete 37
  beisebol 36
  caminhada 365
  canoagem 365
  ciclismo 365
  corrida de carro 37
  corrida de cavalo 36-7
  futebol 36
  golfe 37, 362
  hóquei 37
  informações 362, 365
  jai alai 37, **141**
  mergulho 362, 365
  Miami 100, 103
  natação e esportes aquáticos 363
  passeio a cavalo 365
  pesca 363, 365
  polo 130
  rodeios 279
  tênis 37, 362, 365
  Walt Disney World® Resort 175
Esportivas, lojas **356**, 357
Essex House Hotel (Miami Beach) 68
Estacionamento 382
  com manobrista 311
  em Miami 386
Estefan, Gloria 79, 81
  Cardozo Hotel (Miami Beach) 69
  Little Havana 80
  South Beach (Miami) 68
Estero, rio 281
Estilo *shotgun*, Key West 305
Etiqueta 370
EverBank Field Stadium (Jacksonville) 36, 358, 361
Everglades City 290
  hotéis 323
  restaurantes 345

Everglades Club (Palm Beach) 122
Everglades e Keys 27, **285-307**
  barreiras de coral 296-7
  furacões 54
  hotéis 323
  Lower Keys 300-1
  Loxahatchee National Wildlife Refuge 133
  mapa 286-7
  naufrágio e resgate 32
  pesca nas Keys **299**
  restaurantes 345-7
  shopping centers e bairros de compras 354-5
Everglades National Park 13, 55, 113, 285, 290-5
  Animais dos Everglades 292-3
  dicas de segurança 290
  Everglades ameaçados 295
  mapa 290-1
  Prepare-se 291
  trilhas de Flamingo 294
Êxodo de Mariel 56
Expedition Everest – Legend of the Forbidden Mountain 171
Explorer I, satélite 55
Expo *veja* World Expo
Express Mail 377

F

Fairchild Tropical Botanic Garden (Miami) 13, **96**
Fakahatchee Strand Preserve State Park 13, 289
Fantasmic! (Disney's Hollywood Studios®) 166, **167**
Fantasy Fest 40
Fantasy of Flight (Polk City) **196-7**, 367
Fantasyland® (Magic Kingdom®) 152
Farmers' Opry House 359, 361
Faróis 32
  Lighthouse Museum (Key West) **304**
  Ponce de Leon Inlet Lighthouse 15, **222**
  St. Augustine Lighthouse 15, 217
"Fat Albert" 301
Fatio, Maurice 124
Fax 377
Feriados 41
Férias de primavera 38
  Panama City Beach 242
Fernandina Beach **210**
  arquitetura 34
  festivais 38
  hotéis 319
  restaurantes 339
Ferrovias **384**, 385
  expansão das 52-3
  Gold Coast Railroad Museum (Miami) 97
Festivais **38-41**
  Miami 102, 103
Festival of the Masters 40
Festival of the States 38
Fiesta of Five Flags 39
Figo epifito 292
Filmes 359, 361
  Disney's Hollywood Studios® 166-9
  Film Society of America 79
  IMAX® Theater (Kennedy Space Center) 201, 202
  Universal Orlando® 184-9
Fink, Denman
  Alhambra Water Tower (Miami) 84
  Coral Gables City Hall (Miami) 86
  US Federal Courthouse (Miami) 78
  Venetian Pool (Miami) 87

Firestone, Harvey 223, 280
Fisher Island 79
Fisher, Carl
  Lincoln Road Mall (Miami Beach) 72
  Miami Beach 63
Fisher, Mel 32, 33, 118
  Atocha, suvenires 99
  Mel Fisher Maritime Museum (Key West) 302, **306**
  Mel Fisher's Treasure Museum **118**
Flagler Beach 15
Flagler College (St. Augustine) 53, 214, 216, **217**
Flagler Dog Track 100, 103
Flagler Museum (Palm Beach) 126, **128-9**
Flagler, Henry 43, 113
  7-Mile Bridge 300
  East Coast Railroad 115
  ferrovias 52
  Flagler College (St. Augustine) 217
  Flagler Museum (Palm Beach) 126, 128-9
  Lightner Museum (St. Augustine) 217
  Ormond Beach 220, 223
  Overseas Railroad 54, 285
  Palm Beach 122, 126, 129
  St. Augustine 34, 214
  Tavernier 297
  The Breakers (Palm Beach) 127
  vagão privativo 53
  West Palm Beach 130
  Yamato Colony 133
Flamingo 13, 295
  Trilhas de Flamingo 294
Flamingo Gardens **141**
Fleming Street (Key West) 303
Florestas 27
  Apalachicola National Forest 244
  bosques de pinheiros 28
  expansão do madeiramento na Flórida **235**
  madeira de lei 29
  Naval Live Oaks Reservation (Gulf Breeze) 238
  Ocala National Forest 225
  Torreya State Park 243
Florestas de madeira de lei 29
Florestas nacionais
  Apalachicola 244
  Ocala 14, **225**
Floribenha, cozinha 326
Florida Aquarium (Tampa) 14, **266**
Florida Association of RV Parks and Campgrounds 313
Florida Audubon Society 364, 365
Flórida Britânica **48-9**
Florida Caverns State Park **243**
Florida Citrus Bowl (Orlando) 36, 358, 361
Florida City, hotéis 323
Florida Derby 36-7
Florida East Coast Railroad 52, 75
Flórida Espanhola **46-7**
  Castillo de San Marcos (St. Augustine) 15, **218-9**
  navios de tesouro 32-3, 46
  Panhandle 229
  Pensacola 232
Florida Fish and Wildlife Conservation Commission 363, 365
Florida Folk Festival 38
Florida Grand Opera 359, 361
Florida Holocaust Museum **259**
Florida Keys Wild Bird Rehabilitation Center (Tavernier) 297

ÍNDICE GERAL | 393

Florida Marlins 36, 100
Florida Museum of Natural History (Gainesville) 15, 227
Florida Panthers 37
Florida Room, The (Miami) 102
Florida Seafood Festival 40
Florida Southern College **270**
Florida Sports Foundation 362, 364, 365
Florida State Fair 41
Florida State University Center for the Performing Arts (Sarasota) 358, 361
Florida Strawberry Festival 38
Flórida Territorial 246
Florida Trail Association 365
Fogos de artifício
   Disney's Hollywood Studios® 167
   IllumiNations (Epcot®) 152
   SeaWorld® 181
Fontainebleau Hotel (Miami Beach) 73
Fontes 224
   Silver Springs **225**
   Wakulla Springs 244
   Weeki Wachee Springs 14, **254-5**
Ford, Clara 280
Ford, Henry 220
   Daytona Beach 207, 223
   Ford Winter Home (Fort Myers) **280**
Fort Barrancas 237
Fort Caroline National Memorial **211**
Fort Clinch State Park 210
Fort de Soto Park **259**
   praia 257
Fort Foster 267
Fort George 48, 211
Fort Jefferson 307
Fort Lauderdale 115, 117, **136-9**
   aeroporto 378
   Boat Show 40
   festivais 40, 41
   History Center 136
   hotéis 316
   mapa 136-7
   restaurantes 334-5
Fort Matanzas National Monument 15, 220
Fort Mellon 224
Fort Mose 46
Fort Mose Historic State Park 15, 217
Fort Myers 13, **280-1**
   hotéis 321
   restaurantes 343
Fort Pickens 238
Fort Pierce **119**
Fort Walton Beach **239**, 241
   festivais 40
   hotéis 320
   restaurantes 341
Fort Wilderness (Walt Disney World® Resort) **175**
Fort Zachary Taylor Historic State Park (Key West) 13, **306**
Forte La Caroline 46, 211
Foster, Stephen 248
Fotos de moda **73**
Fountain Square (Pensacola) 233
França (World Showcase) 163
France, Bill 223
Franklin, Benjamin 163
Freedom Tower (Miami) 78
French City Village (Miami) 84
Front Lot (Universal Studios Florida® 185
Frontierland® (Magic Kingdom®) 151-2
Frontierland® Shootin' Arcade 151
Frost, Robert
   Heritage House Museum and Robert Frost Cottage (Key West) **306**

Frutas
   cítricas 27, 55
   rio Indian **119**
   Sabores da Flórida 328
Fumantes 370
   em restaurantes 326
Furacões **30-1**, 54
   Andrew **30**, 57, 93, 96
   Donna 288
   Hurricane Monument (Islamorada) 30, 298
   Opal 234
   segurança 373
Futebol americano 36
Future World (Epcot®) 157-61

G

Gable Stage 100, 103
Gado 27
Gainesville 15, **227**
   corrida de carro 37
   restaurantes 339
Gainesville-Hawthorne State Trail 227
Galerias *veja* Museus e galerias
Gálvez, Bernardo de 48, **49**
Gamble Place (Daytona Beach) 221
Gamble Plantation 14, **270-1**
Gamble, James N. 221
Gamble, major Robert 270-1
Garça-azul 293
Garça-branca 292
Garden Key 307
Gardens, The (West Palm Beach) 131
Garland, Judy 87
Gasolina 382
Gaspar, José **267**
Gasparilla Festival 41
Gasparilla Island **278-9**
Gasparilla Island State Park 279
Gatorland 13, **194-5**
Gatornationals, rachas 37
Gaudí, Antoni 71
Gaugin, Paul
   Agonia no jardim 130-1
Gays 360, 361
Geronimo 238
Gesu Church (Miami) 77
Ghirlandaio, Domenico
   Coroação da Virgem 73
Gilbert's Bar House of Refuge Museum (Hutchinson Island) 120
Glenn, John 202
Gold Coast Opera 359, 361
Gold Coast Railroad Museum (Miami) **97**
Golfe 37, 362
   Winter Summerland (Walt Disney World® Resort) 173
Golfinhos
   Discovery Cove® 183
   Dolphin Research Center **298**
   Marineland Dolphin Conservation Center **220**
   SeaWorld® 180-2
Gonzalez, Tomas 217
Goodwood Museum and Gardens (Tallahassee) 15, 50-1, **247**, 248
Goombay Festival 39
Gorjetas 370
   em restaurantes 326, 370
Gorrie, John 51
   John Gorrie Museum State Park (Apalachicola) 244
Government Cut 70, 79
Government House Museum (St. Augustine) **216**
Granada Entrance (Miami) 85

Grande Orlando 143
Grapefruit League 36
Grayton Beach (State Park) 241
   hotéis 320
   restaurantes 342
Great Explorations (St. Petersburg) **259**
Greater Fort Lauderdale 115, 136
Greek Epiphany Day 41
Green's Pharmacy (Palm Beach) 127
Gregory House (Torreya State Park) 243
Greyhound 385, 386
Greystone Hotel (Miami) 35
Guavaween 40
Guerra Civil 50, 51, 306, 307
Guerra Hispano-Americana 53
Guerras dos Seminoles
   Primeira 48, 49
   Segunda 50
   Terceira 50, 51
Gulf Breeze **238**
Gulf World Marine Park (Panama City Beach) **242**
Gulfarium (Fort Walton Beach) 239
Gulfstream Park Racetrack 36, 37, 100, 103, 141, 361
Gumbo Limbo Nature Center (Boca Raton) **135**
Gumbo Limbo Trail (Everglades National Park) 294
Gumbo-limbo, árvore 293
Gusman Center for the Performing Arts (Miami) 100, 103

H

Haitianos refugiados 95
Halifax Historical Museum (Daytona Beach) 221
Hall of Presidents (Magic Kingdom®) 152
Hall, Ben 263
Halloween 40
Hammocks 29
   Everglades National Park 292-3
Harley-Davidson 383
Harry P. Leu Gardens (Orlando) 12, **192**
Haulover Park 94
Haunted Mansion (Magic Kingdom®) 152
Havana 32
Hearst, William Randolph
   Ancient Spanish Monastery (Miami) 94
Heath, Ralph 256
Hedstrom, Oscar 223
Hemingway Days Festival 39
Hemingway, Ernest 54, 226
   casa (Key West) **304**
   Key West 302
   Key West Cemetery 307
Henry B. Plant Museum (Tampa) **262**
Heritage House Museum and Robert Frost Cottage (Key West) **306**
Herlong Mansion (Micanopy) 226
Hertz (aluguel de carros) 383
Hiaasen, Carl 88
Hibel, Edna
   Brittany e filho 125
   Hibel Museum of Art (Palm Beach) 125
Hibiscus Island 79
Highways 380
   arquitetura das 35
Hillsborough River State Park **267**
Hillsborough, rio 53, 267
Hispânica, comunidade 56
   comida 328
   veja também Cubana, comunidade

394 | ÍNDICE GERAL

Hispaniola 33
História **43-57**
Historic Pensacola Village **234**
Hobe Sound National Wildlife Refuge 120
  hotéis 316
Hobe, índios 121
Hohauser, Henry
  Cardozo Hotel (Miami Beach) 67
  Colony Hotel (Miami Beach) 65
  Edison Hotel (Miami Beach) 66
  Park Central Hotel (Miami Beach) 64
Holiday Isles 257
Hollywood (Universal Studios Florida®) 186
Hollywood **140-1**
  hotéis 316-7
  restaurantes 335
Hollywood Boulevard (Disney's Hollywood Studios®) 166
Holocaust Memorial (Miami Beach) 12, **72**
Homer, Winslow 131
Homestead
  corrida de carros 37
Homosassa Springs State Wildlife Park 14, **254**
Honeymoon Island State Park 14, 255
Hontoon Island State Park 224
Hopper, Edward 131
Hóquei 37
Horários 370
  bancos 374
  lojas 350
  restaurantes 326
  Walt Disney World® Resort 178
Horowitz, Leonard 64, 71
Hospitais 373
HostelBookers 313
Hostelling International-American Youth Hostels 313
Hotéis **310-25**
  como reservar 311
  Costa do Golfo 320-3
  Costas do Ouro e Tesouro 316-7
  crianças 313
  despesas extras 311
  Everglades e Keys 323
  gorjetas 370
  instalações 311
  Miami 314-6
  motéis 312
  Nordeste da Flórida 318-20
  Orlando 312
  Orlando e a Costa Espacial 317-8
  Panhandle 319-20
  preços 311
  resorts 310
  Royal Poinciana (Palm Beach) 127, 129
  segurança pessoal 372
  Walt Disney World® Resort 179
Hotéis de rede 310
Houseman, capitão J. 298
Houston Astros 36
Hoy Como Ayer (Miami) 101
Hugh Taylor Birch State Park **138**
Hurston, Zora Neale 55
Hutchinson Island 119, **120**
  hotéis 317
Huzienga, Wayne 139
Hyde Park (Tampa) **266**

I

Íbis-branca 29
IGFA Fishing Hall of Fame and Museum (Dania) 140
Iglesias, Julio 79, 80
Ilhas 26
Ilhas de árvore *veja* Hammocks
Ilhas do Caribe 44
IllumiNations (Epcot®) 152
Imaginarium Hands-On Museum and Aquarium (Fort Myers) **280-1**
Imigração 25, 370
Imperial Hotel (Miami Beach) 65
Impostos
  em resorts 311
  sobre vendas 311, 326, **350**
Inca del Vega, Garcilasso 46
Indian Key **298**
Indian River Citrus Museum (Vero Beach) 119
Indian Rocks Beach 257
Indian Temple Mound Museum (Fort Walton Beach) 239
Indian, rio 143
  indústria de cítricos **119**
Indígenas
  casas 34
  Conquistadores espanhóis 46-7
  Crystal River Archaeological State Park 254
  Flórida Pré-Histórica 44-5
  Guerras dos Seminoles 50-1
  Native Indian Village (Hollywood) 140
  Seminole Indian Hollywood Reservation 140-1
  veja também Tribos
Informação turística 370, 371
Ingraham Building (Miami) 77
Ingressos 370
Innoventions (Epcot) 157
Insetos
  mosquitos 198, 294
  segurança 290, 373
Instalações elétricas 371
Intercâmbio 374, 375
Intermix (Miami) 99
International Drive (I Drive) **194**
  restaurantes 336-7
  viagem 387
International Space Training Center (Epcot®) 158
International Swimming Hall of Fame (Fort Lauderdale) **138**
International Villages (Miami) 60, 84
Internet 376
Intracoastal Waterway 27, 209
  barcos 364
Inverno na Flórida 41
Islamorada **298**, 299
  hotéis 323
  restaurantes 345
Islands of Adventure (Universal Orlando®) **188-9**
  as ilhas 188-9
  como explorar o parque 188
Isle of Eight Flags Shrimp Festival 38
Isles, The (Fort Lauderdale) 139
"It's a small world" (Magic Kingdom®) 152
Itália (World Showcase) 162

J

Jack Island 119
Jackie Gleason Theater (Miami) 100, 103
Jackson, general Andrew 49
  eleito presidente 50
  Jacksonville 212
  Miccosukee 249
  Primeira Guerra dos Seminoles 48

Jacksonville **212-3**
  arquitetura 34
  hotéis 319
  Jazz Festival 38
  mapa 212
  restaurantes 340
  viagem em 385
Jacksonville Jaguars 36
Jacksonville Maritime Heritage Center **213**
Jacksonville Transit Authority 385
Jacksonville Zoo **213**
Jacksonville, praias de **213**
  restaurantes 340
Jacobs, Julius 35
Jai alai 37, **141**
Jai, Anna 211
Jantares com show **359**, 361
  Orlando **195**
  Walt Disney World® Resort 177
Japanese Gardens 133
Japão (World Showcase) 163
Jardins *veja* Parques e jardins
Jazz Cellar (Ybor City) 361
Jefferson, Thomas
  Monticello 247
Jensen Beach, restaurantes 335
Jesuítas 46
Jet ski 363
JN "Ding" Darling National Wildlife Refuge (Sanibel Island) **283**
Joalherias de Miami 98, 99
John D. MacArthur Beach State Park 121, **131**
John Gorrie Museum State Park (Apalachicola) 244
John Pennekamp Coral Reef State Park 13, **296-7**
John U. Lloyd Beach State Park 140
Johns Pass Village 256
  festival de frutos do mar 40
Johnson Beach Day Use Area 235
Johnson, Philip
  Miami-Dade Cultural Center (Miami) 78
Jonathan Dickinson State Park 121
Jorn, Asger 137
Jornais 377
José Martí Park (Tampa) 264
Journey into Narnia: Prince Caspian 168, 169
Jovem pastora, A (Bougereau) 226
Judeus
  Florida Holocaust Museum **259**
  Holocaust Memorial (Miami Beach) 12, **72**
  Jewish Museum of Florida (Miami Beach) 12, **71**
Jungle Cruise (Magic Kingdom®) 150-1
Jungle Island (Miami) **96**
Jungle Queen 139
Juniper Springs 224
Juno Beach **121**
Jupiter **121**
  hotéis 317
Jupiter Beach Park 121
Jupiter Inlet Lighthouse 121
Jupiter Island 120-21
Juventude, albergues da 313

K

Kanapaha Botanical Gardens (Gainesville) 227
Kathryn Abbey Hanna Park 15, 213
Keaton Beach 248
Kenan, Mary Lily 128, 129

Kennedy Space Center 12, 56, 143, 145, **200-5**
  Apollo/Saturn V Center 200, 202, **203**
  exposições e passeios de ônibus 203
  linha do tempo 202-3
  planta 200-1
  Prepare-se 201
  Space X Dragon **204-5**
  Visitor Complex 202-3
Kennedy, John F. 78, 200
Key Association of Dive Operators (KADO) 363, 365
Key Biscayne (Miami) **95**
  tênis 37
Key Largo 13, **296**
  hotéis 323
  restaurantes 345
Key West 13, 285, 299, **302-7**
  "Conch Republic" 56, 57
  arquitetura 34
  estilo Key West **305**
  festivais 38, 39, 40
  hotéis 323
  Mapa Rua a Rua 302-3
  Prepare-se 303
  restaurantes 345-7
Key West Cemetery **307**
Key West Innkeepers Association 311, 313
Key West Lobsterfest 39
Keys *veja* Everglades e Keys
Keys, cervo da 13, **301**
King Jr., Martin Luther 56
Kingsley Plantation 15, 49, **211**
Kingsley, Zephaniah 211
Kissimmee 27, 143, **195**
  hotéis 318
  restaurantes 337
  rodeios 39
Knight Concert Hall 100
Knott House Museum (Tallahassee) **246-7**
Knott, Luella 247
KOA Kampgrounds of America 313
Koreshan State Historic Site **281**
Koreshan Unity, seita 281
Ku Klux Klan 52, 53

L

La Belle
  festivais 41
La Cruise Casino (Jacksonville) 360
Labor Day 41
Lago Toho 13, **196**
Lago Worth **132**
Lagos, *sinks* 26
Lake Buena Vista
  restaurantes 337
Land, The (Epcot) 161
Lapidus, Morris
  Fontainebleau Hotel (Miami Beach) 73
  Lincoln Road Mall (Miami Beach) 72
Laranjas 27, 119
  onde comprar 353
Las Olas Art Fair 41
Las Olas Boulevard (Fort Lauderdale) **137**
Latifúndios 48, 50-1
  Bulow Plantation Ruins Historic State Park **220**
  Gamble Plantation Historic State Park **270-1**
  Goodwood Museum and Gardens (Tallahassee) 50-51, **247**, 248
  Kingsley Plantation 15, **211**

Latina, música (Miami) 100-1, 103
Lauder, Estée 125
Lauderdale by the Sea
  hotéis 317
Laudonnière, René de 46, 47, 211
Lavalle House (Pensacola) 232, 234
Le Moyne 46
Lee Island Coast **282-3**
  mapa 282
  piratas 267
Leedskalnin, Edward 97
LEGOLAND® 14, **197**
Lei 372
Lei Seca 53
Lennon, John 125
Lenox Avenue (Miami Beach) 70
Leslie Hotel (Miami Beach) 66
Leste da Flórida
  história 48-9
Leu, Harry P. 192
Liberty City 93
Liberty Square (Magic Kingdom®) 152
Lichtenstein, Roy 234
Lido Key 273
  praia 257
Lightner Museum (St. Augustine) 15, 207, 214, **217**
Lightner, Otto C. 217
Lignumvitae Key **298**
Limites de velocidade 381
Lince-vermelho 29
Lincoln Road Mall (Miami Beach) 12, **72**
Lincoln, Abraham 50
Linhas regulares, ônibus 379
Linhas
  Universal Orlando 184
  Walt Disney World® Resort 179
Lion Country Safari **131**
Lipton International Players Championship 37
Litoral **240-1**
  arquitetura 35
  restaurantes 342
Little Haiti (Miami) **95**
  segurança 93
Little Havana (Miami) 60, 75, **80**
  mapa 20-1
  veja também Downtown e Little Havana
Little Talbot Island State Park **211**
Livros
  lojas em Miami 99
  o que comprar na Flórida 352
Locais históricos no estado
  Fort Mose Historic State Park 15, 217
  Fort Zachary Taylor (Key West) 13, **306**
  Gamble Plantation Historic State Park **270-1**
  Koreshan **281**
  Marjorie Kinnan Rawlings Historic State Park 15, **226**
  Ruínas da Bulow Plantation 15, 220
Loch Haven Park (Orlando) **192**
Loehmann's (Miami) 98, 99
Loggerhead Marinelife Center (Juno Beach) 121
Lojas de departamentos 350-1
Long Pine Key (Everglades National Park) 294
Longa distância, ônibus de 385
Longboat Key 273
  praia 257
  hotéis 321
  restaurantes 343
Lontras 293
Looe Key National Marine Sanctuary 301

Lori Wilson Park 12
Lowe Art Museum (Miami) 84, **87**
Lower Keys **300-1**
Lowry Park Zoo (Tampa) 14, **266-7**
Loxahatchee National Wildlife Refuge **133**
Loxahatchee River Historical Society and Museum (Jupiter) 121
Loxahatchee, rio 121
Lummus Island 79
Lummus Park (Miami Beach) **70**
Luna, Tristan de 47, 232
Lygia e o touro (Moretti) 112
Lynn University Conservatory of Music (Boca Raton) **134**
Lynx, ônibus 145, 384, 385, **387**

M

Macabi Cigars (Miami) 99
MacArthur Causeway 79
Maceo, Antonio 80
Machado, Gerardo 80
Maclay, Alfred B. 247
Macy's (Miami) 98, 99
Madeira Beach 256, 257
  festivais 40
Madeira, auge na Flórida **235**
Madri, Tratado de (1670) 47
Magic Kingdom® (Walt Disney World® Resort) 56, 143, 147, **148-53**
  Adventureland® 150-1
  como explorar o parque 150
  compras 152
  dicas 150, 153
  Fantasyland® 152
  Frontierland® 151-2
  Liberty Square 152
  lista de brinquedos e shows 153
  Magic Carpet of Aladdin 153
  Main Street, USA® 150
  onde comer e beber 150
  Visita de 1 dia 151
  shows e desfiles 151
  Tomorrowland® 152-3
Magnólia 209
Magnolia Road 249
Mahaffey Theater (St. Petersburg) **259**
Mahogany Hammock Trail (Everglades National Park) 291, 295
Mai Kai (Fort Lauderdale) 359, 361
Main Street, USA® (Magic Kingdom®) 150
Maitland Art Center (Orlando) 192
Majestic Hotel (Miami Beach) 65
Major, Howard 124
Mallory Square 304, 360
Manatee Queen 131, 360, 361
Manatee Springs State Park 249
Manatee Village Historical Park 271
Manguezal 293
Mann Performing Arts Hall (Fort Myers) 358, 361
Many Adventures of Winnie the Pooh, The (Magic Kingdom®) 152
Mapas
  Boca Raton 135
  como dirigir na Flórida 380-3
  Coral Gables e Coconut Grove 83
  Costa do Golfo 252-3
  Costas do Ouro e Tesouro 116-7
  Daytona International Speedway 222
  Downtown (Miami) 76-7
  Downtown e Little Havana (Miami) 75
  Everglades e Keys 286-7
  Everglades National Park 290-1

Mapas (cont.)
  expansão das ferrovias 52
  Flórida 10-1, 16-7, 112-3
  Flórida Britânica 48
  Fort Lauderdale 136-7
  Jacksonville 212
  Kennedy Space Center 200-1
  Key West 302-3
  Lee Island Coast 282
  mapa rodoviário da Flórida 18-9
  Miami 20-1, 60-1
  Miami Beach 63
  Miami: Fora do Centro 93
  Miami: Guia de Ruas 104-9
  naufrágios e resgate 32-3
  Nordeste da Flórida 208-9
  Ocean Drive (Miami Beach) 64, 66
  Orlando e a Costa Espacial 144-5
  Panhandle 230-1
  passeio de carro por Coral Gables 84-5
  Pensacola 232-3
  praias da costa do Golfo 257
  praias do Panhandle 240-1
  Pré-História da Flórida 44-5
  primeiros contatos tribais 44
  relevo da Flórida 26-7
  rotas marítimas das esquadras espanholas 46
  South Beach (Miami Beach) 68-9
  St. Augustine 214-5
  St. Petersburg 258
  Tallahassee 246
  Tampa 263
  território indígena 1823-32 50
  Trilha do Algodão 248-9
  Trilhas de Flamingo 294
  Walt Disney World® Resort 146-7
  Ybor City (Tampa) 264-5
Mar-a-Lago (Palm Beach) 125
Marathon 299, **300**
  restaurantes 347
Marco Island **288**
  artesanato dos índios *calusas* 44
  restaurantes 347
Mardi Gras at Hollywood Racetrack 360
Margaritaville (Key West) 303
Marie Selby Botanical Gardens (Sarasota) **272-3**
Marielitos 81
Marinas 364
Marineland Dolphin Conservation Center **220**
Marjorie Kinnan Rawlings Historic State Park 15, **226**
Marlin Hotel (Miami Beach) 62, 71
Marlins Stadium 100
Marrocos (World Showcase) 163
Martí, José 52, 80
  José Martí Park (Tampa) 264
Marx, Irmãos 187
MasterCard 373
Matecumbe, tribo 285
Matisse, Henri 130
Mattheson Hammock Park (Miami) 96
Matthews, Jean Flagler 128, 129
Máximo Gómez Park (Miami) 80
Mayport 15, **213**
  ferry 209
McCreary House (Pensacola) 34, 235
McLarty Treasure Museum (Sebastian Inlet) 118
McMullen Log House 34, **256**
Mears Transportation Group 379, 387
Mecca (Ybor City) 360
Médicos 373
Medieval Fair (Sarasota) 40

Medieval Times (Orlando) 195
Mediterrânea, arquitetura 34, 35, 66
  Española Way (Miami Beach) 72
Mel Fisher Maritime Museum (Key West) 302, **306**
Mel Fisher's Treasure Museum (Sebastian) 118
Memoriais nacionais
  De Soto 14, 271
  Fort Caroline **211**
Memorial Day 41
Menéndez de Avilés, Pedro 46, 214
Menus 327
Mercados de produtos agrícolas **356**, 357
  Coconut Grove 88
Mercados de pulgas 351
Mergulho 362, 365
  Biscayne National Park 295
  John Pennekamp Coral Reef State Park 296-7
  Looe Key National Marine Sanctuary 301
  Panama City Beach 242
Merrick, George 35, **86**
  Colonnade Building (Miami) 86
  Coral Gables (Miami) 35, 83
  Coral Gables Congregational Church (Miami) 84
  Coral Gables Merrick House (Miami) 85, 86
  Lowe Art Museum (Miami) 87
  Passeio de carro por Coral Gables 84
Merrick, reverendo Solomon 86
Merritt Island 143
  Kennedy Space Center 200
Merritt Island National Wildlife Refuge 12, **198**
Metrobus (Miami) 386
Metro-Goldwyn-Mayer *veja* Disney's Hollywood Studios®
Metromover (Miami) 77, 386
Metrorail (Miami) 386
México (World Showcase) 162
Miami **59-109**
  2 Dias em Miami 12
  aeroporto 378, 379, 386
  bares e cafés 101
  Carnaval 38
  compras **98-9**, 354-5
  Comunidade cubana **81**
  Coral Gables e Coconut Grove **83-91**
  Cruzeiros 360
  diversão **100-3**
  Downtown e Little Havana 61, **75-81**
  esportes 36
  festivais 39, 40, 41, 102, 103
  Fora do Centro 93-7
  furacões 54
  Guia de Ruas 104-9
  hotéis 314-6
  mapas 20-1, 60-1
  restaurantes 329-33
  segurança pessoal 372
  viagem em **386**
  Vizcaya Museum and Gardens **90-1**
Miami Beach 12, 21, 61, **63-73**
  arquitetura 55
  arquitetura art déco **64-7**
  casas noturnas 102, 103
  festivais 41
  história 53
  hotéis 314-5
  mapa 63
Miami Beach Parking Department 386
Miami Beach Post Office 71
Miami Book Fair International 40

Miami City Ballet 100, 103
Miami Design Preservation League 67, 68
Miami Dolphins 36, 100
Miami Film Festival 41
Miami Heat 37
Miami Jai Alai Fronton 100, 103
Miami Metrozoo 97
Miami Museum of Science and Planetarium **89**
Miami Parking Authority 386
Miami Seaquarium **95**
Miami Vice 57, 79, 88
Miami, rio 75
Miami/Dade County Auditorium 100, 103
Miami-Dade County Transit 386
Miami-Dade Cultural Center 12, 76, **78**
Miami-Dade Police Information 372-3
Micanopy 15, **226-7**
Miccosukee (aldeia) 249
Miccosukee Indian Village 13, **289**
Miccosukee Road 248
Miccosukee, tribo 289
Mickey Avenue (Disney's Hollywood Studios®) 168
Mickey Mouse
  Mickey's PhilharMagic 151, 152
  Walt Disney World® Resort 179
Mile Markers (Keys) 287
Milton 238
Minnesota Twins 36
Miracle Mile (Miami) 85, **86**
Miss Perkins (Stock) 221
Mission: SPACE® (Epcot®) **158-9**
Mizner, Addison 35, **124**
  Boca Raton 134
  Casa de Leoni (Palm Beach) 126
  Old Town Hall (Boca Raton) 116
  Palm Beach 122, 125
  Society of the Four Arts (Palm Beach) 124
  Worth Avenue (Palm Beach) 72, 123
Mobility International 371
Moda, lojas (Miami) 98, 99
Moderna aerodinâmica, arquitetura 64, 65, 66
Moedas 375
Mogno 293
Monet, Claude 259
Moneygram 373
Monkey Jungle (Miami) **97**
Monroe, lago 224
Monroe, Marilyn 187
Monroe, Ralph 83
  Barnacle (Miami) **88-9**
Monsters, Inc. Laugh Floor Comedy Club 151, 153
Monticello **247**
  Watermelon Festival 39
Monticello Opera House 359, 361
Moretti, Giuseppe
  Lygia e o touro 112
Morgan, Bert 122
Morikami Museum and Japanese Gardens 133
Morikami, George **133**
Morisot, Berthe 259
Morse, Eleanor 261
Morse, Reynolds 260, 261
Mosquito Lagoon 198
Mosquitos 198, 294
Mosteiros
  Ancient Spanish Monastery (Miami) 92, **94**
Mote Aquarium and Mote Marine Laboratory (Sarasota) **273**

ÍNDICE GERAL | 397

Motéis 312
Motocicletas 37, 38, 383
Moultrie Creek, Tratado de (1823) 50
Mount Dora 224-5
   arquitetura 34
   festivais 38
   Historical Museum 225
Mourisca, arquitetura 35
Movimento Conservador 57
Movimento pelos Direitos Civis 56
Murais 81
Museus e galerias
   Ah-Tha-Thi-Ki Museum (Everglades e Keys) 13, **289**
   Amelia Island Museum of History 210
   American Police Hall of Fame (Titusville) **197**
   Appleton Museum of Art (Ocala) 226
   Bailey-Matthews Shell Museum (Sanibel Island) **282**
   Bass Museum of Art (Miami Beach) **73**
   Boca Raton Museum of Art **134**
   Bonnet House Museum and Gardens (Fort Lauderdale) **138**
   Cedar Key Historical Society Museum 249
   Charles Hosmer Morse Museum of American Art (Winter Park) 12, 193
   Cigar Museum and Visitor Center (Tampa) 264
   Collier County Museum (Naples) 288
   Colonial Quarter Museum (St. Augustine) 216
   Cornell Fine Arts Museum (Winter Park) 12, 193
   Crane Point Museum (Marathon) 300
   Cummer Museum of Art and Gardens (Jacksonville) 15, **213**
   Curry Mansion (Key West) 302, **306**
   East Martello Museum and Gallery (Key West) **304**
   Edison Winter Home (Fort Myers) **280**
   Elliott Museum (Hutchinson Island) 120
   Flagler Museum (Palm Beach) 126, **128-9**
   Florida Holocaust Museum **259**
   Florida Museum of Natural History (Gainesville) 15, 227
   Ford Winter Home (Fort Myers) **280**
   Fort Myers Historical Museum 281
   Gamble Place (Daytona Beach) 221
   Gilbert's Bar House of Refuge Museum (Hutchinson Island) 120
   Gold Coast Railroad Museum (Miami) **97**
   Goodwood Museum and Gardens (Tallahassee) 247
   Government House Museum (St. Augustine) **216**
   Great Explorations (St. Petersburg) **259**
   Halifax Historical Society Museum (Daytona Beach) 221
   Hemingway Home (Key West) **304**
   Henry B. Plant Museum (Tampa) **262**
   Heritage House Museum and Robert Frost Cottage (Key West) **306**
   Hibel Museum of Art (Palm Beach) 125
   Historical Museum (Dunedin) 255
   IGFA Fishing Hall of Fame and Museum (Dania) 140

Museus e galerias (cont.)
   Imaginarium Hands-On Museum and Aquarium (Fort Myers) **280-1**
   Indian River Citrus Museum (Vero Beach) 119
   Indian Temple Mound Museum Fort Walton Beach) 239
   ingressos 370
   International Swimming Hall of Fame (Fort Lauderdale) 138
   Jacksonville Maritime Heritage Center **213**
   Jewish Museum of Florida (Miami Beach) 12, **71**
   John Gorrie Museum State Park (Apalachicola) 244
   Knott House Museum (Tallahassee) **246-7**
   Lighthouse Museum (Key West) **304**
   Lightner Museum (St. Augustine) 15, 207, 214, **217**
   Lowe Art Museum (Miami) 84, **87**
   Loxahatchee River Historical Society and Museum (Jupiter) 121
   Maitland Art Center (Orlando) **192**
   McLarty Treasure Museum (Sebastian Inlet) 118
   Mel Fisher Maritime Museum (Key West) 302, **306**
   Mel Fisher's Treasure Museum (Sebastian) **118**
   Miami Museum of Science and Planetarium **89**
   Miami-Dade Cultural Center (Miami) 12, 78
   Morikami Museum and Japanese Gardens **133**
   Museum of Art (Fort Lauderdale) **137**
   Museum of Arts and Sciences (Daytona Beach) 15, 221
   Museum of Commerce (Pensacola) 233, **234**
   Museum of Contemporary Art Jacksonville **212-3**
   Museum of Discovery and Science (Fort Lauderdale) **137**
   Museum of Fine Arts (St. Petersburg) 14, **259**
   Museum of Florida History (Tallahassee) **247**
   Museum of Industry (Pensacola) 232, 234
   Museum of Man in the Sea (Panama City Beach) **242**
   Museum of Science and History (Jacksonville) **212**
   Museum of Science and Industry (Tampa) **266**
   Museum of the City of Lake Worth 132
   National Naval Aviation Museum (Pensacola) **236-7**
   Norton Museum of Art (West Palm Beach) **130-1**
   Old Fort Lauderdale Museum of History 136
   Orange County Regional History Center 12
   Orlando Museum of Art 192
   Orlando Science Center 12, **193**
   Ormond Memorial Art Museum (Ormond Beach) 221
   Pensacola Historical Museum 232, **235**
   Pensacola Museum of Art 232, **234**
   Perez Art Museum Miami 78

Museus e galerias (cont.)
   Ponce de Leon Inlet Lighthouse **222**
   Prince Murat House (St. Augustine) 214, **217**
   Ringling Museum of Art (Sarasota) 14, 112, **274-5**
   Ringling Museum: Cà d'Zan (Sarasota) **276-7**
   Royellou Museum (Mount Dora) 225
   Salvador Dalí Museum (St. Petersburg) 14, **260-1**
   Samuel P. Harn Museum of Art (Gainesville) 227
   Sarasota Classic Car Museum **272**
   Society of the Four Arts (Palm Beach) 124
   South Florida Museum (Bradenton) 271
   South Florida Science Museum (West Palm Beach) **130**
   Southwest Florida Museum of History **281**
   Spongeorama (Tarpon Springs) 255
   Sports Immortals Museum (Boca Raton) **134-5**
   St. Lucie County Historical Museum 119
   St. Petersburg Museum of History **258**
   Tallahassee Museum of History and Natural Science 15, **247**
   Tampa Museum of Art **262-3**
   The Casements (Ormond Beach) 221
   TT Wentworth Jr., Florida State Museum (Pensacola) 232, **234**
   UDT-SEAL Museum (Fort Pierce) 119
   US Air Force Armament Museum (Shalimar) 239
   Valiant Air Command Warbird Air Museum (Titusville) **199**
   Vero Beach Museum of Art 118, 119
   Vizcaya Museum and Gardens **90-1**
   Wings Over Miami **97**
   Wolfsonian Museum-FIU (Miami Beach) 12, 68, **71**
   Wreckers' Museum (Key West) **306**
   Ximenez-Fatio House (St. Augustine) 214, **217**
   Ybor City State Museum (Tampa) 14, 265
   Zorayda Castle (St. Augustine) **217**
Música
   ao vivo e casas noturnas 359, 361
   clássica, ópera e dança 359, 361
   lojas 99, **356**, 357
   Miami 100-1
   o que comprar na Flórida 352
Myakka River State Park 252, **278**

N

Naples 13, 24, **288**
   restaurantes 347
Narváez, Pánfilo de 46, 251
NASA
   história 54, 55
   Kennedy Space Center **200-5**
   Space X Dragon 56-7, **204-5**
Nascimento de uma nação, O 53
Natação 363
   mergulho 362, 365
   International Swimming Hall of Fame (Fort Lauderdale) 138
Natal 41
National (aluguel de carros) 383
National Association of Stock Car Auto Racing (NASCAR) 37
National Basketball Association (NBA) 37

ÍNDICE GERAL

National Football League (NFL) 36
National Hurricane Center (Miami) 31, 373
National Marine Sanctuary (Looe Key) 301
National Naval Aviation Museum (Pensacola) **236-7**
National Park Service 364, 365
National Register of Historic Places 67
National Scenic Trail 225
National Seashore, Canaveral **198**
National Wildlife Refuges
   Crystal River 14, **254**
   "Ding" Darling (Sanibel Island) **283**
   Hobe Sound 120
   Loxahatchee 133
   Merritt Island 12, **198**
   St. Vincent 244
Nativa, arquitetura 34
Nativos americanos *veja* Indígenas
Natural Bridge, Batalha da (1865) 51
Natureza-morta viva (Dalí) 260
Naufrágios
   comércio dos naufrágios 307
   Mel Fisher Maritime Museum (Key West) 302, 306
   resgate **32-3**
Náutica moderna, arquitetura 65, 70
Naval Aviation, National Museum of (Pensacola) *veja* National Naval Aviation Museum
Naval Live Oaks Reservation (Gulf Breeze) 238
Navarre Beach 238, 240
Navegação
   barcos 364, 365
   canoagem 365
   cruzeiros e passeios de barco 360, 361
   Pesca nas Keys 299
   Port Miami Boat Trips (Miami) 12, **79**
   Silver Springs 225
   Walt Disney World® Resort **174**
   water taxis 385
Negros
   Ku Klux Klan 52, 53
   segregação 52
   veja também Indígenas; Escravos
Nell, William 232
Neptune Beach 213
   hotéis 319
Netherland Hotel (Miami Beach) 69
New Deal 55
New Florida, culinária 326
New River 136, 138
New Smyrna Beach 12
   hotéis 318
New World Symphony Theater (Miami) 100
New York (Universal Studios Florida) 185
New York Yankees 36
News Café (Miami Beach) 68
Niceville
   festivais 40
Nick Bollettieri Tennis Academy 271, 362, 365
Nicklaus, Jack 37
Nordeste da Flórida **207-27**
   hotéis 318-20
   mapa 208-9
   restaurantes 339-41
Noriega, general Manuel 57, 78
North Beaches (Miami) **94**
North Hill Preservation District (Pensacola) **235**
Norton Museum of Art (West Palm Beach) **130-1**

Norton, Ralph 130
Noruega (World Showcase) 162
Novelas 88
Nuestra Señora de Atocha 32, 33, 46
   Mel Fisher Maritime Museum (Key West) 306
   Mel Fisher's Treasure Museum (Sebastian) 118
   suvenires 99
Nuestra Señora de la Leche (St. Augustine) 47

O

O'Keefe, Georgia 131
   Poppy 259
Ocala 14, **226**
   restaurantes 340
Ocala National Forest 14, 208, 225
Ocean Drive (Miami Beach) 12, 69, 70
   arquitetura art déco **64-7**
Oeste da Flórida
   história 48-9
Okaloosa, ilha 239
Okeechobee Waterway 364
Okeechobee, lago 27, **132**, 292, 295
Oklawaha, rio 52
Old Capitol Building (Tallahassee) 228
Old City Hall (South Beach) 68
Old Hyde Park Village (Tampa) 266
Old Pisgah United Methodist Church 248
Old Town (Kissimmee) 13, 195
Oldest House (St. Augustine) **217**
Oldest Wooden Schoolhouse (St. Augustine) **216**
Olds, Ransom E. 223
Olustee, Batalha de (1864) 51
One Ocean (SeaWorld®) 182
Ônibus
   de longa distância **385**
   linhas regulares 379
   locais e urbanos **384**, 386, 387
Opa-Locka (Miami) **95**
   segurança 93
Ópera 359, 361
Opium Group (Miami) 102, 103
Orange Bowl Classic 36
Orange Bowl Festival 40
Orange Bowl Stadium (Miami) 41, **100**, 103
Orange County Regional History Center 12
Orchid, ilha 118, 119
Orlando e a Costa Espacial **143-205**
   5 Dias em Orlando e na Costa Espacial 12-3
   aeroporto 378, 379
   arquitetura 35
   aves da Costa Espacial 198
   Discovery Cove® **183**
   Disney's Animal Kingdom® 146, **170-1**
   Disney's Hollywood Studios® 166-9
   Epcot® 154-63
   golfe 37
   hotéis 312, 317-8
   jantares com show 195
   Magic Kingdom® 148-53
   mapa 144-5
   Orlando **192-3**
   parques temáticos 113
   restaurantes 336-9
   SeaWorld® 12, **180-2**
   shopping centers e bairros de compras 354-5
   Universal Orlando® **184-9**
   viagem **387**
   Walt Disney World® Resort 146-7

Orlando International Fringe Festival 38
Orlando Magic 37
Orlando Museum of Art 192
Orlando Science Center 12, **193**
Orlando Shakespeare Center 192
Orlando-UCF Shakespeare Festival 192
Ormond Beach 15, **220-1**
   berço da velocidade 223
   restaurantes 340
Ormond Memorial Art Museum (Ormond Beach) 221
Osceola 50
Osprey 292
Ostras, coleta 245
Outono na Flórida 40
Outta Control Magic Comedy Dinner Show (Orlando) 195
Overseas Highway 285, 286, 287
Overtown 93

P

Pacotes, viagens aéreas 379
Pa-hay-okee Overlook (Everglades National Park) 295
Pahokee 132
Paisagem da Flórida **26-7**
Paist, Phineas 86
   Venetian Pool (Miami) 87
Palm Beach 115, 117, **122-31**
   arquitetura 35
   compras na Worth Avenue **123**
   hotéis 317
   polo 130
   restaurantes 335
   Passeio por Palm Beach **126-7**
Palm Beach Gardens
   hotéis 317
Palm Beach Shores 131
Palm Beach Zoo **131**
Palm Harbor
   hotéis 321
Palm Island 79
Pan Am 54
   Dinner Key (Miami) 89
Panama City Beach 241, **242**
   férias da primavera 38
   hotéis 320
   restaurantes 342
Panhandle **229-49**
   hotéis 319-20
   mapa 230-1
   praias 112, **240-1**
   relevo 26
   restaurantes 341-3
   shopping centers e bairros de compras 354-5
Pântanos 26
   de água doce 29
Pantera-da-flórida 131, 279
Paris
   Primeiro Tratado de (1763) 47
   Segundo Tratado de (1783) 48
Park Central Hotel (Miami Beach) 64
Parques aquáticos 363
   Adventure Landing (Jacksonville Beaches) 213
   Shipwreck Island Water Park (Panama City Beach) **242**
   Walt Disney World® Resort **172-3**
   Wet 'n Wild **190-1**
   Wild Waters (Silver Springs) 225
Parques e jardins
   AB Maclay Gardens State Park **247**
   Bok Tower Gardens 14, **197**
   Bonnet House Museum and Gardens (Fort Lauderdale) **138**

ÍNDICE GERAL | 399

Parques e jardins (cont.)
  Carlin Park (Jupiter) 121
  Charles Deering Estate (Miami) **96**
  Cummer Museum of Art and Gardens (Jacksonville) 15, **213**
  Cypress Gardens Adventure Park 197
  Eden Gardens State Park **241**
  Fairchild Tropical Garden (Miami) 13, **96**
  Flamingo Gardens **141**
  Fort de Soto Park 259
  Goodwood Museum and Gardens (Tallahassee) **247**, 248
  Harry P. Leu Gardens (Orlando) 12, **192**
  Jungle Island (Miami) **96**
  Kanapaha Botanical Gardens (Gainesville) 227
  Kathryn Abbey Hanna Park 15, 213
  Loch Haven Park (Orlando) **192**
  Marie Selby Botanical Gardens (Sarasota) **272-3**
  Mattheson Hammock Park (Miami) 96
  Morikami Museum and Japanese Gardens **133**
  Sarasota Jungle Gardens **272**
  Society of the Four Arts (Palm Beach) 124
  Sunken Gardens (St. Petersburg) 14, **259**
  Vizcaya Museum and Gardens (Miami) 91
  Washington Oaks Gardens State Park 15, 220
Parques e reservas 364, 365
Parques estaduais
  AB Maclay Gardens 247
  Bahia Honda 301
  Big Cypress National Preserve 13, 288-9
  Big Lagoon 235
  Bill Baggs Cape Florida 95
  Blackwater River 239
  Blue Spring 206, **224**
  Caladesi Island 255
  Cayo Costa Island **283**
  Crystal River Archaeological 254
  Eden Gardens **241**
  Fakahatchee Strand Preserve 13, 289
  Florida Caverns **243**
  Fort Clinch 210
  Fort Pierce Inlet 119
  Gasparilla Island 279
  Grayton Beach 241
  Hillsborough River 267
  Homosassa Springs State Wildlife Park 14, 254
  Honeymoon Island 14, 255
  Hontoon Island 224
  horários 370
  Hugh Taylor Birch **138**
  John D. MacArthur Beach 121, **131**
  John Gorrie Museum 244
  John Pennekamp Coral Reef 13, **296-7**
  John U. Lloyd Beach 140
  Jonathan Dickinson 121
  Little Talbot Island **211**
  Manatee Springs 249
  Myakka River 252, **278**
  Payne's Prairie State Preserve 15, 227
  Sebastian Inlet **118**
  Silver River 225
  St. Andrews 241, **242-3**
  St. George Island 244
  St. Joseph Peninsula **243**

Parques estaduais (cont.)
  Stephen Foster Folk Culture Center 15, 248
  Suwannee River **248**
  Torreya **243**
  Wakulla Springs **244**
  Washington Oaks Gardens 15, **220**
  veja também Parques nacionais
Parques marinhos *veja* Aquários e parques marinhos
Parques nacionais
  Biscayne **295**
  Dry Tortugas **307**
  Everglades 13, 55, 113, 285, **290-5**
  veja também Parques estaduais
Parques temáticos (geral)
  casamentos 366-7
  horários 370
  ingressos 370
  o que comprar na Flórida 352
Parques temáticos (individual)
  Busch Gardens 14, 112, **268-9**
  Coconut Creek Family Fun Park (Panama City Beach) **242**
  Discovery Cove® **183**
  Disney's Animal Kingdom® 146, **170-1**
  Disney's Hollywood Studios® **166-9**
  Epcot® **154-63**
  Fantasy of Flight **196-7**
  Kennedy Space Center **200-5**
  LEGOLAND® **197**
  Magic Kingdom® 143, **148-53**
  SeaWorld® **180-2**
  Universal Orlando® **184-9**
  Walt Disney World® Resort 146-79
  veja também Parques aquáticos
Páscoa 38
Pass-a-Grille 256
  praia 257
Passaportes 370
  perda de 372
Passeios a cavalo 365
Passeios de carro 383
  Coral Gables 84-5
  passeio por Palm Beach 126-7
  Trilha do Algodão 248-9
Payne's Creek, Tratado de (1832) 50
Payne's Prairie State Preserve 15, 227
Pechinchas
  compras 351
  o que comprar na Flórida 353
Peck, Dr. Seth 216
Peixes e pesca 363, 365
  baía de Apalachicola **245**
  Destin 240
  IGFA Fishing Hall of Fame and Museum (Dania) 140
  Islamorada 298
  Keys **299**
  lago Okeechobee 132
  Marathon 300
  recifes de coral 296-7
Peixes-boi 29
  Crystal River National Wildlife Refuge 254
  Homosassa Springs State Wildlife Park 254
  rio St. Johns 224
Pelota 37
Peña, Juan de 216
Peña-Peck House (St. Augustine) 215, **216**
Penrod's Complex (Miami) 102, 103

Pensacola **232-7**
  arquitetura 34
  corrida de carro 37
  festivais 39
  história 47
  hotéis 320
  Mapa Rua a Rua 232-3
  National Naval Aviation Museum **236-7**
  restaurantes 342
  tomada de (1781) 48-9
Pensacola Beach 238, 240
  hotéis 320
Pensacola Crawfish Festival 38
Pensacola Historical Museum 232, **235**
Pensacola Museum of Art 232, **234**
Perdido Key **235**, 240
Perez Art Museum Miami 78
Performing Arts Network (Miami) 100, 103
Período Áureo da Flórida **52-3**
Perky, Richter C. 301
Perry, Newton 254
Perus selvagens 29
Pesca
  em alto-mar **299**, 363
  veja também Peixes e pesca
Peter Pan's Flight (Magic Kingdom) 152
Petty, Lee 223
PGA Tournament Players Championship 37
Philadelphia Phillies 36
Phipps Plaza (Palm Beach) **124**, 127
Pica-pau-de-barriga-vermelha 28
Picasso, Pablo 130
Pier House Resort (Key West) 302
Piero di Cosimo
  A construção de um palácio 275
Pigeon Key **300**
Pin Trading (Epcot) 157
Pine Island **283**
Pinellas Coast 257
Pinellas County Heritage Village 256
Pinellas Trail 14, 255
Pinheiros, bosques de 28
Piratas 47
  lenda de Gaspar **267**
Pirate's Dinner Adventure (Orlando) 195
Pirates of the Caribbean® (Magic Kingdom) 151
Planetários
  Calusa Nature Center and Planetarium (Fort Myers) **281**
  Miami Museum of Science and Planetarium **89**
  Saunders Planetarium (Tampa) 266
Plant, Henry
  Henry B. Plant Museum (Tampa) 262
  ferrovias 52, 251
  Tampa 262
  Tampa Bay Hotel 53
Plantas tóxicas 290
Playalinda Beach 198
Players of Sarasota 358, 361
PlayGround Theatre (Miami) 100, 103
Plaza de la Constitución (St. Augustine) 215
Plaza de la Cubanidad (Miami) 80
Pleasure Island (Walt Disney World® Resort) 176
Pointe Orlando 12, 194
Polícia 372, 373
Pollock, Jackson 131
Polo 130
Pompano 135
  restaurantes 335

400 | ÍNDICE GERAL

Pompano Park Harness Track 360
Ponce de Leon Inlet Lighthouse 15, 222
Ponce de Leon, Juan 71
 descoberta da Flórida 46, 207
Ponte Vedra Beach 213
 golfe 37
 hotéis 319
 restaurantes 340
Pooh's Thoughtful Spot (Magic Kingdom®) 152
Poppy (O'Keefe) 259
Pôr do sol 39
Porcher House (Cocoa) 12, 199
Port Everglades **139**, 360
Port Miami Boat Trips (Miami) 79
Port St. Lucie
 hotéis 317
Portadores de deficiência 371
 em hotéis 311
Porter, família 306
Pousadas 310
Povo e sociedade 24-5
Praias (em geral) 26
 banho e esportes aquáticos 363
 segurança 373
Praias (individual)
 Amelia Island 210
 Anna Maria Island 257, 271
 Bahia Honda State Park 301
 Boca Raton **135**
 Bradenton 271
 Caladesi Island 255
 Canaveral National Seashore 198
 Caspersen Beach 278
 Clearwater Beach 14, 253, **256**, 257
 Cocoa Beach **199**
 Dania 140
 Daytona Beach **221**
 Deerfield Beach 135
 Delray Beach **132**
 Destin 241
 Fort de Soto Park 257
 Fort Lauderdale **138**
 Fort Walton Beach 239, 241
 Gasparilla Island 278
 Grayton Beach State Park 241
 Gulf Coast 257
 Hollywood Beach 140
 Honeymoon Island 255
 Hutchinson Island 120
 Indian Rocks Beach 257
 Jacksonville Beaches **213**
 John U. Lloyd Beach State Park 140
 Johnson Beach 235
 Juno Beach **121**
 Jupiter Beach Park 121
 Keaton Beach 248
 Key Biscayne 95
 Key Largo 296
 Key West 304
 Lee Island Coast 282
 Lido Key 257
 Longboat Key 257
 Madeira Beach 256, 257
 Naples 288
 Navarre Beach 240
 North Beaches (Miami) 94
 Ormond Beach 220
 Palm Beach 126
 Panama City Beach 241, **242-3**
 Panhandle 112, 229, 240-1
 Pass-a-Grille 257
 Pensacola Beach 240
 Perdido Key 235, 240
 Quietwater Beach 240
 Sand Key Park 14, 257

Praias (individual) (cont.)
 Santa Rosa Beach 241
 Santa Rosa Island 238
 Sarasota Beaches **273**
 Seaside 240
 Sebastian Inlet **118**
 Siesta Key 257
 South Beach (Miami Beach) 12, 69, **70**
 St. Andrews State Park 241, **242-3**
 St. George Island 244
 St. Joseph Peninsula State Park 243
 St. Pete Beach **256**, 257
 St. Petersburg Beaches **256**
 Vero Beach **118-19**
Pré-História da Flórida **44-5**
Presentes, lojas 351, **356**, 357
 Miami 98-9
Primavera na Flórida 38
Prince Murat House (St. Augustine) 214, **217**
Priority Mail 377
Procurando Nemo, o musical 171
Production Central (Universal Studios Florida) 185
Providencia 129

Q
Quietwater Beach 230

R
Rachas 37
Rádio 377
Rã-verde 292
Rawlings, Marjorie Kinnan 226
Raymond F. Kravis Center for the Performing Arts (West Palm Beach) 358, 361
Razzles (Daytona Beach) 359, 361
Recifes artificiais 362
Red Barn Theatre (Key West) 358, 361
Red Reef Park (Boca Raton) 135
Reeve's Landing 249
Reeves, Orlando 143
Reservas
 hotéis 311
 para diversão 358
 restaurantes 326
Resgate de naufrágios 32
Residências, troca de 312
Resorts 310
Restaurantes **326-49**
 cardápios *early bird* 327
 comida vegetariana 327
 Costa do Golfo 343-5
 Costas do Ouro e do Tesouro 333-6
 crianças em 327
 dicas 326, 370
 Disney's Hollywood Studios® 168
 econômicos 327
 Epcot® 163
 Everglades e Keys 345-7
 gorjetas 326-7
 horários 326
 jantares com show 195, 359, 361
 Magic Kingdom® 150
 menus 327
 Miami 329-33
 Nordeste da Flórida 339-41
 Orlando e a Costa Espacial 336-9
 Panhandle 341-3
 reservas 326
 Sabores da Flórida 328
 SeaWorld 183
 tipos de 326
 Universal Orlando® 187
 Walt Disney World® Resort 176-7, 179

Revolução Americana 48
Rhinehart, Mary Roberts 283
Ribault, coluna de 46, 47
Ribault, Jean 211
Richard Petty Driving Experience (Walt Disney World® Resort) 175
Ringling Circus 52, 276
Ringling Museum of Art (Sarasota) 14, 112, **274-5**
 Prepare-se 275
 térreo 274-5
Ringling Museum: Cà d'Zan (Sarasota) **276-7**
Ringling, John 251
 Cà d'Zan (Sarasota) 276-7
 Ringling Museum of Art (Sarasota) 274-5
 Sarasota 272
 St. Armands Circle (Sarasota) 273
Ringling, Mable 274
Ripley, Robert 194
Ripley's Believe It or Not! (International Drive) 194
Rivership Romance 360, 361
Rockefeller, John D 220-1
Rodeios 39, **279**
 Arcadia 279
 Davie 141
 Kissimmee 195
Rodin, Auguste 131, 259
Rodovias 380
Rolex 24, corrida de carros 37
Rollins College (Winter Park) 193
Romanelli
 Cleópatra 214
Ron Jon Surf Shop (Cocoa Beach) 199
Roosevelt, Franklin D. 55
Roosevelt, Theodore (Teddy) 53
Roseate Spoonbill 293
Rough Riders 53
Royal Caribbean Cruise Line 360, 361
Royal Palm Visitor Center (Everglades National Park) 13, 294
Royal Poinciana Chapel (Palm Beach) 126
Rubens, Peter Paul 73, 213
 A coleta do Maná 275
Ruth, Babe 134

S
Safety Harbor, hotéis 321
Saffir-Simpson, escala de furacões 30
Saks Fifth Avenue (Palm Beach) 123
Salvador Dalí Museum (St. Petersburg) 14, **260-1**
Sampras, Pete 271
Samuel P. Harn Museum of Art (Gainesville) 227
San Carlos Institute (Key West) 303
San Francisco (Universal Studios Florida®) 187
Sanchez, Mario
 Comparsa de Boza 304
Sand Key Park 256
 praia 14, 250, 257
Sanford **224**
 aeroporto 378, 379
Sanibel Captiva Conservation Foundation **282**
Sanibel Island 13, **282-3**
 hotéis 321
 restaurantes 344
Sanibel Shell Fair 38
Santa Margarita 46
Santa Rosa Beach 241
 hotéis 320
 restaurantes 342

Santa Rosa Island **238**
Santería, religião **81**, 307
Sarasota 14, **272-7**
  festivais 38
  hotéis 321-2
  restaurantes 344
  Ringling Museum of Art 274-5
  Ringling Museum: Cà d'Zan **276-7**
Sarasota Beaches **273**
Sarasota Classic Car Museum **272**
Sarasota Jungle Gardens **272**
Sarigueias americanas 29
Saúde **372**, 373
Saunders Planetarium (Tampa) 266
Saw palmetto 28
Sawgrass (Everglades) 292
Sawgrass Mills Mall (Fort Lauderdale) **138**
Scandal's Saloon (Miami) 361
Schwarzenegger, Arnold 186
Sea Gull Cottage (Palm Beach) 126
Seagrove Beach, restaurantes 342
Seas with Nemo & Friends, The 156, 157, 160, 161, 164-5
SeaWorld® 12, 144, **180-2**, 360
  atrações 180-2
  dicas 181
  fogos de artifício 181
  onde comer e beber 182
  SeaWorld®'s Serious Side 181
  shows e passeios 182
Sebastian Inlet State Park **118**
Sebastian, hotéis 317
Sebring, corrida de carros 37
Segunda Guerra Mundial 55
Segurança **372**
  crime 93
  dirigir na Flórida 382
  Everglades National Park 290
  exposição ao sol 370, 373
  Miami 93, 372
  pessoal **372-3**
Seguro
  aluguel de carros 380, 382-3
  viagem 372
Selby, Marie e William 272
Seminole Casino in Hollywood 141
Seminole Hard Rock Hotel & Casino 141
Seminole Indian Casinos 360, 361
Seminole Indian Hollywood Reservation 140-1
Seminole Okalee Indian Village 141
Seminole, tribo 24, **289**
  artesanato 352
  Stranahan House (Fort Lauderdale) 137
Serviços postais 377
Seven-Mile Bridge (Pigeon Key) 300
Seville Square (Pensacola) 233
Seybold Building (Miami) 98, 99
Shark Valley (Everglades National Park) 13, 291
Shell Factory (Fort Myers) 281
Shepherd, Alan 56, 202
Shields, Dale 273
Shipwreck Island Water Park (Panama City Beach) **242**
Shopping centers 350, 354-5
Shoppings de lojas de fábrica 351
Siesta Key 273
  praia 257
Silver River State Park 225
Silver Springs 14, **225**
Silver Spurs Arena 195
Silver Spurs Rodeo 39

Sinagogas
  Jewish Museum of Florida (Miami Beach) 71
Sinatra, Frank 79
Singer Island 131
  hotéis 317
Singer, Paris 122
Sinks 26
Ski aquático 363
Skipper's Smokehouse (Ybor City) 359, 361
Skislewicz, Anton 66
Skybar (Miami) 102
Sleuth's Mystery Dinner (Orlando) 195
Sloppy Joe's (Key West) 302
Smith, André 192
Smith, Will 187
Snorkel 362, 365
Soarin' 156, 157, 161
SoBe club (Miami) 102
Society of the Four Arts (Palm Beach) 124
Socorro mecânico **382**, 383
Sol, segurança 371, 373
Solomon, Tara 100
Son et Lumière
  IllumiNations (Epcot®) 152
Soto, Hernando de 251
  assinatura 46
  De Soto National Memorial 271
  e os índios 47
South Beach (Miami Beach) 12, 22, 25, **70**
  arquitetura 61, 63
  arquitetura art déco **64-7**
  casas noturnas 102, 103
  compras 98
  Mapa Rua a Rua 68-9
South Florida Museum (Bradenton) 271
South Florida Science Museum (West Palm Beach) **130**
South Pointe Park (South Beach) 70
Southeast Financial Center 61, 77
Southwest Florida Museum of History **281**
Space Mountain® (Magic Kingdom®) 152
Spaceship Earth (Epcot®) 154-5, **157**
Spanish Military Hospital (St. Augustine) 215, **217**
Spanish River Park (Boca Raton) 135
Speed Weeks 41
Splash Mountain® (Magic Kingdom®) 152
Spongeorama (Tarpon Springs) 255
Sports Immortals Museum (Boca Raton) **134-5**
Springtime Tallahassee 38
St. Andrews State Park 241, **242-3**
St. Armands Circle (Sarasota) 14, **273**
St. Augustine 15, 23, 209, **214-7**
  arquitetura 34
  Arts and Crafts Festival 38
  Founding Anniversary 40
  Grand Illumination 41
  história 47
  hotéis 319
  Mapa Rua a Rua 214-5
  restaurantes 340-1
St. Augustine Alligator Farm Zoological Park 15, 217
St. Augustine Lighthouse 15, 217
St. Edward's Church (Palm Beach) 127
St. George Island **244**
St. George Island State Park 244
St. John, John 86

St. Johns, rio 211
  barcos a vapor 52
  Jacksonville 212
  peixes-boi 224
  Pré-História da Flórida 44, 45
St. Joseph Peninsula State Park **243**
St. Louis Cardinals 36
St. Lucie County Historical Museum 119
St. Marys, rio 210
St. Nicholas Greek Orthodox Cathedral (Tarpon Springs) 255
St. Paul's Episcopal Church (Key West) 303
St. Pete Beach 256, 257
  hotéis 322
  restaurantes 344
St. Petersburg 14, **258-61**
  festivais 38
  hotéis 322
  mapa 258
  restaurantes 344
  Salvador Dalí Museum 14, **260-1**
St. Petersburg Beaches **256**
St. Petersburg Museum of History **258**
St. Vincent National Wildlife Refuge 244
St. Vincent, ilha **244**
Star Island 79
Starlite Cruises 360, 361
State Bicycle Office 365
State of Florida Official Marriage Guide 367
Steamboat House (Pensacola) 233
Steinbeck, John 226
Steinhatchee **248**
Stephen Foster Folk Culture Center State Park 15, 248
Sterling Building (Miami) 72
Stock, J. Whiting
  Miss Perkins 221
Stowe, Harriet Beecher 50, 51
Stranahan House (Fort Lauderdale) 137
Stranahan, Frank **137**
Straz Center (Tampa) 358, 361
Streets of America (Disney's Hollywood Studios®) 168
Streets of Mayfair (Miami) 88, 98, 99
Stuart **120**
Sullivan, Kathryn 203
Summerlin, Jacob 52
Sun Life Stadium 100, 103
Suncoast 257
Suncoast Seabird Sanctuary 256
SunFest 38
Sunken Gardens (St. Petersburg) 14, **259**
SunRail system 385, 387
Sunset Boulevard (Disney's Hollywood Studios) 166-7
Sunshine Skyway Bridge 55, 263
Super Bowl 36
SuperShuttle 379
Surfe
  Cocoa Beach 199
  Sebastian Inlet 118
Surfside 94
Suvenires
  lojas 351, **356**, 357
  lojas em Miami 98-9
  o que comprar na Flórida 352
Suwannee River State Park **248**
Suwannee, rio 249
Swamp Cabbage Festival 41
Swap Shop of Fort Lauderdale **138**
Symphony of the Americas 359, 361

T

Tabaco, permissões alfandegárias 370
Tabela de distâncias 18
Tallahassee 15, 228, **246-7**
  festivais 38
  história 50, 51
  hotéis 320
  mapa 246
  restaurantes 342-3
Tallahassee Museum of History and Natural Science 15, **247**
Tamiami Trail 13, 54, 285, 288
Tampa 251, **262-7**
  aeroporto 378
  festivais 39, 40, 41
  história 53
  hotéis 322-3
  indústria do cigarro 52, 265
  mapa 263
  restaurantes 344-5
  Ybor City **264-5**
Tampa Bay Buccaneers 36
Tampa Bay Hotel 53, 252
Tampa Bay Rays 36
Tampa Bay, história 46
Tampa Museum of Art **262-3**
Tampa Theatre **263**, 359, 361
Tantra (Miami) 102, 103
Tarpon Springs 14, **255**
  festivais 41
Tartarugas **121**
Task Force on Tourist Safety 57
Tatu-de-nove-faixas 29
Tavernier **297**
Táxis **385**
  em Miami 386
  gorjetas 370
Teatro 358, 361
  Miami 100, 103
Teed, dr. Cyrus (Koresh) 281
Telefones 376
  em hotéis 311
  públicos 376
Televisão 377
Temperaturas 41
Tempestades
  chuvas de vento 31
  furacões **30-1**
Tempo 38-41
  furacões **30-1**
Ten Thousand Islands 13, 288, 290
Tênis 37, 271, 362, 365
Tequesta, tribo 44
Test Track (Epcot) 160
Theater of the Sea (Windley Key) **298**
Thomas Cook 373
Thrifty (aluguel de carros) 383
Ticketmaster 358, 361
Tiffany & Co. (Palm Beach) 123
Tiffany, Louis Comfort 217
  vitral *Quatro estações* 193
Tilson Thomas, Michael 100
Times-Union Center for the Performing Arts (Jacksonville) 359, 361
Timucua, tribo 47
  Amelia Island 210
  Fort Caroline 211
  Hontoon Island State Park 224
  Museum of Science and History (Jacksonville) 212
  Pré-História da Flórida 44, 45
  Turtle Mound 198
Titanic – The Experience 194
Tito, Dennis 203
Tobacco Road (Miami) 101, 103
Tohopekaliga, lago 196
Tomorrowland® (Magic Kingdom®) 152-3
Tomorrowland® Transit Authority (Magic Kingdom®) 153
Torreya 243
Torreya State Park **243**
Tortuga 33
Town Center Mall 266, 267
Town Hall (Palm Beach) 126
Trailers, aluguel 383
Trajes
  em restaurantes 326
  etiqueta 371
  fotos de moda **73**
  lojas em Miami 98, 99
  o que comprar na Flórida 353
Transporte público **384-5**, 386, 387
Tratamentos médicos **372-3**
Treister, Kenneth 72
Trens *veja* Ferrovias
Triângulo das Bermudas 55
Tribos
  Apalache 44, 239, 246
  Calusa 44, 195, 285, 288
  Hobe 121
  Miccosukee **289**
  Seminole 24, 137, 141, **289**, 352
  Tequesta 44
  Timucua **44**, 45, 47, 210, 211, 212, 224
  veja também Indígenas
Trilha de Flamingo 294
Tri-Rail 384, 385
Trólebus 385
Tropical Deco 64
Trump, Donald 125
TT Wentworth Jr., Florida State Museum (Pensacola) 232, **234**
Túmulos 44, 45
Turismo 25, 56
  sustentável 371
Turistas de trailer 54, 55
Turistas do norte 52
Turtle Mound 198
Turtle Talk with Crush 160, 161
Tuttle, Julia 53
Twain, Mark 163
Twilight Zone Tower of Terror (Disney's Hollywood Studios®) 167
Twist (Miami) 102, 103
Typhoon Lagoon (Walt Disney World® Resort) 173

U

UDT-SEAL Museum (Fort Pierce) 119
Uncle Sam's Music (Miami) 99
United Airlines 378, 379
United States Tennis Association (Florida Section) 362, 365
Universal CityWalk® **189**
Universal Orlando **184-9**, 360
  como explorar os parques 184
  compras 187
  filmagens 184
  hotéis 318
  Islands of Adventure® 188-9
  Mardi Gras (festival) 41
  onde comer e beber 187
  restaurantes 337
  Universal CityWalk® **189**
  Universal Studios Florida® 142, 184, **185-7**
Universal Studios Florida® 142, 184, **185-7**
  Central de Produção 185
  encontro com estrelas 187
  Front Lot 185
Universal Studios Florida® (cont.)
  Hollywood 186
  New York 185
  Prepare-se 185
  San Francisco/Amity 187
  Woody Woodpecker's Kid Zone 186
  World Expo 187
University of Florida 53
University of Miami
  Hurricanes (time de basquete) 100
  Lowe Art Museum 87
Urban, Joseph 125
US Air Force Armament Museum (Shalimar) 239
US Astronaut Hall of Fame **199**
US Congress 48
US Federal Courthouse (Miami) 76, **78**

V

Vacas-do-mar *veja* Peixes-boi
Valiant Air Command Warbird Air Museum (Titusville) 199
Valparaíso, festivais 40
Van Wezel Performing Arts Hall (Sarasota) 35, 272, 358, 361
Vapor, barcos a 51, 52
Varadero (Cuba) 81
Velásquez, Diego de
  Filipe IV 274
Venetian Pool (Miami) 84, **87**
Venice **278**
  festivais 39
  hotéis 323
  restaurantes 345
Ventos, furacões **30-1**
Verão na Flórida 39
Vero Beach 118-9
  hotéis 317
  restaurantes 336
Versace, Gianni 70
Viagem de carro **380-3**
  aluguel de carros 382-3
  dicas para motoristas 380
  dirigir em Miami 386
  dirigir em Orlando 387
  dirigir na Flórida 380-3
  estacionamento 382
  estacionamento com manobrista 311
  gasolina 382
  mapa rodoviário da Flórida 18-9
  segurança 382
  sinalização 381
  socorro mecânico 382, 383
  veja também Carros
Viagens **378-87**
  aérea **378-9**
  Costa do Golfo 253
  Costas do Ouro e do Tesouro 117
  de bicicleta 387
  dirigir na Flórida **380-3**
  Everglades e Keys 287
  ferrovias **384**, 385
  mapa rodoviário da Flórida 18-9
  Miami **386**
  Nordeste da Flórida 209
  ônibus de longa distância **385**
  ônibus locais e urbanos **384**, 386, 387
  Orlando **387**
  Orlando e a Costa Espacial 145
  Panhandle 231
  rodovias 380-1
  seguro 373
  tabela de distâncias 18
  táxis **385**, 386, 387
  transporte de turistas 385
  Walt Disney World® Resort 147
  water taxis **385**

Viagens ecológicas 384
Vida selvagem **28-9**
   Audubon of Florida's Corkscrew Swamp Sanctuary 13, 289
   aves da Costa Espacial **198**
   Big Cypress Swamp **288-9**
   Busch Gardens 112
   Butterfly World **133**
   Calusa Nature Center and Planetarium (Fort Myers) **281**
   Cedar Key 249
   cervo-das-keys 13, **301**
   Crystal River National Wildlife Refuge 14, **254**
   "Ding" Darling National Refuge (Sanibel Island) **283**
   Discovery Cove® 183
   Discovery Island (Disney's Animal Kingdom®) 170
   Disney Wilderness Preserve (Orlando) **196**
   Dolphin Research Center **298**
   Dry Tortugas National Park 307
   Everglades National Park **292-5**
   Fakahatchee Strand Preserve State Park 13, 289
   Flamingo Gardens **141**
   Florida Keys Wild Bird Rehabilitation Center (Tavernier) 297
   Gatorland **194-5**
   Gumbo Limbo Nature Center (Boca Raton) **135**
   Hobe Sound National Wildlife Refuge 120
   Homosassa Springs Wildlife State Park **254**
   John Pennekamp Coral Reef State Park **296-7**
   Jungle Island (Miami) **96**
   Lignumvitae Key 298
   Lion Country Safari **131**
   Little Talbot Island State Park 211
   Lower Keys 301
   Loxahatchee National Wildlife Refuge **133**
   Manatee Springs State Park 249
   Marineland Dolphin Conservation Center **220**
   Marinelife Center (Juno Beach) 121
   Merritt Island National Wildlife Refuge 12, **198**
   Miami Seaquarium **95**
   Myakka River State Park 278
   Naval Live Oaks Reservation (Gulf Breeze) 238
   Ocala National Forest 225
   Payne's Prairie State Preserve 227
   peixes-boi **254**
   Pelican Man's Bird Sanctuary (Sarasota) 273
   recifes de coral da Flórida **296-7**
   Sanibel Captiva Conservation Foundation 282
   SeaWorld® **180-2**
   segurança 290
   St. Joseph Peninsula State Park 243
   St. Vincent National Wildlife Refuge 244
   Suncoast Seabird Sanctuary 256
   tartarugas **121**
   veja também Aquários e parques marinhos; Zoos e os animais individualmente

Villa Zorayda (St. Augustine) 217
Village of Merrick Park (Miami) 98, 99
Villas of The World 312, 313
Villela, Edward 359
Virgem da Caridade 89
Virgin Atlantic 378, 379
VISA 373
Vista de Cadaqués (Dalí) 260
Vistos 370
Vitoriana, arquitetura 34
Vitral *Quatro estações* (Tiffany) 193
Vizcaya Museum and Gardens (Miami) 61, **90-1**

W

Wakulla Springs State Park **244**
Waldorf Towers Hotel (Miami Beach) 65
Wall Street Crash (1929) 54, 63
Walt Disney World® Resort 56, 143, **146-79**, 360
   à noite 177
   arredores 147
   casamentos 366
   Celebration 160
   crianças pequenas 179
   cruzeiros 174
   dias de maior movimento 178
   Disney's Animal Kingdom® 146, **170-1**
   Disney's Hollywood Studios® **166-9**
   diversão 176-7
   Downtown Disney **176-7**
   encontro com Mickey 178
   Epcot® **154-63**
   esportes 175
   estacionamento 179
   filas 179
   Fort Wilderness Resort and Camp Ground 175
   horários 178
   hotéis 179, 318
   ingressos e passes 178
   jantares com shows 177
   Magic Kingdom® **150-3**
   onde comer e beber 176-7, 179
   parques aquáticos **172-3**
   portadores de deficiência 179
   programação ideal 178
   resorts 146
   restaurantes 179, 337-9
   segurança 179
Walt Disney: One Man's Dream 168
Walt Disney's Carousel of Progress (Magic Kingdom®) 152-3
Warbird Adventures (Kissimmee) 195
Warhol, Andy 131
Washington Avenue (Miami Beach) **71**
Washington Oaks Gardens State Park 15, **220**
Water taxis **385**
   Fort Lauderdale **139**
Waterways (Fort Lauderdale) 139, 364
Watlington, Francis B. 306
Wausau, festivais 39
Weeki Wachee Springs 14, **254-5**
Weismuller, Johnny 87, 138, 225
Wesley, William H. 241
West Palm Beach **130-1**
   festivais 38
   hotéis 317
   restaurantes 336
Wet 'n Wild® **190-1**
   mapa 190-1
   Prepare-se 191

White, Edward 202
Whitewater Bay 290
Wi-Fi 376
Williams, John 258
Williams, Robin 168
Windley Key 298
Windsor, duque e duquesa de 87
Windsurfe 363
Wings Over Miami (Miami) **97**
Winter Equestrian Festival (Wellington) 41
Winter Haven, festivais 41
Winter Park (Orlando) 12, 26, **193**
   museus 192, 193
   restaurantes 339
Winter Park Art Festival 38
Winter Summerland (Walt Disney World® Resort) 173
Winterfest Boat Parade 41
Winton, Alexander 53, 223
Wolfsonian Museum-FIU (Miami Beach) 12, 68, **71**
Wonder Works (International Drive) 12, 194
Woodlawn Cemetery (Miami) 80
World Expo (Universal Studios Florida®) 187
World Showcase (Epcot®) 162-3
   bastidores 162
Worth Avenue (Palm Beach) 122
   compras **123**
Worth, lago 130, 131
Wray, família 141
Wreckers 83, **307**
   Key West 302
   Wreckers' Museum (Key West) 13, 306
Wright, Frank Lloyd
   Florida Southern College 270
Wyeth, Marion 124, 125

X

Ximenez-Fatio House (St. Augustine) 214, **217**

Y

Yacht Starship 262
Yamato Colony 133
Ybor City (Tampa) 14
   Mapa Rua a Rua 264-5
Ybor City State Museum (Tampa) 14, 265
Ybor, Don Vicente Martinez 52, 264
Yeehaw Junction **197**
Yellow Taxi 386
Yulee, David 210

Z

Ziff Ballet Opera House 100
Zoos
   Busch Gardens 14, **268-9**
   Jacksonville Zoo **213**
   Lowry Park Zoo (Tampa) 14, **266-7**
   Monkey Jungle (Miami) **97**
   Palm Beach Zoo **131**
   St. Augustine Alligator Farm Zoological Park 15, 217
   The Zoo (Gulf Breeze) 238
   Zoo Miami **97**
   ZooWorld (Panama City Beach) **242**
   veja também Aquários e parques marinhos; Vida selvagem

Agradecimentos

A Dorling Kindersley agradece às seguintes pessoas, cuja contribuição e assistência tornaram possível a preparação deste livro.

Principais Colaboradores
Richard Cawthorne escreve sobre viagens como freelance e é especialista nos EUA.

David Dick é pós-graduado pelo University College London; estuda história dos EUA.

Guy Mansell escreve artigos sobre viagem em revistas e jornais britânicos, como *The Sunday Telegraph*, além de guias de viagem.

Fred Mawer é jornalista especializado em viagens e colaborador regular do *Daily Telegraph* e do *Mail on Sunday*. Também é autor de vários guias e colaborou com vários Guias Visuais.

Emma Stanford viajou muito pela Flórida e escreveu muitos livros sobre o estado. É autora de guias da Berlitz, AAA e Fodor's.

Phyllis Steinberg mora na Flórida. Escreve livros sobre culinária, viagem e estilo de vida para revistas e jornais da Flórida e dos EUA.

Outros Colaboradores e Consultores
Frances e Fred Brown, Monique Damiano, Todd Jay Jonas, Marlena Spieler, David Stone.

Fotografias Adicionais
Dave King, Ian O'Leary, Magnus Rew, Rough Guides/Angus Oborn, Tony Souter, Arvin Steinberg, Clive Streeter, James Stevenson, Stephen Whitehorn, Peter Wilson.

Ilustrações Adicionais
Julian Baker, Joanna Cameron, Stephen Conlin, Gary Cross, Chris Forsey, Paul Guest, Stephen Gyapay, Ruth Lindsay, Maltings Partnership, Paul Weston.

Projeto Editorial
Pesquisa: Fred Brown
Editor: Vivien Crump
Editor de arte: Jane Ewart
Diretor editorial: Douglas Amrine
Diretor de arte assistente: Gillian Allan
Produção: David Proffit
Pesquisa iconográfica: Monica Allende
Designers: Lesley Abravanel, Shahnaaz Bakshi, Claire Baranowski, Vandana Bhagra, Louise Boulton, Sherry Collins, Cathy Day, Caroline Elliker, Emer FitzGerald, Fay Franklin, Jo Gardner, Jennifer Greenhill-Taylor, Donald Greig, Emily Green, Vinod Harish, Joseph Hayes, Leanne Hogbin, Laura Jones, Kim Kemp, Desiree Kirke, Maite Lantaron, Jude Ledger, Carly Madden, Nicola Malone, Alison McGill, Sam Merrell, Ella Milroy, Sonal Modha, Mary Ormandy, Helen Partington, Sangita Patel, Rada Radojicic, Mani Ramaswarny, LeeRedmond, Rockit Design, Harvey de Roemer, Ellen Root, Michael Sasser, Shailesh Sharma, Jonathan Shultz, Azeem Siddiqui, Asavari Singh, Susana Smith, Michelle Snow, Arvin Steinberg, Phyllis Steinberg, Paul Steiner, Alka Thakur, Ingrid Vienings, Ros Walford, Marian Virginia Warder, Michael Wise.

Cartografia
Malcolm Pofiarter, David Swain, Holly Syer e Neil Wilson da EMS Ltd. (Digital Cartography Dept), East Grinstead, RU; Alok Pathak, Kunal Singh.
Coordenação: Emily Green, David Pugh.

Revisão
Stewart Wild

Organização do Índice
Hilary Bird

Assistência Especial
A Dorling Kindersley agradece aos centros de informação turística regionais e locais da Flórida pela valiosa ajuda e agradece especialmente a: Rachel Bell, Busch Gardens; Alison Sanders, Cedar Key Area Chamber of Commerce; Marie Mayer, Collier County Historical Museum, Naples; sr. e sra. Charlie Shubert, Coombs House Inn, Apalachicola; Nick Robbins, Crystal River State Archaeological Site; Emily Hickey, Dali Museum, St. Petersburg; Gary B. van Voorhuis, Daytona International Speedway; James Laray, Everglades National Park; Sandra Barghini, Flagler Museum, Palm Beach; Ed Lane, Florida Geological Survey, Florida Department of Environmental Protection, Tallahassee; Dr. James Miller, Archaeological Research, Florida Department of State, Tallahassee; Florida Keys National Marine Sanctuary; Jody Norman, Florida State Archives; Damian O'Grady e Tanya Nigro, Florida Tourism Corporation, Londres; Larry Paarlberg, Goodwood Plantation, Tallahassee; Dawn Hugh, Historical Museum of Southern Florida; Ellen Donovan, Historical Society of Palm Beach County; Melissa Tomasso, Kennedy Space Center; Valerie Rivers, Marjorie Kinnan Rawlings State Historic Site, Cross Creek; Carmen Smythe, Micanopy County Historian; Bob McNeil e Philip Pollack, Museum of Florida History, Tallahassee; Frank Lepore e Ed Rappaport, National Hurricane Center, Miami; Colonel Denis J. Kiely, National Museum of Naval Aviation, Pensacola; Richard Brosnaham e Tom Muir, Historic Pensacola Preservation Board; Ringling Museum of Art, Sarasota; Ardythe Bromley-Rousseau, Salvors Inc., Sebastian; Arvin Steinberg; Wit Tuttell, Universal Studios; Holly Blount, Vizcaya, Miami; Melinda Crowther, Margaret Melia e Joyce Taylor, Walt Disney Attractions, Londres.

Cessão de Imagens
A Dorling Kindersley agradece às seguintes instituições pela assistência e permissão para fotografar em suas dependências: The Barnacle Historic Site; © 1996 FL Cypress

Gardens, Inc.; todos os direitos reservados, reprodução com permissão; © Disney Enterprises, Inc.; Dreher Park Zoo: The Zoo of the Palm Beaches; Fish and Wildlife Service, Department of the Interior; Florida Park Service; Harry P. Leu Gardens, Orlando, FL; Key West Art and Historical Society: Lighthouse Museum e East Martello Museum; Metro-Dade Culture Center, Historical Museum of Southern Florida; Monkey Jungle Inc., Miami, FL; National Park Service, Department of Interior; Pinellas County Park Department; National Society of the Colonial Dames of America no Estado da Flórida; Suncoast Seabird Sanctuary Inc., Indian Shores, FL; e a todos os outros museus, igrejas, restaurantes, lojas, galerias e pontos turísticos, muito numerosos para citá-los individualmete.

Créditos das Fotos
a = alto; ae = alto à esquerda; cae = centro, alto, à esquerda; ac = alto, centro; cad = centro, alto, à direita; ad = alto, à direita; cea = centro, à esquerda, acima; ce = centro, à esquerda; cda = centro, à direita, acima; ce = centro, à esquerda; c = centro; cd = centro, à direita; ceb = centro, à esquerda, embaixo; cb = centro, embaixo; cdb = centro, à direita, embaixo; be = embaixo, à esquerda; e = embaixo; bc = embaixo, centro; bce = embaixo, no centro, à esquerda; bd = embaixo, à direita; d = detalhe.

As imagens foram reproduzidas com a permissão dos seguintes proprietários de direitos autorais:

Cortesia da General Services Administration, Public Building Services, Fine Arts Collection: Denman Fink, *Law Guides Florida's Progress* (1940) na US Federal Courthouse, Miami 70cla.

A **Dorling Kindersley** agradece às seguintes pessoas, empresas e bancos de imagens pela permissão de reproduzir suas fotos:

Aisa, Barcelona: 211bc; Museo de America 48ce; Vidler 117bd, 130t; **Alamy Images:** America 351td; Pat & Chuck Blackley 15bd; Pat Canova 340te; Ian Dagnall 280bd, 382te; Dylan Garcia Photography 273cd; Jeff Greenburg 123be, 123bd; NASA Photo 56-7; PF-(space1) 205td; Peter Titmuss 370cea; ZUMA Press, Inc 36bd, 317te; **Allsport/Getty Images**: Brian Bahr 37cd; Steve Swope 37bc; **Appleton Museum of Art, Ocala**: *Jeune Bergere (Young Shepherdess)*, William Adolphe Bouguereau (1825–1905), French. Oil on canvas 226te; **Archive Photos, New York**: 53ca, 56ceb; Bert & Richard Morgan 122bd; **Archivo de Indias, Seville**: 46cb; **Tony Arruza**: 27cb, 30ceb, 42, 132te, 144be, 294c, 301bd, 359td; **Aunt Catfish Restaurant, Daytona Beach**: Gerald Sprankel 327cd; **Avalon Hotel, Miami**: 65te; **Azul**: 331td.

www.barefootweddings.net: 366cea; **Beach Bistro**: 343td; **Larry Benvenuti**: 297cd; **Biblioteca Nacional, Madrid**: *Codice Osuna* 47cb; **Big Pink**: 329b; **The Biltmore Hotel**: 315td; **British Museum**: 45te, 49cd; **The Bridgeman Art Library, London**: *The Agony in the Garden (Christ in the Garden of Olives)*, 1889 by Gauguin, Paul (1848-1903), Norton Gallery, Palm Beach 131bc; **Busch Gardens Tampa Bay**. Todos os direitos reservados: 112be, 268b, 268ceb, 269te,

269br. Todos os direitos reservados, **Discovery Cove**: 187c, 187b. **Café de France**: 339be; **Calamari**: 332be; **Camera Press**: Steve Benbow 170be; **John Carter**: 25be; **Casa Maya Grill**: 333t; **Courtesy of Carnival Center for the Performing Arts**: 100be; Robin Hill 101te; **Courtesy of The Charleston Museum, Charleston, South Carolina**: Osceola portrait 50cea; **Robert Clayton**: 58–9, 382ceb; **Clinton Hotel**: 314be; **Pat Clyne**: 118td; **Bruce Coleman, London**: Atlantide SDF 298td; Erwin & Peggy Bauer 293bc; Raimund Cramm GDT 198cea; Jeff Foott Productions 29be; © John Shaw 29ce; George McCarthy 29t; Library of Congress, LC-USF33-30491-M3 55cd; **Columbia Restaurant**: 326bd; **Corbis**: 47te, 48–9c; Morton Beebe 328cea; Jonathan Blair 150t; Fotog/Tetra Images 114; **Cuban Club**: © Burget Brothers, photo courtesy of the Tampa Hillsborough County Public Library 264td; **Culver Pictures, Inc., New York**: 52cea, 55te. **Salvador Dali Museum, St. Petersburg**: 260td; Todas as obras de arte de Salvador Dali © Kingdom of Spain, Gala - Salvador Dali Foundation, DACS, London 2011, *Nature Morte Vivante* 260ca, *The Sick Child* 261cda, *Cadaques* 260ceb, *Don Quixote y Sancho Panza* 261t, *Discovery* 260bc, *Daddy Longlegs of the Evening–Hope* (1940) 261cdb; Salvador Dali by Marc Lacroix 261bd; © **International Speedway Corporation, Daytona**: 222td, 223ce, 223be; Nascar 223cdb; **DB Bistro Moderne**: 331bd; **The Charles Deering Estate**: 96td; © **Disney Inc.**: 146bd, 147te, 147bd, 156ce, 156ce, 157b, 158b, 164–5, 166td, 172–3 todas, 174–75 todas, 176bd, 177te, 366bd; "The Twilight Zone™ é uma marca registrada da CBS, Inc. com licença da CBS, Inc." 147bd; ©LEGO 173bd; *La Nouba*™ por Cirque du Soleil® 177c; **Dreamstime.com**: Walter Arce 10ce; Benkrut 206td; Ivan Cholakov 368-9; Songquan Deng 74; Fotoluminate 92; Gary718 308-9; Jorg Hackemann 62, 284; Judy Kennamer 262ce; Daniel Korzeniewski 13te; Lunamarina 58-9; Luvemak 251b; Glenn Nagel 110-11; Offaxisproductions 11bd; Ruth Peterkin 290td; Craig Sims 14td; Typhoonski 82; Edwin Verin 203td; Brian Winshell 2-3; Michael Wood 22; **David Dye, University of Memphis**: South Florida Museum 44cdb, 47cea.

Eden Roc Renaissance Resort And Spa: Jon Moe 310cea; **Escopazzo Restaurant**: 326cea; **ET Archive**: Natural History Museum 49ca. **Fairchild Tropical Garden**: 96b; **Fifth Third Bank**: 374bd; © **Henry Morrison Flagler Museum, Palm Beach**: 53te, 126td, 128ce, 128bc, 129tc, 129cda, 129cdb; Archives 128td, 129be; **Florida Department of Environmental Protection**: 371td; **The Floridian**: 334td; **Fontainebleau Hilton, Miami**: 73be; **Sandra Friend**: 12be, 15td. **Pet Gallagher**: 24be; **Genesis Space Photo Library**: NASA 204cea, 204te; **Getty Images**: Steve Bly 383be; CBS Photo Archive 57tc; John Coletti 14bd; Sir John Lavery/The Bridgeman Art Library 8-9; David Rojas /FilmMagic 376c; Bruce Weaver/Stringer 202ceb; **Giraudon, Paris**: Bridgeman Sir Francis Drake portrait, Olivier Isaac (1540–1596) 47cd; Laurus 43b; **Grand Bohemian**: 318be; **The Granger Collection, New York**: 50ceb, 50cd, 53cd; 54ce; **Gulfstream Park Racetrack**: 100cd; G.WIZ. **Hawk's Cay Resort**: 325be; © **The Miami Herald**: © Al Diaz 37ce, 130bc; © Guzy 57cea; © Charlie Trainor 81cd; **Division Historical Resources, State Department, Tallahassee**: 45cdb, 118cea; **Courtesy of Hibel Museum of Art, Palm Beach, FL**: *Brittany and Child*, oil, gesso, and gold leaf on silk, Edna Hibel 24½" x 20½" (1994) 125ce; **Historical Museum of Southern Florida, Miami:** 54ceb, 55ceb, 56c, 67td, 289tc; **IGFA (International Game Fish Association):** 140te; **The Image Bank, London:** 25c, V. Chapman 54–5c; **Images Colour Library:** 21te, 55cda, 61cdb, 290bd, 303bd; **Index Stock Photography, Inc., New York:** 27bd, 38cda, 40ca, 40be, 41cda, 52t, 125bd, 188c, 267td, 358c; © Bill Bachmann 28ce; © James Blank 21bd, 286cea; J. Christopher 31cd; © Henry Fichner 29cd; © Warren Flagler 57cda; Scott Kerrigan 299cd; Larry Lipsky 181bc, 295bd; Wendell Metzen 36cea, 198cda, 292td; Jim Schwabel 275te, 287td, 288td; M. Still 295td; Randy Taylor 38be; **Indian Temple Mound:** 44cea; **Island Cow:** 344bd; **Joe's Stone Crab:** 330td; **Kennedy Space Center – Visitors Center, Cape Canaveral:** 200td, 200ca, 201cea, 201cd, 202td; **The Kessler Collection:** 311be, 319tc, 341t; **Kissimmee St. Cloud CVB:** 196ceb; **Kobal Collection:** Michael Fineman 141b; **Ken Laffal:** 27tc, 60be, 113td, 121bc; **Frank Lane Picture Library:** © Dembinsky 28ceb, 297be; © David Hosking 23b, 28bd, 29bd, 198td, 292cd; Maslowski 120cda; © Leonard Lee Rue 29cdb; **LEGOLAND Florida © Merlin Entertainments Group:** Chip Litherland 197cea; **Lightner Museum, St. Augustine, FL:** 53cb; **Lowe Art Museum:** 87c; **The Lynn Conservatory:** 134td; **LYNX:** 387cea.**Barry Mansell:** 289ce; **Macmillan Publishers:** Pan Books *Native Tongue* and *Tourist Season* Carl Hiassen 88be; **Mangia Mangia Pasta Café:** 346td; **Provided Courtesy of Marineland Dolphin Conservation Center:** 220be; **Marquesa Hotel:** 324te; Marvel Entertainment Group, **NY:** Spider-Man TM and © 1996, Marvel Characters, Inc. Todos os direitos reservados 134t; **Fred Mawer, London:** 140bd, 145td, 196td, 200ceb; **Medieval Times Dinner and Tournament:** 195bd; **Miami Seaquarium:** 95bd; **Miami World Jai-Alai:** 37td; **Miami-Dade Aviation Museum Foundation:** 237cdb, 237cda; **Miami Dade Aviation:** 378cea; **Miami-Dade Transit:** 77bd, 386ca; **Jason Mitchell:** 69cdb; **The Moorings Village:** 313td, 323te; **Museum of Art, Fort Lauderdale:** *Big Bird with Child*, Karel Appel (1972) © DACS, London 2006 136td; **Museum of Fine Arts, St. Petersburg:** *Poppy*, Georgia O'Keeffe (1927) © ARS, NY and © DACS, London 2006 259t.

© **NASA:** 204td; **The Nature Conservancy:** Rich Franco Photography 196bd; **Naval Aviation Museum Foundation:** 236td; **Museo Naval, Spain:** 32ce; **Peter Newark's Pictures:** American Pictures 49ceb; Historical Pictures 33cdb; Military Pictures 51cdb; **The New York Public Library:** Print Collection, Miriam and Ira D. Wallach Division of Art, Prints and Photographs, Astor, Lenox and Tilden Foundations 46–7c; **Jesse Newman Associates:** 123bd; **Glenn Van Nimwegen, Wyoming:** 294cea, 295be; **NOAA National Hurricane Center, Miami:** 30–1, 31tc. **The Opium Group:** Simon Hare Photography 101b; **Orange Blossom Balloons:** 367tc; **Orlando Harley-Davidson:** 176ce; **Orlando Museum of Art:** empr´stimo da coleção da família Gross *The Conference* (d.) Edward Potthast (American, 1857–1927) 193be; **Oronoz, Madrid:** 46ce; **Orsay:** 340br. The Palm

Beach Post, FL: © Thomas Hart Shelby 122ce; © Greg Lovett 39cea; © Loren Hosack 123be, 126be; © E.A. Kennedy III 26b; © Mark Mirko 41ceb; © Sherman Zent 39bd; **Pérez Art Museum:** 79td; **Pictures Colour Library:** 307b; **Pink Shell Beach Resort:** 321be; **Pistache:** 336t; **Planet Earth Pictures:** 297te; Kurt Amsler 254td; Peter Gasson 29ceb; © Brian Kenney 28cd, 28be, 29cea, 198cd, 292ce, 290be, 291ca, 293td, 293cda, 293be, David Maitland 28cda; Doug Perrine 296cd, 297te; Mike Potts 292be; Nancy Sefton 296bl. **Quadrant Picture Library:** © Anthony R. Dalton 57cda; Mike Rastelli, Ocala: 279bd; **The Refinery:** 345td; **The John and Mable Ringling Museum of Art, Sarasota:** 276bd; Bequest of John Ringling, *The Building of a Palace*, Piero di Cosimo (1515–1520) 275cda, *Abraham and Melchizedek*, Peter Paul Rubens (c.1625) 275cdb, *Philip IV, King of Spain*, Diego Rodriguez de Silva y Velazquez, c.1625–1635 274cea; Giovanni Lunardi, 2002 276ce, 277td, 277cd, 277be, 277br.

Sandestin Golf and Beach Resort: 312bd; **Schooners:** 342bd; **Seasons 52:** 337bd; **Sea Salt:** 347bc; **SeaWorld Orlando:** 5te, 180td, 180bd, 181cda; **Seminole Hard Rock Hotel & Casino:** 141te, 316bd; **Sette Bello:** 335be; **Smithsonian Institution:** Department of Anthropology catalogue no. 240915 44ceb; **SpaceX:** 205be; **St. Augustine, Ponte Vedra & the Beaches VCB:** 214ceb, 215te, 215cda, 216cea; **STA Travel Group:** 370cdb; **Florida State Archive, Tallahassee:** 49te, 51te, 51ca, 52ceb, 55ca, 124bd, 127cda, 223cda, 235b, 265br: Museum of Florida History 55cdb, 119bd; **Tony Stone Images:** Randy Wells 290c; **Superstock:** 192te, 250.

Tampa Theatre: 359be; **Turtle Beach Resort:** 322be; **Florida Department of Commerce, Division of Tourism:** R. Overton 45cda; **Universal Orlando Resort.** Todos os direitos reservados: 185te, 185bd, 185be, 186c, 186bd, 187td, 187b, 188-9 todas.

WaterSoundVacationRentals.com: 320te; **Prof L. Glenn Westfall, FL:** 52–3; **West Florida Historic Preservation. Inc:** 232ca; **Wet n' Wild:** 190-1 todas; **Wish Restaurant:** 336bd; **Bill Wisser, Miami:** 71cda; **Wolfsonian Foundation, Miami:** Mitchell Wolfson, J.R. Collection 71bd; **World Pictures:** 170ca; **Ybor City Chamber of Commerce:** 264td.

1ª guarda: **Corbis:** Fotog/Tetra Images Rceb; **Dreamstime. com:** Benkrut Rtd; Songquan Deng Lce; Fotoluminate Lbe; Jorg Hackemann Rbe, Lbd; Typhoonski Lbc; **Superstock:** Stock Connection Lcda.

Capa
Imagem principal e lombada: **Superstock:** Hoberman Collection.

Todas as outras imagens pertencem à © Dorling Kindersley. Para mais informações, entre no website **www.dkimages.com**

Frases

Na terceira coluna, você encontra a transcrição mais aproximada em português da pronúncia das palavras em inglês.
Há na língua inglesa, no entanto, sons inexistentes em português como o "th", que é transcrito aqui de duas maneiras diferentes: como "d" na palavra "this" ou como "f" na palavra "thank you". A pronúncia correta é, nos dois casos, com a língua entre os dentes frontais. O "h" de "help" é transcrito pelas letras "rr" enquanto o "rr" de "sorry" aparece na terceira coluna como "r", com um som próximo ao do "r" seguido de consoante pronunciado em algumas regiões do interior de São Paulo.

Em Emergências

Socorro	**Help**	*rrélp*
Pare	**Stop**	*stóp*
Chame um médico	**Call a doctor**	*koladóktor*
Chame uma ambulância	**Call an ambulance**	*kolanémbiulens*
Chame a polícia	**Call the police**	*kol dê pólis*
Chame os bombeiros	**Call the fire department**	*kol dê fáier depártment*
Onde fica o telefone mais próximo?	**Where is the nearest telephone?**	*ueriz dê nírest télefoun?*
Onde fica o hospital mais próximo?	**Where is the nearest hospital?**	*ueriz dê nírest rróspital?*

Comunicação Essencial

Sim	**Yes**	*iés*
Não	**No**	*nôu*
Por favor	**Please**	*plíz*
Obrigado	**Thank you**	*fênkiu*
Desculpe	**Sorry**	*sóri*
Com licença	**Excuse me**	*ekskíuzmi*
Oi	**Hello**	*rrélou*
Adeus	**Goodbye**	*gudbái*
Manhã	**Morning**	*mórnin*
Tarde	**Afternoon**	*afternún*
Noite	**Evening**	*ívinin*
Noite (tarde)	**Night**	*náit*
Ontem	**Yesterday**	*iéstêrdei*
Hoje	**Today**	*túdei*
Amanhã	**Tomorrow**	*tumórou*
Aqui	**Here**	*rriêr*
Lá	**There**	*dêr*
O quê?	**What?**	*úat*
Quando?	**When?**	*úen*
Por quê?	**Why?**	*úai*
Onde?	**Where?**	*uêr*

Frases Úteis

Como vai?	**How are you?**	*rrauáriu*
Muito bem, obrigado.	**Very well, thank you**	*véri uêl, fênkiu*
Muito prazer em conhecer você	**Pleased to meet you**	*plízd tu mítiu*
Até logo	**See you soon**	*síu sún*
Está bem/bom	**That's fine**	*déts fáin*
Onde está/estão?	**Where is/ where are...?**	*uériz uérár*
Quantos metros/ quilômetros são até...?	**How far is it to...**	*rrau farízit tu-*
Como se vai para...?	**Which way to...?**	*úitch uei tu*
Você fala português?	**Do you speak portuguese?**	*du iu spík pôrtiuguíz?*
Você fala espanhol?	**Do you speak spanish?**	*du iu spík spênish?*
Não entendo	**I don't understand**	*ai dount anderzténd*
Pode falar mais devagar, por favor?	**Could you speak more slowly, please?**	*kúdiu spík môr slóulí plíz?*
Sinto muito	**I'm sorry**	*áim ssóri*

Palavras Úteis

grande	**big**	*bêg*
pequeno	**small**	*smól*
quente	**hot**	*rót*
frio	**cold**	*kôuld*
bom	**good**	*gûd*
ruim	**bad**	*béd*
suficiente	**enough**	*ináf*
bem	**well**	*uél*
aberto	**open**	*ôupen*
fechado	**closed**	*klôuzd*
esquerda	**left**	*léft*
direita	**right**	*ráit*
direto	**straight (on)**	*strêit (ón)*
perto	**near**	*níer*
longe	**far**	*fár*
em cima	**up**	*áp*
abaixo	**down**	*dáun*
cedo	**early**	*êrlí*
tarde	**late**	*léit*
entrada	**entrance**	*êntranss*
saída	**exit**	*égzêt*
banheiros	**toilettes**	*tóilétz*
mais	**more**	*môr*
menos	**less**	*léss*

Nas Compras

Quanto custa isto?	**How much does this cost?**	*rrau mátch daz dês kóst?*
Eu gostaria	**I would like**	*ai uôd laik*
Vocês tem...?	**Do you have...?**	*du iu rrév...?*
Estou só olhando, ...obrigado	**I'm just looking, ...thank you**	*aim djast lákin,... fênkiu*
Vocês aceitam cartões de crédito?	**Do you take credit cards?**	*du iu têik krédit kardz?*
A que horas vocês abrem?	**What time do you open?**	*uotáim du iu ôupén?*
A que horas vocês fecham?	**What time do you close?**	*uotáim du iu klóuz?*
Este	**this one**	*dêss uán*
Aquele	**that one**	*dét uán*
caro	**expensive**	*ekspénssiv*
barato	**cheap**	*tchíp*
tamanho (roupas e sapatos)	**size**	*ssáiz*
branco	**white**	*úait*
preto	**black**	*blék*
vermelho	**red**	*réd*
amarelo	**yellow**	*iélou*
verde	**green**	*grín*
azul	**blue**	*blú*
loja de antiguidades	**antique shop**	*entík shóp*
padaria	**bakery**	*bêikeri*
banco	**bank**	*bênk*
livraria	**bookshop**	*bôkshop*
açougue	**butcher's**	*bôtcherz*
farmácia	**chemist's**	*kémists*
peixaria	**fishmonger's**	*fêshmônguerz*
quitanda	**greengrocer's**	*grín grôusserz*
loja de alimentos	**grocer's**	*grôusserz*
cabeleireiro	**hairdresser's**	*rrer drésserz-márket*
mercado, a feira	**market**	*márket*
jornaleiro	**newsagent's**	*niúzêidjentz*
agência do correio	**post office**	*pôustófiss*
loja de calçados	**shoe shop**	*shú shóp*
supermercado	**supermarket**	*supermárket*
tabacaria	**tobacconist**	*tbákounîst*
agência de viagens	**travel agency**	*trévl êidjenssí*

Atrações Turísticas

galeria de arte	**art gallery**	*art guéleri*
catedral	**cathedral**	*kfídral*
igreja	**church**	*tchêrtch*
jardim	**garden**	*gárden*
biblioteca	**library**	*láibreri*
Museu	**museum**	*miuzíam*
informação turística	**tourist information**	*tôrist infôrmêishan*
prefeitura	**townhall**	*táunról*
fechado por férias/feriado	**closed for holiday**	*klouzd for rrólidei*
ponto de ônibus	**bus stop**	*bástop*
estação de trem	**railway station**	*reiluei stêishan*

Em Hotéis

Tem quarto disponível?	Do you have a vacant room?	du iu rev â vêikant rum?
quarto para dois	double room	dâbô rúm
com cama de casal	with double bed	uêf dâbô bed
quarto com duas camas	twin room	tuên rúm
quarto de solteiro/ individual	single room	cêngol rúm
quarto com banheiro	room with a bath	rúm uêf â bef
chuveiro	shower	sháuer
porteiro	porter	pórter
chave	key	kí
Eu tenho uma reserva	I have a reservation	ai rrev â rezêrvêishan

Em Restaurantes

Tem uma mesa para...?	Have you got a table for...?	rreviu gat a teibôu for..?
Quero reservar uma mesa	I want to reserve a table	ai uant tu rízérv â teibôu
A conta, por favor	The bill, please	dê bêll, plíz
Sou vegetariano/a	I'm vegetarian	áim vedjetérian
garçonete/garçom	waitresse waiter	uêîtress uêlter
menu	menu	mêniu
menu do dia	fixed-price menu	fêkst-praiss mêniu
carta de vinhos	winelist	uáin lêst
copo	glass	glâss
garrafa	bottle	bátlôu
faca	knife	náif
garfo	fork	fórk
colher	spoon	spún
café-da-manhã	breakfast	brékfest
almoço	lunch	lântch
jantar	dinner	dêner
prato principal	main course	mêin kórs
entrada	starter	stárter
prato do dia	dish of the day	dêsh ov dê dêi
café	coffee	kôfi
mal passado	rare	rér
ao ponto	medium	mídium
bem passado	well done	uél dán

Interpretando o Cardápio

apple	âpôl	maçã
baked	bêik	ao forno
banana	bnána	banana
beef	bíf	carne de boi
beer	biér	cerveja
bread	bréd	pão
butter	bátâr	manteiga
cake	kêik	bolo
cheese	tchíz	queijo
chicken	tchêken	frango
chocolate	tchâklat	chocolate
cold meat	kôuld mít	os frios
dessert	dêzért	sobremesa
dry	drái	seco
egg	êg	ovo
fish	fêsh	peixe
fried	fráid	frito
fruit	frút	a fruta
garlic	gárlek	alho
ham	rrem	presunto
icecream	áiss krím	sorvete
lamb	lêm	cordeiro
lemon	léman	limão
lemonade	lémanêid	limonada
lobster	lâbster	lagosta
meat	mít	carne
milk	mêlk	leite
mineral water	míneral uáter	água mineral
nuts	nâts	nozes
oil	óill	azeite
olives	ólêvz	azeitonas
onion	ânian	cebola
orange	órandj	laranja
pepper	péper	pimenta
pie	pái	torta
pork	pórk	porco
potatoes	ptêitôuz	batatas
prawns	prónz	camarões
red wine	red úain	vinho tinto
rice	ráiss	arroz
roast	rôust	assado
rosé wine	rouzê úain	vinho rosé
salt	sólt	sal
sauce	sóss	molho
sausages	sósêdj	linguiças
seafood	sífud	frutos do mar
sirloin steak	sêrloin stêik	filé-mignon
soup	súp	sopa
still/sparkling	stíl/spárklin	sem gás/com gás
sugar	shúgar	açúcar
vegetable stew	védjetabôu stú	cozido de vegetais
tea	tí	chá
toasts	tôusts	torradas
vinegar	vênagar	vinagre
white wine	úait úain	vinho branco

Números

0	zero	zírou
1	one	uán
2	two	tú
3	three	frí
4	four	fór
5	five	faiv
6	six	sêks
7	seven	sévên
8	eight	êit
9	nine	nain
10	ten	tên
11	eleven	ilévên
12	twelve	tuélv
13	thirteen	fêrtín
14	fourteen	fortín
15	fifteen	fêftín
16	sixteen	sêkstín
17	seventeen	seventín
18	eighteen	êitín
19	nineteen	naintín
20	twenty	tuentí
21	twenty-one	tuentí uán
22	twenty-two	tuentí tú
30	thirty	fêrtí
31	thirty-one	fêrti uán
40	fourty	fórti
50	fifty	fêfti
60	sixty	sêksti
70	seventy	séventi
80	eithty	êiti
90	ninety	náinti
100	one hundred	uán rrándrêd
200	two hundred	tu rrándrêd
500	five hundred	faiv rrándrêd
1.000*	one thousand	uán fáuzand
1.001	one thousand one	uán fáuzand úan

Tempo

um minuto	one minute	uán mênat
uma hora	one hour	uán duar
meia hora	half an hour	rráfen duar
segunda-feira	Monday	mândei
terça-feira	Tuesday	túzdei
quarta-feira	Wednesday	uênizdêi
quinta-feira	Thursday	fêrzdêi
sexta-feira	Friday	fráidêi
sábado	Saturday	satêrdêi
domingo	Sunday	sândêi

* Os países de língua inglesa adotam a grafia 1,000 para o numeral 1.000 (um mil) e 1.50 para 1,50 (um e cinquenta), exatamente o oposto da convenção brasileira.

Tudo para uma viagem perfeita.
Conheça todos os títulos da série Guias Visuais.

Guias Visuais
Os guias que mostram o que os outros só contam

África do Sul • Alemanha • Amsterdã • Argentina • Austrália • Áustria • Barcelona e Catalunha
Bélgica e Luxemburgo • Berlim • Brasil • Califórnia • Canadá • Caribe • Chile e Ilha de Páscoa • China
Costa Rica • Croácia • Cuba • Egito • Espanha • Estados Unidos • Estônia, Letônia e Lituânia • Europa
Flórida • França • Holanda • Ilhas Gregas e Atenas • Índia • Inglaterra, Escócia e País de Gales • Irlanda
Istambul • Itália • Japão • Jerusalém e a Terra Santa • Las Vegas • Lisboa • Londres • Madri • México
Moscou • Nova York • Nova Zelândia • Paris • Peru • Portugal, Madeira e Açores • Praga • Roma
São Francisco e Norte da Califórnia • Suíça • Turquia • Vietnã e Angkor Wat
Walt Disney World® Resort & Orlando

Guias Visuais de Bolso
Guia e mapa: a cidade na palma da mão

Amsterdã • Barcelona • Berlim • Boston • Bruxelas, Bruges, Antuérpia e Gent • Budapeste
Edimburgo • Las Vegas • Lisboa • Londres • Madri • Melbourne • Milão • Nova York • Paris • Praga
Roma • São Francisco • São Petersburgo • Sevilha • Sydney • Toronto • Vancouver • Veneza

Top 10
O guia que indica os programas nota 10

Barcelona • Berlim • Bruxelas, Bruges, Gent e Antuérpia • Budapeste • Buenos Aires
Cancún e Yucatán • Cidade do México • Florença e Toscana • Israel, Sinai e Petra
Istambul • Las Vegas • Londres • Los Angeles • Miami e Keys • Nova York • Orlando
Paris • Praga • Rio de Janeiro • Roma • São Petersburgo • Toronto

Estradas
Viagens inesquecíveis

Alemanha • Califórnia • Espanha • França • Inglaterra, Escócia e País de Gales • Itália

Férias em Família
Onde ficar, o que ver e como se divertir

Flórida • Itália • Londres • Nova York • Paris

Guias de Conversação para Viagens
Manual prático para você se comunicar

Alemão • Árabe • Chinês • Espanhol • Europa • Francês • Grego • Holandês
Inglês • Italiano • Japonês • Português • Russo • Tailandês • Tcheco • Turco

Guias de Conversação Ilustrados
Essencial para a comunicação – livro e CD

Alemão • Chinês • Espanhol • Francês • Inglês • Italiano

15 Minutos
Aprenda o idioma com apenas 15 minutos de prática diária

Alemão • Árabe • Chinês • Espanhol • Francês • Inglês • Italiano • Japonês

Confira a lista completa no site da Publifolha
www.publifolha.com.br

Grande Orlando

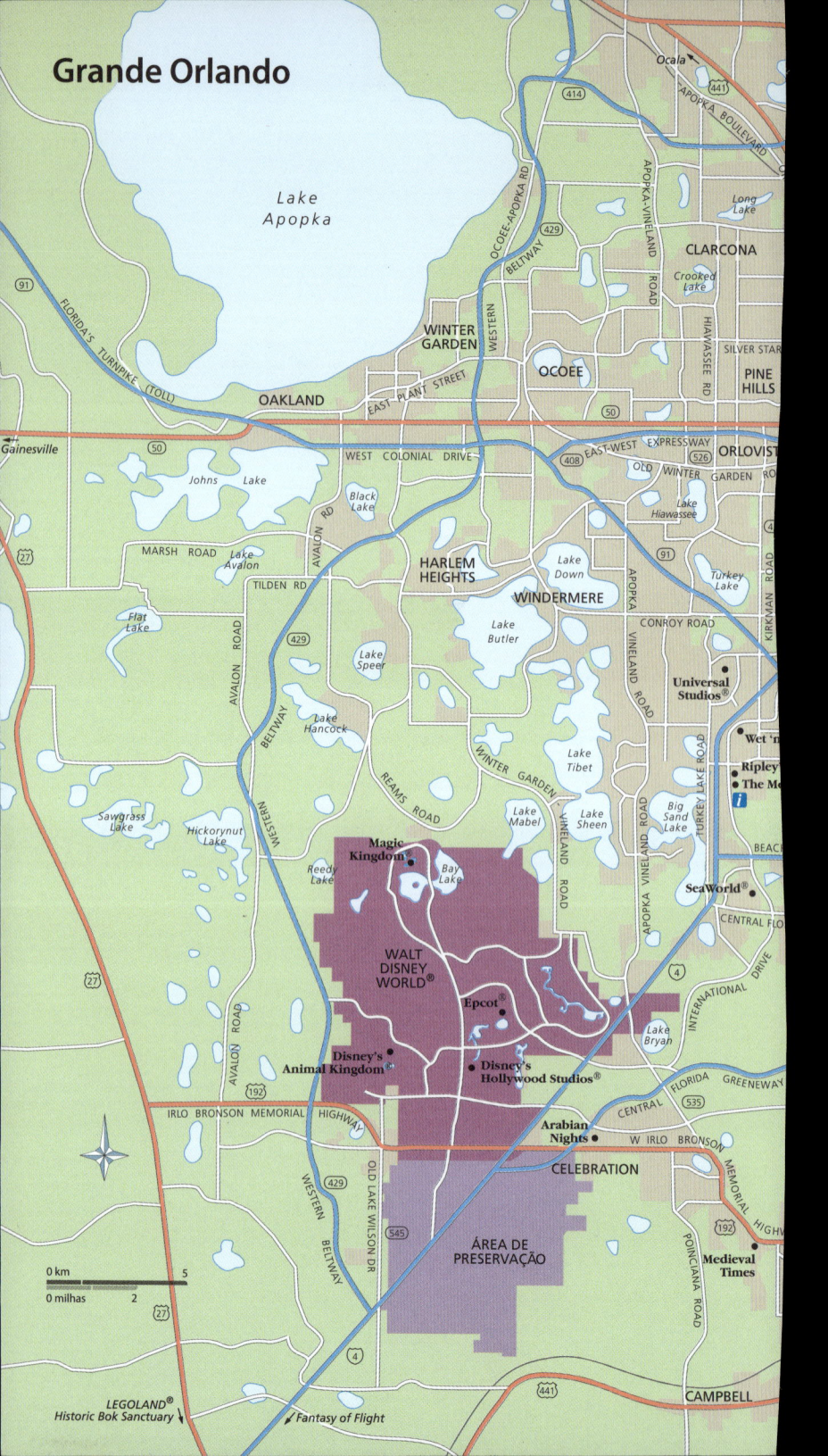

Lake Apopka

Ocala

CLARCONA

Long Lake
Crooked Lake

WINTER GARDEN

OCOEE

PINE HILLS

OAKLAND

Gainesville

EAST PLANT STREET

WEST COLONIAL DRIVE

EAST-WEST EXPRESSWAY

ORLOVISTA

OLD WINTER GARDEN RD

Lake Hiawassee

Florida's Turnpike (Toll)

Johns Lake

Black Lake

MARSH ROAD

Lake Avalon

HARLEM HEIGHTS

Lake Down

Turkey Lake

TILDEN RD

AVALON RD

WINDERMERE

APOPKA VINELAND ROAD

CONROY ROAD

KIRKMAN ROAD

Flat Lake

Lake Speer

Lake Butler

Universal Studios

WESTERN BELTWAY

Lake Hancock

WINTER GARDEN VINELAND ROAD

Lake Tibet

Wet 'n
Ripley
The M

Sawgrass Lake

Hickorynut Lake

REAMS ROAD

Reedy Lake

Lake Mabel

Lake Sheen

Big Sand Lake

TURKEY LAKE ROAD

SeaWorld

Magic Kingdom

Bay Lake

CENTRAL FL

WALT DISNEY WORLD

Epcot

Lake Bryan

INTERNATIONAL DRIVE

Disney's Animal Kingdom

Disney's Hollywood Studios

CENTRAL FLORIDA GREENEWAY

IRLO BRONSON MEMORIAL HIGHWAY

Arabian Nights

W IRLO BRONSON MEMORIAL HIGHWAY

CELEBRATION

OLD LAKE WILSON DR

WESTERN BELTWAY

ÁREA DE PRESERVAÇÃO

PONCIANA ROAD

Medieval Times

0 km 5
0 milhas 5

LEGOLAND
Historic Bok Sanctuary

Fantasy of Flight

CAMPBELL